Ulrich Kittstein

Das lyrische Werk Bertolt Brechts

Verlag J.B. Metzler
Stuttgart · Weimar

Gedruckt auf chlorfrei gebleichtem, säurefreiem und alterungsbeständigem Papier

Bibliografische Information der Deutschen Nationalbibliothek
Die Deutsche Nationalbibliothek verzeichnet diese Publikation in der Deutschen Nationalbibliografie; detaillierte bibliografische Daten sind im Internet über http://dnb.d-nb.de abrufbar.

ISBN 978-3-476-02451-0

Dieses Werk einschließlich aller seiner Teile ist urheberrechtlich geschützt. Jede Verwertung außerhalb der engen Grenzen des Urheberrechtsgesetzes ist ohne Zustimmung des Verlages unzulässig und strafbar. Das gilt insbesondere für Vervielfältigungen, Übersetzungen, Mikroverfilmungen und die Einspeicherung und Verarbeitung in elektronischen Systemen.

© 2012 J.B. Metzler'sche Verlagsbuchhandlung
und Carl Ernst Poeschel Verlag GmbH in Stuttgart
www.metzlerverlag.de
info@metzlerverlag.de

Einbandgestaltung: Willy Löffelhardt/Melanie Frasch
Satz: typopoint GbR, Ostfildern
Druck und Bindung: C.H. Beck, Nördlingen

Printed in Germany
Juli 2012

Verlag J.B. Metzler Stuttgart · Weimar

Inhalt

Kapitel 1
Verfremdendes Zeigen: Brechts lyrischer Gestus 1

Kapitel 2
Der junge Brecht und der Erste Weltkrieg 26

Kapitel 3
Gott ist tot: Von einer Welt ohne Transzendenz 40

Kapitel 4
Entgrenzungen: Die bergende und verschlingende Natur 64

Kapitel 5
Von Kranichen und Huren: Gedichte über Liebe und Sexualität 81

Kapitel 6
Unter modernen Menschen: *Aus dem Lesebuch für Städtebewohner* 104

Kapitel 7
Brecht und der Sozialismus 120

Kapitel 8
Lehren und Lernen: Brechts realistische Poetik 151

Kapitel 9
Finstere Zeiten: Der Kampf gegen den Faschismus 179

Kapitel 10
Das skandinavische Exil 213

Kapitel 11
Brecht und Amerika 232

Kapitel 12
Bilder lesen lernen: *Kriegsfibel* 249

Kapitel 13
Kinderlieder 269

Kapitel 14
Die Mühen der Ebenen: Brecht in der DDR 285

Kapitel 15
Poetische Sinn-Bilder: *Buckower Elegien* 314

Kapitel 16
Letzte Dinge: Alter, Tod und Fortleben 341

Auswahlbibliographie 360

Namenregister 369

Werkregister 372
    Gedichte 372
    Weitere Werke 377

Kapitel 1
Verfremdendes Zeigen: Brechts lyrischer Gestus

Bertolt Brecht hat als Schöpfer eines neuen Theaters, das er anti-aristotelisch oder episch nannte, Berühmtheit erlangt: Er übte mit seinen Stücken, seiner Inszenierungspraxis und seinen theoretischen Abhandlungen einen kaum zu überschätzenden Einfluss auf das gesamte Theaterschaffen der zweiten Hälfte des 20. Jahrhunderts aus und gehört bis in die Gegenwart zu den meistgespielten Bühnenautoren der Welt. Es ist daher nicht verwunderlich, dass sein *lyrisches* Werk, das weit über zweitausend Texte umfasst und in der heute maßgeblichen Ausgabe fünf stattliche Bände füllt, lange im Schatten der Arbeiten für das Theater stand. Allerdings gab es schon immer vereinzelte Stimmen, die sich für eine andere Wertung und Gewichtung aussprachen. So erklärte Hannah Arendt bereits 1950: »Ich habe keinen Zweifel daran, daß Bertolt Brecht der größte lebende deutsche Lyriker ist«, um dann, weiter ausgreifend, aber zugleich vorsichtiger fortzufahren: »Vielleicht ist er auch der größte lebende europäische Dramatiker.«[1] 1978 überschrieb Walter Hinck sein Vorwort für eine Sammlung von Interpretationen zu Brecht-Gedichten mit der programmatischen These: »Die Stunde der Lyrik Brechts ist (endgültig) gekommen«[2], und knapp zwanzig Jahre später wagte Marcel Reich-Ranicki sogar die Prognose: »Bleiben wird von Bertolt Brecht vornehmlich die Lyrik.«[3] In der Brecht-Forschung sind zwar nach wie vor die Arbeiten zum ›Stückeschreiber‹ bei weitem in der Überzahl, doch von einer Vernachlässigung der Lyrik kann längst keine Rede mehr sein. Das Interesse an ihr hat vor allem seit den siebziger Jahren in einem solchen Maße zugenommen, dass die Fülle der einschlägigen wissenschaftlichen Beiträge mittlerweile kaum noch zu überblicken ist.[4]

Den Leser mit der Breite und der faszinierenden Vielfalt von Brechts lyrischem Werk in seinem historischen Kontext vertraut zu machen, ist das Ziel des vorliegenden Buches. Ehe aber in einzelnen Kapiteln anhand ausgewählter Texte verschiedene Themenkreise näher erörtert werden, empfiehlt es sich, vorweg in einem knappen Überblick Brechts grundsätzliche Vorstellungen von Lyrik zu skizzieren, wie sie sich aus den Gedichten und aus den verstreuten poetologischen Reflexionen des Verfassers rekonstruieren lassen. Ein solcher Vorspann erscheint umso notwendiger, als diese Vorstellungen erheblich von dem abweichen, was man landläufig als ›typisch lyrisch‹ anzusehen pflegt. Mit Blick auf die reimlosen Verse in unregelmäßigen Rhythmen, die er besonders in der Zeit des Exils ab 1933 mit Vorliebe verwendete, fühlte sich Brecht selbst bereits genötigt, auf die vorwurfsvolle Frage zu antworten, wie er dazu

---
1 Hannah Arendt: Der Dichter Bertolt Brecht. In: Die neue Rundschau 61 (1950), S. 53–67, hier S. 56.
2 Ausgewählte Gedichte Brechts mit Interpretationen. Hrsg. von Walter Hinck. Frankfurt a. M. 1978, S. 7. Zu Beginn dieses Vorworts beruft sich Hinck ausdrücklich auf Hannah Arendt.
3 Marcel Reich-Ranicki: Ungeheuer oben. Brecht und die Liebe. In: ders.: Ungeheuer oben. Über Bertolt Brecht. Berlin 1996, S. 11–44, hier S. 21.
4 Vgl. dazu die Auswahlbibliographie im Anhang.

käme, »so was als Lyrik auszugeben« (22.1, S. 357).⁵ Doch die Eigenart seines lyrischen Schreibens betrifft keineswegs nur formale Merkmale und damit vermeintliche Äußerlichkeiten, sie berührt vielmehr die grundlegende Frage, was Lyrik eigentlich *ist* und was sie zu leisten vermag. Da sich Brechts Position auf diesem Feld am besten veranschaulichen lässt, wenn man sie gegen andere Konzeptionen abgrenzt, sollen hier die theoretischen Entwürfe der Literaturwissenschaftler Emil Staiger und Hugo Friedrich als Kontrastfolie dienen. Beide Autoren waren jüngere Zeitgenossen Brechts und publizierten ihre einflussreichen Bücher erstmals 1946 bzw. 1956, im Todesjahr des Dichters.

Lyrik gilt weithin als die paradigmatische Gattung der subjektiven Ich-Aussprache, des individuellen Erlebens und der Innerlichkeit. Diese Auffassung mag heutzutage zum bloßen Klischee verflacht sein, aber sie blickt auf eine ehrwürdige Tradition zurück, deren Wurzeln in der gesteigerten Gefühlskultur der Empfindsamkeit und des Sturm und Drang, in der Romantik und im deutschen Idealismus liegen. Seit dem ausgehenden 18. Jahrhundert rückten die liedhaften Genres, die zugleich erlebnishafte Unmittelbarkeit suggerieren, ins Zentrum der Überlegungen zur lyrischen Dichtung; zunehmend wurde dabei auch die enge Verwandtschaft zwischen Lyrik und Musik betont. Die idealistische Kunstphilosophie schloss an solche Tendenzen an, wenn sie die drei großen Gattungen der Literatur systematisch zu begründen und voneinander abzugrenzen suchte. Schelling beispielsweise bezeichnet die Lyrik gegenüber dem Drama und dem Epos als »die subjektivste Dichtart«.⁶ In dieselbe Richtung weisen die Bestimmungen in Hegels *Vorlesungen über die Ästhetik*: Während sich das Epos »der Objektivität des Gegenstandes« zuwende, sei es für das lyrische Gedicht charakteristisch, »statt der äußeren Realität der Sache die Gegenwart und Wirklichkeit derselben im *subjektiven* Gemüt, in der Erfahrung des Herzens und Reflexion der Vorstellung und damit den Gehalt und die Tätigkeit des innerlichen Lebens selber darstellig zu machen.«⁷ In diesem Sinne definierte dann auch der Hegelianer Friedrich Theodor Vischer Lyrik als »ein punktuelles Zünden der Welt im Subjekte«.⁸

---

5 Brechts Werke werden unter Angabe von Band- und Seitenzahl nach der Großen kommentierten Berliner und Frankfurter Ausgabe (GBFA) zitiert, einem noch vor der Wende in Angriff genommenen deutsch-deutschen Gemeinschaftsunternehmen der Verlage Suhrkamp und Aufbau (Bertolt Brecht: Werke. Hrsg. von Werner Hecht, Jan Knopf, Werner Mittenzwei und Klaus-Detlef Müller. 30 Bde und ein Registerband. Berlin, Weimar, Frankfurt a.M. 1988–2000). Die Bände 11 bis 15 enthalten die Lyrik. Ebenfalls bei Suhrkamp sowie im Insel Verlag liegen zudem einbändige Gesamtausgaben von Brechts Gedichten vor. – Auf editionsphilologische Probleme, die mit Brechts Arbeitsweise und den Eigentümlichkeiten der Überlieferung seiner Gedichte zu tun haben, kann im Folgenden nur in Ausnahmefällen eingegangen werden. Vgl. dazu Bodo Plachta: Chaos oder »lebendige Arbeit«? Zu den Problemen der Überlieferung von Brechts Lyrik. In: Edition und Interpretation moderner Lyrik seit Hölderlin. Hrsg. von Dieter Burdorf. Berlin u.a. 2010, S. 177–192.
6 Friedrich Wilhelm Joseph von Schelling: Philosophie der Kunst. Darmstadt 1960, S. 284.
7 Georg Wilhelm Friedrich Hegel: Werke. Hrsg. von Eva Moldenhauer und Karl Markus Michel. Bd. 15: Vorlesungen über die Ästhetik III. Frankfurt a.M. 1970, S. 416. Hervorhebungen in Zitaten aus der Primär- und Sekundärliteratur entstammen hier wie im Folgenden durchweg den zitierten Werken selbst.
8 Friedrich Theodor Vischer: Ästhetik oder Wissenschaft des Schönen. Hrsg. von Robert Vischer. Bd. 6. München ²1923, S. 208 (§ 886).

Für Hegel lebt die lyrische Dichtung von dem menschlichen Bedürfnis, »*sich auszusprechen und das Gemüt in der Äußerung seiner selbst zu vernehmen*«[9], wobei es freilich nicht um bloß zufällige Empfindungen geht, sondern um die Artikulation einer gereinigten, zu einem hohen Grade der Allgemeinheit geläuterten Subjektivität. Eben weil in der Lyrik »das Individuum in seinem inneren Vorstellen und Empfinden den Mittelpunkt« bildet, kann dem Poeten »der an sich geringfügigste Inhalt genügen. Dann nämlich wird das Gemüt selbst, die Subjektivität als solche der eigentliche Gehalt, so daß es nur auf die Seele der Empfindung und nicht auf den näheren Gegenstand ankommt.«[10] Unter diesen Umständen galt verständlicherweise auch die Aufnahme lyrischer Werke durch den Rezipienten als ein vorwiegend emotional geprägter, rein innerlicher Vorgang. Goethe formulierte in seinen späten Jahren eine Richtlinie, die dem Leser von Gedichten keinerlei Distanz und erst recht keine kritische Reflexion zugesteht: »Der lyrische Dichter [...] soll irgend einen Gegenstand, einen Zustand oder auch einen Hergang irgend eines bedeutenden Ereignisses dergestalt vortragen, daß der Hörer vollkommen Anteil daran nehme, und, verstrickt durch einen solchen Vortrag, sich wie in einem Netze gefangen unmittelbar teilnehmend fühle.«[11]

Gegen Ende des 19. Jahrhunderts, im Umfeld des Ästhetizismus, erlebte die Auffassung, dass Lyrik einen von der äußeren Wirklichkeit abgegrenzten Bereich erschließe, der dem seelischen Innenraum des Menschen korrespondiere, noch einmal eine Hochkonjunktur. So koppelt Hugo von Hofmannsthal in seinem Essay *Poesie und Leben* die lyrische Dichtung aufgrund ihrer spezifischen Art der Sprachverwendung von allen pragmatischen Zusammenhängen ab. Ein Gedicht sei »ein gewichtloses Gewebe aus Worten [...], die durch ihre Anordnung, ihren Klang und ihren Inhalt, indem sie die Erinnerung an Sichtbares und die Erinnerung an Hörbares mit dem Element der Bewegung verbinden, einen genau umschriebenen, traumhaft deutlichen, flüchtigen Seelenzustand hervorrufen, den wir Stimmung nennen.« Deshalb erklärt Hofmannsthal kategorisch: »Es führt von der Poesie kein direkter Weg ins Leben, aus dem Leben keiner in die Poesie. Das Wort als Träger eines Lebensinhaltes und das traumhafte Bruderwort, welches in einem Gedicht stehen kann, streben auseinander und schweben fremd aneinander vorüber, wie die beiden Eimer eines Brunnens.«[12] Den Nachhall solcher Ansichten vernimmt man noch sehr viel später in wissenschaftlichen Überlegungen zur Literaturtheorie, denn auch nach der Überzeugung von Käte Hamburger hat man die lyrische Rede »*nicht* als eine Aussage zu verstehen, die auf einen Wirklichkeitszusammenhang gerichtet ist, sei dieser ein historischer, theoretischer oder praktischer.«[13] Etwas ausführlicher soll hier aber betrachtet werden, wie der schon erwähnte Schweizer Germanist Emil Staiger in seiner Studie *Grundbegriffe der Poetik* die einschlägige Traditionslinie zusammenfasst und weiter zuspitzt.

Staiger begreift das ›Lyrische‹ – analog zum Epischen und zum Dramatischen – als eine generelle Qualität von Sprachkunstwerken, die nicht an eine bestimmte literari-

---

9 Hegel: Vorlesungen über die Ästhetik III, S. 418.
10 Ebd., S. 420 f.
11 Johann Wolfgang Goethe: Sämtliche Werke nach Epochen seines Schaffens. Münchner Ausgabe. Bd. 18.2: Letzte Jahre. 1827–1832/2. Hrsg. von Johannes John u. a. München u. a. 1996, S. 54 f.
12 Hugo von Hofmannsthal: Poesie und Leben. Aus einem Vortrag. In: ders.: Reden und Aufsätze I: 1891–1913. Hrsg. von Bernd Schoeller. Frankfurt a. M. 1979, S. 13–19, hier S. 15 f.
13 Käte Hamburger: Die Logik der Dichtung. Stuttgart 1957, S. 164.

sche Gattung gebunden ist. Am reinsten präge sie sich jedoch im romantischen Lied aus, weshalb Staiger vorwiegend Gedichte von Goethe, Brentano, Eichendorff und Mörike als Demonstrationsbeispiele heranzieht. In diesen Werken wird die auch von ihm postulierte Nähe des Lyrischen zum Musikalischen evident. Und weil Staiger für gewiss hält: »Denken und Singen vertragen sich nicht«[14], ist das Lyrische für ihn vorrangig durch Stimmung und Gefühlstiefe, Absichtslosigkeit und Eingebung charakterisiert. Das gilt für Produktion und Rezeption der Werke gleichermaßen, denn wie der Dichter »unwillkürlich«, im »Raum der Gnade«, sein Gedicht schafft[15], so muss der Leser seinerseits vorbehaltlos in die sprachlich evozierte Atmosphäre eintauchen: »Bei wahrem Lesen schwingt er mit, ohne zu begreifen.«[16] Gedichtlektüre bedeutet also im buchstäblichen Sinne des Wortes *Einstimmung*, die sich jenseits des klaren Bewusstseins und der nüchternen Analyse vollzieht. Lyrische Gedichte erzielen »unmittelbare Wirkung […] ohne ausdrückliches Verstehen«[17] und sind keiner rationalen Erklärung zugänglich. Sie können es sich sogar leisten, auf logische und grammatikalische Verknüpfungen zu verzichten, »da alle Teile in der Stimmung bereits verbunden sind«.[18] So impliziert das Lyrische *Distanzlosigkeit* in jeder Hinsicht. Seine »Idee« liegt darin, »daß in lyrischer Dichtung keinerlei Abstand besteht«[19], weder zwischen dem Autor und seinem Gegenstand – Staiger unterscheidet bezeichnenderweise das lyrische Ich, das im Werk als Sprechinstanz in Erscheinung tritt, nicht von der Person des Dichters – noch zwischen dem Rezipienten und dem Text. Das Lyrische ist gleichsam vor jener Differenzierung von Innen und Außen, von Subjekt und Objekt angesiedelt, die eine grundlegende Voraussetzung für alles Denken und Urteilen darstellt. Gerade diese Ungeschiedenheit kennzeichnet den Zustand, den Staiger mit dem Begriff »Stimmung« erfasst.

Die Gedichte Bertolt Brechts müssen aus einer solchen Perspektive allesamt höchst unlyrisch anmuten, denn ihre wichtigsten Merkmale lassen sich geradezu aus dem strikten Gegensatz zu Staigers Definition entwickeln. Mit der entschiedenen Abkehr von jeder poetischen Stimmungsseligkeit stand der junge Brecht seinerzeit nicht alleine. Die feinsinnige lyrische Introspektion wurde nach dem Ersten Weltkrieg angesichts der Dynamik von Industrialisierung, Technisierung und Massengesellschaft vielen Literaten verdächtig. In einer kritischen Wendung gegen den traditionellen bürgerlichen Kult der Innerlichkeit, aber auch gegen den Gefühlsüberschwang des Expressionismus, der das zweite Jahrzehnt des 20. Jahrhunderts dominiert hatte, setzten sie nunmehr auf eine nüchterne Beobachtung der modernen Lebenswirklichkeit. Charakteristisch für diese Tendenz der Weimarer Zeit, die als »Neue Sachlichkeit« bezeichnet wird[20], waren daher das Interesse an gesellschaftlichen Verhältnissen und Verhaltensweisen, der Anspruch auf kühle Objektivität und das Streben nach Klarheit und Einfachheit des Stils. Man bemühte sich um ›Tatsachenliteratur‹ und suchte in der Entwicklung dokumen-

---

14 Emil Staiger: Grundbegriffe der Poetik [1946]. Zürich ⁴1959, S. 37.
15 Ebd., S. 24 f.
16 Ebd., S. 46.
17 Ebd., S. 51.
18 Ebd., S. 44.
19 Ebd., S. 51.
20 Vgl. dazu den materialreichen Überblick bei Sabina Becker: Neue Sachlichkeit. 2 Bde. Köln u. a. 2000.

tarischer Schreibweisen den Weg zu einer zeitgemäßen Ästhetik. In diesen Kontext lässt sich eine kleine Programmschrift zur lyrischen Dichtung einordnen, die Brecht 1927 unter dem Titel *Kurzer Bericht über 400 (vierhundert) junge Lyriker* publizierte. Sie ist von einer genuin neusachlichen Haltung geprägt, zeigt aber noch keine Spuren jener marxistischen Studien, mit denen ihr Verfasser gerade um diese Zeit begann und die sein Schaffen in späteren Jahren entscheidend prägen sollten.

Mit dem *Kurzen Bericht* rechtfertigte Brecht seine Entscheidung, als Preisrichter in einem von der Zeitschrift *Literarische Welt* veranstalteten Lyrikwettbewerb keinen einzigen der zahlreichen Einsender auszuzeichnen: »Es sind über ein halbes Tausend Gedichte eingelaufen, und ich will gleich sagen, daß ich nichts davon wirklich gut gefunden habe.« Statt dessen hebt er den von Hannes Küpper verfassten Song *He! He! The Iron Man* lobend hervor, der dem »Sechstage-Champion Reggie Mac Namara« gewidmet ist und den Brecht, wie er behauptet, in einem Radsportblatt gefunden hat (21, S.192) – tatsächlich teilte er in den zwanziger Jahren die ausgeprägte neusachliche Vorliebe für Sportveranstaltungen und andere Erscheinungen der populären Massenkultur. Die Begründung seines höchst unkonventionellen Urteils gerät zu einer polemischen Generalabrechnung mit jenen »›rein‹ lyrischen Produkte[n]«, die mit »hübschen Bildern und aromatischen Wörtern« (S.191) Stimmungen und subtile seelische Regungen ausmalen. Der oben zitierte Hugo von Hofmannsthal bleibt dabei zwar unerwähnt – vielleicht deshalb, weil er sich schon um die Jahrhundertwende weitgehend vom lyrischen Schreiben abgewandt hatte –, aber dafür wählt Brecht mit Rainer Maria Rilke, Stefan George und Franz Werfel andere prominente Dichter als Opfer seiner Attacke. Die Teilnehmer des Wettbewerbs, die in der Nachfolge dieser Poeten stehen, werden wegen ihrer »Sentimentalität, Unechtheit und Weltfremdheit« pauschal als »stille, feine, verträumte Menschen« und als »empfindsamer Teil einer verbrauchten Bourgeoisie« abgekanzelt, deren anachronistische Attitüde schon durch die bloße Konfrontation mit einigen »Photographien großer Städte« entlarvt werden könne (S.192). Vor dem Hintergrund des Lebens in einer modernen Industrienation verkommt die traditionelle Lyrik der Innerlichkeit und des elitären Ästhetizismus in Brechts Augen zum belanglosen Geschwafel. Ihre führenden Repräsentanten, besonders der »Schwätzer« und »Schönredner« George (14, S.166) mit seinem anmaßenden »Hohepriesterton« (27, S.104), wurden auch in späteren Jahren immer wieder zu Zielscheiben seines Spotts.

Da der *Bericht* offenkundig in erster Linie darauf abzielt, ein noch stark dem überkommenen Lyrikverständnis verhaftetes Publikum zu provozieren, lassen seine kritischen Ausfälle an Schärfe und Deutlichkeit nichts zu wünschen übrig, während sich auf der anderen Seite der konstruktive Entwurf einer neuen Ästhetik allenfalls in Ansätzen abzeichnet. Einen entsprechenden Hinweis findet man zum Beispiel in der apodiktischen Feststellung: »Und gerade Lyrik muß zweifellos etwas sein, was man ohne weiteres auf den Gebrauchswert untersuchen können muß« (21, S.191). Nimmt man die lyrische Tradition seit der Romantik zum Maßstab, so wirkt die Vorstellung, ein Gedicht, ein solch zartes, »gewichtloses Gewebe aus Worten« (Hofmannsthal), sei für den profanen ›Gebrauch‹ gedacht, geradezu skandalös. Brecht legte jedoch zeitlebens bei allen Produkten, welcher Art sie auch sein mochten, großen Wert auf ihre praktische Verwendbarkeit, die er durchaus nicht als entwürdigend empfand. Ein Gedicht aus dem Jahre 1932 beginnt mit den Versen:

> Von allen Werken die liebsten
> Sind mir die gebrauchten.
> Die Kupfergefäße mit den Beulen und den abgeplatteten Rändern
> Die Messer und Gabeln, deren Holzgriffe
> Abgegriffen sind von vielen Händen: solche Formen
> Schienen mir die edelsten. [...]
> (14, S.156)

Spuren reger Benutzung zeugen von der Verwurzelung der Gegenstände in der menschlichen Lebenspraxis, von einer engen Bindung an das Tun und Leiden ihrer Besitzer. Da Brecht in Bezug auf künstlerische Schöpfungen die gleiche Ansicht vertrat, kann das angeführte Gedicht auch als verhüllte poetologische Reflexion gelesen werden. Literarische Werke sollen nicht, eingehüllt in eine quasi-sakrale Aura, in weihevoller Distanz zum alltäglichen Dasein verharren; sie sind »für den Gebrauch der Leser bestimmt« (11, S.39), wie es in der Vorrede zu *Bertolt Brechts Hauspostille* heißt, einer Gedichtsammlung, die wie der *Kurze Bericht* 1927 erschien. Schon sieben Jahre zuvor hatte Brecht das Ideal einer Kunst formuliert, die sich buchstäblich auf Augenhöhe mit ihren Rezipienten befindet:

> Mir schwebt im Arrangement meiner Verse das Beispiel Rodins vor, der seine »Bürger von Calais« auf den Marktplatz stellen lassen wollte, auf einen so niederen Sockel, daß die lebendigen Bürger nicht kleiner gewesen wären. Mit unter ihnen drinnen wären die mythischen Bürger gestanden, Abschied nehmend aus ihrer Mitte. So sollen die Gedichte da stehen unter den Leuten. (26, S.151)

Der *Kurze Bericht* konkretisiert den »Gebrauchswert« von Lyrik in typisch neusachlicher Manier durch die Forderung nach dokumentarischem Charakter: »Alle großen Gedichte haben den Wert von Dokumenten« (21, S.191), ähnlich wie jene »Photographien großer Städte«, die Brecht den realitätsfremden Stimmungsdichtern polemisch entgegenhält. Indes geht es ihm bei literarischen Arbeiten keineswegs um die simple, fotografisch getreue Abbildung einer außersprachlichen Wirklichkeit. Bedeutende Gedichte dokumentieren vielmehr »die Sprechweise des Verfassers [...], eines wichtigen Menschen« (ebd.). Das soll selbstverständlich nicht heißen, dass ein Gedicht im Sinne der lyrischen Konvention die subjektive Innenwelt seines Autors auszudrücken hat. Statt dessen verlangt Brecht von einem solchen Werk die zweckmäßige »Mitteilung eines Gedankens oder einer auch für Fremde vorteilhaften Empfindung« (ebd.): Der kommunikative Austausch tritt an die Stelle der traditionellen monologischen Ich-Aussprache.

Bei diesen flüchtigen Andeutungen, wie die Funktion des lyrischen Schreibens positiv bestimmt werden könnte, lässt es der *Kurze Bericht* bewenden. Erst später entwickelte Brecht, ausgehend von der Theaterarbeit, das Konzept des Gestischen, um Gegenstand und Ziel seiner literarischen Produktion genauer zu fassen. Als »Gestus« (oder »Haltung«) bezeichnete er gesellschaftlich geprägte Einstellungen und Verhaltensmuster von Menschen, die in der sozialen Praxis sichtbar und wirksam werden. Im *Kleinen Organon für das Theater* von 1948 lautet die Definition: »Den Bereich der Haltungen, welche die Figuren zueinander einnehmen, nennen wir den gestischen Bereich« (23, S.89), und im *Lied des Stückeschreibers* aus dem Jahre 1935 legt ein lyrisches Ich, das dem realen Autor offenbar sehr nahe steht, programmatisch dar, welchen Phänomenen seine Aufmerksamkeit gilt:

Ich bin ein Stückeschreiber. Ich zeige
Was ich gesehen habe. Auf den Menschenmärkten
Habe ich gesehen, wie der Mensch gehandelt wird. Das
Zeige ich, ich, der Stückeschreiber.

Wie sie zueinander ins Zimmer treten mit Plänen
Oder mit Gummiknüppeln oder mit Geld
Wie sie auf den Straßen stehen und warten
Wie sie einander Fallen bereiten
Voller Hoffnung
Wie sie Verabredungen treffen
Wie sie einander aufhängen
Wie sie sich lieben
Wie sie die Beute verteidigen
Wie sie essen
Das zeige ich.

Die Worte, die sie einander zurufen, berichte ich.
Was die Mutter dem Sohn sagt
Was der Unternehmer den Unternommenen befiehlt
Was die Frau dem Mann antwortet.
Alle die bittenden Worte, alle die herrischen
Die flehenden, die mißverständlichen
Die lügnerischen, die unwissenden
Die schönen, die verletzenden
Alle berichte ich.
[…]
(14, S. 298 f.)

Solche Haltungen vorzustellen, kritisch zu beleuchten oder – in belehrenden und agitatorischen Texten – zu empfehlen, wurde zur Hauptaufgabe auch der Lyrik, bei der die Konzentration auf das Gestische somit die Introspektion und den Vorrang des inneren Gefühls ersetzte. Das *Buch der Wendungen* rühmt den Poeten Kin-jeh, ein fiktives Alter Ego Brechts, weil er beim Schreiben auf die »Haltungen« achtete, »die den Sätzen zugrunde liegen: er brachte nur Haltungen in Sätze und ließ durch die Sätze immer die Haltungen durchscheinen. Eine solche Sprache nannte er gestisch, weil sie nur ein Ausdruck für die Gesten der Menschen war« (18, S. 78 f.). Getreu seiner Einsicht: »die kleinste gesellschaftliche Einheit ist nicht der Mensch, sondern zwei Menschen« (23, S. 88), erblickte Brecht in der Lyrik nicht mehr den Ort, an dem zur Sprache kommt, »[w]as von Menschen nicht gewußt / Oder nicht bedacht, / Durch das Labyrinth der Brust / Wandelt in der Nacht«[21], wie es in Goethes *An den Mond* heißt, sondern ein Feld, auf dem sich studieren lässt, wie der Mensch denkend, sprechend, handelnd und eingreifend mit anderen Menschen und mit seiner Lebenswelt umgeht.

Als im Frühjahr 1950 der Brecht-Band *Hundert Gedichte* vorbereitet wurde, stellte der Autor in einem Brief an den Verleger Wieland Herzfelde einige Überlegungen zu der Frage an, wodurch eigentlich der Zusammenhang der Texte innerhalb einer solchen Anthologie gewährleistet sei:

---

21 Goethe: Sämtliche Werke nach Epochen seines Schaffens. Bd. 2.1: Erstes Weimarer Jahrzehnt. 1775–1786/1. Hrsg. von Hartmut Reinhardt. München u. a. 1987, S. 36.

Der Hut, unter den sie gemeinhin gebracht werden, ist der Hut des Verfassers, in meinem Fall die Mütze. Aber dies ist auch gefährlich, die vorliegenden Gedichte mögen mich beschreiben, aber sie sind nicht zu diesem Zweck geschrieben. Es handelt sich nicht darum, ›den Dichter kennenzulernen‹, sondern die Welt und jene, mit denen zusammen er sie zu genießen und zu verändert sucht. (30, S. 26)

Der »Gebrauchswert« von Gedichten lag für ihn also in ihrem konkreten und produktiven Gesellschaftsbezug, den er seit den ausgehenden zwanziger Jahren in einem marxistisch fundierten, klassenkämpferischen Sinne definierte. Folglich verstand er auch das Dichten selbst als »gesellschaftliche Praxis mit aller Widersprüchlichkeit, Veränderlichkeit, als geschichtsbedingt und geschichtemachend« (26, S. 418). Statt sich in einen scheinbar zeitenthobenen seelischen Binnenraum vorzutasten, fassen seine Gedichte in der Regel einen durch besondere historische und soziale Umstände geprägten Wirklichkeitsausschnitt ins Auge, so wie auch ihr lyrisches Subjekt kein weltloses Ich darstellt, sondern stets »mit politischen und gesellschaftlichen Erfahrungen, mit ›Geschichte‹ angereichert« ist.[22] An die Stelle der Innenschau eines komplexen Individuums tritt die Wendung nach außen, der scharfe Blick auf menschliches Handeln und menschliche Beziehungen in der bewegten geschichtlich-gesellschaftlichen Realität.

Diese grundsätzliche Funktionsbestimmung der Lyrik macht Brechts Vorliebe für ganz bestimmte Formen und Sprechhaltungen verständlich. Fast zwangsläufig ergibt sich aus dem bisher Gesagten der Verzicht auf die Erlebnislyrik, in der suggeriert wird, das Ich fasse die Empfindungen eines gelebten Augenblicks unmittelbar in Sprache und lade den Leser dadurch zu einer ebenso unreflektierten, emotional geprägten Rezeption ein. Statt seine eigene gefühlsmäßige Reaktion auf einen Gegenstand – eine Situation oder einen Vorfall – zu thematisieren und ihn auf diese Weise mit seinen affektiven Regungen zu überspinnen, steht das lyrische Ich bei Brecht gleichsam neben diesem Gegenstand und zeigt ihn dem Leser mit den Mitteln der Sprache vor. Daher bestimmt der *Gestus des Zeigens* weite Teile der Brecht'schen Lyrik, deren »poetische Grundhaltung [...] die Haltung eines Darstellenden, Zeigenden, Berichtenden« ist.[23] Wie der Schauspieler im epischen Theater dem Zuschauer eine kritische Distanz zum Bühnengeschehen nahe legt, indem er es sorgsam vermeidet, ganz mit der von ihm vorgeführten Figur zu verschmelzen, so sind auch viele Gedichte Brechts durch die »epische Dreiheit von Gegenstand, Vermittler und Publikum«[24] gekennzeichnet und weisen einen erzählenden Grundzug auf. Häufig erscheint lediglich eine anonyme Stimme als Sprechinstanz, aber auch ein explizit hervortretendes, klarer als Person konturiertes Ich fungiert zumeist nur als Beobachter und Kommentator. In vielen Fällen werden mit der typischen Einleitungswendung »Als ...« historische bzw. anekdotische Vorkommnisse referiert, gelegentlich auch in Form der Weitergabe einer (fiktiven) Überlieferung: »Ich höre ...«, »Wir hörten ...«. Neben den erzählenden Duktus tritt in Brechts lyrischem Werk gleichberechtigt der argumentative, der in Texten mit dem

---

22 Walter Hinck: Das lyrische Subjekt im geschichtlichen Prozeß oder Der umgewendete Hegel. Zu einer historischen Poetik der Lyrik. In: ders.: Von Heine zu Brecht. Lyrik im Geschichtsprozeß. Frankfurt a. M. 1978, S. 125–137, 149–151, hier S. 137.
23 Hans Richter: Die Lyrik Bertolt Brechts. In: ders.: Verse, Dichter, Wirklichkeiten. Berlin (Ost) u. a. 1970, S. 129–157, 278–280, hier S. 145.
24 Volker Klotz: Bertolt Brecht. Versuch über das Werk. Bad Homburg v. d. h. u. a. ⁴1971, S. 88.

Charakter von Belehrungen oder Appellen vorherrscht. Auf Abhandlungen oder Anweisungen in Versgestalt deuten beispielsweise die zahlreichen Titel, die mit *Von* ... oder *Vom* ... das Thema der jeweiligen ›Lektion‹ benennen.

Die von Brecht besonders geschätzten Genres der Versdichtung sind meist dem epischen Erzählen verwandt und stehen damit dem Typus des romantischen Liedes, in dem für Staiger das ›Lyrische‹ am reinsten zur Erscheinung kommt, denkbar fern. Schon seit der frühesten Zeit verfasste Brecht vorzugsweise Balladen, Chroniken und Legenden, deren Gattungsbezeichnungen er vielfach auch in Gedichttiteln gebrauchte. Daneben verwendete er gerne den Brief in Versen, die Epistel, die mit ihrer lockeren Form, ihrem schildernden und reflektierenden Grundzug, ihrer kommunikativen Ausrichtung und ihrem didaktischen Impuls seinen Intentionen sehr entgegenkam; einschlägige Texte sind *Epistel* ..., *Brief* ... oder einfach *An* ... überschrieben. Besonders in späteren Jahren schuf er überdies zahlreiche Epigramme, die – im ursprünglichen Sinne des Wortes nichts anderes als poetische ›Aufschriften‹ – einen Gegenstand pointiert bezeichnen und erläutern und ihn so buchstäblich zum Sprechen bringen: Der Gestus des kommentierend-erklärenden Zeigens ist hier schon in der Gattung als solcher angelegt. Natürlich begegnet auch der Typus des Lehrgedichts in vielfältigen Ausprägungen. Und schließlich schlagen sich in der auffallenden Vorliebe für Rollengedichte, also für lyrische Reden typisierter Gestalten, die man sich ohne weiteres auf einer Bühne inszeniert vorstellen kann, die Erfahrungen des Stückeschreibers nieder. Wieland Herzfelde schreibt über Brecht: »Er ist so sehr Dramatiker, daß viele seiner Gedichte als Aussage von Bühnenfiguren zu begreifen sind«[25], und der Autor selbst stellte in dem Essay *Über reimlose Lyrik mit unregelmäßigen Rhythmen* ebenfalls einen Bezug zwischen seiner Lyrik und der Theaterpraxis her: »Man muß dabei im Auge behalten, daß ich meine Hauptarbeit auf dem Theater verrichtete; ich dachte immer an das Sprechen« (22.1, S. 359).

Schon die flüchtige Auflistung der bevorzugten Formen und Gattungen verrät, dass Brecht keinen Wert darauf legte, sich auf diesem Gebiet als Neuerer hervorzutun, sondern lieber mit überlieferten Mustern arbeitete und sie seinen Bedürfnissen anpasste. Formale und andere ›technische‹ Innovationen um ihrer selbst willen widerstrebten ihm ohnehin. Im Sommer 1938 notierte er in seinem Journal:

> Aber ich habe herausgefunden, daß ich das Formale eher geringschätze. Ich habe die alten Formen der Lyrik, der Erzählung, der Dramatik und des Theaters zu verschiedenen Zeiten studiert und sie nur aufgegeben, wenn sie dem, was ich sagen wollte, im Weg standen. Beinahe auf jedem Feld habe ich konventionell begonnen. (26, S. 315 f.)

Eine kurze Rekapitulation seines Werdegangs als lyrischer Dichter führt anschließend zu dem Resultat: »Eigentlich benutzte ich nur die mir zu gekünstelt erscheinenden Formen der antiken Lyrik nicht« (S. 316).

Kühne Experimente mit den Haltungen und Instanzen der lyrischen Rede finden sich noch am ehesten in einigen frühen Gedichten. Eine irritierende Mehrstimmigkeit prägt beispielsweise das Erzählgedicht *Von der Kindesmörderin Marie Farrar*, das den bürgerlichen Rechts- und den christlichen Mitleidsdiskurs auf komplexe Weise miteinander verschränkt. Um die Verwirrung vollständig zu machen, schaltet Brecht

---

25 Wieland Herzfelde: Der Lyriker Bertolt Brecht. In: Aufbau 7 (1951), S. 1097–1104, hier S. 1102.

zudem einige Zwischenbemerkungen ein, die weder dem einen noch dem anderen Diskurs zugerechnet werden können, so dass sich eine Collage höchst unterschiedlicher, aber letztlich gleichberechtigter Redeweisen ergibt.[26] Ähnliche Verhältnisse trifft man, wenngleich nicht so deutlich ausgeprägt, in *Das Schiff* an, aber auch einige Gedichte der 1930 publizierten Sammlung *Aus dem Lesebuch für Städtebewohner* gehören noch hierher. Später etablierte Brecht in seinen lyrischen Werken für gewöhnlich eine einzige, kohärente Sprechhaltung. Das bedeutet aber keineswegs Eintönigkeit, ja nicht einmal Einheitlichkeit des Stils, wie etwa ein Blick auf die *Legende von der Entstehung des Buches Taoteking auf dem Weg des Laotse in die Emigration* zeigt. In diesem umfangreichen balladesken Gedicht herrscht eine außerordentliche Vielfalt stilistischer Nuancen, die jedoch durch eine übergeordnete Sprechinstanz zusammengehalten wird, in deren Rede auch die ihrerseits ganz individuell gefärbten Äußerungen der auftretenden Figuren eingebettet sind. Die mannigfachen Abstufungen der Tonlage in der *Legende* resultieren mithin aus der kunstvollen Variation einer einzigen Erzählstimme.

Die Art und Weise, wie Brecht in der Lyrik den Gestus des Zeigens praktiziert, kann durch einen Rückgriff auf das Konzept der Verfremdung, das er in den dreißiger Jahren entwickelte, näher bestimmt werden. Es interessierte ihn in seinen theoretischen Überlegungen zwar vornehmlich als Dreh- und Angelpunkt des epischen Theaters und seiner Wirkungsabsichten, erweist sich aber trotzdem auch als hilfreich für die Analyse der gedanklichen Struktur vieler Gedichte Brechts, die scheinbar vertraute und in dieser Vertrautheit gänzlich unauffällig gewordene Sachverhalte in verfremdender Manier präsentieren, um sie so wieder zum Gegenstand der bewussten Wahrnehmung zu machen. Bereits in seinen frühen Werken, dramatischen wie lyrischen, arbeitete der Autor häufig mit überraschenden und verstörenden Effekten, indem er beispielsweise provozierend gegen alle Erwartungen verstieß, die die Leserschaft an gewisse Formen, Gattungen und Motive knüpfte. So ist die *Hauspostille*, wie schon der Titel andeutet, von einer parodistischen Aufnahme und Abwandlung christlich-religiöser Textsorten und Sprachmuster geprägt. Doch erst später, in seiner marxistischen Phase, konstruierte Brecht in zahlreichen Notizen und kleineren Schriften ein systematisches Modell der Verfremdung, das auf einen dreistufigen Erkenntnisprozess abzielt. Anknüpfend an Hegels Feststellung: »Das Bekannte überhaupt ist darum, weil es *bekannt* ist, nicht *erkannt*«[27], wählt er als Ausgangspunkt eine seit jeher gewohnte, fest eingewurzelte Sichtweise, die im zweiten Schritt durch die mit spezifischen künstlerischen Techniken bewerkstelligte Verfremdung aufgehoben wird, um schließlich einem neuen, tieferen Verständnis Platz zu machen, das diesen Namen erst recht eigentlich verdient. In Brechts Worten: »Gewisse Selbstverständlichkeiten werden so nicht selbstverständlich, freilich nur, um nun wirklich verständlich zu werden« (22.1, S. 217); oder noch zugespitzter: »*Verfremdung als ein Verstehen* (verstehen – nicht verstehen – verstehen), Negation der Negation« (S. 401). Mittels verfremdender Darstellungsstrategien, die eine produktive Irritation auslösen, bringt es das Kunstwerk also fertig, erstarrte Wahrnehmungsmuster und damit auch Denkblockaden zu durchbrechen: »Eine Schematisierung wird hier zerstört« (26, S. 405).

---

26 Vgl. dazu die Analyse von Hans-Thies Lehmann: Subjekt und Sprachprozesse in Bertolt Brechts *Hauspostille* (1927). Texttheoretische Lektüren. Diss. Berlin (West) 1978, S. 40–69.
27 Hegel: Werke. Bd. 3: Phänomenologie des Geistes. Frankfurt a.M. 1970, S. 35.

Brecht war überzeugt, auf diese Weise Einblicke in verborgene Zusammenhänge jenseits der alltäglichen, oberflächlichen Wirklichkeitsbetrachtung vermitteln und das bloße *Glotzen* seiner Rezipienten in ein kritisches *Sehen* verwandeln zu können: »Ihr aber lernet, wie man sieht, statt stiert« (7, S.112). Die Verfremdung befähigt den Leser oder Zuschauer, jene eigentümliche Haltung des Staunens und der Verwunderung einzunehmen, die auch den Naturwissenschaftler auszeichnet, wie Brecht im *Kleinen Organon* am Beispiel Galileis erläutert:

> Damit all dies viele Gegebene ihm als ebensoviel Zweifelhaftes erscheinen könnte, müßte er jenen fremden Blick entwickeln, mit dem der große Galilei einen ins Pendeln gekommenen Kronleuchter betrachtete. Den verwunderten diese Schwingungen, als hätte er sie so nicht erwartet und verstünde es nicht von ihnen, wodurch er dann auf die Gesetzmäßigkeiten kam. (23, S.82)

Mit einem solchen Blick, »so schwierig wie produktiv« (ebd.), soll der Rezipient Brecht'scher Werke nun menschliche Haltungen und gesellschaftliche Verhältnisse betrachten lernen, um deren »Gesetzmäßigkeiten« durchschauen und am Ende auch beherrschen zu können. Auf diesem Wege erreicht die Kunst das von Brecht gesteckte Ziel, »die Welt als Objekt menschlicher Praxis« (22.1, S.546) erkennbar zu machen und sie dem konstruktiven Eingreifen auszuliefern.[28]

Die Technik der Verfremdung garantiert den »Gebrauchswert« künstlerischer Werke, indem sie sie zu Instrumenten der Aufklärung und der Erkenntnis erhebt und ihnen damit einen greifbaren lebenspraktischen Nutzen verleiht. Außerdem markieren Theorie und Praxis der Verfremdung den entscheidenden Schritt, mit dem Brecht über den zweifelhaften Objektivitätsanspruch einer neusachlichen ›Tatsachenliteratur‹ hinausgelangte. Realität einfach zu reproduzieren, wäre unsinnig; will der Künstler sie durchschaubar machen, muss er sie vielmehr konstruktiv gestalten. Das verfremdende Schreiben ist, wie unsere Analysen immer wieder bestätigen werden, ein hochartifizielles Geschäft.

Der Gestus, der Brechts Gedichten zugrunde liegt, lässt sich nun präziser als *verfremdendes Zeigen* fassen. Dabei können Zeigen und Verfremden im konkreten Werk miteinander verschmelzen, wenn die sprachliche Präsentation einer Beobachtung, eines Gegenstandes, einer Situation oder eines Geschehens selbst bereits verfremdend gestaltet ist, etwa durch die Forcierung innerer Widersprüche in der Darstellung oder durch den Einsatz satirischer und grotesker Elemente. Mit der *Legende vom toten Soldaten*, die übrigens lange vor der theoretischen Konzeption der Verfremdungseffekte entstand, werden wir im nächsten Kapitel ein einschlägiges Gedicht kennenlernen. Häufig wird die Verfremdung aber auch durch einen expliziten Kommentar geleistet, der dem dichterisch entworfenen Bild folgt, so dass sich das poetische Werk in zwei deutlich voneinander abgegrenzte Teile gliedert. Das gilt zum Beispiel für das epigrammatische Gedicht *Die Maske des Bösen* von 1942, das

---

28 Da Brechts Modell einer Kunst der Verfremdung auf politisches Bewusstsein, gesellschaftskritische Einsichten und letztlich auf praktisches Handeln zielt, ist es nur sehr entfernt mit der im frühen 20. Jahrhundert im russischen Formalismus konzipierten Theorie verwandt, die Verfremdung als grundsätzliches Unterscheidungsmerkmal der poetischen Sprache und damit vorrangig als innerliterarisches Phänomen begreift. Die Frage, wie Brecht die belehrende, handlungsleitende Funktion von Literatur im Einzelnen auffasste und begründete, wird das Kapitel 8 »Lehren und Lernen: Brechts realistische Poetik« ausführlicher erörtern.

im Folgenden als ein erstes praktisches Exempel für Brechts Kunst der Verfremdung vorgestellt werden soll. Die Verse gewähren zugleich schon einen Einblick in wesentliche Elemente der Vorstellungswelt ihres Autors und zeigen dabei mustergültig, wie einzelne, auf den ersten Blick oft ganz unscheinbare Brecht-Texte weitläufige Gedankengänge eröffnen können, die überaus komplexe philosophische und weltanschauliche Probleme berühren.

> Die Maske des Bösen
>
> An meiner Wand hängt ein japanisches Holzwerk
> Maske eines bösen Dämons, bemalt mit Goldlack.
> Mitfühlend sehe ich
> Die geschwollenen Stirnadern, andeutend
> Wie sehr es anstrengt, böse zu sein.
> (12, S.124)

Durch die Verkürzung des dritten Verses, der die Mittelachse des Gedichts bildet, ist dessen Zweiteilung schon äußerlich kenntlich gemacht. Die ersten beiden Zeilen übernehmen die Aufgabe, ein Objekt der Kunst ›vorzuzeigen‹, eine ostasiatische Holzmaske nämlich, wie sich deren mehrere in Brechts Besitz befanden. Der zweite Teil des Textes lässt dann eine Deutung des Artefakts durch den Sprecher folgen, die an seine affektive Reaktion auf den Anblick der Maske anknüpft und eine massive Verfremdung mit sich bringt. Kernstück dieses Effekts ist das Wort »Mitfühlend«, das im abrupten Bruch mit dem Gewohnten und Vertrauten eben jene produktive Irritation bewirkt, als die wir Verfremdung definiert haben und die Brecht als notwendigen Ausgangspunkt eines jeden Reflexions- und Lernprozesses betrachtete. Das *Mitgefühl* gehört mit Sicherheit nicht zu den Empfindungen, mit denen wir als Reaktion auf etwas Böses rechnen. Erschrecken und Angst sollte man erwarten oder auch Zorn und heftige Ablehnung – aber warum mitfühlende Anteilnahme? So wird der Leser hier durch den sparsamsten Einsatz künstlerischer Mittel zum Nachdenken und zur Stellungnahme gezwungen. Die Richtung für seine Überlegungen weisen die beiden Schlusszeilen, die die eigentümliche Haltung des Sprechers näher begründen, wobei sie allerdings ihrerseits neuen Stoff zum Grübeln liefern: Böse-Sein ist, wie die geschwollenen Stirnadern der Dämonenmaske verraten, eine anstrengende Sache; Grund genug, jeden aufrichtig zu bedauern, der sich dieser Mühe unterziehen muss.

Die Eingangsverse des Gedichts legen dem Rezipienten ein spontanes Einverständnis nahe, das gar keine Problematisierung zuzulassen scheint. Da die Wendung vom »bösen Dämon« diesem Geschöpf das Böse-Sein offenbar als eine feste, untrennbar mit ihm verbundene Eigenschaft zuschreibt, dürfte niemand auf den Gedanken kommen zu bezweifeln, dass der Dämon eben seiner Natur nach böse *ist*. Gleich darauf wird diese Selbstverständlichkeit aber von Grund auf in Frage gestellt, denn wenn es den Betroffenen *Anstrengung* kostet, böse zu sein, kann die Bosheit nicht mehr als prinzipielles Wesensmerkmal und quasi natürliche Gegebenheit aufgefasst werden; ebensowenig lässt sie sich als unkontrollierte Gefühlsaufwallung, als plötzlicher Ausbruch aggressiver Affekte begreifen. Der »böse Dämon« ist also keineswegs ›an sich‹ böse und vielleicht nicht einmal von vornherein ein Dämon. Auch das Wort »Maske«, schon im Gedichttitel genannt und im zweiten Vers wieder aufgenommen, gewinnt nun mit einem Schlag eine zusätzliche Bedeutungsdimension. Stellt das dämonische Böse-Sein etwa nur eine äußere Hülle dar, einen künstlichen Habitus, den Menschen unter gewissen Umständen annehmen – und zwar ungern, weil er ihre Kräfte eigentlich über Gebühr beansprucht?

Brechts Verfremdung ist kein bloßes Spiel, bei dem es nur um kurzfristig wirksame Überraschungseffekte geht. *Die Maske des Bösen* will die Aufmerksamkeit des Lesers vielmehr auf fundamentale anthropologische Fragen lenken und eine Anschauung vermitteln, die seit den dreißiger Jahren zum Kern von Brechts Menschenbild gehörte und eng mit seinem Bekenntnis zum Marxismus verbunden war. Ausführlich thematisiert wird sie in dem Parabelstück *Der gute Mensch von Sezuan*, das der Autor nicht lange vor der Niederschrift unseres Gedichts im skandinavischen Exil vollendete. In einigen Versen der Hauptfigur Shen Te treten die Parallelen zu *Die Maske des Bösen* klar zutage:

> Warum sind Sie so böse?
> Den Mitmenschen zu treten
> Ist es nicht anstrengend? Die Stirnader
> Schwillt Ihnen an, vor Mühe, gierig zu sein.
> Natürlich ausgestreckt
> Gibt eine Hand und empfängt mit gleicher Leichtigkeit. Nur
> Gierig zupackend muß sie sich anstrengen. Ach
> Welche Verführung, zu schenken! Wie angenehm
> Ist es doch, freundlich zu sein! Ein gutes Wort
> Entschlüpft wie ein wohliger Seufzer.
> (6, S. 247)

Für Brecht ist der Mensch im Grunde ein soziales Geschöpf, ausgezeichnet durch die natürliche Neigung zu Güte und Freundlichkeit im Umgang mit seinesgleichen. Will er diese Disposition unterdrücken und sich unmenschlich betragen, bedarf es eines erheblichen Kraftaufwands. Noch in *Der kaukasische Kreidekreis*, einem der letzten Stücke des Autors, heißt es:

> Ach, zum Tragen, spät und frühe
> Ist zu schwer ein Herz aus Stein
> Denn es macht zu große Mühe
> Mächtig tun und böse sein.
> (8, S. 89)

Auch das späte *Lied des Darmwäschers* preist die Seligkeit des Schenkens und Helfens: »Höchstes Glück ist doch, zu spenden, / Denen, die es schwerer haben« (15, S. 225). Und inmitten der Schrecknisse des Zweiten Weltkriegs notierte Brecht im April 1941 folgende Ideen zu einer neuen Komödie:

> Der Mann, der in Anbetracht schlimmer Welt gewillt ist, ein Bösewicht zu werden, es jedoch nicht vermag. Nach jeder guten Tat, die zu begehen er schwach genug ist, schwört er, nunmehr sich zu verhärten, aber in neuerliche Versuchung geratend, fällt er aufs neue. Nur hinter seinem Rücken tut er Gutes. Titel: »Das schwache Fleisch«. Sinn: Wieviel leichter und natürlicher ist es, Gutes zu tun als Schlechtes, produktiv zu sein, als schädigend. (26, S. 477)

Geläufige, durch die christliche Lehre geprägte Vorstellungen vom Wesen des Menschen werden hier in ihr Gegenteil verkehrt: Selbstüberwindung kostet nicht die Uneigennützigkeit, sondern das egoistische Handeln, und die Schwäche des Fleisches, von der Bibel als Anfälligkeit für sündhafte Verlockungen angeprangert, verleitet zur Güte, nicht zur Missetat.

Indes ist es dem Menschen »in Anbetracht schlimmer Welt« oftmals unmöglich, seiner natürlichen Freundlichkeit entsprechend zu handeln. Materielle Not und die Gesetze einer konfliktreichen Konkurrenzgesellschaft gebieten ihm vielmehr, sich selbstsüchtig zu gebärden, seine Mitmenschen grundsätzlich als potenzielle Feinde anzusehen und alles und jeden rigoros unter dem Gesichtspunkt des Eigennutzes zu beurteilen. Berühmt sind die Verse aus der *Dreigroschenoper*, die die »Verhältnisse«, mit denen Brecht die Bedingungen der kapitalistischen Wirtschafts- und Gesellschaftsordnung meint, dafür verantwortlich machen, dass dem spontanen Drang zur Humanität permanent zuwidergehandelt werden muss:

> Ein guter Mensch sein! Ja, wer wär's nicht gern!
> Doch leider sind auf diesem Sterne eben
> Die Mittel kärglich und die Menschen roh.
> Wer möchte nicht in Fried und Eintracht leben?
> Doch die Verhältnisse – sie sind nicht so!
> (11, S. 140)

Im Kapitalismus behauptet sich auf Dauer nur, wer wie ein wildes Tier zu handeln bereit ist und folglich sein wahres Wesen verleugnet:

> Denn wovon lebt der Mensch? Indem er stündlich
> Den Menschen peinigt, auszieht, anfällt, abwürgt und frißt.
> Nur dadurch lebt der Mensch, daß er so gründlich
> Vergessen kann, daß er ein Mensch doch ist.
> (11, S. 144)

In den *Flüchtlingsgesprächen*, einem Werk aus Brechts Exiljahren, konstatiert einer der Dialogpartner nüchtern: »Ich würd keinem anraten, daß er sich ohne die allergrößte Vorsicht menschlich benimmt. Das Risiko ist zu gewaltig« (18, S. 242) – und dann zitiert er das Gedicht *Die Maske des Bösen*, das die *Ent*fremdung des Menschen von seiner natürlichen Anlage zur Güte in *ver*fremdender Manier offenlegt und dadurch ins Bewusstsein hebt. Etwas Ähnliches geschieht in *Der gute Mensch von Sezuan*, wo die von wirtschaftlichen Nöten bedrängte Shen Te schließlich nicht umhin kann, sich in ihren realitätstüchtigen, kaltherzigen ›Vetter‹ Shui Ta zu verwandeln und damit ihre persönliche »Maske des Bösen« aufzusetzen. Mit dem alten literarischen Motiv der inneren Spaltung und des Doppelgängertums wird hier die Wirkung eines sozioökonomischen Zwangsmechanismus illustriert, dem der Mensch in einer kapitalistischen Welt nicht zu entrinnen vermag. In einem Brief bezeichnete der Autor die »Zerreißung der Shen Te« denn auch als einen »schreckliche[n] Akt der bürgerlichen Gesellschaft« (29, S. 399).

Brecht vertraute demnach einerseits auf ein unzerstörbares humanes Potenzial – das Gedicht *Immer wieder* verzeichnet selbst noch angesichts der Gräuel des Zweiten Weltkriegs gewisse Hoffnungssignale, denn auch »in dieser Zeit« gibt es Gesten der Menschlichkeit (15, S. 77) –, beharrte aber andererseits darauf, dass gesellschaftliche Bedingungen geschaffen werden müssten, die die Menschen von dem fatalen Zwang zum Egoismus und zur gewalttätigen Selbstbehauptung erlösen und es ihnen damit überhaupt erst gestatten, jenes Potenzial in seinem ganzen Umfang zu entfalten. Diese Überlegungen lassen bereits erahnen, was er unter Sozialismus verstand.[29]

---

[29] Vgl. dazu ausführlicher das Kapitel 7 »Brecht und der Sozialismus«.

Das Menschenbild, das Brecht in Texten wie den oben zitierten verkündet, mag manchen Lesern freilich allzu optimistisch, ja geradezu naiv vorkommen. Sie könnten sich dabei auf Sigmund Freud berufen, einen älteren Zeitgenossen des Dichters, der eine weitaus skeptischere Auffassung vertrat. In seiner Schrift *Das Unbehagen in der Kultur* kritisiert der Begründer der Psychoanalyse die kommunistische Lehre von der ursprünglichen Güte des Menschen, die nur durch das Privateigentum korrumpiert worden sei, indem er betont, wie tief aggressive und gewalttätige Neigungen in der Triebstruktur selbst verankert sind:

> Die Kommunisten glauben den Weg zur Erlösung vom Übel gefunden zu haben. Der Mensch ist eindeutig gut, seinem Nächsten wohlgesinnt, aber die Einrichtung des privaten Eigentums hat seine Natur verdorben. [...] Wenn man das Privateigentum aufhebt, alle Güter gemeinsam macht und alle Menschen an deren Genuß teilnehmen läßt, werden Übelwollen und Feindseligkeit unter den Menschen verschwinden. Da alle Bedürfnisse befriedigt sind, wird keiner Grund haben, in dem anderen seinen Feind zu sehen [...]. Ich habe nichts mit der wirtschaftlichen Kritik des kommunistischen Systems zu tun, ich kann nicht untersuchen, ob die Abschaffung des privaten Eigentums zweckdienlich und vorteilhaft ist. Aber seine psychologische Voraussetzung vermag ich als haltlose Illusion zu erkennen. Mit der Aufhebung des Privateigentums entzieht man der menschlichen Aggressionslust eines ihrer Werkzeuge, gewiß ein starkes und gewiß nicht das stärkste.[30]

Für Freud stellt die Aggression einen »unzerstörbare[n] Zug der menschlichen Natur« dar, der unter allen Umständen Mittel und Wege findet, sich geltend zu machen. Und er formuliert eine These, die sich wie ein pointierter Gegenentwurf zu *Die Maske des Bösen* liest: »Es wird den Menschen offenbar nicht leicht, auf die Befriedigung dieser ihrer Aggressionsneigung zu verzichten; sie fühlen sich nicht wohl dabei.«[31] Die Abwägung beider Positionen bleibe dem Leser überlassen. Der kleine Exkurs sollte lediglich deutlich machen, dass Brechts Ideen allemal zum Nachdenken über scheinbare Selbstverständlichkeiten anregen können, ohne dass man ihnen immer uneingeschränkt beipflichten müsste.

Die kunstvoll aufgebauten Verfremdungseffekte geben zu erkennen, wie artifiziell und hochgradig reflektiert die lyrischen Werke dieses Autors konstruiert sind. Ein beträchtliches Maß an Rationalität setzen sie auch bei ihren Lesern voraus, auf deren Seite dem Gestus des verfremdenden Zeigens eine Haltung des kritischen Prüfens und Fragens korrespondiert, die Brecht etwa in *Lob des Lernens* ausdrücklich fordert und in *Fragen eines lesenden Arbeiters* praktisch vorführt.[32] Brechts Gedichte laden den Rezipienten nicht dazu ein, sich seinen Emotionen hinzugeben und träumerisch eine poetische Atmosphäre auszukosten: »Sie entwerten nicht durch einen läuternden Sublimationsprozeß das Stofflich-Geschehnishafte zum bloßen Anlaß für Stimmung; im Gegenteil, das Pragmatische nimmt die mitgelieferte Stimmung sozusagen nur in

---

30 Sigmund Freud: Das Unbehagen in der Kultur. In: ders.: Studienausgabe. Bd. IX: Fragen der Gesellschaft – Ursprünge der Religion. Frankfurt a.M. 2000, S. 191–270, hier S. 241 f.
31 Ebd., S. 242.
32 Wenn hier von »Lesern« gesprochen wird, ist die den Texten eingeschriebene Leserrolle gemeint, die sich in der Analyse der Gedichte und ihrer kommunikativen Strategien rekonstruieren lässt. Aussagen über Brechts *reale* Leser und ihre Reaktionen auf seine Werke werden in dieser Studie nur in Ausnahmefällen getroffen. Eine Arbeit, die sich systematisch mit ihnen befassen wollte, müsste sich ganz anderer – empirischer und rezeptionssoziologischer – Methoden bedienen.

Kauf.«[33] Pointiert ausgedrückt, legen diese Texte die von ihnen gestalteten Situationen, Vorgänge, Gedanken und Appelle der Leserschaft zur nüchternen Begutachtung vor. In einer Notiz aus den dreißiger Jahren bezeichnet Brecht die »kritische Haltung« als »die einzig produktive, menschenwürdige« (22.1, S. 226). Mehr noch, das vernünftige Denken war für ihn gerade in Zeiten eskalierender Klassenkämpfe und faschistischer Bedrohungen so dringend geboten, dass er einer Lyrik, die sich nicht mit ihm vertrug, keine Überlebenschancen einräumte:

> Heute, wo unsere nackte Existenz längst zu einer Frage der Politik geworden ist, könnte es überhaupt keine Lyrik mehr geben, wenn das Produzieren und das Konsumieren von Lyrik davon abhinge, daß aus der Vernunft kommende Kriterien ausgeschaltet werden können. Unsere Gefühle (Instinkte, Emotionen) sind völlig verschlammt; sie befinden sich in dauerndem Widerstreit mit unseren nackten Interessen. (ebd.)

Aber wenn Brecht nun versichert: »Der Lyriker braucht die Vernunft nicht zu fürchten« (22.1, S. 133), will er Dichtung damit keineswegs zu einer trockenen und kühlen Angelegenheit stempeln, denn er war der Meinung, dass gerade das Denken eine ausgesprochen lustvolle Aktivität sei und, wie es in *Leben des Galilei* heißt, »zu den größten Vergnügungen der menschlichen Rasse« zähle (5, S. 211). In der eben zitierten Notiz setzt er auch im Blick auf die Rezeption künstlerischer Schöpfungen kritisch-vernünftige Betätigung und *Genuss* nahezu gleich: »Wahrer Kunstgenuß ohne kritische Haltung ist unmöglich« (22.1, S. 226). Eine weitere Lobrede auf das intellektuelle Vergnügen, das der Umgang mit Lyrik bereiten kann, soll hier vollständig angeführt werden – schon deshalb, weil sie auch der wissenschaftlichen Beschäftigung mit Brechts eigenen Gedichten eine eindrucksvolle Legitimation verleiht:

> Über das Zerpflücken von Gedichten
>
> Der Laie hat für gewöhnlich, sofern er ein Liebhaber von Gedichten ist, einen lebhaften Widerwillen gegen das, was man das Zerpflücken von Gedichten nennt, ein Heranführen kalter Logik, Herausreißen von Wörtern und Bildern aus diesen zarten blütenhaften Gebilden. Demgegenüber muß gesagt werden, daß nicht einmal Blumen verwelken, wenn man in sie hineinsticht. Gedichte sind, wenn sie überhaupt lebensfähig sind, ganz besonders lebensfähig und können die eingreifendsten Operationen überstehen. Ein schlechter Vers zerstört ein Gedicht noch keineswegs ganz und gar, so wie ein guter es noch nicht rettet. Das Herausspüren schlechter Verse ist die Kehrseite einer Fähigkeit, ohne die von wirklicher Genußfähigkeit an Gedichten überhaupt nicht gesprochen werden kann, nämlich der Fähigkeit, gute Verse herauszuspüren. Ein Gedicht verschlingt manchmal sehr wenig Arbeit und verträgt manchmal sehr viel. Der Laie vergißt, wenn er Gedichte für unnahbar hält, daß der Lyriker zwar mit ihm jene leichten Stimmungen, die er haben kann, teilen mag, daß aber ihre Formulierung in einem Gedicht ein Arbeitsvorgang ist und das Gedicht eben etwas *zum Verweilen gebrachtes Flüchtiges* ist, also etwas verhältnismäßig Massives, Materielles. Wer das Gedicht für unnahbar hält, kommt ihm wirklich nicht nahe. In der Anwendung von Kriterien liegt ein Hauptteil des Genusses. Zerpflücke eine Rose, und jedes Blatt ist schön. (22.1, S. 453 f.)

Diese Ausführungen erteilen jeder Kunstmetaphysik eine klare Absage. Das Gedicht verdankt sich nicht der genialischen Inspiration des Poeten, sondern entsteht als Artefakt in einem handwerklichen »Arbeitsvorgang«, weshalb es auch ohne weiteres auf seine Konstruktionsprinzipien hin untersucht werden kann – ohne ehrfürchtige Scheu,

---

33 Klotz: Bertolt Brecht, S. 87.

wohl aber mit Genuss und einem beträchtlichen Erkenntnisgewinn. Hin und wieder hat Brecht selbst an konkreten Beispielen vorgeführt, wie man lyrische Werke behandeln sollte. So lieferte er eine eingehende Analyse von Fritz Bruegels antifaschistischem *Flüsterlied*, die bezeichnenderweise die »Verletzung logischer Gesetze« bei der Verwendung poetischer Bilder und Metaphern rügt (22.1, S. 190), und demonstrierte an einer Strophe aus Johannes R. Bechers Gedicht *Deutschland*, wie ein sorgfältiges ›Auseinanderklauben‹ des Textes das Lesevergnügen noch erhöht (vgl. 23, S. 213–215).

Emil Staigers Ideal einer Lyrik, die kritische Distanz und Reflexion ausschließt, wäre zweifellos auf Brechts entschiedenen Widerspruch gestoßen.[34] Es bietet sich aber an dieser Stelle an, auch die von Hugo Friedrich in *Die Struktur der modernen Lyrik* vorgelegten Thesen zum Vergleich heranzuziehen, um die Eigenart von Brechts Gedichtwerk noch präziser herausarbeiten zu können. Friedrich setzt sich in entscheidenden Punkten ebenfalls deutlich von Staigers Auffassung ab und scheint Brecht sehr nahe zu kommen, wenn er in (modernen) Gedichten im Wesentlichen Produkte des rationalen Kalküls erkennt und ihnen überdies eigentümliche Verfremdungswirkungen zuschreibt. Aufs Ganze gesehen, sind jedoch auch seine Vorstellungen ganz und gar nicht mit denen Brechts in Einklang zu bringen.

Als Romanist rekonstruiert Friedrich die Merkmale der modernen Lyrik hauptsächlich anhand der Werke Rimbauds und Mallarmés[35], in denen er einen neuartigen Strukturtypus lyrischer Dichtung entdeckt, der mit dem von Staiger favorisierten romantischen Lied kaum noch etwas gemein hat. Die Gedichte der französischen Poeten suchen oft gezielt das Bizarre, Hässliche und Morbide auf, betonen Abnormitäten und Dissonanzen. Vor allem aber befreien sie die Sprache von allen direkten Bezügen zur äußeren wie zur inneren, seelischen Realität, um der dichterischen Einbildungskraft den größtmöglichen Spielraum zu gewähren. Die schöpferische Willkür manifestiert sich in einem »Ausbruch aus den Sachordnungen« der Lebenswirklichkeit und einem »irreale[n] Ineinanderblenden des Verschiedenen«[36]; Sprachmagie und Klangzauber ersetzen Logik, gedankliche Kohärenz und festumrissene Bedeutung. Moderne Gedichte entwerfen als »poésie pure«[37] eine »aus kreativer Phantasie und eigenmächtiger Sprache entsprungene Welt«, die eine »Feindin der realen Welt ist«.[38] Über die Enge und Banalität des alltäglichen Daseins hinausstrebend, umkreisen sie Geheimnisse, die nicht verstandesmäßig erfasst oder benannt werden können, und nähern sich damit einer Transzendenz, die notwendigerweise leer bleiben muss.

---

34 Dasselbe gilt übrigens für Staigers oben zitierte apodiktische Behauptung: »Denken und Singen vertragen sich nicht« (Staiger: Grundbegriffe der Poetik, S. 37). Musik spielte eine große Rolle für Brecht, der viele seiner frühen Gedichte selbst vertonte und später mit bedeutenden Komponisten wie Kurt Weill, Hanns Eisler und Paul Dessau zusammenarbeitete. Seine Ansichten über Musik und ihre Wirkung auf die Zuhörer weisen in dieselbe Richtung wie seine poetologischen Bemerkungen zum epischen Theater und zur Lyrik: Es galt, von der bloßen Evokation emotionaler Regungen wegzukommen und die Kunst an Kritik und Reflexion zu binden.
35 Von den deutschsprachigen Dichtern des 20. Jahrhunderts bezieht er vor allem Benn und Krolow in seine Untersuchung ein, während der Lyriker Brecht – aus gutem Grund, wie sich zeigen wird – unberücksichtigt bleibt.
36 Hugo Friedrich: Die Struktur der modernen Lyrik. Von der Mitte des neunzehnten bis zur Mitte des zwanzigsten Jahrhunderts [1956]. Hamburg 1968, S. 87.
37 Ebd., S. 136.
38 Ebd., S. 203.

In ihrer Abkehr von den Paradigmen der Erlebnisdichtung und der Stimmungshaftigkeit trifft sich die moderne Lyrik, wie Friedrich sie auffasst, mit den poetologischen Grundüberzeugungen Bertolt Brechts. Das Gedicht suggeriert nicht mehr spontane Gefühlsaussprache, sondern zeigt sich unmissverständlich als Produkt hochbewusster Verstandesoperationen; an die Stelle von Inspiration, Stimmung und emotionaler Ergriffenheit, die für Staiger das ›Lyrische‹ ausmachen, tritt die mit kühler Überlegung durchgeführte Konstruktion sprachkünstlerischer Artefakte.[39] Nicht zuletzt gewinnt die von Friedrich analysierte Lyrik dank ihrer gezielten Durchbrechung sämtlicher Regeln der Alltagslogik ebenfalls einen »Grundzug der Verfremdung des Vertrauten«[40] und bewirkt auf diese Weise eine provozierende Entautomatisierung etablierter Muster der Wahrnehmung und der Sprache. Gleichwohl sind die Differenzen zu Brechts Poetik nicht zu übersehen, denn deren Interesse gilt ja gerade nicht der Transzendierung der zeitgenössischen Lebenswelt, sondern ihrer kritischen Durchdringung und Erhellung. Statt der vertrauten Erfahrungswirklichkeit das Reich einer frei schaltenden Phantasie entgegenzustellen, führen Brechts Gedichte mitten in diese Wirklichkeit hinein, um ihre dem oberflächlichen Blick verborgenen Strukturen aufzudecken. Deshalb hat auch die Brecht'sche Verfremdung als kalkulierter Bruch mit festen Schablonen des Sehens und Denkens einen ganz anderen Stellenwert als jene schrankenlose Realitätszertrümmerung, die Friedrich der modernen Lyrik attestiert.

Brechts Gedichte sind nicht in einer traumartig verzerrten, irrealen Sphäre angesiedelt, die ihre Existenz allein der sprachkombinatorischen Artistik verdankt. Sie zeigen vielmehr die Welt des 20. Jahrhunderts im Schatten zweier mörderischer Kriege, totalitärer Systeme und gewaltsamer sozialer Konflikte, eine Welt menschlichen Handelns und Leidens unter ganz bestimmten politischen und gesellschaftlichen Bedingungen. Obwohl sie dabei häufig einen Blickwinkel wählen, der für den Leser ungewohnt sein dürfte, handelt es sich doch prinzipiell um eine wiedererkennbare Welt, die sich dem rationalen Begreifen nicht verschließt. Und es ist nicht zuletzt eine *bewohnte* Welt, bevölkert von Menschen, deren Haltungen und Beziehungen den Hauptgegenstand des lyrischen Schreibens bilden, während die von Friedrich erörterten Texte das menschliche Subjekt meist rigoros aus ihren künstlichen Sprachwelten verbannen.

Anders als die zur Hermetik tendierenden modernen Gedichte will Brechts Lyrik grundsätzlich verständlich sein. Im Gegensatz etwa zur symbolistischen oder auch zur expressionistischen Dichtung bedient sie sich in der Regel fasslicher und anschaulicher Bilder aus alltäglichen Lebenszusammenhängen, während sie ›Dunkelheit‹ nur in Gestalt von Leerstellen kennt, die mit Bedacht produziert werden, um den Leser zum eigenständigen Nachdenken, zur gedanklichen Mitarbeit herauszufordern. Der Rätselcharakter, der manchen lyrischen Brecht-Texten eigen ist, resultiert deshalb weder aus der völligen Aufhebung von Logik und Kohärenz noch aus absoluten Metaphern oder anderen Techniken, die die kommunikative Funktion der Sprache außer Kraft setzen. Selbst späte Gedichte wie die *Buckower Elegien*, die zu extremer Verknappung und

---

39 Allerdings sind die Lyriker der Moderne nach Friedrich darum bemüht, gerade durch intellektuelle Kunstgriffe auch die Dynamik des Unbewussten zu entbinden. Verstandesherrschaft und Traumlogik gehen in ihren Texten eine spannungsvolle Synthese ein.
40 Friedrich: Die Struktur der modernen Lyrik, S. 160.

bildhafter Verschlüsselung ihrer Aussage neigen und dem Leser mitunter beträchtliche Deutungsanstrengungen abverlangen, bleiben stets einem hermeneutischen Sinnverstehen zugänglich.

Brecht strebt eine ›gestische‹ Sprache an, die menschliche Verhaltensweisen möglichst plastisch erfasst, sie zugleich aber verfremdet und damit der nüchternen Beurteilung ausliefert. Aus diesem Grunde bevorzugte er im Exil ungleichmäßig rhythmisierte, reimlose Verse statt der metrisch streng geregelten und gereimten lyrischen Formen, die ihm mit ihrer Eingängigkeit und Musikalität das kritische Denken eher zu behindern schienen. Andererseits war er durchaus imstande, auch traditionellere, regelmäßige Vers- und Strophenmuster seinen Zwecken dienstbar zu machen, indem er sie durch verschiedene sprachliche und rhythmische Kunstgriffe von ihrer »ölige[n] Glätte« (22.1, S.358) befreite. Insbesondere seinen virtuosen Umgang mit metrischen ›Stolperstellen‹, Inversionen und Zeilenbrüchen werden wir im weiteren Verlauf der Untersuchung an einer Vielzahl von Beispielen studieren können. Bei alledem dienten seine Verfremdungseffekte immer dem Ziel, im Grundgestus des Zeigens und im Sinne des »Gebrauchswerts« lyrischer Texte die Mitteilungsfunktion der Sprache und ihren Realitätsbezug zu stärken, während die Gedichte eines Rimbaud oder Mallarmé beides nahezu aufheben.

Sprachzweifel sind für den Dichter Brecht kein Thema. Er pflegt meist eine schlichte und alltagsnahe, wenngleich keineswegs kunstlose Ausdrucksweise, die sich häufig sogar an Eigentümlichkeiten der mündlichen Rede anlehnt. Seine Sprache ist »klar und durchsichtig« und »scheint so unverbraucht, als ob [...] Hofmannsthal den Chandos-Brief nie geschrieben hätte«[41], jenen Essay also, der um die Jahrhundertwende die moderne Sprachskepsis und die Fragwürdigkeit der Bezüge zwischen Wort und Ding, Sprache und Welt beispielhaft zum Ausdruck gebracht hatte. Brecht vertraut nach wie vor auf die Fähigkeit der Sprache, Wirklichkeit zu erschließen und Erkenntnisse und Einsichten zu transportieren. Darum ist seine Lyrik »niemals monologisch [...], sondern besitzt immer einen Adressaten, wenngleich der Kreis der Mitteilungsempfänger bald unendlich groß, bald eng und höchst intim gehalten wird.«[42] Er schreibt fast durchweg außerordentlich kommunikative, gewissermaßen implizit dialogische Texte, die sich zum Rezipienten hin öffnen und dessen ›Antworten‹ als notwendiges Element in ihren eigenen Strukturzusammenhang einbeziehen. Schon der *Kurze Bericht über 400 (vierhundert) junge Lyriker* bindet das Gedicht ja an die »ursprüngliche Geste der Mitteilung« (21, S.191), und über seine eigenen lyrischen Werke sagt Brecht: »In der Tat sind sie in einer Haltung geschrieben, die jemand nur einnimmt, wenn er mit aufmerksamen Lesern rechnet« (30, S.26).

Der Allgemeingültigkeitsanspruch, den Hugo Friedrich mit dem Titel seines Buches erhebt, lässt sich offensichtlich nicht halten. Während der von ihm herauspräparierte Strukturtypus im deutschen Sprachraum beispielsweise von Gottfried Benn wirkungsmächtig vertreten wurde, dessen ›Artistenmetaphysik‹ ein autonomes Reich der Kunst jenseits von Geschichte und Gesellschaft postulierte, schuf der zwölf Jahre jüngere Bertolt Brecht eine ganz andersartige Ausprägung genuin »moderner« Lyrik,

---

41 Walther Killy: Wandlungen des lyrischen Bildes. Göttingen [8]1998, S.142.
42 Hans Mayer: Brecht. Frankfurt a.M. 1996, S.327.

mit der er seinerseits traditionsstiftend wirkte[43]: Autoren der zweiten Jahrhunderthälfte wie Günter Kunert, Erich Fried, Volker Braun oder Hans Magnus Enzensberger sind bei aller Eigentümlichkeit ihres Schaffens und ihrer persönlichen Entwicklung nicht ohne seine Anregungen zu denken. Zu erläutern ist jetzt aber noch ein weiterer Aspekt der spezifischen Modernität dieser Lyrik, der seit jeher zu polemischen Angriffen auf Brecht Anlass gegeben hat, nämlich sein Konzept der kollektiven Produktion. Er begründete dieses Verfahren mit der Einsicht, »daß die moderne Arbeitsteilung auf vielen wichtigen Gebieten das Schöpferische umgeformt hat. Der Schöpfungsakt ist ein kollektiver Schöpfungsprozeß geworden, ein Kontinuum dialektischer Art, so daß die isolierte ursprüngliche Erfindung an Bedeutung verloren hat« (25, S.76). Die fortschreitende arbeitsteilige Ausdifferenzierung von Produktionsabläufen machte in seinen Augen also auch vor Kunst und Literatur nicht halt. Wenn er das künstlerische Schaffen ähnlichen Gesetzen unterworfen sieht wie die profane industrielle Fertigung – der *Kurze Bericht* spricht wie selbstverständlich von der ›Herstellung‹ von Songs (vgl. 21, S.193)! –, offenbart er einmal mehr eine äußerst nüchterne Einschätzung des Dichters und seiner Tätigkeit. Das einsame Genie, dessen Inspiration aus unerforschlichen Seelentiefen quillt, macht ganz im Sinne der Neuen Sachlichkeit dem rationalen Konstrukteur Platz, der bei seiner Arbeit auch mit anderen Fachleuten kooperiert.

Brecht hielt kollektive Verfahrensweisen außerdem schon deshalb für notwendig, weil die beschränkten Möglichkeiten eines isolierten Künstlers in seinen Augen nicht ausreichten, um der modernen Welt in ihrer enormen Komplexität gerecht zu werden: »Die ganze Schriftstellerei wird eben, von einzelnen betrieben, immer fragwürdiger« (21, S.449); der »Verfall des individualistischen Kunstwerks« vollziehe sich unaufhaltsam (S.488). Zu den Kooperationspartnern bei der künstlerischen Produktion zählt nicht zuletzt auch der Leser, den Brecht, wie schon erwähnt, durch vielgestaltige Techniken des Appells, des Fragens und der Provokation zum gleichberechtigten Mitschöpfer erhebt, statt ihm nur die Rolle eines passiven Konsumenten zuzugestehen. Das literarische Werk wird demnach nicht von seinem Urheber als fest umrissenes Gebilde der Leserschaft und der Nachwelt übergeben, es konstituiert sich vielmehr in einem offenen Prozess, den die Interaktion zwischen den im Text angelegten Strukturen und den Reaktionen der Rezipienten in Gang hält, und vollendet sich im Grunde erst in der durch seine Anregungen veränderten Lebenspraxis der ›Benutzer‹.[44]

Der Gedanke der kollektiven Produktion entfaltete seine Wirkung in zweierlei Hinsicht. Zum einen zog Brecht zeit seines Lebens bei der Arbeit Freunde und Mitstreiter hinzu, deren Kenntnisse und Fähigkeiten er schätzte und unter denen sich auch immer wieder seine verschiedenen Geliebten befanden. Zahlreiche Werke, die unter seinem Namen publiziert wurden, gingen daher aus derart vielschichtigen schöpferi-

---

43 Vergleiche zwischen den Antipoden Benn und Brecht wurden in der Forschung schon oft angestellt. Als jüngstes und umfassendstes Beispiel ist der Sammelband *Gottfried Benn – Bertolt Brecht. Das Janusgesicht der Moderne* (hrsg. von Achim Aurnhammer, Werner Frick und Günter Saße. Würzburg 2009) zu nennen.

44 Dass Brecht damit Einsichten der neueren Rezeptionsästhetik vorwegnahm, sei hier nur am Rande erwähnt. Mit seinen Überlegungen zur Wirkung und zum Überdauern literarischer Schöpfungen wird sich unter anderem das Kapitel 16 »Letzte Dinge: Alter, Tod und Fortleben« befassen.

schen Interaktionen hervor, dass die Anteile der einzelnen Mitwirkenden nicht mehr voneinander gesondert werden können.[45] Vielsagend ist schon der Titel der frühesten, nur als Manuskript im Nachlass überlieferten Gedichtsammlung *Lieder zur Klampfe von Bert Brecht und seinen Freunden*, der einerseits ein Gemeinschaftswerk der jugendlichen Augsburger Freundesclique ankündigt, andererseits aber Brecht durch die namentliche Nennung unzweideutig als Kopf dieses Teams heraushebt. Wie sehr ihn das Leitbild einer kreativen Zusammenarbeit faszinierte, illustrieren die im Journal von 1940 festgehaltenen Spekulationen, ob nicht auch die Stücke Shakespeares durch »ein kleines Kollektiv« angefertigt worden sein könnten. Was Brecht sich hier ausmalt, ist eigentlich ein um mehrere Jahrhunderte zurückprojiziertes Spiegelbild seiner eigenen Produktionsweise: »Das Kollektiv braucht nicht immer von gleicher Zusammensetzung gewesen zu sein, es kann sehr locker gearbeitet haben, Shakespeare kann die entscheidende Persönlichkeit gewesen sein, er kann lediglich gelegentliche Mitarbeiter gehabt haben usw.« (26, S.444).

Die zweite und für textorientierte Analysen weitaus wichtigere Form des kollektiven Produzierens pflegte Brecht unter dem anstößigen Namen des *Plagiats* zu verteidigen. Es ging dabei um die unbedenkliche Nutzung und Weiterverwendung von Texten, Formelementen, Motiven oder künstlerischen Strategien, die von anderen – älteren oder auch zeitgenössischen – Autoren stammten. Der Streit um diese Praxis erreichte bereits 1929 einen öffentlichkeitswirksamen Höhepunkt, als der Kritiker Alfred Kerr darauf aufmerksam machte, dass Teile einiger Songs aus der *Dreigroschenoper* einer von Karl Klammer vorgelegten deutschen Übersetzung der Werke François Villons entnommen waren. Brecht räumte den Tatbestand unverzüglich ein und rechtfertigte sich zunächst mit dem berühmt gewordenen Bekenntnis zu seiner »grundsätzlichen Laxheit in Fragen geistigen Eigentums« (21, S.316). In der Folgezeit und bis in die späten dreißiger Jahre hinein kam er dann aber mit erstaunlicher Hartnäckigkeit auf das Thema zurück und entwickelte in zahlreichen Notizen eine förmliche Poetik des Plagiats, die zentrale Aspekte seines schriftstellerischen Selbstverständnisses berührt. Die unbekümmerte Übernahme brauchbaren Materials stellt er dabei als literarhistorischen Normalfall, ja sogar als auszeichnendes Merkmal besonders produktiver Epochen hin: »So ziemlich jede Blütezeit der Literatur ist charakterisiert durch die Kraft und Unschuld ihrer Plagiate« (21, S.323). In seinen Augen ehrt es einen Autor, wenn seine Werke weiterverwendet werden können, also »Zitierbarkeit« erlangen: »Der ›Urheber‹ [...] setzt sich durch, indem er verschwindet. Wer es erreicht, daß er umgearbeitet, also im Persönlichen entfernt wird, der hält ›sich‹« (S.318). Dagegen verknüpft Brecht die auf dem Persönlichkeitskult des bürgerlichen Zeitalters beruhende Originalitätssucht der Dichter mit dem »schäbigen Besitzbegriff« in der Epoche des »Hochkapitalismus« (S.380), dem er als Sozialist einen »neuen kollektivistischen Besitzbegriff« (S.285) entgegensetzt.

---

45 Vgl. zu diesem Thema neuerdings Nadia Dimassi: Gruppenbild mit Autor oder Teamkreativität bei Bertolt Brecht. Berlin 2006. – In der vorliegenden Studie können solche Fragen nicht im Einzelnen diskutiert werden, zumal sie für die Lyrik ohnehin nicht ganz denselben Stellenwert besitzen wie für das Bühnenwerk. Auch der Streit um Brechts Umgang mit seinen Mitarbeitern, insbesondere mit den Frauen unter ihnen, und um die mögliche Marginalisierung ihres Beitrags zu seinen Arbeiten soll hier nicht aufgegriffen werden. Gegenstand unserer Untersuchung ist ein lyrisches Œuvre, nicht der *Mensch* Bertolt Brecht.

Als eine besondere Variante des kollektiven Schaffens eröffnete das Plagiieren nach Brechts Ansicht vielfältige Möglichkeiten, die einem ganz auf sich selbst verwiesenen Schriftsteller versperrt bleiben mussten. Sehr schön wird das in einer der ältesten Keuner-Geschichten formuliert, die sicherlich nicht von ungefähr ausgerechnet im Jahr des Skandals um die *Dreigroschenoper* entstand:

> Herr Keuner und die Originalität
>
> Heute, beklagte sich Herr Keuner, gibt es unzählige, die sich öffentlich rühmen, ganz allein große Bücher verfassen zu können, und dies wird allgemein gebilligt. Der chinesische Philosoph Dschuang Dsi verfaßte noch im Mannesalter ein Buch von hunderttausend Wörtern, das zu neun Zehnteln aus Zitaten bestand. Solche Bücher können bei uns nicht mehr geschrieben werden, da der Geist fehlt. Infolgedessen werden Gedanken nur in eigener Werkstatt hergestellt, indem sich der faul vorkommt, der nicht genug davon fertigbringt. Freilich gibt es dann auch keinen Gedanken, der übernommen werden, und auch keine Formulierung eines Gedankens, die zitiert werden könnte. Wie wenig brauchen diese alle zu ihrer Tätigkeit! Ein Federhalter und etwas Papier ist das einzige, was sie vorzeigen können! Und ohne jede Hilfe, nur mit dem kümmerlichen Material, das ein einzelner auf seinen Armen herbeischaffen kann, errichten sie ihre Hütten! Größere Gebäude kennen sie nicht, als solche, die ein einziger zu bauen imstande ist! (18, S.18)

Um eine solche unfruchtbare Selbstbeschränkung zu vermeiden, rechnete Brecht die »Plagiierkunst zum Handwerk des Schriftstellers« (21, S.399) und griff bei der eigenen Arbeit ausgiebig auf Vorlagen und Bezugstexte zurück, denen er noch einen Gebrauchswert für die Gegenwart zuerkennen konnte. Den Pragmatismus, von dem er sich dabei leiten ließ, bringt das *Lied des Stückeschreibers* auf den Punkt, wenn es heißt: »Ein paar Stücke habe ich nachgeschrieben, genau / Prüfend die jeweilige Technik und mir einprägend / Das, was mir zustatten kommt« (14, S.300). Brecht bekundete seinen Respekt vor anderen Schriftstellern, indem er sich ihre Produkte kreativ aneignete. Literarhistorische und philologische Gewissenhaftigkeit ließ sein ausschließlich praktisch motiviertes Interesse dagegen nicht als Maßstab gelten:

> Es ist übrigens ein fast unbegreiflicher Denkfehler, jemandem, der vorschlägt, unter den Darstellungsmitteln von Schriftstellern eine Auswahl zu treffen, ohne weiteres vorzuwerfen, er wolle die betreffenden Werke zersäbeln; den Werken geschieht da gar nichts. Die historische Forschung hat sie natürlich als Ganzes zu betrachten, für sie sind sie nicht ein Haufen technischer Mittel, das ist klar. Aber der technisch lernende Schriftsteller geht von einem andern Gesichtspunkt aus an die Werke früherer Generationen und anderer Klassen heran, das ist ebenfalls klar. (22.1, S.466)

Wer den »Materialwert« von »nun schon einmal gemachten Arbeiten« sinnvoll nutzen wolle, dürfe sich dabei nicht durch »Pietät« und »schädliche Ehrfurcht« vor ihnen und ihren Schöpfern behindern lassen (21, S.289).

So entwickelt sich Brechts Werk, auch das lyrische, zu einem erheblichen Teil aus der produktiven Beschäftigung mit unterschiedlichen Prätexten und mit ganzen Motiv-, Stoff- und Gattungstraditionen. Vielfältig sind auch die Formen dieser intertextuellen Bezugnahme, die vom kritischen Kommentar bis zur Nach- und Umdichtung, von Kontrafaktur, Parodie und Satire bis zur verfremdenden Montage von Zitaten in einem neuen Kontext reichen. Was Brecht praktiziert, ist also durchaus kein geistloses Abkupfern, und wenn er sein Verfahren selbst immer wieder mit dem Begriff des Plagiats belegt und sogar eine »Ehrung des literarischen Plagiats und seine Wiedereinsetzung in seine alten angestammten Rechte« ankündigt (21, S.174), muss man darin in erster Linie eine bewusste Provokation des bürgerlichen Verständnisses vom geistigen Eigentum sehen, das für ihn in die unmittelbare Nachbarschaft der »Schrebergärtchen« gehörte (S.315). Die Erörterung von Brechts Rückgriff auf literarische Vorlagen, die im Rahmen der folgenden Werkanalysen oftmals notwendig sein wird, soll daher nicht etwa Abhängigkeiten des Autors oder gar seine vermeintliche Unselbständigkeit nachweisen, sondern vielmehr seine spezifischen Intentionen und seine künstlerischen Verfahrensweisen beim schöpferischen Umgang mit vorgegebenem Material aufzeigen.

Brechts Aneignung der literarischen Überlieferung lässt deutlich gewisse Schwerpunkte und Tendenzen erkennen, die wiederum eng mit seiner Auffassung von den Aufgaben und Eigenarten der Dichtung verbunden sind. Die Auseinandersetzung mit Autoren der klassisch-romantischen Kunstepoche und ihrer Rezeption im deutschen Bildungsbürgertum, die ihren konzentriertesten lyrischen Ausdruck in den *Studien*-Sonetten der dreißiger Jahre findet, trägt bei ihm vorwiegend kritisch-polemische Züge. Positive Anknüpfungspunkte entdeckte er dagegen bei vor- und unbürgerlichen Traditionen, deren Vertreter (noch) nicht dazu neigten, die Poesie als vermeintlich autonome Sphäre von der konkreten Lebenspraxis abzutrennen. Dazu zählen insbesondere die lehrhaften Dichtungsgattungen der Antike und der Aufklärung, satirische und sozialkritische Strömungen und schließlich Formen wie die Vagantenpoesie, die Volksballade, der Bänkelsang und das Kabarett. Brecht bewunderte eine ganze Reihe von Poeten, die im bürgerlichen Kanon seiner Zeit keinen Platz fanden, beispielsweise den schon erwähnten François Villon sowie Rudyard Kipling – beide werden noch 1938 im Journal in einem Atemzug als wichtige frühe Vorbilder genannt (vgl. 26, S.316) – oder auch Karl Valentin und Frank Wedekind, die er in jungen Jahren persönlich kennenlernte. Unübersehbar ist in seinen Gedichten und Stücken auch die Vorliebe für die Sprache der Lutherbibel und andere Ausdrucksformen der christlichen Religiosität, an denen er ebenfalls ihren gestischen Charakter und ihre pragmatischen Bezüge schätzte.[46] In späteren Phasen seines Schaffens interessierte er sich zunehmend für die Lyrik und das Theater Chinas, weil er hier Haltungen und poetologische Positionen zu erkennen glaubte, die seinen eigenen verwandt waren.

Bei der Analyse intertextueller Bezüge, die der Brecht-Forschung ein weites Betätigungsfeld eröffnet, muss man freilich stets Vorsicht walten lassen und der Versuchung widerstehen, durch eine Verengung der Perspektive allzu simple Abhängigkeitsverhältnisse zu konstruieren oder auch bloße Analogien und Parallelen übereilt mit belegbaren ›Einflüssen‹ gleichzusetzen. So hat beispielsweise James K. Lyon in einer eigenen Monographie Kiplings Bedeutung für den jungen Brecht herausgestellt und dabei unter anderem auf die den beiden Autoren gemeinsame Distanz zur esoterischen Innerlichkeit und zur lyrischen Gefühlsschwärmerei, auf die Drastik ihrer Sprache, die Plastizität der gestalteten Figuren und Situationen, die Bevorzugung von erzählenden Gedichtformen und Rollenliedern sowie die Vorliebe für exotische Milieus und gesellschaftliche Randfiguren hingewiesen.[47] Demgegenüber macht Wolfgang Pöckl aber zu Recht geltend, dass man die genannten Merkmale der frühen Lyrik Brechts

---

46 Vgl. dazu im Einzelnen das Kapitel 3 »Gott ist tot: Von einer Welt ohne Transzendenz«.
47 Vgl. James K. Lyon: Bertolt Brecht und Rudyard Kipling. Frankfurt a.M. 1976, vor allem S.13–42.

durchweg ebenso gut auf dessen Villon-Rezeption zurückführen könnte.[48] Der Fall zeigt, wie leicht eine im wahrsten Sinne des Wortes eindimensionale Einflussforschung in die Irre gehen kann.

Um derartige Verkürzungen zu vermeiden, orientiert sich die vorliegende Studie in ihrem Aufbau nicht an den verschiedenen Anregern und Vorbildern Brechts; sie verzichtet auch darauf, etwa die Beschäftigung des Dichters mit ostasiatischer Literatur oder mit der Kunst der Antike systematisch zu rekonstruieren. Bevorzugt wird statt dessen eine Gliederung nach thematischen Schwerpunkten, die in lockerer chronologischer Reihung aufeinander folgen und jeweils wichtige Etappen und Kristallisationskerne der Brecht'schen Lyrik vom Ersten Weltkrieg bis zu den letzten Jahren in Ostberlin abhandeln. Eine solche Einteilung bietet den Vorteil, dass sie Übersicht schafft und Zusammenhänge erhellt, den Interpreten jedoch nicht dazu nötigt, sämtliche Werke und Werkgruppen unter ein einziges übergreifendes Gesetz zu subsumieren und dem Autor etwa eine streng teleologische Entwicklung zu unterstellen. Aus diesem Grunde kommt den einzelnen Abschnitten des Buches auch eine gewisse Selbständigkeit zu; gelegentliche Querverweise sollen auf Bezüge aufmerksam machen und die Orientierung erleichtern. Zusätzliche Kapitel wären ohne weiteres denkbar gewesen, aber eine erschöpfende Darstellung des ja schon in rein quantitativer Hinsicht gewaltigen lyrischen Werkes von Bertolt Brecht konnte ohnehin nicht angestrebt werden. Es ist daher zu hoffen, dass sich der Leser durch das hier gebotene Material an Texten und Interpretationen auch zu eigenständigen Erkundungen angeregt fühlt, die den Horizont dieser Arbeit überschreiten.

Die Gedichte werden – im Einklang mit der Poetik ihres Verfassers – nicht als Gefühlsaussprache des Individuums Brecht oder als biographische Zeugnisse, sondern als künstlerisch geformte Erkundung von *Haltungen* aufgefasst, die Menschen im Umgang miteinander und mit ihrer Lebenswelt einnehmen können. Da diese Haltungen stets durch gesellschaftliche Rahmenbedingungen und politische Konstellationen mitbestimmt sind, nehmen die Kapitel immer wieder Bezug auf die Zeitgeschichte und auf Brechts persönliche Erfahrungen in und mit dieser Geschichte. Die Lyrik des Dichters ist zwar keine bloße Abbildung seiner von katastrophalen Brüchen und Verwerfungen geprägten Epoche, wohl aber eine produktive Auseinandersetzung mit ihr – den entscheidenden »Unterschied [...] zwischen ›widerspiegeln‹ und ›den Spiegel vorhalten‹« betont Brecht selbst in einer auf die Lyrik gemünzten Journal-Notiz (26, S. 418) – und müsste deshalb ohne ihren historischen Hintergrund in weiten Teilen unverständlich bleiben.

Angesichts der Entwicklung und des Schicksals seiner real existierenden Ausprägung hat sich unser Bild des Sozialismus inzwischen grundlegend gewandelt, und der Kapitalismus ist im frühen 21. Jahrhundert ebenfalls nicht mehr derselbe wie zu Brechts Zeiten; die Klassenstrukturen der westlichen Gesellschaften und ihre sozialen Konflikte zeigen heute ein anderes Gesicht als vor sechzig oder achtzig Jahren. Viele der von Brecht vertretenen Positionen und Thesen erscheinen uns daher zweifellos unzeitgemäß. Andererseits stößt man bei der Lektüre seiner Werke auch immer wieder auf Themen, Fragen und Einsichten von überraschender Aktualität. Und was in jedem

---

48 Vgl. Wolfgang Pöckl: Formen produktiver Rezeption François Villons im deutschen Sprachraum. Stuttgart 1990, S. 344–348.

Fall nach wie vor als wegweisend angesehen werden kann, ist die kritisch reflektierende Haltung, die dieser Autor mit seinem Schreiben zu vermitteln sucht. Sein Beharren auf nüchterner Distanz und sein emphatisches »Lob des Zweifels« – so der Titel eines Gedichts aus den späten dreißiger Jahren – konnten ihn zwar nicht immer vor blinden Flecken und dogmatischer Verhärtung bewahren, doch lässt sich jene genuin aufklärerische Grundeinstellung, konsequent durchgeführt, gegebenenfalls auch gegen ihn selbst wenden: Sie erlaubt es gleichsam, mit Brecht über Brecht hinauszugehen. Es gilt also, in einen konstruktiven Dialog mit seinen Texten einzutreten und sie, seiner eigenen Empfehlung für die Behandlung lyrischer Werke folgend, ohne falsche Scheu und übertriebene Pietät, aber mit genussvoller Neugier zu ›zerpflücken‹, wobei man sich darauf verlassen kann, dass ihnen dieses Verfahren keinen Schaden zufügt. Walter Benjamin charakterisierte das Verhältnis seines Freundes zu den großen künstlerischen Leistungen der Vergangenheit einmal als »Huldigung voller Vorbehalte«[49], und an diesem Leitbild soll sich im Folgenden auch die wissenschaftliche Beschäftigung mit Brechts Gedichten orientieren. Ihm wäre das vermutlich recht gewesen.

---

49 Walter Benjamin: Kommentare zu Gedichten von Brecht. In: ders.: Gesammelte Schriften. Bd. II.2. Hrsg. von Rolf Tiedemann und Hermann Schweppenhäuser. Frankfurt a.M. 1977, S.539–572, hier S.562.

Kapitel 2
Der junge Brecht und der Erste Weltkrieg

Am 8. Juni 1935 wurde dem Dichter Bertolt Brecht, der seit über zwei Jahren im Exil lebte, die deutsche Staatsbürgerschaft aberkannt. Im *Deutschen Reichsanzeiger und Preußischen Staatsanzeiger* fand sich sein Name auf einer Liste mit Personen, die nach Auffassung der nationalsozialistischen Machthaber »durch ein Verhalten, das gegen die Pflicht zur Treue gegen Reich und Volk verstößt, die deutschen Belange geschädigt« hatten, und in der detaillierteren Begründung hieß es, dass Brechts »Machwerke, in denen er unter anderem den deutschen Frontsoldaten beschimpft«, die »niedrigste Gesinnung« verrieten.[1] Ohne Zweifel ist hier vor allem die *Legende vom toten Soldaten* gemeint, die bis heute zu Brechts bekanntesten Schöpfungen zählt und ihren Verfasser bereits in den zwanziger Jahren zu einem prominenten Hassobjekt der nationalistischen Rechten in Deutschland gemacht hatte. In einem lyrischen Text der Exilzeit führt er selbst dieses frühe Werk als Grund für seine Vertreibung aus der Heimat an:

> Als ich ins Exil gejagt wurde
> Stand in den Zeitungen des Anstreichers
> Das sei, weil ich in einem Gedicht
> Den Soldaten des Weltkriegs verhöhnt hätte.
> Tatsächlich hatte ich im vorletzten Jahr dieses Kriegs
> [...]
> In einem Gedicht beschrieben, wie
> Der gefallene Soldat ausgegraben wurde und
> Unter der jubelnden Beteiligung aller Volksbetrüger
> Aussauger und Unterdrücker wieder
> Zurück ins Feld eskortiert wurde. [...]
> (14, S. 185 f.)[2]

Wann die *Legende* entstanden ist, lässt sich nicht mehr genau feststellen, zumal Brecht aus der Erinnerung heraus unterschiedliche Angaben dazu machte. Die zitierten Verse sprechen vom »vorletzten Jahr« des Weltkriegs, während in einem Manuskript aus der Mitte der dreißiger Jahre zunächst ebenfalls von 1917, wenig später aber vom »Frühjahr 1918« die Rede ist (22.1, S. 138 f.). Doch in jedem Fall stellt die furiose Antikriegsballade nur das letzte Glied in einer langen Kette von Gedichten dar, die Brecht, der übrigens vom Fronteinsatz verschont blieb, seit August 1914 aus Anlass und vor dem Hintergrund des Weltkriegs verfasste. Er hatte sich freilich schon früher literarisch betätigt – das Tagebuch von 1913 enthält zahlreiche Gedichte des Fünfzehnjährigen, und einige lyrische Arbeiten wurden damals in der Schülerzeitung *Die Ernte* abgedruckt, die Brecht zu einem guten Teil mit seinen Beiträgen bestritt. Der Kriegsausbruch bot dem jungen Poeten aber die Chance, ein Publikum anzusprechen, das weit über die begrenzte schulische Leserschaft hinausreichte, weil die aktuellen Ereignisse insbeson-

---

1 Werner Hecht: Brecht Chronik. 1898–1956. Frankfurt a.M. 1997, S. 447.
2 »Anstreicher« ist eine verächtliche Bezeichnung für den verhinderten Maler Hitler, die Brecht häufig verwendet.

dere bei den Zeitungen in Deutschland einen enormen Bedarf an patriotischen Kundgebungen in Vers und Prosa weckten. So brachte Brecht eine Anzahl einschlägiger Gedichte in den *Augsburger Neuesten Nachrichten* und in der *München-Augsburger Abendzeitung* unter, wo er überdies mehrere »Kriegsbriefe« und andere kleine Aufsätze publizierte, bis die Reihe seiner Veröffentlichungen im Sommer 1915 zunächst abbrach.

Spätestens im Jahr darauf war bei ihm keine Spur von Kriegsbegeisterung und patriotischem Überschwang mehr zu entdecken, wie eine der berühmtesten Episoden aus seiner Biographie belegt. Vor die Aufgabe gestellt, in einem Schulaufsatz den Ausspruch des Horaz vom ›süßen und ehrenvollen Tod für das Vaterland‹ zu kommentieren[3], schrieb Brecht nach der Erinnerung eines Freundes ungefähr folgende Überlegungen nieder:

> Der Ausspruch, daß es süß und ehrenvoll sei, für das Vaterland zu sterben, kann nur als Zweckpropaganda gewertet werden. Der Abschied vom Leben fällt immer schwer, im Bett wie auf dem Schlachtfeld, am meisten gewiß jungen Menschen in der Blüte ihrer Jahre. Nur Hohlköpfe können die Eitelkeit so weit treiben, von einem leichten Sprung durch das dunkle Tor zu reden, und auch dies nur, solange sie sich weitab von der letzten Stunde glauben. Tritt der Knochenmann aber an sie selbst heran, dann nehmen sie den Schild auf den Rücken und entwetzen, wie des Imperators feister Hofnarr bei Philippi, der diesen Spruch ersann.[4]

Skepsis gegenüber der wilhelminischen Ideologie, die in dem damals schier allgegenwärtigen Horaz-Zitat einen prägnanten Ausdruck fand, verband sich augenscheinlich mit der Lust an der Provokation, die auch wunschgemäß gelang, denn das entrüstete Lehrerkollegium hätte den Urheber dieser Ungeheuerlichkeiten um ein Haar der Schule verwiesen.

Die von manchen Forschern vertretene These, dass die nationalistische Euphorie des Kriegsausbruchs bei Brecht Schritt für Schritt durch eine kritische Sicht auf den Chauvinismus und Militarismus des Kaiserreichs abgelöst worden sei[5], ist jedoch mit Vorsicht zu betrachten, da schon die Publikationen von 1914/15 durchaus kein eindeutiges Bild bieten. Zwar begegnen in den Prosa-Aufsätzen viele phrasenhafte patriotische Betrachtungen, etwa über die »geistige Macht« und die »Größe« Kaiser Wilhelms II. (21, S.12), doch alles in allem dominieren dort nachdenkliche und gedämpfte Töne. Statt das Geschehen an der Front unmittelbar zu thematisieren, beschäftigt sich Brecht lieber mit der Lage und der Atmosphäre in der Heimat, und wenn er beispielsweise auf den Jubel nach einer Siegesmeldung die Schilderung von Sorge, Elend und Kummer um die Gefallenen folgen lässt, gelingen ihm eindringliche Im-

---

3 Horaz: Oden III, 2, 13: »Dulce et decorum est pro patria mori« (Quintus Horatius Flaccus: Oden und Epoden. Hrsg. und übersetzt von Gerhard Fink. Düsseldorf u.a. 2002, S.136).
4 Werner Frisch und K.W. Obermeier: Brecht in Augsburg. Erinnerungen, Dokumente, Fotos. Berlin 1997, S.109. – Brecht spielt auf das Geständnis des römischen Dichters an, sich in der Schlacht von Philippi den Gefahren des Kriegshandwerks durch weise Flucht entzogen zu haben (Oden II, 7). Die biographische Verlässlichkeit dieses Bekenntnisses ist freilich umstritten.
5 So macht Herbert Frenken bei dem jungen Dichter »eine allmähliche Entwicklung von der vorbehaltlosen Kriegsbejahung über das zunehmende Entsetzen vor den Schrecken des Krieges bis zum letztlichen Verstummen« aus (Das Frauenbild in Brechts Lyrik. Frankfurt a.M. u.a. 1993, S.146). Noch pointierter formuliert Edgar Marsch: Brecht-Kommentar zum lyrischen Werk. München 1974, S.81: »Die Begeisterung weicht dem Entsetzen.«

pressionen seiner Zeit (21, S.21 f.). Ein Blick auf die Gedichte, veröffentlichte wie unveröffentlichte, führt zu einem ähnlichen Ergebnis. Nur selten artikuliert sich hier eine ungebrochene, überschwängliche Begeisterung wie in *Dankgottesdienst*, wo ein »Siegsonntag« gefeiert wird (13, S.71). Leitmotive dieser Lyrik sind vielmehr von Anfang an Sterben, Tod und Totengedenken. Sie werden häufig in feierlichem Tonfall gestaltet und in religiös stilisierte Szenen eingebunden, die auf Rechtfertigung und Sublimierung zielen – so in *Der heilige Gewinn*, *Hans Lody*, *Karfreitag* und *Karsamstagslegende* –, aber es gibt auch Texte wie *Der Fähnrich* oder *Der Tsingtausoldat*, die in krasser Form alle Klischees vom Heldentod fürs Vaterland durchbrechen. Das komplexe Niveau literarischer Gestaltung, auf dem sich Brecht schon in diesen Jahren mitunter bewegte, soll am Beispiel eines Gedichts erläutert werden, das im November 1914 entstand und am 2. Dezember in der literarischen Beilage der *Augsburger Neuesten Nachrichten* erschien:

Moderne Legende

Als der Abend übers Schlachtfeld wehte
Waren die Feinde geschlagen.
Klingend die Telegraphendrähte
Haben die Kunde hinausgetragen.

Da schwoll am einen Ende der Welt
Ein Heulen, das am Himmelsgewölbe zerschellt
Ein Schrei, der aus rasenden Mündern quoll
Und wahnsinnstrunken zum Himmel schwoll.
Tausend Lippen wurden vom Fluchen blaß
Tausend Hände ballten sich wild im Haß.

Und am andern Ende der Welt
Ein Jauchzen am Himmelsgewölbe zerschellt
Ein Jubeln, ein Toben, ein Rasen der Lust
Ein freies Aufatmen und Recken der Brust.
Tausend Lippen wühlten im alten Gebet
Tausend Hände falteten fromm sich und stet.

In der Nacht noch spät
Sangen die Telegraphendräht
Von den Toten, die auf dem Schlachtfeld geblieben – –
Siehe, da ward es still bei Freunden und Feinden.

Nur die Mütter weinten
Hüben – und drüben.
(13, S.73 f.)

Die Versgruppen bilden zwei große Blöcke, die jeweils durch eine Zeitangabe eingeleitet werden. Der erste (»Als der Abend übers Schlachtfeld wehte ...«) konfrontiert in präziser Parallelführung Besiegte und Sieger, Wut und Jubel miteinander. Es werden weder Namen genannt noch etwa bestimmte Nationen ins Spiel gebracht: Brecht entwirft eine typische und jederzeit wiederholbare Situation, eine Grundkonstellation des (modernen) Krieges mit exemplarischem Anspruch, die sich merklich von der zeitüblichen hymnischen Verklärung des stets siegreichen Deutschlands unterscheidet. Der Dichter führt auch keine klar konturierten Einzelpersonen vor, sondern nur die leidenschaftlichen Ausbrüche fanatisierter Massen, die das gewählte Vokabular wie Irrsinnige oder gar wie Tiere erscheinen lässt, gleichsam als bloße Ballungen von Affekten. Der zweite Abschnitt (»In der Nacht noch spät ...«) verschiebt die Perspektive, indem er die Totenklage bei *beiden* Parteien ins Blickfeld rückt. Der zuvor dominierende Gegensatz zwischen Siegern und Verlierern wird damit abgelöst durch einen ganz anderen, nämlich den zwischen der Raserei ungezügelter Emotionen im ersten und der stillen Trauer der Hinterbliebenen im zweiten Teil. Nicht von ungefähr treten mit den weinenden Müttern jetzt erstmals Gestalten in Erscheinung, die tatsächlich als Menschen kenntlich sind.

In *Moderne Legende* zeichnet sich eine Strategie ab, die Brecht später noch häufig verwenden und zu einem zentralen Argumentations- und Darstellungsschema seiner politisch eingreifenden Werke machen sollte – die Relativierung nationaler Gegensätze zugunsten eines desillusionierenden Blicks auf die Leidtragenden von Kriegen, die sich auf beiden Seiten der Front gleichermaßen finden. Was der Marxist Brecht in den Gegensatz von ›Oben‹ und ›Unten‹, von Nutznießern und Opfern militärischer Auseinandersetzungen fassen wird, ist in dem frühen Gedicht noch vorrangig stimmungsmäßig begründet und nicht gesellschaftlich konkretisiert, aber bereits hier zeigt sich die Fähigkeit des Autors, konventionelle Denkschablonen aufzulösen und ungewohnte Sichtweisen zu präsentieren. Und noch in einem weiteren Punkt wird schon 1914 ein Vorklang von Späterem greifbar, denn während andere familiäre Verhältnisse bei Brecht kaum eine Rolle spielen, bilden Mutter-Kind-Bindungen, und zwar in aller Regel solche zwischen Mutter und *Sohn*, ein Kernthema seines dramatischen und lyrischen Schaffens.[6] Sie sind in ihrer Eigenart stets von den jeweiligen historischen Umständen, von sozialen Konstellationen und vom Klassenkampf geprägt – das Paradebeispiel auf dem Gebiet der Lyrik stellen die *Wiegenlieder* aus *Lieder Gedichte Chöre* dar, in denen sich eine proletarische Mutter an ihren Sohn wendet –, aber nicht selten werden sie zugleich zu einem Idealbild des zwischenmenschlichen Umgangs stilisiert, weil sie in den Augen des Dichters Humanität am reinsten zum Ausdruck bringen, wie es noch das späte Gedicht *Glücklicher Vorgang* lakonisch und prägnant demonstriert.[7] In *Moderne Legende* fungieren die um ihre gefallenen Söhne weinenden Mütter als archetypische Repräsentanten echten und tiefen menschlichen Empfindens, das dem Toben der entfesselten Leidenschaften gegenübergestellt wird, und auch darüber hinaus ist es auffällig, wie häufig Brecht in seiner frühen Kriegslyrik das Mutter-Sohn-Thema aufgreift, um es mit dem des Sterbens zu verknüpfen.

Die Heterogenität, ja Widersprüchlichkeit dieser Lyrik wird sichtbar, wenn man *Moderne Legende* im Kontext der in unmittelbarer zeitlicher Nachbarschaft entstandenen Gedichte betrachtet. Man lese zum Vergleich nur folgende Strophe aus *Der heilige Gewinn*, die keines Kommentars bedarf:

---

6 Psychobiographisch interessierte Studien verweisen in diesem Zusammenhang auf Brechts innige Beziehung zu seiner im Jahre 1920 verstorbenen Mutter, die eine Gemengelage von Ablösungsbestrebungen, Verlustangst und Verschmelzungssehnsüchten mit sich gebracht habe. Vgl. unter anderem Hans A. Hartmann: Von der Freundlichkeit der Weiten oder Auf der Suche nach der verlorenen Mutter. Der junge Brecht. In: Bertolt Brecht – Aspekte seines Werkes, Spuren seiner Wirkung. Hrsg. von Helmut Koopmann und Theo Stammen. München ²1994, S. 31–83. Derartige Phänomene werden in dem Kapitel 4 »Entgrenzungen: Die bergende und verschlingende Natur« noch einmal eine Rolle spielen.
7 Einen breiten Überblick über die Mutterfiguren in Brechts lyrischem Werk und ihren Wandel von den frühen Kriegsgedichten bis zu den klassenkämpferischen Texten der marxistischen Phase bietet Frenken: Das Frauenbild in Brechts Lyrik, S. 124–175.

> Das ist so schön, schön über all' Ermessen
> Daß Mütter klagelos die Söhne sterben sehn
> Daß alle *ihre* Sorgen still vergessen
> Und um des Großen Sieg nun beten gehn.
> (13, S.71)

Zwar ist dieses Gedicht schon kurz nach Kriegsbeginn geschrieben worden, aber der Lobpreis des Opfermuts im Dienste vermeintlich höherer Werte findet sich ebenso in Texten aus dem Jahr 1915, zum Beispiel in *Karfreitag*, wo – im Rahmen des Gedenkens an die Kriegstoten und unter Anspielung auf den Opfertod Christi – mit bewunderndem Staunen festgestellt wird, »daß es Dinge gibt, für die man sterben kann« (13, S.79). Und während Brecht in *Moderne Legende* die Nennung konkreter Kriegsparteien sorgsam vermeidet und den Blick ganz auf das Leid und die Trauer richtet, die allen Betroffenen gemeinsam sind, stimmt er in *Der belgische Acker* »Gesänge von Deutschlands siegender Größe« an (S.84), die von einem schwer erträglichen nationalen Pathos triefen.

Auffallende Diskrepanzen zeigen sich auch bei einer Analyse der sprachlichen Gestaltung dieser Gedichte. Zu Unrecht nennt Klaus Schuhmann die Ausdrucksweise der *Modernen Legende* konventionell und ungelenk[8]; die Verse zeugen vielmehr von einer äußerst souveränen und wohlkalkulierten Handhabung stilistischer Techniken. Die beiden sechszeiligen Strophen im ersten Teil sind zwar im hyperbolisch-expressiven Gestus des gefühlsmäßigen Überschwangs gehalten, doch dieser Gestus wird lediglich herbeizitiert, damit er in einen umso wirkungsvolleren Kontrast zu der schlichten, knappen Schlusswendung treten kann, die ihn als fragwürdig und im buchstäblichen Sinne unmenschlich entlarvt: »Nur die Mütter weinten / Hüben – und drüben.« In *Dankgottesdienst* dagegen drückt Brecht den Taumel der Siegesfeier in ganz ähnlichen bombastischen Wendungen aus, ohne ihren hymnischen Tenor auch nur andeutungsweise zu brechen:

> [...]
> Viel hundert Gesichter schauen empor
> Verklärt von der Freude Gold.
> Viel hundert Stimmen erbrausen im Chor
> Wie das stürmt und jauchzt, wie wenn es empor
> Zum Himmel sich schwingen wollt.
> Sieg, Sieg! Das ist's, was die Orgel rollt.
> [...]
> (13, S.71)

Der Redegestus, der in *Moderne Legende* ein einmontiertes Zitat darstellt, bildet hier also die ›eigentliche‹ Sprache des Gedichts. Und während die *Legende* mit den unreinen Reimen der letzten vier Verse auch auf formaler Ebene jene Versöhnung mit Leid und Tod verweigert, die konventionelle Kriegsgedichte durch den Hinweis auf das Wohl des Vaterlandes und den Willen Gottes zu suggerieren pflegen, praktiziert Brecht beispielsweise in *Der heilige Gewinn* selbst eine Art ästhetischer Versöhnung, die mit formaler Glätte und Geschlossenheit den Zynismus des Opferdiskurses kaschiert.

---

8 Vgl. Klaus Schuhmann: Der Lyriker Bertolt Brecht. 1913–1933. Berlin (Ost) 1964, S.14.

Es dürfte aussichtslos sein, aus dem Korpus der frühen Weltkriegsgedichte eine plausible Entwicklung von Brechts Anschauungen über Krieg, Heldentod und Vaterland ableiten zu wollen. Die Widersprüche lassen sich indes auflösen, wenn man das Vorurteil abstreift, dass sich in solchen Werken unbedingt die tiefsten Überzeugungen ihres Autors aussprechen müssten. Der genannte Themenkomplex scheint Brecht eher als Experimentierfeld gedient zu haben, auf dem er anhand eines höchst aktuellen Gegenstandes unterschiedliche literarische Gestaltungsmöglichkeiten erproben und durchspielen konnte. So verraten seine lyrischen Produktionen aus den Jahren 1914/15 kaum etwas über die persönliche Einstellung des jungen Dichters zum Krieg, dafür aber sehr viel über sein beachtliches Repertoire an Stilmitteln, Formen und Redeweisen. Für die *Moderne Legende* lässt sich sogar der Nachweis führen, dass sie nicht etwa spontaner Betroffenheit, sondern der nüchternen Kalkulation eines hochbewusst verfahrenden Poeten entsprang. Ein Brief vom 10. November 1914 an Caspar Neher enthält eine Skizze des Gedichts, mit der Brecht den zeichnerisch begabten Freund zu einer Illustration animieren wollte; dabei hebt er ganz auf die gedankliche Struktur des Textes ab, die er in ein überschaubares Schema zu fassen versucht (vgl. 28, S.16). Mehr als moralische Urteile oder Appelle an das Mitgefühl der Leser scheint ihn demnach die Frage interessiert zu haben, wie sich ein lyrischer Text effektvoll konstruieren lässt.[9]

Noch das wahrscheinlich 1916 geschriebene, damals aber nicht publizierte Gedicht *Mütter Vermißter*, das einmal mehr die Mutter-Sohn-Thematik in den Mittelpunkt stellt und sie durch die visionäre Verschmelzung des gefallenen Soldaten mit Christus religiös überhöht, zeugt keineswegs von einer dezidierten Kriegsgegnerschaft des Verfassers. Allenfalls empfand er den Krieg bisweilen als störend, weil zum Beispiel Caspar Neher, den er gerne bei sich zu Hause gehabt hätte, um mit ihm künstlerische Projekte auszuhecken, an der Front ausharren musste. Seinen Ärger bringt neben mehreren einschlägigen Briefen auch das Gedicht *Caspars Lied mit der einen Strophe* von 1917 zum Ausdruck. Gleichwohl ist festzuhalten, dass unter Brechts Weltkriegsgedichten jene am gelungensten und eigenständigsten wirken, die das Klischee vom heroischen Opfer für das Vaterland demontieren. Indem der Heranwachsende in *Moderne Legende*, aber auch in *Der Fähnrich* oder *Der Tsingtausoldat* die offizielle Ideologie mit der mörderischen Realität des grausigen Schlachtens konfrontiert, lässt er die gängigen Darstellungs- und Deutungsmuster, die ihm seine Zeit für das Sujet des Soldatentodes zur Verfügung stellte (»Dulce et decorum est ...«), ebenso hinter sich wie die dazugehörigen konventionellen sprachlich-stilistischen Techniken. Nirgends aber tritt Brechts künstlerische Eigenart so eindrucksvoll zutage wie in jener Ballade, von der unsere Überlegungen ausgingen und die sowohl den Abschluss als auch den Höhepunkt der Reihe seiner Kriegsgedichte markiert:

---

9 Nicht zuletzt berücksichtigte Brecht bei der Abfassung seiner Gedichte sicherlich auch die Zeitstimmung, um überhaupt als Dichter an die Öffentlichkeit treten und Gehör finden zu können. Er hat also in vielen Fällen schlicht das Verlangte und Erwartete geliefert. Vgl. dazu Reinhold Grimm: Brechts Anfänge. In: Aspekte des Expressionismus. Periodisierung – Stil – Gedankenwelt. Hrsg. von Wolfgang Paulsen. Heidelberg 1968, S.133–152, hier S.151f.

Legende vom toten Soldaten

1
Und als der Krieg im fünften Lenz
Keinen Ausblick auf Frieden bot
Da zog der Soldat seine Konsequenz
Und starb den Heldentod.

2
Der Krieg war aber noch nicht gar
Drum tat es dem Kaiser leid
Daß sein Soldat gestorben war:
Es schien ihm noch vor der Zeit.

3
Der Sommer zog über die Gräber her
Und der Soldat schlief schon
Da kam eines Nachts eine militär-
ische ärztliche Kommission.

4
Es zog die ärztliche Kommission
Zum Gottesacker hinaus
Und grub mit geweihtem Spaten den
Gefallnen Soldaten aus.

5
Und der Doktor besah den Soldaten genau
Oder was von ihm noch da war
Und der Doktor fand, der Soldat war k.v.
Und er drücke sich vor der Gefahr.

6
Und sie nahmen sogleich den Soldaten mit
Die Nacht war blau und schön.
Man konnte, wenn man keinen Helm aufhatte
Die Sterne der Heimat sehn.

7
Sie schütteten ihm einen feurigen Schnaps
In den verwesten Leib
Und hängten zwei Schwestern in seinen Arm
Und sein halb entblößtes Weib.

8
Und weil der Soldat nach Verwesung stinkt
Drum hinkt ein Pfaffe voran
Der über ihn ein Weihrauchfaß schwingt
Daß er nicht stinken kann.

9
Voran die Musik mit Tschindrara
Spielt einen flotten Marsch.
Und der Soldat, so wie er's gelernt
Schmeißt seine Beine vom Arsch.

10
Und brüderlich den Arm um ihn
Zwei Sanitäter gehn
Sonst flög er noch in den Dreck ihnen hin
Und das darf nicht geschehn.

11
Sie malten auf sein Leichenhemd
Die Farben schwarz-weiß-rot
Und trugen's vor ihm her; man sah
Vor Farben nicht mehr den Kot.

12
Ein Herr im Frack schritt auch voran
Mit einer gestärkten Brust
Der war sich als ein deutscher Mann
Seiner Pflicht genau bewußt.

13
So zogen sie mit Tschindrara
Hinab die dunkle Chaussee
Und der Soldat zog taumelnd mit
Wie im Sturm die Flocke Schnee.

14
Die Katzen und die Hunde schrein
Die Ratzen im Feld pfeifen wüst:
Sie wollen nicht französisch sein
Weil das eine Schande ist.

15
Und wenn sie durch die Dörfer ziehn
Waren alle Weiber da.
Die Bäume verneigten sich. Vollmond schien.
Und alles schrie hurra!

16
Mit Tschindrara und Wiedersehn!
Und Weib und Hund und Pfaff!
Und mitten drin der tote Soldat
Wie ein besoffner Aff.

17
Und wenn sie durch die Dörfer ziehn
Kommt's, daß ihn keiner sah
So viele waren herum um ihn
Mit Tschindra und Hurra.

18
So viele tanzten und johlten um ihn
Daß ihn keiner sah.
Man konnte ihn einzig von oben noch sehn
Und da sind nur Sterne da.

19
Die Sterne sind nicht immer da.
Es kommt ein Morgenrot.
Doch der Soldat, so wie er's gelernt
Zieht in den Heldentod.
(11, S.112–115)[10]

Mit der Behauptung, Brecht habe in diesen Versen den deutschen Soldaten des Weltkriegs verhöhnt, versuchte das NS-Regime lediglich, die Attacke des Gedichts auf jene gesellschaftlichen Mächte und Institutionen, die hinter dem mörderischen Patriotismus und der Kriegstreiberei standen, zu verschleiern. Sie treten, satirisch verzerrt und typisiert, nach und nach auf, um den Soldaten in seinen zweiten Heldentod zu geleiten, so dass weniger ein straffer Handlungsablauf als vielmehr eine Reihung von Einzelelementen die Struktur des Textes bestimmt. Der »Doktor«, der den Leichnam als »k.v.« (kriegsverwendungsfähig) einstuft, steht für die Medizin, aber wohl auch für die Wissenschaft im Allgemeinen, der »Pfaffe« verbürgt den kirchlichen Segen, der »Herr im Frack« darf als Repräsentant des ›national empfindenden‹ Bürgertums verstanden werden – und hinzu kommen nicht nur zahllose weitere Menschen, sondern auch allerlei Tiere, die den unaufhörlich anschwellenden Trubel verstärken: Hier zieht, mitsamt Katzen, Hunden und Ratten, das ganze wilhelminische Deutschland, von nationalistischer Begeisterung buchstäblich besoffen, taumelnd in den Abgrund. Der schon reichlich angefaulte Soldat, notdürftig aufgeputscht durch Alkohol und erotische Verlockungen, verschwindet dabei allmählich unter den verschiedenen Schichten der aufwendigen vaterländischen Inszenierung, deren wahrer Zweck dadurch im Gedicht aufgedeckt wird – sie soll das Grauen von Krieg und Massensterben hinter einer würdigen Fassade verbergen.

Die *Legende* greift aber nicht nur den Irrsinn der Kriegseuphorie und seine ideologischen Stützen an, sie liefert auch eine Satire auf die Tradition patriotischer Balladen, die sich in Deutschland im 19. Jahrhundert breit entfaltet hatte und Krieg und Heldentod verherrlichte, häufig in Verbindung mit jener Frontstellung gegen den ›Erbfeind‹ Frankreich, die bei Brecht von dem deutschnational gesinnten Getier in der vierzehnten Strophe ebenfalls beschworen wird.[11] Dementsprechend verwendet das Gedicht eine verbreitete Balladenform, nämlich die Chevy-Chase-Strophe mit ihrem Wechsel von vier- und dreihebigen Versen, Kreuzreim (der auch unvollständig bleiben kann) und durchgängig männlichen Kadenzen. Sie kam Brecht entgegen, weil sie einfach und sangbar ist – er pflegte seine *Legende* selbst zur Gitarre vorzutragen –, aber zugleich parodiert er sie in drastischer Weise und gibt damit auch die in der literarischen Tradition so häufig mit ihr verknüpften ideologischen Gehalte der Lächerlichkeit preis. Beispielsweise nutzt er die Lizenzen der Chevy-Chase-Strophe, in der die Zahl der Senkungen zwischen den betonten Silben nicht festgelegt ist, um Unregel-

---

10 Es handelt sich hier um die in *Bertolt Brechts Hauspostille* von 1927 abgedruckte Version. Der tote Soldat marschiert in diesem Gedichtband in der fünften Lektion auf, die mit »Die kleinen Tagzeiten der Abgestorbenen« überschrieben ist.
11 Vgl. zu diesen Bezügen Karl Riha: Notizen zur *Legende vom toten Soldaten*. Ein Paradigma der frühen Lyrik Brechts. In: Bertolt Brecht II. Hrsg. von Heinz Ludwig Arnold. München ²1979, S.30–40.

mäßigkeiten zu produzieren und den Rhythmus aufzurauen, ja bisweilen buchstäblich zum Stolpern zu bringen.[12] Auch schräge Reime wie »her« auf »militär-« oder »wüst« auf »ist« und boshafte Verknüpfungen wie »Pfaff« – »Aff« tragen ihren Teil dazu bei, die Absurdität des erzählten Geschehens formal nachzubilden und zu potenzieren.

Bei alledem enthält sich Brecht jeder direkten moralischen Anklage. Zwar zeugt der Text von einem wachen und ausgesprochen kritischen Bewusstsein seines Verfassers, aber er beschränkt sich auf den bloßen Bericht, ohne eine Ebene der Reflexion oder des expliziten Kommentars hinzuzufügen: Die poetische Inszenierung des militärisch-patriotischen Wahnsinns soll in ihrer grotesken Mischung von Komik und Grauen für sich selbst sprechen. Das ist aber schon ganz die typische Haltung auch des späteren Lyrikers Brecht, der das unmittelbare emotionale Engagement zugunsten eines distanzierten ›Zeigens‹ zurücknimmt. Gerade ihre scharf umrissenen, einprägsamen szenischen Bilder heben die *Legende vom toten Soldaten* vorteilhaft von den zeitgenössischen Antikriegsgedichten spätexpressionistischer Autoren ab, die mit ihrem vagen Menschheitspathos und ihrem stilisierten Anklagegestus eher wie forcierte rhetorische Deklamationen wirken.

Vernachlässigt haben wir bislang die Haupt- und Titelfigur des Gedichts, die doch auch eine gebührende Beachtung verlangt, zumal Brecht ihre Opferrolle keineswegs so einfach und eindeutig gestaltet hat, wie es auf den ersten Blick scheinen mag. Wie alle anderen auftretenden Figuren ist der Soldat stark typisiert. Er steht offenbar für sämtliche Frontkämpfer des Weltkriegs, denn schon in der ersten Strophe tritt uns nicht *ein* Soldat, sondern »der« Soldat entgegen, und in der zweiten spricht der Kaiser mit besitzergreifendem Zynismus von »sein[em]« Soldaten. Immerhin bis zum »fünften Lenz« hat dieser prototypische Krieger wacker im Feuer ausgehalten[13], bis es ihm endlich doch zu viel wird. Aber sogar in äußerster Not und angesichts fehlender Aussichten auf Frieden kommt es zu keinem wirklichen Aufbegehren. Indem er sich für den »Heldentod« entscheidet, begeht der Soldat nämlich keinen Ungehorsam, sondern orientiert sich weiterhin an den gängigen patriotisch-militärischen Denkmustern, weshalb der Kaiser auch nicht den Heldentod als solchen, sondern nur den in seinen Augen unerfreulich frühen Zeitpunkt beanstandet – da der Krieg leider immer noch nicht »gar« ist, wird der Soldat weiterhin gebraucht. So belegt gerade der (erste) Tod des Protagonisten, in welchem Maße er die gesellschaftlich definierten Anforderungen seiner Rolle verinnerlicht hat. Es bietet sich an dieser Stelle ein Seitenblick auf das Gedicht *Der Fähnrich* von 1915 an (13, S. 80 f.), in dem Brecht einen vergleichbaren Vorgang gestaltet, zwar ohne ironische Färbung oder groteske Übersteigerung, aber doch in einer merklich gebrochenen Form, die jede naive Verklärung des Todes auf dem ›Feld der Ehre‹ verweigert. »Mutter … Mutter, ich halt's nicht mehr länger aus«, schreibt der jugendliche Fähnrich von der Front nach Hause, doch statt sich aufzulehnen, tritt er die Flucht nach vorn an:

---

12 In den dreißiger Jahren verwies Brecht in seinem Aufsatz *Über reimlose Lyrik mit unregelmäßigen Rhythmen* mit spürbarem Stolz darauf, dass es in den neunzehn Strophen der *Legende* nicht weniger als »neun verschiedene Rhythmisierungen der zweiten Verszeile« gebe (22.1, S. 358).

13 Der Sinn der Zeitangabe ist unklar. Hat Brecht sich einfach verzählt, oder wollte er das Balladengeschehen bewusst ins Frühjahr 1919 projizieren, das, korrekt berechnet, der »fünfte Lenz« des im August 1914 begonnenen Krieges hätte werden müssen? Vermutlich trifft die erste Erklärung zu, denn für den Abdruck der *Legende* in der Sammlung *Lieder Gedichte Chöre* von 1934 änderte Brecht zu »im vierten Lenz« (11, S. 199) und beseitigte damit die Irritation.

> Und drei Tage drauf, als seine Mutter über dem Brief schon weinte
> Riß er hinweg über Blut und Leibergekrampf
> Den zierlichen Degen gezückt, die Kompagnie zum Kampf
> Schmal und blaß, doch mit Augen wie Opferflammen.
> Stürmte und focht und erschlug, umnebelt von Blut und Dampf
> In trunkenem Rasen – *fünf* Feinde ...
> Dann brach er im Tod, mit irren, erschrocknen Augen, aufschreiend zusammen.

Kritische Distanz zum Verhalten ihres ›Helden‹ legt uns die *Legende vom toten Soldaten* auch sonst nahe, denn Brecht exerziert hier in makabrer Deutlichkeit vor, was man unter dem Schlagwort ›Kadavergehorsam‹ zu verstehen hat. Selbst noch als Leiche kann der Soldat kriegsmäßig marschieren, wenn es befohlen wird und die gewohnte schmissige Musik dazu erklingt. Er wirkt wie eine Maschine, die ohne eigenes Bewusstsein vorprogrammierten Abläufen folgt, und daher bleibt es sich im Grunde gleich, ob er lebt oder tot ist – was wiederum die Frage aufwirft, ob nicht umgekehrt die noch lebenden Soldaten, erfasst vom seelenlosen Mechanismus des Militärapparates, schon so gut wie tot sind. Offensichtlich hat also nicht einmal der Tod den Soldaten zur Einsicht gebracht; »so wie er's gelernt«, zieht er am Ende brav in den zweiten Untergang. Seine fatale Unbelehrbarkeit manifestiert sich formal in der Kreisstruktur der *Legende*, deren letzte Strophe auf die erste zurückweist. Auch diesen Kunstgriff verwendete der Autor später noch mehrfach, besonders in *Mutter Courage und ihre Kinder*, wo die Uneinsichtigkeit der Hauptfigur gleichfalls durch die zirkelförmige Anlage des Werkes ausgedrückt wird. Schon für den toten Soldaten gilt, was Brecht 1949 zu diesem Stück aus der Exilzeit anmerkte: »Wenn jedoch die Courage nichts lernt – das Publikum kann, meiner Ansicht nach, dennoch etwas lernen, sie betrachtend« (23, S. 112).

Wird aber im Text selbst tatsächlich, wie Jürgen Hillesheim annimmt, keine Alternative zu dem traurigen Schicksal des Soldaten angedeutet?[14] Zweifel könnte da schon die Eingangsstrophe wecken, die angesichts der misslichen Ausgangslage des Protagonisten den Sprung in den ruhmreichen Tod eben nicht als *die*, sondern nur als »*seine* Konsequenz« bezeichnet und damit zumindest die Möglichkeit andersartiger Handlungsweisen offenhält. Doch vor allem gilt es nun, die Schlussverse des Gedichts eingehender zu betrachten. Ein hilfreiches göttliches Eingreifen in die Geschicke der Welt ist jedenfalls nicht zu erhoffen, denn einen Beobachter von himmlischer Warte gibt es für Brecht nicht mehr – »oben [...] sind nur Sterne da«.[15] Es folgen aber die vielsagenden Zeilen: »Die Sterne sind nicht immer da. / Es kommt ein Morgenrot.« Dass hier nicht bloß eine banale meteorologische Tatsache konstatiert wird, stellt spätestens das anschließende adversative »Doch« klar, das den fatalen Gehorsamsautomatismus des soldatischen Wiedergängers in einen Gegensatz zu dem angekündigten »Morgenrot« bringt. Nun ist das Morgenrot, das die finstere Nacht vertreibt und den hellen Tag heraufführt, in der politischen Symbolsprache ein gängiges Sinnbild der Revolution. Diese Implikationen des Motivs bestätigt beispielsweise das Stück *Trommeln in der Nacht*, in das Brecht die *Legende* ein oder zwei Jahre nach ihrer Entstehung

---

14 Vgl. Jürgen Hillesheim: Bertolt Brechts Eschatologie des Absurden: Von der *Legende vom toten Soldaten* bis zur *Maßnahme*. In: Freunde, Kollegen, Mitarbeiter. Das Brecht-Jahrbuch 28 (2003), S. 111–132, hier S. 121.
15 Zu Brechts Verabschiedung des religiösen Weltbilds vgl. das folgende Kapitel.

einfügte; sie wird hier im vierten Akt vorgetragen, in dem die Anspielungen auf die revolutionären Kämpfe des Winters 1918/19 besonders zahlreich sind.[16] Und auch später bediente sich Brecht gelegentlich der traditionsreichen Metaphorik, um die Unaufhaltsamkeit des historischen Wandels und die Gewissheit künftiger revolutionärer Veränderungen poetisch zu illustrieren: »Das Große bleibt groß nicht und klein nicht das Kleine. / Die Nacht hat zwölf Stunden, dann kommt schon der Tag« (15, S. 92). In der *Legende vom toten Soldaten* deutet die Ankündigung des Morgenrots zwar nicht für den auf Folgsamkeit dressierten Protagonisten, wohl aber für den Leser auf eine denkbare Durchbrechung des Teufelskreises hin, der den Soldaten gefangenhält.

Die Frage, wie Brecht in dieser Zeit über die Möglichkeit einer Revolution dachte und wie er sich verhielt, als der Umsturz im November 1918 nach dem militärischen Zusammenbruch des Kaiserreichs tatsächlich eintrat, ist schwer zu beantworten, da nur spärliches biographisches Material zur Verfügung steht. Von Oktober 1918 bis Januar 1919 tat Brecht, damals zumindest nominell Medizinstudent, in einem Augsburger Lazarett als Krankenwärter Dienst und amtierte kurzfristig als Soldatenrat, ohne jedoch politisch aktiv zu werden. Möglicherweise war er vorübergehend auch Mitglied der Unabhängigen Sozialdemokratischen Partei (USPD), die sich 1917 wegen ihrer Opposition gegen die Kriegspolitik von der Mutterpartei getrennt hatte. Das kurzlebige Experiment einer bayerischen Räterepublik, das im April 1919 in Augsburg und wenig später in München von Regierungstruppen und Freikorps gewaltsam beendet wurde, konnte er aus nächster Nähe verfolgen. Am 15. April, mitten in der Phase der heftigsten Auseinandersetzungen, schrieb er an seine Geliebte Paula Banholzer:

> Übrigens bin ich vollends ganz zum Bolschewisten geworden. Freilich bin ich gegen jede Gewalt, und da ich hier Einfluß habe, kann ich da einiges tun. Jetzt wird Widerstand mit allen Mitteln organisiert – aber wenn Ihr hört, daß Augsburg nicht gekämpft und Blut vergossen hat, dann kannst Du sicher sein, daß ich, ganz hinten stehend und den meisten unsichtbar, sehr darum verdient bin. Einmal wird die Räterepublik doch durchdringen. (28, S. 81)

Als Dokument seiner politischen Einstellung kann man eine solche Äußerung, in der sich Selbstironie und Großtuerei in kaum durchschaubarer Weise mischen, schwerlich werten, zumal der Schreiber des Briefes gleich darauf mit der bezeichnenden Wendung »Na, zu Wichtigerem!« auf seine persönliche Beziehung zu der Adressatin übergeht. Spätere Aussagen Brechts über seine Haltung in den Jahren zwischen 1917 und 1920 dürfen wiederum nur mit großer Vorsicht herangezogen werden, da sie aus der Perspektive eines Marxisten formuliert sind, der kritisch auf seinen vor-marxistischen Lebensabschnitt zurückblickt. So erklärte er 1953 mit Blick auf das Stück *Trommeln in der Nacht*, das keine klare politische Stellungnahme erkennen lässt, er habe »den vollen Ernst der proletarischen Erhebung des Winters 1918/19« seinerzeit nicht begriffen (23, S. 240), und zwei Jahre später lieferte er in Moskau in seiner Rede zur Verleihung des Stalin-Preises eine auf das sowjetische Publikum berechnete, stark stilisierte Schilderung der Vorgänge jener Monate, ohne seine eigene damalige Position zu berühren (23, S. 345 f.). Den Tatsachen am nächsten kommt wohl die Antwort auf eine Umfrage zum zehnten Jahrestag der Revolution: »Wir alle litten unter einem Mangel an politischen

---

16 Die erste Fassung von *Trommeln in der Nacht* wurde 1919 unter dem unmittelbaren Eindruck der Novemberrevolution geschrieben. Die Publikation erfolgte 1922, verbunden mit der Erstveröffentlichung der *Legende*, deren vollständiger Text im Anhang zum Stück abgedruckt ist.

Überzeugungen und ich speziell noch dazu an meinem alten Mangel an Begeisterungsfähigkeit. [...] Kurz: ich unterschied mich kaum von der überwältigenden Mehrheit der übrigen Soldaten, die selbstverständlich von dem Krieg genug hatten, aber nicht imstande waren, politisch zu denken« (21, S.250f.). Hinzunehmen kann man die Erinnerungen von Hans Otto Münsterer, der über die Ansichten des Augsburger Freundeskreises schreibt: »unser Herz schlägt weit links, wenn auch weniger aus politischer Einsicht als aus jugendlichem Draufgängertum«.[17] Brecht habe zwar über »die Vorzüge des Rätesystems« räsoniert, den »Bolschewismus« aber doch als »Krankheit« bezeichnet, und generell sei die bei den jungen Leuten verbreitete »Sympathie mit den Linksparteien« vorrangig auf ihre anti-bürgerliche Grundeinstellung zurückzuführen gewesen.[18]

Man darf also annehmen, dass Brecht damals noch keine gefestigte politische Anschauung besaß, und es verwundert nicht, dass ihm diese Unentschiedenheit und Zurückhaltung in einer Zeit des revolutionären Umbruchs später ein wenig peinlich war. Doch musste man gegen Ende des Ersten Weltkriegs gar kein überzeugter Sozialist sein, um eine ›revolutionäre‹ Haltung zu kultivieren. Kriegsmüdigkeit und der Wunsch, die für die bedrückenden Verhältnisse verantwortlichen herrschenden Schichten und Gruppen wie die kaiserliche Regierung sowie die despotische Militärhierarchie loszuwerden, beseelten damals viele Menschen in Deutschland und brachten eine ebenso verbreitete wie diffuse linke Gesinnung hervor, die auch ohne parteipolitische Bindung auskam und den Boden für den Novemberumsturz bereitete. Revolution bedeutete für die überwältigende Mehrheit der Deutschen das Ende des sinnlosen Massenmordens auf den Schlachtfeldern, eine Verbesserung ihrer miserablen Versorgungslage und allenfalls noch den Übergang zur parlamentarischen Demokratie, während nur eine kleine Minderheit einer kommunistischen Räterepublik das Wort redete. Die Novemberrevolution war denn auch – zum Leidwesen aller Vertreter der radikalen Linken – in erster Linie eine Bewegung zur Beendigung des Krieges und keineswegs der Versuch, die Grundfesten der gesellschaftlichen Ordnung umzustürzen. Genau hier darf man wohl den etwa zwanzigjährigen Brecht einordnen, und in diesem Sinne lässt sich das verheißene »Morgenrot« in der *Legende vom toten Soldaten* verstehen. Die Ballade wendet sich mit satirischer Schärfe gegen Kaiser, Militär, staatstreues Bürgertum und Kirche und zeigt unmissverständlich, dass ihr Verfasser keinen Respekt mehr vor den maßgeblichen Autoritäten des wilhelminischen Deutschlands empfand; dagegen kann keine Rede davon sein, dass er bereits »bis zur Erkenntnis politisch-ökonomischer Zusammenhänge« vorgestoßen sei.[19]

Über die unmittelbare Anregung zur Abfassung der *Legende* gab Brecht folgende Auskunft:

> Im Frühjahr 1918 durchkämmte der kaiserliche General Ludendorff zum letztenmal ganz Deutschland von der Maas bis an die Memel, von der Etsch bis an den Belt nach Menschenmaterial für seine große Offensive. Die Siebzehnjährigen und die Fünfzigjährigen wurden eingekleidet und an die Fronten getrieben. Das Wort kv, welches bedeutet kriegsverwendungsfähig, schreckte noch einmal Millionen von Familien. Das Volk sagte: Man gräbt schon die Toten aus für den Kriegsdienst. (22.1, S.139)

---

17 Hans Otto Münsterer: Bert Brecht. Erinnerungen aus den Jahren 1917–1922. Zürich 1963, S.99.
18 Ebd., S.131.
19 So Schuhmann: Der Lyriker Bertolt Brecht, S.51.

Hinzu kam jedoch ein ganz konkretes biographisches Moment, das Hillesheim überzeugend rekonstruiert hat.[20] Caspar Neher, der lange Jahre an der Front verbrachte, wurde im Frühjahr 1917 verschüttet, danach aber aufs Neue in den Kampf geschickt – ein Begräbnis mit anschließender ›Auferstehung‹ also, dem Brecht vielleicht die Kernidee zu seinem Gedicht verdankte. Nehers Ausharren im Felde war ihm, wie bereits erwähnt, ohnehin suspekt, und er ermahnte ihn in Briefen immer wieder, seinen Vorgesetzten endlich Urlaub abzuringen und heimzukommen: »Schlag Lärm! Himmelherrgottsackerment, laß doch nicht alles mit Dir anfangen! Ich verbitte mir das!« (28, S. 60) Die Mischung aus Sorge um den Freund und Ärger über dessen Verhalten gehörte demnach wahrscheinlich zu den Entstehungsbedingungen der *Legende*. Im Erstdruck versah Brecht den Text übrigens mit der Anmerkung »Zum Gedächtnis des Infanteristen Christian Grumbeis, geboren den 11. April 1897, gestorben in der Karwoche 1918 in Karasin (Süd-Rußland). Friede seiner Asche! Er hat durchgehalten« (1, S. 232).[21] Diese makabre Fiktion zielt auf Neher, dessen Geburtsdatum Brecht hier eingesetzt hat, und auf seine in den Augen des Dichters höchst unvernünftige Einsatz- und Opferbereitschaft. »Er hat durchgehalten« – man darf hinzufügen: und eben deshalb ist er nun tot. Dass der Hinweis auf die Karwoche die Parodie auf das Ostergeschehen unterstreicht, die Brecht mit der perversen Auferstehung des toten Soldaten nebenbei auch noch geliefert hat, sei nur am Rande erwähnt. Die verklärende Deutung des Heldentodes auf dem Schlachtfeld als Postfiguration der Opfertat Christi, die in den früheren Weltkriegsgedichten Brechts mehrfach begegnet und, wie Peter Paul Schwarz treffend anmerkt, auf die »zweifelhafte Kontamination der nationalen und der religiösen Sinnebene in der Wilhelminischen Ideologie« verweist[22], ist damit endgültig verabschiedet.

Zweifellos geht die *Legende* weit über alle biographisch fassbaren Anlässe hinaus. Aus Caspar Neher wird die prototypische Gestalt des Weltkriegssoldaten schlechthin, den diese Ballade zwar gewiss nicht verunglimpft, wohl aber kritisch und mahnend porträtiert. 1934, im Exil, stellte Brecht das Gedicht an den Anfang seiner antifaschistischen Lyriksammlung *Lieder Gedichte Chöre*, um die Deutschen frühzeitig davor zu warnen, sich, so wie sie's gelernt hatten, auch für einen zweiten Weltkrieg missbrauchen zu lassen. Und noch die kleine Erzählung *Der Soldat von La Ciotat* aus den *Kalendergeschichten* (18, S. 407 f.) beklagt in weiter historischer Umschau die »Geduld« und »Unempfindlichkeit« der einfachen Soldaten aller Epochen und Kulturen, die ihr Leben bereitwillig im Dienst der Herrschenden opfern. Das Entsetzen über »[d]er Völker unerklärliche Geduld« mit ihren ausbeuterischen und kriegslustigen »Herren« (12, S. 262) und der Appell, diese Lethargie endlich zu überwinden, wurden zu Konstanten von Brechts literarischem Schaffen bis in seine letzten Jahre hinein. In der *Legende vom toten Soldaten* hat er sie zum ersten Mal gestaltet – noch nicht untermauert durch die marxistische Lehre vom Klassenkampf, aber in einer poetischen Form, deren polemische Wucht er später nicht mehr übertreffen sollte.

---

20 Vgl. Hillesheim: Bertolt Brechts Eschatologie des Absurden, S. 112–121.
21 In gekürzter Form findet sich der Passus dann auch in der »Anleitung zum Gebrauch der einzelnen Lektionen«, die der *Hauspostille* vorangestellt ist (vgl. 11, S. 40).
22 Peter Paul Schwarz: Brechts frühe Lyrik 1914–1922. Nihilismus als Werkzusammenhang der frühen Lyrik Brechts. Bonn 1971, S. 26. Beispiele sind vor allem *Karfreitag*, *Karsamstagslegende* und auch noch *Mütter Vermißter*.

Kapitel 3
Gott ist tot: Von einer Welt ohne Transzendenz

Nimmt man die Weltanschauung breiter Schichten des wilhelminischen Bürgertums zum Maßstab, in denen Gott, Kaiser und Vaterland als wichtigste Orientierungsgrößen galten, Autoritätshörigkeit gang und gäbe war, patriarchalische Familienstrukturen herrschten und Tugenden wie Fleiß und Disziplin, Ordnung und Sparsamkeit sowie strenge Sexualmoral gepflegt wurden, so kann man Brechts Gedichte aus den Jahren unmittelbar vor und nach dem Ende des Ersten Weltkriegs in einem ganz grundsätzlichen Sinne anti-bürgerlich nennen, da sie all diese Werte und Überzeugungen zum Gegenstand satirischer Attacken machen oder sie mit provozierenden Gegenentwürfen konfrontieren. Exemplarisch sei das *Lied der Galgenvögel* genannt, das die frivolen Lebensmaximen gesellschaftlicher Außenseiter mit spöttischen Invektiven gegen die bürgerliche Ordnung verbindet. Als solche »Galgenvögel«, die gewiss nicht in den Himmel eingehen werden, darauf aber auch gar keinen Wert legen, porträtierte Brecht in Gedichten wie *Von den Sündern in der Hölle* sich selbst und seine Augsburger Freunde, die sich in Abgrenzung vom familiären und schulischen Alltag zu jugendlichen Bohemiens stilisierten. Vorbilder für derartige literarische Selbstinszenierungen boten ihm Dichterkollegen wie François Villon, der französische ›poète maudit‹ aus dem 15. Jahrhundert, und Frank Wedekind, den er kurz vor dessen Tod im März 1918 in München noch persönlich kennenlernte.

Nicht allein das *Lied der Galgenvögel* strotzt nur so von blasphemischem Hohn über das »Abendmahl«, die »Sünden«, das »Kyrieleis«, »Jesus Krist« und den »Vater Eurer, der nicht ist« (11, S.10) – der Absage an den christlichen Glauben und die kirchliche Religiosität kommt in den Gedichten dieser Phase generell eine zentrale Bedeutung zu. Brecht, selbst gutbürgerlicher Herkunft, war durch seine Mutter, die Schule und den Konfirmationsunterricht sorgfältig protestantisch erzogen worden und mit der christlichen Lehre bestens vertraut[1], hatte sich aber während der Kriegszeit in einem Prozess, der für uns nur noch in Ausschnitten fassbar ist, vom Glauben und von der Kirche gelöst. Einen Hinweis darauf lieferte schon im vorigen Kapitel die *Legende vom toten Soldaten*, in der die Position des über den Dingen stehenden göttlichen Beobachters nicht mehr besetzt ist: »Man konnte ihn einzig von oben noch sehn / Und da sind nur Sterne da« (11, S.115). Spätestens von 1917 an und bis in die frühen zwanziger

---

1 Die Studie von Eberhard Rohse: *Der frühe Brecht und die Bibel. Studien zum Augsburger Religionsunterricht und zu den literarischen Versuchen des Gymnasiasten* (Göttingen 1983) informiert im Detail über die Ausrichtung und die Themen des Unterrichts, den Brecht erhielt. Sie arbeitet insbesondere den engen Zusammenhang von religiösem und nationalem Denken heraus, der für die Fächer Deutsch und Religion gleichermaßen prägend war.

Jahre hinein kreist ein beträchtlicher Teil der Brecht'schen Lyrik um die Verlassenheit des Menschen in einer Welt ohne Transzendenz[2]:

> Aber spät am Abend ward mir die Belehrung:
> Daß kein Hahn schreit, wenn ich auch verrecke
> Und daß auch die innerste Bekehrung
> Keinen Gott aus seinem Schlafe weckte.
> (13, S.192)

Die Refrainzeilen des um 1920 entstandenen Gedichts *In den frühen Tagen meiner Kindheit*, aus dem diese Verse stammen, deuten auf eine bestimmte Inspirationsquelle für solche Einsichten hin:

> Darum sagt ich: laß es!
> Rauch den schwarzen Rauch
> Der in kältre Himmel geht; ach sieh ihm
> Nach: so gehst du auch.

Mit dem Rauch als Symbol der Vergänglichkeit und mit der Kälte eines Himmels, der keinen Gott mehr kennt, schließt Brecht an eine Strophe aus Friedrich Nietzsches Gedicht *Der Freigeist* an:

> Nun stehst du bleich,
> Zur Winter-Wanderschaft verflucht,
> Dem Rauche gleich,
> Der stets nach kältern Himmeln sucht.[3]

Der Winter und der wiederholt beklagte Verlust der bergenden »Heimat« stehen in *Der Freigeist* für die Verlorenheit eines Menschen, dem jedes metaphysische Vertrauen abhanden gekommen ist, und verweisen somit auf jenes einschneidende Ereignis der abendländischen Geistesgeschichte, das Nietzsche mit seiner berühmten Formel vom ›Tod Gottes‹ umschrieb. Dass Brecht mit Nietzsches Werk sehr gut vertraut war, hat Reinhold Grimm in einer minutiösen Untersuchung überzeugend nachgewiesen, auch wenn man über manche der von ihm angenommenen intertextuellen Bezüge streiten mag.[4] Die Bedeutung des Philosophen für Brechts Kritik am christlichen Glauben und seine Reflexionen über eine nach-metaphysische Weltsicht darf allerdings, soweit sie grundsätzliche Aspekte betrifft, nicht überschätzt werden. Einige Einzelmotive und gewisse Vorstellungskomplexe, die bei Brecht in diesem Zusammenhang begegnen, sind, wie wir noch sehen werden, unzweifelhaft auf Anleihen bei

---

2 Ausmaß und Intensität der Beschäftigung mit diesem Thema lassen erahnen, wie tief sich Brecht davon betroffen fühlte. Bernhard Blume schreibt dazu: »Unüberhörbar auf jeden Fall ist [...] der emotionale Unterton, wenn immer es um religiöse Dinge geht. Man muß daraus schließen, daß die Ablösung von der christlichen Lehre, in der Brecht aufgewachsen war, nicht ohne Konflikte vor sich ging und nicht ohne ein Trauma zu hinterlassen« (Motive der frühen Lyrik Bertolt Brechts. II: Der Himmel der Enttäuschten. In: Monatshefte für deutschen Unterricht, deutsche Sprache und Literatur 57 (1965), S.273–281, hier S.275).
3 Friedrich Nietzsche: Der Freigeist. In: ders.: Sämtliche Werke. Kritische Studienausgabe in 15 Bänden. Hrsg. von Giorgio Colli und Mazzino Montinari. Bd. 11. München 1980, S.329 f., hier S.329. In älteren Ausgaben ist das Gedicht noch *Vereinsamt* überschrieben.
4 Vgl. Reinhold Grimm: Brecht und Nietzsche. In: ders.: Brecht und Nietzsche oder Geständnisse eines Dichters. Fünf Essays und ein Bruchstück. Frankfurt a.M. 1979, S.156–245.

Nietzsche zurückzuführen, aber dessen historisch weit ausgreifende Diagnose, die das Christentum zu einem Phänomen der Dekadenz und zu einer förmlichen Verschwörung der Schwachen, Zukurzgekommenen und Entarteten gegen alles Starke und Vornehme, ja gegen den Lebenswillen selbst erklärt, findet in Brechts Schriften keinen Widerhall.[5]

1920 notierte Brecht:

> Ich habe immer, wenn ich Leute sah, die vor Schmerz oder Kummer die Hände rangen oder Anklagen ausstießen, gedacht, daß diese den Ernst ihrer Situation gar nicht in seiner ganzen Tiefe erfaßten. Denn sie vergaßen vollständig, daß nichts half, es war ihnen noch nicht klar, daß sie von Gott nicht nur verlassen oder gekränkt waren, sondern daß es überhaupt keinen Gott gab und daß ein Mann, der, allein auf einer Insel, Aufruhr macht, wahnsinnig sein muß. (26, S.115)

An solche Überlegungen anknüpfend, suchte er die Religion psychologisch zu begreifen, indem er sie auf die verzweifelten Versuche der Menschen, sich über ihre Unbehaustheit in der Welt hinwegzutäuschen, zurückführte. Schon 1919 formulierte er drastisch: »Als die wimmelnde Masse der Wesen auf dem fliegenden Stern sich kennengelernt und ihre unbegreifliche Verlassenheit empfunden hatte, hatte sie schwitzend Gott erfunden, den niemand sah, also daß keiner sagen konnte, es gäbe ihn nicht, er habe ihn nicht gesehen« (21, S.43), und zwei Jahre später schrieb er: »Fast alle bürgerlichen Institutionen, fast die ganze Moral, beinahe die gesamte christliche Legende gründen sich auf die Angst des Menschen, allein zu sein, und ziehen seine Aufmerksamkeit von seiner unsäglichen Verlassenheit auf dem Planeten, seiner winzigen Bedeutung und kaum wahrnehmbaren Verwurzelung ab« (26, S.242).

Wer die tröstlichen Illusionen eingebüßt und den durch die religiösen Dogmen abgesteckten Orientierungsrahmen verlassen hat, ist der Sinnlosigkeit und der grenzenlosen Einsamkeit der menschlichen Existenz schutzlos ausgeliefert. In eine solche Lage gerät schon der Tsingtausoldat aus dem gleichnamigen Gedicht von 1915, der sich »von Gott und dem Teufel verraten« wähnt (13, S.85) – nicht nur die Hoffnung auf Erlösung, sondern das ganze metaphysische ›Koordinatensystem‹ ist dahin. Ebenso ergeht es Evlyn Roe, die ihre Unschuld hingegeben hat, um »ins heil'ge Land« zu gelangen, und als fromme Sünderin nach ihrem Tod weder im Himmel noch in der Hölle Aufnahme findet, weshalb sie in Ewigkeit »durch Wind und Sternenraum« irren muss (13, S.102–104). Auch die Helden der *Ballade von den Abenteurern* sehen sich »aus Himmel und Hölle vertrieben« (11, S.78). Sie alle sind in einem weltanschaulichen Nirwana gefangen, ähnlich jenen, die der Dichter »tränenlos, stumm und sehr allein« den »Himmel der Enttäuschten« bevölkern lässt (13, S.100 f.).

Bevor er einige Jahre später mit seiner Wendung zum Marxismus neue Wertmaßstäbe übernahm, die zwar nicht mehr metaphysisch verankert waren, aber kaum weniger verpflichtend erschienen als die alten religiösen Lehren, entwickelte Brecht keine

---

5 In der Forschung werden bisweilen gewagte Beziehungen zwischen Brecht und Nietzsche konstruiert, die größtenteils ins Reich der Spekulation gehören. Das gilt zum Beispiel für die These von Jürgen Hillesheim, nach der das gesamte epische Theater maßgeblich durch Nietzsches Schrift *Der Fall Wagner* inspiriert wurde (Zwischen »kalten Himmeln« und »schnellen Toden«. Brechts Nietzsche-Rezeption. In: Der Philosoph Bertolt Brecht. Hrsg. von Mathias Mayer. Würzburg 2011, S.175–197). Der schon genannte Aufsatz von Grimm hebt sich mit seiner differenzierten, sorgfältig abwägenden Argumentation wohltuend von solchen Arbeiten ab.

festgefügte ideologische Haltung, die an die Stelle des Christentums hätte treten können. Die Position, die in den Gedichten um 1920 immer wieder durchgespielt wird, lässt sich mit dem Begriff des Nihilismus bezeichnen, weil sie impliziert, dass es nach dem ›Tod Gottes‹ keine verlässlichen Maßstäbe des Erkennens, Denkens und Handelns und keinen von willkürlichen Menschensatzungen unabhängigen Sinnzusammenhang mehr gibt.[6] Das Gedicht *Den Nachgeborenen* fasst in seinen Schlusszeilen die nihilistische Diagnose in ein prägnantes Bild: »Wenn die Irrtümer verbraucht sind / Sitzt als letzter Gesellschafter / Uns das Nichts gegenüber« (13, S.189). Dringt man durch alle Illusionen hindurch, stößt man nicht etwa auf verborgene absolute Wahrheiten, sondern auf das »Nichts« als letzte und einzige Wirklichkeit.[7]

Angesichts der Fülle polemischer Attacken auf die Religion wirkt es zunächst umso erstaunlicher, dass der Lyriker Brecht gerade in jenen Jahren besonders gerne auf literarische Vorbilder aus der christlichen Sphäre zurückgriff. Das zeigt schon ein flüchtiger Blick in *Bertolt Brechts Hauspostille* von 1927, mit der der Autor eine Auswahl seiner frühen Gedichte in teilweise stark überarbeiteten Fassungen vorlegte. Unter einer Postille verstand man ursprünglich eine Zusammenstellung von Bibelkommentaren, später eine gedruckte Predigtsammlung, in jedem Falle also ein Werk, das für die erbauliche Lektüre der Gläubigen bestimmt war. Mit seiner Titelwahl spielt Brecht überdies direkt auf Martin Luther an, dessen *Hauspostille* weite Verbreitung gefunden hatte. Die Gliederung des Bandes in fünf »Lektionen« und Gattungsbezeichnungen wie »Bittgänge«, »Liturgie«, »Exerzitien«, »Choral« oder »Legende« zitieren religiöse Textsorten und Elemente des kirchlichen Ritus. Die Vorgängerin der *Hauspostille*, die ein Jahr zuvor unter dem Titel *Taschenpostille* in sehr geringer Auflage für den Privatgebrauch des Autors gedruckt worden war, ahmt sogar in ihrer äußeren Aufmachung und ihrem Druckbild die Lutherbibel und christliche Erbauungsschriften nach.

Sicherlich ist bei alledem das parodistische Element in Rechnung zu stellen: Brecht vollzog seine kritische Wendung gegen die biblisch-christliche Gedankenwelt unter anderem dadurch, dass er die einschlägigen formalen und sprachlichen Kunstmittel zweckentfremdete und mit völlig neuartigen, höchst unchristlichen Inhalten verband. Andererseits war es gewiss keine bloße Ironie, wenn er 1928 in einer Umfrage ausgerechnet die Bibel zu dem Buch erklärte, das den stärksten Eindruck auf ihn gemacht habe (vgl. 21, S.248). Immerhin zitierte er noch in den späten dreißiger Jahren in dem Aufsatz *Über reimlose Lyrik mit unregelmäßigen Rhythmen* den Spruch »Wenn dich

---

6   Mit dem Problemkreis ›Brecht und der Nihilismus‹ befassen sich vor allem zwei ältere Arbeiten. Peter Paul Schwarz hat in einer monographischen Untersuchung sowohl das ironische Spiel mit Formen und Inhalten des christlichen Glaubens als auch die existenzielle Einsamkeit der Balladenhelden des jungen Brecht auf den Nihilismus als einheitsstiftendes Moment der gesamten frühen Lyrik bezogen (Brechts frühe Lyrik 1914–1922. Nihilismus als Werkzusammenhang der frühen Lyrik Brechts. Bonn 1971). Carl Pietzcker wiederum rekonstruiert Brechts Entwicklung zum Nihilismus, ausgehend von dem Gedicht *Apfelböck oder Die Lilie auf dem Felde*, unter dem Gesichtspunkt der allmählichen Lösung des Dichters vom bürgerlichen Mittelstand (Die Lyrik des jungen Brecht. Vom anarchischen Nihilismus zum Marxismus. Frankfurt a.M. 1974, S.76–154).

7   Die Behauptung von Jan Knopf, dass dieses Gedicht Kritik an den »Verbrechen und Schandtaten« einer heuchlerischen Gesellschaft übe, entbehrt jeder Stütze im Text (Gott ist tot – Mein Gott! Gott im lyrischen Werk des jungen Brecht. In: Der junge Herr Brecht wird Schriftsteller. Das Brecht-Jahrbuch 31 (2006), S.123–132, hier S.124).

dein Auge ärgert: reiß es aus!« aus der Lutherbibel als Paradebeispiel eines gestischen Sprechens, wie es ihm auch für seine Produktion vorschwebte (22.1, S. 36). In der plastischen Formulierungskunst, mit der Luther menschliche Haltungen so meisterhaft zu fixieren und insbesondere Belehrungen und Appelle nachdrücklich zu vermitteln verstand, erblickte der Sprachvirtuose Brecht also in vollem Ernst ein nachahmenswertes Muster, das ihm nicht zuletzt bei seinem Kampf gegen die verschwommene Gefühlsseligkeit weiter Teile der neueren deutschsprachigen Lyrik zugute kam. Grundsätzlich fand er in den für das Gemeindeleben und den Gottesdienst verfassten religiösen Gebrauchstexten eine Spielart der Literatur vor, die strikt auf lebenspraktische Zusammenhänge und Wirkungen ausgerichtet war, statt dem Poeten als Medium weltloser Innerlichkeit und monologischer Ich-Aussprache zu dienen. Nicht in ihrem Aussagegehalt, wohl aber nach Form und Gestus stand sie seinen eigenen poetologischen Konzepten nahe. Es ist deshalb zumindest die halbe Wahrheit, wenn es in einer Notiz von 1927, die wohl einen Entwurf für den Klappentext der *Hauspostille* darstellt, heißt: »Brecht hat die erste Sammlung seiner Gedichte nicht ›Die Hauspostille‹ genannt, um mit der Form der Postille seinen Spott zu treiben, sondern er hält diese Form, die uns aus frühester Jugend bekannt ist, für eine ausgezeichnete, da sie den Inhalt seinem Gebrauchswert nach, den verschiedenen Bedürfnissen der Leser entsprechend, anordnet und bestimmt« (21, S. 202).

Auf welche Weise Brecht Gattungen wie das Kirchenlied und die Predigt für seine Zwecke umfunktionierte, werden wir später an einigen Beispielen studieren. Zunächst soll hier ein Blick auf einen der *Psalmen* geworfen werden, deren Titel ausdrücklich den intertextuellen Bezug zu einer bestimmten biblischen Textsorte herstellt. Diese im Jahre 1920 entstandene Gruppe von Prosagedichten gewann nie eine feste zyklische Gestalt, obwohl die – inkohärente – Nummerierung der einzelnen Stücke auf entsprechende Pläne des Verfassers schließen lässt.[8] Ihre Hauptthemen sind Liebe und Sexualität, ein intensives Lebensgefühl und teils ins Surreale gesteigerte Erfahrungen von Schmerz und Auflösung, doch zumindest in einem Fall ist auf Anhieb auch eine kritische Stoßrichtung gegen die biblischen Vorlagen zu erkennen:

Der 1. Psalm

1
Wie erschreckend in der Nacht ist das konvexe Gesicht des schwarzen Landes!

2
Über der Welt sind die Wolken, sie gehören zur Welt. Über den Wolken ist nichts.

3
Der einsame Baum im Steinfeld muß das Gefühl haben, daß alles umsonst ist.
Er hat noch nie einen Baum gesehen. Es gibt keine Bäume.

4
Immer denke ich: wir werden nicht beobachtet.
Der Aussatz eines einzigen Sternes in der Nacht, vor er untergeht!

---

8 In die *Hauspostille* nahm Brecht keinen seiner *Psalmen* auf. Erst als er 1956 für eine geplante Neuausgabe des Bandes ein revidiertes Inhaltsverzeichnis erstellte, berücksichtigte er drei von ihnen, darunter den im Folgenden zu erörternden Text (vgl. 11, S. 285).

5
Der warme Wind bemüht sich noch um Zusammenhänge, der Katholik.

6
Ich komme sehr vereinzelt vor. Ich habe keine Geduld.
Unser armer Bruder That's-all sagte von der Welt: sie macht nichts.

7
Wir fahren mit großer Geschwindigkeit auf ein Gestirn in der Milchstraße zu. Es ist eine große Ruhe in dem Gesicht der Erde. Mein Herz geht zu schnell. Sonst ist alles in Ordnung.
(11, S.30)

Bei den Psalmen des Alten Testaments handelt es sich um Gebete, Loblieder oder Klagegesänge, die die Existenz des Herrn als unbezweifelbare Tatsache voraussetzen – an ihn sind sie gerichtet. In Brechts Gedicht gibt es dagegen keinen transzendenten Ansprechpartner mehr, weshalb die Wendung des biblischen Psalmisten zu Gott hier durch eine monologische, im Leeren verhallende Rede ersetzt wird.

Im Einzelnen ist der *1. Psalm*, wie Arnold Stadler gezeigt hat, als negatives Gegenstück zum achten Bibelpsalm konzipiert[9], der in hymnischem Ton die heilige Ordnung von Himmel und Erde besingt. Sie wird als sichtbarer Ausdruck der Größe Gottes gefeiert, der jedem Ding und jedem Wesen einen festen Platz zugewiesen und den »mit ehren und schmuck« gekrönten Menschen zum »Herrn« über die ganze Schöpfung eingesetzt hat.[10] Brechts Text folgt dem alttestamentarischen Muster, wenn er die kosmische Vision und die Stellung des Menschen aufeinander bezieht, doch haben sich beide Pole dieser Relation grundlegend verändert. Die »Welt« versteht der moderne Psalmist als rein diesseitigen Raum der menschlichen Existenz, über dem kein Gott im Himmelreich thront: »Über den Wolken ist nichts.« Der Gewissheit des biblischen Psalms, dass Gott sich des Menschen annimmt, steht bei Brecht das Fehlen einer solchen wachenden, schützenden oder auch strafenden Macht gegenüber: »wir werden nicht beobachtet.«[11] Aus dieser Einsicht entspringt das Gefühl tiefer Einsamkeit. Das »sehr vereinzelt[e]« Ich scheint sich mit dem »Baum im Steinfeld« zu identifizieren, für den aufgrund seiner vollkommenen Isolation »Bäume« im Plural ganz unvorstellbar sind.[12]

Dem Sprecher des *1. Psalms* zerfällt der Kosmos, in dem keine göttliche Hand mehr waltet, in Fragmente. Einzig »der warme Wind bemüht sich«, offenbar vergebens, »noch um Zusammenhänge«, was ihm den kurios anmutenden Ehrentitel eines Katholiken einträgt. Dessen Bedeutung erschließt sich erst im Rückgang auf den wörtlichen Sinn

---

9 Vgl. Arnold Stadler: Das Buch der Psalmen und die deutschsprachige Lyrik des 20. Jahrhunderts. Zu den Psalmen im Werk Bertolt Brechts und Paul Celans. Köln u.a. 1989, S. 90–95.
10 Die Bibel wird nach folgender Ausgabe zitiert: D. Martin Luther: Die gantze Heilige Schrifft Deudsch. Wittenberg 1545. Letzte zu Luthers Lebzeiten erschienene Ausgabe. Hrsg. von Hans Volz unter Mitarbeit von Heinz Blanke. Textredaktion Friedrich Kur. Darmstadt 1972.
11 Vgl. auch 26, S.288: »Früher machte mir oft der Gedanke Beschwerde, daß irgendeine unverantwortliche Instanz von einem gewissen Punkt aus mit diesem Planeten operiere, womöglich ohne Sachkenntnis. / Heute beunruhigt mich weit mehr der Gedanke, daß sich nichts mit uns befaßt.«
12 Der Baum als Sinnbild für den Menschen ist ein Motiv, das sich in Brechts früher Lyrik sehr häufig und gelegentlich auch noch in späteren Jahren findet.

des Ausdrucks, denn ›katholisch‹ heißt nichts anderes als ›allumfassend‹.[13] Mit dem »warme[n] Wind«, in dem man des Näheren eine Anspielung auf den Heiligen Geist der christlichen Lehre – das »pneuma«, den göttlichen Hauch – vermuten darf, erinnert der Psalm demnach an die traditionelle und von Brecht wiederholt akzentuierte Funktion des religiösen Denkens, einen übergreifenden Sinnhorizont zu stiften, eben »Zusammenhänge« herzustellen, die dem Menschen Sicherheit und Orientierung gewähren. Das lyrische Ich hat derartige Bemühungen längst als zwecklos durchschaut und bedenkt daher den ›katholischen‹ Wind nur mit spöttischem Mitgefühl.

Von einer ihrer metaphysischen Stützen beraubten Welt lässt sich allenfalls noch sagen: »sie macht nichts« – so die Erkenntnis jenes »arme[n] Bruders That's-all«, der die Resignation schon im Namen trägt.[14] Um demonstrative Gelassenheit bemüht sich auch das sprechende Ich, wenn es mit der Versicherung schließt, es sei »alles in Ordnung«. Der biblische Psalmist hätte das, den Blick auf den von Gott geschaffenen Kosmos gerichtet, noch mit vollem Recht behaupten können, doch bei Brecht wird die Beteuerung durch das unmittelbar vorangestellte Eingeständnis »Mein Herz geht zu schnell« Lügen gestraft. Hinter der zur Schau gestellten Coolness verbirgt sich Besorgnis, vielleicht sogar Angst, wie denn auch schon im ersten Textabschnitt von den Schrecken der Nacht, die kein Gottvertrauen mehr erhellt, die Rede ist. In der schlecht verhohlenen Unruhe des Ich zittert gleichsam der Schock des Metaphysikverlusts nach.[15] Nicht von ungefähr ist die zweifelhafte Maske der Gelassenheit ein wiederkehrendes Motiv in der Brecht'schen Lyrik dieser Jahre. Verwiesen sei nur auf das berühmte Gedicht *Vom armen B.B.*, das die *Hauspostille* abschließt. Hier kündigt der Sprecher an, die vorausgeahnten Katastrophen lässig, eine brennende Virginia im Mund, erwarten zu wollen, obwohl er eingestehen muss, dass er schon jetzt für gewöhnlich »beunruhigt« schlafen geht (11, S.120).

Während der *1. Psalm* konstatiert, dass die Menschheit »nicht beobachtet« wird und somit ganz sich selbst überlassen bleibt, ist es nach christlicher Lehre gerade der Blick des Herrn, der den tieferen Sinn des menschlichen Daseins garantiert. Viele Jahre später legt Brecht in seinem Stück *Leben des Galilei* den Repräsentanten der Kirche dieses Dogma in den Mund, das der Titelheld freilich als bloßes Werkzeug zur Aufrechterhaltung ihrer Macht über das einfache Volk entlarvt. Ein fanatischer alter Kardinal doziert: »Ich bin nicht irgendein Wesen auf irgendeinem Gestirnchen, das für kurze Zeit irgendwo kreist. Ich gehe auf einer festen Erde, in sicherem Schritt, sie ruht, sie ist der Mittelpunkt des Alls, ich bin im Mittelpunkt, und das Auge des Schöpfers ruht auf mir und auf mir allein« (5, S.233). Nüchterner und weniger hochmütig, aber in

---

13 Brecht soll später einmal behauptet haben, »der letzte katholische Schriftsteller« zu sein, womit er sicherlich kein religiöses Bekenntnis ablegen, sondern die Universalität seines literarischen Schaffens herausstreichen wollte (zit. nach Siegfried Melchinger: Drama zwischen Shaw und Brecht. Ein Leitfaden durch das zeitgenössische Schauspiel. Bremen ⁵1963, S.214).

14 Den Spitznamen »That's all« verlieh Brecht seinem Augsburger Freund Georg »Orge« Pfanzelt (vgl. 26, S.171). Bisweilen nannte er sich aber auch selbst so (vgl. 28, S.198).

15 Es ist daher eine unzulässige Vereinfachung, wenn Klaus-Detlef Müller über Brechts frühe Lyrik schreibt: »Atheismus und Nihilismus haben hier nichts Verzweifeltes, sondern vermitteln das Gefühl eines fröhlichen Befreitseins von den Zwängen des Glaubens« (Bertolt Brecht. Epoche – Werk – Wirkung. München 2009, S.26). Tatsächlich lassen die Gedichte eine breite Skala möglicher Reaktionen auf den ›Tod Gottes‹ erkennen.

der Sache übereinstimmend äußert sich der kleine Mönch, der in dieser Auffassung ein Trostmittel erblickt, ohne das die Armen und Elenden die Last ihres Lebens nicht tragen könnten:

> Es ist ihnen versichert worden, daß das Auge der Gottheit auf ihnen liegt, forschend, ja beinahe angstvoll; daß das ganze Welttheater um sie aufgebaut ist, damit sie, die Agierenden, in ihren großen oder kleinen Rollen sich bewähren können. Was würden meine Leute sagen, wenn sie von mir erführen, daß sie sich auf einem kleinen Steinklumpen befinden, der sich unaufhörlich drehend im leeren Raum um ein anderes Gestirn bewegt, einer unter sehr vielen, ein ziemlich unbedeutender! (5, S. 244)

Wie diese Passagen zeigen, korrespondiert der Lehre vom Menschen als dem Augapfel Gottes das geozentrische Weltbild des Mittelalters, nach dem die Erde im Zentrum des Kosmos steht. Aber nicht erst *Leben des Galilei* zeichnet die Erschütterung dieses Gedankengebäudes durch das neue heliozentrische Modell nach, das die Erde mit einem Schlag in eine Randposition verbannt. Bereits im *1. Psalm* hat die fundamentale metaphysische Desillusionierung ihr Pendant im ›kopernikanischen Schock‹, in der bestürzenden Einsicht, dass die Erde ohne jeden Halt durch die Weiten eines unendlichen Weltalls treibt: »Wir fahren mit großer Geschwindigkeit auf ein Gestirn in der Milchstraße zu.« Ungemein plastisch vermittelt dieses Bild das Gefühl des Ausgesetztseins in einem Universum, dessen frühere statische, überschaubare Ordnung unwiderruflich verloren gegangen ist. Jetzt sind die Menschen nur noch der »Aussatz« eines bedeutungslosen Himmelskörpers, der seinerseits auch nicht mehr lange bestehen wird.

In einer großen Abrechnung mit dem Christentum, die er 1920 in seinem Tagebuch festhielt, erwähnt Brecht ebenfalls die »Entdeckung des Kopernikus, die den Menschen dem Vieh näher bringt«, indem sie ihn »aus dem Mittelpunkt in die Statisterie schmeißt« (26, S. 148). Hier klingen wieder Formulierungen Nietzsches an, der in *Zur Genealogie der Moral* schreibt: »Seit Kopernikus scheint der Mensch auf eine schiefe Ebene gerathen, – er rollt immer schneller nunmehr aus dem Mittelpunkte weg – wohin? in's Nichts?« Damit ist auch in Nietzsches Augen »der Glaube an seine Würde, Einzigkeit, Unersetzlichkeit in der Rangabfolge der Wesen […] dahin, – er ist *Thier* geworden«.[16] Der Marxist Brecht deutete die Erkenntnisse der neuzeitlichen Astronomie später ins Positive um und verkündete in *Leben des Galilei* durch den Mund seines Protagonisten ein überschwängliches »kosmisches Glücksgefühl«[17] des modernen wissenschaftlichen Zeitalters: In der Überwindung veralteter Anschauungen und religiöser Illusionen gelange der Mensch zur Mündigkeit und erhebe sich endlich zum Herrn seines eigenen Schicksals. Die um 1920 verfassten Texte erkunden dagegen zunächst einmal die verstörenden Wirkungen der kopernikanischen Wende und des Metaphysikverlusts, die sich in einem fundamentalen Zweifel an der Möglichkeit von normativem Sinn manifestieren. So entfaltet *Psalm 2* die Situation der Menschen nach dem Wegfall der religiösen Gewissheiten, indem er seine Gedankenbewegung in kunstvoller Steigerung vom einleitenden »Niemand weiß sicheres« über das in der Mitte platzierte »Niemand weiß etwas Sicheres« bis zum abschließenden »Niemand weiß irgendetwas Sicheres« führt (13, S. 128). Ein weiteres eindrucksvolles

---

16 Nietzsche: Zur Genealogie der Moral. In: ders.: Sämtliche Werke. Bd. 5. München 1980, S. 245– 412, hier S. 404.
17 Grimm: Brecht und Nietzsche, S. 185.

Beispiel liefert die kleine Erzählung *Die Erleuchtung*, die auch manche Aspekte von Brechts damals entstandenen Gedichten zu erhellen vermag (19, S.158 f.).[18]

Ihrer Hauptfigur, einem anonymen »Mann in mittleren Jahren«, kommen ähnliche Gedanken, wie sie im *1. Psalm* formuliert werden: »Man hat keine Verantwortung, dachte er. Das Gestirn ist rein vorläufig. Es saust mit allerlei andern, einer Reihe von Gestirnzeug, auf einen Stern der Milchstraße zu. Auf einem solchen Gestirn hat man keine Verantwortung, dachte er.« Wo kein Gott mit der kosmischen Ordnung zugleich unantastbare Normen der Wahrheit und der Moral verbürgt, ist das menschliche Dasein rettungslos der Beliebigkeit ausgeliefert. Dem Protagonisten offenbart sich dieser Weltzustand schockartig in der »Geschichte von dem dreizehnjährigen Apfelböck [...], der seine Eltern erschossen hatte« und dann eine volle Woche lang neben den Leichen in der Wohnung hauste (Brecht nimmt damit auf einen authentischen Kriminalfall aus dem Sommer 1919 Bezug, von dem wir bald noch mehr hören werden). Auf einem »Gestirn«, das nicht mehr in göttlicher Obhut steht, geschehen eben auch solche Ungeheuerlichkeiten – und was noch schlimmer ist: Sie sind im Grunde um nichts merkwürdiger als das, was gemeinhin als ›normal‹ betrachtet wird, weil diese Normalität ja auf bloßen Konventionen beruht, auf Übereinkünften zwischen den Menschen, die als rein kontingente Phänomene ohne metaphysische Verankerung prinzipiell immer auch *anders* aussehen könnten. So fällt dem Mann, nachdem er von Apfelböck erzählen gehört hat, beiläufig ein, »daß er morgen den Zahnarzt ohne weiteres töten könne, etwa mit einem Messer. [...] Aber er konnte ihn auch nicht töten.« Was mit dem Einzelnen geschieht und ob er etwas tut oder unterlässt, erscheint unter solchen Umständen völlig gleichgültig: »Wenn ich sterbe, kräht kein Hahn danach. Wenn ich leben bleibe, kräht auch kein Hahn. Ich kann tun, was ich mag, es *kräht* keiner.«[19] Am Ende läuft der Protagonist, nach den gängigen Maßstäben offenkundig wahnsinnig geworden, »laut psalmodierend durch die Straßen«. Warum auch nicht? Freilich könnte er es ebensogut *nicht* tun ...

Der ›Held‹ der Kurzgeschichte erfährt, wenn man die Terminologie von *Den Nachgeborenen* aufnimmt, den Zusammenbruch aller »Irrtümer« und die Konfrontation mit dem dahinter lauernden »Nichts« als eine visionäre »Erleuchtung«, die ihn unter lauter Menschen, die noch nicht sehend geworden sind, zum Außenseiter, zum scheinbar Irrsinnigen stempelt. Einmal mehr liegt in diesem Fall die Anregung durch Nietzsche auf der Hand[20], denn Brechts namenloser Mann ist ein Geistesverwandter jenes »tollen Menschen« aus *Die fröhliche Wissenschaft*, für den die menschliche Existenz mit dem Verschwinden Gottes – »Gott ist todt! Gott bleibt todt!« – jeden verlässlichen Halt verloren hat und der diesen Zustand ebenfalls wieder in kosmischen Bildern beschreibt, die auf die kopernikanische Wende anspielen:

---

18 Der Text wird meist auf 1921 datiert, doch ist nicht auszuschließen, dass er – wie das später zu behandelnde *Apfelböck*-Gedicht – schon 1919 verfasst wurde.
19 Dieses Motiv ist uns schon in dem Gedicht *In den frühen Tagen meiner Kindheit* begegnet (vgl. 13, S.192).
20 Vgl. dazu ausführlich Jürgen Hillesheim: Der Münchner Elternmörder Joseph Apfelböck, der »tolle Mensch« und der »Stückeschreiber«. Ein Aspekt der Nietzsche-Rezeption Bertolt Brechts. In: Heinrich Mann-Jahrbuch 19 (2001), S.159–176, hier S.160–172.

Was thaten wir, als wir diese Erde von ihrer Sonne losketteten? Wohin bewegt sie sich nun? Wohin bewegen wir uns? Fort von allen Sonnen? Stürzen wir nicht fortwährend? Und rückwärts, seitwärts, vorwärts, nach allen Seiten? Giebt es noch ein Oben und ein Unten? Irren wir nicht wie durch ein unendliches Nichts? Haucht uns nicht der leere Raum an? Ist es nicht kälter geworden? Kommt nicht immerfort die Nacht und mehr Nacht?[21]

Auch bei Brecht verbindet sich das nach-metaphysische, nihilistische Bild von der Welt und den Menschen immer wieder mit den Motiven Kälte und Dunkelheit.

Der Fall Apfelböck hatte die Aufmerksamkeit des Autors schon früher geweckt. Im August 1919, unmittelbar nach dem Bekanntwerden der grausigen Tat, entstand sein Gedicht *Apfelböck oder Die Lilie auf dem Felde*, in dem er das »absolute Fehlen von Sinn und Geborgenheit« vorführt[22] und den Leser mit der Erfahrung des Absurden konfrontiert, weil nicht nur Apfelböcks Handeln, sondern auch die poetische Gestaltung des Textes alle Sinn- und Kohärenzerwartungen radikal enttäuscht.

Apfelböck oder Die Lilie auf dem Felde

1
In mildem Lichte Jakob Apfelböck
Erschlug den Vater und die Mutter sein
Und schloß sie beide in den Wäscheschrank
Und blieb im Hause übrig, er allein.

2
Es schwammen Wolken unterm Himmel hin
Und um sein Haus ging mild der Sommerwind
Und in dem Hause saß er selber drin
Vor sieben Tagen war es noch ein Kind.

3
Die Tage gingen und die Nacht ging auch
Und nichts war anders außer mancherlei
Bei seinen Eltern Jakob Apfelböck
Wartete einfach, komme was es sei.

4
Und als die Leichen rochen aus dem Spind
Da kaufte Jakob eine Azalee
Und Jakob Apfelböck, das arme Kind
Schlief von dem Tag an auf dem Kanapee.

5
Es bringt die Milchfrau noch die Milch ins Haus
Gerahmte Buttermilch, süß, fett und kühl.
Was er nicht trinkt, das schüttet Jakob aus
Denn Jakob Apfelböck trinkt nicht mehr viel.

6
Es bringt der Zeitungsmann die Zeitung noch
Mit schwerem Tritt ins Haus beim Abendlicht
Und wirft sie scheppernd in das Kastenloch
Doch Jakob Apfelböck, der liest sie nicht.

---

21 Friedrich Nietzsche: Die fröhliche Wissenschaft. In: ders.: Sämtliche Werke. Bd. 3. München 1980, S. 343–651, hier S. 481.
22 Pietzcker: Die Lyrik des jungen Brecht, S. 96.

7
Und als die Leichen rochen durch das Haus
Da weinte Jakob und ward krank davon.
Und Jakob Apfelböck zog weinend aus
Und schlief von nun an nur auf dem Balkon.

8
Es sprach der Zeitungsmann, der täglich kam:
Was riecht hier so? Ich rieche doch Gestank.
In mildem Licht sprach Jakob Apfelböck:
Es ist die Wäsche in dem Wäscheschrank.

9
Es sprach die Milchfrau einst, die täglich kam:
Was riecht hier so? Es riecht, als wenn man stirbt!
In mildem Licht sprach Jakob Apfelböck:
Es ist das Kalbfleisch, das im Schrank verdirbt.

10
Und als sie einstens in den Schrank ihm sahn
Stand Jakob Apfelböck in mildem Licht
Und als sie fragten, warum er's getan
Sprach Jakob Apfelböck: Ich weiß es nicht.

11
Die Milchfrau aber sprach am Tag danach
Ob wohl das Kind einmal, früh oder spät
Ob Jakob Apfelböck wohl einmal noch
Zum Grabe seiner armen Eltern geht?
(11, S. 42 f.)

Carl Pietzcker hat am Beispiel der ersten Strophe demonstriert, dass in diesem balladesken Gedicht rein gar nichts zusammenpassen will[23]: Lyrischer Ton und Spuren eines gehobenen Stils, Volksliedanklänge und Bibelassoziationen, Rohheit und Sentimentalität, brutale Fakten und kühle Distanz geraten in eine unaufhebbare Spannung. Das ganze Geschehen vom Mord bis zu seiner Aufdeckung läuft im Schein eines verklärenden ›milden Lichts‹ ab, das von den grässlichen Ereignissen ebensowenig getrübt wird, wie sich in der zweiten Strophe die idyllische sommerliche Natur von ihnen stören lässt. Der Schlussvers der Eingangsstrophe klingt überdies, als hätte einfach eine schwere Seuche Jakobs Hausgenossen hinweggerafft, und in der Tat hat der Junge offenkundig »keine Verantwortung«, wie es in *Die Erleuchtung* heißt – er weiß später ja auch kein Motiv für den Doppelmord anzugeben.

Von den Umständen des Kriminalfalls, die er den Zeitungsmeldungen entnehmen konnte, weicht Brecht in auffallender Weise ab.[24] Während der historische Joseph (!)

---

23 Vgl. ebd., S. 81–83.
24 Ausführliche Informationen über den Elternmörder Apfelböck bietet Christian Schoen: Apfelböck oder Über das Töten. Materialien und Essays zum Fall Apfelböck, zu Bertolt Brecht, zum Töten und zu Bildern vom Töten. Mit Beiträgen von Christoph Bachmann und Margit Rosen. München 2005. Hier sind auch die Presseberichte vom August 1919 abgedruckt (S. 88–111). Auszüge aus den »Münchner Neuesten Nachrichten« vom 18., 19. und 20. August finden sich überdies bei Michael Morley: An Investigation and Interpretation of two Brecht Poems. In: Germanic Review 46 (1971), S. 5–25, hier S. 9 f., und bei Helmut Lethen: Apfelböck oder der Familienmord. In: Bertolt Brechts *Hauspostille*. Text und kollektives Lesen. Hrsg. von Hans-Thies Lehmann und Helmut Lethen. Stuttgart 1978, S. 46–73, hier S. 50 f.

Apfelböck zum Tatzeitpunkt bereits sechzehn Jahre zählte, gibt die der *Hauspostille* vorangestellte »Anleitung zum Gebrauch der einzelnen Lektionen« das Geburtsjahr des Protagonisten der Ballade mit 1906 an (vgl. 11, S.39) und macht ihn damit – wie schon die Erzählung *Die Erleuchtung* – zu einem Dreizehnjährigen, wodurch das Grauen und die Unerklärlichkeit der Bluttat noch gesteigert werden. Zudem verwandelt Brecht das beengte proletarische Milieu eines Münchner Arbeiterviertels, in dem sich der Mord ereignete, in eine freundliche, gutbürgerliche Umgebung: Seine Familie Apfelböck bewohnt offenbar ein freistehendes Einfamilienhaus, speist mitunter Kalbfleisch und lässt sich Milch und Zeitung bringen. Insgesamt zeigt der Vergleich mit den Presseberichten, »mit welcher Akribie von Brecht alle Faktoren *vermieden* werden, die eine individual-psychologische oder sozialkritische Analyse ermöglichen würden.«[25] Von den schwierigen Umständen, unter denen Joseph Apfelböck aufwuchs, von materieller Not und Arbeitslosigkeit ist im Gedicht nirgends die Rede, und auch die Streitigkeiten mit den Eltern, darunter die letzte Auseinandersetzung mit der Mutter, die den unmittelbaren Anlass zu der Katastrophe gab, werden ausgespart. So präsentiert der Text das Geschehen als isoliertes pures Faktum, das sich jeder kausalen Erklärung entzieht und jenseits von Psychologie und Moral steht. Verstärkt wird der Effekt durch Haltung und Perspektive des Erzählers. Wenn dieser nüchtern referierende Berichterstatter ausnahmsweise einmal Gefühle zeigt, gilt sein Mitleid paradoxerweise nicht den Opfern, sondern dem Täter, dem »arme[n] Kind«. Und da dessen Inneres dem Leser gänzlich verschlossen bleibt, erfahren wir nie, was Jakob denkt und ob er überhaupt etwas denkt.

Brechts Ballade zersetzt mit ihren spezifischen poetischen Strategien alle Diskurse, die sich in der bürgerlichen Gesellschaft eines solchen Falles bemächtigen, also vornehmlich den journalistischen, den (sozial-)psychologischen und den juristischen. Darüber hinaus löst sie aber auch vertraute literarische Deutungsmuster auf. Wenn die »Anleitung« der *Hauspostille* die Schilderung eines Elternmords ankündigt (vgl. 11, S.39), konnte sich der zeitgenössische Rezipient auf eine Art Moritat gefasst machen, und dieser Gattung, einem volkstümlichen Vorläufer des Zeitungsberichts, ist Brechts Werk seiner äußeren Gestalt nach auch tatsächlich verpflichtet. Doch im Übrigen demontiert der Verfasser sämtliche Elemente der Tradition, hierin Wedekind noch übertreffend, der in seinen Bänkelliedern den Moritatenstil bereits zynisch zu parodieren pflegte. Während die Moritat die Vorbereitung und den Hergang eines Kapitalverbrechens meist ausführlich schildert und sich dabei aller Kunstgriffe bedient, die die Spannung und das Entsetzen des Publikums steigern können, provoziert das *Apfelböck*-Gedicht gerade durch den demonstrativen Verzicht auf dramatischen Aufbau und virtuose Zuspitzung, indem es den Mord gleich zu Beginn in wenigen Worten abtut, um danach nur noch das endlose Einerlei des Wartens zu gestalten, wobei es das Tempo seiner Schilderung bis hin zu einer fast vollkommenen Aufhebung des Zeitablaufs verlangsamt. Auch von den Intentionen der typischen Moritat bleibt nicht das Geringste übrig, da Brechts Strophen weder handfeste Informationen über den aufsehenerregenden Fall vermitteln noch die Sensationslust befriedigen; von Abschreckung und moralischer Ermahnung kann erst recht keine Rede sein.

---

25 Lethen: Apfelböck oder der Familienmord, S.51.

Im literarhistorischen Kontext erinnert der Elternmord-Stoff an bekannte Themen des Expressionismus wie den Generationenkonflikt und das Aufbegehren der Söhne gegen die Väterwelt. Aber die diesbezüglichen Erwartungen weckt Brecht ebenfalls nur, um sie sogleich ins Leere laufen zu lassen.[26] Der expressionistische Gestus der Anklage und der pathetischen Gesellschaftskritik fehlt seinem Werk völlig. Jakobs Tat ist keine Revolte, kein Versuch einer Selbstbefreiung, und den repressiven Charakter bürgerlicher Familienverhältnisse kann allenfalls der Leser als Hintergrund hinzuphantasieren, denn das Gedicht sagt nichts davon. Schließlich ist anzumerken, dass auch die religiösen Anspielungen, die Brechts Verse durchziehen, keinen befriedigenden Deutungshorizont schaffen, da sie mit skandalöser Beharrlichkeit auf die höhere Unschuld des mörderischen ›Helden‹ verweisen. Die mit dem Titel herbeizitierten »Lilien auff dem felde« (Mt. 6,28; vgl. auch Lk. 12,27) dienen im Neuen Testament als ideale Vorbilder eines reinen Gottvertrauens, und das »milde Licht« umgibt Jakob wie ein Heiligenschein. Ein solcher sanfter Schimmer taucht in Brechts Werken um 1920 wiederholt in der paradoxen Verbindung mit Mord und Tod auf.[27] In ihm wird die absolute Gleichgültigkeit der Welt und der Natur gegenüber dem menschlichen Tun und Treiben zum poetischen Bild.

Dem Leser der Ballade mag es wie dem Mann aus *Die Erleuchtung* ergehen, der angesichts von Apfelböcks Tat an allen Gewissheiten, die sein Denken und Handeln bisher geleitet haben, irre wird, weil sich unter der trügerischen Oberfläche der geregelten Normalität plötzlich der bodenlose Abgrund des Sinnlosen auftut. Eine solche Wirkung des Textes, die vom Autor intendiert gewesen sein dürfte, stünde in schneidendem Widerspruch zu den in der Schlussstrophe angeführten Überlegungen der braven Milchfrau, die unbekümmert an ihrer spießbürgerlichen Sentimentalität festhält, sich also in ihrem gewohnten Weltverhältnis nicht im Geringsten irritieren lässt und damit zur »Antipodin« des Protagonisten jener Erzählung wird.[28] Die Klischeehaftigkeit ihrer Vorstellungen unterstreicht die Strophe übrigens durch eine Anspielung auf das populäre Lied *Am Elterngrab* von Marie Eichenberg (1874), das Brecht auch in *Orges Gesang* aufs Korn nimmt: »Der liebste Platz, den ich auf Erden hab, / Das ist die Rasenbank am Elterngrab.«

Wie die bisherigen Analysen von Texten aus dem Umfeld der Nihilismus-Problematik schon erkennen lassen, ging es Brecht bei seinem Nachdenken über Gott und das Christentum nicht um die eigentlich metaphysischen Fragen, etwa um Gottesbeweise und ihre mögliche Widerlegung, sondern um die Einstellung des Menschen zur Religion sowie um die daraus resultierenden praktischen Konsequenzen für sein Handeln und seine Orientierung in der Welt. In der *Hymne an Gott* von 1917 erscheint

---

26 Lethen: Apfelböck oder der Familienmord, S.59–64, stellt die Unterschiede heraus, indem er Brechts Ballade »mit einigen expressionistischen Mordgeschichten« (S.59) von Leonhard Frank, Walter Hasenclever und Arnolt Bronnen vergleicht.
27 Vgl. die Belege bei Pietzcker: Die Lyrik des jungen Brecht, S.110, Anm. 96. Beispielsweise unternehmen die Banditen in der Erzählung *Bargan läßt es sein* (1919) ihren in Mord und Vergewaltigung gipfelnden Angriff auf eine kleine Stadt »in mildem Licht« (19, S.24).
28 Jürgen Hillesheim: *Apfelböck oder Die Lilie auf dem Felde*. In: Brecht-Handbuch in fünf Bänden. Hrsg. von Jan Knopf. Bd. 2: Gedichte. Stuttgart u.a. 2001, S.62–66, hier S.65.

die Tatsache, dass es Gott nicht gibt, belanglos im Vergleich zu dem gewaltigen Einfluss, den der *Glaube* an ihn ausübt, und mehr als zehn Jahre später schiebt Brechts Alter Ego Keuner das theologische Problem, ob Gott objektiv vorhanden ist, beiseite, um statt dessen die Frage nach dem »Verhalten« eines Menschen aufzuwerfen, der über dieses Problem nachdenkt und sich für eine bestimmte Lösung entscheidet (18, S. 18). Auch das Stück *Die heilige Johanna der Schlachthöfe* behandelt, wie der Verfasser selbst erklärte, nur das »Verhalten des religiösen Menschen […], das Reden von Gott, die Bemühungen von Menschen, Glauben zu erzeugen«, und nicht etwa die »Existenz Gottes« als solche (24, S. 103).

Der *Große Dankchoral*, der um 1920 verfasst und später in die *Hauspostille* aufgenommen wurde, ist in seiner Gestaltung existentieller Ungeborgenheit und metaphysischer Leere dem *1. Psalm* verwandt, rückt aber auch gewisse Vorteile, die diese Situation bietet, ins Licht – wenngleich in ein recht zweifelhaftes. Aufmerksamkeit verdient er darüber hinaus als ein wahres Glanzstück kritisch-produktiver Anknüpfung an Textvorlagen aus der religiösen Sphäre.

Großer Dankchoral

1
Lobet die Nacht und die Finsternis, die euch umfangen!
Kommet zuhauf
Schaut in den Himmel hinauf:
Schon ist der Tag euch vergangen.

2
Lobet das Gras und die Tiere, die neben euch leben und sterben!
Sehet, wie ihr
Lebet das Gras und das Tier
Und es muß auch mit euch sterben.

3
Lobet den Baum, der aus Aas aufwächst jauchzend zum Himmel!
Lobet das Aas
Lobet den Baum, der es fraß
Aber auch lobet den Himmel.

4
Lobet von Herzen das schlechte Gedächtnis des Himmels!
Und daß er nicht
Weiß euren Nam noch Gesicht
Niemand weiß, daß ihr noch da seid.

5
Lobet die Kälte, die Finsternis und das Verderben!
Schauet hinan:
Es kommet nicht auf euch an
Und ihr könnt unbesorgt sterben.
(11, S. 77)

Den maßgeblichen Bezugstext stellt das Lied *Der Lobende* dar, die berühmte Schöpfung des reformierten Barockdichters Joachim Neander (1650–1680), die bis heute ihren Platz in den kirchlichen Gesangbüchern behauptet. Wenigstens ihre erste Strophe sei hier zitiert:

> Lobe den Herren / den mächtigen König der Ehren /
> Meine geliebete Seele / das ist mein Begehren
> Kommet zu Hauff
> Psalter und Harffe wach't auff /
> Lasset die Musicam hören.[29]

Brechts Gedicht ist zunächst einmal eine Kontrafaktur im streng musikalischen Sinne, da es die Form und die metrische Gestalt des Kirchenlieds übernimmt und deshalb auf dessen bekannte Melodie gesungen werden kann. Lediglich den zweiten Vers aus Neanders Strophenschema, der in metrisch-musikalischer Hinsicht ohnehin nur den ersten wiederholt, lässt der moderne Dichter weg. Beide Texte weisen übrigens fünf Strophen auf.

Darüber hinaus darf man den *Großen Dankchoral* aber auch als Parodie auf Neanders Hymne bezeichnen, sofern man unter einer Parodie weniger eine komische Verspottung der Vorlage als vielmehr, dem ursprünglichen Sinne des Wortes gemäß, einen »Gegengesang« versteht. Das moderne Gedicht macht sich nicht über das Kirchenlied lustig, sondern verkündet die genau entgegengesetzte Botschaft, wobei es sich zur Verstärkung seiner Wirkung und zur augenfälligen Markierung des Kontrasts derselben formalen und sehr ähnlicher sprachlicher Mittel bedient. Während Neander den Herrn rühmt, »der alles so herrlich regieret« und den Menschen mit Segen überschüttet, stimmt Brecht ein Loblied auf eine ganz und gar gottverlassene Welt an. Wie kompliziert sich das Verhältnis zwischen den beiden Werken gestaltet, enthüllt aber erst der Blick auf weitere Bezugstexte. Neander greift nämlich seinerseits auf die Dankpsalmen der Bibel zurück, vor allem auf Psalm 103: »Lobe den HERRN meine Seele / Und was in mir ist / seinen heiligen Namen. Lobe den HERRN meine Seele / Und vergiss nicht was er mir Guts gethan hat …«. Die Pointe von Brechts Verfahren, den Preisgesang auf Gott in einen Hymnus auf »Kälte«, »Finsternis« und »Verderben« zu verkehren, liegt nun darin, dass er dabei gleichfalls aus dem Psalter schöpft. Die genannten Motive entstammen allerdings den *Klage*psalmen, bezeichnen in der Bibel also gerade das, wovor der gnädige Gott den Menschen eigentlich schützen sollte!

Spricht Neander Gott als das »Licht« des Menschen an, so hinterlässt sein Verschwinden bei Brecht konsequenterweise Dunkelheit und Kälte. Mit dem Zusammenbruch der hierarchisch gegliederten Schöpfungsordnung ist der Mensch seiner Sonderstellung als Ebenbild des Herrn beraubt und findet sich auf einer Stufe mit dem Gras und den Tieren wieder.[30] Wo von einem Jenseits und einer Unsterblichkeit

---

29 Joachim Neander: Bundeslieder und Dankpsalmen von 1680. Historisch-praktische Ausgabe mit ausgesetztem Generalbaß von Oskar Gottlieb Blarr. Köln 1984, S. 42 f. – Eine differenzierte Untersuchung der komplexen Metatextualität von Brechts *Großem Dankchoral* bietet Thomas Zabka: Parodie? Kontrafaktur? Travestie? Anlehnung? Zur Klassifikation und Interpretation von Metatexten unter Berücksichtigung ihrer mehrfachen Intertextualität. Überlegungen zu Gedichten von und nach Bertolt Brecht. In: Deutsche Vierteljahrsschrift für Literaturwissenschaft und Geistesgeschichte 78 (2004), S. 313–352, hier S. 314–331. Neanders Lied wurde von Brecht später auch als Vorlage für den zweiten *Hitler-Choral* in dem Band *Lieder Gedichte Chöre* verwendet. Dort richtet sich die Attacke allerdings nicht gegen christliche Glaubensinhalte, sondern gegen die gefährlichen Illusionen und den quasi-religiösen Führerkult der NS-Anhänger.

30 Brecht spielt damit auf eine melancholische Weisheit des Alten Testaments an: »Denn es gehet dem Menschen wie dem Vihe / Wie dis stirbt / so stirbt das auch / und haben alle einerley odem / und der Mensch hat nichts mehr denn das Vihe / Denn es ist alles eitel« (Prediger Salomo 3,19).

der Seele keine Rede mehr sein kann, fällt auch er dem ewigen Naturkreislauf des Werdens und Vergehens anheim, in dem jedes »Aas« als Nährboden für neues Leben dient. Das Gedicht ruft den Leser dazu auf, dieses Schicksal nicht nur anzuerkennen, sondern sich mit ihm vollauf einverstanden zu erklären und damit gleichsam in den Jubel des Baumes einzustimmen, »der aus Aas aufwächst jauchzend zum Himmel«. Dieser Himmel, das wichtigste Leitmotiv des Textes, scheint als Sinnbild der in ihrem unaufhörlichen Wechsel stets beständigen Natur zu dienen, die den übergreifenden, aber rein diesseitigen Horizont aller vergänglichen individuellen Existenzen bildet. In derselben Funktion werden wir ihn im *Choral vom großen Baal* wieder antreffen.

Neanders Sprecher weiß sich geborgen in der Aufmerksamkeit, mit der Gott über den gläubigen Christen wacht. Brecht setzt das »schlechte Gedächtnis des Himmels« dagegen, das er beispielsweise auch in *Vom ertrunkenen Mädchen* erwähnt – wieder im Zusammenhang mit Verwesung und Zerfall:

4
Als ihr bleicher Leib im Wasser verfaulet war
Geschah es (sehr langsam), daß Gott sie allmählich vergaß
Erst ihr Gesicht, dann die Hände und ganz zuletzt erst ihr Haar.
Dann ward sie Aas in Flüssen mit vielem Aas.
(11, S. 109)

Der »Gott«, der hier immerhin noch genannt wird, ist offenkundig kein Gott im tröstlichen christlichen Sinne mehr, so wie der Himmel bei Brecht aufgehört hat, Zeichen einer höheren Welt und eines besseren Jenseits zu sein. Dass es über den Wolken keine Instanz gibt, die die Menschen im Auge behält – »Über den Wolken ist nichts« und »wir werden nicht beobachtet«, heißt es im *1. Psalm* –, wird im *Großen Dankchoral* nun freilich als Vorzug gerühmt, denn unter solchen Umständen dürfen sie sich von allen Rücksichten und von jeder Verantwortung für ihr Tun und Lassen befreit fühlen: »Es kommet nicht auf euch an / Und ihr könnt unbesorgt sterben.« Das ist aber auch der einzige Trost, den die Verse zu spenden haben, in denen ja durchaus keine Feier des Lebensgenusses und der vitalen Erfüllung im Diesseits zelebriert, sondern vielmehr eine äußerst morbide Stimmung beschworen wird, die allenfalls noch Galgenhumor aufkommen lässt. So kann man mit Recht fragen, ob das Gedicht wirklich eine ernsthafte nihilistische Lebenslehre proklamieren und ein strikt materialistisches Gegen-Evangelium verkünden will oder ob der Lobgesang auf »die Kälte, die Finsternis und das Verderben« nicht durch die Einkleidung in das Gewand des kirchlichen Hymnus seinerseits einer subtilen Ironisierung unterworfen wird. Wie dieses Beispiel mustergültig zeigt, sind auch Brechts nihilistische Gedichte Produkte einer souveränen poetischen Inszenierung, eines kunstvollen, hochbewussten literarischen *Spiels* und dürfen nicht als schlichte Dokumente der weltanschaulichen Überzeugung ihres Autors missverstanden werden.

Aufgrund mancher Parallelen, die sowohl die Aussage als auch die parodistische Struktur betreffen, ist dem *Großen Dankchoral* das Gedicht *Gegen Verführung* an die Seite zu stellen. Dieser Text hat in der *Hauspostille* eine herausgehobene Position inne, denn er macht ganz allein das »Schlußkapitel« aus, das sich an die fünf »Lektionen« anschließt und dessen Lektüre, wie es in der »Anleitung« heißt, am Ende einer jeden Beschäftigung mit dem Gedichtband stehen sollte (vgl. 11, S. 40). Wer also in der *Hauspostille* blättert, wird immer mit folgender lyrischer Mahnung entlassen:

Gegen Verführung

1
Laßt euch nicht verführen!
Es gibt keine Wiederkehr.
Der Tag steht in den Türen;
Ihr könnt schon Nachtwind spüren:
Es kommt kein Morgen mehr.

2
Laßt euch nicht betrügen!
Das Leben wenig ist.
Schlürft es in vollen Zügen!
Es wird euch nicht genügen
Wenn ihr es lassen müßt!

3
Laßt euch nicht vertrösten!
Ihr habt nicht zu viel Zeit!
Laßt Moder den Erlösten!
Das Leben ist am größten:
Es steht nicht mehr bereit.

4
Laßt euch nicht verführen!
Zu Fron und Ausgezehr!
Was kann euch Angst noch rühren?
Ihr sterbt mit allen Tieren
Und es kommt nichts nachher.
(11, S.116)

Der Sprecher vermittelt seine Lehre im einprägsamen, drängenden Stil eines Predigers. Warnung und Appell bestimmen den Gestus des Gedichts, der durch die leicht archaisierende, äußerst verknappte Sprache, die fast durchweg paratakischen Satzkonstruktionen und den strengen Zeilenstil weiter verstärkt wird; jede Strophe setzt mit einem Imperativ ein. Auch die Anrede an eine ganze Gruppe von Hörern oder Lesern rückt den Text in die Nähe einer Predigt. Zudem orientiert er sich in einem selbst für Brechts Werke ungewöhnlichen Maße an der Diktion der Lutherschen Bibelübersetzung, denn wie Reinhold Grimm nachgewiesen hat, ist »buchstäblich jeder Vers in Brechts Gedicht – ja fast jedes Wort, jede Wendung und jedes Bild in ihm – der Lutherbibel entnommen.«[31] Allerdings werden auch hier in biblischen Formen ganz und gar unchristliche Thesen ausgesprochen. Der Aufruf »Lasset euch nicht verführen« entstammt dem 1. Korintherbrief (1. Kor. 15,33)[32], aber Paulus will seine Schutzbefohlenen damit vor der von ihm zitierten irrigen und verderblichen Auffassung warnen, dass der Tod ein unwiderrufliches Ende darstelle und folglich jeder gut daran tue, sein

---
31 Reinhold Grimm: Die Lutherbibel in Brechts Lyrik. In: Dialog der Epochen. Studien zur Literatur des 19. und 20. Jahrhunderts. Walter Weiss zum 60. Geburtstag. Hrsg. von Eduard Beutner u.a. Wien 1987, S.101–110, hier S.105.
32 Dieselbe Wendung begegnet in 1. Kor. 6,9, wo der Apostel verschiedene Laster anprangert, die dem Menschen den Weg in das Reich Gottes versperren. Bei den Warnungen vor Verführung, die sich in Mt. 24,4 und Lk. 21,8 finden, legt der jeweilige Kontext – die Ankündigung falscher Propheten, die sich für Jesus ausgeben werden – keinen Bezug zu Brechts Versen nahe.

Leben rückhaltlos zu genießen: »Was hilfft michs / so die Todten nicht aufferstehen? Lasset uns essen und trincken / Denn morgen sind wir tod« (15,32). Brecht propagiert dagegen gerade jene Haltung, die Paulus brandmarkt, während er umgekehrt den urchristlichen Lehrer als heimtückischen Verführer denunziert, indem er die Leser auffordert, sich nicht durch den illusorischen Glauben an Auferstehung und Unsterblichkeit zu einer Geringschätzung des irdischen Daseins verleiten zu lassen.[33]

Der Kern der anti-paulinischen Botschaft wird durch den Zusammenprall zweier Hebungen akzentuiert: »Es gibt keine Wiederkehr.«[34] Die Zeit auf Erden ist keine bloße Vorstufe für ein anderes, höheres Leben, sondern macht das ganze Kapital aus, über das der Mensch verfügt. Nach der Finsternis des Todes, die die erste Strophe im poetischen Bild des aufkommenden Nachtwinds ankündigt, dämmert kein verheißungsvoller neuer Morgen mehr, und die »Erlöseten des HERRN«, deren »Wiederkehr« der Prophet Jesaja für gewiss hält (Jes. 51,11)[35], gehen bei Brecht nicht ins Himmelreich ein, sondern zerfallen einfach zu »Moder« – den eschatologischen Hoffnungen steht das krasse Faktum der Verwesung gegenüber. Aus diesen ernüchternden Einsichten entwickelt das Gedicht seine Verhaltenslehre. Weil das menschliche Leben »wenig ist«, muss es umso intensiver genutzt werden: »Schlürft es in vollen Zügen!«, denn die Zeit ist knapp. »Fron und Ausgezehr«, also Askese und Geduld, wichtige Tugenden eines auf das Jenseits spekulierenden Christen, sind dagegen ebenso fehl am Platze wie die »Angst« vor Sünden und Höllenstrafen.

Die auffallende Häufung von Negationen unterstreicht den Oppositions- und Warncharakter der Strophen, die Brecht ursprünglich sogar *Luzifers Abendlied* überschreiben und damit unmittelbar dem Widersacher Gottes in den Mund legen wollte (vgl. 11, S.323).[36] Im Sprachduktus ihrer eigenen Verkündigungen entlarvt der Sprecher die christliche Lehre als lügnerische Ideologie: Sie *verführt* zu falschen Hoffnungen auf »Wiederkehr«, auf einen kommenden »Morgen« des ewigen Lebens, sie *betrügt* um den Genuss, den man auf Erden doch immerhin erhaschen könnte, sie *vertröstet* auf ein Jenseits, das für alle Entbehrungen reichlich zu entschädigen verspricht.[37] Wie schon der *Große Dankchoral* stellt dieses Gedicht den Menschen, der seinen Rang als

---

33 Hier treten ebenfalls Parallelen zu Nietzsche zutage, der seinen Zarathustra predigen lässt: »Ich beschwöre euch, meine Brüder, *bleibt der Erde treu* und glaubt Denen nicht, welche euch von überirdischen Hoffnungen reden! Giftmischer sind es, ob sie es wissen oder nicht« (Friedrich Nietzsche: Sämtliche Werke. Bd. 4. München 1980, S.15). Ob *Gegen Verführung* unmittelbar von Nietzsches Angriff auf die »Verächter des Lebens« (ebd.) inspiriert wurde, ist jedoch nicht zu klären und für das Verständnis des Gedichts auch unerheblich.
34 Lässt man, was ebenfalls möglich ist, die erste Silbe von »keine« unbetont, so folgen hier zwei Senkungen aufeinander. In jedem Fall wird der alternierende Gang der Verse an dieser Stelle durchbrochen.
35 Im Kontext der Trostreden des Jesaja ist damit die verheißene Rückkehr der Juden aus dem babylonischen Exil gemeint. Später wurden seine Worte jedoch auch auf die Auferstehung der Toten bezogen.
36 Allerdings wären die Aussagen des Textes von vornherein relativiert worden, wenn der Verfasser ihn als Rollengedicht gekennzeichnet hätte. Als »Schlußkapitel« der *Hauspostille* unter dem neuen Titel gewinnt er für den Leser eine weit größere Verbindlichkeit.
37 Auch der *Bericht vom Zeck* aus der *Hauspostille* schildert in einer suggestiven Bilderfolge, wie der Gottesglaube das Leben des Menschen von der Kindheit bis zum Sterbebett spukhaft verzerrt und jede Freude vergällt. In der Gestalt des Zeck ist Gott zum bloßen Schreckgespenst und Parasiten geworden.

Krone der Schöpfung und Wunderwerk Gottes eingebüßt hat, auf eine Stufe mit den vermeintlich geringeren Lebewesen: »Ihr sterbt mit allen Tieren«. Hat man sich aber erst einmal zur Anerkennung dieser Tatsache durchgerungen, kann sie durchaus als befreiend empfunden werden: Das Gedicht lehrt das volle Einverständnis mit der ›conditio humana‹ nach dem Tod Gottes. Doch obwohl sein Rückgriff auf den Topos des ›carpe diem‹ nicht zu übersehen ist (»Schlürft es in vollen Zügen!«), verbreitet es, aufs Ganze gesehen, eine eher düstere Stimmung, da es vom Anfang bis zum Ende von einem bedrückenden ›memento mori‹ überschattet wird. Der Sprecher empfiehlt keinen bewusstlosen Sinnestaumel, keinen dionysischen Lebensrausch, sondern die nüchterne Besinnung auf die Begrenztheit des irdischen Daseins und auf die Konsequenzen, die daraus gezogen werden müssen.

Brechts Lyrik erprobt um 1920 eine ganze Reihe möglicher Reaktionen auf eine nach-metaphysische Situation, in der sich der Mensch als vergängliches, auf seine Kreatürlichkeit reduziertes Wesen wiederfindet. So ist die *Bitterkeit* angesichts enttäuschter Erwartungen ein Leitmotiv dieser Jahre, das bisweilen unmittelbar mit dem Verschwinden Gottes und dem ›leeren Himmel‹ verbunden wird, so in den Gedichten *Und immer wieder gab es Abendröte* (13, S.176), *Der die Gestirne läßt und die Erde ausspeit* (S.206) und *März* (S.208). Überspielt wird sie gelegentlich durch jene bereits erwähnte demonstrative Coolness, hinter der die jeweiligen Sprecher ihre Sorge und Unruhe zu verbergen suchen. Auch der »arme B.B.« kann nur darauf hoffen, dass ihn angesichts der unausweichlich kommenden »Erdbeben« nicht doch noch eine »Bitterkeit« überwältigt, die am Ende vielleicht sogar seine geliebte Virginia ausgehen lassen würde (11, S.120). Eine weitere Variante stellt das zynische Grinsen dar, das die heillosen »Soldaten der roten Armee« (S.49) ebenso zur Schau tragen wie die Helden in der *Ballade von den Abenteurern* (S.78) und der Protagonist der *Ballade auf vielen Schiffen* (S.80), eine nihilistische Grimasse, die »Leiden, Skepsis, Provokation, bittere Enttäuschung, Indifferenz, Verleugnung der Normen und Angriff zu widersprüchlicher Einheit bringt.«[38] Wieder andere Gedichte formulieren statt dessen, wie wir gesehen haben, distanzierte, kühle Belehrungen über die ausgesetzte Lage des Menschen nach dem Ende der religiösen Illusionen. Schließlich gibt es aber auch Texte, in denen die Lehren, denen der *Große Dankchoral* und *Gegen Verführung* Geltung verschaffen wollen, ernst genommen und die nunmehr offen stehenden Möglichkeiten zum Lebensgenuss erkundet werden.

In *Über die Anstrengung* verbinden sich Rausch und intensives Erleben noch mit der existentiellen Einsamkeit unter den »kälteren Himmeln« zu einer widersprüchlichen Empfindung vom »Bitternisfrohsinn der Welt«; auch das »Grinsen« fehlt hier nicht (11, S.71). *Orges Gesang* setzt dagegen schon deutlich andere Akzente (S.61f.). Wenn bei Brecht mit der Absage an die Transzendenz generell das physische Dasein des Menschen, seine Leiblichkeit, in den Mittelpunkt der Aufmerksamkeit rückt, so wendet sich dieses Gedicht sogar den allereinfachsten körperlichen Funktionen zu, um die Lehre von der Vergänglichkeit alles Irdischen mit humoristischer Drastik zu veranschaulichen. Orges Lieblingsaufenthalt ist nämlich der »Abort«, ein »Ort der Demut, dort erkennst du scharf / Daß du ein Mensch nur bist, der nichts behalten darf.« Demut predigt dieser Platz, weil er alle Prätentionen auf Dauer, Ewigkeit und höhere

---

38 Pietzcker: Die Lyrik des jungen Brecht, S.245.

Würde lächerlich macht. Aber Orge *erlebt* seine eigene Kreatürlichkeit nicht nur, er weiß sie auch zu genießen: »Ein Ort, wo man, indem man leiblich ruht / Sanft, doch mit Nachdruck, etwas für sich tut.« Und wie der *Große Dankchoral* am Beispiel des Baumes, der sich von Aas nährt, demonstriert, dass man Tod und Verfall als Voraussetzungen für Wachstum und Gedeihen sehen muss, so erkennt Orge in den Verrichtungen auf dem Abort, wo er »nichts behalten darf«, die Bedingung für »neue Lüste«, auf die er seinen »Wanst« vorbereitet. Ohne Vergänglichkeit gibt es nichts Neues und letztlich überhaupt kein Leben – das ist die »Weisheit«, die man auf dem Abort erwerben kann. Wenn Brecht *Orges Gesang* in die mit »Exerzitien« überschriebene zweite Lektion der *Hauspostille* einordnet, ist dies nicht nur ein boshafter Seitenhieb auf christliche Glaubenspraktiken, sondern auch eine logische Konsequenz des zum Materialismus tendierenden nach-metaphysischen Denkens. Hat der Mensch die Verheißungen wie die Drohungen der Religion erst einmal als nichtig durchschaut, steht es ihm frei, die lustvolle Erfahrung seiner Leiblichkeit an die Stelle der alten asketischen Andachtsübungen zu setzen.

Das Wunsch- und Idealbild eines Menschenschlages, der das begrenzte Leben tatsächlich »in vollen Zügen« auskostet, entwirft beispielsweise die *Ballade von den Seeräubern*, deren wüste Titelhelden sich weder um moralische Grundsätze noch um ökonomische Rücksichten scheren. Dass sie damit, wie zahlreiche Metaphern und Vergleiche signalisieren, kaum mehr von Tieren zu unterscheiden sind, bewertet das Gedicht keineswegs negativ; die breit angelegte Schilderung eines Daseins jenseits aller zivilisatorischen Zwänge ist vielmehr von spürbarer Faszination geprägt. Näher betrachtet sei im Folgenden jedoch der *Choral vom großen Baal*, der statt eines Kollektivs eine Einzelfigur präsentiert. Die Gestalt des Baal beschäftigte Brecht seit 1918, als neben dem *Choral* auch das Drama *Baal* entstand, in das er die Verse dann integrierte. Beide Werke wurden in den folgenden Jahren mehrfach gründlich überarbeitet, wobei der Autor das zunächst mitten im Stück platzierte Gedicht später als lyrischen Prolog vor die gesamte Szenenfolge stellte. In die *Hauspostille* nahm er eine auf neun Strophen reduzierte Version unter dem Titel *Choral vom Manne Baal* auf. Hier soll aber die ursprüngliche Fassung stehen:

Der Choral vom großen Baal

Als im weißen Mutterschoße aufwuchs Baal
War der Himmel schon so groß und weit und fahl
Blau und ungeheuer wundersam
Wie ihn Baal dann liebte – als Baal kam.

Und der Himmel blieb in Lust und Kummer da
Auch wenn Baal schlief, selig war und ihn nicht sah:
Nachts er violett und trunken Baal.
Baal früh fromm – er aprikosenfahl.

Und durch Schnapsbudike, Dom, Spital
Trottet lässig Baal und – und gewöhnt sich's ab –
Mag Baal müd sein, Kinder, nie sinkt Baal:
Baal nimmt seinen Himmel mit hinab.

In der Sünder schamvollem Gewimmel
Lag Baal nackt und wälzte sich voll Ruh:
Nur der Himmel, aber *immer* Himmel
Deckte mächtig seine Blöße zu.

Torkelt über den Planeten Baal
Bleibt ein Tier von Himmel überdacht
Blauem Himmel. Über seinem Bett war Stahl
Wo das große Weib Welt mit ihm wacht.

Und das große Weib Welt, das sich lachend gibt
Dem, der sich zermalmen läßt von ihren Knien
Gab ihm rasende Ekstase, die er liebt
Aber Baal starb nicht – er sah nur hin.

Und wenn Baal nur Leichen um sie sah
War die Wollust immer doppelt groß.
Man hat Platz, sagt Baal, es sind nicht viele da
Man hat Platz, sagt Baal, in dieses Weibes Schoß.

Ob es Gott gibt oder keinen Gott
Kann, solang es Baal gibt, Baal gleich sein.
Aber das ist Baal zu ernst zum Spott:
Ob es Wein gibt oder keinen Wein.

Gibt ein Weib, sagt Baal, euch alles her
Laßt es fahren, denn sie hat nicht mehr!
Fürchtet Männer nicht beim Weib – die sind egal
Aber Kinder fürchtet sogar Baal.

Alle Laster sind zu etwas gut –
Nur der Mann nicht, sagt Baal, der sie tut.
Laster sind was, weiß man, was man will –
Sucht euch zwei aus: Eines ist zu viel!

Nicht so faul, sonst gibt es nicht Genuß!
Was man will, sagt Baal, ist, was man muß.
Wenn ihr Kot macht, ist, sagt Baal, gebt acht
Besser noch, als wenn ihr gar nichts macht!

Seid nur nicht so faul und so verweicht
Denn Genießen ist bei Gott nicht leicht!
Starke Glieder braucht man und Erfahrung auch
Und mitunter stört ein dicker Bauch.

Man muß stark sein, denn Genuß macht schwach;
Geht es schief, sich freuen noch am Krach!
Der bleibt ewig jung, wie er's auch treibt
Der sich jeden Abend selbst entleibt.

Und schlägt Baal einmal zusammen was
Um zu sehen, wie es innen sei –
Ist es schade, aber 's ist ein Spaß
Und 's ist Baals Stern; Baal war selbst so frei.

Und wär Schmutz dran: er gehört nun doch einmal
Ganz und gar, mit allem drauf, dem Baal:
Und sein Stern gefällt ihm, Baal ist drein verliebt –
Schon weil es für Baal 'nen andern Stern nicht gibt.

Zu den feisten Geiern blinzelt Baal hinauf
Die im Sternenhimmel warten auf den Leichnam Baal.
Manchmal stellt sich Baal tot. Stürzt ein Geier drauf –
Speist Baal einen Geier. Stumm. Zum Abendmahl.

> Unter düstern Sternen, in dem Jammertal
> Grast Baal weite Felder schmatzend ab.
> Sind sie leer, dann trollt sich singend Baal
> In den ewigen Wald zum Schlaf hinab.
>
> Und wenn Baal der dunkle Schoß hinunterzieht:
> Was ist Welt für Baal noch? Baal ist satt.
> So viel Himmel hat Baal unterm Lid
> Daß er tot noch grad gnug Himmel hat.
> (13, S. 121–123)

Gestalten wie der Tsingtausoldat, die Dirne Evlyn Roe und die »Enttäuschten« in ihrem leeren Himmel leiden unter einer tief empfundenen existentiellen Einsamkeit, weil sie prinzipiell noch an jenem metaphysischen Bezugssystem orientiert sind, das seine Geltung eingebüßt hat und dessen Abwesenheit sie nun schmerzlich fühlen. Einem Baal, der in seinem »Stern«, der Erde, den selbstverständlichen und einzigen Raum seines Daseins erblickt und sich über eine mögliche transzendente Dimension klugerweise gar nicht erst den Kopf zerbricht, sind solche Nöte unbekannt: »Ob es Gott gibt oder keinen Gott / Kann, solang es Baal gibt, Baal gleich sein.« Christliche Vorstellungen bringt das Gedicht deshalb nur im schroffen Kontrast zu Baals Verhalten oder in ironischer Verkehrung ins Spiel. Umgeben von »der Sünder schamvollem Gewimmel«, fühlt sich Baal im irdischen »Jammertal« uneingeschränkt wohl, da er persönlich weder Sündenangst noch Scham und Jammer kennt und sich deshalb die Freuden des Lebens nicht durch Bitterkeit oder Gewissensqual trüben lässt. Zwar kann er auf seine Art »selig« und »fromm« sein, doch handelt es sich dabei um eine Weltfrömmigkeit, die allein dem Diesseits und der Fülle seiner Reize gilt. Für Baal ist auf Erden wirklich »alles in Ordnung« (*Der 1. Psalm*).

Nach neueren Erkenntnissen gab es für diese Figur möglicherweise ein reales Vorbild in Brechts Umfeld, wie der Dichter auch mehrfach behauptet hat.[39] Gleichwohl muss der Name beim Leser zwangsläufig Assoziationen an jene semitische Fruchtbarkeitsgottheit wecken, die im Alten Testament als heidnischer Götze, als Gegengott erscheint. Dieser Bezug hebt Baal mit seinem Bekenntnis zum Genuss über die Ebene des bloß Zufälligen und Individuellen hinaus und macht ihn zum exemplarischen Repräsentanten gegen-christlicher, materialistischer Lebensmaximen, die sein Tun und seine Reden gleichermaßen bestimmen. Denn seiner vitalen Tier- und Triebhaftigkeit zum Trotz wird Baal im Gedicht auch als reflektierende Instanz vorgestellt: Mehrere Strophen zitieren seine Unterweisungen in der schwierigen Kunst des Genießens. Dabei betont er den Anspruch, den seine Verhaltenslehre an jeden Adepten stellt: »Seid nur nicht so faul und so verweicht / Denn Genießen ist bei Gott nicht leicht!« Dass »Genießen [...] eine Leistung« sei (5, S. 254, wird noch Galileo Galilei behaupten, einer jener verfeinerten Abkömmlinge Baals, die viele spätere Werke Brechts bevölkern. Einen Hinweis auf die Schwierigkeiten, die dem hemmungslosen Auskosten der sinnlichen Lust im Wege stehen, kann man dem Gedicht *Über die Anstrengung* entnehmen, wo es in der dritten Strophe zivilisationskritisch – und in etwas verkrampfter Diktion – heißt: »Der Geist hat verhurt die Fleischeswonne / Seit er die haarigen

---

39 Vgl. dazu den Hinweis auf den heruntergekommenen Poeten Johann Baal bei Jürgen Hillesheim: *Choral vom Manne Baal*. In: Brecht-Handbuch. Bd. 2, S. 57–59, hier S. 57.

Hände entklaut / Es durchdringen die Sensationen der Sonne / Nicht mehr die pergamentene Haut« (11, S.70). Der moderne, vom »Geist« beherrschte Mensch, dessen Genussvermögen durch verinnerlichte Triebkontrollen blockiert ist, muss die Fähigkeit, animalisches Behagen zu verspüren, erst einmal zurückgewinnen. Baal ist dies offenkundig bestens gelungen, wenn er wie ein Tier »weite Felder schmatzend« abweidet und sich so die Welt förmlich einverleibt, bis er vollauf gesättigt ist. In seiner Person tritt mit dem puren Vitalismus – verstanden als praktische Lebenslehre, nicht etwa als ausgearbeitete philosophische Konzeption – das Gegenstück zu jenem Nihilismus hervor, der alle Ansprüche des Menschen auf eine in seiner vermeintlichen Gottesebenbildlichkeit begründete höhere Bestimmung zertrümmert und einzig das kreatürliche Sein in einer Welt ohne Transzendenz zurückgelassen hat. »Nihilismus und Vitalismus« sind, wie Pietzcker schreibt, als »zwei Momente« einer einzigen Entwicklungsphase im literarischen Schaffen Brechts zu sehen.[40]

Nicht nur Baal selbst kennt weder moralische Normen noch gesellschaftliche Beschränkungen, auch das Gedicht als solches weiß nichts davon, da es alle sozialen Bindungen und die mit ihnen einhergehenden Zwänge sorgfältig ausspart. Hier liegt ein wichtiger Unterschied zu dem Stück *Baal*, das als dramatisches Werk nicht umhin kann, seinen Helden in der Interaktion mit anderen Figuren und somit in gesellschaftlichen Zusammenhängen vorzustellen; es zeichnet ihn daher als eine sehr differenzierte, auch gebrochene und widersprüchliche Gestalt. Der Baal des Gedichts wirkt demgegenüber wie ein mythisches, schier übermenschliches Wesen, dem denn auch in den Strophen 5 bis 7 die allegorische ›Frau Welt‹ als kongeniale Partnerin zugeordnet wird. Folgerichtig treten in dem skizzierten Lebenslauf durchweg suggestive Bilder von hohem Allgemeinheitsgrad an die Stelle konkreter Szenen und Erlebnisse.[41]

Wer vom virtuos genossenen Leben »satt« geworden ist, hat keinen Grund, den Tod zu fürchten. Zu Baals Lehre gehört deshalb nicht zuletzt das Einverständnis mit der Vergänglichkeit des Menschen, dessen Weg in einer unaufhaltsamen Kreisbewegung vom »weißen Mutterschoß« in den »dunkle[n] Schoß« der Erde führt, der den Verstorbenen aufnimmt.[42] Das Gedicht lässt keinen Zweifel daran, dass das individuelle Subjekt, das sich als abgegrenzte Einheit erfährt, immer nur eine Übergangserscheinung im ewigen Naturprozess darstellt. Diese Natur wiederum, den allumfassenden Horizont des »Sterns«, auf dem Baal lebt, und damit auch den äußersten Rahmen seiner Existenz, beschwört der *Choral* im Bild des Himmels, der in wechselnden Farben leuchtet und doch immer derselbe bleibt: »Himmel ist das, was da ist, noch ehe Baal ist, und was immer da sein wird, auch wenn Baal nicht mehr ist.«[43] Brecht bildet dies kunstvoll in der Struktur des Gedichts ab, denn der Himmel, der die ersten fünf Strophen beherrscht und dann in der letzten noch einmal genannt wird, umschließt buchstäblich den gesamten Lebensgang des Protagonisten.

---

40 Pietzcker: Die Lyrik des jungen Brecht, S.155.
41 In der Ballade *Vom François Villon* porträtiert Brecht in Anlehnung an die Biographie des von ihm hochgeschätzten spätmittelalterlichen Vagantenpoeten eine ähnliche Figur, die jedoch in eine deutlich schärfer konturierte soziale Lebenswelt eingebunden ist.
42 Der »ewige Wald« der vorletzten Strophe, in dem sich Baal zum Schlaf niederlegt, deutet bereits auf diesen Erdenschoß voraus. Das Verschlungenwerden durch den Wald wird uns künftig noch häufiger als Metapher für die Rückkehr des Menschen in die Natur begegnen.
43 Blume: Motive der frühen Lyrik Bertolt Brechts II, S.280.

Obwohl dieser Himmel, der auch die »absolute Gleichgültigkeit des Weltganzen gegenüber dem Einzelwesen« demonstriert[44], hier selbstverständlich nicht mehr auf ein Jenseits im religiösen Sinne deutet, auf eine Sphäre Gottes, die von der irdischen radikal getrennt wäre, gehen die traditionellen Attribute des christlichen Himmelreichs zum Teil auf ihn über: »groß« ist er, »ungeheuer wundersam« und faszinierend in seiner Farbenpracht. Sobald man im Himmel nicht mehr verzweifelt nach dem göttlichen Schöpfer und Beschützer sucht, kann er also zum Inbegriff der Erhabenheit einer rein diesseitigen Natur werden, die dem Menschen als ambivalente Macht gegenübertritt, schaffend und zerstörend, zeugend und verschlingend zugleich. Dem Erleben dieser Natur sind zahlreiche weitere frühe Gedichte Brechts gewidmet, die uns im folgenden Kapitel beschäftigen sollen.

---

44 Alfred Clemens Baumgärtner: Vom »baalischen Weltgefühl«. Anmerkungen zu fünf Gedichten aus *Bertolt Brechts Hauspostille*. In: Interpretationen zur Lyrik Brechts. Beiträge eines Arbeitskreises. Hrsg. von Rupert Hirschenauer und Albrecht Weber. München 1971, S. 9–28, hier S. 20.

Kapitel 4
Entgrenzungen: Die bergende und verschlingende Natur

»Schwimmst du hinunter mit Ratten im Haar: / Der Himmel drüber bleibt wunderbar« (1, S.124) – in diesen makabren Zweizeiler fasst Baal in dem gleichnamigen Stück die Einsicht, dass die Natur in all ihrer Schönheit dem Schicksal des Menschen völlig gleichgültig begegnet. Die Faszination, die sie ausstrahlt, verbindet sich mit schockierender Fühllosigkeit angesichts der Vernichtung einer individuellen Existenz. In der Fassung des Dramas aus dem Jahr 1922 rezitiert Baal etwas später ein Gedicht (vgl. 1, S.126), das dieses Motiv breiter ausführt. Es erschien später unter dem Titel *Vom ertrunkenen Mädchen* als Teil der Lektion »Die kleinen Tagzeiten der Abgestorbenen« in der *Hauspostille*. Entstanden sind die Verse vermutlich schon 1919:

> Vom ertrunkenen Mädchen
>
> 1
> Als sie ertrunken war und hinunterschwamm
> Von den Bächen in die größeren Flüsse
> Schien der Opal des Himmels sehr wundersam
> Als ob er die Leiche begütigen müsse.
>
> 2
> Tang und Algen hielten sich an ihr ein
> So daß sie langsam viel schwerer ward
> Kühl die Fische schwammen an ihrem Bein
> Pflanzen und Tiere beschwerten noch ihre letzte Fahrt.
>
> 3
> Und der Himmel ward abends dunkel wie Rauch
> Und hielt nachts mit den Sternen das Licht in Schwebe.
> Aber früh war er hell, daß es auch
> Noch für sie Morgen und Abend gebe.
>
> 4
> Als ihr bleicher Leib im Wasser verfaulet war
> Geschah es (sehr langsam), daß Gott sie allmählich vergaß
> Erst ihr Gesicht, dann die Hände und ganz zuletzt erst ihr Haar.
> Dann ward sie Aas in Flüssen mit vielem Aas.
> (11, S.109)

Erneut wird der Himmel zum Sinnbild der ewigen, ›wundersamen‹, aber dem Menschen gegenüber gänzlich indifferenten Natur. Wenn der lyrische Sprecher andeutet, dass es notwendig oder wünschenswert sein könnte, die Leiche zu »begütigen«, spielt er damit auf die Vorstellung von einer höheren Gerechtigkeit an, in deren Namen vom Himmel Trost für menschliches Leid und Erlösung zu erwarten wären. Immerhin ist das Mädchen, wie der Titel verrät, eines unnatürlichen und frühzeitigen Todes gestorben; ein Grund zur Klage oder Anklage wäre also sehr wohl vorhanden. Bei Brecht gibt es für sie aber keinen Adressaten mehr. Mit dem ›wundersamen Opal des Himmels‹ schafft er lediglich noch eine »Fiktion der Transzendenz«[1], ein buchstäblich leeres Heilsversprechen, dessen illusorischer Charakter in dem doppeldeutigen Verb ›schien‹ und in der Als-ob-Formel des vierten Verses offenbar wird. Und es ist als bloße Ironie zu verstehen, wenn die dritte Strophe den gesetzmäßigen Wechsel der Tageszeiten auf die Tote bezieht (»daß es auch / Noch für sie Morgen und Abend gebe«), zeigt er doch in Wahrheit nur, dass die Natur, unbekümmert um Tod und Verfaulen, gleichmütig ihren Lauf nimmt. Jener »Gott« schließlich, der die Verstorbene »allmählich« vergisst, hat als Garant einer ewigen Fortdauer der Seele im Jenseits abgedankt. Der Prozess des Vergessenwerdens ist hier nichts anderes als eine Metapher für die fortschreitende Verwesung und damit für den vollständigen Zerfall dessen, was einmal ein Mensch war. Übrigens lässt dieser Gott an Brechts vergessliche Liebhaber denken, die wir im nächsten Kapitel näher kennenlernen werden. Mit Händen und Haar der Ertrunkenen, die ihm nach und nach aus dem Gedächtnis schwinden, nennen die Verse nicht zufällig sexualsymbolisch bedeutsame Körperteile, und das Vergessen des Gesichts bildet ebenfalls ein Leitmotiv in Brechts frühen Gedichten über die Liebe.

Auch von dem lyrischen Sprecher hat die Tote kein Mitgefühl und kein anteilnehmendes Gedenken zu erwarten. Das Gedicht ist weit entfernt von einer klassischen Totenklage, die den Verstorbenen wenigstens in der durch die kunstvolle Rede vermittelten Erinnerung zu bewahren sucht; es führt das Individuum vielmehr als eine vergängliche Übergangserscheinung im Naturprozess vor und inszeniert seine restlose Auflösung. Deshalb besitzt das Mädchen im Text auch keine (Vor-)Geschichte, kein persönliches Lebensschicksal: Im Grunde bedeutet es wenig, ob hier der Leichnam eines Menschen oder ein Tierkadaver davonschwimmt und sich langsam in Aas verwandelt. Mit den religiösen Vorstellungen erweist sich bei Brecht zugleich auch jede poetische Überhöhung und Verklärung des Zerfalls als hohl und nichtig. Während die erste Strophe »die Diskrepanz zwischen Geschehen und lyrisierender Deutung« sichtbar macht[2], indem sie den Trost des schimmernden Himmels über dem dahintreibenden Körper in die unverbindliche Sphäre des »Als ob« entrückt, heben Ausdrücke wie »Leiche« – wahrhaftig »ein unlyrisches Wort«![3] –, ›verfaulen‹ und »Aas« das krasse Faktum des Todes und der Verwesung hervor. Das Eingehen in die elementare Natur wird weder beklagt noch gefeiert, sondern nüchtern konstatiert. Im Einzelnen schildern die Verse, parallel zur Bewegung des Hinunterschwimmens, einen »fortschreitende[n] Prozeß der Deformierung, der sich über drei Stufen abwärts vollzieht« und das klar von seiner Umwelt abgrenzte Individuum nach und nach in den »Bereich des Gestaltlosen, Anonymen« überführt.[4] Aus dem »Mädchen«, das einmal gelebt hat, jetzt aber überhaupt nur noch im Titel als solches auftaucht, ist zunächst eine »Leiche« geworden, die als »bleicher Leib« immerhin feste Konturen bewahrt, auch wenn diese durch »Tang und Algen«, die sich anklammern, bereits zunehmend verwischt werden. Auf der dritten und letzten Stufe ist dann bloß noch Aas übrig, nicht mehr zu unterscheiden von dem »viele[n] Aas« anderer

---

1 Peter Paul Schwarz: Brechts frühe Lyrik 1914–1922. Nihilismus als Werkzusammenhang der frühen Lyrik Brechts. Bonn 1971, S.142.
2 Carl Pietzcker: Die Lyrik des jungen Brecht. Vom anarchischen Nihilismus zum Marxismus. Frankfurt a.M. 1974, S.164.
3 Kurt Bräutigam: Moderne deutsche Balladen (»Erzählgedichte«). Versuche zu ihrer Deutung. Frankfurt a.M. u.a. 1968, S.27.
4 Bernhard Blume: Motive der frühen Lyrik Bertolt Brechts. I: Der Tod im Wasser. In: Monatshefte für deutschen Unterricht, deutsche Sprache und Literatur 57 (1965), S.97–112, hier S.99.

Herkunft, das in den Gewässern treibt. Angesichts dieser unaufhaltsamen »Entindividuation« gewinnt auch die Reihenfolge, in der die Schlussstrophe verschiedene Teile des toten Körpers benennt, einen Sinn: »Zuerst vergeht das Gesicht, das am stärksten vom einmaligen menschlichen Wesensgehalt Geprägte, zuletzt das Haar, das Unindividuellste, gestaltlos Vegetative, das beinahe schon den Übergang zum Anorganischen bildet.«[5]

Wie das Mädchen zu Tode gekommen ist, wissen wir nicht, auch wenn das in der *Hauspostille* unmittelbar vorangehende Gedicht *Von den verführten Mädchen* – ebenfalls Wasserleichen-Poesie! – und der Kontext der Verse in *Baal*, wo es um den Selbstmord einer verlassenen Geliebten geht, als Indizien gewertet werden könnten. Verlässlich zu rekonstruieren ist dagegen die *literarische* Vorgeschichte von Brechts Protagonistin, deren Ahnenreihe bis zu Shakespeares Ophelia zurückreicht. Symbolismus und Expressionismus haben diese Figur mehrfach in lyrischen Werken aufgegriffen; als herausragende Beispiele, die Brecht mit Sicherheit kannte, seien Arthur Rimbauds *Ophélie* und Georg Heyms *Ophelia* genannt.[6] Indem Brecht Ophelia gar nicht mehr namentlich nennt, führt er eine übergreifende literarhistorische Tendenz konsequent fort. Rimbauds frühes Gedicht leistet mit seinen erlesenen lyrischen Bildern noch jenes Totengedenken, das man in *Vom ertrunkenen Mädchen* vermisst: Bei ihm bleibt Ophelia selbst im Tod als klar umrissene Gestalt in voller Schönheit erhalten; ja, gerade durch den Tod wird sie dem Wandel der Zeit enthoben und geht in das unvergängliche Reich der poetischen Sprache ein. Im Expressionismus verschiebt sich der Akzent bereits auf den organischen Verfall, auf die Auflösung in der Welt des Animalischen, des Vegetativen und schließlich des völlig Ungestalteten, bevor die letzte Zeile von Brechts Gedicht die »Entwicklung von Shakespeares Ophelia zur Wasserleiche« zum Abschluss bringt.[7] Vor dieser stoffgeschichtlichen Folie zeigt sich, dass die erste Etappe des von Brecht entworfenen Entindividuationsprozesses seinem Werk noch vorgelagert ist. Sie besteht in der Tilgung des Eigennamens Ophelia, an dessen Stelle das anonyme »Mädchen« und – im Text – das schlichte »sie« treten.

Was am Ende bleibt, ist einzig die Natur, das Element des Wassers. Bezeichnenderweise verzichtet Brecht darauf, die Szenerie als Landschaft zu konkretisieren. »Bäche« und »Flüsse« erscheinen durchweg im Plural, die Wasserleiche verschmilzt mit dem Reich des Elementaren schlechthin. Das Meer, das man eigentlich als Schlusspunkt des Weges ›hinunter‹ erwarten sollte, wird freilich nirgends genannt. Der Dichter vermeidet dadurch die Assoziation an ein traditionsreiches, aus dem Umkreis der Mystik stammendes Bild für das Aufgehen des Einzelnen in Gott, das beispielsweise in Goethes *Mahomets Gesang* oder in Ernst Stadlers expressionistischem Gedicht *Fahrt über die*

---

5   Jürg Peter Rüesch: Ophelia. Zum Wandel des lyrischen Bildes im Motiv der »navigatio vitae« bei Arthur Rimbaud und im deutschen Expressionismus. Zürich 1964, S. 154 f.

6   Vgl. zu dieser Tradition Bernhard Blume: Das ertrunkene Mädchen. Rimbauds *Ophélie* und die deutsche Literatur. In: Germanisch-Romanische Monatsschrift N.F. 4 (1954), S. 108–119, sowie Rüesch: Ophelia. – Brecht, dessen Französischkenntnisse begrenzt waren, las Rimbaud wahrscheinlich in der Übersetzung von Karl Klammer, der für ihn auch als Vermittler François Villons bedeutsam wurde (Arthur Rimbaud: Leben und Dichtung. Leipzig 1907). Baals eingangs zitierte Wendung von den »Ratten im Haar« dürfte auf den ersten Vers von Heyms Gedicht anspielen: »Im Haar ein Nest von jungen Wasserratten« (Georg Heym: Dichtungen und Schriften. Gesamtausgabe. Hrsg. von Karl Ludwig Schneider. Bd. 1: Lyrik. Hamburg, München 1964, S. 160).

7   Blume: Das ertrunkene Mädchen, S. 116.

Kölner Rheinbrücke bei Nacht wieder aufgegriffen wurde. Bei Brecht hat die Biologie endgültig jeden Anklang an die Metaphysik verdrängt. Allgemeiner könnte mit der Ankunft im Meer aber auch die Vorstellung eines Zur-Ruhe-Kommens, eines absoluten Endes verbunden werden, und diese Möglichkeit verwehrt Brecht dem Leser ebenfalls: Noch am Schluss des Gedichts ist kein statischer Zustand erreicht, denn die Leiche des Mädchens löst sich in »Flüssen« auf, in einer bewegten, strömenden Natur.

Vielleicht darf man darin einen Hinweis auf künftiges Leben sehen, das aus der organischen Materie entstehen wird. Brechts *Großer Dankchoral* feiert »den Baum, der aus Aas aufwächst jauchzend zum Himmel« (11, S.77), und auch andere Gedichte aus diesen Jahren umspielen den Gedanken, dass Tod und Verwesung unabdingbare Voraussetzungen für neues Werden sind. So erzählt das lyrische Ich in *Die Geburt im Baum* in surrealistischer Manier über seinen eigenen Tod hinaus davon, wie es sich erst in ein »Aas in grüner Bucht« verwandelt, dann aber in einem Baum aufgeht, der »himmelwärts« strebt (13, S.161). In *Das Schiff*, wo in Anlehnung an Rimbauds *Le Bateau ivre* ein anthropomorphisiertes Schiff in der Ich-Form von seiner allmählichen Auflösung und seinem Untergang berichtet, begegnen neben dem Motiv des vergehenden Gesichts Anspielungen auf Schwangerschaft und Geburt, beispielsweise die scheinbar unmotivierten Zeitangaben »im vierten Monde« und »im achten Monde« und die Attribute »schwer«, »voll« und »dick«, die sich mit dem Schiff verbinden. In *Vom Tod im Wald* lässt die numinose Lichterscheinung im Baumwipfel eine verwandelte Fortdauer des Verstorbenen in der Natur erahnen, und die *Ballade vom Mazeppa* bezeichnet den Tod nicht nur als »ewige Ruhe«, sondern auch als »ewigen Start« (11, S.93f.): Während er für jedes Individuum das Ende seiner Existenz bedeutet, geht er im großen Zusammenhang des Naturlaufs bruchlos in Formen neuen Lebens über.

1920 notierte Brecht: »Ich habe die Liebe zu den Untergehenden und die Lust an ihrem Untergang« (26, S.116). Tatsächlich kreisen außer den bereits genannten noch zahlreiche weitere Gedichte der Jahre 1916 bis 1920 um das Thema der Entgrenzung, der entindividualisierenden Auflösung in der Natur. Auf den tiefen Einschnitt in der Schriftstellerbiographie des jungen Eugen Berthold Friedrich Brecht, den sie markieren, weist schon der Umstand, dass er das früheste von ihnen, das *Lied von der Eisenbahntruppe vom Fort Donald* (später: *...von Fort Donald*), im Sommer 1916 erstmals mit »Bert Brecht« statt mit seinem bisherigen Pseudonym Berthold Eugen zeichnete. Das *Lied* eröffnet überdies die später in der *Hauspostille* dokumentierte Epoche seines lyrischen Schaffens, denn es ist das älteste Werk, das er in diesen Band aufgenommen hat.

Nach Bernhard Blume gestalten die einschlägigen Texte ein spezifisches »Weltgefühl«, das alles Leben in einem »Prozeß der Dekomposition« zum Tod hin streben sieht, wofür sie vornehmlich »zwei große Metaphern« benutzen, »eine physiologische: die Verwesung, und eine räumliche: die Bewegung nach abwärts.«[8] Blume rechnet zu

---

8 Blume: Motive der frühen Lyrik Bertolt Brechts. I: Der Tod im Wasser, S.102. Dass dabei immer auch die entgegengesetzte Tendenz – neues Leben aus Totem – zu beachten ist, wurde bereits dargelegt. Übrigens hat Herbert Lüthy das Hauptthema der frühen Lyrik schon zu Brechts Lebzeiten in ganz ähnlicher Weise charakterisiert und mit Beispielen veranschaulicht (Fahndung nach dem Dichter Bertolt Brecht [1952]. In: ders.: Fahndung nach dem Dichter Bertolt Brecht. Zürich 1972, S.7–72, hier S.11–17). Er spricht von einem »vegetative[n] Lebensgefühl«, das von Fäulnis, Verwesung und Untergang träume und »zwischen Leben und Tod« allenfalls einen »Gradunterschied« anerkenne (S.13f.).

dieser Gruppe neben dem *Ertrunkenen Mädchen*, das als Paradebeispiel gelten darf, den *Choral vom großen Baal*, die *Ballade von der Freundschaft*, *Das Schiff*, die *Ballade auf vielen Schiffen*, die *Ballade vom Mazeppa* – 1922 als Nachzüglerin entstanden –, die *Ballade von des Cortez Leuten* und das *Lied von der Eisenbahntruppe von Fort Donald*. Eine ähnliche Liste von »Untergangsgedichten« stellt Hans-Harald Müller zusammen, der einige der von Blume aufgeführten Titel auslässt, dafür aber die *Ballade von den Abenteurern*, die *Ballade von den Seeräubern* sowie die Gedichte *Vom Tod im Wald* und *Die Geburt im Baum* hinzufügt.[9] Dieses Textkorpus ist durch eine begrenzte Anzahl von Kernmotiven wie Himmel, Mond, Meer, Wind, Wald, Haie und Geier sowie durch die Verwendung gewisser zentraler Farbattribute gekennzeichnet, die Brecht häufig in einem Verfahren, das man auch bei expressionistischen Lyrikern wie Heym und Trakl antrifft, als reine poetische Chiffren einsetzt, ohne sich an der natürlichen Sinneswahrnehmung zu orientieren. Mit Steffen Steffensen kann man all diese Elemente als »Glieder eines Ganzen, eines Symbolkomplexes« auffassen, in dem sich die thematische Einheit der Werkgruppe manifestiert.[10]

Nach *Vom ertrunkenen Mädchen* soll im Folgenden ein zweites, nicht minder berühmtes Brecht-Gedicht aus dem Umkreis der Untergangs- oder Entgrenzungsthematik näher betrachtet werden, das ebenfalls aus dem Jahre 1919 stammt:

Ballade von des Cortez Leuten

Am siebten Tage unter leichten Winden
Wurden die Wiesen heller. Da die Sonne gut war
Gedachten sie zu rasten. Rollen Branntwein
Von den Gefährten, koppeln Ochsen los.
Die schlachten sie gen Abend. Als es kühl ward
Schlug man vom Holz des nachbarlichen Sumpfes
Armdicke Äste, knorrig, gut zu brennen.
Dann schlingen sie gewürztes Fleisch hinunter
Und fangen singend um die neunte Stunde
Mit Trinken an. Die Nacht war kühl und grün.
Mit heisrer Kehle, tüchtig vollgesogen
Mit einem letzten, kühlen Blick nach großen Sternen
Entschliefen sie gen Mitternacht am Feuer.
Sie schlafen schwer, doch mancher wußte morgens
Daß er die Ochsen einmal brüllen hörte.
Erwacht gen Mittag, sind sie schon im Wald.
Mit glasigen Augen, schweren Gliedern, heben
Sie ächzend sich aufs Knie und sehen staunend
Armdicke Äste, knorrig, um sie stehen
Höher als mannshoch, sehr verwirrt, mit Blattwerk
Und kleinen Blüten süßlichen Geruchs.
Es ist sehr schwül schon unter ihrem Dach

---

9 Vgl. Hans-Harald Müller: Brechts *Ballade von des Cortez Leuten*. Struktur, Quelle, Interpretation (samt Anmerkungen zur Theorie und Methodologie). In: Zeitschrift für deutsche Philologie 112 (1993), S.569–594, hier S.579–586.
10 Steffen Steffensen: Bertolt Brechts Gedichte. Kopenhagen 1972, S.51. In dem entsprechenden Kapitel seines Buches erörtert Steffensen eingehend die vielfältigen Variationen der genannten Motive (S.36–63). Seine Hinweise zur Interpretation der Gedichte bleiben allerdings oberflächlich.

Das sich zu dichten scheint. Die heiße Sonne
Ist nicht zu sehen, auch der Himmel nicht.
Der Hauptmann brüllte wie ein Stier nach Äxten.
Die lagen drüben, wo die Ochsen brüllten.
Man sah sie nicht. Mit rauhem Fluchen stolpern
Die Leute im Geviert, ans Astwerk stoßend
Das zwischen ihnen durchgekrochen war.
Mit schlaffen Armen werfen sie sich wild
In die Gewächse, die leicht zitterten
Als ginge leichter Wind von außen durch sie.
Nach Stunden Arbeit pressen sie die Stirnen
Schweißglänzend finster an die fremden Äste.
Die Äste wuchsen und vermehrten langsam
Das schreckliche Gewirr. Später, am Abend
Der dunkler war, weil oben Blattwerk wuchs
Sitzen sie schweigend, angstvoll und wie Affen
In ihren Käfigen, von Hunger matt.
Nachts wuchs das Astwerk. Doch es mußte Mond sein
Es war noch ziemlich hell, sie sahn sich noch.
Erst gegen Morgen war das Zeug so dick
Daß sie sich nimmer sahen, bis sie starben.
Den nächsten Tag stieg Singen aus dem Wald.
Dumpf und verhallt. Sie sangen sich wohl zu.
Nachts ward es stiller. Auch die Ochsen schwiegen.
Gen Morgen war es, als ob Tiere brüllten
Doch ziemlich weit weg. Später kamen Stunden
Wo es ganz still war. Langsam fraß der Wald
In leichtem Wind, bei guter Sonne, still
Die Wiesen in den nächsten Wochen auf.
(11, S. 84 f.)

Die Anregung zu dieser fiktiven Episode aus der Eroberung des mexikanischen Aztekenreiches durch die spanischen Invasoren unter Hernando Cortez im frühen 16. Jahrhundert verdankte Brecht, wie Müller nachgewiesen hat, einer Passage aus dem 1915 erschienenen Roman *Die dritte Kugel* von Leo Perutz.[11] Bei Perutz werden die Spanier allerdings nur von wucherndem Efeu umzingelt, weshalb ihr unheimliches Erlebnis auch nicht tödlich endet, während Brecht die Vitalität der Dschungelnatur ins Phantastische und Dämonische steigert, indem er den Urwald die Protagonisten seines Erzählgedichts buchstäblich verschlingen lässt. Anders als viele ältere Balladen der naturmagischen Tradition, etwa Goethes *Der Fischer* und *Erlkönig*, zahlreiche Werke aus der Romantik oder auch Fontanes *Die Brück' am Tay*, verzichtet er darauf, die Natur in mythisch-symbolischen Elementarwesen zu verkörpern[12], seine menschlichen Figuren also mit einem anthropomorphen Gegenüber zu konfrontieren und damit Formen der Interaktion bis hin zum Dialog zu ermöglichen. In der *Cortez*-Ballade ist die Natur in Gestalt des Waldes eine gänzlich anonyme, allgegenwärtige und doch unfassbare Macht, nichts als pure, gefräßig wuchernde Lebenskraft. Ein ähnliches Bild entwirft das in seiner Grundstruktur vergleichbare *Lied von der Eisenbahntruppe von Fort Donald*, wo die

---

11 Vgl. Müller: Brechts *Ballade von des Cortez Leuten*, S. 575–577.
12 Vgl. dazu Walter Hinck: Die deutsche Ballade von Bürger bis Brecht. Kritik und Versuch einer Neuorientierung. Göttingen 1968, S. 124 f.

Eisenbahnpioniere im dichten Wald vom Hochwasser überrascht werden und ertrinken. An die Stelle des ›Fressens‹ tritt dort das leitmotivisch verwendete Verb ›wachsen‹, in dem sich die Bedrohlichkeit und die überwältigende Größe der Natur verdichten.[13]

Allerdings wird der Antagonismus von Mensch und Natur in der *Ballade von des Cortez Leuten* – und mit etwas anderen Mitteln übrigens auch in *Fort Donald* – auf subtile Weise relativiert. Die Menschen erscheinen nämlich von Anfang an geradezu tierhaft, wenn sie gierig Fleisch »schlingen« und sich erst zum Schlafen niederlegen, nachdem sie sich »tüchtig vollgesogen« haben. Später kommen auch explizite Tiervergleiche vor (»wie ein Stier«, »wie Affen«), während von artikulierten Reden, die die Männer als vernunftgesteuerte Subjekte ausweisen würden, nirgends die Rede ist: Die Truppe singt und grölt, der Hauptmann brüllt – wie die Ochsen! –, später wird wieder gesungen. Verwandelt sich das ertrunkene Mädchen mit der Zeit in Aas, so reduziert dieses Gedicht seine Figuren schon zu ihren Lebzeiten auf eine triebhaft-animalische Existenz und stellt sie in ihrer Kreatürlichkeit auf eine Stufe mit der natürlichen Umwelt. Brechts frühe Lyrik präsentiert die Natur zwar einerseits, einem spätestens seit dem 18. Jahrhundert und der Romantik fest etablierten Muster folgend, als das ›ganz Andere‹ der gesellschaftlichen und kulturellen Ordnung, als einen ebenso fremdartig-bedrohlichen wie faszinierend-verlockenden Gegenraum, der eigenen Gesetzen und Rhythmen folgt, aber zugleich machen die Texte mit ihren Untergangs- und Entgrenzungsszenarien sichtbar, wie eng der Mensch in seinem endlichen, physischen Dasein an diese Natur gebunden bleibt. So sehr er sich als Schöpfer der Zivilisation auch über sie erhaben fühlen mag – in existentieller Perspektive hat er nach dem ›Tod Gottes‹ den Tieren nichts mehr voraus.

Weitere Analogien zwischen den menschlichen Akteuren und der Naturkraft zeigen sich in der *Cortez*-Ballade auf der Ebene des Handlungsablaufs. Anfangs bemächtigen sich die Spanier der Natur für ihre Zwecke, später schlägt die Natur zurück und überwältigt die Männer auf ganz ähnliche Weise. Auffallend ist besonders die zweimalige Nennung der armdicken, knorrigen Äste, die den Leuten des Cortez zunächst als willkommenes Brennmaterial dienen, sie über Nacht aber als unüberwindliche Gefängnismauern einschließen. Und wie die Krieger bei ihrer Rast Tiere schlachten und verzehren, so werden sie wiederum vom Urwald verschlungen, der anschließend auch noch die Wiesen ringsum ›auffrisst‹. »Fressen und Gefressenwerden«, so lautet bei Brecht das universale Gesetz des Lebens, die »schicksalhafte Logik eines natürlichen Geschehens«, dem auch der Mensch rettungslos verfallen ist.[14] Erst vor diesem Hintergrund erhält zudem der Titel der Ballade, der für das Verständnis der geschilderten Vorgänge eigentlich entbehrlich wäre, seinen Sinn, denn er deutet bereits auf das zentrale Thema des Eroberns, der aggressiven, ›verschlingenden‹ Aneignung voraus. Hier werden nicht etwa harmlose Spaziergänger von der Wildnis überwältigt; *Konquistadoren*, ins Land gekommen, um es zu unterwerfen, treffen auf eine Natur, die ebenso räuberisch ist wie sie, aber noch weitaus machtvoller und hungriger![15]

---

13 Vgl. Blume: Motive der frühen Lyrik Bertolt Brechts. I: Der Tod im Wasser, S. 110.
14 Müller: Brechts *Ballade von des Cortez Leuten*, S. 592. Der *Choral vom großen Baal* bestätigt das eindrucksvoll: Baal »[g]rast [...] weite Felder schmatzend ab« wie ein alles verschlingendes Tier, bevor er seinerseits vom »dunkle[n] Schoß« der Erde geschluckt wird (13, S. 123).
15 Die Pioniere, die im *Lied von der Eisenbahntruppe von Fort Donald* mit den Mitteln der Technik die Natur unterwerfen wollen, sind auf ihre Art gleichfalls Eroberer.

Wie gelassen die Natur über den Menschen hinweggeht, verdeutlicht der Bogen, den das Ende der Ballade zu ihrem Anfang schlägt – beide Male ist in fast idyllisch anmutender Manier von leichtem Wind und guter Sonne die Rede. Zu Beginn mag der Leser die Einschätzung der Sonne als »gut« noch als das Urteil der Cortez-Leute auffassen, die sich das angenehme Wetter für eine Rast zunutze machen. Dieser Eindruck einer friedlichen Harmonie von Mensch und Natur entspricht in seiner Funktion jener »Fiktion der Transzendenz« (Schwarz), die in *Vom ertrunkenen Mädchen* zu beobachten war, zumal er durch die an den biblischen Schöpfungsbericht erinnernde Eingangswendung »Am siebten Tage« noch verstärkt wird.[16] Der weitere Verlauf der Ereignisse zertrümmert jedoch erbarmungslos alle Illusionen. Am Ende erweist sich die Qualität der Natur – hier der Sonne – gleichsam als absolut, als vollkommen losgelöst von dem Blickwinkel und den Bedürfnissen der Menschen, die inzwischen ja einen grausigen Tod gefunden haben.

Der Empfindungslosigkeit der Natur korrespondiert die »vollendete Indifferenz«[17], die der Erzähler bei der Schilderung des Geschehens an den Tag legt. Seine Distanz schlägt sich unter anderem in dem Verzicht auf wörtliche Figurenrede nieder. Indem sich die Erzählinstanz ganz auf den epischen Bericht beschränkt, hält sie sich und damit auch den Leser auf Abstand zu den Leuten des Cortez und ihrem Untergang.[18] Gegen Ende zieht sich der Erzähler sogar immer weiter zurück: Über den Zweck des Singens, das »aus dem Wald« zu ihm aufsteigt – offenbar schaut er jetzt aus der Vogelperspektive auf das Blätterdach und das Gewirr der Äste hinab –, kann er lediglich Vermutungen anstellen. Schon vor ihrem Tod sind die Männer seinen Blicken entschwunden, die nur noch die unaufhaltsam sich ausbreitende Natur erfassen. Das Individuelle, historisch Besondere, auf das der Titel verweist, bleibt im Reich des Organisch-Vegetativen eine belanglose Episode; Geschichte wird in Natur zurückgeführt und von ihr restlos absorbiert. Im Gegensatz etwa zu *Fort Donald* oder *Vom Tod im Wald* gibt es hier zudem keine Verklärung des Untergangs, keine Andeutung einer Fortdauer der Toten in der Natursphäre. Gleichwohl findet sich auch in der *Ballade von des Cortez Leuten* die Verknüpfung von Tod und Leben wieder, die wir schon mehrfach in unterschiedlichen Gestalten angetroffen haben, denn die Spanier sterben ja eben an der Fülle des wuchernden Waldes, an seiner dämonisch gesteigerten Vitalität – sein kraftvolles Leben stürzt sie in den Untergang.

Es gibt bei Brecht aber noch einen ganz anderen Typus des Entgrenzungsgedichts, der das Aufgehen des Individuums in der Natur positiv wertet und als beglückende Einheitserfahrung darstellt. *O die unerhörten Möglichkeiten* von 1918 bietet geradezu einen lyrischen Katalog von Gelegenheiten, bei denen man Selbstverlust und Selbstvergessenheit genussvoll erleben kann. Die Aufzählung, die bezeichnenderweise als

---

16 Bekanntlich kommentiert auch der Schöpfergott der *Genesis* seine Werke mit der Feststellung, dass sie »gut« seien.
17 Blume: Motive der frühen Lyrik Bertolt Brechts. I: Der Tod im Wasser, S. 110.
18 Im ursprünglichen *Lied von der Eisenbahntruppe vom Fort Donald* nimmt der Erzähler weitaus intensiver an den Empfindungen der Protagonisten teil, die er auch in eigener Rede zu Wort kommen lässt. Bezeichnenderweise reduzierte Brecht diese Empathie aber bei der Überarbeitung des Textes erheblich. Wachsende Distanz und die Zurückdrängung von Emotionalität und Pathos zeichnen ebenso die spätere Fassung des Gedichts *Vom Tod im Wald* aus. Vgl. zu beiden Werken Müller: Brechts *Ballade von des Cortez Leuten*, S. 587–590.

eine Weisheit Baals präsentiert wird (vgl. 13, S. 126), umfasst sexuelle Freuden, Alkoholkonsum und ekstatische religiöse Empfindungen ebenso wie das Karussellfahren, das Liegen im Gras, das Klettern auf Bäume und das Sich-treiben-lassen im Wasser. Den meisten Gliedern dieser Kette hat Brecht jeweils eigene Gedichte gewidmet. Dazu zählt etwa *Vom Schiffschaukeln. 4. Psalm*, wo ein scheinbar simples Jahrmarktvergnügen den Zugang zu einer Grenzerfahrung zwischen Tod und Neugeburt, sexueller Ekstase und Naturverschmelzung, bewusstlosem Rausch und Himmelfahrt eröffnet. Die bekanntesten Exempel stellen aber die wahrscheinlich im Jahre 1919 verfassten Werke *Vom Klettern in Bäumen* und *Vom Schwimmen in Seen und Flüssen* dar, die mit Bäumen und Gewässern nicht nur die Hauptmotive von Brechts gesamter Naturlyrik aufgreifen, sondern auch gerade jene Elemente der Natur gestalten, von denen die Protagonisten in den oben behandelten Untergangsgedichten überwältigt und vernichtet werden. Dass sie in der *Hauspostille*, wo sie unmittelbar nebeneinander stehen, der Lektion der »Exerzitien« zugeordnet sind, zeugt einmal mehr von Brechts Strategie, christliche Begriffe und Haltungen zu parodieren: Aus den asketisch-spirituellen Übungen, mit denen Ignatius von Loyola, der Begründer des Jesuitenordens, den Geist von allen irdischen Leidenschaften reinigen wollte, werden Anleitungen zu höchst diesseitigen, leiblich-sinnlichen Genüssen. Gegenüber seinen Freunden soll Brecht diese Texte sogar als »Evangelien« bezeichnet haben.[19] Die ›gute Botschaft‹ verheißt dem Menschen jetzt nicht mehr die Erlösung im Himmelreich, sondern eine intensive Selbsterfahrung in der Natur.

Für eine detaillierte Interpretation sei hier das Gedicht herausgegriffen, das in der *Hauspostille* die zweite Stelle einnimmt:

Vom Schwimmen in Seen und Flüssen

1
Im bleichen Sommer, wenn die Winde oben
Nur in dem Laub der großen Bäume sausen
Muß man in Flüssen liegen oder Teichen
Wie die Gewächse, worin Hechte hausen.
Der Leib wird leicht im Wasser. Wenn der Arm
Leicht aus dem Wasser in den Himmel fällt
Wiegt ihn der kleine Wind vergessen
Weil er ihn wohl für braunes Astwerk hält.

2
Der Himmel bietet mittags große Stille.
Man macht die Augen zu, wenn Schwalben kommen.
Der Schlamm ist warm. Wenn kühle Blasen quellen
Weiß man: ein Fisch ist jetzt durch uns geschwommen.
Mein Leib, die Schenkel und der stille Arm
Wir liegen still im Wasser, ganz geeint
Nur wenn die kühlen Fische durch uns schwimmen
Fühl ich, daß Sonne überm Tümpel scheint.

---

19 Vgl. Hans Otto Münsterer: Bert Brecht. Erinnerungen aus den Jahren 1917–1922. Zürich 1963, S. 63 und 117.

3
Wenn man am Abend von dem langen Liegen
Sehr faul wird, so, daß alle Glieder beißen
Muß man das alles, ohne Rücksicht, klatschend
In blaue Flüsse schmeißen, die sehr reißen.
Am besten ist's, man hält's bis Abend aus.
Weil dann der bleiche Haifischhimmel kommt
Bös und gefräßig über Fluß und Sträuchern
Und alle Dinge sind, wie's ihnen frommt.

4
Natürlich muß man auf dem Rücken liegen
So wie gewöhnlich. Und sich treiben lassen.
Man muß nicht schwimmen, nein, nur so tun, als
Gehöre man einfach zu Schottermassen.
Man soll den Himmel anschaun und so tun
Als ob einen ein Weib trägt, und es stimmt.
Ganz ohne großen Umtrieb, wie der liebe Gott tut
Wenn er am Abend noch in seinen Flüssen schwimmt.
(11, S.72 f.)

Baden und Schwimmen gehörten zu den bevorzugten Vergnügungen des Augsburger Brecht-Kreises, von denen Hans Otto Münsterer in seinen Erinnerungen erzählt[20] und die Brecht selbst in einem Brief an Caspar Neher und in Tagebuchnotizen schildert (vgl. 28, S.57, und 26, S.129). Das Gedicht ist jedoch schon aufgrund seiner spezifischen Sprechhaltung, die noch genauer zu erörtern sein wird, kein autobiographischer Erlebnisbericht in Versen, und auch die erwähnten Parallelstellen bei Brecht dürfen keineswegs als schlichte Dokumente authentischer Erfahrungen verstanden werden – allzu markant tritt die bewusste Formung dieser Aufzeichnungen hervor, die sie in die Nähe dichterischer Sprachgebilde rückt und fast wie Vorstudien zur Entgrenzungslyrik wirken lässt.

Der Entspannung in der elementaren Natur entsprechen in *Vom Schwimmen in Seen und Flüssen* die recht lockere metrische Gestalt, der lässige Plauderton, den das lyrische Ich über weite Strecken anschlägt, und die unbekümmerte Mischung unterschiedlichster Stilebenen, die von der biblischen Diktion (»alle Dinge sind, wie's ihnen frommt«) bis zur Umgangssprache (»schmeißen«) reichen. In dem Zustand der Entgrenzung und des dämmernden Bewusstseins, der in den ersten beiden Strophen durch das bequeme Liegen im seichten Wasser erreicht wird, nähert sich der Mensch dem pflanzlichen Leben an: »Wie die Gewächse, worin Hechte hausen.« Die vertrauten Dimensionen von Oben und Unten werden mitsamt der Schwerkraft in einer allumfassenden Einheit aufgehoben: »Wenn der Arm / Leicht aus dem Wasser in den Himmel fällt«. Auch die festen Konturen des Körpers verschwimmen, so dass dessen verschiedene Teile mit der ersten Person Plural bezeichnet werden können: »Mein Leib, die Schenkel und der stille Arm / Wir liegen still im Wasser« – und die »kühlen Fische« schwimmen mitten hindurch! Der Sprecher erfährt diese Auflösung nicht als bedrohliche Desintegration, sondern als beglückende Verschmelzung, weshalb er sich paradoxerweise gerade unter ihrem Eindruck »ganz geeint« empfindet. Lustvoll kostet er die Gelegenheit aus, den Zwang zur Behauptung der starren Ich-Identität und der klaren Unterscheidung von

---

20 Vgl. ebd., S.117.

Innen und Außen vorübergehend abzustreifen. Die Gewöhnung erzeugt freilich mit der Zeit Überdruss, so dass zu Beginn der dritten Strophe ein neuer Reiz aufgesucht wird, der eine andersartige, aber ebenso starke und diesmal beinahe masochistische Körpererfahrung ermöglicht: »Muß man das alles, ohne Rücksicht, klatschend / In blaue Flüsse schmeißen, die sehr reißen.« Klanglich untermalt wird der Wechsel durch die Häufung stimmloser Zischlaute, die diese Strophe markant von den beiden vorangegangenen abheben, in denen helle Vokale und Diphthonge vorherrschen. In der Schlussstrophe kehrt dann im ruhigen Sich-treiben-lassen die Entgrenzung im flüssigen Element wieder. In solcher Einheit mit der Natur fühlt sich der Mensch nahezu gottgleich, so wie Gott am Ende des Gedichts in familiär-vertraulicher Weise vermenschlicht erscheint.

Im Gegensatz zum weitaus größten Teil der deutschsprachigen Naturlyrik entwirft Brecht keine mehr oder weniger distanzierte Wahrnehmung der Natur durch den lyrischen Sprecher, deren wichtigstes Organ das Auge ist. Visuelle Eindrücke spielen bei ihm eine ganz untergeordnete Rolle. »Man macht die Augen zu«, heißt es sogar in der zweiten Strophe, während gegen Ende immerhin die Anweisung erteilt wird: »Man soll den Himmel anschaun«. An die Stelle der Betrachtung, die ihre Gegenstände scharf konturiert zu erfassen sucht und stets einen gewissen Abstand zwischen Subjekt und Objekt voraussetzt, tritt eine intensive leibliche Erfahrung des Elements, für die man in der Literaturgeschichte nicht viele Parallelen finden wird. Deshalb unternimmt *Vom Schwimmen in Seen und Flüssen* auch keine ›Vergeistigung‹ der Natur, keinen Versuch, ihr ›Wesen‹ gedanklich zu durchdringen; statt dessen geht es um eine förmliche Verschmelzung mit dem Reich des Elementaren.[21]

Mit einem Erlebnisgedicht, das aus der Unmittelbarkeit gegenwärtiger Erfahrung zu sprechen vorgibt, haben wir es jedoch offenkundig nicht zu tun. Die Verse präsentieren sich vielmehr als Anleitung, als eine Lektion, deren Thema der Titel nüchtern benennt, und das unpersönliche »man«, das sämtliche Strophen durchzieht, lässt geradezu an eine Gebrauchsanweisung oder ein Rezept denken. Zwar ist das lyrische Ich augenscheinlich selbst mit den Empfindungen vertraut, über die es doziert, und geht daher bisweilen zu einem veranschaulichenden Erfahrungsbericht über – vor allem in der zweiten Hälfte der ersten und in der zweiten Strophe –, aber diese Partien bleiben in die durch Wendungen wie ›man muss‹ und ›man soll‹ strukturierte belehrende Rede eingebettet und ihr untergeordnet. So wird der Genuss der eigenen Leiblichkeit im Gedicht als reflektierte Anweisung formuliert und damit ins klare Bewusstsein gehoben. »[A]n die Stelle des Erlebnisses tritt die Erlebnistechnik«[22], die sich prinzipiell jeder lernbereite Leser aneignen kann.

---

21 Herbert Frenken: Das Frauenbild in Brechts Lyrik. Frankfurt a.M. u.a. 1993, S.34–38, interpretiert den Text als symbolische Gestaltung einer sexuellen Vereinigung und »die Natur in ihrer Gesamtheit als Metamorphose des Weiblichen« (S.36f.). Die Motivparallelen zu Gedichten, in denen der junge Brecht sexuelle Erlebnisse thematisiert, sind in der Tat auffallend. Sie bestätigen jedoch lediglich, dass die körperliche Liebe und die Verschmelzung mit der Natur vergleichbare Entgrenzungserfahrungen ermöglichen und daher auch mit ähnlichen literarischen Mitteln und Bildern geschildert werden können.

22 Pietzcker: Die Lyrik des jungen Brecht, S.196. – Philip Thomson: The Poetry of Brecht. Seven Studies. Chapel Hill u.a. 1989, S.56–60, betont in seiner Analyse zu Recht den Unterschied zwischen Brechts materialistisch-vitalistischem ›Lehrgedicht‹ und den ekstatischen Schwärmereien, in die expressionistische Autoren auszubrechen pflegten, wenn sie sich mit ähnlichen Themen befassten.

Während die Leute des Cortez kämpferisch-aggressiv und selbst ›verschlingend‹ daherkommen und ihr Eingehen in die Natur deshalb nur als Überwältigung durch einen übermächtigen Gegner erleben können, wird in *Vom Schwimmen in Seen und Flüssen* empfohlen, das Aufgehen im Element zielstrebig zu suchen. Über die Motive des Wassers und der Entgrenzung der Körpereinheit ist das Gedicht eng mit dem *Ertrunkenen Mädchen* verbunden. In diesem Fall geht es aber um eine willentlich eingeleitete, kontrollierte Regression, die angstfrei und lustvoll genossen werden kann, weil das bewusste Ich doch stets als Einheit und als Herr des ganzen Vorgangs erhalten bleibt – ein solches souveränes Ich setzt die Unterweisung des Sprechers ja als Adressaten voraus. Die passive Hingabe erscheint nicht als erlittener Zwang, sondern als Ergebnis intentionalen Handelns (›man muss‹, ›man soll‹), als spielerisches und daher auch nur vorübergehendes Loslassen des eigenen Selbst. Besonders prägnant verdeutlicht das die Anweisung im zweiten Verspaar der dritten Strophe, denn hier wird der Mensch einerseits erneut als die bloße Summe seiner Glieder aufgefasst, andererseits aber als handlungsfähiges Subjekt, das imstande ist, »das alles« schwungvoll ins Wasser zu befördern. Die Balance zwischen Selbstaufgabe und Selbstbewahrung bestimmt das ganze Gedicht und macht den Kern seiner Verhaltenslehre aus. Sie lässt sich treffend mit den Schlussversen der *Ballade auf vielen Schiffen* beschreiben, wo es über den Protagonisten, der virtuos von einem sinkenden Schiff auf das nächste wechselt, heißt:»Er hat eine Lust in sich: zu versaufen / Und er hat eine Lust: nicht unterzugehn« (11, S.80).

Der Gestus der Unterweisung beugt auf Seiten des lyrischen Sprechers jeder schwärmerischen Naturseligkeit vor und unterbindet auch beim Leser die vollkommene Hingabe an regressive Phantasien, die die vertraute Ich-Identität ernstlich gefährden und ins Bedrohliche umschlagen könnten. In lautlicher und formaler Hinsicht vermeidet das Gedicht ebenfalls die Suggestion absoluter Harmonie, indem es den Versfluss durch rhythmische Stolperstellen, die das Grundmuster des jambischen Fünfhebers auflockern, und betont unorganische Zeilenwechsel immer wieder staut und bricht. Und gerade da, wo in der vierten Strophe von der Einheit mit der anorganischen Materie, den »Schottermassen«, und von der frühkindlichen Geborgenheit in den Armen der Mutter die Rede ist und damit besonders starke Bilder der Regression evoziert werden, tauchen zugleich Als-ob-Wendungen auf, die in Erinnerung rufen, dass die Preisgabe der klaren Konturen des Individuums nur eine temporäre subjektive Erfahrung, aber keine vollzogene Tatsache darstellt – anders als in *Vom ertrunkenen Mädchen* und in der *Ballade von des Cortez Leuten*, wo die Protagonisten im Tod wirklich unwiderruflich mit der Natur verschmelzen.[23] Wie fließend die Übergänge auf diesem Gebiet dennoch sind, verrät eine zwischen Wunsch- und Alptraum oszillierende Wasserphantasie der Titelfigur aus *Baal*, in der eine bewusst herbeigeführte Entgrenzung bruchlos in Verwesung und Zerfall mündet: »manchmal träume ich von einem See, der ist tief und dunkel und zwischen die Fische lege ich mich und schaue den Himmel an.

---

23 Es führt deshalb in die Irre, wenn Fred Lönker in *Vom Schwimmen in Seen und Flüssen* eine »Auflösung des Ich in der Natur« angestrebt sieht, die letztlich nicht vollkommen gelinge (Verlorenes Ich. Benns *Rönne-Novellen* und Brechts *Hauspostille*. In: Gottfried Benn – Bertolt Brecht. Das Janusgesicht der Moderne. Hrsg. von Achim Aurnhammer, Werner Frick und Günter Saße. Würzburg 2009, S.71–90, hier S.77). Da der Text von vornherein nicht auf eine rückhaltlose Einswerdung mit dem Reich des Elementaren abzielt, sind die Einschränkungen und Relativierungen, die ihn durchziehen, fester Bestandteil der vermittelten Lehre.

Tag und Nacht, bis ich verfault bin« (1, S. 36). Sämtliche bislang betrachteten Gedichte gestalten also lediglich unterschiedliche Aspekte eines einzigen Vorstellungskomplexes. Auf ihre untergründige Verwandtschaft verweist auch die schon erwähnte Symbolsprache. Beispielsweise signalisiert das Farbattribut »bleich«, das in *Vom Schwimmen in Seen und Flüssen* zum einen auf den Sommer, zum anderen auf den »Haifischhimmel« bezogen wird, in Brechts früher Lyrik für gewöhnlich die Nähe von Untergang und Tod[24], die demnach im Schwimmgedicht verdeckt gegenwärtig bleiben – erst recht natürlich in Gestalt des »Haifischhimmels« selbst, der zwar als zusätzlicher ästhetischer Reiz geradezu herbeigewünscht wird, aber trotzdem unmissverständlich an die Drohung der verschlingenden Natur gemahnt.

Der nun schon mehrfach verwendete Terminus ›Regression‹, mit dem die Psychoanalyse die Wiederbelebung früherer Phasen der seelischen Entwicklung eines Individuums bezeichnet, deutet bereits auf eine psychoanalytisch orientierte Interpretation der Entgrenzungs- und Untergangsthematik, die sich bei den Gedichten des jungen Brecht förmlich aufdrängt. Aus dieser Perspektive ist die Verschmelzung mit dem Elementaren, die sich so häufig mit Bildern des Schwebens, des Getragenwerdens, des Wiegens und Schaukelns verbindet, als Phantasie von der Wiederherstellung einer ungeschiedenen Einheit durch die Rückkehr in den Mutterleib, »in den Schoß der mütterlichen Natur« zu verstehen.[25] In Leitmotiven wie dem Verlust des Gesichts und der festen Konturen des Ich spricht sich die Sehnsucht nach einer »Erlösung aus den Leiden der Individuation« aus.[26] Gelegentlich tritt dieses Wunschziel absoluter Geborgenheit sogar explizit hervor, so in der *Ballade von den Abenteurern*, wo den ruhelos in der Welt umhergetriebenen Protagonisten die Frage gestellt wird: »Warum seid ihr nicht im Schoß eurer Mütter geblieben / Wo es stille war und man schlief und man war da?« (11, S. 78). Und Baal sinkt, wie wir gesehen haben, im Tod in den »dunkle[n] Schoß« der Erde, so wie er einst aus dem »weißen Mutterschoße« hervorgegangen ist (13, S. 121–123). In diesen Zusammenhang fügt sich die ebenfalls leitmotivisch eingesetzte Verknüpfung von Tod und neuem Leben: Der »Schoß« – der Erde bzw. der Mutter – ist verschlingend und gebärend zugleich.

So betrachtet, entspringen die Auf- und Ausbrüche in exotische Fernen, die Brecht in seinen balladesken Gedichten gerne entwirft, dem Streben der jeweiligen Figuren zur allumfassenden Natur, zum Untergang, zur heimlich ersehnten Entgrenzung des Ich. Überdies lässt sich unschwer die Verbindung zu dem anderen großen Thema der Brecht'schen Lyrik jener Jahre, dem ›Tod Gottes‹, herstellen: Der Wegfall der obersten Vater-Repräsentanz, der mit dem Verlust oder der Schwächung anderer Vaterfiguren in Familie und Gesellschaft einhergeht, macht den Weg zu den ›Müttern‹, zur Regression frei. Auch die Ambivalenz der Verschmelzungserfahrungen verwundert nicht, da sie ebenso als befreiende Entlastung von der Individuation wie als erschreckender Selbstverlust wahrgenommen werden können. Deshalb reichen die Haltungen gegenüber der Auflösung in der Natur, die bei den Protagonisten der Gedichte zu beobachten

---

24 Vgl. Steffensen: Bertolt Brechts Gedichte, S. 43 f.
25 Hans A. Hartmann: Von der Freundlichkeit der Weiten oder Auf der Suche nach der verlorenen Mutter. Der junge Brecht. In: Bertolt Brecht – Aspekte seines Werkes, Spuren seiner Wirkung. Hrsg. von Helmut Koopmann und Theo Stammen. München ²1994, S. 31–83, hier S. 62.
26 Pietzcker: Die Lyrik des jungen Brecht, S. 172.

sind, von Angst und Klage (*Das Lied von der Eisenbahntruppe von Fort Donald*, *Ballade von des Cortez Leuten*) über die gänzlich passive Hingabe im Tod (*Vom ertrunkenen Mädchen*) bis zu euphorischem Einverständnis (in der *Ballade von den Seeräubern* und, modifiziert und gedämpft, in *Vom Schwimmen in Seen und Flüssen* und *Vom Klettern in Bäumen*). Verschmelzungswünsche gehen jederzeit leicht in Vernichtungsängste über, und die mütterliche, bergende Natur ist im Grunde nur die andere Seite der bedrohlich wuchernden, verschlingenden – so taucht denn auch im Schwimmgedicht unvermittelt der böse, gefräßige Haifischhimmel auf!

Problematisch werden die psychoanalytisch ausgerichteten Forschungsarbeiten, sobald sie die an den Werken ablesbaren Phantasien direkt auf den Autor Bertolt Brecht beziehen und sie als Ausdruck seines Unbewussten begreifen. Auf diesem Wege können sie zwar durchaus zu plausiblen Resultaten gelangen, wie es zum Beispiel in dem Aufsatz von Hans A. Hartmann der Fall ist, der Brechts poetische Verschmelzungsszenarien mit der engen Mutterbindung des Dichters erklärt[27], doch der Rückschluss von literarischen Texten auf die Psyche ihres Verfassers bleibt methodisch bedenklich. Unterschätzt wird hierbei für gewöhnlich die Souveränität des Dichters, die sich vor allem in der virtuosen ästhetischen Formung seiner Werke und im kreativen Umgang mit der literarischen Tradition – etwa dem Ophelia-Stoff – manifestiert. Brechts Entgrenzungsgedichte spiegeln Phantasien und Ängste nicht einfach wider, sondern *inszenieren* sie im Medium der Dichtung und erkunden das Spektrum der poetischen Möglichkeiten, die sie bereithalten.[28] Ähnlich wie einige Jahre zuvor das Sujet ›Weltkrieg und Soldatentod‹ bildet auch die Auflösung in der Natur ein Themenfeld, das der junge Autor geradezu systematisch ausmisst, indem er seine unterschiedlichen Facetten in einzelnen Gedichten gestaltet.

Deshalb soll die Frage, wie der in den einschlägigen Texten ›durchgearbeitete‹ Vorstellungskomplex bei Brecht persönlich-biographisch vermittelt gewesen sein mag, an dieser Stelle nicht weiterverfolgt werden. Interessanter als die individuelle Genese regressiver Phantasien im Rahmen der familiären Situation des Dichters sind ohnehin ihre allgemeinen historisch-gesellschaftlichen Bedingungen. Da Regressionstendenzen auf die spezifische Verfassung des Individuums reagieren, können sie in ihrer Intensität und Eigenart nicht unabhängig von den sozialen Gegebenheiten betrachtet werden, die diese Verfassung mitbestimmen – Individualität ist bekanntlich eine variable Größe, die in verschiedenen Epochen und gesellschaftlichen Gruppen jeweils ganz eigentümliche Formen annimmt. Schon seit dem ausgehenden 18. Jahrhundert hatten die rasch zunehmende gesellschaftliche Komplexität und die Herausbildung des modernen bürgerlichen Subjekts, das sich zu einem außergewöhnlichen Maß an verinnerlichter Triebkontrolle genötigt sieht, in der deutschen Literatur eine Fülle poetischer Regressionsphantasien provoziert, die sich mit einer breit entfalteten Wasser- und Flussmotivik verbanden. In Brechts zeitgenössischem Kontext dürfte noch jene Erfahrung existentieller Verlassenheit und Entfremdung hinzugekommen sein, die dem Verbindlichkeitsverlust des bürgerlichen Werte- und Normensystems und dem

---

27 Vgl. Hartmann: Von der Freundlichkeit der Weiten.
28 Vgl. dazu auch Thomson: The Poetry of Brecht, S. 60, der in kritischer Abgrenzung von unmittelbar autorbezogenen psychoanalytischen Spekulationen »the playful dimension of this poetry, its status as youthful experiment« unterstreicht.

fortschreitenden Zerfall der religiösen Orientierungen geschuldet war. Die *Ballade von den Abenteurern* stellt die Verbindung mit dem Zusammenbruch des metaphysischen Horizonts sogar ausdrücklich her, denn ihre zweite Strophe, aus der oben bereits ein Verspaar zitiert wurde, lautet vollständig:

> O ihr, die ihr aus Himmel und Hölle vertrieben
> Ihr Mörder, denen viel Leides geschah
> Warum seid ihr nicht im Schoß eurer Mütter geblieben
> Wo es stille war und man schlief und man war da?
> (11, S.78)

Da Brecht in dieser Zeit keine Vorstellungen von einem neuen Gesellschaftsmodell entwickelte, das als Alternative zur bürgerlichen Ordnung hätte dienen können, drückte er das Unbehagen an der als sinnentleert und einengend erfahrenen sozialen Realität aus, indem er Regressionen zu einer ungeschichtlichen, allen Einflüssen der Zivilisation entzogenen ›mütterlichen‹ Natursphäre entwarf oder jene damit eng verbundenen provozierenden Wunschbilder einer baalischen Existenz im Zeichen des Vitalismus ausmalte, von denen am Ende des vorigen Kapitels die Rede war. Indes treten solche Zusammenhänge, die wir im Rückblick rekonstruieren können, in den Entgrenzungsgedichten selbst nicht zutage. Der Autor verlegt seine Szenarien von Untergang und Verschmelzung durchweg in exotische oder ganz unbestimmte Naturräume und wählt als Protagonisten entweder außerbürgerliche Abenteurerfiguren wie Eroberer, Pioniere und Seeräuber oder aber Gestalten, die gar keine gesellschaftlich konkreten Züge aufweisen. Darum wird – von punktuellen Andeutungen wie in der *Ballade von den Abenteurern* abgesehen – in den lyrischen Texten nirgends erkennbar, wie solche Phantasien mit der eigentümlichen Situation des bürgerlichen Menschen um 1920 verknüpft sind.[29] Erst Jahre später bezog Brecht, nun von einer marxistischen Position aus, seine frühere »Liebe zu den Untergehenden« (26, S.116) und zu den morbiden Reizen des Verfalls auf die unaufhaltsame Dekadenz der bürgerlichen Welt, wenn er zur *Hauspostille* notierte: »Der Großteil der Gedichte handelt vom Untergang, und die Poesie folgt der zugrunde gehenden Gesellschaft auf den Grund« (26, S.414). Auf vergleichbare Weise erklärte er im Nachhinein das asoziale Leben seines Dramenhelden Baal aus den Umständen der Existenz in einer »asozialen Gesellschaft« (23, S.241).

Mehrere Entgrenzungsgedichte wurden im Laufe der Jahre einzeln veröffentlicht, bevor die meisten von ihnen, größtenteils in überarbeiteter Form, 1927 in der *Hauspostille* ihren Platz fanden. Dieser Band bildete bei seinem verspäteten Erscheinen allerdings einen schon überholten Stand von Brechts lyrischer Produktion ab. Bereits seit den frühen zwanziger Jahren hatte sich eine Neuorientierung seines Schreibens angebahnt, die den Umgang mit dem Thema ›Natur‹ grundlegend veränderte. Beispielsweise wird die Fühllosigkeit der Natursphäre 1926 in *Von der Willfährigkeit der Natur* nicht mehr nüchtern konstatiert oder in balladesker Form vorgeführt, sondern von einem moralischen Standpunkt aus explizit beklagt und teilweise sogar als willentliche Bosheit ausgelegt; ein ganz unironisch gemeintes »Ach« durchzieht und strukturiert, anapho-

---

29 So muss Carl Pietzcker bei seinem Versuch, das Gedicht *Vom ertrunkenen Mädchen* als »Abgesang des bürgerlichen Individuums« im Zeitalter des Monopolkapitalismus zu deuten, auf einer sehr allgemeinen Ebene argumentieren und hochabstrakte Zusammenhänge konstruieren, die in dem lyrischen Text keine Stütze mehr finden (Die Lyrik des jungen Brecht, S.155–190).

risch verwendet, das gesamte Gedicht (13, S. 347). Die *Ballade vom Tropfen auf den heißen Stein*, 1931 und somit erst nach Brechts marxistischer Wende entstanden, beschwört den Genuss der sommerlichen Natur in Bildern, die an die positiven Entgrenzungsphantasien der frühen Naturlyrik erinnern – »Das Wasser ist warm und im warmen Wasser / Liegt auch ihr« –, denunziert ihn aber sogleich als zweifelhaftes Ersatzglück, das von den Mängeln der kapitalistischen Welt ablenkt, und drängt statt dessen auf »Forderungen«, »Unzufriedenheit« und »Vorschläge«, die zu einer ganz neuen Ordnung der Gesellschaft führen sollen (14, S. 120 f.). *Über das Frühjahr* von 1928 liest sich schließlich wie ein elegischer Abgesang auf die Poesie der Verschmelzung mit der Natur:

> Lange bevor
> Wir uns stürzten auf Erdöl, Eisen und Ammoniak
> Gab es in jedem Jahr
> Die Zeit der unaufhaltsam und heftig grünenden Bäume.
> Wir alle erinnern uns
> Verlängerter Tage
> Helleren Himmels
> Änderung der Luft
> Des gewiß kommenden Frühjahrs.
> Noch lesen wir in Büchern
> Von dieser gefeierten Jahreszeit
> Und doch sind schon lange
> Nicht mehr gesichtet worden über unseren Städten
> Die berühmten Schwärme der Vögel.
> Am ehesten noch sitzend in Eisenbahnen
> Fällt dem Volk das Frühjahr auf.
> Die Ebenen zeigen es
> In alter Deutlichkeit.
> In großer Höhe freilich
> Scheinen Stürme zu gehen:
> Sie berühren nur mehr
> Unsere Antennen.
> (14, S. 7)

Die Natur, einst eine mit überwältigender Intensität empfundene Macht, ist in der industrialisierten und technisierten Welt mittlerweile so stark überformt, verdrängt oder zum bloßen Rohstoff der Ausbeutung degradiert worden, dass sie die menschliche Existenz allenfalls noch am Rande berührt. Als primärer Erfahrungsraum sind die »Städte« an ihre Stelle getreten, die Brecht zunächst als Chiffre für die Moderne schlechthin verwendete[30] und später dann konkreter mit der Lebenswirklichkeit unter den Bedingungen des hochentwickelten Kapitalismus identifizierte. Das Gedicht changiert auffällig zwischen einer weitgespannten historischen Perspektive und der Fokussierung individueller Lebensläufe (»Wir alle erinnern uns«): Jeder Einzelne scheint in seiner persönlichen Entwicklung den Weg der Menschheit in die Moderne und damit den Abschied von der Natur nachzuvollziehen. So verbirgt sich in den Versen eben auch eine Reflexion über die Verschiebung der Themenschwerpunkte des Dichters Bertolt Brecht.

---

30 Vgl. dazu den Zyklus *Aus dem Lesebuch für Städtebewohner*, dessen Texte aus den Jahren 1926/27 stammen, und das einschlägige Kapitel in diesem Buch.

Der Abstand zu seinen naturlyrischen Jugendwerken trat Brecht im Juni 1948 noch einmal vor Augen, als er von Max Frisch durch Zürich geführt wurde und sich dabei sehr direkt mit den Realitäten des Daseins in der urbanen Moderne konfrontiert sah: »Frisch zeigt uns dann die Baustätte eines großen städtischen Schwimmparks, das [!] er für die Stadt baut. [...] Diese Riesenbassins für Tausende machen übrigens das *Hauspostillen*-Gedicht *Vom Schwimmen in Flüssen und Teichen* schon zur historischen Reminiszenz« (27, S.271) – und die lag ihm mittlerweile offenbar so fern, dass er sich nicht einmal mehr an den exakten Titel seines eigenen Gedichts erinnern konnte! In der späten Exillyrik und in den Texten aus Brechts letzten Jahren, zum Beispiel in den *Buckower Elegien*, spielt die Natur zwar wieder eine gewichtige Rolle, aber sie wird uns dort in ganz veränderter Gestalt und in einer völlig neuen Beziehung zum Menschen begegnen.

Kapitel 5
Von Kranichen und Huren:
Gedichte über Liebe und Sexualität

»Die ›Liebe‹ als große sinnlich-seelische Leidenschaft zwischen den Geschlechtern ist für den Dichter Brecht offenbar kein zentrales Thema gewesen«, schreibt Franz Norbert Mennemeier. Zwar habe der Autor durchaus auch Liebesgedichte verfasst, doch im Rahmen seines Gesamtwerks komme ihnen lediglich der Rang von »Nebenarbeiten« zu.[1] Eine solche Einschätzung klingt zunächst plausibel, da man mit dem Namen Bertolt Brecht eher das öffentliche, politische und gesellschaftskritische Engagement als die Beschäftigung mit der vermeintlich privatesten Angelegenheit des menschlichen Daseins assoziiert. Gleichwohl führt Mennemeiers These in die Irre – schon deshalb, weil sie ihren Gegenstand zu eng fasst. Die Beziehungen zwischen den Geschlechtern haben Brecht in einer Vielzahl lyrischer Werke aus sämtlichen Phasen seines Schaffens beschäftigt, doch er reduziert sie nicht auf jene »große sinnlich-seelische Leidenschaft«, als die man die Liebe im Gefolge einer schwärmerisch-romantischen Tradition heute in der Regel begreift. So bringt er oft genug bloße sexuelle Begierden und Erfahrungen zur Sprache, die keineswegs an tiefe oder gar ›ewige‹ Gefühle für einen ganz bestimmten anderen Menschen geknüpft sind. Aber selbst die nützliche Unterscheidung zwischen Liebes- und Sexgedichten[2] ist noch viel zu grob, als dass sie den Facettenreichtum seiner einschlägigen Dichtungen erfassen könnte, deren Bandbreite von drastischen, in der Rezeption vielfach pornographisch gescholtenen Texten über kunstvoll gestaltete erotische Verse und lehrhafte Reflexionen bis hin zu zarten, innigen Liebesgedichten reicht. Die im Folgenden näher betrachteten Beispiele sollen den verblüffenden Reichtum dieses Themenfeldes illustrieren. Sie werden darüber hinaus sichtbar machen, dass Brechts Lyrik über Liebe, Sexualität und Erotik sogar in noch höherem Maße, als das sonst bei seinen Gedichten der Fall ist, aus dem produktiven, oftmals kritisch-polemischen Dialog mit Denkmustern, Formen und Redeweisen der literarischen Tradition hervorgeht.[3]

Ein besonderes Charakteristikum der frühen Lyrik Brechts stellt die Verbindung von Liebe und Vergänglichkeit dar. Der junge Autor wendet sich damit provozierend gegen die Vorstellung einer unwandelbaren, exklusiven Liebe, die seit dem 18. Jahrhundert und der Romantik in der Literatur fest etabliert ist, und gegen die Stilisierung der Liebe zu einer weltlich-diesseitigen Erlösung des modernen Menschen aus seiner Isolation und Entfremdung. Wie bei Brecht die Religion frühzeitig als Garantin von

---

1   Franz Norbert Mennemeier: Bertolt Brechts Lyrik. Aspekte, Tendenzen. Berlin ²1998, S.53.
2   Vgl. Simone Weckler: Amor hat nicht immer die Finger im Spiel. Brechts Gedichte über Liebe, Sex und Frauen. In: Die Poesie der Liebe. Aufsätze zur deutschen Liebeslyrik. Hrsg. von Ulrich Kittstein. Frankfurt a.M. u.a. 2006, S.267–297, hier S.268–276.
3   Vgl. hierzu auch Ulrich Kittstein: Von der Liebe und vom Schreiben. Liebeslyrik bei Goethe und Brecht. In: Goethes Liebeslyrik. Semantiken der Leidenschaft um 1800. Hrsg. von Carsten Rohde und Thorsten Valk. Berlin u.a. 2012. Anhand der Kontrastierung mit Goethe erörtert dieser Beitrag Brechts Stellung in der Geschichte des poetischen Liebesdiskurses seit dem späten 18. Jahrhundert.

Halt und Geborgenheit, Dauer und Ewigkeit verabschiedet wird, so ergeht es auch der Liebe, die in einer zunehmend säkularisierten Welt weithin die Nachfolge Gottes als höchste sinnstiftende Instanz angetreten hatte. Viele Texte dieser Jahre kreisen um das *Vergessen* einer einstigen Geliebten oder um ihre Vertreibung und Verbannung durch den Mann, der in der Regel als lyrischer Sprecher auftritt. Anschaulich verdichtet werden diese Prozesse in einem Leitmotiv, das wir in ähnlicher Funktion schon in den Verschmelzungsgedichten kennen gelernt haben, nämlich im Verschwimmen des Gesichts, mit dem sich die eigentümliche Individualität des ehemals (vielleicht) geliebten Menschen auflöst, so in *Erinnerung an die Marie A.*, *Ballade vom Tod des Anna Gewölkegesichts*, *Ein bitteres Liebeslied* und *Sonett* (»Was ich von früher her noch kannte ...«). Damit verwandt ist das Bild der schwindenden Wolke, die für die Geliebte steht, zum Beispiel in *Von He. 9. Psalm*, im *12. Psalm* und in der *Ballade vom Tod des Anna Gewölkegesichts*, wo schon der Titel die Verbindung von Frau und Wolke herstellt.

Eine weitere Kraft, der traditionell zugetraut wird, Zeit und Vergänglichkeit zu überwinden, ist die Dichtung selbst. Die stolze Zuversicht des Horaz, dass er sich mit seinem Werk ein Denkmal für die Ewigkeit errichtet habe, wurde zum literarischen Topos, den Brecht in verschiedenen Zusammenhängen zitiert.[4] Seit Dante und Petrarca verband er sich in abgewandelter Form auch mit der Liebespoesie, die Dauer schafft, indem sie die verklärte Geliebte durch immer neue poetische Vergegenwärtigung dem Strom der Zeit entreißt. Beim jungen Brecht vollzieht das Gedicht dagegen unablässig den Vorgang der Verdrängung, Verleugnung und Aufhebung von Liebe und Erinnerung. Verweigert er in Texten wie *Vom ertrunkenen Mädchen* demonstrativ die gedächtnisstiftende Totenklage, so wendet er sich auch von der lyrischen Verewigung der Liebe und der Geliebten ab, etwa in den sogenannten »Epilogpsalmen«[5], zu denen *Der siebente Psalm*, *Von He. 9. Psalm* und *Der elfte Psalm* zählen. Die Rede vom Tod, die diese Werke durchzieht, hat man in erster Linie metaphorisch zu verstehen – für den Sprecher ist die Frau, deren Andenken er verleugnet, so gut wie gestorben. Und selbst da, wo ein Titel ausdrücklich auf »Erinnerung« verweist, wird er von den folgenden Versen umgehend widerlegt. In *Erinnerung an die Marie A.*, dem bekanntesten dieser Gedichte, vermag sich der Sprecher an das Gesicht der Frau, die er vor Jahren unter einem Pflaumenbaum geküsst hat, gerade *nicht* zu erinnern. Statt dessen bewahrt sein Gedächtnis aus dem Umkreis der damaligen Situation ausgerechnet das Flüchtige schlechthin, eine Wolke, »sehr weiß und ungeheuer oben«, ohne deren intensiven sinnlichen Eindruck er auch jenen Kuss »längst vergessen« hätte (11, S. 92). Konsequenterweise erzählt das Gedicht von dem vergangenen Liebeserlebnis nur in abgegriffenen Sprachklischees, während es seine präzisen und prägnanten Formulierungen für die Beschreibung der Wolke reserviert.[6]

---

4 Vgl. Quintus Horatius Flaccus: Oden und Epoden. Hrsg. und übersetzt von Gerhard Fink. Düsseldorf u.a. 2002, S. 213: »Errichtet hab' ich ein Denkmal, dauerhafter als Erz« (Oden III, 30, 1: »Exegi monumentum aere perennius«). Dieser berühmte Ausspruch wird vor allem im Kapitel 16 »Letzte Dinge: Alter, Tod und Fortleben« noch eine wichtige Rolle spielen.
5 Arnold Stadler: Das Buch der Psalmen und die deutschsprachige Lyrik des 20. Jahrhunderts. Zu den Psalmen im Werk Bertolt Brechts und Paul Celans. Köln u.a. 1989, S. 50.
6 Vgl. dazu Albrecht Schöne: Bertolt Brecht: *Erinnerung an die Marie A.* In: Die deutsche Lyrik. Form und Geschichte. Interpretationen. Von der Spätromantik bis zur Gegenwart. Hrsg. von Benno von Wiese. Düsseldorf 1957, S. 485–494, hier S. 486 f.

Kapitel 5 Von Kranichen und Huren: Gedichte über Liebe und Sexualität

Die Männerfiguren in Brechts frühen Gedichten um Liebe und Vergessen bemühen sich angestrengt, inneren wie äußeren Abstand zu den Frauen zu wahren. »Formen der Distanz« sind nach Christine Arendt in diesen Texten durchweg zu erkennen[7], und Hans-Harald Müller und Tom Kindt sprechen von dem umfassenden »Versuch einer Entemotionalisierung der Liebeslyrik«.[8] So trägt der »arme B.B.«, dessen poetisches Selbstporträt die *Hauspostille* beschließt, geradezu einen schützenden Gefühlspanzer, der seine Haltung gegenüber dem anderen Geschlecht bestimmt:

4
In meine leeren Schaukelstühle vormittags
Setze ich mir mitunter ein paar Frauen
Und ich betrachte sie sorglos und sage ihnen:
In mir habt ihr einen, auf den könnt ihr nicht bauen.
(11, S. 120)

Dieses Ich bleibt »sorglos«, weil es in seiner Isolation zugleich Sicherheit und Unabhängigkeit genießt. Schon der unbestimmte Plural »ein paar Frauen« lässt keinen Zweifel daran, dass der Sprecher nicht gewillt ist, sich dauerhaft gefühlsmäßig an eine Partnerin zu binden, weshalb es äußerst unklug wäre, auf ihn zu »bauen«. Vorsichtig begnügt er sich mit dem distanzierten ›Betrachten‹, das bei Brecht auch sonst bisweilen als eine Verhaltensstrategie im Dienste der Selbstbewahrung erscheint, zum Beispiel in dem Gedicht *Die kleinen Verhaltungsmaßregeln mit dickem Ende*, wo es ebenfalls mit beruhigender Sorglosigkeit assoziiert wird – »Betrachte sie sorglos«, heißt es in Bezug auf die Frau (13, S. 267) –, oder im *Choral vom großen Baal*:

Und das große Weib Welt, das sich lachend gibt
Dem, der sich zermalmen läßt von ihren Knien
Gab ihm rasende Ekstase, die er liebt
Aber Baal starb nicht – er sah nur hin.
(13, S. 121)

Im *Choral* ist die Zurückhaltung des Mannes umso auffälliger, als sie merklich von dem hemmungslosen Genussstreben absticht, dem sein Dasein sonst gewidmet ist. Selbst der »große Baal«, dieses Urbild eines sinnlichen Hedonisten, scheint die verschlingende Macht des Weiblichen zu fürchten, gegen die es die stabilen Grenzen des eigenen Ich zu wahren gilt.[9] Aber auch Frauen, deren Selbstbewusstsein die konventionellen Geschlechterrollen in Frage stellt, verkörpern eine Bedrohung der männlichen Souveränität und rufen in Brechts Gedichten daher mitunter massive Aggressionen hervor. So überschüttet das lyrische Ich in *Von He. 9. Psalm* eine verflossene Geliebte mit Beleidigungen, weil sie sich mehr auf ihr »Hirn« als auf ihre »Knie« zu verlassen pflegte und im hellen Licht besser zurecht kam als »im Dunkeln«, und stellt ihr »Bi die Liebliche, die Pflanze Bi« als Muster gegenüber (11, S. 22). Von der Frau werden also Intuition und pflanzenhafte Passivität verlangt, während intellektuelle

---

7 Christine Arendt: Natur und Liebe in der frühen Lyrik Brechts. Frankfurt a.M. u.a. 2001, S. 246.
8 Hans-Harald Müller und Tom Kindt: Brechts frühe Lyrik. Brecht, Gott, die Natur und die Liebe. München 2002, S. 71.
9 Häufig verbindet der junge Brecht das Weibliche mit der Metaphorik vom auflösenden, entgrenzenden Wasser. Vgl. dazu ausführlich Herbert Frenken: Das Frauenbild in Brechts Lyrik. Frankfurt a.M. u.a. 1993, S. 24–42.

Potenz und Reflexionsvermögen dem idealen Weiblichkeitsbild entschieden widersprechen.[10]

Schon der verbissene Eifer, mit dem die männlichen Figuren dieser Texte an der Verdrängung und Verleugnung emotionaler Bindungen arbeiten, nährt den Verdacht, dass hinter der Maske kühler Gelassenheit, die sie meist zur Schau tragen, und ihrem oftmals schnoddrigen Ton eine sehr komplexe Gefühlslage verborgen ist.[11] Ähnlich wie in den Gedichten, die von der metaphysischen Verlassenheit des Menschen handeln, kann die demonstrative Coolness auch hier als ein Versuch des lyrischen Sprechers gedeutet werden, sich gegen Verunsicherung zu wappnen und die eigene Verletzlichkeit zu leugnen. Bestätigt wird diese These durch ein Gedicht aus dem Jahre 1919, das die Kernmotive der frühen Brecht'schen ›Liebeslyrik‹ in einen ungewöhnlichen Zusammenhang bringt und dabei einen aufschlussreichen Blick hinter jene Maske erlaubt. Statt das Vergessen der Frau als solches zu inszenieren, nehmen die Verse ein künftiges Vergessen ahnungsvoll vorweg – und diese Ahnung trägt Züge eines Alptraums, in dem die sonst sorgsam versteckte Angst offen zutage tritt:[12]

> So halb im Schlaf in bleicher Dämmerung
> An deinem Leib, so manche Nacht: *der* Traum.
> Gespenstige Chausseen unter abendbleichen
> Sehr kalten Himmeln. Bleiche Winde. Krähen
> Die nach der Speise schreien, und nachts kommt Regen.
> Mit Wind und Wolken, Jahre über Jahre
> Verschwimmt dein Antlitz, Bittersüße, wieder
> Und in dem kalten Wind fühl ich erschauernd
> Leicht deinen Leib, so, halb im Schlaf, in Dämmerung
> Ein wenig Bitternis noch im Gehirn.
> (13, S. 133)

Gerade in gemeinsam verbrachten Nächten und somit in Momenten der größten Nähe zu der Geliebten wird das Ich von einem Traum heimgesucht, der über das vertraute Bild vom verschwimmenden Gesicht die künftige Trennung und das Vergessen antizipiert. Mit seiner beunruhigenden Kraft durchdringt er förmlich die Gegenwart des Sprechers, der den Körper der Frau neben sich spürt und doch zugleich die Schauer empfindet, die der »kalte Wind« aus dem Traum erregt. Bemerkenswerterweise sind die Elemente, aus denen sich die düstere Vision aufbaut, fast allesamt auch in den Gedichten über die existentielle Ausgesetztheit des Menschen nach dem ›Tod Gottes‹

---

10 Unter Hinzuziehung weiterer Texte legt Frenken dar, dass bei Brecht »das ›Knie‹ als Inbegriff der erotisch-triebhaften Natur des Menschen« zu verstehen ist, »so wie auf der anderen Seite das ›Hirn‹ das organische Zentrum seines rational-intellektuellen Wesens darstellt« (Frenken: Das Frauenbild in Brechts Lyrik, S. 82). – Der massiven Tendenz zur Abwertung, Verachtung und Verdrängung der Frauenfiguren in der frühen Lyrik und in den Stücken *Baal* und *Im Dickicht* steht übrigens die auffallende Bedeutung von Männergemeinschaften gegenüber, die oft unverkennbar homoerotische Züge tragen. Vgl. dazu Dagmar C. G. Lorenz: Female Projections in Brecht's Sexual Lyric Poetry. In: Communications from the International Brecht Society 16 (1986/87), H. 1, S. 29–37, die allerdings die Vielgestaltigkeit von Brechts lyrischem Umgang mit Frauen, Liebe und Sexualität erheblich unterschätzt.
11 Dass die intensive Beschäftigung des Dichters Brecht mit diesem Themenkomplex wiederum auf persönliche, biographische Zusammenhänge verweist, ist kaum zu bezweifeln, soll hier aber aus den bekannten Gründen nicht weiter erörtert werden.
12 Vgl. zu diesem Aspekt Müller/Kindt: Brechts frühe Lyrik, S. 75.

anzutreffen. Sie entstammen letztlich dem von Nietzsche etwa in *Der Freigeist* bereitgestellten Repertoire poetischer Nihilismus-Bilder: der leere Himmel, die Kälte, der Wind und die schreienden Krähen sowie das hier gleich dreimal verwendete Farbattribut »bleich«, das bei Brecht auf Vergänglichkeit, Untergang und Tod deutet. Der vorweggenommene Verlust der Geliebten, der den Sprecher einsam in einer öden, feindlichen Welt zurücklassen wird, kommt in seiner Wirkung also dem verstörenden Verlust der religiösen Geborgenheit gleich.

Lässt Brechts beharrliche Auseinandersetzung mit dem Zusammenbruch der metaphysischen Orientierung erahnen, wie stark der Schock dieses Ereignisses empfunden wurde, so scheint auch die Sehnsucht nach jenem Glück, das die Liebe in der literarischen Tradition verheißt, in seinen Figuren noch weit stärker lebendig zu sein, als sie sich selbst eingestehen wollen. Die Einsicht, dass Liebe allemal flüchtig ist und folglich keine verlässliche Zuflucht, keinen sicheren Halt gewährt, führt zu jener Ambivalenz, die das Gedicht *So halb im Schlaf* in dem Kosenamen »Bittersüße« konzentriert ausspricht.[13] Die zwiespältige Erfahrung des Gefangenseins in tiefer, leidenschaftlicher Liebe mit dem Oxymoron ›bittersüß‹ zu belegen, ist einer der ältesten Topoi der Liebespoesie, der bis auf die griechische Lyrikern Sappho zurückgeht und beispielsweise auch in Nietzsches *Zarathustra* begegnet[14], doch bei Brecht gewinnt er in der Verbindung mit dem Motiv der Vergänglichkeit eine ganz besondere Bedeutungsnuance. Übrigens kommt der Empfindung der Bitternis oder Bitterkeit in den Liebesgedichten des jungen Autors der Rang eines Leitmotivs zu: Neben *So halb im Schlaf* sind die *Ballade vom Liebestod*, die *Ballade vom Tod des Anna Gewölkegesichts*, *Der elfte Psalm*, *Ein bitteres Liebeslied* und *Über die Anstrengung* als Beispiele zu nennen. Hier wird aufs Neue die enge Verwandtschaft der frühen Liebesdichtung mit den lyrischen Reflexionen über den Tod Gottes greifbar, wo die Bitterkeit, wie wir bereits wissen, eine geläufige emotionale Reaktion auf die Sinnlosigkeit der Welt und die Isolation des Menschen darstellt, die die angenommene Maske souveräner Gelassenheit durchbricht.

In seinen erotischen, Liebes- oder Sexgedichten spielt Brecht das Thema Vergänglichkeit in zahlreichen, teils äußerst kunstvollen Variationen durch. Das folgende Werk, das um 1925 verfasst wurde, bringt nicht nur wieder eine ganz neue Perspektive auf diesen Gegenstand ins Spiel, sondern hebt sich als Sonett auch formal von den früheren Texten ab:

Entdeckung an einer jungen Frau

Des Morgens nüchterner Abschied, eine Frau
Kühl zwischen Tür und Angel, kühl besehn
Da sah ich: eine Strähn in ihrem Haar war grau
Ich konnt mich nicht entschließen mehr zu gehn

---

13 So pflegte Brecht seine Geliebte Paula Banholzer zu nennen, der *So halb im Schlaf* in seinem Notizbuch gewidmet ist:»An Bittersweet, 31.10.19« (13, S. 447). Häufig verwendete er auch die schlichte Kurzform »Bi« wie in dem oben erwähnten Gedicht *Von He. 9. Psalm*.
14 Friedrich Nietzsche: Sämtliche Werke. Kritische Studienausgabe in 15 Bänden. Hrsg. von Giorgio Colli und Mazzino Montinari. Bd. 4. München 1980, S. 85: »bitter ist auch noch das süsseste Weib.«

> Stumm nahm ich ihre Brust, und als sie fragte
> Warum ich, Nachtgast, nach Verlauf der Nacht
> Nicht gehen wolle, denn so war's gedacht
> Sah ich sie unumwunden an und sagte
>
> Ist's nur noch eine Nacht, will ich noch bleiben
> Doch nütze deine Zeit, das ist das Schlimme
> Daß du so zwischen Tür und Angel stehst
>
> Und laß uns die Gespräche rascher treiben
> Denn wir vergaßen ganz, daß du vergehst
> Und es verschlug Begierde mir die Stimme
> (13, S.312)

Angespielt wird hier von ferne auf ein ehrwürdiges Genre der Liebesdichtung, nämlich auf das Tagelied, das schon in der hochmittelalterlichen Lyrik den Abschied zweier Liebender am Morgen nach einer heimlichen gemeinsamen Nacht gestaltete. Gravierend sind jedoch die Veränderungen, die Brecht vornimmt. Bei ihm gehen die Partner nicht etwa deshalb auseinander, weil gesellschaftliche Zwänge ihrer Verbindung im Wege stehen, und sie trennen sich auch nicht unter Klagen und beredten Beteuerungen der Liebe und Treue; was sie zusammengeführt hat, scheint vielmehr der bloße Wunsch nach einem sexuellen Abenteuer gewesen zu sein, das in gegenseitigem Einvernehmen – »so war's gedacht« – von vornherein auf die Dauer einer einzigen Nacht begrenzt wurde. Auf diese Weise überträgt das Gedicht die Tagelied-Konstellation in eine ausgesprochen »nüchterne« Umgebung, deren Atmosphäre bereits der Eingangsvers vorgibt. Das in der folgenden Zeile zweimal verwendete »kühl« kennzeichnet präzise die Eigenart des zwischenmenschlichen Verhältnisses, das hier vorwaltet und das in seiner distanzierten Sachlichkeit weder große Gefühle noch große Worte zulässt.

Doch am Beginn des dritten Verses markiert das temporal verwendete »Da« einen tiefen Einschnitt. Sobald das Ich die graue Haarsträhne der »jungen Frau« bemerkt, bricht in die nüchterne, kühle, sachliche moderne Welt unvermittelt die uralte Mahnung des ›carpe diem‹ ein. Mit großer Prägnanz wird der berühmte horazische Appell nachgebildet: »Doch nütze deine Zeit«.[15] Wieder verknüpft Brecht also die Beziehung zwischen den Geschlechtern mit der Vorstellung der Vergänglichkeit, aber diesmal ruft das Vergänglichkeitsbewusstsein den brennenden Wunsch nach umso intensiverem Genuss der Gegenwart hervor. Wie eng das Sonett dabei dem Gedankengang des Horaz folgt, belegt die Aufforderung »Und laß uns die Gespräche rascher treiben / Denn wir vergaßen ganz, daß du vergehst«, die in der lateinischen Ode ebenfalls ihr genaues Gegenstück hat: »Während wir plaudern, entflieht neidisch / Die Zeit«.[16]

Mit dem Terminus ›Liebeslyrik‹ sollte man in diesem Fall, wie bei vielen Gedichten Brechts, vorsichtig sein[17], geht es doch nach dem Wortlaut des Textes ausschließlich

---

15 Vgl. Quintus Horatius Flaccus: Oden und Epoden, S.33: »Genieße den Tag und verlaß dich möglichst wenig auf den nächsten!« (Oden I, 11, 8: »carpe diem quam minimum credula postero«).

16 Ebd. (Oden I, 11, 7f.: »Dum loquimur, fugerit invida / Aetas«).

17 Helmut Koopmann spricht mit Blick auf *Entdeckung an einer jungen Frau* ganz selbstverständlich von »Liebe« und einem »Liebenden« (Brechts Liebesgedichte. In: Der junge Brecht. Aspekte seines Denkens und Schaffens. Hrsg. von Helmut Gier und Jürgen Hillesheim. Würzburg 1996, S.65–81, hier S.75f.).

um »Begierde«, um sexuelles Verlangen – und obendrein um ein einseitiges, denn nach den Empfindungen der *Frau*, die in den Terzetten nicht mehr zu Wort kommt, wird gar nicht erst gefragt. Allerdings gibt es immerhin Anzeichen dafür, dass der Sprecher sich allmählich für die Individualität der Person, mit der er es zu tun hat, zu interessieren beginnt. Wird die namenlose Gefährtin der vergangenen Nacht anfangs wie ein bloßer Gegenstand »kühl besehn«, so setzt mit der Wendung »sah ich« im dritten Vers ein Wandel ein, der schließlich zu dem »Sah ich sie unumwunden an« der achten Zeile führt: Jetzt nimmt der lyrische Sprecher sein Gegenüber offenbar endlich als Subjekt wahr. Und bezeichnenderweise tritt er seinerseits erst mit der dritten Zeile überhaupt als Ich in Erscheinung – aus der ganz und gar unpersönlichen Konstellation, die die beiden Eingangsverse entwerfen, schälen sich so zwei Individuen heraus. Das Gedicht rechtfertigt es aber keinesfalls, dem Mann deshalb schon »Zärtlichkeit und anhängliche Fürsorge« für die Frau zu unterstellen.[18] Vielmehr scheint die Erkenntnis ihrer Vergänglichkeit – von der des Mannes ist nicht die Rede! – dieser Person plötzlich eine eigentümliche *erotische* Attraktivität zu verleihen. Wertvoll sind bekanntlich gerade die knappen Güter, und weil dem Sprecher beim Anblick der grauen Haarsträhne schlagartig bewusst wird, dass diese eine Frau nicht unbegrenzt und für alle Zeit als Objekt seines Verlangens verfügbar sein wird, fasst er sie nun auf eine ganz neue Art ins Auge und verspürt eine »Begierde«, die ihm bislang unbekannt war.

Letztlich ist die »Begierde nach dieser jungen Frau«, wie Peter Wapnewski schreibt, nichts anderes als »die Begier, Leben festzuhalten, Zeit anzuhalten«, den sinnlichen Genuss des Augenblicks gegen die Drohung der Vergänglichkeit zu stellen.[19] Dazu passt wiederum die strenge Ordnung des Sonetts, mit der Brecht nun doch auf die überkommene Funktion der Dichtung zurückgreift, durch eine kunstvolle Form Dauer oder gar Ewigkeit zu stiften. Grundsätzlich zeigt er in seiner Lyrik über Liebe und Sexualität seit Mitte der zwanziger Jahre eine auffallende Vorliebe für das Sonett, dessen formal-ästhetischer Anspruch den Kunstcharakter der Gedichte herausstreicht. Damit geht, gleichfalls im Einklang mit der literarischen Überlieferung, eine Tendenz zur verstärkten gedanklichen Durchdringung und oft auch zum Lehrhaften, zum Gestus der lyrischen Unterweisung einher. Schon die Wahl der Sonettform signalisiert somit Distanz zu den jeweiligen Stoffen und Inhalten und sollte den Leser erst recht davor warnen, aus solchen Texten unmittelbar auf die Gefühle und das persönliche Erleben des Verfassers zu schließen.

Bevor wir jedoch Brechts Verhältnis zu der großen europäischen Tradition der Sonettkunst näher betrachten, soll das staunenswert breite Spektrum seines lyrischen Umgangs mit dem Thema Liebe durch den Blick auf einen Text veranschaulicht werden, der vermutlich 1928 und damit nicht allzu lange nach *Entdeckung an einer jungen Frau* entstand, aber in vieler Hinsicht doch so weit von diesem Gedicht entfernt ist, dass man ohne das entsprechende Hintergrundwissen wohl kaum auf den Einfall käme, beide Werke demselben Verfasser zuzuschreiben:

---

18 So Joseph Anton Kruse: Liebe zwischen Tür und Angel. In: Bertolt Brecht: Der Mond über Soho. 66 Gedichte mit Interpretationen. Hrsg. von Marcel Reich-Ranicki. Frankfurt a.M. u.a. 2002, S. 76 f., hier S. 77.
19 Peter Wapnewski: *Entdeckung an einer jungen Frau*. In: Ausgewählte Gedichte Brechts mit Interpretationen. Hrsg. von Walter Hinck. Frankfurt a.M. 1978, S. 24–28, hier S. 27.

Terzinen über die Liebe

Sieh jene Kraniche in großem Bogen!
Die Wolken, welche ihnen beigegeben
Zogen mit ihnen schon, als sie entflogen

Aus einem Leben in ein andres Leben.
In gleicher Höhe und mit gleicher Eile
Scheinen sie alle beide nur daneben.

Daß also keines länger hier verweile
Daß so der Kranich mit der Wolke teile
Den schönen Himmel, den sie kurz befliegen

Und keines andres sehe als das Wiegen
Des andern in dem Wind, den beide spüren
Die jetzt im Fluge beieinander liegen.

So mag der Wind sie in das Nichts entführen;
Wenn sie nur nicht vergehen und sich bleiben
So lange kann sie beide nichts berühren

So lange kann man sie von jedem Ort vertreiben
Wo Regen drohen oder Schüsse schallen.
So unter Sonn und Monds wenig verschiedenen Scheiben

Fliegen sie hin, einander ganz verfallen.
Wohin, ihr?
   Nirgendhin.
Von wem entfernt?
   Von allen.

Ihr fragt, wie lange sind sie schon beisammen?
Seit kurzem.
   Und wann werden sie sich trennen?
           Bald.
So scheint die Liebe Liebenden ein Halt.
(14, S.15)

Die *Terzinen* zählen zu Brechts berühmtesten poetischen Schöpfungen und wurden sogar von Gottfried Benn sehr geschätzt, der sie für die Anthologie *Geliebte Verse* auswählte und damit zu einem der schönsten deutschen Gedichte deklarierte. Eine gewisse thematische Verwandtschaft mit *Entdeckung an einer jungen Frau* ist nicht zu verkennen, geht es doch im Blick auf die Paarbeziehung erneut um Fragen von Dauer und Vergänglichkeit, aber diesmal wird in der Tat ausdrücklich von Liebe gesprochen, und an die Stelle kühler Sachlichkeit tritt von Anfang an ein hochpoetischer Ton. Brecht stellte das Gedicht freilich in einen Rahmen, der den zarten lyrischen Bildern eine sehr ernüchternde Färbung verleiht. Es wurde nachträglich in die Oper *Aufstieg und Fall der Stadt Mahagonny* eingefügt und fand dort, von einer Hure und ihrem Freier als Duett vorgetragen, inmitten einer Bordellszene seinen Platz. Der Chor der Männer, die vor der Tür ungeduldig darauf warten, dass sie an die Reihe kommen, greift das Thema ›Liebe und Zeit‹ in zynisch-ironischer Weise auf:

Rasch, Jungens, he!
Stimmt ihn an, den Song von Mandelay:
Liebe, die ist doch an Zeit nicht gebunden
Jungens, macht rasch, denn hier geht's um Sekunden.
Ewig nicht stehet der Mond über dir, Mandelay!
(2, S.363)

Es muss unentschieden bleiben, ob die Bordellumgebung den Gesang von den Kranichen ›herabzieht‹ oder dieser jene transzendiert; eine starke Spannung zwischen den beiden Elementen der Opernszene besteht in jedem Fall. Seine weite Verbreitung erlangte das Gedicht jedoch unabhängig von der *Mahagonny*-Oper, und zwar zunächst unter dem Titel *Die Liebenden*, unter dem es – ohne die drei Schlussverse – 1951 in dem von Wieland Herzfelde herausgegebenen Brecht-Band *Hundert Gedichte* erschien. Der Erstdruck als separates lyrisches Werk, der 1931/32 an entlegener Stelle erfolgte und an dem sich die GBFA orientiert, blieb dagegen lange Zeit unbeachtet. Dass schon Brecht selbst die *Terzinen* als eigenständigen Text behandelte, rechtfertigt auch für uns eine Interpretation, die vom Kontext der Oper absieht.

In der Forschung ist die subtile sprachlich-formale Gestaltung des Gedichts, das »komplexe Zusammenspiel von Metrum, Lauten und Syntax«[20], eingehend analysiert worden. Als metrisches Grundmuster dient der jambische Fünfheber mit weiblicher Kadenz, den Brecht aber im Einzelfall variabel handhabt. Die Terzine, eine aus dem romanischen Raum stammende Form, wurde besonders durch Dantes *Commedia*, die *Göttliche Komödie*, weithin bekannt. Ihr Charakteristikum sind die durch kunstvolle Reimbindung verflochtenen dreizeiligen Strophen: Es reimen sich immer der erste und der dritte Vers, während die mittlere Zeile den Reimklang für die Rahmenverse der jeweils folgenden Strophe vorgibt. Die nach diesem Muster fortlaufende, potentiell unendliche Strophenkette wird für gewöhnlich durch eine Einzelzeile zum Abschluss gebracht, die auf den Mittelvers der letzten Strophe reimt. Brecht folgt dem traditionellen Schema zunächst sehr genau, und die kleine Unregelmäßigkeit, die in der dritten Strophe auffällt, ist vermutlich einem bloßen Setzfehler geschuldet: Der erste Vers (»Daß also keines länger hier verweile«) gehört wohl an den Schluss der Strophe.[21] Wird dies berücksichtigt, wahrt das Gedicht über volle sechs Strophen die reine Terzinenstruktur, in die auch der für sich stehende neunzehnte Vers, der über den Reim formgerecht eingebunden ist (»schallen« / »-fallen«), problemlos als Abrundung integriert werden kann. Danach löst sich das Schema aber rapide auf und zerfleddert buchstäblich, ebenso wie die Verszeilen teilweise ihre klaren Konturen einbüßen. Diese fortschreitende Lockerung der festgefügten Form findet, wie sich zeigen wird, eine Entsprechung auf der inhaltlichen Ebene.

Außerordentlich komplex gestaltet sich in den *Terzinen über die Liebe* das Spiel mit den Instanzen und Adressaten der poetischen Rede. Eingangs wendet sich das lyrische Ich an einen anonymen Partner, um dessen Blick auf das Schauspiel am Himmel zu

---

20 Carl Pietzcker: *Terzinen über die Liebe*. Von aufgehobener Sehnsucht. In: Gedichte von Bertolt Brecht. Interpretationen. Hrsg. von Jan Knopf. Stuttgart 1995, S.69–84, hier S.73. Zu weiteren Details vgl. ebd., S.71–73.
21 Vgl. Antony Tatlow: *Terzinen über die Liebe*. In: Brecht-Handbuch in fünf Bänden. Hrsg. von Jan Knopf. Bd. 2: Gedichte. Stuttgart u.a. 2001, S.168–172, hier S.170, sowie den Text der Oper *Aufstieg und Fall der Stadt Mahagonny*, der die richtige Abfolge bietet (2, S.364).

lenken: »Sieh ...«. Man kann diese Wendung als Selbstanrede des Sprechers deuten, doch mag sich auch der Leser angesprochen fühlen und hier die Aufforderung erkennen, die im Folgenden entworfenen Bilder vom Zug der Kraniche und der Wolken in seiner Einbildungskraft zu plastischem Leben zu erwecken. Die Schilderung und Deutung dessen, was dort oben vor sich geht, bildet dann als eine geschlossene lyrische Vision den ersten großen Teil des Gedichts, der bis zu Vers 19 reicht und sich damit genau so weit erstreckt, wie noch die strenge Norm der Terzine befolgt wird. In den Versen 20 und 21 folgt eine kleine Wechselrede zwischen dem Ich, das zwei kurze Fragen stellt, und den Dahinfliegenden, die ebenso lakonisch erwidern – oder handelt es sich um einen imaginären Dialog, in dem sich das lyrische Ich selbst die Antworten erteilt? Im Anschluss daran wird jedenfalls wieder eine andere Adressatengruppe angeredet, deren neugierige Fragen der Sprecher vorwegnimmt und beantwortet, bevor der sentenziöse Schlussvers die Quintessenz, gleichsam die Lehre des Gedichts formuliert.

Der Dante-Bezug des Textes beschränkt sich nicht auf formale Aspekte. Auch inhaltlich-motivisch spielt Brecht auf die *Commedia* an, genauer: auf den fünften Gesang des »Inferno«, in dem der Jenseitswanderer auf die zur ewigen Strafe verdammten ›Fleischessünder‹ trifft, die er mit Kranichschwärmen vergleicht, weil sie von einem höllischen Sturmwind unablässig durch die Luft getrieben werden (vgl. 5. Gesang, V. 46–49). Zwei von ihnen, die Ehebrecher Paolo und Francesca, schildern ihm ihr Schicksal: Vom betrogenen Gatten auf frischer Tat ertappt und getötet, sind sie nun gerade dank der gemeinsamen Verbannung in die Unterwelt für alle Zeiten miteinander verbunden (vgl. V. 88–142).[22] Während Dante die Kraniche also nur im Modus des Vergleichs einführt, ziehen bei Brecht leibhaftige Vögel über den Himmel. Gemeinsam mit den Wolken, die der gleiche Wind trägt und mit denen sie für den Betrachter ganz eins zu sein scheinen, werden sie dem lyrischen Ich zum Gleichnis für Liebende in ihrer innigen wechselseitigen Bindung. Das Wort »beide« bezieht sich demnach nicht, wie meist angenommen wird, auf zwei Kraniche – die Zahl der Tiere nennt das Gedicht nirgends! –, sondern auf Kraniche und Wolken.[23] Diese Kollektive mit zwei

---

22 Auch in dem um 1938 entstandenen Gedicht *Als ich den beiden so berichtet hatte* greift Brecht auf diese Passage aus der *Commedia* zurück, und viele Jahre später erwähnt er sie noch einmal beiläufig (vgl. 24, S. 381). – Eine Interpretation der *Terzinen über die Liebe*, die sich ganz auf die intertextuellen Bezüge konzentriert, entwickelt Peter von Matt: Liebesverrat. Die Treulosen in der Literatur. München u.a. 1989, S. 87–91.

23 Die Verwendung der Singularform in Vers 8 erklärt sich daraus, dass Kranich und Wolke hier gewissermaßen als Gattungswesen angesprochen werden. Auch die in Vers 17 erwähnten Gefahren lassen sich jeweils genau mit einem der beiden ›Partner‹ verbinden: Im Regen lösen sich Wolken auf, Schüsse bedrohen die Kraniche. – Von zwei Kranichen ist zum Beispiel die Rede bei William H. Rey: Hohe Lyrik im Bordell: Bertolt Brechts Gedicht *Die Liebenden*. In: Monatshefte für deutschen Unterricht, deutsche Sprache und Literatur 63 (1971), S. 1–18, hier S. 8, und Peter Hutchinson: Uncomfortable, Unsettling, Alienating: Brecht's Poetry of the Unexpected. In: »Verwisch die Spuren!« Bertolt Brecht's Work and Legacy. A Reassessment. Hrsg. von Robert Gillett und Godela Weiss-Sussex. Amsterdam u.a. 2008, S. 33–48, hier S. 47. Andere Interpreten berühren diese Frage zwar nicht ausdrücklich, unterstellen aber augenscheinlich ebenfalls, dass das Gedicht von zwei Vögeln handelt; vgl. etwa Pietzcker: *Terzinen über die Liebe*. Korrigiert wird der Irrtum unter anderem von Tatlow: *Terzinen über die Liebe*, S. 171, und Müller/Kindt: Brechts frühe Lyrik, S. 149, Anm. 53. Die Letzteren vertreten allerdings die sonderbare Auffassung, dass »Kraniche und Wolken [...] jeweils in Zweiergruppen durch den Himmel ziehen« (S. 94) – eine Vorstellung, die eher grotesk als poetisch wirkt.

Liebenden gleichzusetzen, ist zweifellos auch ein sehr viel kühnerer Kunstgriff, als es der Vergleich zweier Vögel mit einem Liebespaar wäre. In seiner Imagination, an der er den Leser teilhaben lässt, erhebt der Sprecher Kraniche und Wolken zum Sinnbild einer vollkommenen Symbiose in der Liebe. Beobachtend und deutend projiziert er seine Phantasien und Wunschvorstellungen auf sie.

Hat man sich von der Fixierung auf die vermeintliche Zweizahl der Vögel gelöst, die übrigens auch bei Dante nicht vorkommt, wird überdies erst die Eingangszeile des Gedichts verständlich, an der die Forschung viel herumgerätselt hat: Der »große Bogen« bezeichnet nicht die »Flugkurve der Kraniche«[24], sondern die typische Keilformation eines Kranichschwarms. Assoziationen zu der Wendung ›einen großen Bogen um etwas machen‹, wie sie gelegentlich ins Spiel gebracht wurden[25], leiten hier demnach in die Irre, zumal der Flug bei Brecht gerade nicht auf eine bestimmte Richtung festgelegt oder auf einen – positiven oder negativen – Orientierungspunkt bezogen ist. ›Entfernt von allen‹ und damit erst recht losgelöst von jeder festen Markierung, ziehen Kraniche und Wolken selbstvergessen durch den »schönen Himmel«, einen von sämtlichen irdischen Zwängen freien Raum, in dem die selige Einheit der Liebenden zum Ereignis wird. Diese Einheit hat keine äußeren Einflüsse zu fürchten: »Wenn sie nur nicht vergehen und sich bleiben / So lange kann sie beide nichts berühren« – Regen und Schüsse schrecken sie ebenso wenig wie die Drohung des »Nichts«. Von der Liebe »in ein andres Leben« jenseits der Niederungen des Alltags entrückt, bilden die Partner, »einander ganz verfallen«, eine Gemeinschaft, die in sich ruht und sich selbst genügt. Die Reimbindung der Terzinen macht diesen harmonischen Einklang auch ästhetisch erfahrbar. Gerade in der dritten und vierten Strophe glaubt man ihn in den Reimwörtern förmlich zu hören: »befliegen« / »das Wiegen« / »beieinander liegen«. Das streckenweise irritierende Verschwimmen der syntaktischen Strukturen und der semantischen Bezüge im ersten Teil des Gedichts spiegelt ebenfalls auf der formalästhetischen Ebene die sprachlich beschworene Einheitserfahrung wider.

Es verwundert nicht, dass in der Wahrnehmung der Liebenden auch die Zeit aufgehoben ist und Tag und Nacht für sie keinen Unterschied mehr ausmachen: »So unter Sonn und Monds wenig verschiedenen Scheiben«. Sie nehmen eben, während sie mit demselben Wind in gleicher Geschwindigkeit dahin ziehen, nur einander wahr: »Indem alles, was Raum bildet, sich gleichschnell mitbewegt, wird die Zeit, die man ja nur an Veränderungen im Räumlichen erfahren kann, aufgehoben.«[26] Brecht beschreibt dieses Phänomen, wiederum bezogen auf das Erlebnis der Einheit in der Liebe, schon in seinem Stück *Baal*, wo der Titelheld zu Sophie Dechant sagt: »Und du bist die weiße Wolke am Himmel und weil wir beide gleich schnell wandern, stehen wir stille für uns. Wenn wir uns ansehen, scheinen wir stille zu stehen und gehen doch und sind voller Bewegung« (1, S. 48). Auch der kleine Dialog des lyrischen Sprechers mit den Fliegenden – oder mit sich selbst – sucht die Eigenart dieser Liebe näher zu bestimmen. »Wohin, ihr? / Nirgendhin«: Der Flug strebt keinem äußeren Ziel zu, weil er als

---

24 So die These von Rey: Hohe Lyrik im Bordell, S. 11.
25 Vgl. Jan Knopf: Amor, lieblos. Brechts *Terzinen über die Liebe* mit einem Ausblick auf die *Marie A.* In: Der Deutschunterricht 46 (1994), H. 6, S. 32–42, hier S. 38, und Tatlow: *Terzinen über die Liebe*, S. 171.
26 Von Matt: Liebesverrat, S. 89.

gemeinsamer Flug purer Selbstzweck ist. »Von wem entfernt? / Von allen«: Die Liebe isoliert diejenigen, die ihr (und damit einander) »verfallen« sind, von allem und jedem, was dieser Einheit nicht angehört.

Die letzten Verse der *Terzinen über die Liebe* führen allerdings eine neue, desillusionierende Perspektive ein, indem der Sprecher, den skeptischen Fragen der anonymen Zuhörergruppe vorgreifend, das von ihm selbst aufgebaute poetische Bild distanzierter zu kommentieren beginnt. Passend zu der Ernüchterung, die sich nun breit macht, löst sich das kunstvoll geflochtene Gewebe der Terzinenstrophen vollends auf, so wie auch die weitgespannten syntaktischen Bögen des ersten Teils nicht mehr fortgeführt werden; außerdem setzt das erste und einzige männliche Reimpaar des Gedichts einen markanten Schlusspunkt. Erst »seit kurzem« sind die Partner beisammen, und »bald« schon werden sie sich wieder trennen – eine Prognose, die im Hinblick auf die Konstellation von Kranichen und Wolken durchaus realistisch anmutet. Der Idealvorstellung einer zeitlosen, unwandelbaren Liebe, die in der *Commedia* von Paolo und Francesca – wenngleich um den Preis höllischer Qualen – tatsächlich verwirklicht und auch in Brechts Gedicht zunächst evoziert wird, entziehen diese Schlussverse die Grundlage: In Wahrheit ist die Liebe ein vergängliches Phänomen und somit keineswegs jener dauerhafte Halt, als der sie den Liebenden *erscheint*. Andeutungen in dieser Richtung, die das Ideal auf subtile Weise relativieren, finden sich übrigens bereits in früheren Partien des Textes, beispielsweise in der verräterischen Wendung »*kurz befliegen*«, und generell muss das Wolkenmotiv, das in der frühen Lyrik des Autors ja in der Regel als Inbegriff des Flüchtigen auftritt, den Brecht-Kenner von vornherein misstrauisch stimmen.

Weil der Betrachter des Himmelsschauspiels, den man sich auf dem harten Boden der Tatsachen zu denken hat, selbst nicht in die liebende Einheit aufgenommen ist, unterscheidet sich sein Raum- und Zeitempfinden grundsätzlich von dem, das er den Fliegenden unterstellt: Er hat am subjektiven Eindruck des völligen Enthobenseins von allen irdischen Bindungen keinen Anteil. So mag er zwar in der Betrachtung der Kraniche und der Wolken von symbiotischer Verschmelzung und zeitloser Harmonie phantasieren, doch dann beginnt sein eigener Realitätssinn, Einspruch gegen diesen Traum anzumelden. Freilich muss die Schlusssentenz genau gelesen werden. Die Diagnose des Scheinhaften bezieht sich hier einzig auf den Glauben an einen sicheren »Halt«, nicht auf die Liebe als solche, deren Vorhandensein auch die letzten Verse des Gedichts keineswegs in Zweifel ziehen.[27] Die durch die Liebe vermittelte Einheitserfahrung wird nicht zurückgenommen, sondern lediglich begrenzt, weil sie nicht ewig, ja nicht einmal lange dauern kann. Ihre Flüchtigkeit vermag aber eben nur der Außenstehende zu durchschauen, denn für die Liebenden selbst *ist* der Moment ihres Beisammenseins ›ewig‹, weil sie außer diesem Beisammensein gar nichts kennen und die Zeit für sie still steht. So schaffen die *Terzinen* in ihrer Reflexion über die Liebe ein sorgsam austariertes Gleichgewicht. Die nüchterne Außenperspektive relativiert die von dem Sprecher zuvor imaginierte Binnensicht der Liebenden, ohne sie gänzlich aufheben zu können.

---

27 Die *Terzinen* konstatieren also durchaus nicht: »Love *is* an illusion« (so Jochen Vogt: Unlikely Company: Brecht and Dante. In: Kulturpolitik und Politik der Kultur / Cultural Politics and the Politics of Culture. Festschrift für Alexander Stephan / Essays to Honor Alexander Stephan. Oxford u.a. 2007, S.457–472, hier S.471).

Die Fragen von Dauer und Vergänglichkeit, Erinnerung und Vergessen machen den einen großen Schwerpunkt aus, auf den sich die frühen Gedichte Brechts über Liebe und Sexualität konzentrieren. Den anderen, nicht minder gewichtigen bildet der Angriff auf eine vergeistigte, hochgradig stilisierte Auffassung von Liebe und auf die dazugehörige literarische Tradition, die in Brechts Augen das sinnliche Element zwischengeschlechtlicher Beziehungen auf fatale Weise verdrängte. Später, nach seiner sozialistischen Neuorientierung, wurden diese Attacken in eine weltanschaulich systematisierte Fundamentalkritik der bürgerlich-kapitalistischen Gesellschaft eingebunden, der der Marxist Brecht auch den Ruin der sinnlich-erotischen Genussfähigkeit des Menschen anlastete: »Der Bourgeoisie ist es gelungen, sogar die Sexualität zu ruinieren« (26, S. 317). Aber schon die um 1920 entstandenen Gedichte artikulieren jene Auflehnung gegen die »Verachtung der physischen Liebe« und die mit ihr einhergehende »Verhimmelung der seelischen Liebe«, von der eine Notiz aus den späten zwanziger Jahren spricht (21, S. 259). Brecht bedient sich dabei vorzugsweise der Strategie, die romantisch überhöhte Seelenliebe zynisch mit ganz handgreiflichen, körperlichen Phänomenen zu konfrontieren und auf diese Weise die Wirklichkeitsfremdheit ihrer verklärten Schwärmerei bloßzustellen. So lässt der folgende Gedichteingang die beiden Sphären im frivolen Reim direkt aufeinanderprallen: »Liebe Marie, Seelenbraut: / Du bist viel zu eng gebaut« (13, S. 151). Dieses sehr konkrete Problem des Sprechers mit seiner jungfräulichen »Seelenbraut«, die zudem noch ausgerechnet nach der Gottesmutter heißt, wird dann über insgesamt vier Strophen hin detailreich erörtert. Und bereits die 1918 entstandene »Keuschheitsballade in Dur« mit dem Titel *Der Jüngling und die Jungfrau* richtet ihren Spott gegen verkrampfte Prüderie und Heuchelei, die den Geschlechtsakt offiziell als »Sauerei« verdammen, die Menschen damit aber in der Praxis nur zum »Mucker« oder zur »Dirne« machen (11, S. 14).

Auf der anderen Seite stehen zahlreiche Lobgesänge auf die Fleischeslust und den ungehemmten sexuellen Genuss, die häufig mit der Gestalt des Baal verbunden sind, darunter beispielsweise *Baals Lied*. Aber auch Frauen werden ermuntert, ihre Sinnlichkeit ohne Angst und inneren Widerstand auszuleben, etwa in *Das neunte Sonett*, während andere Gedichte wiederum das Phänomen einer entfremdeten Sexualität ohne persönliche Bindung und tieferes Empfinden beklagen – im *Sonett über einen durchschnittlichen Beischlaf* wissen die Partner voneinander nicht einmal den Namen, und im späten *Liebeslied aus einer schlechten Zeit* heißt es: »Wir waren miteinander nicht befreundet / Als wir einander in den Armen lagen« (15, S. 286). Der geläufigen Aufspaltung der Liebe in eine hohe, extrem sublimierte und eine niedere, rein sinnliche Variante setzt Brecht das Ideal eines Ausgleichs und einer wechselseitigen Durchdringung entgegen, das in dem Gedicht *Liebesunterricht* in die einprägsame Form eines Chiasmus gekleidet wird: »Fleischlich lieb ich mir die Seele / Und beseelt lieb ich das Fleisch« (15, S. 162). In dieselbe Richtung zielen verschiedene Reflexionen aus den Exiljahren, die Brecht in seinem Journal festhielt. Unter dem Datum des 12. August 1938 finden sich kritische Überlegungen zu einem typisch deutschen »Materialismus ohne Sinnlichkeit«, der nicht zuletzt auf dem Gebiet der Liebe zu beobachten ist und auch die Dichtung in Mitleidenschaft zieht:

> Der »Geist« denkt bei uns immer über den Geist nach. Die Körper und die Gegenstände bleiben geistlos. In den deutschen Liedern über den Wein ist die Rede von lauter geistigen Wirkungen, selbst in den ordinärsten Liedern. Der Geruch der Weinfässer kommt nicht

vor. Die Welt schmeckt uns nicht. In die Liebe haben wir etwas Gemütliches hineingebracht, der Geschlechtsgenuß hat für uns etwas Banales. [...] Der Geist verunreinigt sich gleich bei uns, wenn er Materie anfaßt. Mehr oder weniger ist Materie für uns Deutsche Dreck. In unserer Literatur ist überall dieses Mißtrauen gegen die Lebendigkeit des Körperlichen zu spüren. Unsere Helden pflegen der Geselligkeit, aber essen nicht; unsere Frauen haben Gefühle, aber keinen Hintern, dafür reden unsere Greise, als hätten sie noch alle Zähne. (26, S. 317)

Führt der Gedankengang hier von der deutschen philosophischen Tradition zu den Eigenarten der Literatur, so gehen Brechts Betrachtungen an anderer Stelle unmittelbar von Kunst und Dichtung aus, in deren Schöpfungen sich die oben erwähnte gespaltene Liebeskonzeption niederschlägt. Am 8. März 1941 notiert er:

Anläßlich *Diderots* »Jacques le fataliste«: Auffällig, daß wir in Deutschland keinerlei Anzeichen einer verfeinerten Sinnlichkeit haben! Die Liebe ist dort (siehe »Faust«!) etwas Himmlisches oder etwas Teuflisches, aus welchem Dilemma man sich zog, indem man eine Gewohnheit daraus machte! Nur Goethe und Mozart wären zu nennen, und der letztere verlegte seine Liebesdramen weislich auf ausländische Schauplätze. Die Lyrik hat nichts zwischen dem Ätherischen, Überspannten, Immateriellen und der Zote der Wirtinnenverse. (26, S. 468)

Brecht machte es zu seinem Anliegen, das in der anspruchsvollen deutschsprachigen Dichtung vorherrschende »Mißtrauen gegen die Lebendigkeit des Körperlichen« abzubauen. Die im wahrsten Sinne des Wortes literaturkritische Tendenz vieler seiner Gedichte aus dem Themenkreis Liebe, Erotik und Sex manifestiert sich darin, dass sie vorrangig »nicht von Sexualität, sondern vom angemessenen Sprechen über Sexualität« handeln[28]: Die »sexuelle Revolution« erscheint bei Brecht in erster Linie als »literarische Opposition«.[29] Dabei verbindet sich die polemische Auseinandersetzung mit bestimmten Traditionen jedoch stets mit dem Versuch, durch unverstelltes, oft äußerst drastisches poetisches Reden über Sex und Sinnlichkeit verschüttete Möglichkeiten des genussvollen Erlebens wieder zugänglich zu machen. Beispielhaft lassen sich diese Zusammenhänge an dem folgenden Gedicht erläutern, das uns obendrein wieder zu der Frage nach Brechts Umgang mit der Sonettform zurückführt:

Das zwölfte Sonett
(Über die Gedichte des Dante auf die Beatrice)

Noch immer über der verstaubten Gruft
In der sie liegt, die er nicht vögeln durfte
Sooft er auch um ihre Wege schlurfte
Erschüttert doch ihr Name uns die Luft.

---

28 Jan Knopf: »Die mit Recht berühmte Stelle«: Bertolt Brechts Sexgedichte. In: Sexualität im Gedicht. 11. Kolloquium der Forschungsstelle für europäische Lyrik. Hrsg. von Theo Stemmler und Stefan Horlacher. Mannheim 2000, S. 259–272, hier S. 260.
29 Koopmann: Brechts Liebesgedichte, S. 71. Vgl. dazu auch Manfred Misch: Für alle Liebeslagen. Zu Bertolt Brechts Gedichten über die Liebe. In: Hundert Jahre Brecht – Brechts Jahrhundert? Hrsg. von Hans-Jörg Knobloch und Helmut Koopmann. Tübingen 1998, S. 99–112, hier S. 102–105.

Denn er befahl uns, ihrer zu gedenken
Indem er auf sie solche Verse schrieb
Daß uns fürwahr nichts andres übrigblieb
Als seinem schönen Lob Gehör zu schenken.

Ach, welche Unsitt bracht er da in Schwang
Als er mit so gewaltigem Lobe lobte
Was er nur angesehen, nicht erprobte!

Seit dieser schon beim bloßen Anblick sang
Gilt, was hübsch aussieht und die Straße quert
Und was nie naß wird, als begehrenswert.
(11, S. 190)

Das Gedicht entstand 1934 als Teil einer ganzen Reihe von Sonetten, die an Brechts Geliebte Margarete Steffin gerichtet waren. Ungewöhnlich ist in diesem Rahmen der Untertitel, der hier ausnahmsweise die bloße Nummerierung ergänzt, und auch mit seinem literaturkritischen Thema hebt sich das Gedicht von seinem Umfeld ab. Später wurde es in das Ensemble der *Studien* aufgenommen, das der kritischen Befragung klassischer poetischer und philosophischer Werke gewidmet ist, wobei der Autor in dieser für eine Publikation vorgesehenen Fassung das anstößige Wort »vögeln« in Vers 2 durch »haben« ersetzte (vgl. 11, S. 269).

Einmal mehr spielt Brecht auf den italienischen Dichter Dante Alighieri (1265–1321) an, der neben der *Commedia* auch bedeutende Gedichte geschrieben hat. Zahlreiche lyrische Texte, meist in Sonettform, integrierte er in sein Prosawerk *Vita nuova*, wo sie einer Geliebten namens Beatrice huldigen, die der Sprecher aus der Ferne verehrt und zu einer Heiligengestalt stilisiert. Schon seit der *Vita nuova*, erst recht aber seit Francesco Petrarca (1304–1374) und seinem *Canzoniere* ist das Sonett in der abendländischen Dichtung aufs engste mit der Liebesthematik verknüpft. Brecht greift diesen Formtypus allerdings auf, um in intertextueller Perspektive seine Kritik zu formulieren. Deren Anknüpfungspunkt ist die Unerfülltheit von Dantes Liebe, die *Das zwölfte Sonett* mit aller Deutlichkeit zum Ausdruck bringt. Dante hätte Beatrice gerne ›gevögelt‹, »durfte« es aber nicht – der Grund wird nicht genannt; gesellschaftliche Hindernisse und Verbote lassen sich denken – und wählte deshalb gleichsam als Ersatzbefriedigung das Schreiben von Versen, in denen er seine Angebetete verherrlichte. Damit führte er, dem Gedicht zufolge, die Gewohnheit ein, den unmittelbaren sinnlichen Genuss durch reine Augenlust und exaltierte poetische Schwärmerei zu ersetzen. Indem Brecht dies eine »Unsitt« nennt, stempelt er in provozierender Umkehrung der vertrauten Maßstäbe gerade die Tabuisierung der Sexualität und die vergeistigende Verklärung der Geliebten zu einer unmoralischen Handlung.[30] Aber nicht nur der Mann hat unter diesen Umständen gravierende Einschränkungen hinzunehmen; auch die Frau, fortan einseitig auf die Rolle der unberührbaren, ätherischen Engelsschönheit festgelegt, wird ihres Rechts auf körperliche Lust und leidenschaftliche Begierden, für die das ›Nasswerden‹ steht, beraubt.

---

30 Vgl. zu diesem Aspekt Jan Knopf: *Das zwölfte Sonett (Über die Gedichte des Dante auf die Beatrice)*. Über das angemessene Beerben von Klassikern. In: Gedichte von Bertolt Brecht. Interpretationen. Hrsg. von Jan Knopf. Stuttgart 1995, S. 104–115, hier S. 110.

Nun ist kaum anzunehmen, dass Brecht ernstlich einen einzelnen Dichter in Person für die generelle Haltung, die spätere Zeiten zu Liebe und Sinnlichkeit einnahmen, haftbar machen wollte, zumal ihm die Fragwürdigkeit einer unmittelbar biographischen Deutung von Dantes literarischer Beatrice-Liebe bewusst gewesen sein dürfte.[31] Nicht der historische Dante ist daher der eigentliche Gegenstand der poetischen Kritik, sondern eine bestimmte Konzeption von Liebe und Liebesdichtung, hinter der letztlich soziale Schranken und Zwänge stehen – es geht um die dem Einzelnen abgenötigte Verdrängung sinnlicher Wünsche und Bedürfnisse zugunsten des bloßen distanzierten Anblicks des begehrten Objekts oder des sublimierten Ausdrucks der Liebe im literarischen Werk, das dann die Manipulation und Beschränkung des Individuums in fragwürdiger Weise ästhetisch verklärt. Brecht weist der Dichtung implizit eine ganz andere Aufgabe zu, die sein eigenes Gedicht mustergültig erfüllt: Es durchbricht solche Verbote und Versagungen, nicht zuletzt durch den gezielten Verstoß gegen die verhüllenden Regeln des ›anständigen‹ Sprechens, und führt die hymnische Preisung der verehrten Dame rigoros auf ihre konkreten triebhaften Ursprünge zurück. Wie schon in seiner frühen Naturlyrik protestiert der Dichter damit auch auf diesem Gebiet energisch gegen den spiritualistischen, leibfeindlichen Grundzug der neueren abendländischen Kultur und setzt den körperlich-sinnlichen Genuss wieder in seine angestammten Rechte ein.

Bei alledem ist die Haltung des Gedichts zu Dante und seinem Werk übrigens weniger eindeutig, als es auf den ersten Blick scheinen könnte. Einerseits wird der unglücklich verliebte Poet, der vergebens um die Angebetete herumscharwenzelt, als Voyeur lächerlich gemacht. Dem steht jedoch seine respektvoll anerkannte Sprachmacht gegenüber, die auf Leser und Hörer einen geradezu magischen Einfluss ausübt. So ist Dante imstande, späteren Generationen bis in die Gegenwart hinein (»uns«) zu *befehlen*, wie sie zu denken und zu empfinden haben, und kann sie buchstäblich nötigen, »seinem schönen Lob Gehör zu schenken«, womit er der Geliebten im Medium der Dichtung ein Andenken stiftet, das noch über ihre »verstaubte Gruft« hinaus lebendig bleibt. In der Art, wie das lyrische Ich die Erfahrung dieser poetischen Zwangsgewalt beschreibt – »Daß uns fürwahr nichts andres übrigblieb« –, spürt man freilich einen gewissen Widerwillen. Offenbar ist der Sprecher nicht geneigt, den Verzicht auf sinnliche Erfüllung im Leben als Preis für die literarische Unsterblichkeit einer Person zu akzeptieren, und allen Spielarten der Kunst, die den Rezipienten völlig in ihren Bann schlagen und ihm das freie, selbstbestimmte Denken unmöglich machen, stand Brecht bekanntlich ohnehin ablehnend gegenüber. Wie bei den Leistungen der Schauspieler des bürgerlichen, ›aristotelischen‹ Theaters, die ihr Publikum in einen unheilvollen »Zustand der Entrückung« zu versetzen trachteten, musste er daher wohl auch im Blick auf die Gedichte Dantes und seiner Nachfolger wünschen, »sie wären so schlecht wie nur möglich« (23, S.76).

In der Tradition, die mit Dante und Petrarca ihren Anfang nahm, wird die geliebte Frau als leibhaftiger Mensch mit sinnlichen Regungen und Bedürfnissen gewissermaßen zum Verschwinden gebracht. Brecht unterläuft diese Tendenz durch die bewusste Verletzung der Tabus des bürgerlichen Anstands, aber auch durch erotische

---

31 Vgl. ebd., S.107f.

Unterweisungen in Versform, wie sie beispielsweise die Gedichte *Über induktive Liebe*, *Saune und Beischlaf* oder *Über die Verführung von Engeln* bieten. Indem er für solche Werke immer wieder die Sonettform wählt, erhebt er schon äußerlich den Anspruch auf künstlerische Gleichrangigkeit mit der kanonisierten, in seinen Augen aber inhaltlich fragwürdigen Überlieferungsreihe: Das vermeintlich Gemeine und Gewöhnliche wird durch artifizielle Gestaltung geadelt. Dieser Brückenschlag zwischen hoher Kunst und ›niederem‹ Sujet soll eben jene »verfeinerte Sinnlichkeit« schaffen, die Brecht in der deutschen Literatur der vergangenen Jahrhunderte so schmerzlich vermisste (26, S.468). Derartige Bemühungen können nun freilich ihrerseits auf eine lange literarhistorische Ahnengalerie zurückblicken, in der bezeichnenderweise kaum deutsche Poeten vertreten sind. Sie beginnt mit dem Italiener Cecco Angiolieri und schließt insbesondere den ganzen umfangreichen Komplex des Anti-Petrarkismus ein. Pietro Aretino, dessen erotische *Sonetti lussuriosi* von 1524/25 in diesen Zusammenhang gehören, wird in Hans Otto Münsterers Erinnerungen an Brechts Jugendjahre ausdrücklich genannt.[32] Hier stieß also schon der junge Dichter auf eine »derb-realistische Gegentradition zur neuplatonischen Sonettkunst der Dante und Petrarca und ihrer unzähligen Epigonen«[33], die sich gegen die forcierte Sublimierung der Liebe wandte, indem sie, teils auf komisch-burleske Art, Körperlichkeit und Sinnlichkeit betonte. Getragen wurde auch sie von hochgebildeten, kunstbewussten Autoren, die nicht minder virtuos schrieben als ihre den hohen Stil pflegenden Gegenspieler und sich gleichfalls mit Vorliebe des Sonetts bedienten. Obendrein ist diese poetische Richtung ebenso alt wie die andere: Cecco Angiolieri, der um 1300 lebte, war ein Zeitgenossen Dantes.

Es überrascht unter diesen Vorzeichen umso mehr, wenn Brecht einmal auch Dante selbst als Gewährsmann für ein unverblümtes Sprechen über sexuelle Themen und die Nobilitierung obszöner Wörter durch hohe Kunst herbeizitiert:

Das dreizehnte Sonett

Das Wort, das du mir oft schon vorgehalten
Kommt aus dem Florentinischen, allwo
Die Scham des Weibes Fica heißt. Sie schalten
Den großen Dante schon deswegen roh
Weil er das Wort verwandte im Gedichte.
Er wurd beschimpft drum, wie ich heute las
Wie einst der Paris wegen Helenas
(Der aber hatte mehr von der Geschichte!)

Jedoch du siehst jetzt, selbst der düstere Dante
Verwickelte sich in den Streit, der tobt
Um dieses Ding, das man doch sonst nur lobt.
Wir wissen's nicht nur aus dem Machiavelle:
Schon oft, im Leben wie im Buch entbrannte
Der Streit um die mit Recht berühmte Stelle.
(11, S.190)

---

32 Vgl. Hans Otto Münsterer: Bert Brecht. Erinnerungen aus den Jahren 1917–1922. Zürich 1963, S.144.
33 Klaus Schuhmann: Der Lyriker Bertolt Brecht. 1913–1933 [1964]. Berlin (Ost) 1964, S.188.

Der Berufung auf den »großen Dante« liegt eine spielerische Täuschung zugrunde, denn weder lässt sich die im Text behauptete etymologische Ableitung halten, noch hat Dante das ominöse Wort jemals in seinen Schriften gebraucht. An historischer und philologischer Korrektheit war Brecht in solchen Angelegenheiten also offensichtlich nicht interessiert, und deshalb kann auch der von ihm in verschiedenen Werken ins Feld geführte fiktive Dante von Fall zu Fall ganz unterschiedliche Funktionen übernehmen.[34] Bemerkenswerterweise bleibt das »Wort, das du mir oft schon vorgehalten«, in dem Gedicht ungenannt, so wie Brecht es auch in *Das dritte Sonett* ausspart, wo es in der letzten Zeile vom Reimschema unmissverständlich gefordert wird. In beiden Fällen sieht sich der Leser gezwungen, das skandalträchtige »ficken« aus eigenem Wissen zu ergänzen – und damit einzugestehen, dass ihm dieser unerhörte Ausdruck durchaus geläufig ist!

Die Kehrseite des in weiten Teilen der abendländischen Liebesdichtung seit dem ausgehenden Mittelalter propagierten schwärmerisch-unsinnlichen Ideals erblickte Brecht in der Degradierung der Sexualität zur bloßen Ware, wie sie die bürgerliche Gesellschaft vor allem in der Institution der Ehe praktizierte. Für ihn war die Ehe nichts anderes als eine gesellschaftlich akzeptierte Variante der Prostitution: An die Stelle einer Gefühlsbindung zwischen den Partnern tritt das Vertragsverhältnis, nach dem der Mann den Körper der Frau als Eigentum auf Lebenszeit erwirbt. Wo aber die kapitalistischen Verkehrsformen auch in die intimsten Beziehungen eindringen, kann kein sexueller Genuss mehr zustande kommen. So heißt es in *Über den Verfall der Liebe* von der bürgerlichen Welt:

> [...] Die Frauen
> Haben den Arm zur Abwehr erhoben, während sie
> Von ihren Besitzern umfangen werden.
>
> Die ländliche Melkerin, berühmt
> Wegen ihrer Fähigkeit, bei der Umarmung
> Freude zu empfinden, sieht mit Spott
> Auf ihre unglücklichen Schwestern in Zobelpelzen
> Denen jedes Lüpfen des gepflegten Hinterns bezahlt wird.
> (14, S. 416)

Und das *Studien*-Sonett *Über Kants Definition der Ehe in der »Metaphysik der Sitten«* verspottet ein Verständnis der Ehe, das sich allein in der rechtlichen und ökonomischen Sphäre bewegt, indem es die Eheleute als Geschäftspartner auffasst, die einen »Pakt zu wechselseitigem Gebrauch / Von den Vermögen und Geschlechtsorganen« schließen (11, S. 270). Es ist zu Recht darauf hingewiesen worden, dass Brecht Kants »Definition« hier massiv verzerrt und entstellt.[35] Doch die *Studien* sind eben keine in Verse gekleideten historischen Abhandlungen mit streng wissenschaftlichem Anspruch. Sie beleuchten ihre Objekte ganz bewusst aus der Perspektive der Gegenwart und treffen oft eher

---

34 Im Kapitel 10 »Das skandinavische Exil« wird uns Dante als verbannter Poet und damit als Identifikationsfigur Brechts in den Jahren nach 1933 wieder begegnen. Zu Dantes Person und Werk in Brechts Lyrik vgl. generell Wolfgang Pöckl: Bert Brecht und Dante. In: Deutsches Dante-Jahrbuch 63 (1988), S. 75–86, der allerdings die *Terzinen über die Liebe* unerwähnt lässt, sowie Vogt: Unlikely Company.

35 Vgl. Hermann Klenner: Brechts Kant-Fälschung. In: Deutsche Zeitschrift für Philosophie 26 (1978), S. 1051 f.

gewisse Aspekte der Rezeption klassischer Werke als diese Werke selbst. So richtet sich die Satire im Sonett über die *Metaphysik der Sitten* auch weniger gegen Kant als gegen die einengende, von gesellschaftlichen und ökonomischen Zwängen geprägte Wirklichkeit des bürgerlichen Ehelebens, wie sie sich im 19. und frühen 20. Jahrhundert entwickelt hatte. Diese Wirklichkeit aber lässt sich durch den Rückgriff auf die spröde Diktion des Königsberger Philosophen in der Tat meisterlich karikieren.

Umgekehrt erfahren die echten Prostituierten in Brechts Werk eine beachtliche Aufwertung, weil sie sich über ihre Lage im Klaren sind und die geschäftliche Seite ihres Selbstverkaufs nüchtern zu reflektieren vermögen.[36] Im *Sonett Nr. 10. Über die Notwendigkeit der Schminke* wird eine von ihnen den bürgerlichen Frauen gegenübergestellt, die ihren männlichen ›Besitzern‹ bewusst- und hilflos ausgeliefert bleiben, und im *Lehrstück Nr. 2. Ratschläge einer älteren Fohse an eine jüngere* ergreift die Hure sogar selbst das Wort, indem sie eine angehende Kollegin in sachlichem Ton mit den Erfordernissen ihres Berufes vertraut macht und nebenher alle selbstgefälligen Illusionen der männlichen Kundschaft entlarvt. Als Dienstleisterinnen einer besonderen Art unter kapitalistischen Bedingungen müssen Prostituierte über die Wünsche und Bedürfnisse der Konsumenten genauestens Bescheid wissen, um sie effektiv manipulieren und damit ihren Profit steigern zu können. Körperliche Vorzüge spielen deshalb gar keine große Rolle; gefragt sind in erster Linie kluge Überlegung und Berechnung, denn »was ist eine Fohse, die nicht denkt?« (11, S.124) Während das *Lehrstück Nr. 2*, das in der Tradition von Aretinos *Ragionamenti*, den »Kurtisanengesprächen« (1534/36), steht, den verachteten Außenseiterinnen der bürgerlichen Gesellschaft eine eigene Stimme verleiht, wird diese Ehre den Ehefrauen bei Brecht konsequent verweigert: Sie erscheinen in seinen Gedichten nie als Rollensprecherinnen.[37]

Mit seiner Neigung zur Sonettform stand Brecht in den Jahren nach 1933 keineswegs allein, denn sowohl die Lyriker des Exils als auch die Poeten der sogenannten »Inneren Emigration« nutzten diesen Gedichttypus außergewöhnlich häufig. Angesichts der katastrophalen zeitgeschichtlichen Entwicklungen bedeutete das Sonett für so unterschiedliche Autoren wie Johannes R. Becher, Albrecht Haushofer und Reinhold Schneider eine Zuflucht im Chaos, ein Instrument, mit dessen Hilfe sich wenigstens auf dem Feld der Dichtung und in der geistigen Auseinandersetzung mit der Gegenwart noch eine strenge Ordnung schaffen ließ. Die Form wurde daher überwiegend sehr traditionell gehandhabt und weder ästhetischen noch inhaltlichen Experimenten ausgesetzt. In diesem Punkt bildet Brecht, wie wir gesehen haben, einen Sonderfall, da er das Sonett für Gegenstände und Redeweisen öffnete, die sich in der Lyrik dieser Epoche sonst so gut wie gar nicht fanden und nach der landläufigen Meinung auch der Würde der Sonettform widersprachen. Für ein konventionelles Verständnis von Sonett- und Liebesdichtung stellen seine einschlägigen Gedichte eine massive Provokation dar – und genau diesem Umstand verdanken sie einen erheblichen Teil ihres Wirkungspotentials.

---

36 Vgl. dazu Jan Knopf: Brecht-Handbuch. Lyrik, Prosa, Schriften. Eine Ästhetik der Widersprüche. Mit einem Anhang: Film. Stuttgart 1984, S.62f.
37 Vgl. Weckler: Amor hat nicht immer die Finger im Spiel, S.292. – Von dem *Lehrstück Nr. 2* existiert übrigens noch eine etwas spätere und sehr viel umfangreichere Fassung (vgl. 13, S.386–388).

Einen ganz eigenen Themenkomplex macht Brechts Kommunikation mit Margarete Steffin aus, die von beiden Partnern teilweise in Sonettform geführt wurde: Seit 1933 gingen Gedichte per Post zwischen ihnen hin und her, wenn sie nicht in Svendborg oder anderswo zusammen waren. Im Gegensatz zu Brechts früher Lyrik sollte jetzt also nicht mehr durch Vergessen, Verdrängen oder Schmähen der Frau Distanz hergestellt werden, vielmehr übernahm die Dichtung die Aufgabe, eine Entfernung zu überbrücken, die sich aus der Exilsituation als solcher, verschiedenen Reisen Brechts sowie Steffins wiederholten Kuraufenthalten ergab. Brechts Sonette akzentuieren überwiegend den erotisch-sexuellen Aspekt der Liebesbeziehung und gehen dabei bisweilen in erstaunlichem Maße auf die Ansprüche und Bedürfnisse der Partnerin ein, während Ironie, Satire und Kritik weitgehend zurücktreten. Obwohl der Autor die rigiden Gesetze des Sonetts mit größter Genauigkeit erfüllt, kann von Steifheit und formaler Erstarrung keine Rede sein. Exemplarisch sei *Das elfte Sonett* angeführt, das eine Reise Steffins in die Sowjetunion zum Anlass hatte:

> Als ich dich in dies fremde Land verschickte
> Sucht ich dir, rechnend mit sehr kalten Wintern
> Die dicksten Hosen aus für den (geliebten) Hintern
> Und für die Beine Strümpfe, gut gestrickte!
>
> Und für die Brust und für unten am Leibe
> Und für den Rücken sucht ich reine Wolle
> Damit sie, was ich liebe, wärmen solle
> Und etwas Wärme von mir bei dir bleibe.
>
> So zog ich diesmal dich mit Sorgfalt an
> Wie ich dich manchmal auszog (viel zu selten!
> Ich wünscht, ich hätt das öfter noch getan!)
>
> Mein Anziehn sollt dir wie mein Auszieh gelten!
> Nunmehr ist, dacht ich, alles gut verwahrt
> Daß es auch nicht erkalt, so aufgespart!
> (11, S.189)[38]

Beispielhaft ist hier zu beobachten, wie ein scheinbar äußerst profanes Thema durch die Sonettgestalt aufgewertet und umgekehrt diese altehrwürdige Form durch einen neuen, ungewöhnlichen Inhalt davor bewahrt wird, zur bloßen literarhistorischen Reminiszenz, zum puren Anachronismus herabzusinken. Darüber hinaus löst das Gedicht die oben zitierte Forderung aus *Liebesunterricht* vorbildlich ein, indem es die ideale wechselseitige Durchdringung der geistig-seelischen und der körperlich-stofflichen Dimension von Liebe verwirklicht.

James K. Lyon nennt Brechts Sonette an Steffin »some of the most personal and moving poems he ever wrote«.[39] Die Funktionen, die sie für ihren Verfasser im ›Ge-

---

38 Vgl. zu diesem Gedicht die ausführliche Interpretation von Gert Sautermeister: Liebesgedichte Brechts. Gebrauchswert, Lernprozesse, Tradition [1999]. In: Karl Heinz Götze, Ingrid Haag, Gerhard Neumann und Gert Sautermeister: Zur Literaturgeschichte der Liebe. Würzburg 2009, S.367–382, hier S.368–371.
39 James K. Lyon: Bertolt Brecht's Love Poetry for Margarete Steffin. In: Perspectives and Personalities. Studies in Modern German Literature Honoring Claude Hill. Hrsg. von Ralph Ley u.a. Heidelberg 1978, S.261–273, hier S.273. Abgesehen von dem oben erörterten Sonett *Über die Gedichte des Dante auf die Beatrice*, dem der persönliche Bezug zur Adressatin am wenigsten anzumerken ist, sind diese Texte allesamt erst nach Brechts Tod publiziert worden.

spräch‹ mit der fernen Geliebten übernahmen, waren jedoch vielfältig und nicht immer uneigennützig. So lassen etwa *Das fünfte Sonett* und *Das siebte Sonett* Bemühungen erkennen, die Adressatin fest und ausschließlich an den männlichen Sprecher zu binden, den man ausnahmsweise unmittelbar mit Bertolt Brecht identifizieren darf, wenn man sich die Kommunikationssituation vor Augen hält, in der die Texte ursprünglich ihren Platz hatten. Darüber hinaus sind die Gedichte, als Botschaften an Steffin gelesen, stets auch Medien einer kunstvollen Selbstinszenierung des Autors, der sich unter anderem als Lehrer in Sachen Liebe und Sex geriert; sie stellen also Versuche dar, die Rollenverteilung und damit bis zu einem gewissen Grade auch die Hierarchie in der Paarbeziehung in seinem Sinne festzulegen. Wie der Nachklang eines zentralen Motivs aus Brechts früher Lyrik mutet es schließlich an, wenn *Das sechste Sonett* die Angst vor einer allzu engen emotionalen Bindung artikuliert, die ja zwangsläufig die Gefahr schmerzlicher Verluste mit sich bringt. Das Gedicht mündet aber in die Einsicht, dass sich Gefühle eben nicht steuern lassen: »Ich meine nur: wenn einer an nichts hinge / Dem stünd auch keine schlimme Zeit bevor. / Indessen sind wir nicht die Herrn der Dinge« (11, S. 187).

In den Werken aus Brechts letzten Jahren nimmt die Liebe noch einmal eine andere Gestalt an, und es entwickelt sich ein neuer lyrischer Typus, der wieder als produktive Anverwandlung einer spezifischen literarischen Tradition aufgefasst werden kann: Mehrere Liebesgedichte, die 1950 entstanden, als Brecht aus dem Exil nach Deutschland zurückgekehrt war, zeigen formale und inhaltliche Anklänge an das Volkslied. *Als ich nachher von dir ging*, *Die Liebste gab mir einen Zweig*, *Sieben Rosen hat der Strauch* und *Wenn du mich lustig machst* hatte Brecht schon selbst für einen kleinen Zyklus vorgesehen, bevor Paul Dessau sie unter dem Titel *Vier Liebeslieder* vertonte. Ein Beispiel aus dieser Reihe:

Als ich nachher von dir ging
An dem großen Heute
Sah ich, wie ich sehn anfing
Lauter lustige Leute.

Und seit jener Abendstund
Weißt schon, die ich meine
Hab ich einen schönern Mund
Und geschicktere Beine.

Grüner ist, seit ich so fühl
Baum und Strauch und Wiese
Und das Wasser schöner kühl
Wenn ich's auf mich gieße.
(15, S. 240)

In der ersten Niederschrift trug das Gedicht noch den Titel *Lied einer Liebenden* (vgl. 15, S. 452 f.), während die endgültige Fassung offen lässt, ob hier eine Frau oder ein Mann spricht.[40] Die Strophenform mit ihrem Kreuzreim und dem Wechsel von vier- und dreihebigen trochäischen Versen steht ebenso dem Volkslied nahe wie die schlichte,

---

40 *Wenn du mich lustig machst* ist dagegen eindeutig das Rollenlied einer Frau, während in *Die Liebste gab mir einen Zweig* der Mann redet. *Sieben Rosen hat der Strauch* gestattet wieder keine eindeutige Zuordnung.

›naive‹ Ausdrucksweise. Geradezu simpel präsentiert sich auch der Inhalt der Strophen, unter anderem mit seinen einfachen Naturmotiven, die in *Die Liebste gab mir einen Zweig* und *Sieben Rosen hat der Strauch* ebenfalls eine gewichtige Rolle spielen. Was hier völlig fehlt, sind Hinweise auf Angst, Verstörung, Isolation und Vergänglichkeit, denn das Gedicht ist ganz von einem überwältigenden Glücksgefühl geprägt. Forscher aus der DDR haben darin den folgerichtigen Schlusspunkt in der Entwicklung von Brechts Umgang mit dem Thema Liebe gesehen und auf die Etablierung des Sozialismus im Osten Deutschlands verwiesen, dem der befreiende Durchbruch zu neuartigen, unentfremdeten Formen der zwischenmenschlichen Beziehungen zu verdanken sei.[41] Direkt angesprochen wird ein derartiger Zusammenhang in den lyrischen Texten nicht, aber sie fallen tatsächlich in eine Phase, in der Brecht größte Hoffnungen auf die noch junge DDR setzte und von einem Optimismus beseelt war, der sich in diesem Ausmaß später nie mehr einstellen sollte.[42] Vielleicht war es ihm wirklich nur in einer solchen Situation möglich, Liebeserfahrungen zu gestalten, die von den früher oft beklagten Deformationen durch kapitalistische Besitzverhältnisse frei sind. Dabei darf allerdings der Kunstcharakter, der auch diesen Gedichten eigen ist, nicht übersehen werden. Die scheinbare Unmittelbarkeit der Gefühlsaussprache verdankt sich eben der spielerischen Anknüpfung an das Volkslied und somit doch wieder dem virtuosen, wohlkalkulierten Einsatz spezifischer ästhetischer Strategien.

In den zitierten Strophen ist das lyrische Ich nach dem Liebeserlebnis – dem ersten überhaupt? – wie neu geboren. Auffälligerweise wird von der geliebten Person, an die sich die Verse im Grunde richten, nur sehr beiläufig gesprochen; in den Mittelpunkt rückt vielmehr die schlagartig gewandelte Beziehung des Ich zu sich selbst und zu seiner sozialen und natürlichen Umgebung, die es nun mit allen Sinnen um vieles intensiver wahrnimmt als zuvor. Von dem Bild, das noch die *Terzinen über die Liebe* entwarfen, ist die Liebeskonzeption dieses späten Gedichts demnach weit entfernt. Statt die ›einander ganz verfallenen‹ Partner in symbiotischer Einheit zu verbinden und sie zugleich von allem, was dieser Einheit nicht angehört, strikt zu isolieren, bewirkt die Liebe jetzt gerade eine Öffnung nach außen und setzt das Subjekt in ein neues Verhältnis zu seiner Lebenswelt. Darin schlägt sich eine Vorstellung nieder, die für Brecht seit seiner marxistischen Wende einen immer größeren Stellenwert gewonnen hatte, nämlich das Ideal der Produktivität. 1949 notierte er in seinem Journal, es sei »das Höchste […], daß die Produktivität der ganzen Menschheit groß entfaltet wird« (27, S. 305), und da er dieses schöpferische Vermögen in seinem weitesten Sinne verstanden wissen wollte, erscheinen unter den angeführten Beispielen neben dem Bau eines Autos auch der Gesang, der das »Gehör des Hörers« veredelt, und – die Liebe: »Ich liebe: ich mache die geliebte Person produktiv« (ebd.). »Liebe in diesem Sinne«, schreibt Dorothea Haffad treffend, »erhält bei Brecht den Rang eines Mikromodells für künftige gesamtgesellschaftliche Möglichkeiten des Zusammenlebens der Menschen in einer nicht von

---

41 Unter dieser Perspektive rekonstruiert beispielsweise Hans Kaufmann die Geschichte der Brecht'schen Liebeslyrik (Brecht, die Entfremdung und die Liebe. Zur Gestaltung der Geschlechterbeziehungen im Werk Brechts. In: Weimarer Beiträge 11 (1965), S. 84–101). Speziell mit den Liebesgedichten von 1950 befasst sich Christel Hartinger: Bertolt Brecht – das Gedicht nach Krieg und Wiederkehr. Studien zum lyrischen Werk 1945–1956. Berlin (Ost) 1982, S. 224–242.
42 Vgl. dazu das Kapitel 14 »Die Mühen der Ebenen: Brecht in der DDR«.

Konkurrenz und Profitstreben beherrschten Welt.«[43] Das *Buch der Wendungen* definiert Liebe ebenfalls als eine Form der »Produktion«: »Sie verändert den Liebenden und den Geliebten« (18, S.175), etwa indem sie es ihnen ermöglicht, sich selbst, die Mitmenschen und die Natur neu und anders zu erfahren. Einen solchen Vorgang entwirft das Gedicht *Als ich nachher von dir ging* im Rückgriff auf die Leichtigkeit des Volksliedtons, die über den Ernst und das Gewicht des Themas nicht hinwegtäuschen sollte.

---

43 Dorothea Haffad: Zwischen eingreifendem Denken und Utopie. Zu einem Aspekt der Auffassung Brechts von der Liebe als einer »Produktion«. In: Zeitschrift für Germanistik N.F. 5 (1995), S.103–111, hier S.109.

Kapitel 6
Unter modernen Menschen:
Aus dem Lesebuch für Städtebewohner

In der zweiten Hälfte des 19. Jahrhunderts hatte Deutschland einen machtvollen Modernisierungsschub erlebt, der alle Lebensbereiche ebenso tiefgreifend wie umfassend umgestaltete und das bis dahin noch weitgehend agrarisch geprägte Land binnen kurzer Zeit in eine der führenden Industrienationen der Welt verwandelte. Diese Entwicklung schlug sich nicht zuletzt in einer rasanten Urbanisierung nieder. Zahlreiche Großstädte vermehrten ihre Bevölkerungszahl explosionsartig, an ihrer Spitze Berlin, das in den siebziger Jahren die Millionengrenze überschritt. Mit den großen urbanen Zentren traten ganz neue gesellschaftliche und kulturelle Phänomene ins Blickfeld der Zeitgenossen. Industrialisierung und Verstädterung schufen in enger Wechselwirkung ein riesiges Proletariat, das überwiegend unter miserablen Wohn- und Lebensverhältnissen zu leiden hatte; die ›soziale Frage‹ drängte immer stärker auf die Tagesordnung. Aber die großstädtische Existenz brachte auch eine bislang unbekannte Reizüberflutung mit sich, zu deren Bewältigung die vertrauten Muster des Wahrnehmens und Erlebens nicht mehr ausreichten. Die wogenden Menschenmassen, das gesteigerte Tempo des Lebens und die Fülle rasch wechselnder Sinnesreize wirkten auf viele Beobachter wie ein Schock.

Für die Dichtung bedeutete der Urbanisierungsprozess mit seinen Begleiterscheinungen eine außergewöhnliche Herausforderung. Die klassischen und romantischen Lyriktraditionen kannten das Thema Großstadt nicht und stellten daher keine literarischen Techniken zu seiner Verarbeitung bereit. Es ging somit nicht allein um neue Gegenstände für die Poesie, vielmehr mussten zugleich auch geeignete Formen und ästhetische Mittel ausgebildet werden. Vor diesem Hintergrund ist die deutsche Großstadtlyrik zu sehen, deren Anfänge in den achtziger Jahren des 19. Jahrhunderts liegen und die ihr Zentrum, wie nicht anders zu erwarten, in Berlin fand. Die erste Epoche in der Geschichte der deutschen Lyrik, die sich intensiv mit der Großstadt beschäftigte, war der Naturalismus. Manche der einschlägigen Gedichte naturalistischer Poeten zeigen schon jenes Schwanken zwischen Faszination und Schrecken, das die Entwicklung der Gattung fortan begleiten sollte, aber im Ganzen dominieren die negativen Seiten. Entworfen werden überwiegend Schilderungen menschlichen Elends in einer hässlichen, abstoßenden Umgebung, vielfach von sozialkritischen Tendenzen überformt, die freilich vage bleiben.

Deutlicher ausgeprägt begegnet die Ambivalenz der Großstadtlyrik dann im Expressionismus, der sowohl rauschhaft überhöhte als auch dämonisch verzerrte Bilder der Stadt schuf. Das pulsierende Leben, das den Einzelnen buchstäblich aufsaugt, kann als mystische Entgrenzung gefeiert werden, doch andererseits erscheint die Stadt, etwa im lyrischen Werk Georg Heyms, oft als Gefängnis, als steinerner Irrgarten und finstere Nachtwelt, als Ort des Grauens und der Einsamkeit. Dabei richtet sich das Hauptaugenmerk auf die Desintegration des Individuums und die existentielle Erfahrung der übermächtigen Großstadtrealität, während die Sozialkritik in den Hintergrund tritt. Auffallend an dieser Stadt-Dichtung ist immer wieder das Bemühen um eine adäquate Nachbildung spezifisch großstädtischer Wahrnehmung durch neue Stilmittel und eine reich entfaltete Metaphorik. Der Hektik, dem Lärm und der verworrenen Flut flüchtiger Impressionen, die den urbanen Alltag prägen, aber auch der diffusen Bedrohlichkeit dieses Lebensraums sucht man etwa durch einen Reihungsstil und durch Techniken der Montage, durch Reduktion oder Sprengung der syntaktischen Zusammenhänge sowie durch eine vielgestaltige Welt poetischer Bilder, die auch mythische und surreale Elemente integriert, gerecht zu werden. Diesen Tendenzen traten in den zwanziger Jahren wiederum Autoren entgegen, die man dem Umkreis der Neuen Sachlichkeit und, in politischer Hinsicht, zumeist dem linksbürgerlichen Spektrum zurechnen kann. Sie nahmen vorwiegend eine nüchterne Haltung gegenüber der großstädtischen Lebenswelt ein und verabschiedeten das überschwängliche Pathos des Expressionismus. Ihre Schilderungen, teils melancholisch, teils humoristisch, häufig aber auch gesellschaftskritisch gefärbt, konzentrieren sich auf das alltägliche Erleben des Großstädters und bevorzugen eine der Umgangssprache angenäherte Diktion.

So hatte die deutschsprachige Lyrik über die Großstadt bis zu jener Zeit, in der Bertolt Brecht sich in seinen Gedichten mit diesem Thema zu beschäftigen begann, schon eine breite Palette von Darstellungsmodi und Deutungsschemata entwickelt. Sie kannte die distanzierte Schilderung moderner Stadtlandschaften und die mit soziologischem Scharfblick gezeichneten Porträts urbaner Menschen und Lebensformen ebenso wie düstere Visionen gigantischer Metropolen, die das menschliche Individuum förmlich verschlingen, und die dionysische Feier eines rauschhaften Einverständnisses mit dem Taumel und der Dynamik des großstädtischen Daseins. In diesem literarhistorischen Kontext lässt sich Brechts Großstadtlyrik als eine ganz eigentümliche Spielart des Genres beschreiben.

Im Februar und März 1920 hielt sich Brecht zum ersten Mal in Berlin auf. Beim zweiten Anlauf, im Winter 1921/22, blieb er fast ein halbes Jahr lang, doch die endgültige Übersiedlung erfolgte erst im Herbst 1924. Der junge Schriftsteller, der bis dahin lediglich die vergleichsweise provinziellen Verhältnisse in Augsburg und München gekannt hatte, sah sich in der Hauptstadt mit Eindrücken konfrontiert, auf die er nur unzureichend vorbereitet war. Briefe und Notizen dokumentieren seine Bemühungen, das Erlebnis der Millionenmetropole zu verarbeiten, geben darüber hinaus aber auch bemerkenswerte Aufschlüsse über die Perspektive, unter der er sie wahrnahm; einige Charakteristika seiner späteren Großstadtlyrik sind hier bereits vorgeprägt. Die urbane Umgebung mit ihrer überbordenden Fülle und ihrem enormen Tempo scheint ihn nicht sonderlich interessiert zu haben, und von sozialen Konflikten ist erst recht nicht die Rede. Brechts Aufmerksamkeit galt statt dessen der spezifischen Atmosphäre, die in Berlin herrschte, und den menschlichen Haltungen, in denen sie ihren Ausdruck fand. Ende 1921 schrieb er an Marianne Zoff: »ich lese eben Deinen Brief, es ist kalt, ich kann schlecht denken. Man kann hier kaum leben, in dem Ghetto, es schneit in einen« (28, S.139). *Kälte* ist das Motiv, das Brechts Bilder der Großstadt von Anfang an wie ein roter Faden durchzieht. Dabei macht die zitierte Passage in ihrer Schlusswendung eindrucksvoll sichtbar, dass hier trotz des winterlichen Klimas keineswegs nur vom Wetter, also von einem äußeren Phänomen gesprochen wird. Kälte ist für Brecht eine Qualität der urbanen Existenz selbst; sie dringt tief in das Innere des Menschen, der sich in den Bannkreis der Stadt begibt.

Weitere Belege für die Verwendung der Kälte-Metapher lassen sich unschwer finden. »Ich trabbe [!] mit einem kalten Galgenhumor durch allerlei menschliche Bezirke mit unterschiedlichen Kältegraden«, liest man in einem anderen Brief an Zoff (28, S. 145), und seinem Freund Hanns Otto Münsterer schreibt Brecht lakonisch: »Es ist eine kalte Stadt« (S. 148). In den Tagebuchnotizen von 1921/22 gebraucht er auch mehrfach die Wendung vom ›kalten Chicago‹ für die deutsche Hauptstadt (26, S. 257, 269, 272); aus dem Plan, ein Schauspiel mit diesem Titel zu verfassen (vgl. S. 262), ging wohl das Stück *Im Dickicht* (später *Im Dickicht der Städte*) hervor, das tatsächlich in einem poetisch stilisierten Chicago spielt. Das Bild des Dickichts ist wiederum einer anderen Metapher verwandt, die in Brechts Texten zur Großstadt wiederholt vorkommt, nämlich der des Dschungels. Die »große Stadt« müsse »als Dschungel« beschrieben werden, fordert ein Tagebucheintrag vom September 1921, der außerdem die »Feindseligkeit der großen Stadt«, ihre »bösartige steinerne Konsistenz« und ihre »babylonische Sprachverwirrung« beschwört (26, S. 236). Freilich hat man sich unter diesem Dschungel offenbar keinen tropischen Urwald, sondern eher eine Eishölle vorzustellen, da Brecht die Bildfelder von Dschungel und Kälte auch unmittelbar miteinander verknüpft: »Man lebt in der [!] größten Stadtdschungel der Weltgeschichte, es ist also Frohsinn nötig und dicke Haut gegen Kälte« (28, S. 141).

Wie das zuletzt angeführte Zitat belegt, wollte Brecht nicht viel Zeit mit Klagen verlieren, sondern sich lieber angemessen gegen die Kälte wappnen. Das bestätigt auch folgende Notiz im Tagebuch: »Es ist eine graue Stadt, eine gute Stadt, ich trolle mich so durch. Da ist Kälte, friß sie!« (26, S. 259) Der Schreiber zwingt sich förmlich, die unwirtlichen Zustände als Gegebenheit anzuerkennen, ja sogar gutzuheißen und die Kälte der existentiellen Einsamkeit zu verinnerlichen. Von Brechts Bemühungen, sich einen solchen Habitus buchstäblich zu ›erschreiben‹, zeugen Gedichte wie *Früher dachte ich: ich stürbe gern auf eignem Leinenzeug* und *Ich bin vollkommen überzeugt, daß morgen ein heiteres Wetter ist*, die im Dezember 1921 entstanden.[1] Vor allem aber gehört das berühmte Gedicht *Vom armen B.B.*, das später den Abschluss der *Hauspostille* bilden sollte, in diesen Zusammenhang (11, S. 119 f.).[2] Hier begegnet uns ein lyrisches Ich – gleichen Namens mit dem Verfasser, doch als literarisches Konstrukt selbstverständlich von ihm zu unterscheiden –, das zwar »aus den schwarzen Wäldern« stammt, jetzt aber in der »Asphaltstadt« zuhause ist und sich in dieser Umgebung eingerichtet hat, so gut es geht: Anpassung, nicht Widerstand ist gefragt. Der Sprecher führt ein Leben in der Isolation. Seine Beziehungen zu »den Leuten«, zu »ein paar Frauen« und zu einigen Männern, die sich mit »Gentleman« anzureden pflegen, bleiben unverbindlich; individuelle Konturen gewinnt keine dieser durchweg im Plural auftretenden Personen. Das Ich selbst hat eine Maske der Gelassenheit und des umfassenden Einverständnisses mit seiner Lebenswelt angelegt, deren Zerbrechlichkeit das Gedicht allerdings durchaus erkennen lässt, beispielsweise in folgenden Versen, in denen man die kleine Silbe ›-un-‹ in »beunruhigt« nur allzu leicht überliest: »Um die Stunde trink ich mein

---

1 Vgl. zu diesen Texten und ihrem biographischen und werkgeschichtlichen Stellenwert Philip Thomson: The Poetry of Brecht. Seven Studies. Chapel Hill u.a. 1989, 75–95.
2 Die in der *Hauspostille* abgedruckte Version ging um die Mitte der zwanziger Jahre aus der gründlichen Überarbeitung eines Gedichts hervor, das bereits 1922 verfasst worden war (vgl. 13, S. 241 f.).

Glas in der Stadt aus und schmeiße / Den Tabakstummel weg und schlafe beunruhigt ein.«

Vom armen B.B. mündet in eine Prophezeiung vom baldigen Untergang der durch urbane Existenzformen geprägten modernen westlichen Zivilisation, für die unter anderem »die langen Gehäuse des Eilands Manhattan« als pars pro toto eintreten: »Von diesen Städten wird bleiben: der durch sie hindurchging, der Wind! / Fröhlich machet das Haus den Esser: er leert es«. Und noch mehrfach bringt Brecht in den zwanziger Jahren den Gedanken der Vergänglichkeit und Flüchtigkeit, den wir aus der Lyrik der Zeit um 1920 schon zur Genüge kennen und der sich immer wieder mit den Motiven des Windes und des Verschlungenwerdens verbindet, mit den Städten in Zusammenhang. Vielleicht darf man darin einen Schutzmechanismus sehen, eine Abwehrreaktion gegen die überwältigende Macht der Großstadt und ihrer Verhaltenszwänge. Diese These scheint jedenfalls das Gedicht *Bidis Ansicht über die großen Städte* zu bestätigen.[3] Seine erste Strophe bezeichnet das Wuchern der gigantischen steinernen Metropolen als unaufhaltsam, relativiert diese Auffassung aber zugleich, da sie als Zitat kenntlich gemacht wird (»Allenthalben sagt man es nackt ...«). Im Folgenden baut sich das Ich Schritt für Schritt eine souveräne, überlegene Position auf, die sich auf die tröstliche Einsicht in die Vergänglichkeit der Städte stützt. Am Ende steht wieder ein distanzierter, ›kalter‹ Blick, der den unausweichlichen Untergang seines Objekts erfasst:

1
Allenthalben sagt man es nackt:
Jetzt wachsen die Städte: zuhauf!
Und dieses Petrefakt
Hört nicht mehr auf.

2
Weil ich bekümmert bin
Daß dieser Menschheit abgeschmackt-
es Gewäsch zu lang in
Den Antennen hackt

3
Sage ich mir: den Städten ist
Sicher ein Ende gesetzt
Nachdem sie der Wind auffrißt
Und zwar: jetzt.

4
Freilich es leuchtet noch her
Wie's dein Papa noch sah
Doch das Gestirn Großer Bär
Selber ist nicht mehr da.

5
Also auch ist
Schon vergangen die Große Stadt
Was auch an ihr frißt
Es wird nicht mehr satt.

---

3 Bidi war ein Kosename Brechts, den er gelegentlich auch als Selbstbezeichnung verwendete.

6
Sie steht nicht mehr lang da
Der Mond wird älter.
Du, der sie sah
Betrachte sie kälter.
(13, S. 306 f.)

Noch lakonischer formuliert es der Vierzeiler *Die Städte*:

Unter ihnen sind Gossen.
In ihnen ist nichts. Und über ihnen ist Rauch.
Wir waren drinnen. Wir haben sie genossen.
Wir vergingen rasch. Und langsam vergehen sie auch.
(13, S. 356)

Diesen Gedichten kann man einen Tagebucheintrag an die Seite stellen, der sich mit der Dauerhaftigkeit großstädtischer »Eisenzementbauten« befasst:

> Ich habe mit Erschrecken gesehen (auf einem Reklameprospekt einer amerikanischen Baufirma), daß diese Wolkenkratzer auch in dem Erdbeben von San Francisco stehenblieben. Aber im Grunde halte ich sie doch nach einigem Nachdenken für vergänglicher als etwa Bauernhütten. Die standen tausend Jahre lang, denn sie waren auswechselbar, verbrauchten sich rasch und wuchsen also wieder auf ohne Aufhebens. Es ist gut, daß mir dieser Gedanke zu Hilfe kam, denn ich betrachte diese langen und ruhmvollen Häuser mit großem Vergnügen. (26, S. 283)

Dass die zähe Widerstandskraft der Hochhäuser Schrecken hervorruft, der Gedanke an ihre Vergänglichkeit dagegen als hilfreich und beruhigend empfunden wird, lässt auf beträchtliche Aggressionen schließen, die Brechts Verhältnis zur Großstadt um diese Zeit zumindest mitbestimmten. Offenbar vermochte er das urbane Dasein wenigstens zeitweilig nur zu ertragen, weil ihm die Überzeugung Halt gab, dass auch die Tage der Städte gezählt seien.

Der Schwerpunkt von Brechts Großstadtlyrik liegt jedoch auf den habitualisierten Verhaltensmustern, die die Städte ihren Bewohnern aufprägen. Es ist bereits angeklungen, dass der Autor die Großstadt nicht als einen Lebensraum unter vielen betrachtete, sondern als *die* Existenzweise der westlichen Zivilisation schlechthin. 1925 notierte er über seine literarischen Projekte: »Als heroische Landschaft habe ich die Stadt. Als Gesichtspunkt die Relativität. Als Situation den Einzug der Menschheit in die großen Städte zu Beginn des dritten Jahrtausends« (26, S. 282 f.). Die letztere Wendung findet sich wörtlich in den Materialien zu dem Fragment gebliebenen Stück *Jae Fleischhacker in Chikago* wieder (vgl. 10.1, S. 289). Demnach ist die moderne Lebenswelt als solche gemeint, wenn Brecht in jenen Jahren über die »Städte« spricht. In diesem Sinne hat man auch die »Städtebewohner« zu verstehen, an die das Werk adressiert ist, mit dem Brechts Großstadtlyrik ihren Höhepunkt erreicht: der Zyklus *Aus dem Lesebuch für Städtebewohner*.

Die zehn Gedichte, die er umfasst, gehen auf die Jahre 1926/27 zurück[4], in denen sich der Lyriker Brecht besonders eingehend mit dem Thema der Großstadt beschäftigte. Seine Mitarbeiterin Elisabeth Hauptmann notierte unter dem Datum des 8. Juni

---

4 Zu Entstehungsgeschichte und Textkritik vgl. Seung Jin Lee: *Aus dem Lesebuch für Städtebewohner. Schallplattenlyrik zum »Einverständnis«*. Frankfurt a.M. u.a. 1993, S. 14–89.

1926 den Titel »4 Aufforderungen an einen Mann zu verschiedenen Zeiten von verschiedener Seite«, der auf das spätere neunte Stück des Zyklus verweist, und ergänzte in Klammern »Die Großstadt = das Dickicht, der Dschungel, der Kampfplatz«, womit sie das Lesebuch-Projekt in einem Motivgeflecht situierte, das uns bereits vertraut ist.[5] Einige der Gedichte wurden damals schon einzeln publiziert, während verschiedene Ansätze zur Zusammenstellung eines größeren »Lesebuchs für Städtebewohner« vorläufig zu keinem Abschluss führten. Der Zyklus kam erst 1930 zustande, als Brecht die endgültige Textauswahl vornahm und die entsprechenden Gedichte zudem sorgfältig überarbeitete. Die ursprünglich vorhandenen Einzeltitel wurden gestrichen und durch bloße Nummern ersetzt, nur die Nr. 9 behielt zusätzlich ihre eigene Überschrift. Außerdem fügte der Autor erst in dieser Arbeitsphase den Nummern 1 bis 6 jeweils eine separate Schlusszeile hinzu, die er in eckige Klammern einschloss.[6] Es gibt übrigens noch eine Reihe von Gedichten, die im Umkreis des *Lesebuchs* entstanden und ihm teilweise, etwa durch Vermerke auf Brechts Typoskripten, auch ausdrücklich zugeordnet sind, aber keine Aufnahme in die veröffentlichte Sammlung fanden (vgl. 11, S.166–176). Sie sollen bei den folgenden Überlegungen ausgespart bleiben. Doch obwohl es zweifellos gerechtfertigt ist, das von Brecht zum Druck beförderte *Lesebuch* als ein Kunstwerk für sich zu analysieren, darf andererseits die Geschlossenheit des Zyklus, der ja bereits durch seinen Titel als Ausschnitt aus einem größeren Ganzen gekennzeichnet ist, nicht überschätzt werden. Fortsetzungen und Ergänzungen des Ensembles ließen sich ohne weiteres denken.

Die Gedichte *Aus dem Lesebuch für Städtebewohner* erschienen 1930 als sechstes Stück der »Versuche«-Reihe in deren zweitem Heft, das daneben noch *Aufstieg und Fall der Stadt Mahagonny*, die *Anmerkungen zur Oper »Aufstieg und Fall der Stadt Mahagonny«* sowie das *Badener Lehrstück vom Einverständnis* enthielt. Nach der Vorrede des Heftes waren sie für »Schallplatten« vorgesehen, vielleicht auch für Radio-Sendungen. Damit stehen sie wie die um dieselbe Zeit verfassten Lehrstücke im Kontext der von Brecht angestrebten Umfunktionierung aller technisch-medialen Apparate zu neuen Zwecken. Wie er sich eine Schallplatten-Version des *Lesebuchs* konkret vorgestellt hat, muss allerdings offen bleiben. Ein mögliches Verfahren bestünde in einem Sprecherwechsel bei den eingeklammerten Schlusszeilen der ersten sechs Gedichte, der den Zitatcharakter der vorangegangenen Partien unterstreichen würde.

Schon eine flüchtige Lektüre des *Lesebuchs* bestätigt, dass sich Brechts Aufmerksamkeit auf ganz bestimmte Aspekte der urbanen Existenz richtete, während andere Gesichtspunkte, die man mit der Gattung Großstadtlyrik zu assoziieren pflegt, für ihn keine Rolle spielten. So führen seine Gedichte keine Stadtlandschaften vor, weder in zusammenhängenden Schilderungen noch in den gebrochenen Reflexen der Wahrnehmung eines Ich-Subjekts, und sie erwähnen überhaupt nur beiläufig einige wenige Elemente des großstädtischen Ambientes wie den Bahnhof in Nr. 1. Industriereviere,

---

5   Elisabeth Hauptmann: Notizen über Brechts Arbeit 1926. In: Sinn und Form 9 (1957), S.241–243, hier S.242.
6   Die GBFA setzt statt dessen runde Klammern, die aber im *Lesebuch für Städtebewohner* auch an anderen Stellen vorkommen, und täuscht dadurch etwas über die besondere Qualität dieser Schlussverse hinweg. Abweichend davon werden deshalb im Folgenden in allen Textzitaten wieder die eckigen Klammern verwendet.

Mietskasernen und Warenhauspaläste sucht man ebenso vergebens wie die dahinflutenden Menschenmassen, die viele Großstadtgedichte bevölkern, oder bunte Impressionen von der Vielgestaltigkeit und der lärmenden Hektik des städtischen Treibens. Statt dessen geht es Brecht um das Leben in einer modernen Konkurrenzgesellschaft und um die spezifischen Denk- und Verhaltensmuster, die es bei den Menschen hervorbringt; er ist also, wie schon Walter Benjamin konstatierte, weniger an der Stadt als an den Städtern interessiert.[7] Freilich führt das *Lesebuch* jene Muster in einer höchst ungewöhnlichen, irritierenden Art und Weise vor, die sich dem Verständnis nicht leicht erschließt. Eine Herausforderung für den Leser stellen insbesondere die unterschiedlichen Perspektiven und Sprechhaltungen dar, mit denen die zehn Gedichte aufwarten und deren rascher Wechsel sogar die Einheit des Zyklus in Frage zu stellen scheint.

In der Forschung zum *Lesebuch für Städtebewohner* wurde immer wieder versucht, diese Einheit vom letzten Gedicht der Reihe her zu erfassen, das sich für solche Bemühungen schon deshalb anbietet, weil es eine vergleichsweise einfache, klare Struktur aufweist:

10

Wenn ich mit dir rede
Kalt und allgemein
Mit den trockensten Wörtern
Ohne dich anzublicken
(Ich erkenne dich scheinbar nicht
In deiner besonderen Artung und Schwierigkeit)

So rede ich doch nur
Wie die Wirklichkeit selber
(Die nüchterne, durch deine besondere Artung unbestechliche
Deiner Schwierigkeit überdrüssige)
Die du mir nicht zu erkennen scheinst.
(11, S.165)

Dieser Text ist als »nachgestellte Poetologie des Zyklus«[8], als »Leseanleitung für die ganze Sammlung«[9], als »a kind of explanatory postscript«[10], als »allgemeine Rezeptionsanleitung«[11] oder »›Gebrauchs-‹ bzw. ›Leseanweisung‹«[12] begriffen worden, da hier die Sprechinstanz in unmittelbarer Anrede an den Leser endlich ihre Absichten zu offenbaren und die von ihr gewählten sprachlich-ästhetischen Mittel zu rechtfertigen scheint. Die Intention ist eine didaktische und findet ihren Bezugspunkt in der »Wirklichkeit« der modernen Lebenswelt, die wegen ihrer ›Kälte‹ und ›Allgemeinheit‹ den

---

7 Vgl. Walter Benjamin: Kommentare zu Gedichten von Brecht. In: ders.: Gesammelte Schriften. Bd. II.2. Hrsg. von Rolf Tiedemann und Hermann Schweppenhäuser. Frankfurt a.M. 1977, S.539–572, hier S.556f.
8 Henning Rischbieter: Zum *Lesebuch für Städtebewohner*. In: Aktualisierung Brechts. Hrsg. von Wolfgang Fritz Haug, Klaus Pierwoß und Karen Ruoff. Berlin (West) 1980, S.192–199, hier S.196.
9 So Florian Vaßen im einschlägigen Handbuch-Artikel (Brecht-Handbuch in fünf Bänden. Hrsg. von Jan Knopf. Bd. 2: Gedichte. Stuttgart u.a. 2001, S.178–190, hier S.186).
10 P.V. Brady: *Aus einem Lesebuch für Städtebewohner*. On a Brecht Essay in Obliqueness. In: German Life and Letters 26 (1972/73), S.160–172, hier S.161.
11 Lee: *Aus dem Lesebuch für Städtebewohner*, S.124.
12 Ebd., S.152.

persönlichen Ansprüchen und Eigenarten des Individuums indifferent gegenübersteht. Um dem Städtebewohner klarzumachen, dass er gut daran täte, sich auf diese Verhältnisse einzustellen, betreibt der Sprecher eine Art Mimikry, indem er seinen Redegestus an den Eigenschaften der »Wirklichkeit selber« ausrichtet. »Kalt und allgemein«, die »trockensten Wörter« verwendend, tritt er seinem Adressaten gegenüber, ohne ihn »anzublicken« und damit als einmalige Persönlichkeit wahrzunehmen. So inszeniert er als Pädagoge künstlich eine Situation, die das angesprochene Du auf eine Realität vorbereiten soll, in der das Individuum nicht zählt und auch moralische Kriterien keine Geltung besitzen. »Und nicht schlecht ist die Welt / Sondern / Voll«, verkündet das zweite Stück der Sammlung (11, S.159), womit es auf die Gesetze einer Gesellschaftsordnung verweist, in der ein erbitterter Kampf um knappe Güter und Chancen tobt.[13]

Das didaktische Programm, dessen Umrisse das zehnte Gedicht des *Lesebuchs* zu erkennen gibt, lässt sich durch Seitenblicke auf Brechts Gesamtwerk und auf den zeitgenössischen Kontext präziser fassen. So bietet sich ein Rückgriff auf das Konzept des ›Einverständnisses‹ an, das der Autor vor allem im *Badener Lehrstück vom Einverständnis* entwickelt hat, auf die Idee also, dass ein nüchternes Sich-Einlassen auf die Gegebenheiten eine unabdingbare Voraussetzung für sinnvolles Handeln darstelle. Dementsprechend bestimmt Seung Jin Lee den Fluchtpunkt des Gedichtzyklus als »›Einverständnis‹ mit der Wirklichkeit, die die Individualität des Menschen nicht mehr beachtet«[14], und Florian Vaßen erörtert im Detail die Parallelen zum *Badener Lehrstück* sowie zu Brechts *Fatzer*-Projekt[15]: In der modernen Welt der Großstadt und der Massen ist das plastische, reich entwickelte Individuum ein Anachronismus; überleben wird nur, wer dieses Ideal aufgibt und das ›Einverständnis‹ lernt, indem er sich zielstrebig auf seine ›kleinste Größe‹ reduziert.

Solche Lehren, die die Machtlosigkeit des Einzelnen voraussetzen und auf bewusste Entindividualisierung zielen, greifen zentrale Stützen des bürgerlich-humanistischen Welt- und Menschenbildes an, das den »Städtebewohnern« keine sinnvolle Orientierung mehr bietet. Das bestätigt auch die Untersuchung von Helmut Lethen, der das *Lesebuch* in den Zusammenhang anderer »Verhaltenslehren der Kälte« stellt.[16] In Literatur, Philosophie und Anthropologie der zwanziger Jahre gab es unterschiedliche Versuche, nach dem durch Krieg und Revolution bewirkten Kollaps der traditionellen gesellschaftlichen Normen und Wertvorstellungen neue Regeln für die Existenz in der modernen Lebenswelt zu entwickeln, deren Grundlagen eine auf permanente Selbstbeobachtung gestützte Disziplin und ein förmlicher Gefühlspanzer des Subjekts waren. Als Kompendium einer solchen Verhaltenslehre könnte auch Brechts *Lesebuch für Städtebewohner* aufgefasst werden, dessen Titel ja bereits auf seine belehrende Ausrichtung hindeutet.

---

13 Wenn die Gedichte pauschal von der »Welt« und der »Wirklichkeit« sprechen, unterstreichen sie noch einmal, dass die Städte bei Brecht für das moderne Leben schlechthin stehen.
14 Seung Jin Lee: *Aus dem Lesebuch für Städtebewohner 1.* »Einmaliges Abspielen der Platte genügt nicht.« Ein medienästhetisches Experiment in der Lyrik. In: Gedichte von Bertolt Brecht. Interpretationen. Hrsg. von Jan Knopf. Stuttgart 1995, S.43–52, hier S.50.
15 Vgl. Florian Vaßen: Lesebuch und Lehrstück: Haltungen und Verhaltenslehren *Aus dem Lesebuch für Städtebewohner.* In: Ich bin noch da. Das Brecht-Jahrbuch 22 (1997), S.389–399, hier S.395–397.
16 Helmut Lethen: Verhaltenslehren der Kälte. Lebensversuche zwischen den Kriegen. Frankfurt a.M. 1994 (speziell zu Brechts *Lesebuch* S.170–181).

Freilich macht das Gedicht Nr. 10 von vornherein deutlich, dass die unbeteiligte, ›kalte‹ und ›allgemeine‹ Haltung eben bloß eine zu pädagogischen Zwecken angenommene Attitüde darstellt, hinter der sich ein Sprecher verbirgt, der sehr wohl Anteil an dem angeredeten Du nimmt. Nur »scheinbar« übersieht er die Individualität seines Gegenübers, und auch das »mir« in der letzten Zeile – überflüssig, soweit es um die Haltung des Angesprochenen geht – signalisiert eine persönliche, gefühlsmäßige Bindung des lyrischen Ich an den Gesprächspartner.[17] Bereits jetzt kann man also festhalten, dass die These von der »Eliminierung des subjektiven Faktors«[18] in Brechts Gedichtensemble nicht zutrifft, da dieser Faktor keineswegs aufgehoben, sondern allenfalls hinter einer *Maske* nüchterner Objektivität versteckt wird. Darüber hinaus deutet sich hier ein grundlegender Widerspruch an, der für das gesamte *Lesebuch* konstitutiv ist. Der behaupteten Kälte der modernen Existenz, die die einzelnen Menschen voneinander isoliert, steht der didaktische Impetus entgegen, der zwangsläufig ein Interesse an den Adressaten der Belehrung und die Überzeugung von der grundsätzlichen Möglichkeit gelingender Kommunikation voraussetzt.

So einleuchtend nun die Auffassung, dass man dieses Gedicht als Lektüreschlüssel für den ganzen Zyklus zu verstehen habe, zunächst wirken mag, so zweifelhaft zeigt sie sich bei näherer Prüfung; daraus ergibt sich zugleich die Notwendigkeit, die belehrenden Absichten des *Lesebuchs* differenzierter zu beurteilen. Die Sprechinstanzen und Konstellationen der Nummern 1 bis 9 sind zu komplex und uneinheitlich, als dass sie sich im Sprecher-Ich des abschließenden Gedichts zusammenfassen ließen – diese Texte kennen kein einheitliches lyrisches Subjekt, dem man dann das letzte Stück der Reihe als poetologische Reflexion seines bisher geübten Verfahrens zuschreiben könnte. Vergleichbares gilt für die Adressaten der lyrischen Rede. Mehrfach wird, wie im Schlussgedicht, unmittelbar ein Du angesprochen, bisweilen aber auch ein unbestimmtes Kollektiv (so in Nr. 8), während das vorletzte Gedicht lediglich vier »Aufforderungen« referiert, die »von verschiedener Seite zu verschiedenen Zeiten« an einen anonym bleibenden »Mann« (der vielleicht auch ein ›Jedermann‹ ist?) ergangen sein sollen. Schließlich treffen die Kennzeichnungen ›kalt‹, ›allgemein‹ und ›trocken‹ durchaus nicht auf alle zehn Texte zu, so wie auch nicht behauptet werden kann, dass hier überall der nüchternen »Wirklichkeit selber« das Wort erteilt würde.

Eine eingehende Betrachtung des Eröffnungsgedichts soll diese Behauptungen untermauern:

1

Trenne dich von deinen Kameraden auf dem Bahnhof
Gehe am Morgen in die Stadt mit zugeknöpfter Jacke
Suche dir Quartier und wenn dein Kamerad anklopft:
Öffne, o öffne die Tür nicht
Sondern
Verwisch die Spuren!

---

17 Vgl. Brady: *Aus einem Lesebuch für Städtebewohner*, S. 161.
18 Klaus Schuhmann: Der Lyriker Bertolt Brecht. 1913–1933. Berlin (Ost) 1964, S. 166.

Wenn du deinen Eltern begegnest in der Stadt Hamburg oder sonstwo
Gehe an ihnen fremd vorbei, biege um die Ecke, erkenne sie nicht
Zieh den Hut ins Gesicht, den sie dir schenkten
Zeige, o zeige dein Gesicht nicht
Sondern
Verwisch die Spuren!

Iß das Fleisch, das da ist! Spare nicht!
Gehe in jedes Haus, wenn es regnet, und setze dich auf jeden Stuhl, der da ist
Aber bleibe nicht sitzen! Und vergiß deinen Hut nicht!
Ich sage dir:
Verwisch die Spuren!

Was immer du sagst, sag es nicht zweimal
Findest du deinen Gedanken bei einem andern: verleugne ihn.
Wer seine Unterschrift nicht gegeben hat, wer kein Bild hinterließ
Wer nicht dabei war, wer nichts gesagt hat
Wie soll der zu fassen sein!
Verwisch die Spuren!

Sorge, wenn du zu sterben gedenkst
Daß kein Grabmal steht und verrät, wo du liegst
Mit einer deutlichen Schrift, die dich anzeigt
Und dem Jahr deines Todes, das dich überführt!
Noch einmal:
Verwisch die Spuren!

[Das wurde mir gesagt.]
(11, S. 157)

Seiner Stellung am Anfang des Zyklus entsprechend, thematisiert das Gedicht die Ankunft in der Stadt, die mit einer Lösung aller zwischenmenschlichen Beziehungen einhergeht: »Trenne dich von deinen Kameraden auf dem Bahnhof«; selbst die eigenen Eltern sollte man besser nicht mehr kennen. So wird der Adressat dieser Belehrungen aufgefordert, sämtliche sozialen und moralischen Bindungen abzustreifen und sich in ein monadisches Ich zu verwandeln, das im großstädtischen Lebensraum flexibel operieren kann, weil es keine individuellen Merkmale mehr aufweist, mit deren Hilfe es zu »fassen« wäre – sei es im physischen Sinne oder mit den Kategorien des Denkens. Ob es sich um das Gesicht, um einen Gedanken, um Unterschrift, Bild oder Grabstein handelt: was immer einen Menschen als unverwechselbaren Einzelnen kennzeichnet, soll abgelegt, verhüllt oder vermieden werden. Deshalb hat ein solches Ich auch keine Geschichte mehr. Fällt auf der einen Seite mit dem Bezug zu den Eltern die Vergangenheit weg, so auf der anderen jede Berechnung für die Zukunft (»Spare nicht!«). Übrig bleibt allein die strikte Beschränkung auf den gegebenen Augenblick, den es im eigenen Interesse zu nutzen gilt.

Das hier entworfene Programm einer radikalen Entindividualisierung, einer Tilgung der Persönlichkeit korrespondiert gewissen Zügen des Lebens in der Stadt, die Brecht damals auch in anderen Gedichten gestaltet hat. Die Flüchtigkeit der Existenz des Einzelnen und seine beliebige Auswechselbarkeit, die immer wieder durch den Verlust des Gesichts illustriert werden, begegnen ebenso in *Über die Städte 2*:

Etliche ziehen fort, eine halbe Straße
Hinter ihnen werden die Tapeten geweißnet
Niemals sieht man sie wieder, sie essen
Ein andres Brot, ihre Frauen liegen
Unter anderen Männern mit gleichem Ächzen
An frischen Morgenden hängen
Aus den gleichen Fenstern Gesichter und Wäsche
Wie ehedem
(13, S.363)

Und in *Oft in der Nacht träume ich* (13, S.368f.) schildert das lyrische Ich die wiederkehrende Vision seines ebenso restlosen wie unbemerkten Verschwindens aus der vertrauten Umgebung: »Kurz, es ist alles bereit, mein / Trauriges Gesicht / Zum Erblassen zu bringen«.

Ist das erste Gedicht aus dem *Lesebuch für Städtebewohner* nun tatsächlich eine Lektion in der Kunst, sich den unabänderlichen Bedingungen des modernen Lebens anzupassen und den Verlust der individuellen Physiognomie bewusst zu bewerkstelligen, um sich in der völligen Anonymität desto freier bewegen zu können? Redet hier also jemand »[k]alt und allgemein / Mit den trockensten Wörtern« wie »die Wirklichkeit selber«? Immerhin verwendet das Gedicht eine klare, prosanahe Sprache, die auf kühne Metaphern und gesuchte Bilder verzichtet, während andere Großstadtlyriker, wie erwähnt, häufig bemüht sind, durch avantgardistische sprachliche und formale Mittel die fragmentierte Wahrnehmung der urbanen Lebensrealität nachzubilden. Von unpoetischer Nüchternheit kann man bei Brecht aber trotzdem nicht sprechen. In Wendungen wie »Öffne, o öffne die Tür nicht« oder »Zeige, o zeige dein Gesicht nicht« sowie in dem leitmotivisch wiederholten Appell »Verwisch die Spuren!« steigert sich die Diktion seiner Verse zu einem beschwörenden Raunen, das zu den im Schlussgedicht des Zyklus formulierten Bestimmungen ganz und gar nicht passen will, und auch der massive Einsatz anderer rhetorischer Mittel, beispielsweise des Parallelismus, zeugt von einer höchst artifiziellen Durchformung des nur scheinbar simplen Sprachmaterials. Überdies sind manche der empfohlenen Verhaltensregeln geradezu abwegig. So lässt sich die Maxime, noch im Tod auf Unkenntlichkeit bedacht zu sein, schwerlich rational rechtfertigen, zumal sie unterstellt, dass der bis zum Äußersten disziplinierte Städtebewohner sogar den Zeitpunkt seines Ablebens nach Gutdünken bestimmen kann (»Sorge, wenn du zu sterben gedenkst ...«).

Das Gedicht präsentiert also keine kühle, realitätsgerechte Verhaltenslehre, sondern entwirft vielmehr eine totale Preisgabe menschlicher Individualität, die sich in ihrer grotesken Zuspitzung selbst ad absurdum führt. Der vom übrigen Text durch Leerzeile und Klammern abgesetzte Schlussvers sollte dann vollends ausschließen, dass der Leser die vorangegangenen Mahnungen zu einem ›spurlosen‹ Dasein ohne Bindungen oder Verantwortung, ohne Vergangenheit und Zukunft unkritisch annimmt, denn er schafft mit einem Schlage eine erhebliche Distanz zu ihnen, indem er sie als Zitat aus anonymer Quelle ausweist, das der Sprecher lediglich weitergibt. Die Bannkraft der Beschwörung wird damit abrupt gebrochen und das skizzierte Verhaltensmuster dem skeptischen Nachdenken überliefert. Dieses Schema wiederholt sich mit derselben Wirkung in den folgenden fünf Texten des *Lesebuchs*, deren Schlusszeilen lauten: »[Das hast du schon sagen hören.]« – »[So sprechen wir mit unsern Vätern.]« – »[So habe ich Leute sich anstrengen sehen.]« – »[Das habe ich eine Frau sagen hören.]« – »[Das habe ich schon Leute sagen hören.]«. Zumindest in dieser Partie des Zyklus dominiert demnach nicht der Gestus der Belehrung, sondern der des Zeigens in Form des Zitierens. Statt dem Rezipienten eine bestimmte Haltung zu empfehlen oder gar aufzudrängen, stellen die Gedichte jeweils eine solche Haltung der Städtebewohner förmlich zur Besichtigung aus. Was der Leser damit anfängt, bleibt ihm überlassen.[19]

So ist beispielsweise das dritte Gedicht nicht etwa als Aufforderung zur Aggression gegen die Väterwelt oder gar zum Vatermord zu lesen. Es dokumentiert vielmehr schlicht das *Vorhandensein* solcher Aggressionen, die sich nahtlos in das Bild einer modernen Menschheit einfügen, zu deren hervorstechenden Merkmalen im *Lesebuch* ihre Loslösung von geschichtlich gewordenen, durch Tradition geheiligten Bindungen gehört: »Wir wissen nicht, was kommt, und haben nichts Besseres / Aber dich wollen wir nicht mehr« (11, S.159). Indem der Text diese Reden wieder als Zitat markiert, öffnet er einen Raum der Reflexion über den sonst scheinbar selbstverständlichen Umgang mit den »Vätern«, ohne aber Richtung oder Ergebnis dieser Reflexion vorzuschreiben.[20]

Ein ausgezeichnetes Beispiel für die Komplexität der perspektivischen Gestaltung im *Lesebuch für Städtebewohner* bietet das vierte Gedicht:

4

Ich weiß, was ich brauche.
Ich sehe einfach in den Spiegel
Und sehe, ich muß
Mehr schlafen; der Mann
Den ich habe, schädigt mich.

Wenn ich mich singen höre, sage ich:
Heute bin ich lustig; das ist gut für
Den Teint.

Ich gebe mir Mühe
Frisch zu bleiben und hart, aber
Ich werde mich nicht anstrengen; das
Gibt Falten.

Ich habe nichts zum Verschenken, aber
Ich reiche aus mit meiner Ration.
Ich esse vorsichtig; ich lebe
Langsam; ich bin
Für das Mittlere.

[So habe ich Leute sich anstrengen sehen.]
(11, S.160)

---

19 Vgl. dazu auch die Überlegungen von David Midgley: The poet in Berlin: Brecht's city poetry of the 1920s. In: Empedocles' Shoe. Essays on Brecht's poetry. Hrsg. von Tom Kuhn und Karen J. Leeder. London 2002, S.91–106, 262f., hier S.98f.
20 Das Motiv des Generationenkonflikts erinnert an die zahlreichen expressionistischen Dramen, die Auseinandersetzungen zwischen Vätern und Söhnen gestalten. Im Erstdruck, der am 5. Dezember 1926 im *Berliner Börsen-Courier* erfolgte, trugen die Verse übrigens noch den Titel *An Chronos* (vgl. 11, S.353). Brecht vermischt hier augenscheinlich, wie es schon seit dem Altertum häufig geschah, Chronos, den Gott der Zeit, mit dem gewaltigen, von Zeus gestürzten Vatergott Kronos. Aber diese Überblendung, sei sie nun bewusst vorgenommen oder nicht, ist im Gedichtkontext sinnvoll, da die Väter ja für die Macht der Geschichte und des Herkommens stehen, gegen die sich die jüngere Generation auflehnt.

Zitiert wird der Monolog einer Frau, die sich ihres persönlichen Habitus vergewissert und dabei zu erkennen gibt, dass sie die »Verhaltenslehren der Kälte« (Lethen) voll und ganz verinnerlicht hat. Deren Sinnbild ist der Blick in den Spiegel, der sich nicht etwa der Eitelkeit, sondern dem Bedürfnis nach Kontrolle verdankt. Weil er eine distanzierte Selbsteinschätzung aus der Außenperspektive gestattet, erlaubt er es der Sprecherin, Maßnahmen zu ergreifen, die ihre gesellschaftlichen Chancen verbessern, ihren ›Marktwert‹ in der Welt der Städte erhöhen. Zugleich wird die Betrachtung im Spiegel zum Symbol einer Selbstentfremdung, einer inneren Spaltung, die aus der strikt rational kalkulierenden Einstellung zur eigenen Person erwächst. »Wenn ich mich singen höre, sage ich: / Heute bin ich lustig; das ist gut für / Den Teint« – die augenblickliche Stimmung wird nicht als solche ausgekostet, sondern auf ihren Nutzen taxiert. Vorsicht, Mäßigung, Disziplin und vor allem unablässige Selbstbeobachtung bilden die Grundlagen für eine strenge Formung des Ich, ohne die ein Erfolg im modernen Existenzkampf ausgeschlossen zu sein scheint. Kühle Nützlichkeitserwägungen bestimmen folgerichtig ebenso das Urteil über die nächsten Mitmenschen: »der Mann / Den ich habe, schädigt mich.«

Ob hier von einem Ehemann oder von dem ›Freier‹ oder Zuhälter einer Prostituierten die Rede ist, lässt sich nicht entscheiden und kann auch ohne weiteres offen bleiben[21], da die Anspielungen auf Prostitution, die im unmittelbar folgenden Gedicht sogar noch zahlreicher sind, weniger auf den Beruf der Sprecherinnen als auf die Eigenart aller sozialen Beziehungen in der Welt der Städtebewohner hindeuten: Der Zwang zum Selbstverkauf – und damit zur Überwachung und Steigerung des eigenen Marktwerts – kennzeichnet für Brecht die moderne Gesellschaft im Allgemeinen. Doch beabsichtigt auch das vierte Gedicht keineswegs, dem Leser (oder der Leserin) die vorgeführte Haltung zur bedingungslosen Nachahmung zu empfehlen. Wieder ist es die separierte Schlusszeile, die durch den Aufweis des Zitatcharakters Distanz schafft und das Vorangegangene zudem auf subtile Weise relativiert. Wird nämlich das Bemühen der Frau um Maßhalten und ›Nicht-Anstrengung‹ selbst als Anstrengung entlarvt, ist damit ihre Strategie von Grund auf in Frage gestellt.

Vom Daseinskampf in der modernen Gesellschaft, vom »Rennen«, das man durchhalten muss (11, S.163), sprechen auch die Gedichte 6 bis 8. Lebensgier ist zwar eine Hauptantriebskraft der Städtebewohner, aber der Drang zur individuellen Selbstbehauptung kollidiert mit den Gesetzen einer Welt, die keine persönliche Entfaltung zulässt. Wer also »noch einige Beefsteaks essen« will, bevor es mit ihm aus ist, tut gut daran, sich den Verhältnissen geschmeidig anzupassen: »In einem Tank kommen Sie nicht durch ein Kanalgitter: / Sie müssen schon aussteigen« (11, S.162). Das ›Durchkommen‹ ist die pragmatische Maxime, die insbesondere der Text Nr. 7 verkündet und der alle anderen Rücksichten untergeordnet werden müssen. Eine isolierte Schlusszeile, wie wir sie aus den ersten sechs Gedichten kennen, fehlt hier wie auch bei den noch folgenden Nummern, doch dürfte der bis zu diesem Punkt vorgedrungene Leser ohnehin schon davon abgekommen sein, alles, was ihm im *Lesebuch* begegnet, gleich als verbindliche Verhaltensvorschrift aufzufassen. Das achte Gedicht setzt mit einem

---

21 Bürgerliche Ehefrau und Prostituierte unterscheiden sich in Brechts Augen ohnehin nur graduell voneinander, denn beide verkaufen sich an Männer. Vgl. dazu das Kapitel 5 »Von Kranichen und Huren: Gedichte über Liebe und Sexualität«.

intertextuellen Signal ein, das die Welt der Städte buchstäblich als Hölle charakterisiert, denn in dem Appell »Laßt eure Träume fahren« klingt die Aufforderung nach, alle Hoffnung fahren zu lassen, die in Dantes *Commedia* über dem Tor zur infernalischen Unterwelt zu lesen ist. Die lyrische Rede wendet sich in diesem Fall offenbar an Neulinge unter den Städtebewohnern, die noch nicht begriffen haben, woher der Wind weht, und zerstört einmal mehr die illusorischen Vorstellungen von autonomer Individualität und persönlicher Geltung in jener ›vollen Welt‹, von der das Gedicht Nr. 2 sprach: »Die Esser sind vollzählig / Was hier gebraucht wird, ist Hackfleisch« (11, S. 164). Außerhalb des *Lesebuchs* hat dieses Gedicht übrigens ein Pendant, das in ironischer Form gerade solche Illusionen ausmalt:

> Die Städte sind für dich gebaut. Sie erwarten dich freudig.
> Die Türen der Häuser sind weit geöffnet. Das Essen
> Steht schon auf dem Tisch.
>
> [...]
>
> Da man eure Wünsche nicht genauer kannte
> Erwartet man natürlich noch eure Verbesserungsvorschläge.
> Hier und dort
> Ist etwas vielleicht noch nicht ganz nach eurem Geschmack
> Aber das wird schleunigst geändert
> Ohne daß ihr euch einen Fuß ausreißen müßt.
>
> Kurz: ihr kommt
> In die besten Hände. Alles ist seit langem vorbereitet. Ihr
> Braucht nur zu kommen.
> (13, S. 363 f.)

Wiederum einem ganz anderen Muster folgt das neunte Gedicht, das die Stationen eines sozialen Abstiegs nachzeichnet (ohne Gründe für diesen Abstieg anzugeben) und dabei vier Variationen des Gestus ›Einladung zum Bleiben‹ durchspielt, die sich jeweils einer eigenen gesellschaftlichen Sphäre – vom Großbürgertum über das Handwerkermilieu und das Proletariat bis hin zur Prostituierten – zuordnen lassen. Auf diese Weise demonstriert der Text sinnfällig, wie die konkreten materiellen Verhältnisse die eigentümliche Gestalt zwischenmenschlicher Beziehungen mitbestimmen. Im Kontrast zu Nr. 8 fällt allerdings auf, dass sämtliche Sprecher dem Adressaten zumindest ein gewisses Maß an freundlicher Zuwendung entgegenbringen. Kälte, Allgemeinheit und Trockenheit können demnach tatsächlich nicht als generelle Merkmale des *Lesebuchs für Städtebewohner* gelten, so wie auch die Städte selbst nicht immer und überall als pure Hölle der Unmenschlichkeit erscheinen.

Brechts Zyklus ist, wie sich gezeigt hat, von einer außergewöhnlichen perspektivischen Vielfalt und Offenheit geprägt und lässt sich nicht einfach als eine Reihe lyrischer »Einübungen in Anonymität und Einverständnis mit Anonymität«[22] beschreiben. Statt handliche Anweisungen für Städtebewohner zu formulieren, versorgt das *Lesebuch* seine Rezipienten mit Materialien für das Studium typischer Verhaltensweisen und Anschauungen, die es der distanzierten Begutachtung überantwortet. Anhand dieses Materials mag der Leser einiges über die Realität der Städte lernen – dass er sich ihr und ihren

---

22 So Rischbieter: Zum *Lesebuch für Städtebewohner*, S. 198.

Regeln bedingungslos unterwerfen soll, sagen die Gedichte nicht. Sie fordern weder zur Anpassung noch zu Kritik und Widerstand auf, sondern stellen Haltungen des modernen Menschen aus, um deren reflektierende Durchdringung möglich zu machen. Bemerkenswerterweise thematisieren sie den Klassenkampf gar nicht und den Kapitalismus zumindest nicht direkt, wie bereits Klaus Schuhmann mit vorwurfsvollem Unterton festgestellt hat: Brecht »unterschlägt die Existenz der Arbeiterklasse und läßt sie nicht auf dem ›Kampfplatz‹ der Großstadt erscheinen.«[23] Nicht einmal andeutungsweise sprechen die Texte davon, dass der isolierte Einzelne den Zwängen der modernen Lebenswirklichkeit entkommen könnte, indem er mit einem proletarischen Kollektiv verschmilzt, das zur revolutionären Veränderung dieser Wirklichkeit berufen ist.

In späteren Jahren akzentuierten Brechts poetische Reflexionen über die Großstadt dagegen in zunehmendem Maße die marxistische Perspektive, womit die ambivalente Faszination, die anfangs von diesem Sujet ausgegangen war, endgültig einer sozialkritisch geprägten Sichtweise Platz machte. Die menschliche Entindividualisierung fasste der Autor nun ebenso wie die Atmosphäre der Kälte als genuines Kennzeichen einer kapitalistischen Gesellschaftsordnung auf.[24] 1934 nennt das Gedicht *Untergang der Städte Sodom und Gomorra* die Städte der bürgerlich-kapitalistischen Welt mit ausdrücklichem Bezug auf London und Berlin schlichtweg »unbewohnbar« (14, S.247)[25], und *Gezeichnete Geschlechter* aus dem Jahre 1943 lässt keinen Zweifel daran, dass es die Ausgebeuteten und Unterdrückten sind, die in den modernen Metropolen ein menschenunwürdiges Leben führen müssen, das sich selbst unter dem Bombenterror des Weltkriegs kaum noch schlimmer gestalten kann:

> Lange bevor über uns die Bomber erschienen
> Waren unsere Städte schon
> Unbewohnbar. Den Unrat
> Schwemmte uns keine
> Kanalisation aus.
> [...]
> (15, S.97)

Waren solche Zustände aber erst einmal als historisch gewordene und von Menschen geschaffene begriffen, so ergab sich der nächste Schritt für Brecht von selbst: Eine Hauptaufgabe des Sozialismus erblickte er darin, die großen Städte endlich bewohnbar zu machen. 1949, nach seiner Rückkehr in das vom Krieg verwüstete Berlin, notierte er folgende Verse:

> Die Herrschenden
>
> Und's kommt ein Tag, da sieht man diese nicht mehr hier
> Dann wird die Stadt am End bewohnbar sein
> Und wär sie auch nur noch des Schnees und Winds Quartier
> Ein Haufen kalter Asch und blutiger Stein.
> (15, S.203)

---

23 Schuhmann: Der Lyriker Bertolt Brecht, S.165.
24 Die Umdeutung der existentiellen Kälte der Welt in eine soziale Kälte wird das folgende Kapitel näher erörtern.
25 Zweifel an der Bewohnbarkeit der »großen Städte« deutet allerdings bereits eine Schrift aus dem Jahr 1926 an (21, S.176).

Mehr über seine diesbezüglichen Erwartungen und ihre Reflexe im lyrischen Werk wird später in anderem Zusammenhang zu sagen sein. Vorgreifend sei jedoch zum Abschluss dieses Kapitels ein Gedicht aus den *Buckower Elegien* von 1953 angeführt, dessen resignative Haltung bereits ahnen lässt, dass auch die sozialistische DDR Brechts Hoffnungen nicht zu erfüllen vermochte:

Große Zeit, vertan

Ich habe gewußt, daß Städte gebaut wurden
Ich bin nicht hingefahren.
Das gehört in die Statistik, dachte ich
Nicht in die Geschichte.

Was sind schon Städte, gebaut
Ohne die Weisheit des Volkes?
(12, S. 311)

Kapitel 7
Brecht und der Sozialismus

Von der Freundlichkeit der Welt

1
Auf die Erde voller kaltem Wind
Kamt ihr alle als ein nacktes Kind
Frierend lagt ihr ohne alle Hab
Als ein Weib euch eine Windel gab.

2
Keiner schrie euch, ihr wart nicht begehrt
Und man holte euch nicht im Gefährt.
Hier auf Erden wart ihr unbekannt
Als ein Mann euch einst nahm an der Hand.

3
Und die Welt, die ist euch gar nichts schuld:
Keiner hält euch, wenn ihr gehen wollt.
Vielen, Kinder, wart ihr vielleicht gleich.
Viele aber weinten über euch.

4
Von der Erde voller kaltem Wind
Geht ihr all bedeckt mit Schorf und Grind.
Fast ein jeder hat die Welt geliebt
Wenn man ihm zwei Hände Erde gibt.
(11, S.68)

Unschwer findet man in diesen Strophen, die 1921 entstanden und später in *Bertolt Brechts Hauspostille* aufgenommen wurden, zentrale Elemente und poetische Strategien aus anderen frühen Gedichten des Autors wieder.[1] Zu nennen sind auf der Motivebene der Wind und die Kälte, darüber hinaus die altertümlich angehauchte Diktion, der nüchterne, apodiktische Redegestus und der Anspruch auf Allgemeingültigkeit, der sich in Begriffen wie »Erde« und »Welt« ebenso manifestiert wie in der Anrede an ein anonymes Publikum, das hier offenbar die ganze Menschheit umfasst.

Ähnlich wie das berühmte Gedicht *Der Mensch* von Matthias Claudius beanspruchen Brechts Verse, das Leben an sich zu schildern, reduziert auf das Wesentliche und ohne jede Ausschmückung oder Beschönigung. Ausgespannt zwischen Geburt und Tod, spielt sich dieses Leben auf einer »Erde voller kaltem Wind« ab; von einem Jenseits ist nicht die Rede. Die hochgradig typisierende Darstellung beschränkt sich auf wenige exemplarische Stationen, Figuren und Vorgänge und verzichtet darauf, den skizzierten Erdenweg historisch oder gesellschaftlich zu konkretisieren – jeder Mensch zu jeder Zeit soll sich in diesem Entwurf wiedererkennen können. So hat man denn

---

1 Vgl. das Kapitel 13 »Gott ist tot: Von einer Welt ohne Transzendenz«, insbesondere die Analysen von *Großer Dankchoral* und *Gegen Verführung*.

auch die Wendung »Und man holte euch nicht im Gefährt« wohl kaum als Hinweis auf eine bestimmte benachteiligte Gruppe zu verstehen, von der eine andere, vornehmere und in der »Welt« besser aufgenommene zu unterscheiden wäre. Angesichts der Tatsache, dass *alle* Menschen in die irdische Existenz ›geworfen‹ sind, verblassen soziale Unterschiede zur Bedeutungslosigkeit.

Der »kalte Wind«, das Leitmotiv der beiden Rahmenstrophen, versinnbildlicht das Ausgesetztsein und die Isolation des Einzelnen, seine Unbehaustheit »auf Erden«. Dennoch ist der Titel des Gedichts vermutlich nicht ironisch gemeint. Die vier Strophen führen illusionslos jenes äußerst bescheidene Maß an »Freundlichkeit« vor, das die menschliche Lebenssphäre – die »Welt« der Gesellschaft – eben zu bieten hat, und skizzieren damit, wie es Walter Benjamin ausdrückt, ein realistisches »Minimalprogramm der Humanität«.[2] Freundlichkeit kommt hier weder in Gefühlen noch in Reden zum Ausdruck, sondern in äußerst knappen Gesten, die eine rudimentäre zwischenmenschliche Zuwendung andeuten und allesamt eine archaisch anmutende Einfachheit aufweisen: »Als ein Weib euch eine Windel gab«; »Als ein Mann euch einst nahm an der Hand«; »Viele aber weinten über euch«. Indem das Gedicht »keine als modern kenntlichen Handlungen« nennt, verstärkt es die Suggestion des Ahistorischen, Überzeitlichen.[3] Und nicht zufällig bleiben die Subjekte der bescheidenen Wohltaten anonym, denn Begriffe wie ›Mutter‹ und ›Vater‹ hätten schon Assoziationen an emotionale Wärme und familiäre Geborgenheit wecken können, die das Gedicht gerade zu vermeiden bestrebt ist. Auch die Liebe, die »[f]ast ein jeder« zeitlebens der so wenig liebevollen Welt entgegenbringt, darf nicht überbewertet werden: Man liebt sie, weil man nichts anderes und nichts besseres hat.

Der dürren Lehre, die das Gedicht mit autoritärem Anspruch vorträgt, entspricht die kunstvolle Kargheit seiner ästhetischen Mittel. Jede Strophe gliedert sich, analog zum Schema des Paarreims, in zwei Abschnitte zu zwei Versen, die meist auch jeweils eine syntaktische Einheit bilden. Auffallende Enjambements, die den Bau des Ganzen auflockern und die Strenge des Zeilenstils mildern könnten, fehlen ganz. Der trochäische Versgang erweckt in Verbindung mit den durchweg männlichen Kadenzen den »Eindruck einer harten, lapidaren Regelmäßigkeit«[4], vor der es kein Entrinnen gibt, zumal er mitunter, etwa in der letzten Zeile der zweiten Strophe, in eine merkliche Spannung zur natürlichen Betonung gerät, wodurch der Zwangscharakter des Metrums noch deutlicher hervortritt. Zur Schroffheit des lyrischen Tons trägt schließlich auch die Tatsache bei, dass das Gedicht mit zwei Ausnahmen – »Freundlichkeit« und »unbekannt« – nur ein- oder zweisilbige Wörter enthält.

Von der Freundlichkeit der Welt lässt keinen Ausweg aus der geschilderten Situation des Menschen, keine Alternativen zu und duldet keinen Widerspruch. Weil die Sprechinstanz vollkommen hinter der kühlen Allgemeinheit ihrer Rede zurücktritt, bietet

---

2 Walter Benjamin: Kommentare zu Gedichten von Brecht. In: ders.: Gesammelte Schriften. Bd. II.2. Hrsg. von Rolf Tiedemann und Hermann Schweppenhäuser. Frankfurt a.M. 1977, S. 539–572, hier S. 572.
3 Carl Pietzcker: Die Lyrik des jungen Brecht. Vom anarchischen Nihilismus zum Marxismus. Frankfurt a.M. 1974, S. 36.
4 Hans-Georg Werner: Gestische Lyrik. Zum Zusammenhang von Wirkungsabsicht und literarischer Technik in Gedichten Bertolt Brechts. In: Etudes Germaniques 28 (1973), S. 482–502, hier S. 492.

sich dem Leser nicht der geringste Ansatzpunkt, die Behauptungen des Textes als subjektive Meinungsäußerungen zu relativieren und in Frage zu stellen. Man könnte zunächst meinen, die abgeklärte Lebensweisheit eines gereiften Mannes zu hören, der die »Kinder«, die sich noch in Illusionen wiegen mögen, über die triste, kalte Wirklichkeit belehrt, oder einen Prediger, der seine Gemeinde unterweist, aber bei näherem Hinsehen fragt es sich, ob hier überhaupt eine menschliche Stimme zu Wort kommt, da ja durchgängig von »ihr« und »euch« statt von »wir« und »uns« geredet wird: Der Sprecher selbst teilt die von ihm offenbarte ›conditio humana‹ augenscheinlich nicht! So bleibt die Gewährsperson der lyrischen Diagnose im Text gänzlich ungreifbar – und damit, wie es scheint, auch un*an*greifbar.

Trotzdem wurde Jahrzehnte später ein kritischer Kommentar zu dem Gedicht *Von der Freundlichkeit der Welt* formuliert, und sein Urheber war kein anderer als der Dichter selbst. 1956, in seinem Todesjahr, verfasste Brecht, während er eine Neuausgabe der *Hauspostille* vorbereitete, folgendes *Gegenlied* zu seinen alten Strophen:

> Soll das heißen, daß wir uns bescheiden
> Und »so ist es und so bleib es« sagen sollen?
> Und die Becher sehend, lieber Dürste leiden
> Nach den leeren greifen sollen, nicht den vollen?
>
> Soll das heißen, daß wir draußen bleiben
> Ungeladen in der Kälte sitzen müssen
> Weil da große Herrn geruhn, uns vorzuschreiben
> Was da zukommt uns an Leiden und Genüssen?
>
> Besser scheint's uns doch, aufzubegehren
> Und auf keine kleinste Freude zu verzichten
> Und die Leidenstifter kräftig abzuwehren
> Und die Welt uns endlich häuslich einzurichten!
> (15, S. 296)

Entgegen den Erwartungen, die der Titel weckt, wird hier kein schlichter Widerruf ausgesprochen. Die Verse kreisen vielmehr um die Frage nach der richtigen Interpretation des früheren Gedichts und nach den Folgerungen, die daraus zu ziehen sind. Allerdings protestiert das Sprecher-Kollektiv von Anfang an in trotzig-rebellischem Ton gegen eine durchaus nahe liegende Deutung der Strophen *Von der Freundlichkeit der Welt*, wenn es den Gedanken, dass die Menschen sich ein für allemal mit der Kälte und der spärlichen Freundlichkeit des Daseins abfinden sollten, empört zurückweist. Einer solchen fatalistischen Ergebung in das (scheinbar) Unvermeidliche wird der Appell zum Aufbegehren, zur tatkräftigen Abwehr der »Leidenstifter« und zu einer neuen ›Einrichtung‹ der Welt, die ihren Bewohnern künftig »endlich« ein wahres Zuhause bieten soll, entgegengesetzt. Damit bringt das *Gegenlied* eine Idee ins Spiel, die seinem Bezugstext noch völlig fremd war: Die Gegebenheiten auf der »Erde voller kaltem Wind« sind nicht ein für allemal festgelegt; sie können sich wandeln, ja, sie können durch tätiges menschliches Eingreifen zielstrebig verändert werden.

Der Übergang von der skeptisch-fatalistischen Diagnose zum Aufruf, der zur Veränderung drängt, wird also möglich, weil das *Gegenlied* den in dem älteren Gedicht geschilderten Zustand – um einen Terminus der Brecht'schen Theatertheorie aufzunehmen – *historisiert* und ihm damit die gefährliche Aura des Unabänderlichen nimmt, die jedes eingreifende Handeln blockiert. Was 1921 noch als Verfassung des

Menschseins schlechthin erschien, wird nun als Produkt spezifischer Strukturen und Verhältnisse durchschaubar gemacht: Mit dem Sprecher-Kollektiv auf der einen und den »großen Herrn« auf der anderen Seite treten zwei klar voneinander geschiedene gesellschaftliche Gruppen an die Stelle jener weder historisch noch sozial differenzierten Menschheit, die in *Von der Freundlichkeit der Welt* als Adressatin der poetischen Rede fungiert. Zugleich verwandelt sich die »Kälte« von einem zeitlosen Wesensmerkmal der menschlichen Existenz in ein sehr konkretes Phänomen sozialer Ungerechtigkeit, unter dem diejenigen zu leiden haben, die »draußen bleiben« müssen, weil die Mächtigen und Besitzenden sie vom Genuss aller Freuden des Lebens ausschließen.[5] Von Geburt und Tod ist in dem späteren Werk dagegen gar nicht mehr die Rede. An der Begrenztheit des Daseins als solcher lässt sich nicht rütteln, da sie tatsächlich keine historische Variable darstellt – und für solche Phänomene interessieren sich diese Verse nicht: »Keinen Gedanken verschwendet an / Das Unänderbare!«, lautet eine zentrale Maxime des Marxisten Brecht (14, S.154).

In den »großen Herrn« darf man jene »Leidenstifter« sehen, die es »kräftig abzuwehren« gilt: Mit den Verantwortlichen für die Not der Unterdrückten kommen die Gegner in den Blick, gegen die sich deren Erhebung richten soll. Ins Zwielicht gerät unter dieser Perspektive schließlich auch der Sprecher des älteren Gedichts, dessen Lehre jetzt nicht mehr als nüchterne, objektive Bestandsaufnahme, sondern als ideologische Täuschung im Dienste der Herrschenden erscheinen muss. Indem er die in einer bestimmten gesellschaftlichen Machtverteilung begründeten ›kalten‹ Zustände als unabänderliche, schicksalhaft verhängte ausgibt und sie so der Kritik des Lesers zu entziehen sucht, verfährt er, wie der Marxist Brecht gesagt hätte, höchst undialektisch. Folgerichtig weist das *Gegenlied* eine andere Sprechinstanz und einen ganz andersartigen Redegestus auf. Das Aufbegehren der Leidenden beginnt schon damit, dass sie jetzt selbst das Wort ergreifen und mit ihren aggressiven Fragen die in *Von der Freundlichkeit der Welt* präsentierte Diagnose einer kritischen Prüfung unterziehen; ein parteilich-engagierter Duktus ersetzt den predigerhaft-distanzierten Stil. Die Artikulation in einer eigenen Sprache, die gedankliche Durchdringung und Klärung der Lage und der Entschluss zum kämpferischen Handeln bilden drei unterschiedliche, aber eng aufeinander bezogene Aspekte ein und desselben Emanzipationsprozesses.[6]

Gerade weil die Strophen von 1956 weder subtile weltanschauliche Detailfragen noch parteipolitische Maximen erörtern und nur in sehr allgemeinen poetischen Bildern von Unterdrückung, Leid und Aufbegehren sprechen, lassen sie die Grundüberzeugung, die seit dem Ausgang der zwanziger Jahre Brechts Bekenntnis zum Marxismus motivierte und ihm seine spezifischen Konturen verlieh, besonders scharf

---

[5] Kälte als *soziale* Kälte ist auch in vielen anderen Gedichten aus der Zeit nach Brechts marxistischer Wende anzutreffen, beispielsweise in »*O du Falada, da du hangest ...*«: »Was für eine Kälte / Muß über die Leute gekommen sein! / Wer schlägt da so auf sie ein, daß sie jetzt / So durch und durch erkaltet?« (14, S.144). In *Die heilige Johanna der Schlachthöfe* dient die Winterkälte als große Metapher für die unmenschlichen Zustände in der kapitalistischen Welt. Brecht notierte dazu lapidar: »der Schneefall ist eine soziale Erscheinung« (27, S.70).

[6] Vgl. zu *Von der Freundlichkeit der Welt* und *Gegenlied* generell auch das einschlägige Kapitel bei Pietzcker: Die Lyrik des jungen Brecht, S.31–75, das in der Gegenüberstellung dieser beiden Gedichte Brechts »Weg von ontologisierender Situationserhellung zu dialektischer Situationsüberwindung« nachzeichnet (S.32).

hervortreten. Danach kann und muss die nun als bürgerlich-kapitalistisch definierte bestehende gesellschaftliche Ordnung mit ihren eigentümlichen Herrschafts- und Abhängigkeitsverhältnissen durch aktives menschliches Tun umgestaltet werden, damit für alle – und zumal für die bislang von den »großen Herrn« Unterdrückten – ein echter, sinnenfroher Lebensgenuss in einer »häuslich« eingerichteten Welt möglich wird. Im Marxismus glaubte Brecht eine wissenschaftlich fundierte Lehre gefunden zu haben, die den Weg zu einer solchen Umgestaltung wies und sich deshalb als Leitlinie des praktischen politischen Handelns anbot. Zudem verdeutlicht das *Gegenlied* als Rollengedicht, welche Aufgabe Brecht der Kunst und mithin seinem eigenen Schaffen in diesem Zusammenhang zuwies. Die Verse formulieren modellhaft eine Haltung, die sich die Rezipienten, sofern sie selbst zu den Ausgebeuteten der Gesellschaft gehören, im eigenen Interesse aneignen sollten, und zielen folglich darauf ab, den von ihnen gestalteten Vorgang der Bewusstwerdung und Emanzipation auch bei ihren Lesern in Gang zu setzen. Der literarische Text will Impulse für die soziale Praxis geben und gesellschaftliche Veränderungen anstoßen.

Das *Gegenlied* ist nicht der einzige poetische Selbstkommentar des Autors zu einem seiner früheren Werke.[7] Der *Schlußchoral* der *Dreigroschenoper*, der ebenfalls das Motiv der Kälte aufgreift, lautete ursprünglich:

> Verfolgt das Unrecht nicht zu sehr. In Bälde
> Erfriert es schon von selbst, denn es ist kalt.
> Bedenkt das Dunkel und die große Kälte
> In diesem Tale, das von Jammer schallt.
> (11, S.149)

Später empfand Brecht diese Zeilen offenbar als korrekturbedürftig, weshalb er nach dem Krieg eine neue Fassung mit dem Titel *Schlußgesang* schrieb. Er änderte den Anfang in »Verfolgt das kleine Unrecht nicht zu sehr« und fügte überdies folgende Strophe hinzu:

> Zieht gen die großen Räuber jetzt zu Felde
> Und fällt sie allesamt und fällt sie bald:
> Von ihnen rührt das Dunkel und die Kälte
> Sie machen, daß dies Tal von Jammer schallt.
> (11, S.153)

Die Welt ist also nicht per se ein Jammertal, wie das Christentum lehrt, sie wird nur durch die »großen Räuber«, die Ausbeuter und Unterdrücker, zu einem solchen gemacht. Sind die Schuldigen einmal erkannt, eröffnet sich die Möglichkeit, gegen sie »zu Felde« zu ziehen und damit den Kampf gegen das »Dunkel« und die »Kälte« aufzunehmen, die als von Menschen geschaffene Übel prinzipiell auch von Menschen beseitigt werden können.

Während sich etwa in dem Vergleich des Gedichts *Von der Freundlichkeit der Welt* mit dem *Gegenlied* die wesentlichen Implikationen von Brechts Übergang zum Marxismus

---

7 Zumindest erwähnt sei an dieser Stelle, dass das große Gedicht *An die Nachgeborenen*, das Brecht ans Ende der *Svendborger Gedichte* stellte, als Replik auf die Verse *Vom armen B.B.* gelesen werden kann, die das Schlussstück der *Hauspostille* bilden. Beide Werke nehmen eine Positionsbestimmung des Sprechers in seiner Zeit vor, die in das Gewand eines stilisierten autobiographischen Berichts gekleidet ist.

plastisch abzeichnen, gibt es andere lyrische Werke, die diesen Übergang unmittelbar thematisieren und begründen. So entstand vermutlich im Jahre 1926 *Diese babilonische Verwirrung der Wörter* (13, S.356–358), wo ein Ich, das dem Autor zumindest sehr nahe steht, von seinem Versuch berichtet, die »Geschichte eines Weizenhändlers in der Stadt Chicago« zu erzählen:

> [...] mitten im Vortrag
> Verließ mich meine Stimme in Eile
> Denn ich hatte
> Plötzlich erkannt: welche Mühe
> Es mich kosten würde, diese Geschichte
> Jenen zu erzählen, die noch nicht geboren sind
> Die aber geboren werden und in
> Ganz anderen Zeitläuften leben werden
> Und, die Glücklichen! gar nicht mehr
> Verstehen können, was ein Weizenhändler ist
> Von der Art, wie sie bei uns sind
> [...]

In Gedanken abschweifend, hört sich der Sprecher nun eifrig auf diese »ungeborenen Zuhörer« einreden, ohne ihnen aber die Verhältnisse in seiner Gegenwart begreiflich machen zu können. Sie entgegnen nämlich verständnislos:

> [...] uns scheint
> Es war ganz niedrig, was euch bewegte
> Ganz leicht änderbar, beinah von jedem
> Zu durchschauen als falsch, unmenschlich und einmalig
> [...]

In dem Schlüsselwort »änderbar« kommt erneut der Kerngedanke des Marxisten Brecht zum Vorschein. Durch den fiktiven Vorgriff auf den Blickwinkel späterer Generationen gelingt dem Dichter in diesen Versen eine verfremdende Historisierung der eigenen Zeit und ihrer gesellschaftlichen und ökonomischen Gegebenheiten, mit deren Hilfe er die Aussicht auf eine künftige Veränderung plausibel machen will.[8] Eine solche Strategie wird in modifizierter Form noch im Schlussteil des berühmten Exilgedichts *An die Nachgeborenen* Verwendung finden.

Mit der »Geschichte eines Weizenhändlers in der Stadt Chicago« spielt Brecht auf das Stück-Projekt *Joe* (oder *Jae*) *Fleischhacker* an, mit dem er sich 1926 in der Tat eingehend befasste, das aber schließlich als Fragment liegen blieb. Von diesem Vorhaben spricht er auch um die Mitte der dreißiger Jahre in der wohl berühmtesten Schilderung seiner weltanschaulichen Neuorientierung. Erst »eine Art Betriebsunfall« bei der literarischen Arbeit habe ihn zum »Studium des Marxismus« veranlasst:

> Für ein bestimmtes Theaterstück brauchte ich als Hintergrund die Weizenbörse Chicagos. Ich dachte, durch einige Umfragen bei Spezialisten und Praktikern mir rasch die nötigen Kenntnisse verschaffen zu können. Die Sache kam anders. Niemand, weder einige bekannte Wirtschaftsschriftsteller noch Geschäftsleute [...], niemand konnte mir die Vorgänge an der Weizenbörse hinreichend erklären. Ich gewann den Eindruck, daß diese Vorgänge schlecht-

---

8 Im *Messingkauf* definiert Brecht: »Bei der *Historisierung* wird ein bestimmtes Gesellschaftssystem vom Standpunkt eines anderen Gesellschaftssystems aus betrachtet« (22.2, S.699). Das zitierte Gedicht setzt dieses Programm auf engstem Raum mustergültig um.

hin unerklärlich, das heißt von der Vernunft nicht erfaßbar, und das heißt wieder einfach unvernünftig waren. Die Art, wie das Getreide der Welt verteilt wurde, war schlechthin unbegreiflich. Von jedem Standpunkt aus außer demjenigen einer Handvoll Spekulanten war dieser Getreidemarkt ein einziger Sumpf. Das geplante Drama wurde nicht geschrieben, statt dessen begann ich Marx zu lesen, und da, jetzt erst, las ich Marx. (22.1, S. 138 f.)

Die Zuverlässigkeit dieser Darstellung, die um die gleiche Zeit auch in einem Gedicht variiert wurde (vgl. 14, S. 296), ist freilich sehr zweifelhaft, zumal die Passage einem Vortrag entstammt, den Brecht in Moskau vor einem Arbeiterpublikum zu halten gedachte – es geht hier wohl eher um eine Selbststilisierung im marxistischen Sinne als um eine nüchterne autobiographische Rückschau. Aber zumindest vermerkte Brechts Mitarbeiterin Elisabeth Hauptmann im Oktober 1926 tatsächlich, daß der Stückeschreiber »Arbeiten über den Sozialismus und Marxismus« studiere und in einem Brief mitgeteilt habe: »Ich stecke acht Schuh tief im *Kapital*. Ich muß das jetzt genau wissen ...«.[9] Um die Wende zu den dreißiger Jahren präsentierte sich Brecht dann auch der Öffentlichkeit als kommunistischer Sympathisant, wie man es heute wohl nennen würde, beispielsweise durch die aufsehenerregende Uraufführung des Lehrstücks *Die Maßnahme*.

Die Frage nach den Beweggründen für sein Bekenntnis zum Marxismus hat vor allem die westliche Forschung seit jeher intensiv beschäftigt. Ein oftmals herangezogenes Erklärungsmodell wird unter anderem von Martin Esslin skizziert. Demnach habe der »zügellose Anarchist und Individualist Brecht« die kommunistische Ideologie begeistert aufgenommen, weil sich hier »dem ständig von der Gefahr der Selbstaufgabe und inneren Auflösung bedrohten Nihilisten der starke äußere Rahmen der Ordnung [bot]. Der Nihilist Brecht brauchte einen Glauben, der anarchistische Dichter eine harte äußere Form.«[10] Als Kommunist habe Brecht »weiter anarchisch destruktiv, antibürgerlich, antipsychologisch, antireligiös sein und doch auch seiner Sehnsucht nach Sicherheit, nach Disziplin, nach Glauben und wissenschaftlicher Gewißheit nachgeben« können – eine »ideale Verbindung von destruktiven und konstruktiven Tendenzen.«[11] Schon einige Jahre zuvor hatte Herbert Lüthy Brechts Haltung seit der marxistischen Wende mit paradoxen Formulierungen wie »[d]estruktive Disziplin« und »nihilistisch straffe Organisation des Randalierens« umschrieben.[12] Carl Pietzcker untermauert solche Deutungen psychoanalytisch, indem er bei Brecht eine Entwicklung von masochistischen, also gegen das eigene Ich gerichteten Strebungen, wie sie etwa noch die frühen ›Untergangsgedichte‹ prägten, zu zielstrebig und kontrolliert gegen die bürgerliche Gesellschaft eingesetzten und somit im Klassenkampf verwendbaren Aggressionen annimmt.[13]

---

9 Elisabeth Hauptmann: Notizen über Brechts Arbeit 1926. In: Sinn und Form 9 (1957), S. 241–243, hier S. 243. – In welchem Ausmaß Brecht sich wirklich unmittelbar mit den großen Werken der marxistischen Theorie auseinandergesetzt hat, ist schwer zu sagen. Systematische Studien waren seine Sache in der Regel nicht; wahrscheinlich verdankte er sein Wissen zeitlebens eher der kursorischen Lektüre und vor allem den mannigfaltigen Anregungen durch Freunde, Mitarbeiter und andere gut informierte Gesprächspartner.
10 Martin Esslin: Brecht. Das Paradox des politischen Dichters. Frankfurt a. M. u. a. 1962, S. 220.
11 Ebd., S. 274.
12 Herbert Lüthy: Fahndung nach dem Dichter Bertolt Brecht [1952]. In: ders.: Fahndung nach dem Dichter Bertolt Brecht. Zürich 1972, S. 7–72, hier S. 35.
13 Vgl. Carl Pietzcker: Die Lyrik des jungen Brecht, S. 294–302.

Dass die kommunistische Partei dem verunsicherten, aus allen traditionellen Bindungen entlassenen Individuum mit ihren dogmatischen Lehren einen festen Halt zu bieten vermochte, scheint das Gedicht *Lob der Partei* zu bestätigen, das ursprünglich in den Kontext des Lehrstücks *Die Maßnahme* von 1930 gehörte, vier Jahre später aber auch in den Band *Lieder Gedichte Chöre* aufgenommen wurde:

> Der einzelne hat zwei Augen
> Die Partei hat tausend Augen.
> Die Partei sieht sieben Staaten
> Der einzelne sieht eine Stadt.
> Der einzelne hat seine Stunde
> Aber die Partei hat viele Stunden.
> Der einzelne kann vernichtet werden
> Aber die Partei kann nicht vernichtet werden
> Denn sie ist der Vortrupp der Massen
> Und führt ihren Kampf
> Mit den Methoden der Klassiker, welche geschöpft sind
> Aus der Kenntnis der Wirklichkeit.
> (11, S. 234)

Isolation, Flüchtigkeit und Hinfälligkeit des Einzelnen, um die ein großer Teil von Brechts früher Lyrik kreist, werden hier in einem unzerstörbaren, bergenden Kollektiv aufgehoben, während zugleich mit den »Methoden der Klassiker«[14], die sich »der Kenntnis der Wirklichkeit« verdanken, ein objektivistisches Konzept von Wissen und Wahrheit an die Stelle der alles relativierenden nihilistischen Skepsis tritt. War der Kommunismus also die neue Autorität, bei der Brecht nach dem Tod des alten christlichen Gottes Schutz vor den Ängsten und Entfremdungserfahrungen der Moderne suchte?

Um eine solche These zu entkräften, genügt der schlichte Hinweis, dass Brecht selbst nie Mitglied einer kommunistischen Partei war und in politischen, ideologischen und ästhetischen Fragen häufig keineswegs mit der offiziellen Linie der KPD oder später der SED übereinstimmte. Biographische Rekonstruktionsversuche in der Forschung, die die Lyrik als Material nutzen, neigen leider oft dazu, die Sprechinstanzen der Texte voreilig mit dem empirischen Ich des Verfassers gleichzusetzen und die literarischen Werke als ungefilterte Meinungsäußerungen ihres Autors zu begreifen.[15] Ein Gedicht wie *Lob der Partei* artikuliert aber nicht einfach die persönliche Überzeugung Brechts. Die Verse sind zunächst einmal als Dokument einer politisch-didaktischen Strategie zu lesen, die wiederum vor dem Hintergrund der Parteikämpfe der späten Weimarer Republik und, mit Blick auf *Lieder Gedichte Chöre*, im Kontext des antifaschistischen Widerstands beurteilt werden muss.

---

14 Gemeint sind die »Klassiker« der marxistischen Lehre, zu denen Brecht neben Marx und Engels auch Lenin rechnete.
15 Als Beispiel sei die Studie von Dirk von Petersdorff genannt, die Brechts geistige Entwicklung anhand der Lyrik nachzuzeichnen sucht, dabei jedoch über weite Strecken lediglich Auffassungen der älteren Brecht-Forschung reformuliert (Fliehkräfte der Moderne. Zur Ich-Konstitution in der Lyrik des frühen 20. Jahrhunderts. Tübingen 2005, S. 141–192).

Dem Umstand, dass Brecht auch nach seiner Hinwendung zum Marxismus das selbständige und kritische Denken keineswegs aufgab[16], entsprach die distanzierte Haltung, die die Parteikommunisten ihm gegenüber einnahmen. Sie manifestierte sich erstmals in den Kontroversen um die *Maßnahme*, die im Umkreis der KPD überwiegend auf Ablehnung stieß, trat aber auch später und sogar noch nach dem Tod des Dichters immer wieder zutage. Volksfremdheit sowie eine Überschätzung des Denkens und der abstrakten Theorie sind gängige Klischees der sozialistischen Kritik an Brecht, auch wenn ihm zumeist herablassend eine grundsätzlich ›richtige‹ Einstellung bescheinigt wird. So spricht die DDR-Forscherin Silvia Schlenstedt 1959 entschuldigend von seiner »Isolierung als Intellektueller und der daraus resultierenden mangelnden praktischen Verbundenheit mit den politischen Kämpfen«.[17] Gerade das von den offiziellen literaturtheoretischen Vorgaben abweichende Realismus-Verständnis, das der Autor seinen Arbeiten zugrunde legte und von dem im folgenden Kapitel ausführlicher zu sprechen sein wird, bildete jahrzehntelang einen Stein des Anstoßes. Erst aus der wachsenden Distanz heraus bemühten sich Wissenschaft und Politik in der DDR zunehmend darum, Brechts Schaffen ganz für ihre dogmatischen Auffassungen von der Kunst und dem Sozialismus zu vereinnahmen, was allerdings erhebliche Verkürzungen und Verfälschungen erforderlich machte. Andererseits gab es im Osten auch Künstler wie Volker Braun, Günter Kunert und Wolf Biermann, die sich um eine echte produktive Auseinandersetzung mit Brecht bemühten und die fatale ›Neutralisierung durch Kanonisierung‹, die seinem Werk in ihrem Land widerfuhr, einer scharfen Kritik unterzogen. »So wurde er Klassiker und ist begraben«, lautet beispielsweise die resignative Schlusszeile von Brauns Sonett *Zu Brecht, Die Wahrheit einigt*, das mit Anspielungen auf verschiedene lyrische Texte des großen Vorgängers gespickt ist.[18]

Zweifellos vertrat Brecht seit den ausgehenden zwanziger Jahren eine klar konturierte politische Position, die sich von der eher ziellos revoltierenden und provozierenden anti-bürgerlichen Einstellung der vorangegangenen Phase deutlich unterschied und sein Schreiben tiefgreifend beeinflusste. Fortan begriff er die bürgerliche Ordnung mitsamt den Manifestationen ihres kulturellen Überbaus als eine *kapitalistische* und gewann zugleich eine hoffnungsvolle Perspektive auf ihre künftige Überwindung durch das revolutionäre Proletariat. Halt und Orientierung fand er jedoch nicht in einer rückhaltlosen Unterwerfung unter feste weltanschauliche Lehrmeinungen und strikte parteipolitische Disziplin, sondern in einer nüchtern-wissenschaftlichen und realistisch-pragmatischen Haltung. Die unter den linksgerichteten bürgerlichen Intellektuellen seiner Zeit weit verbreitete Neigung, dem Proletariat die welthistorische

---

16 Zu seinen wichtigsten Anregern auf dem Gebiet der marxistischen Theorie gehörte in den späten zwanziger und frühen dreißiger Jahren mit Karl Korsch ein Mann, der wegen seiner unorthodoxen Ansichten aus der KPD ausgeschlossen worden war. Brecht schätzte ihn noch im amerikanischen Exil als Gesprächspartner und Ratgeber. Übrigens ist es interessant, Brecht im Hinblick auf seinen Werdegang, seine politische Haltung und nicht zuletzt seine Kunstauffassung mit dem kommunistischen Dichterkollegen Johannes R. Becher zu vergleichen, der weit mehr Linientreue bewies und in der DDR sogar zum Kulturminister aufstieg. Vgl. dazu Theo Buck: Brecht und Becher. In: Bertolt Brecht (1898–1956). Hrsg. von Walter Delabar und Jörg Döring. Berlin 1998, S.119–140.
17 Silvia Schlenstedt: Die Chroniken in den *Svendborger Gedichten*. Eine Untersuchung zur Lyrik Brechts. Diss. masch. Berlin (Ost) 1959, S.195.
18 Volker Braun: Zu Brecht, Die Wahrheit einigt. In: Sinn und Form 27 (1975), S.739.

»Mission« einer Erlösung der Menschheit aufzubürden, verwarf er als idealistische Täuschung und »sehr schädliches Gewäsch« (18, S. 153): Die Arbeiterschaft habe allein für ihre konkreten materiellen Interessen zu kämpfen, und nur auf diesem Wege könne letztlich auch eine für *alle* Menschen befriedigende Ordnung der Gesellschaft wie der Produktion durchgesetzt werden.[19] Noch 1948, in Ostberlin, reagierte Brecht auf die Beteuerung eines jungen Mannes kleinbürgerlicher Herkunft: »Ich bekenne mich schon zum Marxismus« mit dem bezeichnenden Vorschlag, »anstatt ›bekenne‹ zu sagen: ›interessiere mich für‹« (27, S. 283). Der Marxismus diente ihm nicht als Religionsersatz und säkularisierte Heilslehre, er stellte für ihn einfach ein hilfreiches Gedankengebäude dar, das mit Kategorien wie ökonomischer Abhängigkeit, Klassenkampf und Dialektik die komplexe soziale Wirklichkeit zu erschließen vermochte und sie ebenso ›handhabbar‹ machte, wie es Wissenschaft und Technik längst mit den Naturkräften getan hatten. Hier liegt wohl auch der wahre Kern der oben wiedergegebenen Anekdote über Brechts erste Marx-Lektüre (vgl. 22.1, S. 138 f.): Marxistisches Denken ermögliche seines Erachtens ein Verständnis vieler Abläufe und struktureller Zusammenhänge, die sonst rätselhaft bleiben mussten, und befreite die Menschen dadurch von ihrer quälenden Ohnmacht angesichts der unüberschaubaren Verhältnisse der modernen Welt.[20]

Auf den verschiedensten Gebieten, die uns aus anderen Kapiteln bereits vertraut sind, lässt sich demonstrieren, wie Brecht gewisse Phänomene, die er im Frühwerk bereits *gestaltet* hatte, später auf marxistischer Grundlage zu *erklären* suchte, indem er sie historisierte und damit als veränderbare zeigte.[21] Schon anhand des *Gegenlieds* wurde dargelegt, dass der Marxist Brecht die Leiden des Menschen in einer kalten Welt nicht mehr in existentieller Verlassenheit, sondern in den Klassengegensätzen der fortgeschrittenen bürgerlich-kapitalistischen Gesellschaft begründet sah – deren Überwindung, die gegen die »großen Herrn« durchgesetzt werden müsste, könnte folglich Abhilfe schaffen. Das in Baal exemplarisch verkörperte Genussverlangen des Einzelnen erschien Brecht nach wie vor legitim; er hielt es sogar für eine machtvolle geschichtsbestimmende Kraft, auf die er große Hoffnungen setzte und die er in den Exiljahren in einem eigenen Stück mit dem Titel *Die Reisen des Glücksgotts*, das dann freilich doch nicht ausgeführt wurde, zu verherrlichen gedachte (vgl. 27, S. 23). Dieses Verlangen sollte jedoch nicht mehr rein individualistisch und anarchisch ausgelebt, sondern in einer von Grund auf umgestalteten sozialen Ordnung gestillt werden, die *jedem* die Befriedigung seiner Bedürfnisse ermöglichte. Im *Gegenlied* spricht deshalb ein Kollektiv, das zum gemeinschaftlichen Kampf gegen Zwang, Not und Elend aufruft. In denselben Kontext gehört der Wandel der Großstadtthematik, von dem am Ende des

---

19 Vgl. dazu auch 18, S. 115 und 245 f.
20 Wer in den zwanziger Jahren nach Deutungsangeboten suchte, die Derartiges zu leisten imstande waren, musste fast zwangsläufig an den Marxismus geraten, da damals, wie Detlev Schöttker zu Recht anmerkt, keine »Erklärungsmodelle gesellschaftlicher Vorgänge von größerer historischer Reichweite […], die mit der marxistischen Theorie an Stringenz konkurrieren konnten«, existierten (Das Nationale als theoretisches Defizit. Bertolt Brecht und die deutsche Geschichte. In: Dichter und ihre Nation. Hrsg. von Helmut Scheuer. Frankfurt a.M. 1993, S. 428–458, hier S. 436).
21 Dass die marxistisch geprägte Perspektive nicht ohne weiteres übernommen und bei der wissenschaftlichen Beschäftigung mit dem Frühwerk als Interpretationsraster zugrunde gelegt werden darf, sollte sich von selbst verstehen. Es geht im Folgenden lediglich um Brechts eigene nachträgliche Auslegung zentraler thematischer Aspekte seiner frühen Lyrik.

vorigen Kapitels die Rede war. Dem Sozialismus traute Brecht zu, die großen Städte der Moderne endlich ›bewohnbar‹ zu machen.

Den Gottesglauben hatte der Autor schon um 1920 als tröstliche Illusion interpretiert, mit der sich die Menschheit über ihre »unbegreifliche Verlassenheit« auf der Erde hinwegtäusche (21, S. 43). In späteren Jahren modifizierte er diese Auffassung zu einer systematischen aufklärerisch-marxistischen Religionskritik, die das religiöse Denken auf Unwissenheit über die Mächte der Natur zurückführte und daher bei der »Liquidierung des Jenseits und / Der Verscheuchung jedweden Gottes« auf die Erfolge von Wissenschaft und Technik setzte:

> Zehntausend Jahre lang entstand
> Wo die Wasser dunkel wurden am Himmel
> Zwischen Licht und Dämmerung unhinderbar
> Gott. Und ebenso
> Über den Gebirgen, woher das Eis kam
> Sichteten die Unwissenden
> Unbelehrbar Gott, und ebenso
> In den Wüsten kam er im Sandsturm [...]
> [...] Aber
> Baut Straßen durch das Gebirg, dann verschwindet er
> Flüsse vertreiben ihn aus der Wüste. Das Licht
> Zeigt Leere und
> Verscheucht ihn sofort.
> (14, S. 57)

Der naturwissenschaftlich-technische Fortschritt allein genügt jedoch nicht, da die Undurchschaubarkeit der sozialen und ökonomischen Verflechtungen im Kapitalismus, in der Welt der großen Städte, ihrerseits wieder irrationale Vorstellungen und Ängste begünstigt, aus denen Gott gleichsam neu geboren wird: »In den Städten wurde er erzeugt von der Unordnung / Der Menschenklassen, weil es zweierlei Menschen gibt / Ausbeutung und Unkenntnis« – es handelt sich um eine »Unordnung / Welche kommt von der Unwissenheit und Gott gleicht« (14, S. 57 f.). Solchen Überlegungen entspringt Brechts Diagnose des ›wissenschaftlichen Zeitalters‹ und seiner aktuellen Erfordernisse: Die grandiose Unterwerfung der *Natur*, die dem Menschen seit dem Ausgang des Mittelalters gelungen ist, muss durch eine ebenso rational betriebene Erforschung und Neuordnung der *Gesellschaft* auf marxistischer Grundlage ergänzt werden. Dem zitierten Gedicht zufolge ist es deshalb neben den neuen »Straßen«, dem hellen »Licht«, den »schärferen Mikroskopen« und den »verbesserten Apparate[n]« auch die soziale Umwälzung, die Gott ein Ende machen wird: »Die Revolution liquidiert ihn.«

Untergangs- und Verfallsvisionen finden sich bei Brecht auch nach der marxistischen Wende häufig, nun aber sehr konkret auf das Endstadium der bürgerlich-kapitalistischen Ordnung bezogen. Ein Paradebeispiel dafür, das Langgedicht *Verschollener Ruhm der Riesenstadt New York*, soll an späterer Stelle eingehend behandelt werden.[22] Und der entsprechende Motivkomplex in seinem eigenen Frühwerk erschien dem Autor jetzt in einem anderen Licht. So brachte er 1940 die Untergangsthematik vieler *Hauspostillen*-Gedichte, die in diesen Texten noch keine konkreten sozialen Dimen-

---

22 Vgl. das Kapitel 11 »Brecht und Amerika«.

sionen aufweist und daher deutlich existentielle Züge trägt, mit dem Schicksal einer »zugrunde gehenden Gesellschaft« in Verbindung (26, S. 414), und in einem Rückblick aus seinen letzten Lebensjahren deutete er auch seine ersten dramatischen Werke von *Baal* bis *Mann ist Mann* in diesem Sinne als Katastrophenszenarien: »Alle fünf Stücke zusammen [...] zeigen ohne Bedauern, wie die große Sintflut über die bürgerliche Welt hereinbricht« (23, S. 245). Schon in *Diese babilonische Verwirrung der Wörter* kann sich das lyrische Ich nicht hinreichend verständlich machen, weil ihm nur »die Sprache / Von Untergehenden« zur Verfügung steht: »Daß wir sie nicht mehr verstehen / Das kommt daher, daß es / Nichts mehr nützt, sie zu verstehen« – die glücklicheren Nachgeborenen werden ja gar nicht begreifen, was ein »Weizenhändler« im Kapitalismus eigentlich ist (beziehungsweise war), und auf alle Erklärungsversuche nur mit »stummem Kopfschütteln« reagieren (13, S. 356 f.). Nach wie vor kennt Brechts Geschichtsbild nichts Statisches, Bleibendes, aber während es sich um 1920 noch an den zyklischen Abläufen des natürlichen Werdens und Vergehens orientierte, vertraut es nun auf den dialektischen Fortschritt im unaufhörlichen Wandel der Dinge. Hatte die Lyrik der *Hauspostille* vor dem Hintergrund beengender bürgerlicher Lebensverhältnisse immer wieder exotische Fluchträume oder Phantasien einer Auflösung im ewigen Einerlei der Naturprozesse entworfen, so richtete sich Brechts Schreiben später entschieden auf eine qualitativ andersartige – bessere – Zukunft, die durch menschliches Handeln heraufzuführen war. Zeit und Geschichte gewannen damit einen ganz neuen Stellenwert in seinem Werk.

Die Unmöglichkeit einer für beide Teile vollauf befriedigenden Liebesbeziehung, ein weiteres Kernthema seiner frühen Lyrik[23], verknüpfte Brecht in seiner marxistischen Phase ebenfalls mit jener Entfremdung, der die Menschen auf einer gewissen Stufe der gesellschaftlichen Entwicklung zwangsläufig unterliegen. Im kapitalistischen Zeitalter, das zwischenmenschliche Bindungen nur in Gestalt von Besitz- und Abhängigkeitsverhältnissen kennt, muss sogar »die Liebe die Form der Ausbeutung annehmen« (21, S. 584), während die Sinnlichkeit verkümmert, wie beispielsweise das Gedicht *Über den Verfall der Liebe* konstatiert. Diesem »Verfall« könnte allein die vom Kommunismus in Aussicht gestellte Aufhebung des unablässigen Kampfes um Eigentum und materielle Selbstbehauptung Einhalt gebieten. Davon handelt ein weiteres Gedicht aus den späten dreißiger Jahren, in dem Brecht an eine Episode aus Dantes *Commedia* anknüpft, die uns schon im Zusammenhang mit den *Terzinen über die Liebe* begegnet ist. Das ehebrecherische Paar Francesca da Rimini und Paolo Malatesta, das von Francescas rechtmäßigem Gatten ermordet wurde und jetzt in der »Hölle der Abgeschiedenen« gefangen ist, erfährt von einem Jenseitswanderer, »[d]aß keiner um Besitz mehr oben tötet / Weil keiner mehr besitzt«, und fühlt sich durch diese Kunde förmlich erlöst: »Und die Verschnürung / Die trugen sie, als hätt sie kein Gewicht mehr« (14, S. 417). Wie wir bereits wissen, begriff Brecht auch die Liebe als eine Form menschlicher Produktivität, die es – wie jede andere – von den Zwängen und Restriktionen der kapitalistischen Eigentumsordnung zu befreien galt.[24]

---

23 Vgl. dazu im Einzelnen das Kapitel 5 »Von Kranichen und Huren: Gedichte über Liebe und Sexualität«.
24 Die zentrale Rolle des Produktivitätsgedankens in Brechts Sozialismuskonzept wird weiter unten noch ausführlich erörtert.

Nicht zuletzt gewann Brecht aus der marxistischen Lehre vom Klassenkampf einen Maßstab, der es ihm erlaubte, ethische Maximen aufzustellen und zu beurteilen. Sein diesbezüglicher Grundsatz, der sich im *Buch der Wendungen* findet, paraphrasiert einen Ausspruch Lenins und lautet: »Unsere Sittlichkeit leiten wir von den Interessen unsres Kampfes gegen die Unterdrücker und Ausbeuter ab« (18, S.152).[25] Die Gebote der Moral sind demnach nicht zeitlos und absolut, sondern müssen sich immer an dem jeweiligen Stand der gesellschaftlichen Auseinandersetzungen und des »Kampfes« für den Kommunismus ausrichten. Ganz in diesem Sinne heißt es in *Die Maßnahme* in dem Lied *Ändere die Welt, sie braucht es*:

> Welche Niedrigkeit begingest du nicht, um
> Die Niedrigkeit auszutilgen?
> Könntest du die Welt endlich verändern, wofür
> Wärest du dir zu gut?
> Versinke in Schmutz
> Umarme den Schlächter, aber
> Ändere die Welt: sie braucht es!
> (3, S.89)

In seinem Journal entwickelte Brecht Anfang 1940 eine unkonventionelle »praktische Formel« für die Überprüfung sittlicher Regeln:

> Im Interesse des Klassenkampfs sind vorkommende Soll-und-darf-Sätze, die ein »du Schwein« enthalten, zu verwandeln in Sätze, die ein »du Ochs« enthalten. Sätze, welche ein »du Schwein« enthalten und nicht in »Du-Ochs«-Sätze überführt werden können, müssen ausgeschaltet werden. Beispiel: Der Satz »Du sollst nicht mit deiner Mutter schlafen« war einst ein »Du-Ochs«-Satz, denn in einer frühen Gesellschaftsordnung bedeutete er große Verwirrung in den Besitz- und Produktionsbeziehungen. Was das betrifft, ist er heute kein »Du-Ochs«-Satz mehr, nur noch ein »Du-Schwein«-Satz. Im Grunde müßte also der Satz fallengelassen werden. (26, S.355)

»Soll-und-darf-Sätze«, also moralische Vorschriften wie das Inzest-Verbot, die bei einem Verstoß den Vorwurf ›Du Schwein!‹ nach sich ziehen, können so lange gerechtfertigt werden, wie sie in greifbaren gesellschaftlichen Notwendigkeiten verankert sind und ihre Verletzung daher auch den Vorwurf einer gefährlichen *Dummheit* (›Du Ochs!‹) provoziert. Anders steht es mit »Du-Schwein«-Sätzen, die sich verselbständigt haben und keinem »Du-Ochs«-Satz mehr korrespondieren, weil ihnen aufgrund veränderter sozialer Umstände dieses Fundament abhanden gekommen ist: Sie können und müssen über Bord geworfen werden. Bündiger lässt sich eine streng materialistische Begründung von Sittlichkeit, die zugleich wiederum eine umfassende Historisierung aller ethischen Lehrsätze impliziert, nicht formulieren. Brecht hielt daher auch nichts vom rein individuellen Streben nach tugendhaftem Verhalten und von abstrakten moralischen Appellen an ein Gewissen, das er nicht als autonome Instanz anerkannte. Statt dessen war es in seinen Augen erforderlich, gesellschaftliche und ökonomische Verhältnisse zu schaffen, die Tugen-

---

25 Auf dem 3. Allrussischen Kongress des Kommunistischen Jugendverbandes Russlands hatte Lenin 1920 verkündet: »Unsere Sittlichkeit leiten wir aus den Interessen des proletarischen Klassenkampfes ab« (W.I. Lenin: Sämtliche Werke. Bd. 25: Das Jahr 1920. Strategie und Taktik der proletarischen Revolution. Wien u.a. 1930, S.483).

den überhaupt erst möglich und die »Maske des Bösen« überflüssig machen.[26] So warnt die sterbende Heldin in *Die heilige Johanna der Schlachthöfe* vor der »folgenlose[n] Güte« und mahnt: »Sorgt doch, daß ihr die Welt verlassend / Nicht nur gut wart, sondern verlaßt / Eine gute Welt!« (3, S.222).

Bei den Bemühungen, sich über seine eigentümliche Stellung als bürgerlicher Intellektueller, der die Partei des revolutionären Proletariats ergriffen hat, klar zu werden, konnte Brecht das von Karl Marx und Friedrich Engels verfasste *Manifest der Kommunistischen Partei* zu Rate ziehen. In einem Fragment gebliebenen Lehrgedicht aus dem Jahre 1945, in dem er unter anderem Teile dieses Werkes in Hexametern nachdichten wollte, lautet die entsprechende Passage:

> Ferner, wie einzelne Adlige übergegangen zur jungen
> Adelsbekämpfenden Bourgeoisie, so verlassen jetzt manche
> Diese, ein Schiff, noch nicht sinkend, doch kompaßlos schon und gefüllt mit
> Wild sich zerfleischender Mannschaft. Sie bringen ihr Können und Wissen.
> (15, S.132)[27]

Dass er auch als Renegat seiner Klasse und Mitstreiter der Unterdrückten jederzeit ein Bürgerlicher blieb, war Brecht vollkommen bewusst. Im August 1940 notierte er:

> Solche Dichter wie Hašek, Silone, O'Duffy und mich zögert man oft, bürgerliche Dichter zu nennen, aber mit Unrecht. Wir mögen die Sache des Proletariats zu der unsrigen machen, wir mögen sogar für eine gewisse Zeitspanne die Dichter des Proletariats sein – dann hat eben das Proletariat in dieser Zeitspanne bürgerliche Dichter, die für seine Sache eintreten. (26, S.408)

Die Besonderheit seiner Lage resultierte also aus der Spannung zwischen seiner Herkunftsklasse, der er unter anderem seine gediegene Bildung verdankte, und dem Engagement für die »Sache des Proletariats«. Eine solche Konstellation entwirft auch das 1938 entstandene Gedicht *Verjagt mit gutem Grund* (12, S.84 f.):

> Ich bin aufgewachsen als Sohn
> Wohlhabender Leute. Meine Eltern haben mir
> Einen Kragen umgebunden und mich erzogen
> In den Gewohnheiten des Bedientwerdens
> Und unterrichtet in der Kunst des Befehlens. Aber
> Als ich erwachsen war und um mich sah
> Gefielen mir die Leute meiner Klasse nicht
> Nicht das Befehlen und nicht das Bedientwerden
> Und ich verließ meine Klasse und gesellte mich
> Zu den geringen Leuten.

---

26 Vgl. zu diesem Thema und besonders zu dem Gedicht *Die Maske des Bösen* das einleitende Kapitel 1 »Verfremdendes Zeigen: Brechts lyrischer Gestus«.

27 Die bildhafte Ausgestaltung dieser Zeilen ist ebenso wie die Akzentuierung von »Können und Wissen« der Überläufer eine Zutat Brechts. In seiner Vorlage heißt es sehr viel schlichter: »Wie daher früher ein Teil des Adels zur Bourgeoisie überging, so geht jetzt ein Teil der Bourgeoisie zum Proletariat über, und namentlich ein Teil der Bourgeoisideologen, welche zum theoretischen Verständnis der ganzen geschichtlichen Bewegung sich hinaufgearbeitet haben« (Karl Marx und Friedrich Engels: Manifest der Kommunistischen Partei [1848]. In: dies.: Werke. Bd. 4. Berlin (Ost) 1972, S.459–493, hier S.471 f.). Bürgerliche Intellektuelle waren bekanntlich auch Marx und Engels selbst – ebenso wie später Lenin. In dieser Gemeinsamkeit dürfte *ein* Motiv für die außerordentliche Hochschätzung liegen, die Brecht den drei marxistischen »Klassikern« entgegenbrachte.

> So
> Haben sie einen Verräter aufgezogen, ihn unterrichtet
> In ihren Künsten und er
> Verrät sie dem Feind.

Gerade die Verfolgung durch die »Besitzenden«, der er fortan ausgesetzt ist – hier stehen Brechts Exilerfahrungen im Hintergrund –, bringt dem Sprecher das Vertrauen der »geringen Leute« ein:

> Wo ich hinkomme, bin ich so gebrandmarkt
> Vor allen Besitzenden, aber die Besitzlosen
> Lesen den Steckbrief und
> Gewähren mir Unterschlupf. Dich, höre ich da
> Haben sie verjagt mit
> Gutem Grund.

Das Gedicht *Wie künftige Zeiten unsere Schriftsteller beurteilen werden* von 1939 spitzt das Phänomen des ›Klassenverrats‹ noch stärker auf die literarische Betätigung zu (14, S. 433 f.). Es schildert auf der einen Seite jene, die »auf die goldenen Stühle gesetzt sind, zu schreiben« – Autoren, die sich in »erhabenen Gedanken« und »erlesenen Ausdrücken« ergehen und die »[k]östliche Musik der Worte« zu gebrauchen wissen, aber wohlweislich verschweigen, dass es auch »Unterdrückung« und »Aufrührer« gibt. Ihnen steht eine andere Gruppe von Schreibenden gegenüber, deren Angehörigen die Bewunderung späterer Generationen gewiss ist:

> Aber in jener Zeit werden gepriesen werden
> Die auf dem nackten Boden saßen, zu schreiben
> Die unter den Niedrigen saßen
> Die bei den Kämpfern saßen.
>
> Die von den Leiden der Niedrigen berichteten
> Die von den Taten der Kämpfer berichteten
> Kunstvoll. In der edlen Sprache
> Vordem reserviert
> Der Verherrlichung der Könige.

Hier gilt es, genau zu lesen: Zwar sitzen diese Schriftsteller »unter den Niedrigen«, doch müssen sie deswegen nicht unbedingt auch ihrer Herkunft nach zu ihnen gehören. Dass sie die »edle Sprache« der hohen Kunst beherrschen, lässt vielmehr auf eine Vertrautheit mit der literarischen Tradition schließen, die sicherlich nicht »auf dem nackten Boden« zu erwerben ist. Folglich hat man sich auch unter diesen Autoren *bürgerliche* Dichter zu denken.

In der älteren Forschung hing es weitgehend vom Standpunkt des Beobachters ab, wie der durch den Übergang zum Marxismus markierte Einschnitt in Brechts Schriftstellerbiographie bewertet wurde. Aus kommunistischer Perspektive musste das Jugendwerk notwendigerweise als unvollkommene, von einem eklatanten Mangel an politischem Bewusstsein geprägte Vorstufe der ›reifen‹ Phase erscheinen[28], während der schroff anti-kommunistisch eingestellte Martin Esslin umgekehrt in dem jungen Brecht einen wahren Dichter sah, der sich später fatalerweise mit der Politik eingelas-

---

28 Vgl. die an der Chronologie orientierte Darstellung bei Klaus Schuhmann: Der Lyriker Bertolt Brecht. 1913–1933. Berlin (Ost) 1964.

sen und dadurch sein Talent korrumpiert habe, das fortan allenfalls noch auf Umwegen und gegen die bewussten Intentionen des Autors zur Geltung gekommen sei.[29] Solche Wertungen verraten mehr über die ideologischen Positionen ihrer jeweiligen Urheber als über ihren Gegenstand. Bedenkenswerter ist die These von Rolf Geißler, der die marxistische Wende gerade als Ausweg des *Poeten* Brecht aus einer gefährlichen Sackgasse versteht: »Die ewige Wiederholung der nihilistischen Aussage ist unfruchtbar, und in der Erstarrung zur Schablone liegt der Tod des Dichters«.[30] Sein politisches und gesellschaftskritisches Engagement sei vor diesem Hintergrund »*eine* Antwort auf die Frage nach der Möglichkeit der Kunst in einer zerfallenen Welt« gewesen[31], die ihm neue Quellen der Produktivität erschlossen habe. In der Tat maß Brecht seinem literarischen Schaffen fortan einen ganz spezifischen und sehr handfesten »Gebrauchswert« zu, der sich im Klassenkampf des Proletariats bewähren sollte. Der bürgerliche Intellektuelle, der sein »Können und Wissen« in den Dienst der revolutionären Arbeiterklasse stellte, verstand sich in erster Linie als Lehrer proletarischer Rezipienten und entwickelte eine differenzierte Poetik des Lehrens und Lernens, deren Grundzüge das folgende Kapitel systematisch nachzeichnen wird.

Das in reimlosen, freirhythmischen Versen geschriebene Erzählgedicht *Kohlen für Mike* von 1926 gehört zu den ersten Arbeiten, die den »neuen Aspekt in Brechts Werk« erkennen lassen: »Neben die Darstellung des (verrotteten) Bürgertums tritt die positive Darstellung der ›anderen‹, des Proletariats, das sich gegen die soziale Ungerechtigkeit aufzulehnen beginnt und Formen solidarischen Handelns erprobt.«[32] Außerdem entstanden in den Jahren 1926/27 mehrere strophisch gegliederte, gereimte Texte, die in baladeskem Stil aktuelle Ereignisse aus dem Klassenkampf gestalten und die Grausamkeit der herrschenden Zustände drastisch vor Augen führen; dazu zählen *Achttausend arme Leute kommen vor die Stadt*, *Dreihundert ermordete Kulis berichten an eine Internationale*, die *Ballade vom Stahlhelm* sowie *Die Ballade vom Kriegerheim*.[33] Ab 1930 reagierte Brecht dann auf die Zuspitzung der politischen Lage in Deutschland, indem er, etwa im *Lied vom SA-Mann* oder in *Der Führer hat gesagt*, die direkte polemische Auseinandersetzung mit dem Nationalsozialismus suchte und auf der anderen Seite in didaktischer Absicht und in zugespitzter Form sozialistische Lehren vortrug. Hierher gehören vor allem die Lieder aus den Stücken *Die Mutter* und *Die Maßnahme*, die später eine eigene Rubrik in dem Exil-Band *Lieder Gedichte Chöre* bildeten.

Die krisengeschüttelte Spätphase der Weimarer Republik vor der nationalsozialistischen Machtübernahme im Januar 1933 war also eine besonders fruchtbare Zeit für lyrische Arbeiten, die in einem sehr unmittelbaren Sinne Propaganda für den Sozialismus betrieben, aber auch in den ersten Jahren des Exils schrieb Brecht noch eine ganze Reihe solcher Texte, von denen die meisten Eingang in die kurz vor Kriegs-

---

29 So die schon im Untertitel angedeutete Linie der Argumentation in Esslins Buch: Brecht. Das Paradox des politischen Dichters.
30 Rolf Geißler: Zur Struktur der Lyrik Bertolt Brechts. In: Wirkendes Wort 8 (1957/58), S.347–352, hier S.350.
31 Ebd., S.352.
32 Jan Knopf: Brecht-Handbuch. Lyrik, Prosa, Schriften. Eine Ästhetik der Widersprüche. Mit einem Anhang: Film. Stuttgart 1984, S.66.
33 Vgl. zu dieser Phase Schuhmann: Der Lyriker Bertolt Brecht, S.199–223.

ausbruch publizierten *Svendborger Gedichte* fanden.[34] Versucht man, das Korpus der einschlägigen Gedichte systematisch zu erfassen[35], so können zunächst verschiedene thematische Gruppen unterschieden werden, die jeweils durch bestimmte Wirkungsabsichten gekennzeichnet sind. Werke, die ihre Adressaten über die Klassenstruktur der bürgerlich-kapitalistischen Gesellschaft aufzuklären suchen, bedienen sich in der Regel einer modellhaften Vereinfachung der Gegebenheiten – nach dem Schema Oben versus Unten, Herrschende versus Beherrschte, Ausbeuter versus Ausgebeutete – und gehen von elementaren Mangelerfahrungen wie dem Hunger aus. Zu ihnen gesellen sich Appelle an die proletarische Solidarität und Kampfbereitschaft, gipfelnd in Aufrufen zu einem gewaltsamen Umsturz der bestehenden sozialen Ordnung, in dem Brecht den einzigen Ausweg für die Unterdrückten sieht. Gedichte mit Belehrungen über den Kommunismus machen eine eigene Gruppe aus; lyrische Lobsprüche auf die Sowjetunion und auf große Vorbilder im Klassenkampf, unter denen Lenin hervorragt, bilden das Pendant zur kritischen Auseinandersetzung mit der Realität in den kapitalistischen Ländern. Nach 1933 kommen schließlich noch Gedichte hinzu, die den kommunistischen Widerstand im nationalsozialistischen Deutschland würdigen.

Unter formal-strukturellen Gesichtspunkten sind drei Grundformen zu erkennen, die Brecht in seiner propagandistischen Lyrik vielfältig abwandelt. Während spruchartige Lehrgedichte wie das oben zitierte *Lob der Partei* sozialistisches Gedankengut erläutern, Einblicke in gesellschaftliche Verhältnisse eröffnen oder unmittelbare Handlungsanweisungen formulieren, schildern episch-erzählende Verstexte – zum Beispiel *Die unbesiegliche Inschrift* – historische oder fiktive Episoden aus dem Klassenkampf, denen exemplarische Bedeutung zukommt; zu ihnen sind auch die Preisgesänge auf die Errungenschaften der Sowjetunion zu rechnen, von denen nur *Der große Oktober* genannt sei. Für beide Gruppen verwendete der Autor in der Regel reimlose Verse ohne festes Metrum, denn diese Form, die der im Exil entstandene Aufsatz *Über reimlose Lyrik mit unregelmäßigen Rhythmen* ausführlich erläutert und rechtfertigt, schien ihm für eine wirkungsvolle ›gestische‹ Schreibart am besten geeignet. Den dritten Typus bilden Lieder in sangbaren Reimstrophen wie das *Solidaritätslied*, das *Einheitsfrontlied* und *Keiner oder alle*, die für den gemeinschaftlichen Gebrauch der Arbeiterklasse gedacht waren und zum Teil tatsächlich außerordentliche Popularität erlangten, nicht zuletzt dank der kongenialen Vertonungen durch Hanns Eisler. Es handelt sich um Rollenlieder, die den Proletariern selbst in den Mund gelegt sind. Sie integrieren das Klassenkollektiv nach innen, indem sie den von allen geteilten Überzeugungen emphatisch Ausdruck verleihen, und stellen es zugleich nach außen dar, beispielsweise gegenüber dem politisch-ideologischen Gegner. Auch zu Eigenart und Wirkung solcher »Kampflieder« schrieb Brecht um die Mitte der dreißiger Jahre einige Reflexionen nieder (22.1, S. 130 f.).

---

34 Die Werke, die im Zusammenhang mit dem ›Aufbau‹ in der SBZ bzw. der jungen DDR entstanden, bleiben hier ausgeklammert. Vgl. dazu das Kapitel 14 »Die Mühen der Ebenen: Brecht in der DDR«.

35 Verwiesen sei an dieser Stelle generell auf die Monographie von Ulla C. Lerg-Kill: Dichterwort und Parteiparole. Propagandistische Gedichte und Lieder Bertolt Brechts. Bad Homburg v. d. Höhe u.a. 1968, die zwar auf detaillierte Einzelinterpretationen verzichtet, dafür aber einen nützlichen Überblick über die von Brecht verwendeten Gattungen, Themen, Formen und Stilmittel liefert.

Nirgends kommt die Adressatenbezogenheit von Brechts Lyrik so deutlich zum Ausdruck wie auf dem weiten Feld dieser belehrenden, propagandistischen oder agitatorischen Werke, in denen sich die ästhetischen Mittel durchweg strikt dem jeweiligen Wirkungsziel unterordnen. Der Verfasser wählt zumeist ein einfaches Vokabular, eine schlichte Syntax, anschauliche Bilder und einprägsame Formulierungen, während er stilistische Kunstgriffe wie plakative Antithesen, Appelle, rhetorische Fragen und Wiederholungen nutzt, um die Aussage zu unterstreichen und den Effekt zu verstärken. In der Handhabung solcher poetischen Techniken beweist Brecht in seiner sozialistischen ›Propaganda-Lyrik‹ eine staunenswerte Virtuosität.

Völlig einzigartig steht in diesem Textkorpus, ja im Gesamtwerk des Autors das Projekt eines umfangreichen Lehrgedichts in Hexametern da, das Anfang 1945 schon im Hinblick auf die Nachkriegsära in Deutschland in Angriff genommen wurde. Zunächst dachte Brecht lediglich daran, »das *Manifest* zu versifizieren, in der Art des Lukrezischen Lehrgedichts« *De rerum natura*, in dem der römische Philosoph im ersten vorchristlichen Jahrhundert seine materialistischen Überzeugungen dargelegt hatte (27, S.219). Nach Brechts Ansicht war das 1848 publizierte *Manifest der Kommunistischen Partei* inzwischen längst zu einem klassischen Text geworden, dem man eine ebenso klassische Einkleidung geben müsse, um seine »propagandistische Wirkung [...] zu erneuern« (S.219f.). Ganz dem Programm entsprechend, das er in *Wie künftige Zeiten unsere Schriftsteller beurteilen werden* skizziert hatte, wollte er den deutschen Arbeitern nach dem Zusammenbruch des Faschismus »[i]n der edlen Sprache / Vordem reserviert / Der Verherrlichung der Könige« (14, S.434) die Grundzüge der kommunistischen Lehre nahe bringen.

Der ursprüngliche Plan wurde allerdings sehr bald erweitert. Schon in einem Brief vom März oder April 1945 ist von einem größeren Werk über »so etwas wie die Unnatur der bürgerlichen Verhältnisse« die Rede, in dem die Thesen des *Kommunistischen Manifests* nur noch das »Kernstück« ausmachen sollten, nämlich im Wesentlichen den zweiten und dritten von insgesamt vier Gesängen (29, S.348). Brecht beabsichtigte, das Material seiner Vorlage nicht nur poetisch-bildhaft auszugestalten, sondern auch zu aktualisieren und mit Beispielen aus neuerer Zeit anzureichern, um so die Geschichte des kommunistischen Gedankens und seiner Wirkungen bis in die Gegenwart zu verfolgen. Der eben zitierte Brief spricht noch einmal ausdrücklich von der »respektablen Versart des Lukrez'schen *De rerum natura*«, deren Verwendung der Würde des Themas angemessen sei (ebd.). Letztlich wurde aber nur von dem zweiten Gesang, der sich der historischen Entwicklung und den prägenden Merkmalen der kapitalistischen Gesellschaft widmet, ein größerer Teil ausgeführt, bevor Brecht das anspruchsvolle Projekt beiseite legte. Sein Interesse daran war jedoch durchaus nicht erloschen. So schrieb er Ende 1947 im Zusammenhang mit seiner *Antigone*-Bearbeitung einige Hexameter, »vornehmlich um zu prüfen, ob ich für das *Manifest* etwas hinzugelernt habe« (27, S.259), und noch in den fünfziger Jahren befasste er sich hin und wieder mit dem Manuskript, ohne aber nennenswerte Fortschritte zu erzielen.[36]

---

36 Die GBFA stellt das gesamte Material zu diesem Vorhaben zusammen (vgl. 15, S.120–157).

Zweifellos zählt dieses Lehrgedicht zu den ungewöhnlichsten poetischen Arbeiten, die Brecht überhaupt je in Angriff genommen hat. Ob eine solche Hexameterdichtung im Falle ihrer Fertigstellung wirklich ein breiteres proletarisches Publikum erreicht hätte, darf man indes bezweifeln. Das *Manifest der Kommunistischen Partei* übt mit seinem lakonischen, prägnanten Duktus sogar noch auf den heutigen Rezipienten eine beträchtliche Wirkung aus, die durch Brechts Versfassung eher abgeschwächt als verstärkt wird. Vor allem war der unmittelbare Rückgriff auf die Form des Hexameters, der schon von Freunden des Dichters wie Lion Feuchtwanger und Hanns Eisler kritisch kommentiert wurde, keine glückliche Entscheidung. In anderen Werken verfuhr Brecht sehr viel geschickter, indem er antike Versmaße in frei strukturierten Zeilen lediglich umspielte und gleichsam von ferne anklingen ließ. Auf diese Weise verlieh er dem lyrischen Ton Würde und Feierlichkeit und vermied doch jede anachronistische Einfärbung.

Die Fülle der im weitesten Sinne propagandistischen Gedichte Brechts konnte hier nur knapp umrissen werden. Für eine nähere Betrachtung seien nun zwei Texte aus dem Frühjahr 1935 herausgegriffen, weil sie besonders eindrucksvoll zu erkennen geben, was ihr Verfasser eigentlich unter Sozialismus verstand. Da sie in der Abteilung »Chroniken« der *Svendborger Gedichte* unmittelbar aufeinander folgen, kann ihre Analyse überdies an einem kleinen Ausschnitt die sorgfältig kalkulierte Struktur dieses Bandes verdeutlichen. In *Abbau des Schiffes Oskawa durch die Mannschaft* (12, S. 41–43) wird geschildert, wie die äußerst kärglich entlohnten Besatzungsmitglieder während der Überfahrt über den Atlantik ein Frachtschiff mitsamt seiner Ladung durch fortgesetzte Sabotageakte vollständig ruinieren, wodurch sie die Kosten für die Schiffahrtsgesellschaft gewaltig in die Höhe treiben. Als im Hamburger Hafen schließlich kaum mehr als ein Schrotthaufen ankommt, zieht der Sprecher das unschuldige Fazit: »Jedes Kind, meinten wir / Konnte so sehen, daß unsere Löhnung / Wirklich zu klein gewesen war.« Die Matrosen stehen dem Schiff, das ihnen ja nicht gehört, fremd und feindselig gegenüber; ihr Handeln richtet sich auf seine Zerstörung – im Titel ebenso ironisch wie präzise als zielstrebiger »Abbau« umschrieben –, mit der sie ihre Ausbeuter zu treffen wissen. So wird die »Oskawa« zum Schauplatz eines verdeckt, aber erbittert geführten Klassenkampfes.[37] Das nächste Gedicht versetzt den Leser dann aus der westlich-kapitalistischen Welt in die sozialistische Sowjetunion. *Inbesitznahme der großen Metro durch die Moskauer Arbeiterschaft am 27. April 1935* (12, S. 43–45) entwirft nicht nur ein farbiges Bild von der Einweihung der prachtvollen Untergrundbahn in Moskau, sondern stellt im Schlussabschnitt auch besonders heraus, wodurch sich dieses Bauwerk von allen anderen technisch-architektonischen Großleistungen der Weltgeschichte unterscheidet:

---

37 Gegenüber seiner Quelle, einer Passage aus dem Buch *Dynamite. The Story of Class Violence in America* von Louis Adamic (New York 1931), nahm Brecht hier entscheidende Veränderungen vor, denn nach Adamics Bericht bestand die Besatzung der »Oskawa« zum größten Teil aus verkommenen Säufern, denen jedes Klassenbewusstsein abging. Vgl. dazu Michael Morley: The Source of Brecht's *Abbau des Schiffes Oskawa durch die Mannschaft*. In: Oxford German Studies 2 (1967), S. 149–162.

> Denn es sah der wunderbare Bau
> Was keiner seiner Vorgänger in vielen Städten vieler Zeiten
> Jemals gesehen hatte: *als Bauherren die Bauleute!*
> Wo wäre dies je vorgekommen, daß die Frucht der Arbeit
> Denen zufiel, die da gearbeitet hatten? Wo jemals
> Wurden die nicht vertrieben aus dem Bau
> Die ihn errichtet hatten?
> Als wir sie fahren sahen in ihren Wägen
> Den Werken ihrer Hände, wußten wir:
> Dies ist das große Bild, das die Klassiker einstmals
> Erschüttert voraussahen.

Nur wo sie sich die »Werke ihrer Hände« selbstbewusst aneignen dürfen und somit endlich unentfremdete Arbeit leisten, können die Proletarier ihre Energien produktiv statt destruktiv einsetzen, auf- statt abbauend tätig werden. Dabei lässt sich das zentrale Motiv des Bauens auch metaphorisch auf die Errichtung einer neuen gesellschaftlichen Ordnung beziehen. Noch in seiner Nachkriegslyrik wird Brecht dieses Bildfeld ausgiebig nutzen, wenn es um den ›Aufbau‹ in Ostdeutschland geht.

Die durch die Komposition der Lyriksammlung hergestellte Verbindung der beiden Gedichte etabliert eine übergreifende Verständnisebene: Vom Kapitalismus zum Sozialismus fortschreitend, entkommt das Proletariat seiner Entfremdung und gelangt zur freien Entfaltung seiner produktiven Kräfte. Der Differenz zwischen den Stadien der gesellschaftlichen und ökonomischen Entwicklung, die in diesen Werken gestaltet werden, korrespondiert auch ein markanter Unterschied der lyrischen Redeweisen. In dem *Oskawa*-Gedicht berichtet einer der Matrosen als Repräsentant des proletarischen Kollektivs in spöttisch-ironischer Brechung von den Vorgängen auf dem Schiff, wobei er das Klassenbewusstsein der Saboteure so verbirgt, dass es zugleich überdeutlich sichtbar wird. Gewissermaßen mit einem Augenzwinkern führt er die Fehlschläge und Unglücksfälle, die die Besatzung am laufenden Band verursacht, auf den »Kummer / Über die schlechte Löhnung, das unsichere Alter«, auf Gedankenlosigkeit, gekränktes Ehrgefühl oder bloßes Pech zurück. Dem Leser wird auf diesem Wege ein schadenfrohes Einverständnis mit den erfindungsreichen Matrosen in ihrem listigen Kampf gegen die Ausbeuter nahe gelegt. Das mit den Worten »Wir hörten« eingeleitete *Metro*-Gedicht präsentiert sich dagegen als episch distanzierter Bericht eines anonymen Chronisten, dessen gehobene, teils geradezu hymnische Sprache sogar gewisse Hexameter-Anklänge aufweist, wie sie schon oben erwähnt wurden. Hier ist der Rezipient am Eingang jener neuen welthistorischen Epoche, die »die Klassiker einstmals / Erschüttert voraussahen«, zur feierlichen Einstimmung aufgefordert. Franz Norbert Mennemeier weist in seinen Überlegungen zu Brechts ›Preisgedichten‹ auf die ästhetischen Risiken hin, die die »offene, unmittelbare Parteinahme für das sozialistisch Positive« zwangsläufig mit sich brachte[38], und in der Tat dürfte das Pathos, das solche Verse verströmen, den heutigen Leser eher unangenehm berühren. Der stilisierte Gestus des Rühmens lässt jene Differenzierungen, die beispielsweise viele von Brechts nüchtern belehrenden, kritischen oder satirischen Gedichten auszeichnen, nicht zu und schränkt damit zugleich gewissermaßen die geistige Bewegungsfreiheit des Re-

---

38 Franz Norbert Mennemeier: Bertolt Brechts Lyrik. Aspekte, Tendenzen. Berlin ²1998, S.134.

zipienten ein. Andererseits betont Mennemeier aber zu Recht, dass dieser Gestus in Brechts »Lyrik-Konzept« einen ebenso festen und legitimen Platz hat wie die übrigen eben genannten Haltungen.[39] Werke wie das *Metro*-Gedicht oder auch die zu DDR-Zeiten entstandene kleinepische Verserzählung *Tschaganak Bersijew oder Die Erziehung der Hirse*, die gleichfalls einen Stoff aus der Sowjetunion aufgreift, dürfen keineswegs als widerwillig erledigte Pflichtaufgaben des Autors abgetan oder ›entschuldigt‹ werden.[40]

Zu der Frage, wie der verwirklichte Sozialismus im Einzelnen aussehen werde, hatte Brecht – wie schon Karl Marx – verhältnismäßig wenig zu sagen, denn er misstraute jedem Versuch, die dialektische Bewegung der Geschichte in der gedanklichen Vorwegnahme eines sei es auch noch so fernen Endpunktes stillzustellen. »Zukunftspläne zu machen« gehörte nach einer Passage im *Buch der Wendungen* zu den Dingen, die »Me-ti nicht liebte« (18, S.148), und das Gedicht *Gleichnis des Buddha vom brennenden Haus* weist die Forderung nach einer konkreten sozialistischen Utopie entschieden zurück. Doch trotz der ausgeprägten »Bilderfeindschaft«[41], die Brecht in diesem Punkt an den Tag legte, konnte der Kampf um eine bessere Einrichtung der Welt im Interesse menschlicher Ansprüche und Bedürfnisse natürlich nicht ohne Zielvorstellungen auskommen, die mehr oder weniger klar umrissen sein mussten, und so lassen sich durchaus einige wichtige Aspekte von Brechts Hoffnungen und Erwartungen für eine sozialistische Zukunft benennen. Schon die beiden eben betrachteten Gedichte zeigen, dass er an die marxistische Lehre von der *Arbeit* als einem Medium schöpferischer humaner Selbstverwirklichung anknüpfte: Im Mittelpunkt seiner Vorstellungen vom Sozialismus steht – neben der bereits am Beispiel des *Gegenlieds* erörterten Idee des Genusses und gewissermaßen komplementär zu ihr – die Freisetzung der produktiven Möglichkeiten des Menschen durch Abschaffung der Klassenschranken und des Privateigentums an Produktionsmitteln. In einer Notiz aus den dreißiger Jahren heißt es: »Die Freiheit ist eine Produktion und eine Sache der Produktion. Die Menschen müssen die Produktion befreien, ihre Fesseln abstreifen, dann sind sie frei. Nur bei einer Produktion aller Menschen für alle Menschen sind alle Menschen frei« (22.1, S.298). Die Bezeichnung »Große Ordnung«, mit der Brecht den Sozialismus im *Buch der Wendungen* noch zu umschreiben pflegte, verwarf er später. Eine Journal-Eintragung von 1941 hält fest: »Der große Irrtum [...] bestand in meiner Definition des Sozialismus als einer *Großen Ordnung*. Er ist hingegen viel praktischer als *Große Produktion* zu definieren«, womit der dynamische Aspekt in den Vordergrund rückt.[42] Gleich anschließend wird erläutert: »Produktion muß natürlich im weitesten Sinn genommen werden, und der Kampf gilt

---

39 Ebd.
40 Vgl. zu diesem Thema auch Philip Thomson: The Poetry of Brecht. Seven Studies. Chapel Hill u.a. 1989, S.158–180, der vor allem die ›positiv sozialistischen‹ Gedichte aus den Jahren nach dem Zweiten Weltkrieg analysiert und zusammenfassend feststellt: »Brecht is most at home when he is occupying an attacking, critical position and, conversely, at his weakest when it comes to producing works of enthusiasm and praise« (S.178).
41 Klaus-Detlef Müller: Utopische Intention und Kritik der Utopien bei Brecht. In: Literatur ist Utopie. Hrsg. von Gert Ueding. Frankfurt a.M. 1978, S.335–366, hier S.344. Vgl. zu diesem Thema auch den ausgezeichneten Überblick von Jost Hermand: Utopisches bei Brecht [1974]. In: ders.: »Das Ewig-Bürgerliche widert mich an«. Brecht-Aufsätze. Berlin 2002, S.69–93.
42 Vereinzelt erscheint die Formulierung »große Produktion« allerdings auch schon im *Buch der Wendungen* (18, S.108). Und bezeichnenderweise lautet einer der wenigen allgemeinen »Du-sollst-Sätze«, die Me-ti – als Brechts Alter Ego – anerkennt: »Du sollst produzieren« (S.179).

der Befreiung der Produktivität aller Menschen von allen Fesseln. Die Produkte können sein Brot, Lampen, Hüte, Musikstücke, Schachzüge, Wässerung, Teint, Charakter, Spiele usw. usw.« (26, S. 468). Wie diese Aufzählung erkennen lässt, erwartete Brecht von der Entfesselung der Produktivkräfte nicht etwa nur eine Steigerung der Erzeugung unmittelbar verwertbarer materieller Güter. Befreiung verheißt der Sozialismus zum Beispiel auch dem Künstler, der in der kapitalistischen Gesellschaft ganz von den Produktionsapparaten des Kulturbetriebs abhängig und damit ebenfalls in einer Situation tiefer Entfremdung gefangen ist. Besonders in den letzten Jahren der Weimarer Republik befasste sich Brecht intensiv mit diesem Problem. Der im Untertitel als »soziologisches Experiment« deklarierte *Dreigroschenprozeß* von 1931/32 fasst seine kritische Diagnose zusammen.

Dass die freigesetzte menschliche Produktivität in Brechts Augen auch ein Maximum an nützlicher Naturbeherrschung hervorbringen musste, demonstrieren die Gedichte *Tschaganak Bersijew oder Die Erziehung der Hirse* und *Bei der Lektüre eines sowjetischen Buches* (aus den *Buckower Elegien*) am Beispiel der Sowjetunion.[43] Zudem verhieß der Wegfall von Klassenherrschaft, Besitzstreben und Ausbeutung einen Zustand des Friedens sowohl unter den Völkern als auch in den unmittelbaren sozialen Nahbeziehungen. Kapitalismus bedeutete für Brecht einen fortdauernden Kampf aller gegen alle, der im offenen Krieg der Nationen nur seine augenfälligste Gestalt annahm und sich nicht wesentlich von jenem chaotischen Naturzustand unterschied, den der englische Staatstheoretiker Thomas Hobbes in seinem *Leviathan* postuliert hatte. Demgegenüber charakterisierte Brecht den Sozialismus wiederholt durch pointierte Negationen der berühmten Formel »homo homini lupus«, mit der Hobbes die Verhältnisse im Naturzustand umschrieb.[44] So wird in *An die deutschen Soldaten im Osten* von 1942 die Sowjetunion, »das friedliche Land der Bauern und Arbeiter« und »des unaufhörlichen Aufbaus« (15, S. 65), als der erste Staat der Weltgeschichte gerühmt, »[w]o da der Mensch dem Menschen kein Wolf mehr ist« (S. 67), und das Gedicht *An die Nachgeborenen* mündet in den Ausblick auf eine künftige Epoche, in der »der Mensch dem Menschen ein Helfer« sein wird (12, S. 87). Hier erscheint zudem der Schlüsselbegriff »Freundlichkeit«, mit dem der Autor jene umfassende Solidarität bezeichnete, die im Sozialismus an die Stelle des permanenten Konkurrenzkampfes treten sollte. Mit der Trias ›Genuss – Produktivität – Freundlichkeit‹ kann Brechts Wunschvorstellung von Sozialismus, wie sie in seinen Schriften umrisshaft sichtbar wird, auf eine knappe Formel gebracht werden.

Seit der marxistischen Wende trägt Brechts Geschichtsbild, allen düsteren Erfahrungen der dreißiger und vierziger Jahre zum Trotz, optimistische, von prinzipieller Fortschrittszuversicht geprägte Züge. Mit wenigstens zwei äußerst heiklen Phänomenen musste er sich allerdings zwangsläufig auseinandersetzen, nämlich mit der Rolle der Kommunistischen Partei als der politischen Organisationsform der revolutionären Arbeiterklasse und mit der Person Stalins, unter dessen Führung in der Sowjetunion nach offizieller Lesart bereits der Sozialismus aufgebaut wurde. Die Beschäftigung mit diesen Themen schlug sich auch in seinem lyrischen Werk nieder.

---

43 Vgl. dazu das Kapitel 15 »Poetische Sinn-Bilder: *Buckower Elegien*«.
44 Die Wendung ist der um 200 v. Chr. entstandenen Komödie *Asinaria* des Plautus entlehnt (II, 4; V. 495).

Das *Lob der Partei* scheint mit seinem schroff kontrastierenden Verfahren – »Der einzelne hat zwei Augen / Die Partei hat tausend Augen ...« (11, S.234) – eine strikte Unterordnung des Individuums unter das organisierte Kollektiv zu proklamieren. Es wäre jedoch voreilig, die Verse als zynische Rechtfertigung der metaphorischen oder gar physischen Vernichtung von Menschen im Namen eines totalitären Parteiapparates aufzufassen, der für sich die objektive »Kenntnis der Wirklichkeit« beansprucht und damit jeden Abweichler von vornherein ins Unrecht setzt. Ein anderes Bild ergibt sich, wenn man den Text nicht isoliert, sondern im Rahmen des Bandes *Lieder Gedichte Chöre* betrachtet, wo ihm das Gedicht *Wer aber ist die Partei?* folgt:

Wer aber ist die Partei?
Sitzt sie in einem Haus mit Telefonen?
Sind ihre Gedanken geheim, ihre Entschlüsse unbekannt?
Wer ist sie?

Wir sind sie.
Du und ich und ihr – wir alle.
In deinem Anzug steckt sie, Genosse, und denkt in deinem Kopf.
Wo ich wohne, ist ihr Haus, und wo du angegriffen wirst, da kämpft sie.

Zeige uns den Weg, den wir gehen sollen, und wir
Werden ihn gehen wie du, aber
Gehe nicht ohne uns den richtigen Weg
Ohne uns ist er
Der falscheste.
Trenne dich nicht von uns!

Wir können irren, und du kannst recht haben, also
Trenne dich nicht von uns!

Daß der kurze Weg besser ist als der lange, das leugnet keiner
Aber wenn ihn einer weiß
Und vermag ihn uns nicht zu zeigen, was nützt uns seine Weisheit?
Sei bei uns weise!
Trenne dich nicht von uns!
(11, S.234 f.)

Im Zusammenhang des Gedichtbandes scheinen die titelgebende Frage und die Eingangszeilen unmittelbar auf die vorangegangenen Verse zu reagieren: Der Sprecher begegnet dem »Lob der Partei« mit Skepsis und besteht darauf, erst einmal mehr über diese ominöse Institution und ihren (scheinbar) absoluten Anspruch zu erfahren. Die anschließenden Erläuterungen, die einer anderen, im Namen des Kollektivs sprechenden Instanz in den Mund gelegt sind, bringen nun jene Dialektik von Individuum und ›Apparat‹ ins Spiel, die *Lob der Partei*, für sich genommen, vermissen lässt. Die Partei ist eben aus unzähligen Einzelnen mit all ihren Einsichten und ihrem Wissen gebildet; statt das Individuum auszulöschen, gibt sie ihm überhaupt erst die Möglichkeit, wirkungsvoll zu handeln, indem sie es mit anderen zum geschichtsmächtigen kollektiven Klassensubjekt organisiert. Von einer autoritären Hierarchie kann jetzt keine Rede mehr sein. »Trenne dich nicht von uns«, lautet der zentrale Appell – nicht weil die Partei per se ›immer recht hat‹, sondern weil gerade umgekehrt der Einzelne gegen die Mehrheit recht haben könnte und sie deshalb dringend auf seinen konstruktiven Beitrag und seinen Rat angewiesen ist: »Wir können irren, und du kannst recht haben, also / Trenne dich nicht von uns!« Nur weil in ihr die Erfahrungen so vieler Menschen zusammenfließen, hat die Partei »tausend Augen« und »viele Stunden«, »sieht sieben Staaten« und »kann nicht vernichtet werden«. Auf der anderen Seite wird die »Weisheit« eines Einzelnen erst dann praktisch wirksam, wenn sie das gemeinschaftliche Handeln inspiriert, statt in unfruchtbarer Isolation zu verharren: »Gehe nicht ohne uns den richtigen Weg / Ohne uns ist er / Der falscheste.«[45]

Nach Brecht sollte die Partei kein anonymer Funktionärsapparat sein, der selbstherrlich die Geschicke der Arbeiterschaft lenkt, sondern nichts anderes als das Kollektiv der klassenbewussten, zum revolutionären Handeln befähigten Genossen, die Avantgarde des Proletariats, eben der »Vortrupp der Massen«, wie es in *Lob der Partei* heißt, der die Fähigkeiten seiner sämtlichen Mitglieder bündelt und in die klassenkämpferische Aktion überführt. Als »Vorhut der Arbeiterklasse« und somit ganz im Sinne Brechts hatte Lenin die Partei ursprünglich in der Tat aufgefasst.[46] Ein Blick auf die Sowjetunion unter Stalin offenbart freilich, dass die dortige Realität mit diesem Entwurf längst nicht mehr übereinstimmte. Seit der Oktoberrevolution war die Kommunistische Partei in Russland mehr und mehr zu einer autoritär geführten Kaderpartei geworden, womit die Zentralisierung, Bürokratisierung und Hierarchisierung des staatlichen Verwaltungsapparates einherging.[47] Auf Verwaltung und Bürokratie, deren Expansion schon unter Lenin begonnen hatte, stützte dann auch Stalin seine persönliche Herrschaft, die er mit der Zeit zu einer totalitären Diktatur ausbaute. Den von ihm angeordneten ›Säuberungen‹ der Jahre 1936 bis 1938 fielen unzählige Menschen zum Opfer; die berüchtigten Moskauer Prozesse, in denen der Machthaber mit echten oder vermeintlichen Widersachern in der Parteiführung abrechnete, bildeten nur die Spitze des Eisbergs.

Schon weil die stalinistische Sowjetunion bis nach dem Zweiten Weltkrieg das einzige Land der Welt war, das sich als sozialistisch bezeichnete, konnte Brecht den Sozialismus schwerlich von der Person Stalins trennen.[48] Während er aber den 1924

---

45 Auch das Lehrstück *Die Maßnahme*, aus dessen Kontext die beiden Gedichte ursprünglich stammen, verurteilt keineswegs pauschal das spontane Gefühl und das Geltendmachen individueller Erfahrungen, sondern lediglich deren gefährliche Verselbständigung in Situationen, die taktische revolutionäre Disziplin erfordern. Die Verse, die in *Lieder Gedichte Chöre* unter dem Titel *Wer aber ist die Partei?* stehen, hat Brecht übrigens erst in die Neufassung des Stückes von 1931 eingebaut, offenbar um den oben angedeuteten Missverständnissen, die *Lob der Partei* hervorrufen könnte, vorzubeugen (vgl. 3, S.119f.). – Die subtile Machart des nur scheinbar schlichten Textes kann hier nicht näher erörtert werden. Vgl. dazu die detaillierte strukturalistische Analyse von Roman Jakobson: Der grammatische Bau des Gedichts von B. Brecht *Wir sind sie* [1965]. In: ders.: Selected Writings. Bd. III: Poetry of Grammar and Grammar of Poetry. Hrsg. von Stephen Rudy. The Hague u.a. 1981, S.660–676.
46 W.I. Lenin: Ein Schritt vorwärts, zwei Schritte zurück. Die Krise in unserer Partei [1904]. In: ders.: Sämtliche Werke. Bd. VI: Menschewismus und Bolschewismus. 1903–1904. Wien u.a. 1930, S.195–448, hier S.261.
47 In dieselbe Richtung entwickelte sich später zu Brechts großem Unbehagen auch die SED. Vgl. dazu das Kapitel 14 »Die Mühen der Ebenen: Brecht in der DDR«.
48 Detailliertere Informationen über Brechts Haltung zu Stalin mit zusätzlichen Belegstellen aus seinen Schriften bieten David Pike: Lukács und Brecht. Aus dem Englischen übersetzt von Lore Brüggemann. Tübingen 1986, S.225–263, Michael Rohrwasser: Der Stalinismus und die Renegaten. Die Literatur der Exkommunisten. Stuttgart 1991, S.160–167, und Klaus-Detlef Müller: Brecht und Stalin. In: Von Poesie und Politik. Zur Geschichte einer dubiosen Beziehung. Hrsg. von Jürgen Wertheimer. Tübingen 1994, S.106–122.

verstorbenen Lenin, der im *Buch der Wendungen* unter dem Namen Mi-en-leh eine herausragende Rolle spielt, als idealen Revolutionär und Lehrmeister würdigte, als einen »Funktionär« im besten Sinne des Wortes, der sich »bewies [...], indem er funktionierte« (27, S.53), legte er Stalin gegenüber eine auffallende Zurückhaltung an den Tag. In dem erwähnten Werk tritt der Diktator im Vergleich zu Lenin merklich in den Hintergrund; ob man aus dem für ihn gewählten Decknamen Ni-en sogar ein verstecktes ›Nein‹ herauslesen darf, muss allerdings offen bleiben. Auch in seinen lyrischen und dramatischen Arbeiten thematisiert Brecht die zeitgenössische Sowjetunion nur selten. Ausnahmen von der somit auch auf diesem Gebiet zu beobachtenden »Bilderfeindschaft« stellen neben dem Hymnus auf die Eröffnung der Moskauer Metro vor allem die Gedichte *Die Internationale, Erwartung des zweiten Plans, Tschaganak Bersijew oder Die Erziehung der Hirse, Die Partei* und *Bei der Lektüre eines sowjetischen Buches* dar. Außerdem ist das Stück *Der kaukasische Kreidekreis* zu nennen, dessen Rahmenhandlung der Autor aber wohlweislich in einem entlegenen Randgebiet der Sowjetunion ansiedelte. Überhaupt fällt auf, dass die Lobgesänge auf Sowjetrussland, die Brecht gelegentlich anstimmte, Stalins Namen fast immer sorgsam aussparen. In seinem Wunsch- und Idealbild des Sozialismus hat allein das Kollektiv der klassenbewussten Proletarier, der »Sowjetmenschen« (12, S.308), einen legitimen Platz.

Um angesichts der unübersehbaren Schattenseiten des Stalinismus nicht jede Hoffnung auf eine Verwirklichung seines sozialistischen Ideals in der Sowjetunion aufgeben zu müssen, bemühte sich Brecht, das Phänomen Stalin historisch-dialektisch zu interpretieren. Seine Argumentation stützte sich auf die Überzeugung, dass die ungeheure Aufgabe, gerade im rückständigen Russland ein sozialistisches Gemeinwesen zu errichten, weder von heute auf morgen noch ohne alle Fehler und Missgriffe gemeistert werden könne. Die Annahme einer begrenzten Übergangsphase gestattete es ihm, für viele fragwürdige Aspekte der sowjetischen Realität – soweit sie ihm bekannt war – eine befriedigende Erklärung zu finden und auf die künftige Aufhebung der fortdauernden Konflikte und Widersprüche zu vertrauen. Besonders aufschlussreich sind einige Notizen aus der zweiten Hälfte der dreißiger Jahre, die offenkundig die Bedeutung von Stalins Herrschaft für die Entwicklung des Sozialismus zu bestimmen suchen, obwohl der Name des Diktators nirgends genannt wird (22.1, S.300–302). »Diktaturen von Klassen oder gar von einzelnen Menschen« betrachtet Brecht als untrügliche Zeichen dafür, dass die »wirtschaftliche[n] Zustände« in dem betreffenden Land noch »verbesserungsbedürftig« sind. Gleichwohl könne eine Diktatur notwendig sein, wenn es gelte, durch den (vorübergehenden) Einsatz gewaltsamer Mittel »jene Zustände [...], welche die Unterdrückung verewigen«, zu überwinden. Daraus folgert Brecht: »Es müssen jene Diktaturen unterstützt und ertragen werden, welche gegen diese Zustände der ökonomischen Art vorgehen. Das sind nämlich Diktaturen, welche ihre eigene Wurzel ausreißen.« Konkret wird diese Überlegung auf die unumgängliche »Unterdrückung jener Bauernmassen« bezogen, »welche den Aufbau einer mächtigen Industrie in Rußland nicht unterstützen wollen« und damit dem wirtschaftlichen Fortschritt, der langfristig auch ihren eigenen Interessen dient, im Wege stehen. So herrsche in Russland vorläufig zwar noch nicht der Idealzustand der »Freiheit«, doch sei immerhin schon der Prozess der »Befreiung« im Gange. Dabei kommt es für Brecht nicht auf »das Gefühl der persönlichen Freiheit« an, sondern allein auf die »Befreiung der Produktivkräfte«, die letztlich auch den Einzelnen frei machen werde.[49]

Dass Stalin diese »Befreiung der Produktivkräfte« vorantrieb, wenn auch mit den gewaltsamen Mitteln einer Diktatur, stand für Brecht damals anscheinend außer Frage. Auch das *Buch der Wendungen*, an dem er im selben Zeitraum arbeitete, betont wiederholt die ›Nützlichkeit‹ des Ni-en und spricht dem sowjetischen Machthaber damit den höchsten Ruhmestitel zu, den der Autor überhaupt zu vergeben hatte (vgl. 18, S. 66, 108 und 169). Nicht einmal die Moskauer Prozesse vermochten Brecht eine offene Kritik am stalinistischen Herrschaftssystem zu entlocken. Freilich spielten hierbei taktische Erwägungen im Blick auf die sich zuspitzende politische Lage eine wichtige Rolle. Sie werden in einem größeren Aufsatz, in dem er sich eine Position zurechtlegte, die man in dieser Sache öffentlich vertreten könne, gleich eingangs vorgetragen. Da ihm – wie vielen anderen exilierten NS-Gegnern – angesichts der zögerlichen Haltung und der fatalen Appeasement-Politik der westlichen Demokratien die Sowjetunion als einziger ernstzunehmender Widerpart der aggressiven faschistischen Mächte erschien, forderte Brecht bedingungslose Solidarität mit ihrer politischen Führung:

> Was die Prozesse betrifft, so wäre es ganz und gar unrichtig, bei ihrer Besprechung eine Haltung gegen die sie veranstaltende Regierung der Union einzunehmen, schon da diese ganz automatisch in kürzester Zeit sich in eine Haltung gegen das heute vom Weltfaschismus mit Krieg bedrohte russische Proletariat und seinen im Aufbau begriffenen Sozialismus verwandeln müßte. (22.1, S. 365)

Statt eine nüchterne Überprüfung der Prozesse und ihrer Hintergründe wenigstens anzustreben, lässt sich der Verfasser sein Urteil über die Berechtigung von Stalins Vorgehen von den Erfordernissen der weltpolitischen Konstellation diktieren. Die argumentativen Windungen und Wendungen, mit denen er dann nachträglich noch eine sachlich-juristische Legitimation für dieses Urteil zu konstruieren sucht, wirken teilweise geradezu absurd.

Während Brecht also jede öffentliche Stellungnahme gegen den sowjetischen Diktator schon deshalb unterließ, weil er die Geschlossenheit der eigenen Reihen im Kampf gegen den Faschismus nicht gefährden wollte, kann man aus privaten Äußerungen, die nicht dem Zwang zur diplomatischen Zurückhaltung unterlagen, einen differenzierteren Eindruck von seiner Einstellung gewinnen. So zeichnete er Anfang 1939 im Journal ein überaus düsteres Bild von der Lage in der Sowjetunion, wobei er die Namen von Freunden, Mitarbeitern und Bekannten auflistete, die den Verfolgungen zum Opfer gefallen waren (vgl. 26, S. 326 f.).[50] Walter Benjamin vermerkt in den Notizen über seine Gespräche mit Brecht im Sommer 1938 ebenfalls: »Sehr skeptische

---

49 Noch zehn Jahre später wies er in seinem Journal den im Kapitalismus geprägten »Begriff der bürgerlichen Freiheit« des Individuums zurück und fasste statt dessen die Freiheit des proletarischen Kollektivs ins Auge: »Das Proletariat befreit sich als die größte Produktionskraft. In einem ungeheuren Massenprozeß produziert die Masse sich frei« (27, S. 266). Einmal mehr wird hier sichtbar, wie bedeutsam der Gedanke der produktiven Entfaltung für sein Sozialismusverständnis war.

50 Brecht zog übrigens während der Exiljahre nie ernstlich in Erwägung, sich dauerhaft in der Sowjetunion niederzulassen. Über die tödlichen Risiken, die ein längerer Aufenthalt in diesem Land mit sich brachte, wusste er offenbar durchaus Bescheid.

Antworten erfolgen, so oft ich russische Verhältnisse berühre.«⁵¹ Und auch in der Lyrik konnten sich Zweifel und Nachdenklichkeit artikulieren. Nach dem Tod des Schriftstellers Sergej Tretjakow, der mit Brecht befreundet gewesen war, entstand im Herbst 1939 das Gedicht *Ist das Volk unfehlbar?* (14, S. 435 f.):

1
Mein Lehrer
Der große, freundliche
Ist erschossen worden, verurteilt durch ein Volksgericht.
Als ein Spion. Sein Name ist verdammt.
Seine Bücher sind vernichtet. Das Gespräch über ihn
Ist verdächtig und verstummt.
Gesetzt, er ist unschuldig?

2
Die Söhne des Volkes haben ihn schuldig gefunden.
Die Kolchosen und Fabriken der Arbeiter
Die heroischsten Institutionen der Welt
Haben in ihm einen Feind gesehen.
Keine Stimme hat sich für ihn erhoben.
Gesetzt, er ist unschuldig?⁵²

Bevor das Gedicht mit den Zeilen »Gesetzt, er ist unschuldig / Wie mag er zum Tod gehen?« schließt, wiederholen vier weitere Versblöcke die Struktur dieser ersten beiden Abschnitte. Ohne erkennbare Distanzierung werden sämtliche Phrasen angeführt, die in der Sowjetunion damals die Justizmorde offiziell rechtfertigen sollten – wie es den rechtsstaatlichen Prinzipien dabei erging, illustriert beispielsweise das ›Argument‹: »Papiere verlangen, auf denen schwarz auf weiß die Beweise der Schuld stehen / Ist unsinnig, denn es muß keine solchen Papiere geben« –, doch stets folgt am Ende die bohrende Frage: »Gesetzt, er ist unschuldig?« Die Spannung, die diese Struktur schafft, bleibt im Text ungelöst. Sie bildet vermutlich ganz unmittelbar die quälende Unentschiedenheit ab, unter der der Autor damals litt.

Den übersteigerten Personenkult um den sowjetischen Alleinherrscher nahm Brecht dagegen recht gelassen hin. Im *Buch der Wendungen* wird die »Verehrung des Ni-en« akzeptiert, weil sie geeignet sei, ihm jenen »Kredit« bei den Menschen zu verschaffen, den er benötige, um den Aufbau der »große[n] Produktion« durchzusetzen (18, S. 108; vgl. auch S. 65). Demselben Thema widmen sich in historischer Verkleidung einige Verse aus den *Svendborger Gedichten*. Schon Benjamin kam bei ihrer Lektüre »der Gedanke an Stalin«, und Brecht soll ihm diesen Bezug ausdrücklich bestätigt haben⁵³:

---

51 Walter Benjamin: Tagebuchnotizen 1938. In: ders.: Gesammelte Schriften. Bd. VI. Hrsg. von Rolf Tiedemann und Hermann Schweppenhäuser. Frankfurt a. M. 1985, S. 532–539, hier S. 535.
52 Wie in vielen seiner Äußerungen über die Sowjetunion vermeidet es Brecht auch hier, Stalin zu erwähnen. Zu Gericht sitzen an seiner Stelle die »Söhne des Volkes«, also die Arbeiter selbst.
53 Benjamin: Tagebuchnotizen 1938, S. 536.

Ansprache des Bauern an seinen Ochsen
(*Nach einem ägyptischen Bauernlied aus dem Jahre 1400 v. Chr.*)
O großer Ochse, göttlicher Pflugzieher
Geruhe, gerade zu pflügen! Bring die Furchen
Freundlichst nicht durcheinander! Du
Gehst voraus, Führender, hü!
Wir haben gebückt gestanden, dein Futter zu schneiden
Geruhe jetzt, es zu verspeisen, teurer Ernährer! Sorg dich nicht
Beim Fressen um die Furche, friß!
Für deinen Stall, du Beschützer der Familie
Haben wir ächzend die Balken hergeschleppt, wir
Liegen im Nassen, du im Trockenen. Gestern
Hast du gehustet, geliebter Schrittmacher.
Wir waren außer uns. Willst du etwa
Vor der Aussaat verrecken, du Hund?[54]

Bis zur äußersten Selbsterniedrigung, ja bis zur Selbstaufopferung verehren der Bauer und seine Familie den Ochsen gleich einer Gottheit. Doch offenbart bereits die Überschrift des Gedichts, dass es hier, aller ostentativen Demut zum Trotz, keineswegs um den irrationalen Kult eines höheren Wesens, sondern um sehr handfeste lebenspraktische Zwecke geht. Der Angebetete, den man für die Feldarbeit braucht, ist eben der »teure Ernährer« der Familie – das Attribut kann als Ausdruck der Huldigung gelesen, ebensogut aber in einem ganz materiellen Sinne auf den Geldwert des Ochsen bezogen werden! – und wird allein wegen seiner Nützlichkeit, nicht etwa um seiner selbst willen so aufmerksam behandelt. Die Einstellung des Bauern zu *seinem* Ochsen ist und bleibt die des Besitzers zu einem unentbehrlichen Nutztier, um dessen Wohlergehen er im eigenen Interesse besorgt sein muss.

Übertragen auf Stalin bedeutet dies: Der Personenkult ist akzeptabel, soweit er sich an der Nützlichkeit der betreffenden Person orientiert, statt sich zu verselbständigen und damit tatsächlich Züge eines quasi-religiösen Dogmas anzunehmen. Dass der Bauer im Gedicht den entscheidenden Gesichtspunkt in der Tat nie aus den Augen verliert, verdeutlicht die krasse Schlusswendung, denn der devote Tonfall des Sprechers, der in Wahrheit eben doch der Herr des Ochsen ist, ändert sich schlagartig, sobald dessen Nutzen zweifelhaft wird. Stalin als Ochse im Dienst des Proletariats und nur so lange von Wert, wie er zur Arbeit taugt – naive Schwärmerei für den Diktator kann man Brecht wahrhaftig nicht nachsagen.[55] Sein Urteil über Stalins historische Rolle

---

54 Der hier wiedergegebene Text weicht in einem Punkt von der GBFA ab, die die Verse nach der Erstausgabe der *Svendborger Gedichte* bietet (12, S. 52): Dort heißt es in der drittletzten Zeile »Schriftmacher«. Dabei handelt es sich aber höchstwahrscheinlich um einen Druckfehler in dem Band von 1939, denn in sämtlichen Handschriften Brechts steht das – sinnvolle – Wort »Schrittmacher«. Vgl. dazu Viviane Moser: *Ansprache des Bauern an seinen Ochsen*. In: Brecht-Handbuch in fünf Bänden. Hrsg. von Jan Knopf. Bd. 2: Gedichte. Stuttgart u. a. 2001, S. 302–304, hier S. 302.
55 Ganz ähnlich bestimmt eine Episode aus dem *Buch der Wendungen* das Verhältnis zwischen Lenin und dem Volk: Der politische Führer ist im Grunde nichts anderes als ein Sklave, den das Volk als Helfer für seine eigene Ausbildung gemietet hat, ein bloßer ›Funktionär‹ im Wortsinne also, wie Brecht ihn in Lenin beispielhaft verkörpert sah (vgl. 18, S. 76). – Zur Deutung der *Ansprache des Bauern an seinen Ochsen* vgl. auch Jan Knopf: Gelegentlich: Poesie. Ein Essay über die Lyrik Bertolt Brechts. Frankfurt a. M. 1996, S. 176 f. Seine Bezeichnung des Gedichts als »Stalinschelte« (S. 176) ist allerdings irreführend.

lässt sich aus heutiger Sicht freilich nicht mehr aufrechterhalten. In der Sowjetunion wurde damals keineswegs das aufgebaut, was Brecht unter Sozialismus verstand.

Der Hitler-Stalin-Pakt, der unmittelbar vor Kriegsausbruch die klaren politisch-ideologischen Fronten verwischte, gab dem Stückeschreiber verständlicherweise viel zu denken, wie zahlreiche Journal-Eintragungen belegen. »Die Weltlage wird immer wirrer«, konstatierte er im Januar 1940 (26, S.357). Schon früher hatte er allerdings einen Erklärungsversuch formuliert, der den Gedanken von der unvermeidlichen Übergangsphase auf dem Weg zum Sozialismus aufgreift: »Immer noch nicht entscheidet [in der Sowjetunion] das Volk, die Masse, das Proletariat, sondern die Regierung entscheidet für das Volk, die Masse, das Proletariat«; deshalb sei Stalin vorläufig außerstande, »den Krieg [gegen Hitler-Deutschland] in einer revolutionären Weise zu eröffnen, als Volkskrieg, als proletarische Aktion, als Massenkrieg« (S.348). Im amerikanischen Exil führte ihm dann ein »niederdrückendes Buch über Stalin« die »Umwandlung des Berufsrevolutionärs in den Bürokraten, einer ganzen revolutionären Partei in einen Beamtenkörper« vor Augen (27, S.158). Und noch in seinen ebenso knappen wie nüchternen Nachrufen auf den Diktator, der am 5. März 1953 starb, mischen sich Respekt und skeptische Distanz.[56] Wenn er ihn dort zunächst als die Verkörperung der Hoffnungen aller Unterdrückten auf der Welt bezeichnet, geht es ihm weniger um die Taten des Verstorbenen als um das Bild, das andere sich von ihm machen. Immerhin werden dann auch die »geistigen und materiellen Waffen, die er herstellte«, flüchtig erwähnt, aber eine besondere Würdigung erfährt die Tatsache, dass »unter seiner Führung die Räuber geschlagen wurden. Die Räuber, meine Landsleute« (23, S.225 f.). Der Sieg über das faschistische Regime bleibt also im Rückblick Stalins größtes Verdienst, während Brecht es vorzieht, sich über seinen Beitrag zum Aufbau des Sozialismus in der Sowjetunion auszuschweigen.

Im Februar 1956 setzte mit dem XX. Parteitag der KPdSU der langwierige Prozess der Entstalinisierung ein. Chruschtschows Enthüllungen über die Opfer, die das Regime seines Vorgängers gekostet hatte, bedeuteten für Brecht einen Schock, den er durch neue Deutungsanstrengungen zu verarbeiten suchte. Dabei nahm er bewährte Erklärungsmuster zu Hilfe, um Stalins »verbrecherische Selbstherrschaft« (23, S.418) und den mörderischen Terror der Diktatur historisch einzuordnen: »Der Ausbruch aus der Barbarei des Kapitalismus kann selber noch barbarische Züge aufweisen. Die erste Zeit der proletarischen Herrschaft mag dadurch unmenschliche Züge aufweisen, daß das Proletariat, wie Marx es beschreibt, durch die Bourgeoisie in der Entmenschtheit gehalten wird« (S.417). »Ohne Kenntnis der Dialektik«, dekretierte er weiter, »sind solche Übergänge wie der von Stalin als Motor zu Stalin als Bremse nicht verstehbar. Auch nicht die Negierung der Partei durch den Apparat. Auch nicht die Verwandlung von Meinungskämpfen in Machtkämpfe. Noch das Mittel der Idealisierung und Legendisierung einer führenden Person zur Gewinnung der großen rückständigen Massen in eine Ursache der Distanzierung und Lahmlegung dieser Massen« (ebd.). So erlaubte es die historisch-dialektische Perspektive, an einem differenzierten Stalin-Bild festzuhalten. Diktatorische Alleinherrschaft, autoritäre Parteidisziplin und Perso-

---

56 Das Ausmaß von Brechts Zurückhaltung wird erst dann voll erkennbar, wenn man seine Texte mit den Stalin-Hymnen vergleicht, die andere Autoren – darunter Johannes R. Becher – aus diesem Anlass vorgelegt haben.

nenkult waren für Brecht ursprünglich legitime und notwendige Mittel, um in einer bestimmten Phase des geschichtlichen Prozesses die revolutionäre Umgestaltung der Gesellschaft voranzutreiben, entwickelten sich jedoch mit der Zeit zu hemmenden Faktoren, die nun überwunden werden mussten – »von Stalin als Motor zu Stalin als Bremse«.

Ähnliche Gedanken bringt das umfangreichste von insgesamt vier Gedichten zum Ausdruck, die Brecht im Sommer 1956 in Reaktion auf den XX. Parteitag schrieb[57]:

> Der Zar hat mit ihnen gesprochen
> Mit Gewehr und Peitsche
> Am Blutigen Sonntag. Dann
> Sprach zu ihnen mit Gewehr und Peitsche
> Alle Tage der Woche, alle Werktage
> Der verdiente Mörder des Volkes.
>
> Die Sonne der Völker
> Verbrannte ihre Anbeter.
> Der größte Gelehrte der Welt
> Hat das Kommunistische Manifest vergessen.
> Der genialste Schüler Lenins
> Hat ihn aufs Maul geschlagen.
>
> Aber jung war er tüchtig
> Aber alt war er grausam
> Jung
> War er nicht der Gott.
>
> Der zum Gott wird
> Wird dumm.
> (15, S. 300)

In einer zynischen Parodie auf den in sozialistischen Staaten gängigen Ehrentitel wird Stalin zum »verdiente[n] Mörder des Volkes« erhoben, der fürchterlicher unter den Menschen gehaust hat als selbst der Zar am »Blutigen Sonntag«, nämlich bei der gewaltsamen Niederschlagung einer friedlichen Demonstration in Petersburg Anfang 1905. Auf den ersten Blick scheint es, als führe der zweite Abschnitt des Gedichts die geläufigen panegyrischen Phrasen des Personenkults, die er herbeizitiert, durch die Gegenüberstellung mit Stalins wirklichen Taten gänzlich ad absurdum. Aber die Dinge liegen komplizierter, wird doch gleich anschließend unmissverständlich erklärt: »Aber jung war er tüchtig« (es könnte auch heißen: ›nützlich‹) – erst im Alter verkehrte sich diese Tugend in Grausamkeit. So darf man schließen, dass der sowjetische Diktator nach Brechts Überzeugung tatsächlich einmal die »Sonne der Völker«, der »größte Gelehrte der Welt« und der »genialste Schüler Lenins« war, bis er alle diese Eigenschaften zu verleugnen begann. Den Grund dafür deutet der Schluss an, der Stalins fatalen Wandel auf seine quasi-religiöse Verehrung zurückführt. Scheinbar entrückt in eine Sphäre jenseits des Menschlichen, büßt der vermeintliche »Gott« den Sinn für die Realitäten und damit jede gesellschaftliche Nützlichkeit ein, er wird »dumm«.

---

57 Die anderen drei sind *Zur Züchtung winterfesten Weizens*, *Der Gott ist madig* und *Die Gewichte auf der Waage*. Diese Werke zählen zu den letzten lyrischen Texten, die Brecht überhaupt verfasst hat.

Während sich dieser Text auf die Person Stalins konzentriert, stellt *Zur Züchtung winterfesten Weizens* die Gängelung des Volkes durch eine autoritäre politische Führung grundsätzlich in Frage:

> Zur Züchtung winterfesten Weizens
> Zieht man viele Forscher heran
> Soll der Aufbau des Sozialismus
> Von ein paar Leuten im Dunkel zusammengepfuscht werden?
>
> Schleppt der Führer die Geführten
> Auf einen Gipfel, den nur er weiß?
> [...]
> (15, S. 301)

In Brechts Augen musste sich die Partei in der Sowjetunion wie in der DDR jetzt auf ihre wahre Aufgabe zurückbesinnen und das Proletariat zum selbstbewussten kollektiven Handeln anleiten. Notwendig sei eine »gigantische Mobilisierung der Weisheit der Massen durch die Partei«, die »auf der geraden Linie zum Kommunismus« liege. Zur Mündigkeit könnten die Massen aber nur gelangen, wenn man alle unfehlbaren Götter, die bedingungslosen Gehorsam verlangen, verabschiede: »Die Anbetung Stalins (schmerzlich) übergehen [!] in einen Verzicht auf das Beten« (23, S. 418). Offenkundig vermochten also nicht einmal die Einsichten in die schreckliche Realität des Stalinismus Brechts Hoffnungen auf eine sozialistische Zukunft zu zerstören.

»Es hilft nur Gewalt, wo Gewalt herrscht«, erkennt die Titelheldin des Stückes *Die heilige Johanna der Schlachthöfe* am Ende ihres Lernprozesses (3, S. 224), und: »Ach, wir / Die wir den Boden bereiten wollten für Freundlichkeit / Konnten selber nicht freundlich sein«, heißt es in *An die Nachgeborenen* (12, S. 87). Das Dilemma, dass jeder Versuch, die bürgerlich-kapitalistische Ordnung zum Wohle der Menschheit radikal umzugestalten, auf unmenschliche Methoden zurückgreifen muss, beschäftigte Brecht immer wieder; es durchzieht seine Überlegungen zur Taktik der proletarischen Revolution wie auch seine Reflexionen über die Lage in der Sowjetunion und die Bedeutung Stalins. Im letzteren Falle verleitete ihn das dialektische Denken allerdings dazu, selbst eine Barbarei, die bis zum systematischen Terror reichte, als unvermeidliche Übergangserscheinung auf dem Weg zum Sozialismus hinzunehmen. Mit einer ›positiv kritischen‹ Einstellung, wie er sie Anfang 1939 gegenüber der Sowjetunion und den Moskauer Prozessen postulierte (vgl. 26, S. 327), war dem Phänomen des Stalinismus nicht mehr beizukommen. Aber auch wenn weder Stalins Herrschaft noch der ›real existierende Sozialismus‹ späterer Jahrzehnte Brechts Visionen von einer wahrhaft humanen Gesellschaft verwirklichten, behalten die entsprechenden Hoffnungen und Forderungen doch ihre Berechtigung und ihre Anziehungskraft – und mit ihnen viele jener Gedichte, in denen der Autor ihnen Ausdruck verlieh.[58]

---

58 Vgl. dazu David Constantine: The usefulness of poetry. In: Brecht's Poetry of Political Exile. Hrsg. von Ronald Speirs. Cambridge 2000, S. 29–46, hier S. 36–39.

Kapitel 8
Lehren und Lernen: Brechts realistische Poetik

In den *Flüchtlingsgesprächen* spottet der Naturwissenschaftler Ziffel über gewisse philosophische Richtungen, die sich »ausschließlich mit dem reinen Denken« beschäftigen, während sie alle »Fakten [...] als Unreinheiten« abtun. Das Musterbeispiel eines wahren Philosophen sieht er dagegen in seinem Onkel Theodor: »Als er sich mit 42 Jahren gelähmt fand, engagierte er sich eine besonders empfohlene Köchin, um den Rest seines Lebens besser zu essen, als ein Äquivalent. Die Nachbarn haben das mit Recht als philosophisch gerühmt, obgleich es mit der wissenschaftlichen Philosophie nichts zu tun gehabt hat« (18, S.312). Wie in vielen Fällen spricht Ziffel auch hier Ansichten seines Schöpfers aus, denn Brecht verstand unter Philosophie vorrangig eine Technik der konkreten Daseinsbewältigung. So schreibt er einmal: »Der Begriff der Philosophie hat zu allen Zeiten und bei allen Völkern eine praktische Seite gehabt. Außer bestimmten Theorien oder auf solche gerichteten Denktätigkeiten wurden immer auch bestimmte Handlungsweisen und Verhaltensarten [...] philosophische genannt« (21, S.360). Und in einer anderen Notiz heißt es kurz und bündig: »Die Philosophie lehrt richtiges Verhalten« (S.562).

Auf die fragwürdige Tendenz zum »reinen Denken« stieß Brecht in der abendländischen Geistesgeschichte etwa bei René Descartes, der die unbezweifelbare Gewissheit des eigenen Bewusstseins zum Ausgangspunkt der philosophischen Reflexion erhoben hatte. Anknüpfend an einen Passus aus den *Betrachtungen über die Grundlagen der Philosophie* (*Meditationes de prima philosophia*), in dem Descartes verkündet, es gehe ihm »nicht um ein Handeln, sondern nur um ein Erkennen« (21, S.792), stellt Brecht die Möglichkeit einer solchen Unterscheidung grundsätzlich in Frage:

> Herauszufinden wäre, was ihm diese, eine so unglückliche und qualvolle Überlegung nützt oder zu nützen scheint. Denn zunächst scheint es doch ganz und gar gleichgültig, was für uns wahr und falsch ist, und auch ganz und gar unergründbar – solange es eben nur um ein Erkennen und nicht um Handeln geht, also um ein Erkennen, das jedenfalls vom Handeln getrennt ist. [...] Wie kann dieser Untersucher erwarten, er könne über etwas, was ihm nicht unmittelbar nötig zu wissen ist, etwas erfahren? D.h., wenn er nicht handeln muß? (21, S.534)

Solange keine Verbindung zu einem interessengeleiteten Tun und seinen Erfordernissen besteht, kann die Frage nach Wahr oder Falsch also weder beantwortet werden noch überhaupt einen vernünftigen Sinn erhalten. Dem verehrten Lenin, der im *Buch der Wendungen* unter dem Namen Mi-en-leh als großer praktischer Denker auftritt, verdankte Brecht eine Maxime, die er im Svendborger Exil auf einen Balken an der Decke seines Hauses schrieb: »Die Wahrheit ist konkret«[1] – so wird sie auch in dem

---

1 Vgl. Walter Benjamin: Notizen Svendborg Sommer 1934. In: ders.: Gesammelte Schriften. Bd. VI. Hrsg. von Rolf Tiedemann und Hermann Schweppenhäuser. Frankfurt a.M. 1985, S.523–532, hier S.526. Lenin hatte im Anschluss an Hegel erklärt: »Der Grundsatz der Dialektik lautet: eine abstrakte Wahrheit gibt es nicht, die Wahrheit ist stets konkret ...« (W.I. Lenin: Ein Schritt vorwärts, zwei Schritte zurück. Die Krise in unserer Partei [1904]. In: ders.: Sämtliche Werke. Bd. VI: Menschewismus und Bolschewismus. 1903–1904. Wien u.a. 1930, S.195–448, hier S.434). Brecht schreibt diese Weisheit einmal auch direkt dem »alten *Hegel*« zu (22.1, S.422).

Gedicht *An die dänische Zufluchtsstätte* zitiert (12, S. 99). Die Überzeugung, dass nur die tätige Auseinandersetzung des Menschen mit seiner Lebenswelt als Prüfstein für den Wert bestimmter Denkinhalte tauge, Wahrheit also »eine Frage der Praxis« sei (21, S. 360), hatte schon Karl Marx in der zweiten seiner *Thesen über Feuerbach* vertreten:

> Die Frage, ob dem menschlichen Denken gegenständliche Wahrheit zukomme – ist keine Frage der Theorie, sondern eine *praktische* Frage. In der Praxis muß der Mensch die Wahrheit, i.e. Wirklichkeit und Macht, Diesseitigkeit seines Denkens beweisen. Der Streit über die Wirklichkeit oder Nichtwirklichkeit des Denkens – das von der Praxis isoliert ist – ist eine rein *scholastische* Frage.[2]

Und Brechts gesamtes Verständnis von Philosophie ist unverkennbar der elften und letzten Feuerbach-These verpflichtet: »Die Philosophen haben die Welt nur verschieden *interpretiert*, es kömmt drauf an, sie zu *verändern*.«[3]

Eine ›reine‹, ausschließlich kontemplative Erkenntnis hält Brecht für ausgeschlossen, weil er Erkennen immer an menschliches Handeln gebunden sieht: »Sollten wir nicht einfach sagen, daß wir nichts erkennen können, was wir nicht verändern können, noch das, was uns nicht verändert?« (21, S. 413) Da Erkenntnis erst in der praktischen Wirkung ihre Vollendung findet, zeichnen sich nach dem *Buch der Wendungen* alle Philosophen, die diesen Namen verdienen, dadurch aus, »daß ihre Philosophie ein Handeln ermöglicht, ein nützliches Tun« (18, S. 63). »Denken ist etwas, das auf Schwierigkeiten folgt und dem Handeln vorausgeht«, heißt es im selben Zusammenhang (S. 62). Erkannt und verstanden habe ich ein Phänomen nach Brecht dann, wenn ich in der Lage bin, es zu beeinflussen – anders gesagt: wenn ich ein gedankliches Modell von ihm zu konstruieren vermag, das es mir erlaubt, mich diesem Phänomen gegenüber eingreifend zu verhalten. Im Sinne des »eingreifende[n] Denken[s]« fordert Brecht »[p]raktikable Definitionen: solche Definitionen, die die Handhabung des definierten Feldes gestatten« (21, S. 422). Und mit biblischem Pathos verkündet er seine strikte Ablehnung von Modellkonstruktionen, von ›Weltbildern‹, die als bloße Spielereien des müßigen Geistes purer Selbstzweck bleiben: »Du sollst dir kein Bild von der Welt machen des Bildes willen« (S. 349).

Die in der stalinistischen Sowjetunion zum Dogma erhobene schlichte Basis-Überbau-Lehre, die nach der Devise »Das Sein bestimmt das Bewusstsein« alle Manifestationen des Geistes und der Kultur bloß als passive, mechanische Widerspiegelung der sozio-ökonomischen Verhältnisse begriff, lag Brecht fern. Für ihn war auch das Denken eine aktive Tätigkeit, die sehr wohl von sich aus Veränderungen der gesellschaftlichen Gegebenheiten herbeiführen konnte. Die enge Verflechtung von modellhaftem Entwurf und konkretem Handeln, von Theorie und Praxis skizzieren einige Verse aus seinen späten Jahren anhand eines unmittelbar einleuchtenden Beispiels:

> »Hier ist die Karte, da ist die Straße
> Sieh hier die Biegung, sieh da das Gefäll!«
> »Gib mir die Karte, da will ich gehen.
> Nach der Karte
> Geht es sich schnell.«
> (15, S. 286)

---

2 Karl Marx: Thesen über Feuerbach [1845]. In: Karl Marx und Friedrich Engels: Werke. Bd. 3. Berlin (Ost) 1969, S. 5–7, hier S. 5.
3 Ebd., S. 7. Brecht zitiert diese These des Öfteren; vgl. etwa 28, S. 478.

Gegenüber einer Gegend mit all ihren topographischen Eigentümlichkeiten besteht die theoretische Haltung im Zeichnen einer Karte, die praktische im Gang durch das Gelände. Da die Karte aber nur einen Wert erlangt, wenn sie die Praxis befördert, wendet sich der ›Theoretiker‹ erklärend und belehrend an den, der sich wirklich auf den Weg machen will: »Sieh hier [...], sieh da«. Umgekehrt wird die Möglichkeit, »[n]ach der Karte« zu gehen, begierig aufgegriffen – »Gib mir die Karte« –, weil die theoriegeleitete Praxis erfolgreich zu sein verspricht: »Nach der Karte / Geht es sich schnell.« Der für Brechts Gedichte in unregelmäßigen Kurzversen sehr untypische Reim (»Gefäll« – »schnell«) bildet auf der lautlichen Ebene die Harmonie von Theorie und Praxis nach, so wie die durch zahlreiche Doppelsenkungen erzeugte rhythmische Dynamik den Schwung deutlich werden lässt, der aus diesem Einklang resultiert.

Allerdings blendet das Gedicht aus, dass sich die Theorie gegebenenfalls auch von der Praxis korrigieren lassen muss. Diesen Aspekt demonstriert Brecht in dem von Lenin übernommenen *Gleichnis vom Besteigen hoher Berge* (18, S.63–65), das mit einem ganz ähnlichen Motiv arbeitet.[4] Erweist sich der vorab entwickelte »Plan des Aufstieges auf den Berg« bei der Umsetzung als unzulänglich, so muss man ihn pragmatisch modifizieren. Absurd wäre es dagegen, den Aufstieg von vornherein zu unterlassen, nur »damit dieser große Plan überhaupt nicht kompromittiert wird«, denn zum einen hat der Plan seinen Sinn einzig darin, dass er als Leitfaden für die Besteigung des Berges dient, und zum anderen können eventuelle Mängel des ›theoretischen‹ Konzepts nur im Zuge einer solchen Besteigung aufgedeckt und verbessert werden. Nicht zufällig zitierte Brecht gerne die englische Weisheit, »daß der Beweis für den Pudding im Essen liege« (22.1, S.448).

Der Ablehnung des ›reinen‹ philosophischen Denkens korrespondiert bei Brecht die Absage an die Idee einer autonomen Kunst. Seine Poetik, die er unter den programmatischen Leitbegriff ›Realismus‹ stellte, weist gerade der Literatur die Aufgabe zu, praktikable Modelle sozioökonomischer Strukturen und menschlicher Verhaltensweisen zu schaffen. An der prinzipiellen Möglichkeit, die gesellschaftliche Realität zu erkennen und zielstrebig zu beeinflussen, zweifelte er nicht – immerhin seien ihre Strukturen selbst menschliche Schöpfungen: »Das Schicksal des Menschen ist der Mensch«, lautete einer seiner wichtigsten Lehrsätze (18, S.71). Er begegnet auch in dem Gedicht *Rede an dänische Arbeiterschauspieler über die Kunst der Beobachtung*, das im Anschluss an ihn die Funktion der Kunst folgendermaßen definiert: »uns die Menschenwelt / So zu zeigen, wie sie ist: von den Menschen gemacht und veränderbar« (12, S.323). Eine realistische Literatur soll die Rezipienten demnach befähigen, ihr »Schicksal« konstruktiv zu gestalten. Auf dem Feld der modernen Ästhetik steht Brechts geradezu euphorischer Veränderungsoptimismus – »Wer seine Lage erkannt hat, wie soll der aufzuhalten sein?« (11, S.238) – in markantem Gegensatz zu den Thesen Theodor W. Adornos, dessen *Ästhetische Theorie* angesichts des totalitären Zu-

---

4 Vgl. W. I. Lenin: Vom Aufstieg auf die hohen Berge, von der Schädlichkeit des Verzagens, vom Nutzen des Geschäfts, von den Beziehungen zu den Menschewisten usw. Notizen eines Publizisten. In: Die Internationale 7 (1924), S.234–238, hier S.234f. Lenin erzählt das Gleichnis, um die Erfolge, aber auch die aktuellen Probleme der proletarischen Revolution in Russland zu veranschaulichen und die von ihm eingeleitete »Neue Ökonomische Politik« zu rechtfertigen, die wieder gewisse marktwirtschaftliche Elemente zuließ.

sammenhangs der kapitalistischen Ordnung nur noch der absoluten Negation ein Widerstandspotential zugesteht: Allein durch die rigorose Verweigerung von Nützlichkeit und Funktionalität, also durch eine Radikalisierung ihres Autonomieanspruchs, könne die Kunst den allgegenwärtigen Verwertungszwängen entkommen und das Versprechen einer utopischen Versöhnung bewahren.

Für Brecht war seinerzeit allerdings eine ganz andere Frontstellung auf ästhetischem Gebiet von entscheidender Bedeutung. Den Anstoß zu einer intensiveren Reflexion seiner poetologischen Vorstellungen gab die sogenannte Expressionismusdebatte, die 1937/38 in der Moskauer Exilzeitschrift »Das Wort« ausgetragen wurde und durch die er sich unmittelbar herausgefordert fühlen musste.[5] Ihren Hintergrund bildeten die kulturpolitischen Entwicklungen in der Sowjetunion, wo in den dreißiger Jahren alle kritisch-revolutionären, auch für weitreichende Experimente aufgeschlossenen künstlerischen Ansätze zugunsten einer streng reglementierten, formal konservativen ›Legitimationsästhetik‹ im Dienste des autoritären Regimes zurückgedrängt wurden. Allgemeine Verbindlichkeit erlangte ein maßgeblich von dem ungarischen Philosophen Georg Lukács geprägtes Literaturkonzept, das als »sozialistischer Realismus« firmierte. Von diesem Standpunkt aus eröffnete Alfred Kurella die besagte Debatte mit einer scharfen Polemik gegen den Expressionismus, in dem er ein literarisches Symptom jener spätbürgerlichen Dekadenz sah, die geradewegs in den Faschismus geführt habe. Gottfried Benn, der als Expressionist zu schreiben begonnen hatte und 1933 zumindest kurzzeitig als Parteigänger des NS-Regimes hervorgetreten war, galt ihm als exemplarischer Repräsentant dieser fatalen Kontinuität.[6] Widerspruch gegen eine solch einseitige Auffassung kam alsbald von mehreren antifaschistischen Autoren, die ihre Wurzeln ebenfalls im Expressionismus hatten und dessen pauschale Verurteilung nicht ohne weiteres hinnehmen konnten.

Das Für und Wider der Meinungen über den Expressionismus interessierte Brecht kaum. Er registrierte aber sehr genau, dass der Streit eigentlich gar nicht einer begrenzten, überdies bereits historisch gewordenen literarischen Strömung galt, sondern den allgemeineren Gegensatz zwischen modernen künstlerischen Tendenzen und Lukács' äußerst traditionell gefärbtem Realismusverständnis betraf. Es handelte sich also in Wahrheit, wie er im Journal festhielt, um eine grundsätzliche »Realismusdebatte« (26, S. 321). Lukács, der für seinen Beitrag zu der Auseinandersetzung bezeichnenderweise den Titel *Es geht um den Realismus* wählte[7], deklarierte neben der Weimarer Klassik insbesondere die Werke der bürgerlichen Realisten des 19. Jahrhunderts zu einem bewahrenswerten Erbe, das von den fortschrittlichen Autoren der

---

5   Die wichtigsten Beiträge sind abgedruckt in dem Band: Die Expressionismusdebatte. Materialien zu einer marxistischen Realismuskonzeption. Hrsg. von Hans-Jürgen Schmitt. Frankfurt a.M. 1973. Einen guten Überblick über diese Auseinandersetzung und über Brechts Stellung dazu liefert der einschlägige Artikel von Raimund Gerz in: Brecht-Handbuch in fünf Bänden. Hrsg. von Jan Knopf. Bd. 4: Schriften, Journale, Briefe. Stuttgart u.a. 2003, S. 231–246.

6   Vgl. Bernhard Ziegler (Alfred Kurella): »Nun ist dies Erbe zuende …«. In: Die Expressionismusdebatte, S. 50–60. Ganz ähnliche Thesen hatte Lukács schon einige Jahre zuvor in seinem Aufsatz *»Größe und Verfall« des Expressionismus* vertreten.

7   Georg Lukács: Es geht um den Realismus [1938]. In: ders.: Probleme des Realismus. Bd. I: Essays über Realismus. Neuwied u.a. 1971, S. 313–343; auch in: Die Expressionismusdebatte, S. 192–230.

Gegenwart angeeignet werden müsse, während er sämtliche Spielarten der künstlerischen Avantgarde um und nach 1900 als Verfallsprodukte der spätkapitalistisch-imperialistischen Niedergangsphase einstufte, die einer sozialistischen Literatur keine nützlichen Anregungen geben könnten. Der als »Formalismus« abqualifizierten Hochschätzung innovativer ästhetischer Mittel setzte er die Forderung nach einer objektiven, in sich geschlossenen, plastischen Gestaltung des gesellschaftlichen Gesamtzusammenhangs entgegen, die er obendrein für wahrhaft volkstümlich hielt. Der Rückgriff auf die bürgerliche Literaturtradition hatte in diesen Jahren übrigens auch handfeste politische Motive, flankierte er doch auf kulturellem Gebiet die 1935 einsetzenden Bemühungen der Kommunistischen Partei um eine breite antifaschistische »Volksfront«, in die neben den Sozialdemokraten auch bürgerliche Hitler-Gegner eingebunden werden sollten.[8]

Schon dass Lukács ausgerechnet die Werke des Erzfeindes Thomas Mann als Muster einer zeitgemäßen realistischen Schreibweise pries, dürfte Brecht gewurmt haben. In der Hauptsache war ihm jedoch daran gelegen, die eigene Realismus-Auffassung zu verteidigen, die mit den Thesen seines Kontrahenten kaum mehr als den zentralen Terminus gemeinsam hatte. Neben einigen größeren Journal-Einträgen, die nicht mit Spott über Lukács sparen, »dessen Bedeutung darin besteht, daß er von Moskau aus schreibt« (26, S.320)[9], verfasste er daher innerhalb einer relativ knappen Zeitspanne zahlreiche Aufsätze und Notizen zum Problemkomplex des Realismus. Sie blieben damals unveröffentlicht, weil Brecht, obgleich nomineller Mitherausgeber von »Das Wort«, von Dänemark aus faktisch keinen Einfluss auf die Redaktionsarbeit nehmen konnte; er beklagte sich auch bitter über »eine kleine Clique, anscheinend geführt von Lukács und [Julius] Hay«, die die Zeitschrift missbrauche, um ihr einseitiges »literarisches Formideal« zu propagieren (29, S.106f.). Erst in den sechziger Jahren ermöglichte die Publikation der einschlägigen Schriften aus dem Nachlass einen vollständigen Überblick über seine Bemühungen um eine realistische Poetik. Eine umfassende Realismustheorie mit systematischem Anspruch hat Brecht freilich nie angestrebt, denn seine Überlegungen waren stets eng auf die schriftstellerische Praxis bezogen und auf konkrete Erprobung und Weiterentwicklung hin angelegt.[10] Gleichwohl lassen sich die Grundzüge seiner Vorstellungen von einem realistischen Schreiben ohne große Schwierigkeiten rekonstruieren und im Zusammenhang darlegen.

Wie oben bereits angeklungen ist, zeichnet sich realistische Kunst nach Brecht dadurch aus, dass sie die Lebenswirklichkeit ihrer Rezipienten verständlich und schließlich auch kontrollierbar macht – kurz: durch eine »Meisterung der Realität« (22.1, S.446). Diese Kernthese variiert er unermüdlich, etwa wenn es heißt, es müsse der Kunst gelingen, »die Realität den Menschen meisterbar in die Hand zu geben« (S.408), oder wenn festgelegt wird: »Realist ist, wer […] Darstellungen gibt, welche als Grund-

---

8 Im selben Jahr war die Zeitschrift »Das Wort« ins Leben gerufen worden, die gewissermaßen als literaturpolitisches Organ der Volksfront fungieren sollte.
9 Vgl. im Einzelnen 26, S.313f., 320–322 und 328f.
10 Dasselbe gilt für seine poetologischen Texte zur Lyrik und im Grunde auch für das weitaus umfangreichere Korpus der Schriften zum epischen Theater.

lage erfolgreichen Handelns dienen können« (S.459).[11] Eine andere Definition lautet: »Realistisch heißt: [...] konkret und das Abstrahieren ermöglichend« (S.409). Dabei verweist der Gesichtspunkt des Konkreten auf die Bindung an die erfahrbare Realität, die im Kunstwerk wiederzuerkennen sein muss, während das Abstrahieren den Prozess der Modellbildung bezeichnet, der tiefere Einsichten in den jeweiligen Wirklichkeitsausschnitt ermöglicht und die wahrhaft realistische Gestaltung von einer simplen naturalistischen Abschilderung des Gegebenen unterscheidet. Diese doppelte Herausforderung an die künstlerische Tätigkeit wird im *Messingkauf* mit Blick auf das epische Theater formuliert: »daß die Realität auf dem Theater wiedererkannt wird, ist nur eine der Aufgaben des echten Realismus. Sie muß aber auch noch durchschaut werden. Es müssen die Gesetze sichtbar werden, welche den Ablauf der Prozesse des Lebens beherrschen« (22.2, S.792). Realistische literarische Modelle liefern eine *kritische* Darstellung der Realität, um den Boden für deren praktische Kritik zu bereiten, nämlich für ihre Veränderung. Brecht bestimmt den Realismus also strikt von seiner Funktion her, der die formal-ästhetischen Mittel stets untergeordnet bleiben. Daher gilt für ihn: »Realistisches Schreiben ist keine Formsache. Alles Formale, was uns hindert, der sozialen Kausalität auf den Grund zu kommen, muß weg; alles Formale, was uns verhilft, der sozialen Kausalität auf den Grund zu kommen, muß her« (22.1, S.419).

Unter diesen Prämissen vollzieht er eine entschiedene Historisierung des Realismusbegriffs. Da die gesellschaftliche Wirklichkeit einem unaufhörlichen Wandel unterliegt, muss jeder Versuch, zeitlose Kriterien für ihre realistische Gestaltung zu benennen und einen verbindlichen Kanon realistischer Techniken aufzustellen, zwangsläufig scheitern: »Neue Probleme tauchen auf und erfordern neue Mittel. Es verändert sich die Wirklichkeit; um sie darzustellen, muß die Darstellungsart sich ändern« (22.1, S.410). Wer sich trotzdem »an ›erprobte‹ Regeln des Erzählens, ehrwürdige Vorbilder der Literatur, ewige ästhetische Gesetze klammer[t]« (S.408), indem er wie Lukács aus den Schreibweisen einer bestimmten Epoche normative Regeln ableitet, verfällt in Brechts Augen selbst dem Formalismus-Verdikt, denn »gegenüber den immer neuen Anforderungen der sich immer ändernden sozialen Umwelt die alten konventionellen Formen festhalten ist auch Formalismus« (S.418). Literarische Strategien, die in einer gewissen Phase der geschichtlichen Entwicklung realistische Wirkungen zu erzielen vermochten, behalten diese Fähigkeit nicht unbedingt für alle Zeiten: »Einen realistischen Roman etwa hat nicht einer geschrieben, der einen Roman wie Balzac oder Tolstoi (d.h. ihre Schreibart benützend) geschrieben hat, sondern der Wirklichkeitssinn beim Schreiben bekundete, also so schrieb, daß dem Leser die Wirklichkeit ausgehändigt wurde. Dazu muß man vermutlich im Jahr 1940 anders schreiben als im Jahr 1830« (26, S.461). Den kanonisierten Meisterwerken der Literaturgeschichte begegnete Brecht nicht mit der Pietät eines Spätgeborenen, der ehrfürchtig ein großes Erbe empfängt, um es zu pflegen und fortzuführen, sondern mit einer pragmatischen

---

11 Lutz Danneberg und Hans-Harald Müller rücken dieses Realismusverständnis in die Nähe des Logischen Empirismus, mit dem Brecht gut vertraut war: Das »Verifizierbarkeitskriterium« der Logischen Empiristen ähnele dem Brecht'schen »Praktikabilitätskriterium« (Wissenschaftliche Philosophie und literarischer Realismus. Der Einfluß des Logischen Empirismus auf Brechts Realismuskonzeption in der Kontroverse mit Georg Lukács. In: Realismuskonzeptionen der Exilliteratur zwischen 1935 und 1940/41. Tagung der Hamburger Arbeitsstelle für deutsche Exilliteratur 1986. Hrsg. von Edita Koch und Frithjof Trapp. Maintal 1987, S.50–63, hier S.53).

Haltung, die den »Materialwert der Klassiker« (21, S.311) für die Gegenwart taxiert und sich nicht scheut, das Überlieferte selektiv und eigenwillig den aktuellen Bedürfnissen anzuverwandeln.[12]

Wie in der Forschung zu Recht hervorgehoben wurde, stellte auch Lukács sein Literaturkonzept in den Dienst einer »Erkenntnis der Wirklichkeit« und einer »Meisterung der Probleme der Praxis« durch das revolutionäre Proletariat.[13] Brecht bestritt jedoch, dass diese Ziele angesichts der hochkomplexen Lebenswelt des 20. Jahrhunderts und des fortgeschrittenen Standes der gesellschaftlichen Auseinandersetzungen noch mit den künstlerischen Mitteln des bürgerlichen Realismus erreicht werden könnten. Deshalb war er zum Beispiel nicht bereit, die von Lukács gänzlich verworfene Montage-Technik aus dem Repertoire der legitimen ästhetischen Kunstgriffe zu verbannen. Als Strukturprinzip, das die Erzeugung mannigfacher Verfremdungseffekte gestattet, prägt sie das gesamte epische Theater, aber auch in Brechts Lyrik spielt sie eine bedeutende Rolle, wie wir bei der Analyse der *Kriegsfibel* sehen werden.[14] Moderne Verfahren schienen dem Autor unabdingbar für eine Kunst, die der modernen Wirklichkeit gerecht werden wollte.

Einer der wichtigsten Beiträge Brechts zum Realismusproblem trägt den Titel *Weite und Vielfalt der realistischen Schreibweise*. Um diese »Weite und Vielfalt« gegenüber der Fixierung auf die literarischen Mittel eines Balzac und anderer bürgerlicher Autoren des 19. Jahrhunderts zur Geltung zu bringen, erklärt er hier auch Cervantes und Swift zu bedeutenden realistischen Schriftstellern und verweist darüber hinaus auf Grimmelshausen, Voltaire und Jaroslav Hašek, den Verfasser des satirischen Romans über den braven Soldaten Schwejk, den Brecht außerordentlich schätzte (vgl. 22.1, S.432f.). Besonders ausführlich wird aber der englische Romantiker Percy Bysshe Shelley gewürdigt, ein weiterer Dichter, »der anders schrieb als die bürgerlichen Romanciers und doch ein großer Realist genannt werden muß« (S.424). An seinem umfangreichen sozialkritischen Poem *The Mask of Anarchy* von 1819 demonstriert Brecht, dass sogar die allegorische Personifikation ein realistisches Stilmittel in seinem Sinne sein kann, sofern sie beispielsweise dafür eingesetzt wird, die barbarische Ungerechtigkeit bestimmter gesellschaftlicher Machtverhältnisse sichtbar zu machen, wie es bei Shelleys furioser Attacke auf die herrschenden Klassen im zeitgenössischen England tatsächlich der Fall ist: Die Leser »sehen große symbolische Bilder und wissen bei jeder Zeile, daß hier die Wirklichkeit zu Wort kommt« (S.430).[15] Sollte aber Shelleys Ballade »nicht den gewöhnlichen Beschreibungen einer realistischen Schreibweise entsprechen«, so verlangt Brecht, »daß die Beschreibung realistischer Schreibweise eben geändert, er-

---

12 Eine ausführliche Untersuchung von Brechts Reflexionen zum Umgang mit der Tradition im Kontrast zu dem offiziell verordneten sozialistischen Realismus bietet Heinz Brüggemann: Literarische Technik und soziale Revolution. Versuche über das Verhältnis von Kunstproduktion, Marxismus und literarischer Tradition in den theoretischen Schriften Bertolt Brechts. Reinbek bei Hamburg 1973.
13 Christian Fritsch, Peter Rütten: Anmerkungen zur Brecht-Lukács-Debatte. In: Rhetorik, Ästhetik, Ideologie. Aspekte einer kritischen Kulturwissenschaft. Stuttgart 1973, S.137–159, hier S.152.
14 Vgl. dazu das Kapitel »Bilder lesen lernen: *Kriegsfibel*«.
15 Nach dem Krieg ließ sich Brecht von diesem Werk zu seinem satirischen Gedicht *Freiheit und Democracy* inspirieren. Vgl. dazu das Kapitel »Die Mühen der Ebenen: Brecht in der DDR«.

weitert, vervollständigt wird« (S. 425). Die Literaturtheorie hat große künstlerische Schöpfungen gebührend anzuerkennen, statt den Autoren Fesseln anlegen zu wollen.

Das Plädoyer für »Phantasie« und »echte Artistik« (22.1, S. 432) und für eine Fülle poetischer Möglichkeiten und Vorbilder soll den kreativen Freiraum des Künstlers gegen die allzu engen Vorschriften einer normativen Ästhetik absichern. Probleme des Realismus können in Brechts Augen nicht unter rein literaturimmanenten Gesichtspunkten erörtert werden, sondern einzig mit Blick auf die konkrete soziale Wirklichkeit, deren »Meisterung« dem Schriftsteller jeweils aufgegeben ist. »Man muß in jedem einzelnen Fall die Schilderung des Lebens (statt nur mit einer anderen Schilderung) mit dem geschilderten Leben selber vergleichen« (S. 413), heißt es einmal, und noch schroffer sind die Schlusssätze von *Weite und Vielfalt der realistischen Schreibweise* formuliert: »Über literarische Formen muß man die Realität befragen, nicht die Ästhetik, auch nicht die des Realismus. Die Wahrheit kann auf viele Arten verschwiegen und auf viele Arten gesagt werden. Wir leiten unsere Ästhetik, wie unsere Sittlichkeit, von den Bedürfnissen unseres Kampfes ab« (S. 433).[16]

Weil realistisches Schreiben die Welt als eine veränderbare zu zeigen hat, ist es für Brecht stets mit der Dialektik verbunden. Dialektisch nennt er nämlich – im Rückgriff auf die marxistischen Klassiker – »eine Betrachtungsweise, welche in einheitlich auftretenden Formationen wachsende Gegensätze aufspürt, eine auf Veränderungen, Umwälzungen, Entwicklung das Interesse lenkende Betrachtungsweise« (22.1, S. 42). Indem sie »alle Dinge und Vorgänge nach ihrer vergänglichen und veränderbaren Seite fragt« (S. 87), enthüllt die Dialektik auch die »Beweglichkeit der Gesellschaft« und zeigt »die gesellschaftlichen Zustände als Prozesse« (23, S. 82). Deshalb stellt sie eine notwendige Vorbedingung für jedes eingreifende Denken und Handeln dar, wie Brecht in einer Notiz ausdrücklich vermerkt: »Das eingreifende Denken. Die Dialektik als jene Einteilung, Anordnung, Betrachtungsweise der Welt, die durch Aufzeigung ihrer umwälzenden Widersprüche das Eingreifen ermöglicht« (21, S. 424).

In der Dialektik lebt Brechts frühere Einsicht in die Vergänglichkeit aller Dinge in neuer, nunmehr marxistisch inspirierter Gestalt fort. Der Titelheld von *Leben des Galilei* fasst ihr Prinzip in eine nur auf den ersten Blick kryptisch wirkende Wendung, die er zur Losung der anbrechenden neuen Zeit erklärt: »da es so ist, bleibt es nicht so« (5, S. 190) – jeder Zustand trägt seine künftige Aufhebung bereits in sich. Eine unmissverständliche Variante derselben Formel, »So, wie es ist, bleibt es nicht«, begegnet in dem Gedicht *Lob der Dialektik*, das überdies eine direkte Verbindung zum Kampf des revolutionären Proletariats herstellt:

> Das Unrecht geht heute einher mit sicherem Schritt.
> Die Unterdrücker richten sich ein auf zehntausend Jahre.
> Die Gewalt versichert: So, wie es ist, bleibt es.
> Keine Stimme ertönt außer der Stimme der Herrschenden
> Und auf den Märkten sagt die Ausbeutung laut: Jetzt beginne ich erst.
> Aber von den Unterdrückten sagen viele jetzt:
> Was wir wollen, geht niemals.

---

16 Brechts Bestimmung der sozialistischen »Sittlichkeit« im Kontext des »Kampfes gegen die Unterdrücker und Ausbeuter« (18, S. 152) wurde schon im vorigen Kapitel behandelt. Von der spezifischen Rolle einer realistischen Literatur im Klassenkampf wird weiter unten noch die Rede sein.

Wer noch lebt, sage nicht: niemals!
Das Sichere ist nicht sicher.
So, wie es ist, bleibt es nicht.
Wenn die Herrschenden gesprochen haben
Werden die Beherrschten sprechen.
Wer wagt zu sagen: niemals?
An wem liegt es, wenn die Unterdrückung bleibt? An uns.
An wem liegt es, wenn sie zerbrochen wird? Ebenfalls an uns.
Wer niedergeschlagen wird, der erhebe sich!
Wer verloren ist, kämpfe!
Wer seine Lage erkannt hat, wie soll der aufzuhalten sein?
Denn die Besiegten von heute sind die Sieger von morgen
Und aus Niemals wird: Heute noch!
(11, S. 237 f.)

Der zweite Abschnitt des Gedichts erschien im Januar 1933 im Rahmen des Stückes *Die Mutter*; als die erweiterte Fassung im Jahr darauf in dem Band *Lieder Gedichte Chöre* veröffentlicht wurde, kam ihren Lehren und Appellen angesichts der inzwischen etablierten nationalsozialistischen Diktatur ein umso größeres Gewicht zu. Auch in anderen Zusammenhängen preist Brecht das dialektische Denken als unerschöpfliche Quelle der Hoffnung für alle Leidenden und als treibende Kraft des Widerstands gegen gesellschaftliche Verhältnisse, die ewige Dauer für sich in Anspruch nehmen. So heißt es in *Fünf Schwierigkeiten beim Schreiben der Wahrheit*: »Eine Betrachtungsweise, die das Vergängliche besonders hervorhebt, ist ein gutes Mittel, die Unterdrückten zu ermutigen. Auch, daß in jedem Ding und in jedem Zustand ein Widerspruch sich meldet und wächst, ist etwas, was den Siegern entgegengehalten werden muß«, die aus einleuchtenden Gründen »eine große Abneigung gegen starke Veränderungen« an den Tag legen (22.1, S. 87) – nicht von ungefähr propagierten die Nationalsozialisten mit der Formel vom »Tausendjährigen Reich« die Aufhebung der Geschichte in dem monumentalen Gebäude eines totalitären Herrschaftssystems.[17]

Will die Literatur dem dialektischen, prozesshaften Denken zu seinem Recht verhelfen, so muss sie bei ihren Lesern jene Abstumpfung der Wahrnehmung durchbrechen, die leicht dazu verleitet, die bestehenden Strukturen der politisch-sozialen Ordnung und der menschlichen Beziehungen für unabänderlich zu halten, und damit jedes Eingreifen blockiert. Deshalb ist dem *Lob der Dialektik* das *Lob des Zweifels* an die Seite zu stellen, das den Zweifel an der vermeintlichen Notwendigkeit des Gegebenen zu einem unwiderstehlichen produktiven Impuls, zum Motor der Entwicklung und des Fortschritts erklärt – und der »[s]chönste aller Zweifel« stellt sich ein, wenn »die verzagten Geschwächten den Kopf heben und / An die Stärke ihrer Unterdrücker / Nicht mehr glauben« (14, S. 460). Um dem Zweifel und der Dialektik Raum zu geben, akzentuieren realistische künstlerische Modelle die Brüche und Widersprüche der gesellschaftlichen Verhältnisse. Me-tis Warnung vor dem »Konstruieren zu vollständiger Weltbilder«, die aufgrund ihrer inneren Stimmigkeit die vielgestaltige »Welt«, die sie abzubilden vorgeben, eher ver-

---

[17] Ein »Lob der Dialektik« verkündet auch das kleine Gedicht *Wenn das bleibt, was ist*, das den »Wandel« zum »Freund« und den »Zwiespalt« zum »Kampfgefährte[n]« der Ausgebeuteten erklärt (14, S. 343). Dialektisches Denken prägt darüber hinaus lyrische Werke wie *Alles wandelt sich* und *Dauerten wir unendlich*.

decken (18, S.60), gilt auch für Kunst und Literatur: Statt eine für sich bestehende Sphäre der Fiktion von suggestiver Geschlossenheit zu entwerfen, sollen sie den Blick des Rezipienten für die komplexe und überaus heterogene Lebensrealität schärfen. An die Stelle der von Lukács geforderten künstlerischen Totalität tritt bei Brecht daher ein Realismus der *Verfremdung*, der die zuvor nur scheinbar vertraute Wirklichkeit erst wahrhaft zugänglich macht, indem er das »Bekannte« in ein »Erkanntes« verwandelt:

> Das Selbstverständliche wird in gewisser Weise unverständlich gemacht, das geschieht aber nur, um es dann um so verständlicher zu machen. Damit aus dem Bekannten etwas Erkanntes werden kann, muß es aus seiner Unauffälligkeit herauskommen; es muß mit der Gewohnheit gebrochen werden, das betreffende Ding bedürfe keiner Erläuterung. (22.2, S.655)[18]

Brecht arbeitete sein Konzept einer realistisch-dialektischen Kunst der Verfremdung hauptsächlich mit Blick auf das Theater aus, während seine grundsätzlichen Erwägungen im Kontext der Realismusdebatte meist um erzählerische Verfahren kreisten, denen auch Lukács' Hauptaugenmerk galt. Über die Lyrik äußerte er sich dagegen seltener und sehr zurückhaltend: »Was Lyrik betrifft, so gibt es ebenfalls in ihr einen realistischen Standpunkt. Ich fühle aber, daß man ganz außerordentlich vorsichtig vorgehen müßte, wenn man darüber schreiben wollte« (22.1, S.438). Gleichwohl können seine Maximen im Prinzip ohne weiteres auf sein lyrisches Schaffen übertragen werden. Nicht um reine Einfühlung und emotionales Ergriffensein geht es, nicht um passives, kulinarisches Genießen, sondern um eine wache, kritische Haltung des Rezipienten, die durch Verfremdungseffekte unterschiedlichster Art provoziert werden soll. »Gefühl und Verstand« stehen dabei im Idealfall »völlig im Einklang« (22.1, S.133), so dass sich ein inniges Miteinander von »Didaktik und Amüsement« (27, S.211), von Genuss und Lernen ergibt. Dieses vergnügliche Lernen kann sich unmittelbar auf gesellschaftliche Zustände und Klassenkonflikte beziehen, ebenso aber auf Gefühlslagen und Vorstellungskomplexe, die das Verhalten der Menschen beeinflussen, oder auch auf die schöpferische Aneignung überlieferter Kulturgüter. Doch in jedem Fall muss sich das Ergebnis des Lernprozesses in der Lebenspraxis der lesenden ›Schüler‹ niederschlagen. Mit seiner realistischen Poetik entwirft Brecht, wie Walter Hinck schreibt, eine »›totale‹ Wirkungsästhetik [...], die dem Werk wie dem Autor nur noch Bedeutung zuspricht, sofern sie noch eine das Handeln mobilisierende Wirkkraft besitzen.«[19]

Letztes Ziel sämtlicher didaktischen Bemühungen, denen auch die Literatur zu dienen hat, ist die umfassende produktive Bewältigung der Wirklichkeit. »Alle Künste tragen bei zur größten aller Künste, der Lebenskunst«, verkünden die *Nachträge zum Kleinen Organon* (23, S.290), wobei unter ›Künsten‹ hier, wie häufig bei Brecht, ganz allgemein zweckmäßige Fertigkeiten zu verstehen sind, »Operationen, welche das Leben der Menschen verbessern« (22.2, S.659).[20] Angesichts des hohen Wertes, den

---

18 Die Technik der Verfremdung wurde bereits in dem einleitenden Kapitel »Verfremdendes Zeigen: Brechts lyrischer Gestus« ausführlicher vorgestellt.
19 Walter Hinck: Alle Macht den Lesern. Literaturtheoretische Reflexion in Brechts Lyrik. In: ders.: Von Heine zu Brecht. Lyrik im Geschichtsprozeß. Frankfurt a.M. 1978, S.105–124, 147–149, hier S.120.
20 Dieser Wortgebrauch, der an den lateinischen ›artes‹-Begriff anknüpft, geht auf den Philosophen Francis Bacon zurück. In seinem Journal erwähnt Brecht einmal ausdrücklich »Künste (im Baconischen Sinne)« (27, S.211).

Brecht dem Erwerb solcher Fertigkeiten beimaß, verwundert es nicht, dass er auch ein *Lob des Lernens* schrieb:

> Lerne das Einfachste! Für die
> Deren Zeit gekommen ist
> Ist es nie zu spät!
> Lerne das ABC, es genügt nicht, aber
> Lerne es! Laß es dich nicht verdrießen!
> Fang an! Du mußt alles wissen!
> Du mußt die Führung übernehmen.
>
> Lerne, Mann im Asyl!
> Lerne, Mann im Gefängnis!
> Lerne, Frau in der Küche!
> Lerne, Sechzigjährige!
> Du mußt die Führung übernehmen!
> Suche die Schule auf, Obdachloser!
> Verschaffe dir Wissen, Frierender!
> Hungriger, greif nach dem Buch: es ist eine Waffe.
> Du mußt die Führung übernehmen.
>
> Scheue dich nicht, zu fragen, Genosse!
> Laß dir nichts einreden
> Sieh selber nach!
> Was du nicht selber weißt
> Weißt du nicht.
> Prüfe die Rechnung
> Du mußt sie bezahlen.
> Lege den Finger auf jeden Posten
> Frage: wie kommt er hierher?
> Du mußt die Führung übernehmen.
> (11, S.233)

Indem sich die Angesprochenen Kenntnisse über die Realität aneignen, werden sie fähig, diese Realität zu meistern und in ihrem eigenen Interesse zu gestalten. Das Lernen zielt also keineswegs auf bloße schöngeistige Bildung, sondern ist ganz und gar auf die Praxis hin orientiert, so wie es seinerseits auch praktischen Notwendigkeiten entspringt: Die im zweiten Versabschnitt genannten Menschen haben durchweg handfeste Motive, nach Wissen zu streben, mit dem sie ihre bedrängte Situation verbessern können. Von solchen Motiven spricht in ironischer Verkehrung noch ein anderes Gedicht Brechts, das mit den Versen beginnt: »Ich habe gehört, ihr wollt nichts lernen / Daraus entnehme ich: ihr seid Millionäre. / Eure Zukunft ist gesichert – sie liegt / Vor euch im Licht« (14, S.162). Nur wer sich ohnehin für alle Zeiten im Wohlstand geborgen weiß, kann es sich leisten, auf den Wissenserwerb zu verzichten. Sollte es dann doch Schwierigkeiten geben, bliebe ihm freilich nichts anderes übrig, als blindlings irgendwelchen Führern zu folgen, »die dir genau sagen / Was du zu machen hast« (ebd.) – in den frühen dreißiger Jahren, als diese Verse geschrieben wurden, eine sehr zeitgemäße Warnung!

Denken und Eingreifen, Erkennen und Verändern, die Brecht aufs engste miteinander verbindet, sind niemals ohne bestimmte Interessen und Zwecksetzungen möglich und somit allemal in spezifischen gesellschaftlichen Zusammenhängen situiert. Wie schon das *Lob des Lernens* erkennen lässt, richten sich die Appelle des Dichters in erster Linie an das Proletariat, jene in der kapitalistischen Ordnung ausgebeutete Klasse, bei der er die größte Aufgeschlossenheit für den Gedanken einer fundamentalen Veränderung der Gesellschaft und infolgedessen eine besondere Empfänglichkeit für das dialektische, eingreifende Denken voraussetzen konnte. Als vorwärtstreibende, zukunftsweisende Kraft der geschichtlichen Entwicklung waren die Proletarier für den Marxisten Brecht dazu berufen, »die Führung [zu] übernehmen«, weshalb er in ihnen das ideale Publikum für seine Werke erblickte. »Ich habe drei Jahrzehnte lang in meinen Schriften die Sache der Arbeiter zu vertreten versucht«, schrieb er 1953 in der Rückschau (30, S.183), und zumindest im Hinblick auf seine Intentionen und die theoretische Grundlegung seines Schaffens ist daran in der Tat nicht zu zweifeln. Der auf die Seite der Arbeiterschaft übergegangene bürgerliche Intellektuelle und Schriftsteller Brecht verstand sich als Lehrer, der praktikable Modelle der Wirklichkeit erstellt, um seinen proletarischen Rezipienten die Welt ›auszuliefern‹. Konsequenterweise bestimmte er auch den Begriff der Volkstümlichkeit anders als Lukács. Fasste sein Widerpart diese Kategorie vorwiegend inhaltlich und formal, wobei er Kriterien wie Fasslichkeit und Plastizität der Darstellung hervorhob, so rückte Brecht wieder den funktionalen Aspekt in den Mittelpunkt. Volkstümlich nannte er eine realistische Literatur, die den Bedürfnissen des Proletariats entgegenkommt:

> Es liegt im Interesse des Volkes, der breiten, arbeitenden Massen, von der Literatur wirklichkeitsgetreue Abbildungen des Lebens zu bekommen, und wirklichkeitsgetreue Abbildungen des Lebens dienen tatsächlich nur dem Volk, den breiten, arbeitenden Massen, müssen also unbedingt für diese verständlich und ergiebig, also volkstümlich sein. (22.1, S.406)

Brecht erblickte seine Aufgabe darin, den »breiten, arbeitenden Massen« ein kritisches Klassenbewusstsein zu vermitteln, das ihrer sozioökonomischen Lage entsprechen und sie zum kollektiven Handeln und damit letztlich zur revolutionären Selbstbefreiung befähigen sollte; es ging ihm um eine Erziehung zum eigenständigen Denken, um die Emanzipation des proletarischen Publikums. Seine Schriften konzipieren dabei statt einer streng hierarchischen Lehrer-Schüler-Beziehung einen dialektischen Austausch – analog zu dem zwischen Theorie und Praxis –, in dem auch der bürgerlich-intellektuelle Lehrer immer wieder durch die erfahrungsgesättigten Einsichten seiner proletarischen Schüler korrigiert und folglich seinerseits belehrt wird. Im Zusammenhang mit der Realismusdebatte hebt er beispielsweise hervor, wie sich seine künstlerischen Schöpfungen und seine ästhetischen Maximen unablässig in der Kooperation mit Proletariern bewähren mussten: »Die Arbeiter hatten keine Angst, uns zu lehren, und sie hatten keine Angst, selber zu lernen« (22.1, S.411). Das kleine Gedicht *Grabschrift für Gorki* gipfelt in dem höchsten Lob, das Brecht für einen Lehrer-Dichter parat hatte: »Der Lehrer des Volkes / Der vom Volk gelernt hat« (12, S.60). Und selbst die so überaus nützlichen Gedanken der marxistischen Klassiker sind, um sich lebendig zu erhalten und nicht zu Dogmen zu erstarren, auf die produktive Resonanz ihrer »Hörer«, auf Belehrung durch die »gestern noch Unwissenden« angewiesen (14, S.338).

Mehrere Gedichte Brechts ermahnen diejenigen, die die Lehrerrolle einnehmen, dieses Wechselspiel nicht außer Kraft zu setzen. »Höre beim Reden!« (15, S.272), wird dem Lehrer ans Herz gelegt – er muss jederzeit feinfühlig auf die Reaktionen seiner Schüler achten, um nicht an ihnen vorbei zu monologisieren. »Ihr großen Lehrer / Wollet hören beim Reden!«, heißt es noch beschwörender in dem Gedicht *Frage*, denn die »große Ordnung« des Sozialismus kann nicht ohne die »Weisheit der Massen« aufgebaut werden (S.262). Solche Verse belegen allerdings auch, dass Brecht bei allem Respekt vor der lebenspraktischen »Weisheit« der arbeitenden Volksmassen den Unterschied zwischen Lehrern und Schülern keineswegs einebnen will: Die Notwendigkeit einer Belehrung dieser Massen bleibt im Prinzip bestehen. Aber die dialektische Wechselwirkung hebt den Lehrer, wie er Brecht vorschwebt, von einer negativen Kontrastfigur ab, die in seinen didaktischen Überlegungen stets zumindest in verdeckter Form präsent ist, nämlich von dem (faschistischen) *Führer*, dessen Verhältnis zu seinen Gefolgsleuten unter anderem in zahlreichen *Svendborger Gedichten* reflektiert wird. Dieses Verhältnis ist tatsächlich strikt hierarchisch, autoritär und damit gänzlich undialektisch. Der Führer belehrt seine Anhänger nicht, sondern leitet sie in die Irre, er betäubt ihre Weisheit, statt sie produktiv werden zu lassen.

Indem Brecht seit den ausgehenden zwanziger Jahren vor dem Hintergrund der Klassenkämpfe in der spätbürgerlichen Gesellschaft die Rolle eines Lehrer-Dichters beanspruchte, fand er einen Ausweg aus der Isolation und den nagenden Selbstzweifeln des modernen Poeten. Es lässt sich ermessen, was unter diesen Umständen die Vertreibung aus Deutschland für ihn bedeutete, zumal die Erfahrung der späteren Phasen des Exils nach dem Ausbruch des Weltkriegs. Sein Zielpublikum war nun nicht länger erreichbar und die Dialektik des Lehrer-Schüler-Verhältnisses, die sein Schaffen legitimierte, so gut wie aufgehoben. Wahrscheinlich entstanden eben deshalb gerade in den Exiljahren so viele Texte – darunter zahlreiche Gedichte –, die seine Poetik des Lehrens und Lernens entfalten: »Die Bedeutung des Adressaten (des Lesers) für den Schriftsteller und die literarische Produktion ist Brecht erst in der Emigration, mit der negativen Erfahrung, voll zum Bewußtsein gekommen.«[21] So sprechen die Motto-Verse der *Svendborger Gedichte* aus der Distanz des Exils die proletarischen Widerstandskämpfer in Deutschland an, die Brecht als die eigentlichen Adressaten des Bandes betrachtete, ohne aber noch den unmittelbaren Austausch mit ihnen pflegen zu können:

> Geflüchtet unter das dänische Strohdach, Freunde
> Verfolg ich euren Kampf. Hier schick ich euch
> Wie hin und wieder schon, ein paar Worte, aufgescheucht
> Durch blutige Gesichte über Sund und Laubwerk.
> Verwendet, was euch erreicht davon, mit Vorsicht!
> Vergilbte Bücher, brüchige Berichte
> Sind meine Unterlage. Sehen wir uns wieder
> Will ich gern wieder in die Lehre gehn.
> (12, S.7)

Da dem vertriebenen Lehrer-Dichter momentan die Möglichkeit abgeht, seine Diagnosen und Mahnungen im lebendigen Kontakt mit den Erfahrungen der deutschen Arbeiterklasse zu prüfen und gegebenenfalls zu korrigieren, dürfen deren Angehörige seine Werke nur mit »Vorsicht« verwenden, sofern sie überhaupt in ihre Hände gelangen. Sollten sich die Verhältnisse jedoch künftig günstiger gestalten, wird der Lehrer »gern wieder« bei seinen Schülern »in die Lehre gehn«, um die inspirierende Wechselbeziehung von neuem in Kraft zu setzen.

---

21 Hinck: Alle Macht den Lesern, S.108.

Die Krisenerfahrung des Exils bildet auch den Hintergrund des Gedichts *Über das Lehren ohne Schüler*, das um die Mitte der dreißiger Jahre geschrieben wurde:

> Lehren ohne Schüler
> Schreiben ohne Ruhm
> Ist schwer.
>
> Es ist schön, am Morgen wegzugehen
> Mit den frisch beschriebenen Blättern
> Zu dem wartenden Drucker, über den summenden Markt
> Wo sie Fleisch verkaufen und Handwerkszeug
> Du verkaufst Sätze.
>
> Der Fahrer ist schnell gefahren
> Er hat nicht gefrühstückt
> Jede Kurve war ein Risiko
> Er tritt eilig in die Tür
> Der, den er abholen wollte
> Ist schon aufgebrochen.
>
> Dort spricht der, dem niemand zuhört:
> Er spricht zu laut
> Er wiederholt sich
> Er sagt Falsches
> Er wird nicht verbessert.
> (14, S.315)

»Lehren« und »Schreiben« scheinen hier fast gleichbedeutend, da beide Tätigkeiten ohne die Resonanz eines Publikums sinnlos bleiben. Der Lehrer-Dichter, der keine Rezipienten mehr hat, gleicht dem Fahrer, der seinen Fahrgast nicht antrifft, und dem Redner, dem mit der Zuhörerschaft auch das notwendige Korrektiv abhandengekommen ist. Wie dieser kann er beim Reden nicht zugleich hören, also nicht in einen konstruktiven Dialog mit interessierten Schülern treten. Was er mitzuteilen hat, verklingt im Leeren und wird fatalerweise »nicht verbessert«.

Neben den Gedichten, in denen er abstrakt über das Lehren und Lernen räsoniert, schrieb Brecht einige größere Verstexte, die in anschaulicher, meist episch-erzählender Form Lehrer-Schüler-Beziehungen oder beispielhafte Lernprozesse inszenieren. Drei dieser lyrischen Werke, die zu seinen bekanntesten gehören und allesamt in die »Chroniken« der *Svendborger Gedichte* eingingen, seien im Folgenden genauer analysiert. Das älteste von ihnen entstand um die Jahreswende 1929/30, angeregt durch einen Bericht, der am 30. Oktober 1929 in der »Frankfurter Zeitung« erschienen war:

> Die Teppichweber von Kujan-Bulak ehren Lenin
>
> 1
> Oftmals wurde geehrt und ausgiebig
> Der Genosse Lenin. Büsten gibt es und Standbilder.
> Städte werden nach ihm benannt und Kinder.
> Reden werden gehalten in vielerlei Sprachen
> Versammlungen gibt es und Demonstrationen
> Von Shanghai bis Chicago, Lenin zu Ehren.
> So aber ehrten ihn die
> Teppichweber von Kujan-Bulak
> Kleiner Ortschaft im südlichen Turkestan:

Zwanzig Teppichweber stehn dort abends
Fieberschüttelt auf von dem ärmlichen Webstuhl.
Fieber geht um: die Bahnstation
Ist erfüllt von dem Summen der Stechmücken dicker Wolke
Die sich erhebt aus dem Sumpf hinter dem alten Kamelfriedhof.
Aber die Eisenbahn, die
Alle zwei Wochen Wasser und Rauch bringt, bringt
Eines Tages die Nachricht auch
Daß der Tag der Ehrung des Genossen Lenin bevorsteht
Und es beschließen die Leute von Kujan-Bulak
Teppichweber, arme Leute
Daß dem Genossen Lenin auch in ihrer Ortschaft
Aufgestellt werde eine gipserne Büste.
Als aber das Geld eingesammelt wird für die Büste
Stehen sie alle
Geschüttelt vom Fieber und zahlen
Ihre mühsam erworbenen Kopeken mit fliegenden Händen.
Und der Rotarmist Stepa Gamalew, der
Sorgsam Zählende und genau Schauende
Sieht die Bereitschaft, Lenin zu ehren, und freut sich
Aber er sieht auch die unsicheren Hände.
Und er macht plötzlich den Vorschlag
Mit dem Geld für die Büste Petroleum zu kaufen und
Es auf den Sumpf zu gießen hinter dem Kamelfriedhof
Von dem her die Stechmücken kommen, welche
Das Fieber erzeugen.
So also das Fieber zu bekämpfen in Kujan-Bulak, und zwar
Zu Ehren des gestorbenen, aber
Nicht zu vergessenden
Genossen Lenin.

Sie beschlossen es. An dem Tage der Ehrung trugen sie
Ihre zerbeulten Eimer, gefüllt mit dem schwarzen Petroleum
Einer hinter dem andern
Hinaus und begossen den Sumpf damit.

So nützten sie sich, indem sie Lenin ehrten und
Ehrten ihn, indem sie sich nützten und hatten ihn
Also verstanden.

2
Wir haben gehört, wie die Leute von Kujan-Bulak
Lenin ehrten. Als nun am Abend
Das Petroleum gekauft und ausgegossen über dem Sumpf war
Stand ein Mann auf in der Versammlung, und der verlangte
Daß eine Tafel angebracht würde an der Bahnstation
Mit dem Bericht dieses Vorgangs, enthaltend
Auch genau den geänderten Plan und den Eintausch der
Leninbüste gegen die fiebervernichtende Tonne Petroleum.
Und dies alles zu Ehren Lenins.
Und sie machten auch das noch
Und setzten die Tafel.
(12, S. 37–39)

Die Ehrungen, die Lenin »[v]on Shanghai bis Chicago« in Fülle zuteil werden, belegen eindrucksvoll die weltweite Ausstrahlung der sozialistischen Lehre. Und doch fällt auf die in den Eingangsversen aufgezählten Huldigungsrituale ein zweifelhaftes Licht, wenn das Chronisten-Ich ihnen im weiteren Verlauf des Gedichts das Handeln der Männer von Kujan-Bulak gegenüberstellt. Konfrontiert mit einem Beispiel für das lebendige Fortwirken Lenins, offenbart der unfruchtbare Denkmalskult der »Büsten« und Statuen, der Namensverleihungen, »Reden«, »Versammlungen« und »Demonstrationen« seine fatale Nähe zu der alten bürgerlichen Heldenverehrung. Ausgerechnet die von Armut und Krankheit gezeichneten Teppichweber eines entlegenen Dorfes begreifen, wie man jenen »Lehrer« (12, S.60), der Lenin nach Brechts Auffassung in erster Linie war, am besten würdigt – indem man nämlich zeigt, dass man tatsächlich etwas von ihm gelernt hat und das Gelernte auch zum eigenen Nutzen anzuwenden versteht. Verdichtet wird diese Einsicht in der chiastischen Konstruktion am Ende des ersten Teils: »So nützten sie sich, indem sie Lenin ehrten und / Ehrten ihn, indem sie sich nützten«; sie haben ihn, wie der Sprecher zusammenfasst, »[a]lso verstanden.« Im Prozess des Lernens verändert sich die menschliche Lebenspraxis, nur dadurch erlangt er Bedeutung. Was der »Genosse Lenin« seinen gelehrigen Schülern vermittelt hat, ist aber nicht etwa vorgegebenes Wissen, das man sich mechanisch aneignen könnte, sondern vielmehr die generelle kritisch-produktive Einstellung, die eingreifendes Handeln gestattet. Eine solche Einstellung nannte Brecht ›realistisch‹, so wie er umgekehrt ›Realismus‹ als eine eigentümliche »Haltung« definierte, die der Mensch gegenüber der Wirklichkeit einnimmt (27, S.284).

Obwohl das Gedicht eigentlich mit dem eben zitierten Resümee enden könnte, schließt Brecht noch einen zweiten Teil an, in dem eine schriftliche Dokumentation der erfolgreichen Fieberbekämpfung verlangt und beschlossen wird. Die »Tafel«, angebracht »an der Bahnstation«, dem öffentlichen Ort des Dorfes, der die Verbindung zur Außenwelt herstellt, hält mit dem »Eintausch der / Leninbüste gegen die fiebervernichtende Tonne Petroleum« den Lernprozess der Teppichweber für die Mit- und Nachwelt fest und eröffnet den Lehren Lenins damit die Möglichkeit, weiter zu wirken. In gewisser Weise rücken die Teppichweber jetzt ihrerseits zu Lehrern auf, zu Vorbildern für die Meisterung der Lebenswirklichkeit durch tatkräftiges Eingreifen. Zugleich betätigen sie sich als Historiographen ihres eigenen Tuns: »Geschichte wird geschrieben von denen, die sie auch gemacht haben.«[22] Ihre Fortsetzung und Vollendung findet die Dokumentation des Geschehenen dann in dem Gedicht selbst, das sie in die literarische Form der Chronik überführt. Brecht verleiht dieser traditionsreichen, bis auf das Alte Testament zurückgehenden Gattung eine neue Funktion, da sie bei ihm nicht mehr die Taten der Herrscher und die ins Auge fallenden großen Bewegungen des politischen Lebens verzeichnet, sondern eine ›Weltgeschichte von unten‹ erzählt, in diesem Fall anhand einer Episode, in der einfache »arme Leute« unter dem Einfluss eines großen Lehrers zur Mündigkeit erwachen. Es ist daher nur folgerichtig, wenn der Antrag, die Tafel zu setzen, von einem namenlosen »Mann [...] in der Versammlung«

---

22 Jan Knopf: Brecht-Handbuch. Lyrik, Prosa, Schriften. Eine Ästhetik der Widersprüche. Mit einem Anhang: Film. Stuttgart 1984, S.122. – Die Teppichweber lösen hier ein, was in *Fragen eines lesenden Arbeiters*, dem Eröffnungsgedicht der »Chroniken«, implizit gefordert wird; vgl. dazu weiter unten.

eingebracht wird. Nimmt im ersten Teil des Gedichts mit dem politisch geschulten Rotarmisten Stepa Gamalew noch einmal eine Lehrerfigur als Autoritätsperson das Heft in die Hand, so ergreift im zweiten Abschnitt schon das Kollektiv der Schüler selbst, vertreten durch einen anonymen Sprecher aus seiner Mitte, die Initiative.

Noch um einiges komplexer als die Verse über die Teppichweber von Kujan-Bulak ist – bei aller scheinbaren Schlichtheit – die *Legende von der Entstehung des Buches Taoteking auf dem Weg des Laotse in die Emigration*, Brechts wohl bedeutendstes Gedicht über das Lehren und Lernen, das er später nicht ohne Grund zur Aufnahme in die schulischen Lehrpläne der DDR vorschlug (vgl. 23, S. 160). Sein Stoff entstammt einer Anekdote aus altchinesischer Überlieferung. In der Quelle, die dem Dichter vorgelegen haben dürfte, nämlich in Richard Wilhelms Einleitung zu seiner 1911 publizierten Übersetzung des Weisheitsbuches *Taoteking*, liest sie sich folgendermaßen:

> Als die öffentlichen Zustände sich so verschlimmerten, daß keine Aussicht auf Herstellung der Ordnung mehr vorhanden war, soll Laotse sich zurückgezogen haben. Als er an den Grenzpaß Han Gu gekommen sei, nach späterer Tradition auf einem schwarzen Ochsen reitend, habe ihn der Grenzbeamte Yin Hi gebeten, ihm etwas Schriftliches zu hinterlassen. Darauf habe er den Taoteking, bestehend aus mehr als 5000 chinesischen Zeichen, niedergeschrieben und ihm übergeben. Dann sei er nach Westen gegangen, kein Mensch weiß wohin.[23]

Mit Laotse, dem mythischen Weisen, den die Legende als Verfasser des *Taoteking* nennt, kam Brecht, wie eine Tagebuchnotiz bezeugt, spätestens 1920 in Berührung (vgl. 26, S. 168).[24] Fünf Jahre später veröffentlichte er unter dem Titel *Die höflichen Chinesen* eine eigene Version der von Wilhelm referierten Anekdote, nach der Laotse den Wunsch des Zollwächters erfüllt, weil er fürchtet, sonst »unhöflich zu erscheinen« (19, S. 200). In einem Brief an Karl Kraus aus dem Sommer 1933 spielt Brecht noch einmal auf die überlieferte Episode an, wobei er ebenfalls die Bitte des Zollbeamten und das Entgegenkommen des Philosophen in den Mittelpunkt stellt (vgl. 28, S. 369). Im Mai 1938 wurde dann das umfangreiche Erzählgedicht niedergeschrieben:

Legende von der Entstehung des Buches Taoteking auf dem Weg des Laotse
in die Emigration

1
Als er siebzig war und war gebrechlich
Drängte es den Lehrer doch nach Ruh
Denn die Güte war im Lande wieder einmal schwächlich
Und die Bosheit nahm an Kräften wieder einmal zu.
Und er gürtete den Schuh.

---

23 Laotse: Tao te king. Das Buch vom Sinn und Leben. Übersetzt und mit einem Kommentar von Richard Wilhelm [1911]. Köln 1982, S. 11. Dieser Band enthält auch eine Illustration, der Brecht offenkundig einige ergänzende Details für seine *Legende* entnahm. Dazu zählt insbesondere die Gestalt des Knaben, der Laotse begleitet und von dem in der Überlieferung nirgends die Rede ist. Vgl. dazu Yuan Tan: Der Chinese in der deutschen Literatur. Unter besonderer Berücksichtigung chinesischer Figuren in den Werken von Schiller, Döblin und Brecht. Göttingen 2007, S. 160.

24 Das von einem regen Interesse vieler Dichter und Intellektueller am Taoismus geprägte geistesgeschichtliche Umfeld, in dem diese Begegnung stattfand, umreißt Heinrich Detering: Bertolt Brecht und Laotse. Göttingen 2008, S. 13–52.

2
Und er packte ein, was er so brauchte:
Wenig. Doch es wurde dies und das.
So die Pfeife, die er immer abends rauchte
Und das Büchlein, das er immer las.
Weißbrot nach dem Augenmaß.

3
Freute sich des Tals noch einmal und vergaß es
Als er ins Gebirg den Weg einschlug.
Und sein Ochse freute sich des frischen Grases
Kauend, während er den Alten trug.
Denn dem ging es schnell genug.

4
Doch am vierten Tag im Felsgesteine
Hat ein Zöllner ihm den Weg verwehrt:
»Kostbarkeiten zu verzollen?« – »Keine.«
Und der Knabe, der den Ochsen führte, sprach: »Er hat gelehrt.«
Und so war auch das erklärt.

5
Doch der Mann in einer heitren Regung
Fragte noch: »Hat er was rausgekriegt?«
Sprach der Knabe: »Daß das weiche Wasser in Bewegung
Mit der Zeit den mächtigen Stein besiegt.
Du verstehst, das Harte unterliegt.«

6
Daß er nicht das letzte Tageslicht verlöre
Trieb der Knabe nun den Ochsen an.
Und die drei verschwanden schon um eine schwarze Föhre
Da kam plötzlich Fahrt in unsern Mann
Und er schrie: »He, du! Halt an!

7
Was ist das mit diesem Wasser, Alter?«
Hielt der Alte: »Intressiert es dich?«
Sprach der Mann: »Ich bin nur Zollverwalter
Doch wer wen besiegt, das intressiert auch mich.
Wenn du's weißt, dann sprich!

8
Schreib mir's auf! Diktier es diesem Kinde!
So was nimmt man doch nicht mit sich fort.
Da gibt's doch Papier bei uns und Tinte
Und ein Nachtmahl gibt es auch: ich wohne dort.
Nun, ist das ein Wort?«

9
Über seine Schulter sah der Alte
Auf den Mann: Flickjoppe. Keine Schuh.
Und die Stirne eine einzige Falte.
Ach, kein Sieger trat da auf ihn zu.
Und er murmelte: »Auch du?«

10
Eine höfliche Bitte abzuschlagen
War der Alte, wie es schien, zu alt.

Denn er sagte laut: »Die etwas fragen
Die verdienen Antwort.« Sprach der Knabe: »Es wird auch schon kalt.«
»Gut, ein kleiner Aufenthalt.«

11
Und von seinem Ochsen stieg der Weise
Sieben Tage schrieben sie zu zweit.
Und der Zöllner brachte Essen (und er fluchte nur noch leise
Mit den Schmugglern in der ganzen Zeit).
Und dann war's soweit.

12
Und dem Zöllner händigte der Knabe
Eines Morgens einundachtzig Sprüche ein
Und mit Dank für eine kleine Reisegabe
Bogen sie um jene Föhre ins Gestein.
Sagt jetzt: kann man höflicher sein?

13
Aber rühmen wir nicht nur den Weisen
Dessen Name auf dem Buche prangt!
Denn man muß dem Weisen seine Weisheit erst einreißen.
Darum sei der Zöllner auch bedankt:
Er hat sie ihm abverlangt.
(12, S. 32–34)

In demselben gemächlichen Tempo, mit dem der Ochse seinen Weg zurücklegt, schreitet die im lässigen Plauderton erzählte Handlung der Ballade voran, während das fast durchgängig regelmäßig alternierende trochäische Metrum den dazu passenden wiegenden Sprachduktus erzeugt, auch wenn Brecht eine allzu gefällige rhythmische Glätte unter anderem durch die Variation der Hebungszahl seiner Verse sorgsam vermeidet. Der verkürzte Schlussvers des Strophenschemas, stets syntaktisch selbständig und nach dem ungewöhnlichen Reimschema (a b a b b) sogar buchstäblich überzählig, setzt nach jeder Etappe des Geschehens eine markante Zäsur. Langsamkeit und Ruhe zeichnen auch Laotse selbst aus, dem der Ochse allemal »schnell genug« vorankommt, und prägen nicht zuletzt die Lehre, die der Weise zu verkünden hat: Es braucht »Zeit«, bis das Wasser den Sieg über den Stein davonträgt. Dazu passt, dass das Gedicht keinen spannungsgeladenen, dramatisch zugespitzten Konflikt schildert, wie man ihn aus vielen Werken der Balladentradition kennt, sondern eine friedliche und fruchtbare Begegnung, vermittelt durch jene Höflichkeit, die sowohl der Philosoph als auch der Zöllner – jeder auf seine Art – an den Tag legen. Höflichkeit ist dabei nicht als bloße Erfüllung konventioneller Erwartungen an das Benehmen zu verstehen. Bei Brecht erscheint sie vielmehr, hierin der Freundlichkeit eng verwandt, als produktiver sozialer Gestus, dem in diesem Fall der *Taoteking* sein Zustandekommen verdankt.[25]

---

[25] Benjamin rückt die »Freundlichkeit« sogar ins Zentrum seiner Überlegungen zu der *Legende* (vgl. Walter Benjamin: Kommentare zu Gedichten von Brecht. In: ders.: Gesammelte Schriften. Bd. II.2. Hrsg. von Rolf Tiedemann und Hermann Schweppenhäuser. Frankfurt a.M. 1977, S. 539–572, hier S. 570–572). Dass Brecht in diesem Fall einen anderen Ausdruck wählte, war vielleicht der Erinnerung an die sprichwörtliche Höflichkeit der Chinesen geschuldet, die ja schon dem kleinen Text von 1925 seinen Titel gegeben hatte.

Die in Raum und Zeit weit entrückte, halb märchenhafte Geschichte dieses Zusammentreffens, das kurzfristig eine ideale Lehrer-Schüler-Konstellation schafft, hat exemplarischen Charakter. So wirken schon die auftretenden Figuren, ungeachtet ihrer äußerst plastischen Darstellung, in hohem Maße typisiert. Bleibt der Repräsentant des einfachen Volkes gänzlich anonym, so wird Laotse nur in der Überschrift namentlich genannt, während er sonst immer als archetypischer »Lehrer« und »Weiser«, als »der Alte« erscheint.[26] Was einen weisen Lehrer auszeichnet, sind augenscheinlich Gelassenheit, Genügsamkeit und Bescheidenheit, gepaart mit der Gabe, die kleinen Genüsse des Lebens auszukosten, ohne sich von ihnen abhängig zu machen – beim Abschied vom heimatlichen Tal freut sich der Philosoph noch einmal des vertrauten Anblicks, um ihn dann augenblicklich zu vergessen. Reichtümer erwirbt ein solcher Mann gewiss nicht, weshalb die schlichte Auskunft »Er hat gelehrt« vollkommen hinreicht, um dem Zöllner begreiflich zu machen, warum hier keine »Kostbarkeiten zu verzollen« sind! Ganz unscheinbar mutet auf den ersten Blick auch jene Einsicht an, die der Text als Quintessenz von Laotses Weisheitslehre präsentiert: »Daß das weiche Wasser in Bewegung / Mit der Zeit den mächtigen Stein besiegt.« Brecht greift hier auf den achtundsiebzigsten der insgesamt 81 Sprüche des *Taoteking* zurück, baut dabei aber signifikante Änderungen ein. In Wilhelms Übersetzung lautet die Passage:

> Auf der ganzen Welt
> gibt es nichts Weicheres und Schwächeres als das Wasser.
> Und doch in der Art, wie es dem Harten zusetzt,
> kommt nichts ihm gleich.[27]

Brecht betont gegenüber seiner Vorlage den dynamischen Aspekt (»das weiche Wasser in Bewegung«) und fügt außerdem das Verb ›besiegen‹ sowie die Wendung vom »mächtigen Stein« hinzu, die es nahe legen, das Naturbild auf soziale Beziehungen, auf Herrschaftsverhältnisse zwischen Menschen zu übertragen. Und genau das tut der Zöllner auf der Stelle: »wer wen besiegt, das intressiert auch mich.« In dieser Formulierung verbirgt sich eine Anspielung auf Lenin, der die Frage, »wer wen« überwältigen würde, zum Dreh- und Angelpunkt des Klassenkampfes zwischen der Bourgeoisie und dem revolutionären Proletariat erklärte.[28] Während der *Taoteking* empfiehlt, die Tugend des Nicht-Handelns zu üben und so den Einklang mit dem universalen Gesetz des Tao zu suchen, lässt Brecht durch die Lehre seines Laotse eine Botschaft über den Klassenkampf durchscheinen. Dass die vermeintlich Schwachen »[m]it der Zeit« die steinernen Machtverhältnisse der Klassengesellschaft aufbrechen würden, war eine Grund-

---

26 »Laotse« heißt übrigens wörtlich etwa soviel wie »alter, weiser Meister«. Für die Chinesen dürfte der mythische Verfasser des *Taoteking* daher von Anfang an weniger eine individuelle Gestalt als ein Typus gewesen sein. Die Kenntnis dieses Details konnte Brecht bei seinen Lesern freilich nicht voraussetzen. Im Titel der Ballade muss »Laotse« durchaus als Eigenname gelesen werden.
27 Laotse: Tao te king, S. 121.
28 W.I. Lenin: Die Neue Ökonomische Politik und die Aufgaben der Ausschüsse für politisch-kulturelle Aufklärung. Referat auf dem II. Gesamtrussischen Kongreß der Ausschüsse für politisch-kulturelle Aufklärung, 17. Oktober 1921. In: ders.: Werke. Bd. 33: August 1921–März 1923. Berlin (Ost) 1973, S. 40–60, hier S. 46: »Die ganze Frage ist die: Wer wird wen überflügeln? Gelingt es den Kapitalisten, sich früher zu organisieren, dann werden sie die Kommunisten zum Teufel jagen, darüber braucht man überhaupt kein Wort zu verlieren. Man muß diese Dinge nüchtern betrachten: Wer – wen?«

überzeugung, die er auch sonst bisweilen mit Hilfe der Wassermetaphorik illustrierte. So schrieb er bereits 1932 in seinen Erläuterungen zu dem Stück *Die Mutter* mit Blick auf die klassenbewussten Proletarier, die »unbekannten Soldaten der Revolution«: »sie sind ebenso unbezwingbar, wie sie unscheinbar sind, und auf die Dauer müssen sie siegen, wie das unaufhörliche Wasser der Bäche den Felsen unterhöhlt, der ihm im Wege steht« (24, S.113). Diese Zuversicht leitete er aus seinem dialektischen Denken ab, und dessen Struktur findet sich in dem Spruch der *Legende* über das »Wasser in Bewegung« gleichfalls nachgebildet, denn Brecht definierte die Dialektik, Karl Marx folgend, kurz und bündig als »Lehre vom Fluß der Dinge« (22.1, S.87).[29] Damit erweist sich die Philosophie des Laotse als ein verhülltes »Lob der Dialektik«, das die Unterdrückten und Benachteiligten anspornt. Schon Walter Benjamin sah angesichts der nationalsozialistischen Gewaltherrschaft in der Feststellung »das Harte unterliegt« das tröstliche Versprechen einer besseren Zukunft aufleuchten: »Das Gedicht ist zu einer Zeit geschrieben, wo dieser Satz den Menschen als eine Verheißung ans Ohr schlägt, die keiner messianischen etwas nachgibt.«[30]

Nicht dem Weisen selbst, sondern dem Knaben, den er der legendarischen Überlieferung hinzugefügt hat, legt Brecht den abgewandelten 78. Spruch des *Taoteking* in den Mund. Offenkundig gibt hier jemand die Weisheit des Alten, die er selbst bereits begriffen hat, nun seinerseits in belehrender Absicht weiter, und dabei handelt es sich ausgerechnet um ein *Kind*, einen Hoffnungsträger für kommende Zeiten. Gleichwohl hätten beide, der greise Philosoph und sein jugendlicher Begleiter, ihrem Land den Rücken gekehrt, ohne Spuren zu hinterlassen, wäre nicht der Zöllner dazwischengekommen, dessen maßgeblicher Anteil an der Abfassung des *Taoteking* in der Schlussstrophe denn auch gebührend herausgestrichen wird. Einmal mehr finden wir bestätigt, dass Brecht die Beziehung zwischen Lehrer und Schüler weder einseitig noch hierarchisch auffasst. Beide sind aufeinander angewiesen, weil allein die Frage des Wissbegierigen die Antwort des Weisen zu provozieren vermag. »Wie soll ich antworten, wenn ich nicht gefragt werde?«, heißt es auch in einem wohl 1936 entstandenen poetologischen Gedicht (14, S.343). Weisheit »wäre unfruchtbar ohne den Willen zur Mitteilung«[31]; sie gewinnt nur dann einen Sinn, wenn sie zu einer sozialen Haltung wird, sich mit dem Gestus des Lehrens verbindet und letztlich an einen Empfänger gelangt, der sie zu nutzen versteht. Deshalb muss der Alte von seinem ›Schüler‹ sogar eine gelinde Rüge einstecken: »So was nimmt man doch nicht mit sich fort.« Erst die Interaktion mit dem Zöllner, der ihm seine Einsichten »abverlangt«, gibt Laotse die Gelegenheit, »seine ›Theorie‹ ›praktisch‹ werden zu lassen«[32] und damit seine Rolle als Lehrer wirklich auszufüllen.

Nicht ohne Grund ersetzt Brecht den Angehörigen der gebildeten chinesischen Beamtenelite, der in der anekdotischen Überlieferung als Empfänger der Weisheits-

---

29 Im Nachwort zur zweiten Auflage von *Das Kapital* erklärt Marx, dass die Dialektik »jede gewordne Form im Flusse der Bewegung, also auch nach ihrer vergänglichen Seite« auffasse. Sie sei daher »ihrem Wesen nach kritisch und revolutionär« (Karl Marx und Friedrich Engels: Werke. Bd. 23. Berlin (Ost) 1975, S.28).
30 Benjamin: Kommentare zu Gedichten von Brecht, S.572.
31 Walter Hinck: Die deutsche Ballade von Bürger bis Brecht. Kritik und Versuch einer Neuorientierung. Göttingen 1968, S.143.
32 Franz Norbert Mennemeier: Bertolt Brechts Lyrik. Aspekte, Tendenzen. Berlin ²1998, S.146f.

lehre auftritt, durch einen bettelarmen, sympathisch korrupten Burschen. Laotses Botschaft ist ja trotz ihrer bildhaften Einkleidung keineswegs zeitlos-abstrakt, sondern äußerst konkret und überdies parteilich; als kritische Diagnose sozialer Verhältnisse und als verdeckter Appell richtet sie sich an die Ausgebeuteten und Notleidenden. Einen solchen aber erkennt Laotse in dem Mann, der da mit geflickter Jacke und ohne Schuhe vor ihm steht und gewiss »kein Sieger« ist. Der Philosoph legt damit eine Fähigkeit an den Tag, die Brecht in Zeiten gewaltsamer Unterdrückung für besonders bedeutsam hielt, nämlich das Vermögen, »jene auszuwählen, in deren Händen die Wahrheit wirksam wird«: »Die Wahrheit aber kann man nicht eben schreiben; man muß sie durchaus *jemandem* schreiben, der damit etwas anfangen kann. Die Erkenntnis der Wahrheit ist ein den Schreibern und Lesern gemeinsamer Vorgang« (22.1, S. 80). Der Zöllner bietet sich als Adressat für die Lehre des Weisen an, weil sie ihn tatsächlich »intressiert« und aufgrund seiner Lage und seiner sozialen Stellung auch interessieren muss. Schon seine erste Nachfrage belegt, dass ihn weder müßige Neugier noch ein unverbindlicher Drang nach höherer Bildung antreibt. In der saloppen Wendung »Hat er was rausgekriegt?« drückt sich eine ganz pragmatische Haltung gegenüber dem Nachdenken und Forschen aus, die Brecht in seiner bekannten Abneigung gegen das ›reine‹ Denken zweifellos als vorbildlich ansah. Nur aufgrund seines vitalen Interesses an der Thematik kann der Zollwächter Laotses Spruch auf Anhieb richtig verstehen, indem er ihn mit gesellschaftlichen Konflikten in Verbindung bringt. Ist der *Taoteking* erst einmal einem solchen Mann anvertraut, darf der Verfasser des Buches getrost außer Landes gehen und, wie die Legende berichtet, auf Nimmerwiedersehen verschwinden – seiner Pflicht als Lehrer hat er Genüge getan.

Leicht war es für Brecht freilich nicht, die legendarische Gestalt des Laotse und die Philosophie des Wu-Wei, des »Nicht-Widerstrebens«, einer Lehre vom Klassenkampf dienstbar zu machen. Eine frühere Fassung der Ballade, die als Typoskript mit handschriftlichen Korrekturen des Autors vorliegt und der beispielsweise noch die spätere neunte Strophe fehlt, lässt in manchen Details erkennen, wie er das Problem zu bewältigen trachtete.[33] Heinrich Deterings Versuch, aus dieser Textversion eine tiefere Affinität Brechts zum Taoismus abzuleiten, die seinen marxistischen Anschauungen zuwidergelaufen sei, überzeugt allerdings nicht. Die oben erläuterte Lehrer-Schüler-Konstellation, die Brechts didaktischem Konzept, aber sicherlich nicht den Gedanken des Taoismus entspricht, ist schon in der Urfassung in allen Facetten entfaltet. Bereits hier wird der Zöllner, nicht zuletzt durch seinen Redegestus, als Vertreter der ›einfachen Leute‹ gezeichnet – auch wenn erst die später hinzugefügte Strophe ihm entschieden proletarische Züge verleiht –, der sich pragmatisch für die Frage, »wer wen besiegt«, interessiert und für sein ganz und gar un-taoistisches Benehmen, den Weisen zur Abfassung des Buches zu drängen, am Ende ausdrücklich »bedankt« wird. In der Erzählung *Die höflichen Chinesen* von 1925, die tatsächlich den Geist des Taoismus atmet, musste die Entstehung des *Taoteking* dagegen noch *entschuldigt* werden, da ein echter taoistischer Weiser weder seine Lehren niederzuschreiben pflegt noch seinen Namen verewigt wissen will.[34]

---

33 Abgedruckt ist sie bei Detering: Bertolt Brecht und Laotse, S. 75–77.
34 Vgl. dazu Deterings einleuchtende Analyse dieses kleinen Textes; ebd., S. 60–62.

Auch Brechts Laotse ist schon in der ersten Fassung der *Legende* kein Taoist mehr. Er verlässt seine Heimat nicht, weil seine Philosophie ihm grundsätzlich das Nicht-Widerstreben gebietet, sondern weil er »siebzig war und war gebrechlich« und es ihn deshalb jetzt, offenbar im Gegensatz zu früheren Lebensabschnitten, »doch nach ruh [!]« verlangt. Brechts Ballade zielte von vornherein darauf ab, an die Stelle der genuin taoistischen Lehre ein dialektisches Denken zu setzen, das die Grundlage für eingreifendes Handeln bildet; die publizierte Fassung arbeitet diese Tendenz lediglich noch klarer heraus. Schwierigkeiten ergaben sich für den Verfasser aus der Spannung, in der seine spezifischen Aussageabsichten zu dem geistes- und philosophiegeschichtlichen Kontext der überlieferten Anekdote standen, nicht aber aus einem Schwanken zwischen zwei unterschiedlichen weltanschaulichen Orientierungen. Für die weitreichende These, der Gegensatz von Taoismus und »sozialrevolutionärer Tat« sei für den »zum Marxismus bekehrten späteren Brecht […] ein zentrales Problem« gewesen[35], gibt es keinen Beleg. Ohnehin ist der Marxismus – auch für Brecht – kein simples revolutionäres Aktionsprogramm, sondern zunächst einmal eine Theorie langfristiger gesellschaftlicher Entwicklungsprozesse, die freilich durch menschliches Handeln beeinflusst und vorangetrieben werden. Um dieses Thema geht es in dem Spruch des Weisen, den der Knabe in der *Legende* zitiert.

In der poetisch stilisierten Begegnung eines Intellektuellen mit einem neugierigen, aufgeschlossenen Proletarier gestaltet Brecht den idealen lebenspraktischen Ort seines eigenen literarischen Schaffens. Bezeichnenderweise ereignet sich dieses Treffen gerade in dem Augenblick, in dem Laotse sich anschickt, seine der »Bosheit« verfallene Heimat zu verlassen – die *Legende* ist, wie schon der Titel anzeigt, auch ein Gedicht über das Exil. Sie zählt somit zu jenen Texten, in denen der Flüchtling Brecht sein eigenes Schicksal durch die Bezugnahme auf unterschiedliche historische Vorbilder zu deuten suchte.[36] Doch ist der fiktive Laotse nicht nur eine Parallel-, sondern in mehrfacher Hinsicht auch eine Kontrastfigur zu Brecht, ja eine förmliche Wunschprojektion des Autors. Immerhin verlässt er freiwillig und mit überlegener Gelassenheit seine Heimat, um andernorts die wohlverdiente »Ruh« zu suchen[37], und dabei ist ihm obendrein vergönnt, was seinem Schöpfer versagt blieb: Indem er sein Werk dem Grenzwächter vermacht, sichert er ihm künftige Wirkungsmöglichkeiten in dem Land, aus dem er selbst soeben scheidet. Der Zöllner – »die Stirne eine einzige Falte« – repräsentiert jenes kritische, lernbegierige Publikum, das Brecht in der Fremde schmerzlich vermisste. Nur noch im fiktionalen Entwurf konnte sich die dialektische Bewegung von Lehren und Lernen entfalten, die in der Realität unter dem Druck der Zeitereignisse praktisch zum Erliegen gekommen war.

---

35 Ebd., S. 67. Bereits Martin Esslin schrieb: »Diese taoistische Haltung des Nachgebens, des Sichtreiben-Lassens im Fluß der Dinge […] blieb immer neben und hinter der Lehre vom Klassenkampf und der Forderung nach gewaltsamer Veränderung der Welt in Brechts Vorstellung bestehen« (Brecht. Das Paradox des politischen Dichters. Frankfurt a. M. u. a. 1962, S. 363). Esslins These beruht jedoch auf einer in ihrer Schlichtheit höchst fragwürdigen Auffassung von den verborgenen psychischen Antrieben und Konflikten des Autors.
36 Vgl. dazu ausführlicher das Kapitel »Das skandinavische Exil«.
37 Deswegen geht er auch in die »Emigration«, während Brecht diesen Ausdruck im Blick auf sich selbst und seine ebenfalls gewaltsam aus Deutschland verjagten Leidensgenossen als unpassenden Euphemismus ablehnte, um statt dessen von Vertreibung, Verbannung und Exil zu sprechen. Vgl. dazu das Gedicht *Über die Bezeichnung Emigranten*.

Einen proletarischen Schüler, der seine Lektion bereits so gründlich gelernt hat, dass er keines Lehrers mehr bedarf, präsentiert unser dritter großer Beispieltext, der aus dem Jahre 1935 stammt. Als erste der »Chroniken« hat er in den *Svendborger Gedichten* eine herausgehobene Position inne. Durch eine kritische Auseinandersetzung mit der traditionellen Historiographie, deren Perspektive damals nicht zuletzt auch den Schulunterricht in Deutschland prägte, wird jene neue Form der Geschichtsbetrachtung vorbereitet, die der Autor in dieser Abteilung seines Lyrikbandes propagiert:

> Fragen eines lesenden Arbeiters
>
> Wer baute das siebentorige Theben?
> In den Büchern stehen die Namen von Königen.
> Haben die Könige die Felsbrocken herbeigeschleppt?
> Und das mehrmals zerstörte Babylon
> Wer baute es so viele Male auf? In welchen Häusern
> Des goldstrahlenden Lima wohnten die Bauleute?
> Wohin gingen an dem Abend, wo die chinesische Mauer fertig war
> Die Maurer? Das große Rom
> Ist voll von Triumphbögen. Wer errichtete sie? Über wen
> Triumphierten die Cäsaren? Hatte das vielbesungene Byzanz
> Nur Paläste für seine Bewohner? Selbst in dem sagenhaften Atlantis
> Brüllten in der Nacht, wo das Meer es verschlang
> Die Ersaufenden nach ihren Sklaven.
>
> Der junge Alexander eroberte Indien.
> Er allein?
> Caesar schlug die Gallier.
> Hatte er nicht wenigstens einen Koch bei sich?
> Philipp von Spanien weinte, als seine Flotte
> Untergegangen war. Weinte sonst niemand?
> Friedrich der Zweite siegte im Siebenjährigen Krieg. Wer
> Siegte außer ihm?
>
> Jede Seite ein Sieg.
> Wer kochte den Siegesschmaus?
> Alle zehn Jahre ein großer Mann.
> Wer bezahlte die Spesen?
>
> So viele Berichte
> So viele Fragen.
> (12, S. 29)

Zwei höchst unterschiedliche Redeweisen sind hier ineinander verschlungen. Der proletarische Sprecher, der die Dokumente der bürgerlichen Geschichtsschreibung studiert hat, zitiert Bruchstücke aus ihrem Diskurs – »das vielbesungene Byzanz«, »Der junge Alexander eroberte Indien« etc. – und konfrontiert sie mit seinen eigenen skeptischen Fragen, wodurch sich immer wieder entlarvende Wirkungen ergeben. Es ist bezeichnend für Brechts materialistisch-konkrete Haltung, dass sein lesender Arbeiter die Welt der großen Politik, der Herrschenden und der Helden beharrlich mit den scheinbar banalen Notwendigkeiten des Wohnens und Essens konfrontiert – was wäre Caesar ohne seinen Koch gewesen? Mehrfach wird auch der hohe Stil der Geschichtsbücher gezielt durch den Einsatz platter Alltagssprache konterkariert: das »sagenhafte Atlantis« und das Gebrüll der »Ersaufenden«, der »große Mann« und die anfallenden

»Spesen«. Aber noch auf einer weiteren, ungleich subtileren Ebene manifestiert sich die Kritik an einem verfälschenden Bild der Vergangenheit, die das Gedicht durch seine eigentümliche Doppelrede übt, als *Sprach*kritik. Das über seine Lektüre reflektierende lyrische Ich macht nämlich sichtbar, wie die vorherrschende Spielart der Historiographie ihre einseitige Sicht der Geschichte mit Hilfe ganz bestimmter sprachlicher Kunstgriffe konstruiert und auf diese Weise schon durch den Einsatz rhetorischer Mittel »zur Produzentin von Ideologie« wird.[38]

Im ersten Abschnitt gilt das Augenmerk vorwiegend berühmten Bauten und Städten, die die Historiker gerne mit stehenden Beiwörtern versehen: dem siebentorigen Theben, dem goldstrahlenden Lima, dem großen Rom. Die hartnäckige Einrede des Arbeiters enthüllt allerdings, dass der Glanz des jeweiligen Epitheton ornans jene Anstrengungen verdeckt, unter denen zahlreiche ›kleine Leute‹ diese Wunderwerke erst hervorgebracht haben. Das Insistieren auf der Frage »Wer baute …?« löst die monumentale Erstarrung im Rückblick wieder in die Dynamik des Geschichtsverlaufs auf und lenkt den Blick auf die handelnden und leidenden Menschenmassen, die von der Rhetorik der Historiographie schlicht zum Verschwinden gebracht worden sind. Es verwundert nicht, dass Brecht auch in diesem Fall dem Motiv des Bauens, das er in seiner Lyrik immer wieder verwendet, wenn es um Produktivität und schöpferisches Tun geht, einen zentralen Stellenwert einräumt. Wer nach den Bauleuten und Maurern forscht, sucht letztlich nach den aufbauenden Kräften in der Weltgeschichte – und nicht zufällig hat der Autor diese Erkundung gerade einem Arbeiter übertragen.

Entlarvt der Eingangsteil des Gedichts das Epitheton ornans als Werkzeug ideologischer Verschleierung, so verfährt der zweite Abschnitt ebenso mit der Metonymie, die den Herrscher oder Heerführer als alleiniges Subjekt einer Aktion an die Stelle aller Mitwirkenden setzt. Den Grundgedanken einer Geschichtsschreibung, wie sie hier attackiert wird, brachte Heinrich von Treitschke auf die griffige Formel »Männer machen die Geschichte«[39]: ›Große Einzelne‹ lenken kraft ihrer überragenden Fähigkeiten die Geschicke der Menschheit. Solchen Ansichten stellte Brecht unter Berufung auf die Klassiker des Marxismus die Lehre vom Klassenkampf entgegen, beispielsweise in seinem fragmentarischen Hexameter-Lehrgedicht aus der Zeit des amerikanischen Exils:

> Lest ihr Geschichte, so lest ihr von Taten enormer Personen;
> Ihrem Gestirn, sich erhebend und fallend; vom Zug ihrer Heere;
> Oder von Glanz und Zerstörung der Reiche. Aber den Klassikern
> Ist die Geschichte zumeist die Geschichte der Kämpfe der Klassen.
> (15, S. 120 f.)

In deutlicher Anspielung auf Treitschkes Diktum erklärt das *Messingkauf*-Fragment die Behauptung »Die großen Männer machen die Geschichte« zu einem jener bequemen »handfeste[n] Sätze«, die durch das marxistische Denken »außer Kurs gesetzt« werden (22.2, S. 716). Und noch eine andere berühmte Wendung drückte für Brecht den fata-

---

38 Helga Geyer-Ryan: Redevielfalt als poetisches Prinzip. Bachtin, Brecht, Harrison und das epische Gedicht. In: Robert Musils »Kakanien« – Subjekt und Geschichte. Festschrift für Karl Dinklage zum 80. Geburtstag. Internationales Robert-Musil-Sommerseminar 1986 im Musil-Haus, Klagenfurt. Hrsg. von Josef Strutz. München 1987, S. 244–272, hier S. 254.
39 Heinrich von Treitschke: Deutsche Geschichte im Neunzehnten Jahrhundert. Erster Teil [1879]. Leipzig [11]1923, S. 28.

len Geist der bürgerlichen Historiographie, den er zu überwinden strebte, mit großer Prägnanz aus, nämlich Hegels Betrachtung über die »welthistorischen Individuen«, die als »Geschäftsführer des Weltgeistes« die objektiven Tendenzen der geschichtlichen Entwicklung repräsentieren und durchsetzen.[40] Unter dem Eindruck der NS-Diktatur brachte Brecht diese Sichtweise direkt mit dem verhängnisvollen »*Führerglaube[n]* der Mittelschichten« in Verbindung (22.1, S.536). In *Fragen eines lesenden Arbeiters* hebt das Rollen-Ich mit den sprachlich produzierten ideologischen Effekten, die in der Tradition Hegels und Treitschkes stehen, zugleich die Grundlagen eines jeden Führerkults auf. Wie im ersten Teil bringt es auch hier wieder die Massen, die großen Kollektive zum Vorschein, mit deren Hilfe und auf deren Kosten seit jeher Weltgeschichte gemacht worden ist, die aber eine aus der Perspektive der Mächtigen entworfene Geschichtsschreibung durch die suggestive metonymische Verdichtung den Blicken entzieht.[41]

Der zweifelnde, fragende Arbeiter »reißt Löcher in etwas, das sich als ein unangreifbares, kohärentes Ganzes präsentiert«[42], indem er den Sprachgestus des herrschenden historiographischen Diskurses buchstäblich zersetzt. Wie kämpferisch und geradezu ehrfurchtgebietend Brecht diese Figur aufgefasst wissen wollte, geht aus einem Brief hervor, in dem er den befreundeten Maler Hans Tombrock bat, das Gedicht mit einem großen Tafelgemälde zu illustrieren:

> Das Bild müßte groß sein, der Arbeiter überlebensgroß. [...] Es muß ein junger großer Kerl sein, der sowohl mächtig als drohend aussieht [...]. Man muß den Eindruck haben, daß ihm vielleicht eben nur das Buch fehlt, nichts sonst, nur die Macht fehlt zur Herrschaft. Da sitzt, muß man denken, der wahre Erbauer des siebentorigen Theben, der Eroberer Asiens und studiert finster die Lügen über seine Eroberungen und Bauten. (29, S.152f.)[43]

---

40 Georg Wilhelm Friedrich Hegel: Werke. Hrsg. von Eva Moldenhauer und Karl Markus Michel. Bd. 12: Vorlesungen über die Philosophie der Geschichte. Frankfurt a.M. 1970, S.45 f. – Gerade Caesar war für Hegel eine solche herausragende geschichtliche Persönlichkeit, und die bürgerliche Historiographie – zum Beispiel Theodor Mommsen, der Verfasser der *Römischen Geschichte* – schloss sich seinem Urteil an. Brechts Journal-Eintrag vom 26. Februar 1939 zeigt seine Skepsis gegenüber dieser Einschätzung (vgl. 26, S.331). Insbesondere ist hier aber auf den unvollendet gebliebenen Roman *Die Geschäfte des Herrn Julius Caesar* zu verweisen, an dem er zur gleichen Zeit arbeitete und der der Verherrlichung Caesars die desillusionierende, strikt materialistische Analyse einer politischen Karriere entgegensetzt. Als subversive Anti-Biographie, die den Nimbus eines vermeintlichen ›großen Mannes‹ restlos zerstört, betreibt das Werk eine umfassende Demontage der traditionellen personenbezogenen Geschichtsschreibung. Vgl. dazu Ulrich Kittstein: »Mit Geschichte will man etwas«. Historisches Erzählen in der Weimarer Republik und im Exil (1918–1945). Würzburg 2006, S.148–169.

41 Es sei zumindest angemerkt, dass Brecht in diesem Text – wie auch in den anderen »Chroniken« und in den *Svendborger Gedichten* insgesamt – zwar die arbeitenden Klassen endlich in das Licht der Geschichte rückt, die *Frauen* dabei aber weitgehend in jenem Dunkel belässt, das sie auch in der bürgerlichen Historiographie seiner Zeit umgab. Geschichte zu machen, bleibt hier Aufgabe der Männer – nicht mehr der einzelnen, sondern der vielen. Vgl. zu der Frage »where are the women« auch Elizabeth Boa: Assuaging the anxiety of impotence: poetic authority and power in the *Svendborg Poems*. In: Brecht's Poetry of Political Exile. Hrsg. von Ronald Speirs. Cambridge 2000, S.153–171, hier S.163–167.

42 Geyer-Ryan: Redevielfalt als poetisches Prinzip, S.253.

43 Über die Einzelheiten des von Brecht und Tombrock verfolgten Plans »einer Verbindung zweier Kunstgattungen, der Lyrik und der Malerei« (22.1, S.575), informiert der Aufsatz *Lyrik und Malerei für Volkshäuser*. Unter den damals von Tombrock angefertigten Tafelwerken gibt es übrigens in der Tat eines, das sich auf *Fragen eines lesenden Arbeiters* bezieht.

Der »lesende Arbeiter« spricht also tatsächlich als Repräsentant einer ganzen Klasse, mehr noch: als der zum klaren Bewusstsein seiner Lage gelangte Vertreter sämtlicher unterdrückten Massen der Weltgeschichte. Er wäre nun prinzipiell imstande, auch in den Gang dieser Geschichte einzugreifen und jenen Umschwung, jene entscheidende qualitative Veränderung herbeizuführen, die Brecht in der letzten Fassung seiner *Ballade vom Wasserrad* andeutet. Dieses Gedicht spielt auf das alte Bild der Rota Fortunae an, das den ewigen Kreislauf des menschlichen Schicksals illustriert, verwandelt das ›Rad des Glücks‹ aber in ein Mühlrad, das auf die Antriebskraft des strömenden Wassers angewiesen ist, und erweitert das traditionsreiche Motiv damit um eine ganz neue Dimension. Kann man das unablässige Auf und Ab der »Großen dieser Erde« mit der Drehung eines solchen Rades vergleichen, so sind die Ausgebeuteten aller Länder und Epochen eben »das Wasser unten«, dem das Rad seinen Schwung verdankt. Doch irgendwann wird die kämpferische Selbstbefreiung der Unterdrückten das Rad zum Stillstand bringen und das frei dahinströmende Wasser nur noch »seine eigne Sach« betreiben (14, S.207 und 568)[44]: Die »Masse der Produzierenden, die so lange das Objekt der Politik war«, erhebt sich dann endlich zu deren »Subjekt« (22.1, S.407).

Manche Rezipienten hielten den Rollensprecher in *Fragen eines lesenden Arbeiters* allerdings für ein sehr zweifelhaftes Konstrukt. Stellvertretend sei Max von der Grün zitiert:

> Immer wieder beim Lesen des Gedichtes *Fragen eines lesenden Arbeiters* von Bertolt Brecht habe ich mich gefragt, welchen lesenden Arbeiter Bertolt Brecht eigentlich meint – ist die Frage nicht doch vielleicht die Frage eines Intellektuellen mit sozialem Engagement, nicht doch die Frage eines Moralisten und nicht die Frage eines lesenden Arbeiters?[45]

Grün verkennt jedoch, dass Brecht in didaktischer Absicht eine beispielhafte Leserrolle *vor-gestaltet*. Sein Gedicht will sicherlich nicht darstellen, wie Arbeiter normalerweise lesen und über Geschichte nachdenken; es entwirft vielmehr die vorbildliche Haltung eines idealen, auf offizielle »Berichte« stets mit kritischen »Fragen« reagierenden Arbeiter-Lesers, um sie seinen (proletarischen) Rezipienten zum reflektierten Nachvollzug anzubieten.[46]

Mit den *Fragen eines lesenden Arbeiters* fordert Brecht am Beginn seiner »Chroniken« implizit eine Geschichtsschreibung, die die Massen des Volkes sowohl als Urheber großer Leistungen wie auch als Opfer vermeintlich großer Taten zeigt und den Leser lehrt, die Weltgeschichte als »Geschichte der Kämpfe der Klassen« zu verstehen (15, S.121). Ein Gedicht wie *Inbesitznahme der großen Metro durch die Moskauer Arbeiterschaft*

---

44 Diese Version des Gedichts mit dem bedeutsam veränderten Refrain der dritten und letzten Strophe erschien 1951 unter dem Titel *Das Lied vom Wasserrad* in Brechts Band *Hundert Gedichte*. Die ursprüngliche Fassung von 1934 kannte den hoffnungsvollen Ausblick auf einen künftigen Stillstand des Rades noch nicht (vgl. 14, S.207).
45 Max von der Grün: Fragen und Antworten. In: Gruppe 61. Arbeiterliteratur – Literatur der Arbeitswelt? Hrsg. von Heinz Ludwig Arnold. Stuttgart u.a. 1971, S.52f., hier S.52.
46 Dass der aus dem Arbeitermilieu stammende Autodidakt Max von der Grün in seiner eigenen Person den Gegensatz zwischen dem Intellektuellen und dem ›lesenden Arbeiter‹ mustergültig aufhebt, sei hier als besondere Pointe vermerkt. In seinen weiteren Erläuterungen zu dem Gedicht bekundet er denn auch genau jenen kritischen Geist und jenes Reflexionsvermögen, die Brecht bei seinen Lesern zu wecken hoffte! Vgl. zu diesem Detail Siegfried Mews: *Fragen eines lesenden Arbeiters*. In: Brecht-Handbuch. Bd. 2: Gedichte. Stuttgart u.a. 2001, S.281–284, hier S.283.

am 27. April 1935, das ebenfalls in die »Chroniken« aufgenommen wurde, setzt dieses Programm bereits um, indem es als historiographische Darstellung in poetischer Gestalt die wahren Triebkräfte des Fortschritts würdigt. Zugleich feiert der Text, wenn er die unter sozialistischen Vorzeichen hergestellte Identität von »Bauherren« und »Bauleute[n]« rühmt (12, S. 45), den entscheidenden Schritt zur Überwindung jener Ausbeutung der proletarischen Massen, die der lesende Arbeiter beim Stöbern in der Vergangenheit allenthalben aufdeckt. Dem *Metro*-Gedicht folgen zum Abschluss dieser Abteilung der *Svendborger Gedichte* mit *Schnelligkeit des sozialistischen Aufbaus* und *Der große Oktober* zwei weitere Werke über das sowjetische Proletariat, das selbstbewusst seine Rolle als Subjekt der Geschichte übernommen hat. Die Vorgänge in der Sowjetunion bestärkten Brecht in seiner Zuversicht, dass im Laufe der universalhistorischen Entwicklung tatsächlich eine sozialistische Gesellschaftsordnung durchgesetzt werden könne. Die Leserschaft zur tatkräftigen Teilnahme an dieser Entwicklung zu befähigen, war die Mission, die er seiner realistisch-lehrhaften Dichtung zuschrieb.

Kapitel 9
Finstere Zeiten: Der Kampf gegen den Faschismus

Gerade der Faschismus musste nach Brechts Überzeugung unbedingt einer realistischen Betrachtung unterworfen werden, die eingreifendes Handeln möglich machte, nämlich wirkungsvollen Widerstand gegen das mörderische Regime, das seit Hitlers Machtübernahme in Deutschland herrschte. So verkündete Brecht Ende 1934 in dem Aufsatz *Fünf Schwierigkeiten beim Schreiben der Wahrheit*, seinem wichtigsten essayistischen Beitrag zum antifaschistischen Kampf: »Wenn man erfolgreich die Wahrheit über schlimme Zustände schreiben will, muß man sie so schreiben, daß ihre vermeidbaren Ursachen erkannt werden können. Wenn die vermeidbaren Ursachen erkannt werden, können die schlimmen Zustände bekämpft werden« (22.1, S.80). Notwendig sei es, »eine solche Darstellung der Wahrheit« über den Faschismus zu liefern, »daß die Menschen auf Grund dieser Darstellung wissen, wie sie handeln sollen« (S.77). Schilderungen der Zustände im nationalsozialistischen Deutschland, die diesen Zweck nicht erfüllten, verwarf Brecht als nutzloses Geschwätz. Unsinnig schien ihm beispielsweise die Haltung vieler bürgerlicher Hitlergegner, die im Faschismus lediglich einen Ausbruch hemmungsloser Barbarei sahen, den sie moralisch kritisierten: »Die Bilder, die diese guten Leute von der Wirklichkeit entwarfen, mochten ungefälscht sein, aber sie halfen nicht weiter« (S.16).

Deshalb warnt er in *Fünf Schwierigkeiten beim Schreiben der Wahrheit* auch davor, den Faschismus wie eine Naturkatastrophe zu beurteilen, die sich der Beherrschung entzieht. Getreu seiner Grundüberzeugung, dass »des Menschen Schicksal der Mensch ist« (22.1, S.79), und im Rückgriff auf die marxistische Lehre vom Klassenkampf erklärt er:

> Wer den Faschismus und den Krieg, die großen Katastrophen, welche keine Naturkatastrophen sind, beschreiben will, muß eine praktikable Wahrheit herstellen. Er muß zeigen, daß dies Katastrophen sind, die den riesigen Menschenmassen der ohne eigene Produktionsmittel Arbeitenden von den Besitzern dieser Mittel bereitet werden. (S.80)

Realistisch im Sinne Brechts war es, den Faschismus als eine Extremform des Kapitalismus und folglich als das Resultat spezifischer, aber eben auch überwindbarer Klassenverhältnisse zu beschreiben:

> Der Faschismus ist eine historische Phase, in die der Kapitalismus eingetreten ist, insofern etwas Neues und zugleich Altes. Der Kapitalismus existiert in den faschistischen Ländern nur noch als Faschismus und *der Faschismus kann nur bekämpft werden als Kapitalismus, als nacktester, frechster, erdrückendster und betrügerischster Kapitalismus*. (S.77 f.)

Diese Auffassung, die den Kern seiner Faschismus-Diagnose bildete, wird von Brecht in unterschiedlichen Zusammenhängen und in immer neuen Wendungen vorgetragen. In den *Flüchtlingsgesprächen* stellt der Arbeiter Kalle fest: »Genauso blöd ist es zu sagen, der Kapitalismus geht noch, aber der Faschismus, das ist zuviel. Wenn der Kapitalismus ohne den Faschismus gegangen wäre, wär der Faschismus nicht gegangen« (18, S.313). Und eine Notiz aus der Mitte der dreißiger Jahre lautet: »Nach Angabe der linken Emigration bedroht der Fascismus [!] die bürgerliche Welt. In Wirklichkeit versucht er sie zu retten (versucht sie sich in ihn hinein zu retten)« (22.1, S.148). In einer Situation äußerster Bedrohung durch den revolutionären Kampf des klassenbewussten Proletariats müsse die spätkapitalistische Ordnung zum offenen Terror greifen, um sich zu behaupten. Die nationalsozialistische Diktatur liefere »nicht nur das Maximum der möglichen, sondern auch das Minimum der nötigen polizeilichen Unterdrückung […], nötig, wenn das vorherrschende System der Produktion beibehalten werden sollte« (27, S.168). Im Exil pflegte Brecht, wie er in seinem Journal vermerkte, Gesprächspartner zu provozieren, indem er ihnen »genießerisch« darlegte, Hitler sei »die feinste Blüte, die der Kapitalismus hervorgebracht hat, das ›bisher letzte Wort‹, die gereinigte, verbesserte Ausgabe, die alles enthält und neues dazu« (26, S.473).

Vor diesem Hintergrund erscheint die Differenz zwischen der parlamentarischen Demokratie in kapitalistischen Ländern und der NS-Diktatur zumindest aus der Sicht der »unteren Volksschichten« als »eine relative« (27, S.109): Im totalitären Staat tritt die Gewalt gegen das unterdrückte Proletariat, die zuvor nur indirekt durch die Strukturen ökonomischer Abhängigkeit und damit gewissermaßen in latenter Form ausgeübt worden ist, offen zutage. Ebenso sind die militärischen Eroberungszüge gegen andere Völker, die die Nationalsozialisten von Anfang an planten, nichts weiter als die konsequente Fortsetzung des kapitalistischen Konkurrenzprinzips, das auch während der sogenannten Friedenszeiten einen permanenten Kriegszustand in den alltäglichsten Verhältnissen schafft:

> Unser ganzes Leben lang kämpfen wir um unsere Existenz – gegeneinander. Die Eltern kämpfen um die Kinder, die Kinder um das Erbe. Der kleine Händler kämpft um seinen Laden mit dem andern kleinen Händler und mit dem großen Händler. Der Arbeiter kämpft um seinen Arbeitsplatz mit dem Unternehmer und mit dem andern Arbeiter. Der Bauer kämpft mit dem Städter. Die Schüler kämpfen mit dem Lehrer. Das Publikum kämpft mit den Behörden. Die Fabriken kämpfen mit den Banken, die Konzerne kämpfen mit den Konzernen. Und so weiter und so weiter – wie sollen da am Ende nicht die Völker mit den Völkern kämpfen? (23, S.64)

Das Gedicht *Gezeichnete Geschlechter* von 1943 demonstriert, wie der Kapitalismus die Ausgebeuteten schon vor dem Weltkrieg zerstört, wie er ihnen ihre Gesichter und damit ihre Menschlichkeit genommen hat. Krieg und physischer Tod bringen diesen Prozess lediglich zum Abschluss: »Lange bevor uns in Gruben geworfen die selber Gezeichneten / Waren wir freundlos. Das, was der Kalk uns / Wegfraß, waren Gesichter nicht mehr« (15, S.97).

Weil er den Faschismus für ein genuin bürgerlich-kapitalistisches Phänomen hielt, legte Brecht großen Wert auf die »Unterscheidung zwischen Hitlerdeutschland und Deutschland« (27, S.95) und verwarf sowohl die Auffassung von einer deutschen Kollektivschuld als auch die »Vansittartthese« (27, S.163), die dem deutschen Volk in seiner Gesamtheit einfach eine kriegs- und eroberungslustige Natur zuschrieb: »Jeder Mensch, der sehen will, kann sehen, daß die deutschen Hitlergegner, besonders die deutschen Arbeiter, natürliche Verbündete der alliierten Völker im Kampf gegen Hitler und seine Auftraggeber sind« (23, S.31).[1] Auf der anderen

---

[1] Lord Vansittart propagierte während des Krieges die Lehre von einem aggressiven deutschen ›Volkscharakter‹. Mehrere Beiträge Brechts zu diesem Thema verdankten sich seinem Engagement im Umfeld des 1944 in New York begründeten Council for a Democratic Germany. Vgl. zum Beispiel den nur in englischer Sprache überlieferten Aufsatz *The Other Germany: 1943* (23, S.24–30).

Seite neigte er dazu, den deutschen *Bürger* ohne weiteres mit dem Nazi zu identifizieren (vgl. 27, S.259).

Konsequenterweise beendete Brecht seine Rede auf dem »Schriftstellerkongreß zur Verteidigung der Kultur«, der im Sommer 1935 in Paris stattfand, mit dem Appell: »Kameraden, sprechen wir von den Eigentumsverhältnissen!« (22.1, S.146) – nur auf diesem Wege könne man zu den Fundamenten der faschistischen Bedrohung vorstoßen. Solche Mahnungen störten freilich die damals anlaufenden Bemühungen der Parteikommunisten um eine möglichst breite antifaschistische Volksfront, in deren Interesse sie die Klassenkampfrhetorik tunlichst vermieden. Brecht war durchaus damit einverstanden, neue Verbündete gegen das NS-Regime zu werben, weigerte sich aber strikt, potentiellen Alliierten aus dem nicht-marxistischen Lager zuliebe von Einsichten abzurücken, ohne die seines Erachtens kein wirkungsvoller Kampf gegen den großen Gegner denkbar war. Unnachgiebig beharrte er darauf, dass der Kommunismus, der die Grundfesten der »Eigentumsverhältnisse« angreife, der »gefährlichste, der einzige wirkliche Feind des Fascismus [!]« sei (S.329).

Für Leute, die Kultur und Humanität mit großem Eifer vor dem faschistischen Terror retten wollten, sich aber weigerten, dessen ökonomische und klassenmäßige Grundlagen ins Auge zu fassen, hatte Brecht nur Spott übrig: »Wie will nun jemand die Wahrheit über den Faschismus sagen, gegen den er ist, wenn er nichts gegen den Kapitalismus sagen will, der ihn hervorbringt? Wie soll da seine Wahrheit praktikabel ausfallen?« (22.1, S.78) Der abstrakte Gegensatz von Kultur und Barbarei, in dessen Zeichen die Volksfront möglichst viele Regimegegner unterschiedlichster Couleur zu vereinigen trachtete, bot in seinen Augen keine Basis für effektiven Widerstand, zumal er zu dem Glauben verleite, dass »die Grausamkeiten des Faschismus [...] unnötige Grausamkeiten« seien. Brecht hielt dagegen: »Aber zur Aufrechterhaltung der herrschenden Eigentumsverhältnisse sind diese Grausamkeiten nötig. Damit lügen die Faschisten nicht, damit sagen sie die Wahrheit« (S.145f.). Eingreifendes Handeln habe sich nicht an kulturellen oder moralischen Wertmaßstäben zu orientieren, sondern bei den ökonomischen Strukturen und den gesellschaftlichen Machtverhältnissen anzusetzen.

Von dem erwähnten Pariser Kongress, der die »Verteidigung der Kultur« ja schon im Namen führte, hielt Brecht daher auch nicht viel, wie aus dem kurzen Bericht hervorgeht, den er nach Abschluss der Tagung einem Freund erstattete: »wir haben soeben die Kultur gerettet. Es hat 4 (vier) Tage in Anspruch genommen und wir haben beschlossen, lieber alles zu opfern, als die Kultur untergehen zu lassen. Nötigen Falles wollen wir 10–20 Millionen Menschen dafür opfern« (28, S.510). Das makabre Gedicht *Rat an die bildenden Künstler, das Schicksal ihrer Kunstwerke in den kommenden Kriegen betreffend* diskutiert mit ironischer Umständlichkeit verschiedene Möglichkeiten, künstlerische Schöpfungen im wahrsten Sinne des Wortes bombensicher unterzubringen, skizziert aber zugleich einen vollständigen Zusammenbruch der menschlichen Zivilisation im Inferno des bevorstehenden Krieges. Wenn »kommende Geschlechter« dereinst wieder »im Bärenfell« auf die Jagd gehen müssen, können sie immerhin die Zeugnisse vergangener ›Kultur‹ unbeschädigt ausgraben – sofern deren Schöpfer daran gedacht haben, beizeiten entsprechende Hinweistäfelchen anzubringen (12, S.51)!

Der Essay *Fünf Schwierigkeiten beim Schreiben der Wahrheit* formuliert nicht nur eine praktikable Definition des Faschismus, eben die »Wahrheit [...], daß unser Erdteil in

Barbarei versinkt, weil die Eigentumsverhältnisse an den Produktionsmitteln mit Gewalt festgehalten werden« (22.1, S.88), sondern liefert darüber hinaus auch den Entwurf einer antifaschistischen Schreibstrategie, womit er nicht zuletzt der Selbstverständigung des Autors Bertolt Brecht diente. Eingehend werden die Probleme erörtert, mit denen sich jeder konfrontiert sieht, der »heute die Lüge und Unwissenheit bekämpfen und die Wahrheit schreiben will«. Der einleitende Abschnitt fasst sie folgendermaßen zusammen:

> Er muß den *Mut* haben, die Wahrheit zu schreiben, obwohl sie allenthalben unterdrückt wird; die *Klugheit*, sie zu erkennen, obwohl sie allenthalben verhüllt wird; die *Kunst*, sie handhabbar zu machen als eine Waffe; das *Urteil*, jene auszuwählen, in deren Händen sie wirksam wird; die *List*, sie unter diesen zu verbreiten. (22.1, S.74)

Das ›eingreifende Schreiben‹, das Brechts realistische Poetik vorsah, wird in seiner Exillyrik bis etwa 1938 zum unmittelbaren antifaschistischen Engagement, zur Aufklärung über das NS-Regime und zum kämpferischen Appell konkretisiert. Bereits der Band *Lieder Gedichte Chöre* von 1934, die erste Lyriksammlung aus der Exilzeit, lässt den Versuch erkennen, ein solches Programm umzusetzen. Schon sein Aufbau verdeutlicht die These von der Kontinuität zwischen Kapitalismus und Faschismus, zwischen deutschem Kaiserreich, bürgerlicher Republik und nationalsozialistischer Diktatur. Der erste Teil, eingeleitet durch die *Legende vom toten Soldaten*, trägt den Titel »1918–1933« und behandelt die Verdrängung des Ersten Weltkriegs aus dem Bewusstsein der Europäer sowie die fortschreitende Zuspitzung der Klassenkämpfe in der Weimarer Zeit, während der zweite, »1933« überschrieben, die nationalsozialistischen Machthaber in Deutschland attackiert. Im dritten Abschnitt folgen belehrend-agitatorische Verstexte aus den Lehrstücken *Die Mutter* und *Die Maßnahme*, die den Weg zur künftigen Überwindung kapitalistisch-faschistischer Strukturen weisen sollen. Ein »Anhang« enthält schließlich noch vier Gedichte, die vorrangig die »Abdankung und Perversion der bürgerlichen Kultur«[2] enthüllen.

Mit Appellen an das proletarische Klassenbewusstsein, Lobreden auf den Kommunismus und den Widerstand in Nazi-Deutschland und Satiren auf das Regime – vor allem den sechs *Hitler-Chorälen*, die Form und Redegestus bekannter Kirchenlieder aufgreifen – entfaltet die Sammlung bereits das ganze Spektrum von Brechts antifaschistischer Lyrik. Das allegorische Schlussgedicht, das über die »Mutter« Deutschland und ihre verfeindeten Söhne klagt, von denen »der ärmste«, das Proletariat also, grausam ermordet worden ist (11, S.253), zählt zu den relativ seltenen Beispielen Brecht'scher Lyrik, in denen ein gesteigertes Pathos ohne jede ironische Brechung herrscht. Die Hoffnung auf einen starken, aufrüttelnden Effekt dürfte den Verfasser bewogen haben, eine solche Sprache zu wählen und dieses Gedicht obendrein ans Ende des Bandes zu stellen. Als ein typisches Beispiel für seine im antifaschistischen Sinne ›eingreifende‹ Dichtung aus dieser Phase kann dagegen *Das Lied vom SA-Mann* gelten, das im ersten Teil von *Lieder Gedichte Chöre* platziert ist:

---

2 Christiane Bohnert: Brechts Lyrik im Kontext. Zyklen und Exil. Königstein i.T. 1982, S.69.

Als mir der Magen knurrte, schlief ich
Vor Hunger ein.
Da hört ich sie ins Ohr mir
Deutschland erwache! schrein.

Da sah ich viele marschieren
Sie sagten: ins dritte Reich.
Ich hatte nichts zu verlieren
Und lief mit, wohin war mir gleich.

Als ich marschierte, marschierte
Neben mir ein dicker Bauch
Und als ich »Brot und Arbeit« schrie
Da schrie der Dicke das auch.

Der Staf hatte hohe Stiefel
Ich lief mit nassen Füßen mit
Und wir marschierten beide
In gleichem Schritt und Tritt.

Ich wollte nach links marschieren
Nach rechts marschierte er
Da ließ ich mich kommandieren
Und lief blind hinterher.

Und die da Hunger hatten
Marschierten matt und bleich
Zusammen mit den Satten
In irgendein drittes Reich.

Sie gaben mir einen Revolver
Und sagten: schieß auf unsern Feind!
Und als ich auf ihren Feind schoß
Da war mein Bruder gemeint.

Jetzt weiß ich: drüben steht mein Bruder.
Der Hunger ist's, der uns eint
Und ich marschiere, marschiere
Mit seinem und meinem Feind.

So stirbt mir jetzt mein Bruder
Ich schlacht ihn selber hin
Und weiß doch, daß, wenn er besiegt ist
Ich selber verloren bin.
(11, S. 209 f.)

›Der‹ SA-Mann, ein Typus also, wird in eigener Rollenrede vorgestellt. Er gehört offensichtlich entweder dem Proletariat oder dem von der Proletarisierung bedrohten Kleinbürgertum an, und tatsächlich rekrutierte sich die SA zu einem erheblichen Teil aus Arbeitslosen, die diesen Schichten entstammten. Als unmittelbare Konkurrenz zur Kommunistischen Partei bildete sie unter anderem ein Sammelbecken für jene NS-Anhänger, die auf sozialrevolutionäre Veränderungen in Deutschland spekulierten und nicht zuletzt deshalb von Hitler 1934 im sogenannten »Röhm-Putsch« mit brutaler Gewalt ausgeschaltet wurden. Gerade am Beispiel der SA möchte Brecht daher die wahren Interessen des Proletariats sichtbar machen und die Versprechungen der Nazis als lügnerisch entlarven – in dieser üblen Gesellschaft marschiert man eben fatalerweise »[n]ach rechts« und nicht »nach links«.

Prinzipiell bedient sich der Autor in seiner antifaschistischen Lyrik gerne der Strategie, die trügerischen Verheißungen des nationalsozialistischen Regimes schroff mit den handgreiflichen materiellen Verhältnissen zu konfrontieren, da nur die letzteren die wirklichen Fronten der sozialen Auseinandersetzungen erkennen lassen. Die Phrasen vom Dritten Reich und von der ›Volksgemeinschaft‹ können allenfalls oberflächlich die Klassengegensätze kaschieren, die in Wahrheit in unverminderter Schärfe bestehen bleiben. Davon zeugt der Mangel an allem Notwendigen, unter dem der SA-Mann nach wie vor leidet und der ihn jenseits der hohlen Propagandasprüche mit seinem proletarischen »Bruder« verbindet: »Der Hunger ist's, der uns eint.« Gleichwohl vermag der Sprecher seine Situation zunächst nicht zu durchschauen. Im übertragenen Sinne eingeschlafen – Hunger pflegt normalerweise nicht gerade einschläfernd zu wirken! –, lässt er sich vom falschen Ruf aufwecken und wird im wahrsten Sinne des Wortes zum Mitläufer; in der fünften Strophe tritt noch das Motiv der Blindheit hinzu. Gegen Ende macht sich zwar doch die bessere Einsicht geltend, aber es bleibt offen, ob der SA-Mann imstande sein wird, praktische Konsequenzen aus ihr zu ziehen.

In der 1931 entstandenen Erstfassung des Liedes vollzieht der Rollensprecher am Schluss die Kehrtwende, mit der er zu seiner Klasse zurückfindet:

> Da sagt ich zu meinem Bruder:
> Bruder, ich war ein Tor.
> Da ging mit mir mein Bruder
> Gegen die Herren vor.
>
> Jetzt geh ich mit meinen Brüdern
> Gegen die Herren vor.
> (11, S. 369)

Die später vorgenommene Veränderung überlässt es dem Rezipienten, die Denkbewegung eigenständig fortzusetzen und in den Bereich des konkreten Handelns hinein zu verlängern – eine solche Öffnung des Werkes zum Leser hin zählt zu den wirkungsvollsten Mitteln Brecht'schen Schreibens. Im Rahmen der Sammlung von 1934 konnte der Dichter freilich auch deshalb auf den ursprünglichen Schluss verzichten, weil das unmittelbar folgende *Lied vom Klassenfeind* nun die Aufgabe übernimmt, das geforderte klassenbewusste Verhalten direkt vorzuführen. Hier spricht ein proletarisches Ich, das aus seinen Alltagserfahrungen in der Weimarer Republik gelernt hat und den »Klassenfeind« keinen Augenblick aus den Augen verliert.

Umfangreicher als *Lieder Gedichte Chöre* und von weit größerem Gewicht in Brechts lyrischem Exilwerk sind die *Svendborger Gedichte*, die 1939 erschienen und überwiegend Arbeiten aus den vorangegangenen fünf Jahren versammeln. Vor allem die Abteilungen I (*Deutsche Kriegsfibel*) und V (*Deutsche Satiren*) dieses in sechs Kapitel gegliederten Bandes enthalten agitatorische, auf unmittelbare Wirkung zielende Texte. Die *Deutsche Kriegsfibel* entstand 1936/37 als selbständige Kleinsammlung und wurde in etwas anderer Gestalt zunächst in der Zeitschrift »Das Wort« publiziert. Sie erteilt, wie der Titel schon andeutet, eine Art Elementarunterricht über das Wesen des Krieges, der speziell an die Deutschen gerichtet und aktuell auf die Zustände im Dritten Reich bezogen ist. Den Gegenstand der Belehrung bilden zwei bereits vertraute Kernthesen, die in den Gedichten eine zugespitzte Umsetzung erfahren. Zum einen basiert der Faschismus als Extremform der kapitalistischen Ordnung, allem

Gerede von einer angeblichen »Volksgemeinschaft« (12, S.13) zum Trotz, weiterhin auf den Strukturen der Klassengesellschaft, die Brecht in dem rigoros vereinfachten Modell eines Gegensatzes von »Oben« und »Unten« abbildet. Zum anderen tendiert das NS-Regime dahin, die ohnehin schon kriegsförmige Ausbeutung der »Unteren« zum offenen Krieg gegen andere Nationen zu radikalisieren. Wie es nach Lenins Doktrin für die imperialistische Phase des Kapitalismus typisch ist, dient der Krieg der Eroberung neuer »Märkte« (S.10) und stellt daher nur »die Fortführung der Geschäfte mit andern Mitteln« dar (23, S.63). Kapitalismus, Faschismus und Krieg bildeten für Brecht eine unheilige Dreieinigkeit. Er verwarf deshalb jeden Versuch, kriegerische Gewaltexzesse auf einen letztlich biologisch begründeten »dunklen Trieb der Menschheit« (21, S.588) oder einen obskuren »kriegerischen Geist« zurückzuführen: »Eine solche Ursachenbestimmung ist schon deshalb unpraktisch, d.h. läßt schon deshalb die Kriege unbehelligt, weil sie als zu bekämpfende Ursache jene auswählt, die aus der Natur schlechthin genommen ist, also die von uns unbeeinflußbare« (22.1, S.345). Die »realen Gründe der Kriege« seien vielmehr in »materiellen Interessen« und im »Klassenkampf« zu suchen (21, S.588).

Im Einklang mit solchen Überlegungen zielt die *Deutsche Kriegsfibel* darauf ab, die ideologisch überhöhten Gegensätze zwischen Völkern oder Nationen aufzulösen und statt dessen den Klassenantagonismus als bestimmende Kraft des geschichtlich-gesellschaftlichen Geschehens sichtbar zu machen. Die folgenden Verse verdeutlichen diese Lehre am konkreten historischen Exempel:

> Der Krieg, der kommen wird
> Ist nicht der erste. Vor ihm
> Waren andere Kriege.
> Als der letzte vorüber war
> Gab es Sieger und Besiegte.
> Bei den Besiegten das niedere Volk
> Hungerte. Bei den Siegern
> Hungerte das niedere Volk auch.
> (12, S.13)

Das Gedicht illustriert beispielhaft die überaus kunstvolle Machart der *Kriegsfibel*. Bis zur fünften Zeile werden, noch dazu in schlichtester Diktion, augenscheinlich reine Banalitäten über den Ersten Weltkrieg vorgetragen, die den Leser gleichsam in Sicherheit wiegen, indem sie ihn in seinen vertrauten Anschauungen bestärken, doch dann offenbart das Gedicht unversehens seine gedankliche und formale Komplexität. Die geläufige Unterscheidung von Siegern und Besiegten relativiert sich, wenn man bedenkt, dass das »niedere Volk« diesseits und jenseits der Front gleichermaßen Not litt: Die entscheidende Trennlinie verläuft nicht zwischen den offiziellen Kriegsgegnern, sondern zwischen Oben und Unten. Die schroffen Zeilenbrüche, die Inversion im vorletzten Satz und die chiastische Verschränkung der Schlussverse vermitteln die Umstellung von nationalen auf soziale Kategorien ebenso virtuos wie effektvoll, während sich in der anaphorischen Verdoppelung des Zentralworts »Hungerte« ganz unmittelbar die Gemeinsamkeit ausdrückt, die alle Grenzen zwischen den ›Unteren‹ in den verschiedenen Ländern aufhebt. Gerade durch sein wohlkalkuliertes ästhetisches Arrangement löst der Text jene produktive Irritation unreflektierter Ansichten aus, die Brecht »Verfremdung« nannte.

Besonders in den letzten drei Gedichten der Abteilung tritt an die Stelle der bloßen nüchternen Diagnose – in der allerdings auch bereits ein impliziter Handlungsappell steckt – der offene Aufruf zum klassenbewussten Widerstand. Die nun unmittelbar angesprochenen proletarischen Leser sollen sich nicht von den Reden des »Trommlers« Hitler in die Irre führen lassen, denn der von *ihm* gewollte Eroberungskrieg ist nicht *ihr* Krieg, der nach wie vor nur der Klassenkampf sein kann: »Wenn der Trommler seinen Krieg beginnt / Sollt ihr euren Krieg fortführen. / Er wird vor sich Feinde sehen, aber / Wenn er sich umblickt, soll er / Auch hinter sich Feinde sehen« (12, S.14). Doch in ganz besonderem Maße zeigt sich der Dichter, der *Sprach*künstler Brecht in der *Deutschen Kriegsfibel* an einer Kritik der manipulativen faschistischen Rhetorik interessiert.[3] Wiederholt entlarvt er ideologisch verschleiernde Reden des »Führers« oder der »Oberen« durch die Gegenüberstellung mit wahren, unverfälschten Ansichten oder auch mit der Realität selbst, etwa mit dem unabweisbaren Faktum der materiellen Not des Proletariats. Hier ein Beispiel für eine solche pointierte Konfrontation:

> Die Oberen sagen:
> Es geht in den Ruhm.
> Die Unteren sagen:
> Es geht ins Grab.
> (12, S.12)

In der Differenz zwischen propagandistischer Verklärung und ungeschminkter Wahrnehmung des ›Heldentodes‹ auf dem Schlachtfeld kommen die Klassengegensätze plastisch zum Ausdruck. Würden die »Unteren« tatsächlich mit Selbstverständlichkeit die ihnen im Gedicht zugeordnete Auffassung vertreten, wären derartige Verse allerdings überflüssig. Brecht entwirft vielmehr eine Position, die seine proletarischen Leser einnehmen *sollten*, weil sie in ihrer Lage realitätsgerecht und vernünftig wäre – sie sollen sich von dem Einfluss einer Ideologie befreien, die allein den Interessen der »Oberen« dient.

Als Exempel für die Kontrastierung von offizieller Behauptung und Realität, von Anspruch und Wirklichkeit im Dritten Reich sei der erste Abschnitt eines etwas umfangreicheren Gedichts angeführt:

> Wenn der Anstreicher durch die Lautsprecher über den Frieden redet
> Schauen die Straßenarbeiter auf die Autostraßen
> Und sehen
> Knietiefen Beton, bestimmt für
> Schwere Tanks.
> (12, S.11)

In solchen Werken tritt die Struktur von Zeigen und Verfremden, ein Grundprinzip von Brechts lyrischem Schaffen, in den Dienst der antifaschistischen Aufklärung. ›Gezeigt‹ wird in Form einer knappen Paraphrase eine Verlautbarung Hitlers, den Brecht

---

3 Vgl. dazu Ludwig Völker: Wahrheitsglaube und Widerstandsdenken in Bertolt Brechts *Svendborger Gedichten*. In: Sagen mit Sinne. Festschrift für Marie-Luise Dittrich zum 65. Geburtstag. Hrsg. von Helmut Rücker und Kurt Otto Seidel. Göppingen 1976, S.367–381, hier S.369–371. – Brecht rückt damit in die Nähe des österreichischen Sprachkritikers und Satirikers Karl Kraus, den er trotz mancher weltanschaulicher Differenzen außerordentlich schätzte.

häufig verächtlich als »Anstreicher« tituliert[4] und der in der Tat unablässig seine Friedensliebe beschwor, während er zugleich zielstrebig aufrüstete. Die entlarvende Verfremdung der Beteuerung des Führers erfolgt dann, indem der Blick des Lesers auf Sachverhalte gelenkt wird, die ihre Lügenhaftigkeit augenfällig demonstrieren. Demselben Schema gehorchen auch die übrigen Partien des Gedichts.

Als besonders vielschichtig erweist sich bei näherem Hinsehen ein unscheinbarer Vierzeiler aus der *Deutschen Kriegsfibel*:

Auf der Mauer stand mit Kreide:
Sie wollen den Krieg.
Der es geschrieben hat
Ist schon gefallen.
(12, S.12)

Zu Recht weist Hans Peter Neureuter darauf hin, dass die Verse bereits 1936 und somit keineswegs unter dem Eindruck des Zweiten Weltkriegs niedergeschrieben wurden.[5] Nur wer diesen Umstand berücksichtigt, kann die Pointe verstehen, die das letzte Wort enthält: Der mutige Verfasser der Mauerinschrift ist nicht in dem Eroberungskrieg der Herrschenden umgekommen, vor dem er warnen wollte, sondern schon vorher im unerklärten, aber nicht minder gnadenlosen Krieg des alltäglichen Klassenkampfes. Diejenigen, gegen die er sich schreibend wandte, haben ihn gewaltsam mundtot gemacht.[6]

Für die Gleichsetzung von Klassenkampf und Krieg bieten Brechts Gedichte eine Fülle von Belegen. So konstatiert der proletarische Sprecher im *Lied vom Klassenfeind* aus *Lieder Gedichte Chöre*: »Und wer von uns verhungert ist / Der fiel in einer Schlacht / Und wer von uns gestorben ist / Der wurde umgebracht« (11, S.213). Im *Lied gegen den Krieg*, das zur zweiten Abteilung der *Svendborger Gedichte* gehört, heißt es: »Der Prolet steht Jahr und Tag im Kriege / In der großen Klassenschlacht« (12, S.25), und in *An die Nachgeborenen* ist sogar ausdrücklich von den »Kriege[n] der Klassen« die Rede (S.87).[7] Dass der Frieden unter kapitalistischen Bedingungen für Brecht ohnehin lediglich eine Vorstufe zum offenen Krieg bildet, wissen wir bereits, und auch die *Deutsche Kriegsfibel* lässt daran keinen Zweifel: »Ihr Krieg tötet nur / Was ihr Frieden / Übriggelassen hat« (S.11). Der Titel der Sammlung deutet daher nicht allein auf den

---

4 Der junge Hitler hatte wirklich einmal Maler werden wollen und war mit seinen Ambitionen kläglich gescheitert. Wichtiger ist bei Brecht jedoch die metaphorische Bedeutung dieses Motivs, die etwa in dem satirischen *Lied vom Anstreicher Hitler* aus *Lieder Gedichte Chöre* explizit formuliert wird: Der »Führer« kann die gewaltigen Risse, die sich im Gemäuer der kapitalistischen Ordnung zeigen, nur oberflächlich überpinseln, das Gebäude selbst aber nicht mehr sanieren.
5 Vgl. Hans Peter Neureuter: *Auf der Mauer stand mit Kreide*. In: Brecht-Handbuch in fünf Bänden. Hrsg. von Jan Knopf. Bd. 2: Gedichte. Stuttgart u.a. 2001, S.286–289, hier S.288.
6 Als Beispiel für die Fehldeutungen, zu denen eine Verkennung dieser Zusammenhänge führen kann, sei Heinz Graefe zitiert, der über den Urheber der Inschrift schreibt: »Eben noch Kriegsgegner, ist er gleich darauf Mitkämpfer und kurze Zeit später [...] Opfer der militärischen Auseinandersetzung« (Das deutsche Erzählgedicht im 20. Jahrhundert. Frankfurt a.M. 1972, S.61). Eine solche Interpretation lässt sich übrigens auch ohne Bezugnahme auf das Entstehungsdatum des Gedichts widerlegen, denn die gesamte *Deutsche Kriegsfibel* setzt unverkennbar voraus, dass der Eroberungskrieg der Herrschenden zwar bereits geplant und vorbereitet wird, aber noch nicht begonnen hat.
7 Verwiesen sei außerdem auf den 13. Abschnitt des umfangreichen Erzählgedichts *Die drei Soldaten* (14, S.87–89), der den Alltag im Kapitalismus als mörderisches Gefecht beschreibt.

vom Regime beabsichtigten Krieg gegen fremde Völker hin, sondern auch auf den permanenten Kampf der Klassen in vermeintlich friedlichen Zeiten, in dem es ebenfalls ›Gefallene‹ gibt.

Mit der improvisierten Mauerinschrift, die in dem durch rigide Zensur und eine gleichgeschaltete Medienlandschaft geprägten totalitären Staat wenigstens eine rudimentäre kritische Gegenöffentlichkeit schafft, spielt Brecht auf die Situation der antifaschistischen Widerstandskämpfer in Deutschland an. Darüber hinaus reflektiert sie aber sein eigenes literarisches Verfahren in dieser Abteilung der *Svendborger Gedichte*. Als Epigramm im buchstäblichen Sinne – eben als ›Aufschrift‹ – vermittelt sie in äußerster Verknappung eine politisch-aufklärerische Wirkungsabsicht und weist damit dieselben Merkmale auf wie die Gedichte der *Deutschen Kriegsfibel* selbst. Schon Walter Benjamin betonte, dass diese Texte »in ›lapidarem‹ Stil geschrieben« seien, und ergänzte: »Das Wort kommt vom lateinischen lapis, der Stein, und bezeichnet den Stil, der sich für Inschriften herausgebildet hatte.«[8] An die Stelle des für die Ewigkeit in Stein gemeißelten Epigramms trete bei Brecht die von einem Verfolgten in größter Hast hingeworfene Kreideschrift. Dass seine *Kriegsfibel*-Gedichte wirklich auf diesem Wege verbreitet werden könnten, dürfte der Autor jedoch kaum geglaubt haben. Ihre konzentrierte Form verdankt sich eher der Absicht, sie besonders einprägsam zu gestalten und damit auch die mündliche Weitergabe zu erleichtern.

Einen anderen Typus antifaschistischer Dichtung repräsentieren die *Deutschen Satiren*, die den fünften Abschnitt der *Svendborger Gedichte* ausmachen. Brecht schrieb sie 1937 für den »Freiheitssender«, der bis zum Sturz der spanischen Republik zwei Jahre später in der Nähe von Madrid stationiert war und von dort aus regimekritische Radiobotschaften nach Deutschland ausstrahlte. Zumindest manche der *Satiren* wurden tatsächlich gesendet, einige erschienen überdies in Exilzeitschriften. Auch in diesem Fall wirkte sich die spezifische Zweckbestimmung der Werke unmittelbar auf ihre Sprache und ihre gesamte Konzeption aus, wie Brecht in seinem Aufsatz *Über reimlose Lyrik mit unregelmäßigen Rhythmen* erläuterte: »Es handelte sich darum, einzelne Sätze in die ferne, künstlich zerstreute Hörerschaft zu werfen. Sie mußten auf die knappste Form gebracht sein, und Unterbrechungen (durch die Störsender) durften nicht allzu viel ausmachen« (22.1, S.364). Daher sind die *Satiren* einerseits durch zugespitzte, witzig-entlarvende Formulierungen, andererseits durch einen recht beträchtlichen Umfang und eine additive Reihungsstruktur gekennzeichnet – für einen komplizierteren Aufbau mit verschlungener Gedankenführung waren die medialen Bedingungen ihrer Vermittlung nicht geeignet.[9]

Der Zielsetzung des »Freiheitssenders« entsprechend, sollten die *Deutschen Satiren* dem Missbrauch des Rundfunks durch die nationalsozialistische Propaganda entgegentreten, indem sie die kritischen und aufklärerischen Potenzen dieses Mediums zur Geltung brachten. Wie schon in einigen Gedichten der *Deutschen Kriegsfibel* bedient sich

---

8 Walter Benjamin: Kommentare zu Gedichten von Brecht. In: ders.: Gesammelte Schriften. Bd. II.2. Hrsg. von Rolf Tiedemann und Hermann Schweppenhäuser. Frankfurt a.M. 1977, S.539–572, hier S.563.
9 Vgl. dazu Jan Knopf: Gelegentlich: Poesie. Ein Essay über die Lyrik Bertolt Brechts. Frankfurt a.M. 1996, S.190f. Zwar gipfeln mehrere dieser Gedichte in einer besonders entlarvenden Zuspitzung, aber sie sind in der Regel nicht so auf diese Pointe hin komponiert, dass sie nur von ihr her verständlich und wirksam würden.

Brecht auch hier des sprachkritisch gewendeten Musters von Zeigen und Verfremden, um offiziell verbreitete Behauptungen des Regimes durch Widerlegung, Verzerrung oder übertriebene Weiterführung als unsinnig und falsch zu entlarven. Die beispielsweise in *Notwendigkeit der Propaganda* breit entfaltete Kernthese, dass die Herrschenden durch die umfassende Manipulation der Bevölkerung nur die unschöne Realität im Dritten Reich zu bemänteln versuchen, wird am prägnantesten ausgedrückt in Wendungen wie »schade / Daß das Wort Fleisch allein noch nicht sättigt« (12, S.66) oder »So gibt es überall Verbesserungen, und die Rede davon / Stopft auch dem Hungrigen den Mund« (S.68). Weil sich die großspurigen Kundgebungen der Machthaber buchstäblich an die Stelle der ungenügenden Wirklichkeit drängen wollen, sieht der antifaschistische Satiriker seine Aufgabe darin, dieser Wirklichkeit wieder zu ihrem Recht zu verhelfen und so der feindlichen Propaganda den Boden zu entziehen.

Dabei erweisen sich die Faschisten im Grunde als Schauspieler, die ihre Inszenierungen für die Realität ausgeben.[10] Folgerichtig kulminieren die *Deutschen Satiren* in der Enthüllung, dass der Nationalsozialismus nichts anderes ist als eine aufwendige theatralische Täuschung, eine gigantische Opernaufführung im Stile Richard Wagners. Für das Gedicht, das die Abteilung beschließt, und seine Reminiszenzen an *Parsifal* und *Lohengrin* konnte sich Brecht den Umstand zunutze machen, dass die nationalsozialistische Führungsriege tatsächlich aus glühenden Wagner-Anhängern bestand.[11] Angespielt wird außerdem auf das 1936 von Goebbels erlassene Verbot der ›zersetzenden‹ Kunstkritik, an deren Stelle künftig der neutrale »Kunstbericht« treten sollte:

Verbot der Theaterkritik
Als der Propagandaminister
Die Kritik des Volkes an der Regierung verbieten wollte, verbot er
Die Theaterkritik. Das Regime
Liebt das Theater sehr. Seine Leistungen
Liegen hauptsächlich auf theatralischem Gebiet.
Der virtuosen Handhabung des Scheinwerfers
Verdankt es nicht weniger, als der
Virtuosen Handhabung des Gummiknüppels.
Seine Galavorstellungen
Werden im Radio über das ganze Reich verbreitet.
In drei Kolossalfilmen
Von denen der letzte achttausend Meter lang ist
Hat der Hauptdarsteller den Führer gespielt.
Um den Sinn für Theater im Volk zu stärken
Wurde der Besuch der Vorstellungen zwangsmäßig organisiert.
Alljährlich am Ersten Mai
Wenn der erste Schauspieler des Reiches
Einen einstmaligen Arbeiter spielt
Werden die Zuschauer für das Zuschauen sogar bezahlt: zwei Mark
Pro Person. Keine Kosten werden gescheut für die Festspiele
Die unter dem Titel REICHSPARTEITAG in der Nähe Bayreuths stattfinden.

---

10 Der Schauspieler-Topos begegnet in der gegen Hitler und sein Regime gerichteten Exilliteratur auch sonst häufig, zum Beispiel in Lion Feuchtwangers *Der falsche Nero* und Klaus Manns *Mephisto*.
11 Im 28. Fotoepigramm der *Kriegsfibel*, das ebenfalls mit Versatzstücken aus Wagners Texten operiert, nennt der Dichter das Dritte Reich kurzweg »die Bayreuther Republik« (12, S.184).

Der Kanzler selber
Tritt hier als reiner Tor auf und singt
Zweimal am Tage die berühmte Arie
NIE SOLLST DU MICH BEFRAGEN.
Es ist klar, daß so kostspielige Veranstaltungen
Vor jeder Kritik geschützt werden müssen.
Wo käme man hin
Wenn jeder kritisieren könnte
Daß der Reichsjugendführer Baldur zu stark geschminkt ist
Oder daß der Propagandaminister einen so falschen Ton hat, daß
Man ihm nichts mehr glaubt, nicht einmal
Seinen Klumpfuß? Überhaupt muß bei all dem Theater
Unbedingt verboten werden, daß Kritik laut wird, ja es darf
Nicht einmal gesagt werden, was gespielt wird
Wer die Vorstellung finanziert und
Wer die Hauptrolle spielt.
(12, S. 79 f.)

Die bereits erwähnte, für sämtliche *Deutschen Satiren* strukturbildende Kombination von witziger Pointierung im Einzelnen und reihendem Aufbau im Ganzen tritt hier sehr deutlich zutage, denn das Gedicht entwickelt sein Thema nicht in strenger argumentativer Folge, sondern variiert immer von neuem einen einzigen zentralen Gedanken, so dass seine Wirkung nur unwesentlich geschmälert würde, wenn der Rezipient manche Partien nicht aufnehmen könnte. Den Dreh- und Angelpunkt der satirischen Attacke bildet die von den Nationalsozialisten betriebene »Theatralisierung der Politik« (26, S. 443)[12], die deren Gewalttätigkeit – die »Handhabung des Gummiknüppels« – ästhetisch sublimieren und so gleichsam mit einer höheren Würde bekleiden sollte. Genannt werden als Beispiele die Nürnberger Reichsparteitage, die die rückhaltlose Unterwerfung des Individuums unter die totalitäre Herrschaft zelebrierten, indem sie die uniformierte Gefolgschaft in riesigen Massenornamenten aufmarschieren ließen, sowie die »Kolossalfilme« Leni Riefenstahls, darunter *Triumph des Willens* von 1935, der wiederum den Reichsparteitag des Vorjahres zum Thema hatte. In diesem Zusammenhang erlaubt sich der Autor eine boshafte Verdrehung, die dem flüchtigen Blick leicht entgeht, in der aber die kritisch-spöttische Diagnose des gesamten Textes noch einmal in konzentrierter Form ausgedrückt wird. »In drei Kolossalfilmen [...] / Hat der Hauptdarsteller den Führer gespielt« – man sollte es eigentlich umgekehrt erwarten, aber dem Gedicht zufolge ist der gewiefte Polit-Mime Hitler eben nur »der erste Schauspieler des Reiches«.

Brecht bringt die NS-Diktatur mit einer Spielart von Kunst in Verbindung, gegen die er seinen eigenen aufklärerischen Realismus entschieden abgrenzte: Die bombastischen Inszenierungen der Nazis sind, dem Wagner'schen Gesamtkunstwerk vergleichbar, einer ›Überwältigungsästhetik‹ verpflichtet, die den Betrachter in ihren Bann schlägt und ihn förmlich betäubt, statt ihm zu einem klaren Bewusstsein seiner

---

12 Walter Benjamin konstatierte analog dazu eine »Ästhetisierung der Politik« im Faschismus. Bei der »Politisierung der Kunst«, die er im Gegenzug vom Kommunismus erwartete, dachte er zweifellos in erster Linie an Brecht, dessen antifaschistische ›eingreifende‹ Poetik mit diesem Schlagwort in der Tat treffend charakterisiert ist (Das Kunstwerk im Zeitalter seiner technischen Reproduzierbarkeit. In: Walter Benjamin: Gesammelte Schriften. Bd. I.2. Hrsg. von Rolf Tiedemann und Hermann Schweppenhäuser. Frankfurt a.M. 1974, S. 471–508, hier S. 508).

gesellschaftlichen Lage zu verhelfen. Ergänzend kann man den 1939 entstandenen Dialog-Essay *Über die Theatralik des Faschismus* heranziehen, der die Ästhetik des Regimes und speziell Hitlers Rhetorik an die Einfühlung bindet, die Brecht selbst in der theatralischen Praxis und in der Kunst überhaupt so weit wie möglich zurückdrängen wollte, weil sie es dem Rezipienten seiner Meinung nach erschwerte, zu der wünschenswerten kritisch-produktiven Einstellung zu gelangen. Der eine Gesprächspartner resümiert: »Darum ist die theatralische Darbietung, wie sie durch den Faschismus gegeben wird, kein gutes Beispiel eines Theaters, wenn man von ihm Darstellungen haben will, die den Zuschauern den Schlüssel für die Bewältigung der Probleme des gesellschaftlichen Zusammenlebens aushändigen« (22.1, S. 569). Der faschistische Führer ist ein ›Ver-führer‹, der die Emotionen seiner Gefolgsleute manipuliert, ein betrügerischer Illusionist und mithin das genaue Gegenbild der von Brecht konzipierten Idealgestalt des Lehrers, wie sie im vorigen Kapitel beschrieben wurde. Das offizielle Verbot aller Kritik, das unser satirisches Gedicht, von Goebbels' Erlass zur Kunstkritik ausgehend, dem NS-Staat unterstellt, erscheint aus dieser Perspektive ganz konsequent. Wie Brecht an anderer Stelle schrieb, musste »Kritik als *Lebenshaltung*« dem Nationalsozialismus ein Gräuel sein (22.1, S. 224).

Welchen Interessen die ›Staatsschauspieler‹ des Dritten Reichs letztlich dienen und welche Tatsachen sie mit ihren Inszenierungen den Blicken zu entziehen suchen, was also in Deutschland *wirklich* »gespielt wird«, deutet *Verbot der Theaterkritik* in seinen Schlussversen lediglich von ferne an. Nach Brechts Überzeugung stehen hinter dem nationalsozialistischen Regime die herrschenden Klassen der kapitalistischen Welt, das besitzende Bürgertum und die Großindustrie, die ihre ökonomischen Interessen unter dem Schleier von Propaganda und Polit-Ästhetik zu verbergen wissen. Von ihnen wird »die Vorstellung finanziert«, weil sie so vortrefflich geeignet ist, vom unveränderten Klassencharakter der Gesellschaft abzulenken und die lukrativen Geschäfte zu decken, die im Schutze des totalitären Staates gedeihen.

***

Will man Brechts Haltung gegenüber dem Nationalsozialismus und die Tragfähigkeit seiner antifaschistischen Schreibstrategien kritisch würdigen, so stellt sich zuallererst die Frage nach dem Publikumsbezug und den konkreten Wirkungsmöglichkeiten der Texte und Gedichtbände, von denen bisher die Rede war. Zumindest bis 1938 sah Brecht in den deutschen Proletariern die primären Adressaten seiner ›eingreifenden‹ Lyrik, in den Menschen also, die unmittelbar unter der jetzt in Form einer offenen Diktatur etablierten Klassenherrschaft zu leiden hatten. Das entsprach den Darlegungen in *Fünf Schwierigkeiten beim Schreiben der Wahrheit*, denn die vierte dieser Schwierigkeiten betrifft das »Urteil, jene auszuwählen, in deren Händen die Wahrheit wirksam wird«. Der Verfasser erläutert die Aufgabe folgendermaßen: »Wir müssen die Wahrheit über die schlimmen Zustände denen sagen, für die die Zustände am schlimmsten sind […]. Nicht nur die Leute einer bestimmten Gesinnung muß man ansprechen, sondern die Leute, denen diese Gesinnung auf Grund ihrer Lage anstünde« (22.1, S. 80 f.) – das konnten in der kapitalistisch-faschistischen Gesellschaft allein die »Unteren« sein. Daher war vorgesehen, den in Paris gedruckten Band *Lieder Gedichte Chöre* ins Reich einzuschmuggeln: »Ein großer Teil der Ausgabe geht nach Deutschland«, versicherte

Brecht seinem sowjetischen Kollegen Sergej Tretjakow (28, S.398). Auch der beigefügte Notenanhang mit Kompositionen von Hanns Eisler deutet auf die Absicht, ein breites Publikum zu erreichen und eine kollektive Rezeption in der Tradition proletarischer Kampflieder und parteilich-marxistischer Unterweisungen zu fördern. Und noch die *Svendborger Gedichte* werden mit dem vorangestellten Motto an die bedrängten »Freunde« auf deutschem Boden adressiert. »Verwendet, was euch erreicht davon, mit Vorsicht!«, schreibt der Dichter, der seinem Werk damit einen Gebrauchswert im Kampf mit dem NS-Regime zuspricht (12, S.7).[13]

Vor diesem Hintergrund gewinnt ein zentrales Motiv von *Lieder Gedichte Chöre*, nämlich das des offenen Redens, das sich gegen die Lügen der Herrschenden behauptet und das ängstliche Schweigen der Unterdrückten durchbricht, eine besondere Relevanz, indem es sich in ein Moment der poetologischen Reflexion verwandelt. Es begegnet beispielsweise in einem Gedicht über den Leipziger Prozess um den Reichstagsbrand, das den »Genosse[n] Dimitroff« wegen seines mutigen öffentlichen Auftretens zur »Stimme des Kommunismus / Mitten in Deutschland« erklärt (11, S.229), und im *Lob des Revolutionärs* heißt es: »Wo immer geschwiegen wird / Dort wird er sprechen« (S.237). Auch der »Hetzer im Zinksarg« ist ermordet worden, weil er es wagte, die Proletarier über ihre Lage und ihre Interessen aufzuklären (S.227f.). Solche Passagen spiegeln die Funktion, die Brecht seinem Gedichtband zugedacht hatte: Er sollte der belehrenden und mahnenden Stimme des vertriebenen antifaschistischen Lyrikers wieder Gehör verschaffen und ihm die ersehnte Möglichkeit gewähren, »nach Deutschland hinein zu sprechen« (28, S.398).[14] Neben den gerade erwähnten Werken verweisen Gedichte wie *Ein Bericht* und *An die Kämpfer in den Konzentrationslagern* aus der Rubrik »1933« ganz direkt auf das Ziel all dieser Appelle, auf den als Klassenkampf zu führenden Widerstand gegen das Regime. Aber auch sonst wandte sich Brecht mit der Lyrik der ersten Exiljahre immer an klassenbewusste, lernbereite und prinzipiell handlungsfähige Proletarier, die seine Impulse in die Praxis umsetzen sollten und die in den Texten mal als Kollektiv, mal in Gestalt repräsentativer Einzelner erscheinen.

Der Dichter hielt damit an einem Konzept fest, das schon in der Endphase der Weimarer Republik die Leitlinie seines Schreibens gewesen war. Nur hatten sich die Verhältnisse in Deutschland, allen Thesen über die enge Verwandtschaft von Kapitalismus und Faschismus zum Trotz, mit der Machtübernahme der Nationalsozialisten eben doch grundlegend gewandelt. Während die Verbreitung lyrischer Aufrufe und Lehren unter den politischen und medialen Bedingungen der bürgerlichen Demokratie grundsätzlich noch möglich gewesen war, stieß Brechts ›eingreifende‹ Dichtung angesichts eines totalitären Überwachungsstaates auf Hindernisse, die sich mit literarischen Mitteln schwerlich überwinden ließen. Wie viele Exemplare von *Lieder Gedichte Chöre* tatsächlich die Grenze passierten, ist unbekannt, aber spürbare Wirkung dürfte der Band in Deutschland jedenfalls nicht entfaltet haben. Die *Svendborger Gedichte*, die erst wenige Monate vor Kriegsausbruch in geringer Auflage in Dänemark erschienen,

---

13 Die Mahnung zur »Vorsicht«, die mit Brechts Auffassung von der Beziehung zwischen Autor und Leser bzw. Lehrer und Schüler zusammenhängt, wurde bereits im vorigen Kapitel erörtert.
14 Noch in *Die Ängste des Regimes*, einer der *Deutschen Satiren* aus den *Svendborger Gedichten*, wird der »gewaltigen Macht« der Herrschenden das »offene Wort« entgegengesetzt, dem Brecht zutraut, die Grundfesten dieser Macht zu erschüttern (12, S.69f.).

wurden im Reich sicherlich überhaupt nicht mehr rezipiert (möglicherweise mit Ausnahme jener *Deutschen Satiren*, die der »Freiheitssender« schon früher gebracht hatte).

Brecht scheint zudem den Umfang und die Kraft des Widerstands im Dritten Reich zu optimistisch veranschlagt zu haben. Eine solche Fehleinschätzung ist verständlich, wenn man bedenkt, dass die ins Exil getriebenen Antifaschisten jedes Anzeichen von Unzufriedenheit und Opposition, das aus Deutschland zu ihnen drang, begierig aufgreifen mussten und sicherlich geneigt waren, die Tragweite einschlägiger Nachrichten zu überschätzen. Die traurige Realität machte sich dann allerdings doch in dem makabren Umstand geltend, dass Brecht in der Abteilung »1933« von *Lieder Gedichte Chöre* durchweg Tote oder Gefangene als Widerstandshelden feiern musste. Die kommunistischen »Kämpfer in den Konzentrationslagern« als »die wahren / Führer Deutschlands« zu bezeichnen (11, S. 227), entsprang purem Wunschdenken. Es bedeutet keine Herabwürdigung des aufopferungsvollen antifaschistischen Einsatzes vieler Menschen aus den unterschiedlichsten politischen und weltanschaulichen Lagern, wenn man aus heutiger Sicht konstatiert, dass das NS-Regime zu keinem Zeitpunkt ernstlich von innen her bedroht war.

In den *Svendborger Gedichten* spielt das Thema des innerdeutschen Widerstands, den Mottoversen entsprechend, ebenfalls eine gewichtige Rolle, etwa in *Auf der Mauer stand mit Kreide*, in den Aufforderungen, mit denen die *Deutsche Kriegsfibel* schließt, und in den lyrischen Mahnungen der vierten Abteilung des Bandes, die an verschiedene Gruppen und typisierte Einzelpersonen im Reich gerichtet sind. Und noch gegen Kriegsende äußerte Brecht im amerikanischen Exil mehrfach die Hoffnung, dass sich die Arbeiterschaft gegen Hitler erheben werde, womit er die Lage in Deutschland gründlich verkannte. Bereits im Sommer 1943 schrieb er im Journal, dass der Diktator angesichts der ausweglosen militärischen Situation »jeden Tag fallen« könne (27, S. 163). Im Januar 1945 notierte er enttäuscht: »Immer noch nichts aus Oberschlesien über die Haltung der Arbeiter« (S. 219); im März heißt es angesichts von »schrecklichen Zeitungsberichten aus Deutschland«: »Ruinen und kein Lebenszeichen von den Arbeitern« (S. 221).[15] Die Tatsache, dass das Regime letztlich eben nicht durch eine proletarische Revolution gestürzt worden war, hatte später Konsequenzen für Brechts Einstellung gegenüber der DDR und dem aus der Sowjetunion importierten Sozialismus, der dort verwirklicht wurde.

Auch in anderer Hinsicht sind erhebliche Zweifel angebracht, ob Brecht die Situation im Dritten Reich zutreffend beurteilte. In seinen agitatorischen Texten betont er die unmittelbar fühlbare, gewaltsame Unterdrückung und Ausbeutung in der Klassengesellschaft und akzentuiert die *materielle* Not der »Unteren«, wobei der Hunger als Leitmotiv fungiert – im *Traum von einer großen Miesmacherin* aus den *Deutschen Satiren* tritt eine gigantische Kartoffel als Gegenspielerin Hitlers auf! Jan Knopf illustriert den Realitätsbezug dieser Darstellung, indem er an die Verlängerung der Arbeitszeit, die Stagnation der Stundenlöhne, die Senkung der Sozialausgaben und die fortschreitende Verschlechterung der Warenqualität in der Nazi-Zeit erinnert.[16] Es fragt sich aber, inwieweit solche Daten das subjektive Empfinden und das persönliche Urteil jener Menschen erschließen, die Brecht mit seinen Werken ansprechen wollte. Die meisten Deutschen mögen anfangs durchaus den Eindruck gewonnen haben, dass es unter der

---

15 Daneben finden sich gelegentlich anderslautende Einschätzungen, deren skeptischer Tenor weitaus realistischer wirkt; vgl. zum Beispiel 27, S. 95 f. und 203.
16 Vgl. Knopf: Gelegentlich: Poesie, S. 190.

neuen Führung kontinuierlich bergauf ging, zumal sie ihre augenblickliche Lage wohl weniger an dem Stand von 1928 als an den Zuständen zur Zeit der Weltwirtschaftskrise maßen, die Deutschland um die Wende zu den dreißiger Jahren mit voller Wucht getroffen hatte. Gerade der zügige Abbau der Arbeitslosigkeit, der nach 1933 gelang, konnte seine Wirkung nicht verfehlen, obwohl Brecht in der *Deutschen Kriegsfibel* scharfsichtig hervorhob, dass er in erster Linie der forcierten Aufrüstung zu verdanken war: »Die Hände, die im Schoße lagen, rühren sich wieder: / Sie drehen Granaten« (12, S. 10). Auch wenn der durchschnittliche Lebensstandard im Dritten Reich bescheiden blieb, weil die Versorgung mit Nahrungsmitteln und Konsumgütern im Interesse der Kriegsvorbereitung hinter den Erfordernissen der Produktionsgüter- und zumal der Rüstungsindustrie zurückzustehen hatte, fanden kritische und satirische Texte, die von einer katastrophalen Notlage breiter Bevölkerungsschichten ausgingen, wohl nur sehr ungenügende Anknüpfungspunkte in der konkreten Erfahrung der anvisierten Adressaten. Außerdem sind neben den ökonomischen noch weitere Gesichtspunkte zu bedenken, beispielsweise die beachtlichen außenpolitischen Erfolge, die Hitler bei der angestrebten Revision des Versailler Vertrags erzielte und die nicht nur unter entschiedenen Parteigängern des Regimes Beifall gefunden haben dürften.

Brechts Taktik, der Propagandamaschinerie seiner Gegner mit dem Hinweis auf die greifbare materielle Realität entgegenzutreten, wirft schließlich die Grundsatzfrage auf, wie man die marxistisch inspirierte Diagnose, die er so hartnäckig mit der »Wahrheit« über den Faschismus gleichsetzte, zu bewerten hat. Franz Norbert Mennemeier fällt ein ausgesprochen positives Urteil: »im ganzen [...] beeindruckt diese Theorie durch ihre hohe Qualität dialektischen Denkens und ihre allem spießigen Moralisieren und hysterischen Psychologisieren abholde Realistik.«[17] Die Originalität von Brechts Auffassung ist freilich begrenzt, da sie im Wesentlichen mit der damaligen Position der Komintern übereinstimmte, für die Georgi Dimitroff erklärte, der Faschismus sei »die offene, terroristische Diktatur der reaktionärsten, chauvinistischen, am meisten imperialistischen Elemente des Finanzkapitals«.[18] Im zeitgenössischen Kontext hatte eine solche historisch-materialistische Einordnung des Phänomens Faschismus zweifellos große Vorzüge. Wie von Mennemeier schon angedeutet, tritt ihre wohltuende rationale Klarheit besonders dann zutage, wenn man sie mit der diffusen Dämonisierung des NS-Regimes vergleicht, in die sich zahlreiche andere Exilautoren flüchteten. Spöttisch zitiert Brecht in *Fünf Schwierigkeiten beim Schreiben der Wahrheit* den Österreicher Joseph Roth, für den Hitler-Deutschland schlicht »die wahre Heimat des Bösen in dieser Zeit, die Filiale der Hölle, der Aufenthalt des Antichrist« war (22.1, S. 79; vgl. dazu 22.2, S. 906 f.); er hätte statt dessen auch manche Äußerungen Thomas Manns anführen können. Seine kühle Einschätzung des Nationalsozialismus bewahrte Brecht davor, angesichts eines vermeintlich übermächtigen Widersachers in tödliche Lähmung zu verfallen, und stellte ein kohärentes Deutungsmuster bereit, das als Fundament für die

---

17 Franz Norbert Mennemeier: Bertolt Brechts Faschismus-Theorie und einige Folgen für die literarische Praxis. In: Literaturwissenschaft und Geschichtsphilosophie. Festschrift für Wilhelm Emrich. Hrsg. von Helmut Arntzen u. a. Berlin (West) u. a. 1975, S. 561–574, hier S. 563.
18 Der Faschismus und die Arbeiterklasse. Bericht des Genossen Dimitroff auf dem VII. Weltkongreß der Kommunistischen Internationale [1935]. In: Komintern und Faschismus. Dokumente zur Geschichte und Theorie des Faschismus. Hrsg. von Theo Pirker. Stuttgart 1965, S. 187.

kämpferische Auseinandersetzung dienen konnte. Deshalb sah er sein Selbstverständnis als Autor und den Sinn seiner schriftstellerischen Arbeit auch nach 1933 nicht grundsätzlich in Frage gestellt, sehr im Gegensatz zu einem bürgerlich-humanistischen Hitlergegner wie Stefan Zweig, der schließlich den Freitod wählte.

Und doch ist die ökonomisch-materialistische Interpretation, die den Faschismus als gewalttätige Herrschaft des besitzenden Bürgertums auf Kosten der Arbeiterschaft begreift, mit Vorsicht zu betrachten, zumal wir heute längst wissen, dass die moderne kapitalistische Wirtschaftsform sich sehr wohl auch ohne Diktatur und offenen Terror behaupten kann.[19] Brechts Grundannahme, »daß es immer noch in Deutschland / Zweierlei Menschen gibt: Ausbeuter und Ausgebeutete« (11, S.227), kommt zwar den Notwendigkeiten einer agitatorischen Lyrik entgegen, die mit zugespitzten Kontrasten arbeiten muss, ignoriert aber die Komplexität einer Industriegesellschaft des 20. Jahrhunderts. Und paradoxerweise war es wohl gerade die Stärke seiner rationalen Vernunft, die es ihm unmöglich machte, in der NS-Ideologie und ihrem auf kruden Rassismus gegründeten Phantasma der völkisch-nationalen Integration unter einem charismatischen Führer eine Antwort auf die Verstörungen und Entfremdungserfahrungen der Moderne zu erkennen, die auf zahlreiche Menschen unterschiedlichster Schichten äußerst verlockend wirkte – jenseits aller Fragen der wirtschaftlichen Lage und der materiellen Versorgung. Brecht vertraute allzu sehr auf die Fähigkeit seiner Adressaten, ihre objektive Klassenlage im materialistischen Sinne nüchtern zu analysieren und daraus die entsprechenden Konsequenzen für ihr Handeln zu ziehen. Demgegenüber erwies sich die faschistische Propaganda, die von der Irrationalität der Massen ausging und ganz auf die Überzeugungskraft plakativer Schlagworte und ebenso einfacher wie suggestiver Bilder setzte, als ungleich effizienter. Um die unbestreitbare Breiten- und Tiefenwirkung einer solchen Manipulation und die Empfänglichkeit vieler Deutschen für die theatralische ›Einfühlungsästhetik‹ des Regimes kritisch reflektieren zu können, hätte Brecht vor allem auf sozialpsychologische Erklärungsansätze zurückgreifen müssen, denen er jedoch stets reserviert gegenüberstand. Ebenso wenig vermochte er sich in vollem Umfang klar zu machen, wie der totalitäre Staat mit seiner excessiven Mobilisierung und Formierung der Menschenmassen und seiner Gleichschaltung sämtlicher Lebensbereiche jeden organisierten Widerstand im Keim erstickte.

So hat das harsche Urteil von Hannah Arendt, das hier als Gegenstück zu Mennemeiers Wertung zitiert sei, durchaus eine gewisse Berechtigung: Brechts Faschismusbild verrate eine »für ihn sonst ganz uncharakteristische weltfremde Unkenntnis der Realität«, weil »die alten materialistischen Kategorien der Unterdrückung mit der totalitären Wirklichkeit so viel zu tun hatten wie mit den Verhältnissen auf dem Mond.«[20] Er unterschätzte deshalb auch lange Zeit die Stabilität des Regimes und seine Akzeptanz in der Bevölkerung. Als Bedenken laut wurden, das Stück *Furcht und Elend des*

---

19 Nicht von ungefähr bietet Brechts literarisches Werk kaum Anregungen für eine kritische Analyse der heutigen Wohlstandsgesellschaft, die Anpassung und Einfügung mit weit subtileren Mitteln als roher Gewalt durchzusetzen versteht. Auf dem Gebiet der Lyrik bilden allenfalls die in den USA verfassten *Hollywoodelegien* eine Ausnahme (vgl. dazu das Kapitel »Brecht und Amerika«), während mit Blick auf das Theaterschaffen des Autors zumindest die Oper *Aufstieg und Fall der Stadt Mahagonny* zu nennen wäre.

20 Hannah Arendt: Der Dichter Bertolt Brecht. In: Die neue Rundschau 61 (1950), S.53–67, hier S.54.

III. Reiches könne bei Antifaschisten im Exil Niedergeschlagenheit und Mutlosigkeit hervorrufen, entgegnete der Verfasser zuversichtlich: »Es kommt dabei allzu sehr heraus, eine wie brüchige Basis eben Furcht und Elend für ein Reich bedeuten, auf wie wenig Anhänger die Nazis ernstlich rechnen können, wie wirkungslos ihr Terror bleiben muß, ja wie er unfehlbar den Widerstand erzeugen muß, selbst in Schichten, die ihm anfänglich entgegenjubelten« (29, S. 85 f.). Tatsächlich vermutet diese Szenenfolge, auch wenn manche Partien die Atmosphäre unter der Diktatur sehr wohl in äußerst beklemmender Weise erfahrbar machen, in fast allen Bevölkerungsgruppen oppositionelle Regungen. Die Wirklichkeit in Deutschland sah leider anders aus.

Ein Thema, bei dem die Grenzen von Brechts Faschismus-Auffassung unübersehbar hervortreten, ist der Antisemitismus, den seine Werke insgesamt vergleichsweise selten berühren. Gedichte wie *Über die Juden* und *Wenn die Juden es ihm nicht abrieten* verspotten den irrationalen Rassenhass der Nationalsozialisten und ihre groteske Schreckensvision einer jüdischen Weltverschwörung. Mehrfach greift Brecht in satirischer Absicht den Sündenbock-Mechanismus auf, der vielen antisemitischen Vorurteilen zugrunde liegt, um ihn gegen die Nazis zu kehren, beispielsweise in *Die große Schuld der Juden* oder in *Der Jude, ein Unglück für das Volk* aus den *Deutschen Satiren*, wo minutiös ›nachgewiesen‹ wird, dass gemäß der These, jedes Unglück der Deutschen rühre von den Juden her, die verheerende NS-Herrschaft selbst eindeutig jüdisch sein müsse. Für Brecht stellte der Antisemitismus ein reines Ablenkungsmanöver dar, mit dem das Regime den fortdauernden Klassengegensatz vertuschte. Das Parabelstück *Die Rundköpfe und die Spitzköpfe*, an dem er über mehrere Jahre hin arbeitete, entlarvt diese »Methode des Faschismus, den Klassenkampf in Rassenkämpfe zu verwandeln« (22.1, S. 472), indem es die Kluft zwischen den Besitzenden und den armen Pächtern in dem fiktiven Land Jahoo, die gewissermaßen quer zu dem titelgebenden Rassengegensatz verläuft, als die eigentlich entscheidende – sozioökonomische – Tatsache zum Vorschein bringt. Im Frühjahr 1934 versicherte der Autor in einem Brief, dass er mit dem Stück keine »Diskussion der Judenfrage« anregen wolle. Gezeigt werde vielmehr, »daß das ›Jüdische‹ bei der politischen Verwendung der Rassenfrage durch den Nationalsozialismus […] gar keine Rolle spielt.« Und er bekennt: »Schon als Sozialist habe ich überhaupt keinen Sinn für das Rassenproblem selber« (28, S. 414). Der Brief war zwar bis zu einem gewissen Grade taktisch motiviert, weil er die Bedenken des Adressaten gegen eine Aufführung der *Rundköpfe* in Dänemark zerstreuen sollte, beschreibt aber gleichwohl sehr präzise Brechts Stellung zum Antisemitismus, wie sie sich nicht nur in diesem Stück niederschlägt.

In *Die Rundköpfe und die Spitzköpfe* schließt sich die besitzende Klasse am Ende über alle ›rassischen‹ Differenzen hinweg zum gemeinsamen Kampf gegen die aufbegehrende Unterschicht zusammen. Vor diesem Hintergrund klingt es nicht einmal unglaubhaft, wenn berichtet wird, Brecht habe in den USA in einer Diskussion »über das Schicksal jüdischer Bankiers in Nazideutschland« allen Ernstes behauptet, »nach den Gesetzen des Klassenkampfes müsse Hitler sich mit ihnen verbündet haben und würde sie deshalb in Ruhe lassen«.[21] Ein anderes, aber auf seine Weise ebenso fatales Bild

---

21 James K. Lyon: Bertolt Brecht in Amerika. Aus dem Amerikanischen von Traute M. Marshall. Frankfurt a. M. 1984, S. 407. Als Quelle gibt Lyon einen Brief von Egon Breiner an, der im amerikanischen Exil zu Brechts näheren Bekannten zählte. Wie vertrauenswürdig die Anekdote ist, lässt sich jedoch schwer beurteilen.

entwerfen die Rollengedichte *Wir Unglücklichen!* und *Durch langes Studium,* in denen jüdische ›Ausbeuter‹ fassungslos beklagen, dass sie plötzlich aus ganz unvernünftigen Gründen von ihren Spießgesellen ausgegrenzt werden: »Welch eine Ungerechtigkeit: / Wegen der Form unserer Nase und der Farbe der Haare / Wird uns verweigert unser Anteil an der Beute!« (14, S.277) Selbst die *Ballade von der Judenhure Marie Sanders* aus den *Svendborger Gedichten,* die an einem Einzelschicksal die Auswirkungen der berüchtigten Nürnberger Rassengesetze von 1935 vor Augen führt, insistiert darauf, dass die Judenhetze lediglich von der materiellen Ausbeutung der Proletarier ablenken soll, auf die der Refrainvers »Das Fleisch schlägt auf in den Vorstädten« aufmerksam macht (12, S.16f.). Brecht konnte dem Rassenwahn der Nazis nicht gerecht werden, weil er ihn im Grunde nicht ernst nahm. Die wahren Dimensionen dieser Erscheinung, die sich später im systematisch organisierten und technisch perfektionierten Massenmord der Vernichtungslager offenbarten, erfassen seine einschlägigen Werke nicht einmal ansatzweise.

★★★

Verglichen mit den Gedichten, die unmittelbar agitatorisch, aufklärend und belehrend wirken wollen, entwickeln andere lyrische Texte Brechts weitaus differenziertere Reflexionen über die Epoche im Schatten des Nationalsozialismus, indem sie komplexe Standortbestimmungen des antifaschistischen Autors vornehmen und seine Schreibstrategien selbst zum Thema einer kritischen Erörterung machen. Anders als in den bisher behandelten Beispielen tritt hier in der Regel ein Ich-Subjekt in Erscheinung, das die Rolle des exilierten Dichters übernimmt. Es trägt unverkennbar manche Züge Brechts, ist aber zugleich ins Typische, Repräsentative stilisiert und darf deshalb keinesfalls mit einem bloß ›zufälligen‹ Individuum verwechselt werden. Die folgenden programmatischen Verse, die wahrscheinlich 1937/38 niedergeschrieben wurden, sprechen denn auch gleich in der Wir-Form:

> Ausschließlich wegen der zunehmenden Unordnung
> In unseren Städten des Klassenkampfs
> Haben etliche von uns in diesen Jahren beschlossen
> Nicht mehr zu reden von Hafenstädten, Schnee auf den Dächern, Frauen
> Geruch reifer Äpfel im Keller, Empfindungen des Fleisches
> All dem, was den Menschen rund macht und menschlich
> Sondern zu reden nur mehr von der Unordnung
> Also einseitig zu werden, dürr, verstrickt in die Geschäfte
> Der Politik und das trockene »unwürdige« Vokabular
> Der dialektischen Ökonomie
> Damit nicht dieses furchtbare gedrängte Zusammensein
> Von Schneefällen (sie sind nicht nur kalt, wir wissen's)
> Ausbeutung, verlocktem Fleisch und Klassenjustiz eine Billigung
> So vielseitiger Welt in uns erzeuge, Lust an
> Den Widersprüchen solch blutigen Lebens
> Ihr versteht.
> (14, S.388)

Im Namen einer bestimmten Fraktion von Dichtern – »etliche von uns« – rechtfertigt der Sprecher vor zeitgenössischen oder späteren Lesern (»Ihr«) die Wahl gewisser Themen und literarischer Techniken, die, wie er eingesteht, »dürr« und »trocken« wirken und einem traditionellen Lyrikverständnis als »unwürdig« gelten müssen: Die abstrakten »Geschäfte / Der Politik« und das »Vokabular / Der dialektischen Ökonomie« treten an die Stelle der prallen, bunten Lebensfülle, deren bilderreiche Gestaltung man gewöhnlich von Gedichten erwartet. Aber nur auf diese Weise können die Poeten einer Zeit gerecht werden, deren beherrschende Merkmale schon in den Eingangszeilen unmissverständlich benannt sind: »zunehmende Unordnung« und »Klassenkampf«. Mit der Wendung »Große Unordnung« pflegte Brecht – im Gegensatz zum Sozialismus, den das *Buch der Wendungen* als »Große Ordnung« beschwört – den anarchischen Kampf aller gegen alle zu umschreiben, der in der kapitalistischen Wirklichkeit tobt (18, S. 190; vgl. auch 27, S. 13). In einer solchen Welt und damit im Angesicht von schreiendem Unrecht und gewaltsamen sozialen Auseinandersetzungen weiterhin »Hafenstädte, Schnee auf den Dächern, Frauen / Geruch reifer Äpfel im Keller, Empfindungen des Fleisches« zu besingen, käme den Dichtern, für die hier gesprochen wird, zynisch und verantwortungslos vor. Darum haben sie »beschlossen«, ihr Schreiben künftig als Waffe im Klassenkampf einzusetzen, obwohl ihnen klar ist, welche Einbußen an Schönheit und poetischem Reiz die Lyrik dadurch erleiden wird.

Ein förmlicher Beschluss ist in dieser Sache nötig, weil es durchaus eine Alternative gäbe. Alle die Genüsse, denen der Sprecher eine Absage erteilt, existieren ja weiterhin neben den Schrecknissen der gesellschaftlichen »Unordnung«, der »Ausbeutung« und der »Klassenjustiz«, und gerade die »Lust an / Den Widersprüchen solch blutigen Lebens« könnte zur lyrischen Gestaltung und damit, mindestens indirekt, zur »Billigung« der herrschenden Zustände verlocken. An den »Schneefällen«, die die fünfletzte Zeile nennt, lässt sich diese Versuchung beispielhaft demonstrieren. Seit Brechts marxistischer Wende dienen ihm Kälte und Schnee, wie wir wissen, als Sinnbilder von Leid und Ungerechtigkeit, die aus gesellschaftlichen Machtverhältnissen resultieren. Andererseits sprechen seine Gedichte aber auch vom ästhetischen Reiz des Schnees. »Warum / Soll der Schnee gerühmt werden, der geschmolzen ist / Wenn neue Schneefälle bevorstehen?«, fragt das lyrische Ich in *Einst dachte ich: in fernen Zeiten* (14, S. 321), und Schnee zählt noch zu den »Vergnügungen«, die das mit diesem Wort überschriebene Gedicht aus Brechts späten Jahren in lapidarer Manier aufzählt (15, S. 287). Als schön und vergnüglich kann Schnee jedoch nur empfunden werden, wenn man selbst nicht unter der Eiseskälte zu leiden hat und zudem die soziale Verantwortung für diejenigen, denen es weniger gut geht, zu verdrängen vermag. Eine ganz analoge Einsicht verbietet es in der Episode *Über reine Kunst* aus dem *Buch der Wendungen* dem Dichter Kin-jeh, einem Alter Ego Brechts, in seinen Gedichten »das Geräusch fallender Regentropfen zu einem genußvollen Erlebnis des Lesers zu machen«, solange es noch Menschen gibt, »die kein Obdach besitzen und denen die Tropfen zwischen Kragen und Hals fallen, während sie zu schlafen versuchen« (18, S. 143).[22] Um der Verführung zur Affirmation einer »[s]o vielseitige[n] Welt« zu widerstehen, sehen sich die Lyriker in *Ausschließlich wegen der zunehmenden Unordnung* genötigt, bewusst »einseitig« zu werden und die Annehmlichkeiten des Lebens strikt aus ihren Werken zu verbannen, die fortan allein dem Eingreifen in die gesellschaftlichen Konflikte gewidmet sein sollen.

---

22 Zu den Bezügen zwischen *Über reine Kunst* und *Ausschließlich wegen der zunehmenden Unordnung* vgl. auch Reinhold Grimm: Geständnisse eines Dichters. In: ders.: Brecht und Nietzsche oder Geständnisse eines Dichters. Fünf Essays und ein Bruchstück. Frankfurt a.M. 1979, S. 11–54, hier S. 11–15.

Brecht hat die poetische Beschäftigung mit dem, »was den Menschen rund macht und menschlich«, niemals grundsätzlich verworfen. So stellte er ausgerechnet im Sommer 1940, zur Zeit der deutschen ›Blitzkriege‹ und damit in einer der dunkelsten Epochen seines Lebens, nach der Lektüre einiger Gedichte des englischen Romantikers William Wordsworth vorsichtige Überlegungen zur Legitimität derartiger Verse an, die immerhin geeignet seien, »die Erinnerung wach[zu]rufen an menschenwürdigere Situationen« und »die Erlebnismöglichkeiten« des Lesers zu »bereichern« (26, S.417). Gleichwohl neigte er dazu, eine solche »reine Kunst« unter bestimmten historischen Bedingungen, eben in den »Städten des Klassenkampfs« und »in diesen Jahren«, mit einem Tabu zu belegen; aus dem Band *Lieder Gedichte Chöre* und der Svendborger Sammlung bleibt sie beispielsweise ganz verbannt. Den konkreten Zeitbezug hebt der Sprecher unseres Gedichts ja gleich einleitend als Ausgangspunkt und Grundlage seiner Rechtfertigungsrede hervor: »Ausschließlich wegen der zunehmenden Unordnung ...«. Sollte es einmal gelingen, bessere Zeiten herbeizuführen, kann eine Poesie, die den Lebensgenuss verherrlicht und seine Reize damit noch steigert und verfeinert, wieder in ihre Rechte treten. Auch Kin-jeh will das Gedicht über die Regentropfen nicht etwa gänzlich aufgeben, er verschiebt es nur auf eine hellere Zukunft, die freilich in weiter Ferne zu liegen scheint: »Ja, sagte er traurig, wenn es keine solche Menschen mehr geben wird, denen sie zwischen Kragen und Hals fallen, kann es geschrieben werden« (18, S.143). Die Sehnsucht nach anderen Verhältnissen jenseits der mörderischen Klassenkämpfe und die Trauer über die Beschränkungen einer zur Einseitigkeit verdammten Dichtung, die ihrerseits auf die noch weit schlimmere Beschädigung der ganzen menschlichen Existenz verweisen, bleiben in *Ausschließlich wegen der zunehmenden Unordnung* durchweg spürbar. Gerade sie, so darf man vermuten, spornen den Sprecher zu seinem kämpferischen Engagement an.

Den durch die Zeitumstände und eine geschärfte Aufmerksamkeit für politisch-gesellschaftliche Fragen bedingten Funktionswandel der Lyrik, der wiederum den Einsatz neuer literarischer Mittel erforderte, bedachte Brecht damals auch in seinem Journal, wobei er den Blick auf seine eigene Produktion richtete. Anknüpfend an den Dekadenzbegriff, der in der Expressionismusdebatte eine wichtige Rolle spielte, notierte er am 10. September 1938:

> Die *Hauspostille*, meine erste lyrische Publikation, trägt zweifellos den Stempel der Dekadenz der bürgerlichen Klasse. Die Fülle der Empfindungen enthält die Verwirrung der Empfindungen. Die Differenziertheit des Ausdrucks enthält Zerfallelemente. Der Reichtum der Motive enthält das Moment der Ziellosigkeit. Die kraftvolle Sprache ist salopp. Usw. usw. Diesem Werk gegenüber bedeuten die späteren *Svendborger Gedichte* ebensogut einen Abstieg wie einen Aufstieg. Vom bürgerlichen Standpunkt aus ist eine erstaunliche Verarmung eingetreten. Ist nicht alles auch einseitiger, weniger »organisch«, kühler, »bewußter« (in dem verpönten Sinn)? Meine Mitkämpfer werden das, hoffe ich, nicht einfach gelten lassen. Sie werden die *Hauspostille* dekadenter nennen als die *Svendborger Gedichte*. Aber mir scheint es wichtig, daß sie erkennen, was der Aufstieg, sofern er zu konstatieren ist, gekostet hat. Der Kapitalismus hat uns zum Kampf gezwungen. Er hat unsere Umgebung verwüstet. Ich gehe nicht mehr »im Walde vor mich hin«, sondern unter Polizisten. Da ist noch Fülle, die Fülle der Kämpfe. Da ist Differenziertheit, die der Probleme. Es ist keine Frage: die Literatur blüht nicht. Aber man sollte sich hüten, in alten Bildern zu denken. Die Vorstellung von der Blüte ist einseitig. Den Wert, die Bestimmung der Kraft und der Größe darf man nicht an die idyllische Vorstellung des organischen Blühens fesseln. Das wäre absurd. Abstieg und Aufstieg sind nicht durch Daten im Kalender getrennt. Diese Linien gehen durch Personen und Werke durch. (26, S.322f.)

Die Komplexität und die Vielfalt seiner frühen Lyrik begreift der Autor rückblickend als Symptome spätbürgerlicher Dekadenz, die inzwischen der überlegenen Klarheit der marxistischen Lehre gewichen sind. Was die Gedichte der Exilzeit vom traditionellen »bürgerlichen Standpunkt« aus zwangsläufig ärmer wirken lässt, nämlich ihre rationale Kühle und ihre hohe Bewusstheit, macht in Brechts Augen ihren eigentlichen Wert aus und markiert den »Aufstieg«, der seit der *Hauspostille* gelungen ist. Indes widersteht er der Versuchung, seine persönliche dichterische Entwicklung als eindimensionale Fortschrittsgeschichte auszugeben, denn er hebt gleichzeitig hervor, was dieser Aufstieg »gekostet hat«. Die Entscheidung für eine politisch engagierte, eingreifende Lyrik war keine freiwillige: »Der Kapitalismus hat uns zum Kampf gezwungen.« Ihre Fülle verdanken die literarischen Schöpfungen nun der »Fülle der Kämpfe«, ihre Differenziertheit ist die Differenziertheit der »Probleme«, mit denen sie sich auseinandersetzen müssen. Brecht gesteht offenkundig zu, dass seine antifaschistische Produktion durch ästhetische Defizite gekennzeichnet ist, durch eine unerquickliche ›Einseitigkeit‹, die ihm die Umstände aufgenötigt haben. Der »bürgerliche Standpunkt« mit den dazugehörigen Wertmaßstäben wird also keineswegs einfach verworfen. »Aufstieg« und »Abstieg«, beide gleichermaßen in der Zeitgeschichte wie im weltanschaulichen Wandel des Dichters begründet, sind auf dem Feld der Ästhetik untrennbar miteinander verknüpft.

Eine weitere lyrische Reflexion über die Lage des antifaschistischen Autors und seine Tätigkeit bietet das folgende Gedicht, das 1939 entstand, aber erst in Brechts Todesjahr publiziert wurde:

Schlechte Zeit für Lyrik

Ich weiß doch: nur der Glückliche
Ist beliebt. Seine Stimme
Hört man gern. Sein Gesicht ist schön.

Der verkrüppelte Baum im Hof
Zeigt auf den schlechten Boden, aber
Die Vorübergehenden schimpfen ihn einen Krüppel
Doch mit Recht.

Die grünen Boote und die lustigen Segel des Sundes
Sehe ich nicht. Von allem
Sehe ich nur der Fischer rissiges Garnnetz.
Warum rede ich nur davon
Daß die vierzigjährige Häuslerin gekrümmt geht?
Die Brüste der Mädchen
Sind warm wie ehedem.

In meinem Lied ein Reim
Käme mir fast vor wie Übermut.

In mir streiten sich
Die Begeisterung über den blühenden Apfelbaum
Und das Entsetzen über die Reden des Anstreichers.
Aber nur das zweite
Drängt mich zum Schreibtisch.
(14, S. 432)

Die Lyrik, die der Sprecher gegenwärtig schreibt, ist mit einem »verkrüppelte[n] Baum« zu vergleichen, den niemand gerne betrachtet. Das schroffe Urteil kann auch nicht durch den Hinweis auf die schlimmen Zeiten, in denen diese Lyrik ›wurzelt‹, gemildert werden, so wenig wie dem Baum mit dem Hinweis auf den »schlechten Boden« gedient ist, der seine Missgestalt verschuldet hat: »Die Vorübergehenden schimpfen ihn einen Krüppel / Doch mit Recht.« Aber solange die »Reden des Anstreichers« unablässig zum Krieg hetzen, sieht sich das Dichter-Ich eben aufgerufen, Widerstand zu leisten, statt noch in den schönen Empfindungen der Liebe und des Naturgenusses zu schwelgen und auf dieser Grundlage gefälligere Werke zu schaffen, die es bei der Leserschaft »beliebt« machen könnten. Gelenkt von dem Wissen um die terroristische Klassenherrschaft, die sich in Deutschland etabliert hat, heften sich die Blicke des exilierten Poeten – der »Sund« deutet auf Brechts Wohnsitz bei Svendborg auf der dänischen Insel Fünen – auch in einer scheinbar idyllischen Umgebung fast gegen seinen Willen ausschließlich an die Zeichen von Not und Ungerechtigkeit. Und bei aller Trauer über die Vernachlässigung des Schönen und Angenehmen im Leben wie in der Kunst lässt das Gedicht keinen Zweifel daran, dass die Haltung, die der Sprecher an den Tag legt, im Jahre 1939, am Vorabend des Weltkriegs, die einzig legitime ist.

Die schlechte Zeit für Lyrik lässt auch deren ästhetische Mittel nicht unberührt. Was der Doppelvers »In meinem Lied ein Reim / Käme mir fast vor wie Übermut« in äußerster Knappheit formuliert, erörtert Brecht ausführlicher in dem ein Jahr zuvor entstandenen Aufsatz *Über reimlose Lyrik mit unregelmäßigen Rhythmen*. Hier wird dargelegt, warum er die metrisch mehr oder weniger streng regulierten Reimstrophen, die in der *Hauspostille* noch dominierten, im Laufe der Zeit zunehmend durch unregelmäßig rhythmisierte und reimlose Verse ersetzte: Es hätte sonst die Gefahr bestanden, die »große[n] Unstimmigkeiten im gesellschaftlichen Leben der Menschen [...], all die Disharmonien und Interferenzen«, in der Poesie »formal zu neutralisieren«. So diente das »›Gegen-den-Strom-Schwimmen‹ in formaler Hinsicht«, der »Protest gegen die Glätte und Harmonie des konventionellen Verses«, von Anfang an dem »Versuch, die Vorgänge zwischen den Menschen als widerspruchsvolle, kampfdurchtobte, gewalttätige zu zeigen« (22.1, S.359). Mit Blick auf die *Deutschen Satiren* wird zudem erklärt: »Der Reim schien mir nicht angebracht, da er dem Gedicht leicht etwas In-sich-Geschlossenes, am Ohr Vorübergehendes verleiht« (S.364). Und in einem kleinen Nachtrag zu dem Essay heißt es noch: »Sehr regelmäßige Rhythmen hatten auf mich eine mir unangenehme einlullende, einschläfernde Wirkung [...], man verfiel in eine Art Trance«, in der »das Gedankliche« zurücktrat – es »schwamm so auf Wogen einer, man mußte sich immer erst einer alles nivellierenden, verwischenden, einordnenden Stimmung entreißen, wenn man denken wollte« (ebd.). Unregelmäßige, reimlose Formen konnten nicht so leicht dazu verleiten, die aus den sozialen Gegensätzen resultierenden inhaltlichen Spannungen hinter einer glatten Oberfläche zu verstecken, und erleichterten mit ihren variablen, subtilen und häufig überraschenden Akzentuierungen und Einschnitten das Bestreben, gesellschaftliche Konflikte zur Sprache zu bringen und die kritische Aufmerksamkeit der Leser zu stimulieren. Auf diese Weise entstand nach Brechts Überzeugung eine neuartige, aber sehr zeitgemäße und deshalb auch keineswegs minderwertige Spielart von Dichtung, die mehr die »sozialen Funktionen, welche die Lyrik hat«, als den traditionell so hoch geachteten »Stimmungsgehalt« in den Vordergrund rückte (S. 364 f.).[23]

Auch *Schlechte Zeit für Lyrik* zieht keineswegs die Daseinsberechtigung der Poesie als solche in Zweifel. Wenn Knopf zu diesem Text schreibt: »Den barbarischen Brutalitäten, die eben ihrer Beschreibung spotten, kann mit Dichtung nicht mehr begegnet werden. [...] Taten sind gefordert, nicht Gedichte«[24], verkennt er die poetologische Aussage der Verse. Schon die Kontrastierung von Taten und Gedichten führt in die Irre, weil literarische Werke, die dem Konzept des ›eingreifenden Schreibens‹ verpflichtet sind, durchaus den Rang von »Taten« beanspruchen und spürbare Wirkungen hervorrufen können: Die Sprache ist für Brecht, wie es im *Buch der Wendungen* heißt, »ein Werkzeug des Handelns« (18, S. 79). So wendet sich das lyrische Ich am Ende auch keineswegs vom »Schreibtisch« ab; es entscheidet sich lediglich, von der Not der Zeit getrieben, für politisch aktuelle Themen, für eine kämpferisch engagierte Dichtung und die entsprechenden Schreibweisen, die nach der konventionellen Auffassung als ›unlyrisch‹ gelten. Schlecht ist die Zeit für Lyrik nicht, weil nun gar keine Gedichte mehr geschrieben werden dürften, sondern weil die Verse – mit dem Vokabular von *Ausschließlich wegen der zunehmenden Unordnung* ausgedrückt – »einseitig« und »dürr« ausfallen müssen, statt sich noch behaglich mit dem zu befassen, »was den Menschen rund macht und menschlich«.

Eine Lyrik, die aufrichtig sein will, kann nicht schöner aussehen, als es ihr zeitgenössischer »Boden« zulässt. Das kleine Motto, das der zweiten Abteilung der *Svendborger Gedichte* vorangestellt ist, beharrt ebenfalls auf der ungeschmälerten Legitimität der Poesie selbst in den dunkelsten Geschichtsepochen und hält im gleichen Atemzug die Beschränkung fest, die ihr von diesen Epochen auferlegt wird:

> In den finsteren Zeiten
> Wird da auch gesungen werden?
> Da wird auch gesungen werden.
> Von den finsteren Zeiten.
> (12, S. 16)

Die entschiedene Abkehr von den traditionellen lyrischen Sujets ist bei Brecht allerdings durch einen eigentümlichen Widerspruch gekennzeichnet. Schon in dem Gedicht *Ausschließlich wegen der zunehmenden Unordnung* werden ja sämtliche Phänomene, denen die Dichtung gegenwärtig *keine* Aufmerksamkeit schenken kann, sehr wohl erwähnt und damit gleichsam in der Negation aufbewahrt. *Schlechte Zeit für Lyrik* stellt ein noch elaborierteres Beispiel für eine solche »Poesie des Nicht-Sagbaren und dennoch Gesagten«[25] dar, weil der Sprecher hier zu wiederholten Malen explizit benennt,

---

[23] Eine detaillierte Analyse des Essays *Über reimlose Lyrik mit unregelmäßigen Rhythmen*, der in seinem gedrängten, oft sprunghaften Duktus nicht immer leicht verständlich ist, bietet Klaus Birkenhauer: Die eigenrhythmische Lyrik Bertolt Brechts. Theorie eines kommunikativen Sprachstils. Tübingen 1971. Die Skizze des eigenen dichterischen Werdegangs, die Brecht hier vorlegt, ist übrigens aus marxistischer Sicht und vor dem damals aktuellen Hintergrund der Debatte um Expressionismus, Formalismus und Realismus stark stilisiert und darf nicht in allen Punkten für bare Münze genommen werden. Die Bedeutung der Thesen zum Gebrauchswert reimloser und freirhythmischer Formen für eine gesellschaftskritische, klassenkämpferische Lyrik bleibt davon jedoch unberührt.
[24] Jan Knopf: *Schlechte Zeit für Lyrik*. In: Brecht-Handbuch. Bd. 2, S. 322–325, hier S. 324.
[25] Grimm: Geständnisse eines Dichters, S. 20.

was er doch angeblich gar nicht sieht oder wovon augenblicklich zumindest nicht zu sprechen sei. Zu Beginn des dritten Versabschnitts zeichnet er zunächst ein einprägsames, leuchtendes Bild – »Die grünen Boote und die lustigen Segel des Sundes« –, das er dann nach dem Zeilenbruch mit der Fortsetzung der syntaktischen Bewegung buchstäblich durchstreicht – »Sehe ich nicht« –, ohne es dadurch aber in der Vorstellung des Lesers wieder auszulöschen. Auf ähnliche Weise finden die lockenden »Brüste der Mädchen« und der »blühende Apfelbaum« gerade durch die Verneinung ihren Weg ins Gedicht. So basiert die Struktur des Textes wesentlich auf dem Stilmittel der Praeteritio, jener paradoxen rhetorischen Strategie, die es erlaubt, einen Gegenstand in der Rede besonders hervorzuheben, indem man ausdrücklich versichert, ihn übergehen zu wollen (sie begegnet auch in alltagssprachlichen Wendungen wie »Ganz zu schweigen von …«). Mit diesem Kunstgriff halten Brechts Verse in der Tat die »Erinnerung […] an menschenwürdigere Situationen« wach (26, S. 417), ohne in puren Eskapismus zu flüchten, und lassen die Sehnsucht nach jenen Freuden aufscheinen, deren ungetrübter Genuss dem lyrischen Ich gegenwärtig verwehrt ist. Der Widerstand gegen die Umtriebe des »Anstreichers« soll auf lange Sicht Verhältnisse schaffen, unter denen ein solcher Genuss wieder guten Gewissens ausgekostet und die Spannung, die dieses Gedicht durchzieht, aufgelöst werden kann.

Von einer »Verarmung« (26, S. 323) kann bei der Lyrik aus der Zeit des antifaschistischen Kampfes nur in einem sehr eingeschränkten Sinne – eben vom »bürgerlichen Standpunkt« aus – die Rede sein, denn manche der vermeintlich so dürren Texte erweisen sich in gedanklicher wie in ästhetischer Hinsicht als erstaunlich komplex.[26] Den besten Beleg dafür liefert das Werk, dem Brecht in den *Svendborger Gedichten* die herausgehobene Stellung am Ende des Bandes zugewiesen hat. Die poetologische Reflexion, der zuletzt unser Hauptaugenmerk galt, tritt in diesem Fall hinter einem allgemeinen Epochenbild zurück, das wieder aus der Perspektive eines lyrischen Ich mit gewissen autobiographischen Zügen entworfen ist:

An die Nachgeborenen

1

Wirklich, ich lebe in finsteren Zeiten!

Das arglose Wort ist töricht. Eine glatte Stirn
Deutet auf Unempfindlichkeit hin. Der Lachende
Hat die furchtbare Nachricht
Nur noch nicht empfangen.

Was sind das für Zeiten, wo
Ein Gespräch über Bäume fast ein Verbrechen ist
Weil es ein Schweigen über so viele Untaten einschließt!

---

[26] Wie subtil etwa auch die Gedichte der *Deutschen Kriegsfibel* gestaltet sind, wurde oben unter anderem anhand von *Der Krieg, der kommen wird* dargelegt. Tatsächlich war Brecht weit davon entfernt, einen strikten Gegensatz zwischen politisch engagierter und künstlerisch anspruchsvoller Dichtung zu konstruieren. So erörtert er in *Fünf Schwierigkeiten beim Schreiben der Wahrheit* unter dem Stichwort »List« eine ganze Reihe von Möglichkeiten, wie man kritische Botschaften gerade durch raffinierte ästhetische Strategien vermitteln kann, und illustriert sie mit zahlreichen Beispielen aus der Weltliteratur (vgl. 22.1, S. 81–85).

Der dort ruhig über die Straße geht
Ist wohl nicht mehr erreichbar für seine Freunde
Die in Not sind?

Es ist wahr: ich verdiene noch meinen Unterhalt
Aber glaubt mir: das ist nur ein Zufall. Nichts
Von dem, was ich tue, berechtigt mich dazu, mich satt zu essen.
Zufällig bin ich verschont. (Wenn mein Glück aussetzt
Bin ich verloren.)

Man sagt mir: iß und trink du! Sei froh, daß du hast!
Aber wie kann ich essen und trinken, wenn
Ich es dem Hungernden entreiße, was ich esse, und
Mein Glas Wasser einem Verdurstenden fehlt?
Und doch esse und trinke ich.

Ich wäre gerne auch weise
In den alten Büchern steht, was weise ist:
Sich aus dem Streit der Welt halten und die kurze Zeit
Ohne Furcht verbringen
Auch ohne Gewalt auskommen
Böses mit Gutem vergelten
Seine Wünsche nicht erfüllen, sondern vergessen
Gilt für weise.
Alles das kann ich nicht:
Wirklich, ich lebe in finsteren Zeiten!

2

In die Städte kam ich zu der Zeit der Unordnung
Als da Hunger herrschte.
Unter die Menschen kam ich zu der Zeit des Aufruhrs
Und ich empörte mich mit ihnen.
So verging meine Zeit
Die auf Erden mir gegeben war.

Mein Essen aß ich zwischen den Schlachten
Schlafen legte ich mich unter die Mörder
Der Liebe pflegte ich achtlos
Und die Natur sah ich ohne Geduld.
So verging meine Zeit
Die auf Erden mir gegeben war.

Die Straßen führten in den Sumpf zu meiner Zeit
Die Sprache verriet mich dem Schlächter
Ich vermochte nur wenig. Aber die Herrschenden
Saßen ohne mich sicherer, das hoffte ich.
So verging meine Zeit
Die auf Erden mir gegeben war.

Die Kräfte waren gering. Das Ziel
Lag in großer Ferne
Es war deutlich sichtbar, wenn auch für mich
Kaum zu erreichen.
So verging meine Zeit
Die auf Erden mir gegeben war.

3

Ihr, die ihr auftauchen werdet aus der Flut
In der wir untergegangen sind
Gedenkt
Wenn ihr von unsern Schwächen sprecht
Auch der finsteren Zeit
Der ihr entronnen seid.

Gingen wir doch, öfter als die Schuhe die Länder wechselnd
Durch die Kriege der Klassen, verzweifelt
Wenn da nur Unrecht war und keine Empörung.

Dabei wissen wir ja:
Auch der Haß gegen die Niedrigkeit
Verzerrt die Züge.
Auch der Zorn über das Unrecht
Macht die Stimme heiser. Ach, wir
Die wir den Boden bereiten wollten für Freundlichkeit
Konnten selber nicht freundlich sein.

Ihr aber, wenn es soweit sein wird
Daß der Mensch dem Menschen ein Helfer ist
Gedenkt unsrer
Mit Nachsicht.
(12, S. 85–87)

Wohl kein anderes Gedicht Bertolt Brechts ist so berühmt geworden wie dieses, und mit Sicherheit hat keines eine größere Anziehungskraft auf spätere Autoren ausgeübt: Die Reihe der Literaten, die sich mit dem Text auseinandersetzten, »reicht von Theodor W. Adorno über Wilhelm Lehmann, Johannes R. Becher, Erich Fried, Peter Huchel und Paul Celan bis zu Wolf Biermann, Heiner Müller, Volker Braun, Günter Kunert, Heinz Czechowski, Hans Magnus Enzensberger, Gabriele Kachold, Peter Schütt, Hans Christoph Buch und Walter Helmut Fritz, um nur einige zu nennen.«[27] Die zukunftsoffene Struktur des Werkes dürfte maßgeblichen Anteil an dieser Erfolgsgeschichte gehabt haben, denn spätere Leser mussten sich förmlich aufgefordert fühlen, die Position der angeredeten »Nachgeborenen« zu übernehmen, die im dritten Teil angedeutete Vision kommender Zeiten an ihren eigenen Erfahrungen zu messen und auf dieser Grundlage in einen poetischen Dialog mit dem Gedicht einzutreten. ›Nachgeborene‹ Lyriker, die ihre Gegenwart immer noch – oder wieder – als ausgesprochen »finster« empfanden, beschäftigte überdies das von Brecht hier einmal mehr themati-

---

[27] Karl-Heinz Schoeps: *An die Nachgeborenen*. In: Brecht-Handbuch. Bd. 2, S. 274–281, hier S. 279. – Die Rezeptionsgeschichte des Gedichts ist gründlich untersucht worden. Vgl. Hiltrud Gnüg: Gespräch über Bäume. Zur Brecht-Rezeption in der modernen Lyrik. In: Basis. Jahrbuch für deutsche Gegenwartsliteratur 7 (1977), S. 89–117, 235–237; Malcolm Humble: Brecht and Posterity. A Poem and its Reception. In: New German Studies 14 (1986/87), H. 2, S. 115–142; Bernhard Greiner: Das Dilemma der »Nachgeborenen«. Paradoxien des Brecht-Gedichts und seiner literarischen Antworten in der DDR. In: Frühe DDR-Literatur. Traditionen, Institutionen, Tendenzen. Hrsg. von Klaus R. Scherpe und Lutz Winckler. Hamburg u.a. 1988, S. 174–193; Erdmann Waniek: Frieden, Schein und Schweigen. Brechts Ausruf über die Zeiten und drei Gegen-Gedichte von Celan, Enzensberger und Fritz. In: Wirkendes Wort 42 (1992), S. 253–282; Karen Leeder: Those born later read Brecht: the reception of *An die Nachgeborenen*. In: Brecht's Poetry of Political Exile. Hrsg. von Ronald Speirs. Cambridge 2000, S. 211–240.

sierte Dilemma, in manchen Zeiten nicht mehr guten Gewissens vom Schönen und Angenehmen sprechen zu können, mitsamt seinen poetologischen Implikationen.

Die drei Teile von *An die Nachgeborenen* entstanden seit 1934 zunächst unabhängig voneinander. Vereint als Abschnitte eines einzigen Gedichts, wie sie in der Svendborger Sammlung erscheinen, entsprechen sie drei verschiedenen Zeitdimensionen – in der Abfolge Gegenwart, Vergangenheit, Zukunft –, wobei jeweils die erste Zeile die temporale Orientierung schon vorgibt.[28] Freilich verbinden und mischen sich die Zeitebenen auch. Die im rückblickenden Teil II gestaltete Vergangenheit gehört im Grunde bereits zu jenen »finsteren Zeiten«, die noch die Gegenwart des Sprechers in Teil I darstellen, und die Schlusspartie wirbt bei den Nachgeborenen um Verständnis für die Menschen, die – jetzt – unter solch dunklen Bedingungen leben müssen. Zudem legt der Titel das ganze Gedicht auf die Zukunftsperspektive fest: *An die Nachgeborenen* gibt sich als eine Art Vermächtnis des Sprechers, als lyrischer Rechenschaftsbericht, der an spätere Generationen adressiert ist und in der an sie gerichteten Mahnung »Gedenkt«, die Brecht durch ihre Einzelstellung im dritten Vers von Teil III eigens hervorhebt, sein gedankliches Zentrum findet.[29] Bereits im ersten Abschnitt kann die beschwörende Formulierung »glaubt mir« als Appell an diese Nachgeborenen aufgefasst werden. Mit der Wendung an die Leserschaft einer fernen Zukunft bildet der Schlusstext der *Svendborger Gedichte* das Gegenstück zu deren Motto, das die Sammlung den Zeitgenossen zur unmittelbaren Verwendung im antifaschistischen Kampf anvertraut.

Die Stilhaltung des Gedichts ist distanziert und insgesamt verhältnismäßig nüchtern. Emotionen werden nur in sehr gedämpfter Form zugelassen, und der verhaltene Klageton bleibt dem übergreifenden Gestus des mit Reflexionen durchsetzten Rechenschaftsberichts untergeordnet. Einen kohärenten Argumentationsgang weist der Text jedoch nicht auf, vielmehr dominiert vor allem in den ersten beiden Teilen die Montage suggestiver Einzelaspekte oder mäßig umfangreicher Aussagesequenzen. Konkrete Daten, Orte oder gar Namen werden nirgends genannt, so wie sich auch keine präzisen Bezeichnungen von sozialen Schichten oder Gruppen finden. Aber die zentralen Motive, insbesondere »finstere Zeiten«, »Unordnung«, »Flut« und »Freundlichkeit«, lassen sich allesamt im Rückgriff auf unterschiedliche Kontexte erhellen, zu denen der zeitgeschichtliche Hintergrund der Verse, der Rahmen der *Svendborger Gedichte* und schließlich das lyrische Gesamtwerk des Verfassers zählen.

Schon der einleitende Stoßseufzer »Wirklich, ich lebe in finsteren Zeiten!« kann aus dem Zusammenhang der Svendborger Sammlung verstanden werden, denn er liefert ein »rekapitulierendes Resümee«[30] jenes Bildes von der Gegenwart der dreißiger Jahre,

---

28 Vgl. Birgit Lermen und Matthias Loewen: Lyrik aus der DDR. Exemplarische Analysen. Paderborn u.a. 1987, S.90.

29 Wahrscheinlich ließ sich Brecht hier von einem Gedicht von François Villon inspirieren, das K.L. Ammer unter dem Titel *Grabschrift in Form einer Ballade die Villon für sich und seine Kumpane gemacht, als er erwartete, mit ihnen gehängt zu werden* übersetzt hatte (Francois [!] Villon: Des Meisters Werke. Ins Deutsche übertragen von K.L. Ammer. Leipzig 1907, S.22f.). Es beginnt mit den Zeilen: »Ihr Menschenbrüder, die ihr nach uns lebt, / lasst euer Herz nicht gegen uns verhärten, / denn alles Mitgefühl, das ihr uns gebt, / wird Gott dereinst euch um so höher werten.« An Villons Balladen erinnert auch die refrainartige Struktur im zweiten Teil von *An die Nachgeborenen*. Vgl. zu diesen Bezügen Philip Thomson: The Poetry of Brecht. Seven Studies. Chapel Hill u.a. 1989, S.116f.

30 Lermen/Loewen: Lyrik aus der DDR, S.102.

das in den vorangegangenen Partien des Bandes breit ausgemalt wurde. Damit vollziehen die *Svendborger Gedichte* zum Abschluss eine selbstreflexive Wendung: Sie müssen in ihrer Gesamtheit als Dokument und Zeugnis jener dunklen Epoche verstanden werden, der sie ihre Entstehung verdanken. Von dieser Epoche zeigt sich das lyrische Ich im ersten Teil rein passiv und leidend geprägt, da es hier noch nicht eingreifend in Erscheinung tritt. Seine Darstellung der Verhältnisse folgt dem Vorstellungsmuster einer ›verkehrten Welt‹, in der die normalen Zuordnungen und scheinbaren Selbstverständlichkeiten, die sonst das Leben regeln und es verlässlich gestalten, nicht mehr gelten. So rückt beispielsweise ein »Gespräch über Bäume« in die Nähe eines Verbrechens – die Allgegenwart von Terror und Gewalt korrumpiert zwangsläufig auch die harmlosesten Verhaltensweisen, weil sie nicht dazu beitragen, der Grausamkeit Einhalt zu gebieten. Was bei *Schlechte Zeit für Lyrik* in der Analyse herausgearbeitet wurde, sagt dieser Ausruf des Sprechers in *An die Nachgeborenen* ganz direkt: Die Einsicht, dass man sich nicht mehr mit den Annehmlichkeiten des Daseins befassen kann, zu denen für Brecht auch der Naturgenuss gehörte, wird zur scharfen Anklage gegen die »Zeiten« der faschistischen Herrschaft am Vorabend des Zweiten Weltkriegs.

Selbst die alltägliche Notwendigkeit, sich zu ernähren, büßt ihre Unschuld ein, da der Mensch alles, was er isst und trinkt, notgedrungen anderen entreißt. Auch das lyrische Ich, das diese unerbittliche Logik des Überlebenskampfes in einer kapitalistischen Realität durchschaut, vermag sich ihr nicht zu entziehen, wenn es sein Dasein fristen will: »Und doch esse und trinke ich.« Die Sehnsucht nach der in den »alten Büchern« aufbewahrten Weisheit muss unter solchen Umständen eine elegische Phantasie bleiben. Angespielt wird in diesen Zeilen vermutlich in erster Linie auf die Maximen des philosophischen Epikureismus, wie sie zum Beispiel der von Brecht fleißig gelesene Horaz verkündete, etwa in den Oden II, 3 – »Denke daran, in schwieriger Lage ein ruhiges / Gemüt zu behalten«[31] – oder II, 10, wo der römische Dichter die »aurea mediocritas«, den goldenen Mittelweg, preist. Hinzu treten die Gebote des Christentums (»Böses mit Gutem vergelten«) und vielleicht auch die Ethik der chinesischen Philosophie, zumal des Taoismus. Affektkontrolle und tugendhafte Selbstzurücknahme sind gemeinsame Grundsätze dieser Lehren, auch wenn sie im Einzelnen sehr unterschiedlich begründet werden. Allerdings bleibt fraglich, ob es dem Sprecher in Brechts Gedicht ganz ernst ist mit seiner Träumerei von dem, was traditionell als weise ›gilt‹ (schon diese Formulierung verrät eine gewisse Distanz). Eher darf man wohl eine spöttische und allenfalls etwas wehmütige Ironie unterstellen, wenn hier von einem Verhaltenskodex gesprochen wird, der dem Ich angesichts seiner Gegenwart gänzlich realitätsfern vorkommen muss.

Der zweite Teil des Gedichts unterscheidet sich von den beiden anderen durch seine strengere, regelmäßigere Form. In den vier Strophen zu sechs Zeilen fungiert das jeweils identische abschließende Verspaar als litaneiartiger Refrain, der einen deutlichen Einschnitt setzt; überdies tendiert die ganze Textpartie zum Zeilenstil und zu klar gegliederten Parallelkonstruktionen. Die Formstrenge passt zu der kämpferischen Entschlossenheit des Sprechers, der hier über seine Absichten und sein Verhalten nicht im Zweifel ist und sowohl über sein »Ziel« als auch über dessen enorme Entfernung

---

31 Quintus Horatius Flaccus: Oden und Epoden. Hrsg. und übersetzt von Gerhard Fink. Düsseldorf u.a. 2002, S. 89 (Oden II, 3, 1 f.: »Aequam memento rebus in arduis / Servare mentem […]«).

Bescheid weiß. Erstmals werden jetzt Aktivitäten des lyrischen Ich benannt, die sich jedoch nur im Rahmen dessen bewegen können, was die Epoche zulässt. Deren Schilderung erfolgt in allgemeinen, spruchartigen Formulierungen, die das Exemplarische, Typische hervorheben, ohne sich auf Details und Konkretisierungen einzulassen. Der Autor entwirft, augenscheinlich im Rückblick auf die Weimarer Republik, die er ja als bloße Vorstufe des faschistischen Regimes verstand, modellhaft das Bild einer von eskalierenden Klassenkämpfen zerrissenen Gesellschaft im Zeichen des modernen Kapitalismus, für den einmal mehr die »Städte« als Chiffre eintreten. Es geht also um eine »Zeit der Unordnung« – ein weiteres Schlüsselwort Brechts in diesem Zusammenhang, das wir bereits kennen –, zugleich aber um eine »Zeit des Aufruhrs«, nämlich des beginnenden Aufbegehrens der Unterdrückten gegen die »Herrschenden«, dem sich der Sprecher angeschlossen hat.

»Zeit«, der zentrale Begriff in dieser Partie des Gedichts, erscheint in doppelter Bedeutung. Zum einen ist eben die historische Phase der »Unordnung« und des »Aufruhrs« gemeint, die im Wesentlichen schon den »finsteren Zeiten« des ersten Abschnitts entspricht, zum anderen aber, in den Refrainzeilen, die individuelle Lebensspanne des lyrischen Ich. In der Wendung »zu meiner Zeit« überschneiden sich die beiden Bedeutungsschichten, und gerade diese Überschneidung stellt das eigentliche Thema des ganzen zweiten Teils dar, in dem der Sprecher beschreibt, wie er sich mit den Zuständen auseinandersetzte, die er »auf Erden« antraf. Aus dem Kontext des Gesamtgedichts darf man folgern, dass er damit bei den »Nachgeborenen« um Verständnis für sein Tun und Lassen werben will, denn nur wenn sie über die besonderen Zeitumstände unterrichtet sind, können sie ihm jene »Nachsicht« entgegenbringen, an die er abschließend appellieren wird.

Anscheinend gehörte der Sprecher, der von außen »[i]n die Städte« und »[u]nter die Menschen« gekommen ist, nicht von vornherein zu den Hungernden und Ausgebeuteten, deren Partei er dann ergriff – ein Hinweis auf die spezifische Stellung des marxistisch engagierten bürgerlichen Intellektuellen, die in anderen lyrischen Werken Brechts eingehend thematisiert wird, beispielsweise in *Verjagt mit gutem Grund*, das in den *Svendborger Gedichten* dem Schlussstück unmittelbar vorausgeht. Dass zugunsten des Kampfes für eine bessere Welt die Freuden der Liebe und der Natur vernachlässigt werden müssen, ist ebenfalls ein vertrauter Gedanke. Der Vers »Die Sprache verriet mich dem Schlächter« enthält wiederum die einzige Anspielung des ganzen Gedichts auf die literarische Tätigkeit des Sprechers, auf seinen Dichterberuf. Weil er die Sprache offenbar zu agitatorischen Zwecken einsetzte, »verriet« sie seine Parteinahme in den gesellschaftlichen Konflikten. Das Schreiben stellte seine spezifische Form des Kämpfens und damit seinen (bescheidenen) Beitrag zum Widerstand gegen die »Herrschenden« dar, die ohne ihn wohl immerhin ein wenig mehr Sicherheit genossen hätten.

Geradezu elegisch muten die resümierenden Refrainzeilen an, die in biblischem Tonfall »eine säkulare Variante des alten christlichen Topos vom Leben als einer kurzen Pilgerschaft im irdischen Jammertal« evozieren[32] und an die Worte eines Sterbenden

---

32 Günter Holtz: Nachricht aus finsterer Zeit. Zu Brechts Gedicht *An die Nachgeborenen*. In: Gedichte und Interpretationen. Bd. 5: Vom Naturalismus bis zur Jahrhundertmitte. Hrsg. von Harald Hartung. Stuttgart 1983, S. 372–383, hier S. 378.

erinnern, der sein Dasein noch einmal Revue passieren lässt. Ihre wichtigste Bedeutungsdimension erhalten die Verse aber aus dem Bezug zu einer in diesem Teil des Gedichts lediglich angedeuteten Zukunft, die das lyrische Ich nicht mehr erleben wird, weil die Dauer der »finsteren Zeiten« jene Frist übersteigt, die ihm »auf Erden [...] gegeben war«: Das »Ziel«, dem sein ganzer Einsatz galt, ist zwar »deutlich sichtbar«, für den Sprecher jedoch »[k]aum zu erreichen« – ähnlich dem Gelobten Land, das Moses nur von weitem sehen, aber nicht mehr betreten durfte.[33] Das Ringen um dieses Ziel wird also weitergehen, wenn die Lebensspanne des Ich verstrichen ist. Dass seine Zukunftshoffnung mit dem »Aufruhr« der Menschen gegen die »Herrschenden« zu tun haben muss, liegt auf der Hand, doch erst der dritte Teil von *An die Nachgeborenen* verleiht ihr zumindest etwas klarere Konturen.

Dieser Schlussabschnitt verwandelt das Ich in ein Wir und bestimmt zugleich die augenblickliche Situation des Sprechers, von der der erste Teil nur einen sehr vagen Eindruck vermittelt hatte, als die eines Widerstandskämpfers im Exil. Die Rede ist jetzt von allen aus ihrer Heimat vertriebenen Gesinnungsgenossen und Mitstreitern, die, »öfter als die Schuhe die Länder wechselnd«, die heilsame »Empörung« gegen das »Unrecht« der Klassengesellschaft zu schüren versuchen. Die »finsteren Zeiten«, die ihr kollektives Erleben prägen, werden in Anspielung auf das große Vorbild aus dem Alten Testament mit einer menschheitsgeschichtlichen »Flut« gleichgesetzt. Schon in *Vom armen B.B.*, dem Schlussgedicht der *Hauspostille*, ging das lyrische Ich gegen Ende in ein Wir über und gewann damit eine repräsentative, über den individuellen Erfahrungshorizont hinausgehende Funktion, und auch dort war im Bild der »Erdbeben, die kommen werden«, von Untergang und Weltkatastrophe die Rede (11, S.120). Während aber das »Wir« in *Vom armen B.B.* die ganze moderne Menschheit oder zumindest die westliche Zivilisation in ihrer Gesamtheit einschloss, bezeichnet es in *An die Nachgeborenen* mit den Gegnern der faschistischen Klassenherrschaft eine Gruppe, die durch politische Überzeugungen und Aktivitäten zusammengehalten wird.

Diese politisch-ideologische Konkretisierung hat ihrerseits tiefgreifende Folgen für den Stellenwert der Katastrophenmetaphorik. Bekanntlich stand der Marxist Brecht einem bestimmten Denkmuster, das sich in derartigen bildhaften Ausdrücken manifestieren konnte, skeptisch gegenüber, weil es den Blick auf die sozialen Ursachen verheerender Entwicklungen verstellte: »Der Faschismus ist keine Naturkatastrophe«, heißt es kurz und bündig in *Fünf Schwierigkeiten beim Schreiben der Wahrheit* (22.1, S.79). Weil seine Kritik aber eben der besagten Vorstellungsart und nicht dem Stilmittel als solchem galt, ist es nur ein scheinbarer Widerspruch, wenn er das chaotische Ende der bürgerlichen Welt und besonders das Zeitalter des Nationalsozialismus bisweilen selbst mit einschlägigen Metaphern umschrieb, zum Beispiel in dem Essay *Bei Durchsicht meiner ersten Stücke* (vgl. 23, S.245) oder in dem Gedicht *Beim Lesen des Horaz* aus den *Buckower Elegien*. In *An die Nachgeborenen* können ohnehin keine Missverständnisse aufkommen, weil der zweite Teil des Textes die Realität hinter dem poetischen Bild bereits hinreichend kenntlich gemacht hat: Es geht um Klassenkämpfe, um von Menschen gemachte und von Menschen ausgetragene Konflikte. Da sie folglich als bloße Metapher erkennbar bleibt, wirkt die Wendung von der »Flut« hier nicht verschleiernd

---

33 Vgl. Bohnert: Brechts Lyrik im Kontext, S.138.

und irreführend. Der Leser sollte deshalb fähig sein, Überlegungen anzustellen, wie sie Brecht in seinem *Lied des Stückeschreibers* explizit vorträgt (vgl. 14, S.299): Um den Weg zum eingreifenden Handeln zu finden, muss man den Unglücksfällen, die wie Schneeschauer, Überschwemmungen oder Erdbeben über die Menschen zu kommen scheinen, die fatale Aura schicksalhafter Unabänderlichkeit nehmen, indem man sie nüchtern auf gesellschaftliche Herrschafts- und Gewaltverhältnisse zurückführt.

Artikulierte sich in *Vom armen B.B.* noch ein allgemeiner zivilisationskritischer Pessimismus, so prophezeit *An die Nachgeborenen* lediglich den Untergang der bürgerlich-kapitalistischen Gesellschaftsordnung, nach dem der Sprecher, anders als sein Pendant in dem früheren Gedicht, durchaus noch etwas »Nennenswertes« (11, S.120) erwartet, nämlich ein helleres Zeitalter, das die »Kriege der Klassen« endlich hinter sich gelassen hat. An der Heraufkunft einer solchen Welt zweifelt er nicht. Zwar könnte die Formulierung »wenn es soweit sein wird«, für sich genommen, auch konditional verstanden werden[34], doch ist die Gesamtperspektive dieses dritten Teils unbestreitbar *temporal* bestimmt, wie schon der Eingangsvers zeigt, der eindeutig futurischen Sinn hat: »Ihr, die ihr auftauchen werdet aus der Flut«. Die fast beiläufige Anrede an die späteren Geschlechter, weit entfernt von jedem stilisierten Prophetenton, der gegen Kleinmut und Unglauben anzugehen hätte, setzt das Kommen der besseren Zukunft sogar als etwas ganz Selbstverständliches voraus. So mündet das Gedicht in den geradezu eschatologischen Ausblick auf eine Epoche, in der jenes »Ziel« erreicht sein wird, für das der Sprecher sein Leben lang gekämpft hat. Der Abstand zu ihr ist nicht durch eine feste Zeitspanne, sondern durch eine qualitative Differenz festgelegt. Der Mensch wird dann »dem Menschen ein Helfer« sein – das ist alles, was die Verse, im Einklang mit Brechts Abneigung gegen konkrete Utopien, über diese Zukunft zu sagen haben.

Die wenigen Worte eröffnen aber einen weiten Assoziationsraum, zumal sie innerhalb von Brechts Gesamtwerk in ein dichtes Bezugsnetz eingebunden sind. Sie spielen auf die These von Thomas Hobbes an, nach der der Mensch dem Menschen im ursprünglichen Naturzustand wie ein räuberischer Wolf gegenübersteht und allein die Ordnung von Staat und Gesellschaft das Menschengeschlecht vor der permanenten Selbstzerfleischung bewahren kann.[35] Indem er seine Vision von wechselseitiger Hilfe und Unterstützung in eine bessere Zukunft projiziert, suggeriert Brecht, dass in der Gegenwart des Sprechers immer noch das »homo homini lupus«-Prinzip herrscht. In seinen Augen hat der Kapitalismus als »Große Unordnung« (18, S.190) den anarchischen Kampf aller gegen alle keineswegs beendet, sondern ihn vielmehr auf einen Höhepunkt geführt und zum Gesetz des ›zivilisierten‹ Alltags gemacht, das die Einwohner von Mahagonny in der folgenden Liedstrophe besingen:

---

34 Vgl. Schoeps: *An die Nachgeborenen*, S.279.
35 Mit der Wendung »dem Menschen ein Helfer« – statt etwa ›für den Menschen‹ – bildet der Lateinkenner Brecht exakt die Dativkonstruktion »homo homini lupus« nach, um die kontrastierende Bezugnahme deutlich herauszustellen. Vgl. dazu den Hinweis bei Fritz Hermanns: Textsinn, Texterlebnis, symbolisches Handeln. Erklärt am Beispiel eines Gedichtes. In: Von Intentionalität zur Bedeutung konventionalisierter Zeichen. Festschrift für Gisela Harras zum 65. Geburtstag. Hrsg. von Kristel Proost und Edeltraud Winkler. Tübingen 2006, S.257–285, hier S.265.

Denn wie man sich bettet, so liegt man
Es deckt einen keiner da zu.
Und wenn einer tritt, dann bin ich es
Und wird einer getreten, bist's du!
(2, S. 360)

Auch das Lehrstück *Die Ausnahme und die Regel* vermittelt die Einsicht, dass man in der Klassengesellschaft jeden Mitmenschen zunächst einmal als Feind zu betrachten hat und ihm die schlimmsten Absichten unterstellen muss.

Dass Brecht dabei zwischen offenem Krieg und sogenanntem Frieden keinen großen Unterschied sah, ist uns bereits bekannt. Schon vor dem Ausbruch des Weltkriegs, in dem die Deutschen über ihre Nachbarländer herfielen, um sie auszuplündern, war »zu Hause bei uns der Mensch dem Menschen ein Wolf«, heißt es in einem Gedicht von 1943 (15, S. 98), und einige Verse, die zu Beginn der dreißiger Jahre im Zusammenhang mit *Die Ausnahme und die Regel* entstanden, lehren: »In den Zeiten der Unordnung / An den Plätzen, wo das Chaos herrscht / Wird der Mensch dem Menschen ein Wolf« (14, S. 140; vgl. auch S. 221). Auf der anderen Seite pflegte Brecht seine Vorstellung vom Sozialismus durch die unmissverständliche Verneinung der ›Wolfsregel‹ auszudrücken. So schreibt er in einem an die notleidenden Proletarier gerichteten Gedicht: »Die handelnd Unzufriedenen, eure großen Lehrer / Erfanden die Konstruktion des Gemeinwesens / In dem der Mensch dem Menschen kein Wolf ist« (15, S. 96). Zu einem solchen Gemeinwesen erklärt er in *An die deutschen Soldaten im Osten* die Sowjetunion (vgl. S. 67). Während der von dem gnadenlosen Grundsatz »du oder ich« beherrschte Kapitalismus unweigerlich Krieg oder kriegsähnliche Zustände hervorbringt, erhebt der Sozialismus mit der Maxime »du und ich« die zwischenmenschliche Solidarität zum obersten Gebot (23, S. 64): »Der Kampf aller gegen alle verwandelt sich in den Kampf aller für alle« (S. 347).

Die erwartete neue Ordnung, in der Humanität endlich ohne akute Lebensgefahr geübt werden kann und die von Brecht unterstellte natürliche Neigung des Menschen zur Güte Gelegenheit erhält, sich frei zu entfalten, entspricht also seinem Bild des Sozialismus. Während es in *Die Ausnahme und die Regel* heißt: »Fürchtet für jeden, ihr / Der freundlich aussieht!« (3, S. 258), blickt *An die Nachgeborenen* auf eine Zeit voraus, in der Freundlichkeit zur selbstverständlichen Richtschnur des zwischenmenschlichen Umgangs geworden sein wird. Ein kleines lyrisches Werk Brechts, das möglicherweise eine Vorstufe zum dritten Teil dieses Gedichts darstellt, spricht die künftigen Generationen sogar ausdrücklich als »Freundliche« an (12, S. 358). Freundlichkeit als Normalzustand setzt freilich grundlegend gewandelte gesellschaftliche Strukturen voraus, die in unserem Text nicht näher geschildert werden. Brecht bezeichnet mit diesem Leitwort kein rein individuelles moralisches Verhalten, das sich auch unter ungünstigsten Umständen durchsetzen kann. Freundlichkeit ist für ihn weder eine subjektive Empfindung noch eine Charaktereigenschaft, sondern vielmehr eine soziale Haltung, eine eigentümliche Beziehung, in die der Mensch zu seinem Mitmenschen, aber auch zu seiner natürlichen Umwelt tritt. Im Grunde identifiziert er sie mit der von allen Einschränkungen durch die kapitalistischen Besitzverhältnisse befreiten Produktivität, die den Sozialismus auszeichnen soll. Freundlich sein, verkündet Shen Te in *Der gute Mensch von Sezuan*, heißt produktiv sein: »Wenn jemand ein Lied singt oder eine Maschine baut oder Reis pflanzt, das ist eigentlich Freundlichkeit« (6, S. 208).

Der dritte Teil von *An die Nachgeborenen* thematisiert aber auch das Dilemma all jener, die sich während der »finsteren Zeiten« für eine freundlichere Welt einsetzen. Gemäß der Einsicht, die die Titelheldin in *Die heilige Johanna der Schlachthöfe* erlangt: »Es hilft nur Gewalt, wo Gewalt herrscht« (3, S.224), müssen sie auf den »Haß gegen die Niedrigkeit« und den »Zorn über das Unrecht« setzen, obwohl solche aggressiven Regungen zwangsläufig korrumpierend wirken. Das Sprecher-Ich bleibt also in dem Widerspruch gefangen, dass der Kampf für die Freundlichkeit selbst nicht auf freundlichem Wege zu führen ist und die wünschenswerte Veränderung der Zustände oft unmenschliche Mittel erfordert – »Versinke in Schmutz / Umarme den Schlächter, aber / Ändere die Welt: sie braucht es!« (3, S.89). Auch wer gegen die ›verkehrte Welt‹ arbeitet, kann ihren Gesetzen nicht entkommen und verdient deshalb die »Nachsicht« jener Menschen, die nicht zuletzt dank seiner Anstrengungen einmal das Glück haben werden, unter günstigeren Bedingungen zu leben. Umgekehrt gewährt ihm die ferne Aussicht auf dieses Zeitalter nach der »Flut« und jenseits aller schmerzlich erfahrenen Widersprüche den einzigen möglichen Trost. Ohne sie wäre das Sprecher-Ich außerstande, seiner Lage und seinem Handeln einen Sinn abzugewinnen.

Eine ähnliche Wirkung mag das Gedicht auf seine zeitgenössischen Rezipienten ausgeübt haben. Brechts Verse wenden sich zwar auf der expliziten Ebene an die Nachgeborenen, sind aber eigentlich mindestens ebenso sehr an die Mitlebenden gerichtet, denen sie inmitten ihrer Kämpfe und Nöte die ermutigende Gewissheit einer besseren Zukunft vor Augen stellen. Die Vorwegnahme dieser Zukunft und ihrer Rückschau auf die vom Faschismus überschattete Epoche leistet eine verfremdende Historisierung der »finsteren« und gewalttätigen Gegenwart[36], die nun als eine begrenzte, prinzipiell überwindbare Phase der Menschheitsgeschichte erscheint und daher nicht mehr wie ein unentrinnbarer Alpdruck auf denen lastet, die unter ihren Schrecken leiden müssen. Mit diesem Hoffnungsschimmer, den *An die Nachgeborenen* durch eine kunstvolle Verschränkung der zeitlichen Perspektiven hervorbringt, entlässt Brecht den Leser der *Svendborger Gedichte*.

---

36 Denselben Kunstgriff wendet das Gedicht *Diese babilonische Verwirrung der Wörter* an. Vgl. dazu das Kapitel »Brecht und der Sozialismus«.

Kapitel 10
Das skandinavische Exil

Als die Nationalsozialisten an die Macht kamen und umgehend den planmäßigen, staatlich gelenkten Terror gegen ihre Gegner entfesselten, begann, wie Brecht Jahre später rückblickend schrieb, ein »Exodus von Schriftstellern und Künstlern [...], wie ihn die Welt noch nicht gesehen hatte« (23, S.60). Er selbst sah sich in unmittelbarer Lebensgefahr und flüchtete am 28. Februar 1933, einen Tag nach dem Reichstagsbrand, der dem Regime den willkommenen Anlass für eine besonders massive Welle der Gewalt bot, über die deutsch-tschechische Grenze nach Prag. Über Wien, die Schweiz und Frankreich gelangte er im Sommer nach Dänemark, wo er sich mit seiner Frau, der Schauspielerin Helene Weigel, und den Kindern Stefan und Barbara bei Svendborg auf der Insel Fünen niederließ, nahe der deutschen Grenze, aber weit entfernt von den Zentren der Exilliteratur, zu denen beispielsweise Paris und Moskau zählten. Falls er die Hoffnung gehegt haben sollte, bald in die Heimat zurückkehren zu können, war sie jedenfalls kurzlebig, denn das Dritte Reich erwies sich nicht nur nach innen als stabil, sondern baute auch seine Position im europäischen Mächtesystem Zug um Zug aus. Als Brecht das »dänische Strohdach« (14, S.256, und 12, S.7) nach knapp sechs Jahren endlich verließ, geschah dies nur, weil auch Dänemark angesichts von Hitlers bevorstehenden Eroberungskriegen keine Sicherheit mehr bot.

Viele Regimegegner, die aus Deutschland hatten fliehen müssen, konnten sich anfangs nicht vorstellen, dass der ›braune Spuk‹ lange andauern würde. Um solche Illusionen und den schmerzlichen Abschied von ihnen geht es in den folgenden, etwa 1937 niedergeschriebenen Versen. Sie wurden in die sechste und letzte Abteilung der *Svendborger Gedichte* aufgenommen, die vorrangig das Exil zum Gegenstand hat. Später wollte Brecht mit ihnen die in den USA geplante, aber nie publizierte Sammlung *Gedichte im Exil* eröffnen (vgl. 12, S.119) – ein Indiz für ihre grundlegende Bedeutung im Rahmen dieses Themenkreises.

>Gedanken über die Dauer des Exils
>
>1
>Schlage keinen Nagel in die Wand
>Wirf den Rock auf den Stuhl!
>Warum für vier Tage vorsorgen?
>Du kehrst morgen zurück!
>
>Laß den kleinen Baum ohne Wasser!
>Wozu einen Baum pflanzen?
>Bevor er so hoch wie eine Stufe ist
>Gehst du froh weg von hier!
>
>Ziehe die Mütze ins Gesicht, wenn die Leute vorbeikommen!
>Wozu in einer fremden Grammatik blättern?
>Die Nachricht, die dich heimruft
>Ist in bekannter Sprache geschrieben.

So wie der Kalk vom Gebälk blättert
(Tue nichts dagegen!)
Wird der Zaun der Gewalt zermorschen
Der an der Grenze aufgerichtet ist
Gegen die Gerechtigkeit.

2
Sieh den Nagel in der Wand, den du eingeschlagen hast!
Wann, glaubst du, wirst du zurückkehren?
Willst du wissen, was du im Innersten glaubst?

Tag um Tag
Arbeitest du an der Befreiung
Sitzend in der Kammer schreibst du
Willst du wissen, was du von deiner Arbeit hältst?
Sieh den kleinen Kastanienbaum im Eck des Hofes
Zu dem du die Kanne voll Wasser schlepptest!
(12, S. 82)

Auf den ersten Blick wirken Struktur und Gehalt des Gedichts, das man wohl als eine Selbstanrede des lyrischen Sprechers auffassen darf, unkompliziert: Beschwört der erste Teil den tröstlichen Glauben, dass es überhaupt nicht lohne, sich auf Dauer in der Fremde einzurichten, so gestaltet der zweite die nüchterne Einsicht in die tatsächliche Lage, die sich offenbar nach einer gewissen Frist eingestellt hat. Doch bilden die titelgebenden »Gedanken über die Dauer des Exils« im Grunde nur den Anknüpfungspunkt für komplexe Reflexionen, die der Haltung des Vertriebenen selbst gelten. Sie ist zu Beginn von reiner Passivität, vom bloßen Warten auf die erlösende »Nachricht« aus der Heimat geprägt; das Nicht-Handeln wird förmlich zum Programm erhoben. Um die Fragwürdigkeit einer solchen Einstellung aufzudecken, bedarf es aber gar nicht erst des anschließenden zweiten Teils, denn diese Aufgabe erfüllen auf subtile Weise bereits die im ersten Abschnitt eingesetzten poetisch-stilistischen Mittel. So suggeriert der Flüchtling mit dem Bild vom morsch werdenden »Zaun der Gewalt« eine naturhafte Zwangsläufigkeit des erwünschten Ablaufs, die es ihm bequemerweise erspart, von sich aus tätig zu werden, und das abstrakte Prinzip »Gerechtigkeit«, das den Sieg davontragen soll, wird nicht einmal andeutungsweise konkretisiert, etwa im Hinblick auf Personen oder gesellschaftliche Gruppen, die ihm Geltung verschaffen könnten. Mit der auffallenden Alliteration in den letzten Versen – »Wird der Zaun der Gewalt zermorschen / Der an der Grenze aufgerichtet ist / Gegen die Gerechtigkeit« – bedient sich das Gedicht schließlich einer traditionsreichen Technik zur Intensivierung der lyrischen Aussage. In Brechts Werk ist dieses Stilmittel insgesamt relativ selten anzutreffen, und wenn es einmal auftaucht, signalisiert es oft die unterschwellige Skepsis gegenüber einer ästhetischen Verklärung. In dem Sonett *Finnische Landschaft* beispielsweise verstärkt die Alliteration zu Beginn den hymnischen Preisgesang auf die Schönheiten der Natur (»Wässer« – »Wälder«, »Birken- und Beerenduft« etc.), der aber im weiteren Verlauf durch die Einbeziehung der von Krieg und Gewalt beherrschten Zeitgeschichte ins Zwielicht gerät (12, S. 110). Das späte Gedicht *Die Musen* aus den *Buckower Elegien* verwendet Alliterationen und Assonanzen, um eine negativ beurteilte, politisch angepasste Dichtung zu charakterisieren, und nicht von ungefähr fassen die Götter in dem Stück *Der gute Mensch von Sezuan* ihre zweifelhafte Morallehre unter anderem in die einprägsame alliterierende Maxime »Leid läutert!« (6, S. 242). So führt die Schlusspartie des ersten Teils von *Gedanken über die Dauer des Exils* für den aufmerksamen und mit dem Gesamtwerk des Autors vertrauten Leser vor, was nach Brechts Auffassung gerade *nicht* die Aufgabe der Lyrik in diesen Zeiten sein kann – mit rhetorischem Pathos und trügerischen ästhetischen Reizen über die wahre Situation hinwegzutäuschen.

Im zweiten Teil hat sich der Flüchtling nicht nur für unbestimmte Zeit auf die Verbannung eingestellt, sondern auch seine fatale Passivität überwunden. An die Stelle des Abwartens tritt nun das ›eingreifende Schreiben‹, das als tägliche Arbeit »an der Befreiung« – der eigenen wie der des Heimatlandes – die Voraussetzungen des Exils aufheben und den Weg zur Heimkehr bahnen soll. Ein neues Pathos, das sich hier leicht einstellen könnte, nämlich das des heroischen antifaschistischen Widerstands, wird von vornherein durch die provozierenden Fragen vermieden, die letztlich allesamt auf den Stellenwert dieser schriftstellerischen »Arbeit« zielen. Die Antworten bleiben ausgespart und werden durch das Bild von dem »kleinen Kastanienbaum im Eck des Hofes« ersetzt, an dessen Auslegung sich der Leser versuchen muss. Dabei ist Vorsicht geboten, denn die implizierte Entgegnung auf die zentrale Frage »Willst du wissen, was du von deiner Arbeit hältst?« lautet keineswegs »Nichts!«, wie man zunächst vielleicht meinen könnte. Zwar spielt das Motiv des langsamen Wachsens und Gedeihens in den Dimensionen eines Baumlebens zweifellos auf die lange Dauer des Exils an, mit der das lyrische Ich insgeheim bereits rechnet, doch das Begießen des Bäumchens steht darüber hinaus für die Erkenntnis, dass nur eine langwierige, mühselige Tätigkeit zum Erfolg führen kann, und einer solchen Tätigkeit widmet sich ja auch der schreibende Exilant. Das Schlussbild zeugt demnach von seiner äußerst nüchternen Einschätzung des eigenen Tuns, aber durchaus nicht von Resignation. Bezeichnend ist überdies, wie unterschiedlich beide Gedichtteile mit Motiven aus dem Gebiet des Organischen umgehen. Statt dem von selbst ›zermorschenden‹ »Zaun der Gewalt« einfach ein heiter grünendes Bäumchen gegenüberzustellen und damit auf der symbolischen Ebene scheinbarer Naturgesetzlichkeiten zu verharren, rückt Brecht im zweiten Abschnitt das praktische menschliche Tun in den Vordergrund, die mühevolle Pflege (»schlepptest«), die das Naturbild bedeutungsvoll ergänzt.

Parallelstellen aus anderen Exilgedichten stützen diese Interpretation des Motivkreises von Baum und Baumpflege. Sowohl das erste Stück des kleinen Zyklus *Frühling 1938* als auch das in den USA entstandene *Vom Sprengen des Gartens* belegen, dass die Sorge um das Kleine und Schutzbedürftige in der Natur für Brecht die Teilnahme an den großen politisch-gesellschaftlichen Kämpfen nicht etwa ausschloss, sondern im Gegenteil auch auf diesem Felde den einzig sinnvollen Weg zu weisen vermochte, nämlich den der auf lange Sicht berechneten, nützlichen Kleinarbeit. So konnten ihm Bäume und andere Gewächse sowie die Farbe Grün als Sinnbilder der tatkräftig geförderten Hoffnung dienen. Wenn es in *Vom Sprengen des Gartens* Absicht und Aufgabe des Sprechers ist, »das Grün zu ermutigen« (15, S. 89), erscheint die Natur nicht mehr als Modell eines Geschichtsbildes, das auf gesetzmäßig ablaufende quasi-organische Prozesse vertraut. Als eine vom Menschen kultivierte bedarf sie vielmehr der ständigen Hege und Pflege, die wiederum zur Metapher für gesellschaftlich wirksames Handeln im Geiste der Freundlichkeit wird. Die folgende Journaleintragung aus dem Oktober 1942, die die Sorgfalt beim Gießen unmittelbar mit dem scharfen Blick für das Zeitgeschehen verknüpft, wirkt wie ein vorweggenommener Kommentar zu dem erst im Sommer des folgenden Jahres verfassten Gedicht:

Was ich gern mache, ist das Wässern des Gartens. Merkwürdig, wie das politische Bewußtsein all diese alltäglichen Verrichtungen beeinflußt. Woher sonst kommt die Sorge, eine Stelle des Rasens könnte übersehen werden, die kleine Pflanze dort könnte nichts abbekommen oder weniger, der alte Baum dort könnte vernachlässigt werden, weil er so stark aussieht. Und Unkraut oder nicht, Wasser braucht, was grün ist, und man entdeckt soviel Grünes in der Erde, wenn man erst einmal zu gießen anfängt. (27, S.130)

Eine kleinteilige, kontinuierliche und entbehrungsreiche Tätigkeit war es tatsächlich, was Brecht seit 1933 im antifaschistischen Kampf für notwendig erachtete. Noch bevor das erste Exiljahr um war, schrieb er an Sergej Tretjakow: »Die Zeit der glänzenden Aufrufe, Proteste usw. ist bis auf weiteres vorüber. Nötig ist jetzt eine geduldige, zähe, mühsame Arbeit der Aufklärung, auch des Studiums« (28, S.398 f.). Die Rahmenbedingungen für die aus Deutschland vertriebenen Schriftsteller waren allerdings alles andere als günstig. Zu der bedrückenden Ahnung, dass in naher Zukunft ganz Europa und vielleicht die gesamte Welt durch das NS-Regime bedroht sein würden, kamen Alltagsnöte und materielle Sorgen, von denen nur die wenigen Literaten verschont blieben, die wie Thomas Mann oder Lion Feuchtwanger schon einen einträglichen internationalen Ruf genossen. Abgeschnitten vom größten Teil ihres angestammten Lesepublikums und versetzt in eine meist von fremder Sprache und Kultur geprägte Lebenswelt, gerieten viele Autoren in eine tiefe Krise ihres Selbstverständnisses, die existentielle Dimensionen annehmen konnte.

Auch Brecht musste sich zunächst einmal in der neuen Umgebung zurechtfinden. Die damit verbundenen Schwierigkeiten thematisierte er um die Mitte der dreißiger Jahre in dem Gedicht *Ihm voraus ging der Ruf seiner Macht* (14, S.312), in dem ein Heimatvertriebener isoliert und hilflos wie ein »Gestrandeter« erscheint. Trösten kann sich das lyrische Ich freilich mit einem für diesen Dichter ungemein typischen Gedanken: »In solcher Lage / Ist es gut, zu wissen, daß Lernen nötig ist.« Im Vergleich zu vielen seiner Schicksalsgefährten befand sich Brecht übrigens in einer halbwegs komfortablen Situation. Unter anderem dank des Erfolgs, den er mit dem 1934 in Amsterdam erschienenen *Dreigroschenroman* erzielte, litt er nie spürbaren Mangel, und in den Exilländern fand er immer wieder Freunde (und Geliebte), die ihm wertvollen Beistand leisteten, während für alle praktischen Fragen der Lebensführung ohnehin Helene Weigel zuständig war. Dass er seinen Kampf gegen den Faschismus fortführen konnte, ohne frühere Positionen grundlegend revidieren zu müssen oder gar in Selbstzweifel zu verfallen, haben wir bereits im vorigen Kapitel erfahren. Resignation, Melancholie und sehnsüchtige Träumereien von der verlorenen Heimat, die bei seinen Schicksalsgefährten häufig anzutreffen waren, blieben ihm fremd.[1] Gleichwohl ließ das Exil seine literarische Praxis nicht unberührt. Das musste vor allem der *Stückeschreiber* Brecht erfahren: Sofern er überhaupt noch Zugang zu Bühnen hatte, war er kaum mehr imstande, seine speziellen Vorstellungen von einem ›epischen Theater‹ zur Geltung zu bringen, was zum Beispiel 1935 in New York anlässlich einer *Mutter*-Inszenierung zu schweren Konflikten führte. Besonders vermisste Brecht die enge produktive Koope-

---

1 Solche Tendenzen verbinden sich bei anderen Lyrikern, etwa bei Johannes R. Becher und Max Herrmann-Neiße, mit einem auffallenden Traditionalismus der Formen und der ästhetischen Mittel. Auch in dieser Hinsicht stellt Bertolt Brecht eher eine Ausnahme auf dem Gebiet der deutschsprachigen Exillyrik dar.

ration mit einer Schar gleichgesinnter Mitarbeiter, wie er sie aus Augsburg, München und Berlin gewohnt war, und den direkten Kontakt zu jenen Schichten, die er mit seinen Werken hauptsächlich ansprechen wollte. Unmittelbar nach seiner Ankunft in Dänemark schrieb er besorgt an Johannes R. Becher:

> Getrennt vom Proletariat, mehr und mehr beschäftigt, ihren nackten Lebensunterhalt zu verdienen, was nur durch Kompromisse in allen entscheidenden Dingen möglich ist, dazu über eine Reihe weit auseinanderliegender Städte verstreut, werden die proletarischen Schriftsteller ihre revolutionäre Produktion nur sehr schwer weiterführen können. (28, S.362)

Um der drohenden Isolation vorzubeugen, pflegte Brecht durch intensive Briefwechsel und durch Reisen, die ihn unter anderem nach Paris, London, Moskau und New York führten, den Kontakt mit Freunden und Mitstreitern. In dem eben zitierten Brief entwickelt er überdies die Idee zu einer »Konferenz zwischen einigen Kollegen [...], auf der Zahl und Methoden unserer zukünftigen Arbeit endgültig festgelegt werden« (ebd.). Der 1935 abgehaltene Pariser Schriftstellerkongress erfüllte seine Erwartungen jedoch nicht, und andere Pläne für gemeinschaftliche Projekte blieben ebenso Stückwerk wie die Überlegungen zur Gründung einer literarischen Gesellschaft im Exil.

Wie andere Exilanten erlebte auch Brecht die Jahre der Verbannung als eine Phase permanenter Bedrohung und sein Refugium auf Fünen als »Ort fortdauernder Ungeborgenheit«.[2] Anschaulich zeigt dies das Gedicht *Zufluchtsstätte* aus der letzten Abteilung der Svendborger Sammlung:

> Ein Ruder liegt auf dem Dach. Ein mittlerer Wind
> Wird das Stroh nicht wegtragen.
> Im Hof für die Schaukel der Kinder sind
> Pfähle eingeschlagen.
> Die Post kommt zweimal hin
> Wo die Briefe willkommen wären.
> Den Sund herunter kommen die Fähren.
> Das Haus hat vier Türen, daraus zu fliehn.
> (12, S.83)

Der Eindruck einer friedlichen Idylle, den diese Verse über das »dänische Strohdach« auf den ersten Blick hervorrufen könnten, wird durch die Schlusszeile, die alle Illusionen von Ruhe, Sicherheit und Heimatgefühl mit einem Schlag aufhebt, unbarmherzig zertrümmert. Betrachtet man von der Pointe des Gedichts her die vorangegangenen Partien noch einmal, offenbaren auch sie auf Schritt und Tritt Zeichen der Gefährdung und der Flüchtigkeit. Das Dach, nur gegen einen »mittlere[n] Wind« gesichert, wirkt wie ein Provisorium, die Post trifft zwar regelmäßig ein, bringt aber anscheinend keine Nachrichten für den sehnsüchtig wartenden Sprecher, und wenn die ankommenden Fähren zunächst auf Besucher zu deuten scheinen, so lassen die unmittelbar folgenden Fluchtphantasien eher an mögliche Verfolger aus dem nahen Deutschen Reich denken.

Wortgewaltige Klagen über die Verlorenheit im Exil oder über bedrohliche Identitätsängste wird man in Brechts Schriften und Briefen aus den Jahren in Dänemark vergeblich suchen. Trotzdem muss er das Bedürfnis verspürt haben, sich seiner eigenen

---

2 Franz Norbert Mennemeier: Bertolt Brechts Lyrik. Aspekte, Tendenzen. Berlin ²1998, S.154.

Stellung zu vergewissern. Darauf verweisen seine wiederholten Bemühungen, die Verbannung als *Auszeichnung* zu interpretieren: Vertrieben zu sein, wertete er als Beweis der Wahrheitsliebe, der künstlerischen Integrität und des mutigen Widerstands gegen das Unrecht der Mächtigen. Dieser Gedanke bildet den Kern des Gedichts *Verjagt mit gutem Grund*, das als stilisiertes Selbstporträt des Verfassers gelesen werden kann.[3] Brecht führte aber auch gerne historische Analogien an, wobei er den altchinesischen Dichtern, die er durch Arthur Waleys englische Übersetzung *A Hundred and Seventy Chinese Poems* kennengelernt hatte, besondere Aufmerksamkeit schenkte. Vor allem in Po Chü-i, der um 800 n. Chr. lebte, erblickte er einen Geistesverwandten, an dessen Schaffen er später einmal die musterhafte Verbindung von »Didaktik und Amüsement« rühmte (27, S. 211). 1938 veröffentlichte er in der Zeitschrift »Das Wort« sechs Nachdichtungen von Werken chinesischer Lyriker, für die er Waleys Übertragungen benutzte.[4] Bei dieser Gelegenheit charakterisierte er Po Chü-i, von dem drei der Vorlagen stammten, als einen seinerzeit äußerst populären Dichter, der nicht mit Kritik an den Herrschenden sparte und deshalb wiederholt ins Exil gehen musste (vgl. 22.1, S. 454f.). Ein anderer Text, der wahrscheinlich im selben Zusammenhang entstand, zieht sogar ausdrücklich die Parallele zwischen dem Schicksal, das verschiedene chinesische Poeten in alter Zeit ereilte, und dem der deutschen Literatur unter dem NS-Regime. Allerdings hebt er auch den wichtigen Unterschied hervor, dass das Exil im ersteren Falle immer nur Einzelpersonen betraf, während es im letzteren zu einer Massenerscheinung wurde:

> Das erste Land, das Hitler eroberte, war Deutschland; das erste Volk, das er unterdrückte, das deutsche. Es ist nicht richtig, wenn man sagt: die deutsche Literatur vollzog einen exodus in toto. Es ist richtig, wenn man sagt: die Literatur wurde dem deutschen Volk ausgetrieben. Die älteste aller Lyriken, die noch besteht, die chinesische, erfuhr Beachtung von seiten gewisser Fürsten, indem die besseren ihrer Lyriker individuell gezwungen wurden, mitunter die Provinzen zu verlassen, in denen ihre Gedichte zu sehr gefielen. Li Tai-po war zumindest einmal im Exil, Tu Fu zumindest zweimal, Po Chü-i zumindest dreimal. Man sieht: die Seßhaftigkeit war nicht das Hauptziel dieser Literatur, noch war diese Kunst lediglich eine Kunst, zu gefallen. Eine solche Beachtung von seiten des Staates allerdings, eine Ehrung von solchem Ausmaß, wie die deutsche Literatur dieser Zeit erfuhr in Form ihrer totalen Vertreibung, hat kaum je eine Literatur erfahren: die Verbeugungen der Faschisten bestehen aus Fußtritten. Ich hoffe, daß die deutsche Literatur sich dieser außerordentlichen Aufmerksamkeit würdig erweisen wird. (22.1, S. 455)

Die Anerkennung, die die Machthaber einem Poeten zuteil werden lassen, besteht also darin, ihn zu verbannen! Noch 1942 tröstete Brecht die inzwischen ebenfalls aus ihrer Heimat geflohene dänische Schriftstellerin Karin Michaelis unter Hinweis auf das alte China mit der Bemerkung, dass man das Exil füglich als Qualitätssiegel betrachten dürfe:

> Unsere Literaturgeschichte zählt nicht so viele exilierte Schriftsteller auf wie etwa die chinesische; wir müssen das damit entschuldigen, daß unsere Literatur noch sehr jung ist und noch nicht kultiviert genug. Die chinesischen Lyriker und Philosophen pflegten, wie ich höre, ins Exil zu gehen wie die unsern in die Akademie. Es war üblich. Viele flohen mehrere Male, aber es scheint Ehrensache gewesen zu sein, so zu schreiben, daß man wenigstens *einmal* den Staub seines Geburtslandes von den Füßen schütteln mußte. (29, S. 224; vgl. 23, S. 9)

---

3 Vgl. dazu das Kapitel »Brecht und der Sozialismus«.
4 Vgl. 11, S. 257–260. Im Jahre 1950 brachte Brecht eine auf neun Stücke erweiterte Fassung dieser *Chinesischen Gedichte* heraus (vgl. 11, S. 261–266).

Doch nicht nur von China fühlte sich Brecht während seines skandinavischen Exils angezogen. In den *Svendborger Gedichten*, zumal in den »Chroniken«, werden die Grenzen des modernen Abendlandes immer wieder in alle möglichen Richtungen überschritten. Das Gedicht *Fragen eines lesenden Arbeiters*, das die »Chroniken« eröffnet und vom »siebentorige[n] Theben« bis zum »goldstrahlenden Lima«, von Alexander dem Großen bis zu Friedrich dem Zweiten die unterschiedlichsten Zeitalter und Kulturkreise herbeizitiert (12, S.29), gewinnt auch unter diesem Aspekt einen programmatischen Stellenwert; später tauchen neben Laotse beispielsweise noch Empedokles und Buddha auf. Offenbar wollte der Autor nach dem Verlust der Heimat neue Anknüpfungspunkte gewinnen und seine Lyrik in einen weiten Horizont stellen, der sich entschieden von dem in Deutschland grassierenden engstirnigen Nationalismus abhob. Sein Hauptinteresse galt dabei aber von Anfang an – neben den Gestalten der großen Lehrer und Weisen – dem zeitübergreifenden Phänomen des Poeten im Exil. Schon das um 1934 verfasste Gedicht *Die Auswanderung der Dichter* skizziert eine ruhmvolle Literaturgeschichte der gewaltsamen Vertreibung und Unterdrückung, die von Homer bis – Brecht reicht:

> Homer hatte kein Heim
> Und Dante mußte das seine verlassen.
> Li-Po und Tu-Fu irrten durch Bürgerkriege
> Die 30 Millionen Menschen verschlangen
> Dem Euripides drohte man mit Prozessen
> Und dem sterbenden Shakespeare hielt man den Mund zu.
> Den François Villon suchte nicht nur die Muse
> Sondern auch die Polizei
> »Der Geliebte« genannt
> Ging Lukrez in die Verbannung
> So Heine und so auch floh
> Brecht unter das dänische Strohdach.
> (14, S.256)

Weil große Dichter, wie es scheint, zwangsläufig bei den Mächtigen Anstoß erregen, wird die Liste der Heimatlosen, Verjagten und mundtot Gemachten aller Zeiten und Länder zu einer Ehrenliste, in die sich Brecht als vorläufiger Schlusspunkt einreiht. Die Bekundung des eigenen Selbstbewusstseins und die Suche nach Halt und Orientierung in der welthistorischen Überlieferung gehen hier Hand in Hand. Vor diesem Hintergrund wird verständlich, warum Brecht sich im Umkreis der Exilthematik so auffallend positiv und affirmativ auf die Tradition bezieht, während die teils ganz unbekümmerte, teils kritisch-subversive Haltung, die er sonst gegenüber den kanonischen Größen der Geistes- und Literaturgeschichte an den Tag legte, merklich zurücktritt. Besonders augenfällig zeigt das der Fall Dantes, der in *Das zwölfte Sonett* wegen seiner schwärmerisch überhöhten Liebesdichtung verspottet wird[5], während die Gedichte über das Exil den aus seiner Heimatstadt Florenz verbannten Poeten wiederholt als Identifikationsfigur für den vertriebenen und verfolgten antifaschistischen Autor der Moderne beschwören.

Bleibt es in *Die Auswanderung der Dichter* noch bei der bloßen Aufzählung berühmter Vorgänger, so wählt das folgende Gedicht aus dem Jahre 1938 die sehr viel wirkungsvollere Einkleidung in eine szenische Form:

---

5 Vgl. dazu das Kapitel »Von Kranichen und Huren: Gedichte über Liebe und Sexualität«.

Besuch bei den verbannten Dichtern

Als er im Traum die Hütte betrat der verbannten
Dichter, die neben der Hütte gelegen ist
Wo die verbannten Lehrer wohnen (er hörte von dort
Streit und Gelächter), kam ihm zum Eingang
Ovid entgegen und sagte ihm halblaut:
»Besser, du setzt dich noch nicht. Du bist noch nicht gestorben. Wer weiß da
Ob du nicht doch noch zurückkehrst? Und ohne daß andres sich ändert
Als du selber.« Doch, Trost in den Augen
Näherte Po Chü-i sich und sagte lächelnd: »Die Strenge
Hat sich jeder verdient, der nur einmal das Unrecht benannte.«
Und sein Freund Tu-fu sagte still: »Du verstehst, die Verbannung
Ist nicht der Ort, wo der Hochmut verlernt wird.« Aber irdischer
Stellte sich der zerlumpte Villon zu ihnen und fragte: »Wie viele
Türen hat das Haus, wo du wohnst?« Und es nahm ihn der Dante beiseite
Und ihn am Ärmel fassend, murmelte er: »Deine Verse
Wimmeln von Fehlern, Freund, bedenk doch
Wer alles gegen dich ist!« Und Voltaire rief hinüber:
»Gib auf den Sou acht, sie hungern dich aus sonst!«
»Und misch Späße hinein!« schrie Heine. »Das hilft nicht«
Schimpfte der Shakespeare, »als Jakob kam
Durfte auch ich nicht mehr schreiben.« »Wenn's zum Prozeß kommt
Nimm einen Schurken zum Anwalt!« riet der Euripides
»Denn der kennt die Löcher im Netz des Gesetzes.« Das Gelächter
Dauerte noch, da, aus der dunkelsten Ecke
Kam ein Ruf: »Du, wissen sie auch
Deine Verse auswendig? Und die sie wissen
Werden sie der Verfolgung entrinnen?« »Das
Sind die Vergessenen«, sagte der Dante leise
»Ihnen wurden nicht nur die Körper, auch die Werke vernichtet.«
Das Gelächter brach ab. Keiner wagte hinüberzublicken. Der Ankömmling
War erblaßt.
(12, S. 35 f.)

Das produktive ›Gespräch‹ mit der Überlieferung und der dadurch eröffnete, alle Epochen und Kulturen umspannende Resonanzraum nehmen jetzt unmittelbar Gestalt an, indem die bedeutenden Poeten vergangener Zeitalter leibhaftig und mit ihren persönlichen Schicksalen auftreten. Vielleicht entschied sich Brecht gerade deshalb dafür, diese Verse ebenfalls unter die »Chroniken« der *Svendborger Gedichte* einzureihen, statt sie dem der Exilthematik gewidmeten sechsten Abschnitt des Bandes zuzuordnen.

Bereits die Situation, die das Gedicht entwirft, darf als intertextueller Verweis aufgefasst werden, erinnert sie doch stark an Dantes *Commedia*, die *Göttliche Komödie*. Tritt dort Vergil als Führer durch die Unterwelt des Inferno auf, so übernimmt bei Brecht Dante selbst, der noch am Ende den erläuternden Kommentar abgibt, andeutungsweise eine ähnliche Funktion.[6] In diesem Rahmen baut Brecht wieder eine illustre Ahnengalerie auf, neben der der moderne Besucher keine schärferen Konturen gewinnt, zumal er nicht ein einziges Mal zu Wort kommt. Er wird auch nicht durch einen

---

6 Klarer tritt die Anspielung in dem Gedicht *Als ich den beiden so berichtet hatte* zutage, das um die gleiche Zeit entstanden sein dürfte. Dort heißt es in einem kleinen Vorspruch: »Der Augsburger geht mit Dante durch die Hölle der Abgeschiedenen« (14, S. 417).

Namen oder eine Bezeichnung wie »der Augsburger« ausdrücklich als Spiegelfigur des Autors Brecht ausgewiesen. Ein Platz unter seinen großen Kollegen bleibt ihm vorerst verwehrt, da er »noch nicht gestorben« ist und deshalb nicht ausgeschlossen werden kann, dass er sich doch noch den Herrschenden unterwirft, in die Heimat zurückkehrt und die Auszeichnung des Exils verspielt.[7] Die toten »verbannten Dichter« dagegen, die der Verfechter eines belehrenden, ›eingreifenden‹ Schreibens übrigens nicht zufällig in der unmittelbaren Nachbarschaft der »verbannten Lehrer« ansiedelt, dürfen sich durch ihre Ausstoßung für alle Zeit geadelt fühlen; daher rührt ihre schwer zu überwindende Neigung zum »Hochmut«.

Wie bei allen seinen Rückgriffen auf die Tradition, auf ruhmreiche Vorgänger und ihre literarischen Schöpfungen legte Brecht auch in diesem Werk keinen sonderlichen Wert auf historische Treue. Von Po Chü-i zeichnet schon die oben erwähnte Anmerkung zu den *Chinesischen Gedichten* ein Bild, das den überlieferten Tatsachen keineswegs entspricht: Nur durch eine sehr tendenziöse Auswahl und eine zielstrebige Umformung des Materials, das er Waleys Einführung zu seiner Übersetzung entnahm, gelang es Brecht, aus dem chinesischen Poeten einen sozialrevolutionären Dichter zu machen, den die Mächtigen wegen seiner kritischen Haltung ins Exil getrieben haben.[8] Aber immerhin zählt Po Chü-i tatsächlich zu den »verbannten Dichtern« der Weltgeschichte, während mehrere seiner im Gedicht genannten Kollegen in dieser erlauchten Runde eigentlich gar nichts zu suchen haben, weil sie nach der präzisen Unterscheidung, die Brecht in *Über die Bezeichnung Emigranten* trifft, eher als »Auswandrer« gelten müssten, die aus eigenem Entschluss in ein fremdes Land zogen (12, S.81). Weder der Tragiker Euripides, der seine Heimatstadt Athen freiwillig verließ, um seinen Lebensabend am makedonischen Königshof zu verbringen, noch Heine, der 1831 unter dem Eindruck der Juli-Revolution nach Paris übersiedelte, wurden verbannt. Auch das Schreibverbot für Shakespeare unter König Jakob I. hat Brecht frei erfunden. Wieder andere der von ihm erwähnten Poeten verdankten ihr Exil zumindest nicht dem gesellschaftskritischen Gehalt ihrer Werke und ihrem Kampf gegen Unrecht und Unterdrückung. Ovid, der im entlegenen Tomis am Schwarzen Meer starb, wäre nur allzu gern nach Rom zurückgekehrt, wenn man es ihm gestattet hätte, und Angriffe auf die Herrschaft des Augustus dürften kaum zu den Gründen für seine Verbannung gehört haben, über die bis heute spekuliert wird. Dante musste Florenz seiner politischen Haltung, nicht seiner Dichtungen wegen verlassen, und Villon zog

---

7   Brecht scheint mit seinem Szenario – teils im Kontrast – an eine bestimmte Episode aus der *Commedia* anzuknüpfen: Im vierten Gesang des »Inferno« trifft Dante, von Vergil geleitet, auf einige berühmte Poeten des heidnischen Altertums, darunter Homer, die ihn in ihrem Kreis willkommen heißen (vgl. 4. Gesang, V. 82–105). Vgl. dazu Jochen Vogt: Unlikely Company: Brecht and Dante. In: Kulturpolitik und Politik der Kultur / Cultural Politics and the Politics of Culture. Festschrift für Alexander Stephan / Essays to Honor Alexander Stephan. Oxford u.a. 2007, S.457–472, hier S.464f.

8   Vgl. dazu Peter Paul Schwarz: Lyrik und Zeitgeschichte. Brecht: Gedichte über das Exil und späte Lyrik. Heidelberg 1978, S.38f., sowie im Detail Yuan Tan: Der Chinese in der deutschen Literatur. Unter besonderer Berücksichtigung chinesischer Figuren in den Werken von Schiller, Döblin und Brecht. Göttingen 2007, S.179–187. – Dass auch Brechts Laotse aus der *Legende von der Entstehung des Buches Taoteking* nicht mit der Gestalt gleichen Namens identisch ist, die man aus der Überlieferung kennt, wurde schon an anderer Stelle dargelegt (vgl. das Kapitel »Lehren und Lernen: Brechts realistische Poetik«).

sich seine Verbannung aus Paris durch kriminelle Delikte zu, unter anderem durch die Verwicklung in eine Messerstecherei mit tödlichen Folgen. Diese Anmerkungen zielen natürlich nicht darauf ab, dem Verfasser des Gedichts Fehler oder Irrtümer vorzuhalten. Sie sollen lediglich unterstreichen, dass Brecht seine Identifikationsfiguren nicht einfach in der Historie *gefunden*, sondern seine poetische Literaturgeschichte des Exils buchstäblich selbst konstruiert hat.

Den Mittelteil des Werkes füllen allerlei praktische Ratschläge für den Umgang mit jenen Plagen und Schikanen, denen kritische Autoren ausgesetzt sein können, wobei die Empfehlungen sorgfältig ihren jeweiligen Urhebern angepasst sind: Der Herumtreiber Villon tritt als Experte in der Kunst des Entwischens auf, während der hochgebildete Dante auf klassische Formvollendung drängt, und Voltaires Spürsinn für finanzielle Dinge ist ebenso bekannt wie Heines Neigung zu satirischem Spott, die ihm in der deutschen Rezeption lange den Ruf der Frivolität eintrug. Die Heiterkeit, die der Hagel von gutgemeinten Tipps auslöst, endet jedoch abrupt mit dem Eingreifen der »Vergessenen«, das dem Gedicht einen beklemmenden Abschluss verleiht und die Gedanken des Lesers unweigerlich auf die Entstehungszeit dieser Verse zurückführt, von der sie das bunte literarhistorische Kaleidoskop vorübergehend abgelenkt haben mag. Mit der Vernichtung der Werke, die auf die Bücherverbrennungen vom Mai 1933 anspielt, ist ein Höhepunkt der Repressalien gegen unbequeme Autoren erreicht, dem niemand mehr etwas Komisches abgewinnen kann. Die »Vergessenen« haben Namen und Gesichter eingebüßt und treten bloß als »Stimme« aus der Dunkelheit in Erscheinung, weil mit ihren Schriften jedes Zeugnis ihres Daseins zerstört wurde. Die großen Vorgänger von Euripides bis Heine, deren Ruhm durch die Gegnerschaft der Mächtigen nur noch gewachsen ist, repräsentieren demnach lediglich die eine Seite des Exils der Dichter; daneben steht die Alptraumvision von der gänzlichen Auslöschung, die für einen Poeten noch weit grauenvoller sein muss als der Gedanke an Vertreibung und physischen Tod. Die in den Fragen der »Vergessenen« anklingende Drohung, dass die gesamte Tradition, die in den vorangegangenen Versen noch so vielstimmig zu Wort kam, einmal gewaltsam unterbrochen werden könnte, lässt alle Anwesenden verstummen und den Besucher vor Entsetzen erblassen.

Im zeitgeschichtlichen Kontext waren solche Befürchtungen keineswegs aus der Luft gegriffen, und sie scheinen Brecht auch sonst, allem geschichtsphilosophischen Optimismus zum Trotz, nicht ganz unbekannt gewesen zu sein. Während seines dänischen Exils soll er die Freundin Ruth Berlau tatsächlich gebeten haben, seine Gedichte für alle Fälle auswendig zu lernen[9], und im Sommer desselben Jahres 1938, in dem *Besuch bei den verbannten Dichtern* entstand, verzeichnete Walter Benjamin, der sich damals in Svendborg aufhielt, in seinem Tagebuch ein Gespräch über die Zukunftsaussichten im Schatten des Nationalsozialismus: »Brecht denkt an die geschichtslose Epoche, aus der sein Gedicht an die bildenden Künstler ein Bild gibt und von der er mir einige Tage später sagte, er hielte ihr Eintreten für wahrscheinlicher als den Sieg über den Faschismus.«[10] Der lyrische *Rat an die bildenden Künstler, das Schicksal ihrer Kunstwerke in*

---

9 Vgl.: Brechts Lai-tu. Erinnerungen und Notate von Ruth Berlau. Hrsg. von Hans Bunge. Darmstadt u.a. 1985, S.279f.
10 Walter Benjamin: Tagebuchnotizen 1938. In: ders.: Gesammelte Schriften. Bd.VI. Hrsg. von Rolf Tiedemann und Hermann Schweppenhäuser. Frankfurt a.M. 1985, S.532–539, hier S.538.

den kommenden Kriegen betreffend, auf den Benjamin anspielt, imaginiert einen Rückfall der Menschheit in die Steinzeit. Aber für Brecht gehörte zu einer »geschichtslose[n] Epoche« eben auch die totale Aufhebung der kulturellen Tradition, das Verstummen jenes Dialogs mit der literarischen Überlieferung, aus dem er selbst immer wieder Anreize und Materialien für seine Produktion bezog. Es ist in diesem Zusammenhang bemerkenswert, wie viele Texte der *Svendborger Gedichte* dem Thema der Erinnerung und des Gedächtnisses und der Frage nach der Dauerhaftigkeit, der Überlebensfähigkeit und der Nachwirkung des gesprochenen oder geschriebenen Wortes gewidmet sind. *Die unbesiegliche Inschrift* sei hier als eines von zahlreichen Beispielen genannt.

Der Dichter Brecht ließ sich auch in der Verbannung nie zum Schweigen bringen, aber Stil und Tendenz seines Schreibens unterlagen im Laufe der Zeit einigen Veränderungen. Nicht einmal die Phase des europäischen Exils, die von Februar 1933 bis Mai 1941 währte, bildet unter diesem Gesichtspunkt eine Einheit. Als entscheidender Einschnitt darf das nun schon mehrfach hervorgehobene Jahr 1938 gelten, in dem sich die politische Lage zusehends verdüsterte. An der Stabilisierung der NS-Diktatur war inzwischen nicht mehr zu zweifeln. Im März begann, zunächst noch ohne offene militärische Gewalt, mit dem »Anschluss« Österreichs die Expansion des Dritten Reiches; der September brachte das Münchner Abkommen, das auch das Schicksal der Tschechoslowakei praktisch besiegelte und klar erkennen ließ, dass die Westmächte nicht gewillt waren, Hitler energisch entgegenzutreten. In Frankreich zerbrach die seit 1936 bestehende Volksfrontregierung, während sich im spanischen Bürgerkrieg immer deutlicher der Sieg der Faschisten abzeichnete. Angesichts dieser Entwicklungen hielt Brecht das baldige Hereinbrechen der großen Katastrophe über Europa und die ganze Welt für unausweichlich. »Schließlich ist in diesem Jahr jede Woche ohne Weltkrieg für die Menschheit ein bloßer unbegreiflicher Glücksstreffer«, schrieb er im April 1939 (29, S. 137).

Noch im selben Monat gab er wegen der wachsenden Kriegsgefahr sein dänisches Exil auf und siedelte nach Schweden über, wo er am 1. September den Ausbruch des Zweiten Weltkriegs mit dem deutschen Überfall auf Polen erlebte. Am 9. April 1940 besetzten Einheiten der Wehrmacht Dänemark und landeten in Norwegen, das binnen zweier Monate ebenfalls erobert wurde. Obwohl Schweden seine Neutralität wahrte, wich Brecht am 17. April nach Finnland aus, wo er nochmals ein gutes Jahr lang ausharren musste, bis für ihn und seine Begleitung endlich die Visa vorlagen, die die Weiterreise in die Vereinigten Staaten erlaubten. Noch im Frühjahr 1939 hatte er sich bemüht, warnend und mahnend auf die Menschen in seinen Gastländern einzuwirken. Mit *Dansen* und *Was kostet das Eisen?* entstanden damals zwei kleine dramatische Gleichnisse über die Bedrohung der skandinavischen Staaten durch das Deutsche Reich, und das Motto der im Juni 1939 publizierten *Svendborger Gedichte* formuliert sogar den Anspruch, zu den Gegnern des Regimes in Deutschland selbst zu sprechen.[11] Dennoch erkannte Brecht zunehmend, dass das ›eingreifende Schreiben‹ in der bisherigen Form seinen Sinn eingebüßt hatte, da es angesichts der aktuellen politischen Konstellationen nicht mehr auf Resonanz hoffen konnte – die Zeit für Agitationslyrik, belehrende Gedichte, Kampflieder, streitbare Appelle und das anspornende Lob des antifaschistischen Widerstands der deutschen Proletarier war offenkundig vorbei. Die

---

11 Vgl. dazu das vorige Kapitel. Zu bedenken ist allerdings, dass die Zusammenstellung der Gedichtsammlung schon im Spätsommer 1938 abgeschlossen war.

bedrückende Einsicht, »wie weit die Literatur, als Praxis, wegverlegt ist von den Zentren der alles entscheidenden Geschehnisse« (26, S.424), scheint nun zeitweilig doch die Schaffenskraft des Dichters gehemmt zu haben, die in so hohem Maße von dem konkreten »Gebrauchswert« und dem Publikumsbezug seiner Werke abhängig war. Im August 1940 notierte er dazu:

> Im Augenblick kann ich nur diese kleinen Epigramme schreiben, Achtzeiler und jetzt nur noch Vierzeiler. Den *Caesar* nehme ich nicht auf, weil der *Gute Mensch* nicht beendet ist. Wenn ich zur Abwechslung den *Messingkauf* aufschlage, ist es mir, als werde mir eine Staubwolke ins Gesicht geblasen. Wie kann man sich vorstellen, daß dergleichen je wieder Sinn bekommt? Das ist keine rhetorische Frage. Ich müßte es mir vorstellen können. Und es handelt sich nicht um Hitlers augenblickliche Siege, sondern ausschließlich um meine Isolierung, was die Produktion betrifft. Wenn ich morgens die Radionachrichten höre, dabei Boswells *Leben Johnsons* lesend und in die Birkenlandschaft mit Nebel vom Fluß hinausschielend, beginnt der unnatürliche Tag, nicht mit einem Mißklang, sondern mit gar keinem Klang. Das ist die *Inzwischenzeit*. (26, S.413 f.)

Das Gedicht *Der Balken* von 1941 kleidet die desolate Situation des aus allen praktischen Wirkungszusammenhängen herausgerissenen Dichters in ein poetisches Bild:

> Sieh den Balken dort am Hang
> Aus dem Boden ragend, krumm und, ach
> Zu dick, zu dünn, zu kurz, zu lang.
> Einstmals freilich war er dick genug
> Dünn genug, lang genug, kurz genug
> Und trug mit drei anderen ein Dach.
> (15, S.42)

Solche Anwandlungen waren aber nie von langer Dauer. Dass Brecht im Ganzen durchaus produktiv blieb, verdankte er – auf dem Gebiet der Lyrik – einer neuen Spielart des Exilgedichts, die er bezeichnenderweise gerade 1938 zu erproben begann und deren wesentliche Merkmale Peter Paul Schwarz detailliert herausgearbeitet hat.[12] Die einschlägigen Werke machen unterschiedliche Facetten des Exilerlebnisses zum Thema. Das Ich, das hier manchmal als fassbare individuelle Gestalt hervortritt, darf allerdings nicht, wie es bei Schwarz geschieht, ohne weiteres mit der »empirisch bedingte[n] Person des Dichters« identifiziert werden.[13] Statt dessen sollte man mit Tom Kuhn von einer »lyrischen ›Persona‹ des Exils« sprechen, wie sie uns schon in *Schlechte Zeit für Lyrik* und *An die Nachgeborenen* begegnet ist, von einem stilisierten Rollen-Ich also, in dem die biographischen Erfahrungen und Lebensumstände Brechts aufgehoben sind.[14]

---

12 Vgl. Schwarz: Lyrik und Zeitgeschichte, S.36–68.
13 Ebd., S.51.
14 Tom Kuhn: Politische Vertreibung und poetische Verbannung in einigen Gedichten Bertolt Brechts. In: Deutschsprachige Exillyrik von 1933 bis zur Nachkriegszeit. Hrsg. von Jörg Thunecke. Amsterdam u.a. 1998, S.25–38, hier S.29. – Zum Spannungsverhältnis zwischen Individuellem und Allgemeinem, zwischen dem »Persönlichen und Privaten« und dem »exemplarischen und symptomatischen Gestus« in diesen Gedichten vgl. auch Werner Frick: Selbstporträts mit Seitenblicken: Benn und Brecht vor dem lyrischen Spiegel. In: Gottfried Benn – Bertolt Brecht. Das Janusgesicht der Moderne. Hrsg. von Achim Aurnhammer, Werner Frick und Günter Saße. Würzburg 2009, S.11–48, hier S.27.

Die »Gedichte über das Exil« (Schwarz) sind überwiegend durch eine präzise zeitliche und räumliche Situierung ihrer Schilderungen und eine Tendenz zu konkreter Gegenständlichkeit gekennzeichnet. Ihr erzählender Duktus verbindet sich mit einem nüchternen Berichtsstil und einer scheinbar schlichten, aber äußerst konzentrierten Diktion. Wenn Brecht von Po Chü-i behauptete, seine Texte seien »in einfachen Wörtern, jedoch sehr sorgfältig geschrieben« (22.1, S. 455), so hätte er dasselbe von seinen eigenen Versen aus dieser Zeit sagen können. 1940 reflektierte er im Journal über die »Abbreviatur des klassischen Stils« und über eine notwendige »Ökonomie« der lyrischen Rede, die jedem einzelnen Wort besonderes Gewicht verleihe (26, S. 409), während er das in seinen *Finnischen Epigrammen* praktizierte Verfahren pointiert als »Sprachwaschung« bezeichnete (S. 416). In dieselbe Richtung weist eine spätere Aufzeichnung, die sich auf die geplante Sammlung *Gedichte im Exil* bezieht:

> Im Grund sind die Gedichte in einer Art ›Basic German‹ geschrieben. Das entspricht durchaus nicht einer Theorie, ich empfinde den Mangel in Ausdruck und Rhythmus, wenn ich solch eine Sammlung durchlese, aber beim Schreiben (und Korrigieren) widerstrebt mir jedes ungewöhnliche Wort. Gedichte wie *Die Landschaft des Exils* nehme ich nicht auf, das ist schon zu reich. (27, S. 215 f.)

Obwohl Brecht keine kohärente Theorie seines »Basic German« entwickelte, entspricht der Verzicht auf ästhetische Schmuckelemente und traditionelle lyrische Reize doch ganz jenen poetologischen Überlegungen zu einer den »finsteren Zeiten« angemessenen Dichtung, die wir bereits an früherer Stelle kennen gelernt haben. Dass die »Gedichte über das Exil« mit wenigen Ausnahmen – darunter die eben erwähnten *Finnischen Epigramme* und das Sonett *Finnische Landschaft* – auf Reime und regelmäßige Metren verzichten, versteht sich dabei fast von selbst.

Die 1938 einsetzende poetische Beschäftigung mit dem Umkreis der alltäglichen Wahrnehmung, die auch dem sinnlich fassbaren Detail und der Natur wieder einen beträchtlichen Stellenwert einräumte, hat die Forschung mitunter zu Fehldeutungen verleitet. So ist es abwegig, wenn Albrecht Kloepfer in solchen Gedichten einen »weltabgewandten und weitgehend politikfreien lyrischen Stil« erkennen will[15], denn tatsächlich verknüpfen die Werke den privaten Erlebnisraum aufs engste mit der aktuellen Zeitgeschichte. Die Alltagserfahrung wird durch den Einbruch des bedrohlichen Weltgeschehens massiv verfremdet: »Kein Gedicht, und sei es zunächst noch so weit weg von Zeit und Gesellschaft, bleibt ohne zeitgenössisch-politische Bestimmung.«[16] Brechts situationsbedingter Verzicht auf offene, direkte Agitation, die in jenen Jahren keinen Widerhall mehr gefunden hätte, darf also nicht mit einem Rückzug in unpolitische Innerlichkeit verwechselt werden.[17] Dass seine Auffassung vom ›eingreifenden Schreiben‹ im Prinzip unverändert geblieben war, zeigte sich übrigens, als das Kriegsende in Sicht kam und er allmählich auf neue Wirkungsmöglichkeiten in Deutschland zu hoffen begann, denn in dieser Phase wurden mit der großen *Kriegs-*

---

15 Albrecht Kloepfer: Poetik der Distanz. Ostasien und ostasiatischer Gestus im lyrischen Werk Bertolt Brechts. München 1997, S. 195.
16 Jan Knopf: Brecht-Handbuch. Lyrik, Prosa, Schriften. Eine Ästhetik der Widersprüche. Mit einem Anhang: Film. Stuttgart 1984, S. 135.
17 Deshalb führt auch die von Kloepfer getroffene Unterscheidung zwischen »politisch engagierter und biographisch introvertierter Exillyrik« (Poetik der Distanz, S. 146) in die Irre.

fibel, aber auch mit der Hexameterfassung des *Kommunistischen Manifests* (die dann Fragment blieb) sogleich wieder umfangreichere Arbeiten in Angriff genommen, die einem breiten, vorwiegend proletarischen Publikum kritische Belehrung und Orientierung vermitteln sollten.

Der Typus der »Gedichte über das Exil« lässt sich am besten mit einigen Beispielen aus der *Steffinschen Sammlung* illustrieren, einer Zusammenstellung von lyrischen Werken der Jahre 1938 bis 1940/41, die durch die unermüdliche Tätigkeit von Brechts Mitarbeiterin Margarete Steffin zustande kam.[18] Schon das Motto des Ensembles wirkt ausgesprochen zurückhaltend, wenn man es mit dem der *Svendborger Gedichte* vergleicht:

> Dies ist nun alles und ist nicht genug.
> Doch sagt es euch vielleicht, ich bin noch da.
> Dem gleich ich, der den Backstein mit sich trug
> Der Welt zu zeigen, wie sein Haus aussah.
> (12, S.93)

Gegenüber den ambitionierten Projekten, die der Autor Brecht sonst zu verfolgen pflegte, stellt diese Sammlung, die bloß ein bescheidenes Zeichen von der Existenz ihres Verfassers geben soll, ein spärliches Trümmerstück dar. Unklar bleibt, wen die Verse eigentlich anreden: Auf eine klar umrissene Adressatengruppe wie die proletarischen »Freunde« in Deutschland (12, S.7), denen die *Svendborger Gedichte* gewidmet waren, scheint der Sprecher nicht mehr zu spekulieren.

Eröffnet wird die *Steffinsche Sammlung* von dem kleinen Zyklus *Frühling 1938*, der schon in seinem Titel durch die Verknüpfung der hochpoetischen Jahreszeit mit dem unheilschwangeren Datum das Grundmuster der Einzelgedichte zu erkennen gibt. Wie das Bewusstsein der historischen Situation die Naturwahrnehmung irritieren konnte, hielt Brecht fast beiläufig in einem Brief vom 25. März 1938 fest: »Das schöne Frühjahr genießen wir mit Maß. Im Garten hört man das Zirpen der Grillen (sind es wirklich Grillen?) und den Kanonendonner der manövrierenden deutschen Flotte (es sind wirklich Kanonen!)« (29, S.81). Mit ihrer schockierenden Überblendung der beiden akustischen Eindrücke stellt diese Notiz möglicherweise die Keimzelle des zweiten Gedichts von *Frühling 1938* dar[19]:

> Über dem Sund hängt Regengewölke, aber den Garten
> Vergoldet noch die Sonne. Die Birnbäume
> Haben grüne Blätter und noch keine Blüten, die Kirschbäume hingegen
> Blüten und noch keine Blätter. Die weißen Dolden
> Scheinen aus dürren Ästen zu sprießen.

---

18 Zur Entstehung vgl. Hans Peter Neureuter: *Steffinsche Sammlung*. In: Brecht-Handbuch in fünf Bänden. Hrsg. von Jan Knopf. Bd. 2: Gedichte. Stuttgart u.a. 2001, S.342–348, hier S.342f., der auch einige fehlerhafte Angaben im Kommentar der GBFA korrigiert. Diese Ausgabe bietet die einschlägigen Gedichte im Textteil in einer Auswahl und einer Anordnung, die erst einige Jahre später von Brecht selbst vorgenommen wurden (vgl. 12, S.93–108). Einblick in die von Steffin erstellte ursprüngliche Version der Sammlung, die spätestens im Frühjahr 1941 vorgelegen haben muss, erhält man nur durch eine im Kommentar abgedruckte Inhaltsübersicht (vgl. 12, S.392f.).

19 Vgl. zu diesem Text auch Ulrich Kittstein: Deutsche Naturlyrik. Ihre Geschichte in Einzelinterpretationen. Darmstadt 2009, S.232–237.

Über das gekräuselte Sundwasser
Läuft ein kleines Boot mit geflicktem Segel.
In das Gezwitscher der Stare
Mischt sich der ferne Donner
Der manövrierenden Schiffsgeschütze
Des Dritten Reiches.
(12, S.95)

Wie sich bereits bei *Gedanken über die Dauer des Exils* gezeigt hat, ist die Natur in Brechts Exilgedichten – wie auch in den lyrischen Werken seiner späteren Jahre – eine ganz andere als in den frühen Balladen. Es geht jetzt nicht mehr um ursprüngliche, urwüchsige Landschaften, sondern um die in den Bereich von Geschichte und Gesellschaft einbezogene Kultur-Natur. An die Stelle der exotischen Wildnis tritt der Garten, Obstbäume ersetzen den Urwald; stets trägt der Naturraum die Spuren von Bearbeitung und Pflege.[20] *Frühling 1938/2* entwirft zu Beginn ein verhältnismäßig detailreiches Naturbild, dessen Frühlingsstimmung frischen Aufbruch, Hoffnung und neues Leben suggeriert. Auch das aufziehende »Regengewölke« trägt als reines Naturphänomen zunächst keine bedrohlichen Züge, der Kontrast zwischen den düsteren Wolken und dem goldenen Sonnenschein erhöht vielmehr nur den Reiz der Szenerie. Am Ende aber bricht in einer wohlkalkulierten Wendung die brutale Drohung der zeitgeschichtlichen Realität in die Idylle ein. Dabei sind die drei Schlussverse wiederum sorgfältig abgestuft. Der »ferne Donner« lässt bereits eine Gefahr ahnen, könnte aber, für sich genommen, immer noch als natürliche Erscheinung aufgefasst werden. Die »manövrierenden Schiffsgeschütze« machen dann deutlich, dass die Bedrohung in Wirklichkeit von Menschen ausgeht, und der Hinweis auf das Dritte Reich, der die Aggressoren direkt benennt, zerstreut schließlich auch den letzten Zweifel an dem wahren Charakter des nahenden ›Gewitters‹.

Ähnlich wie *Zufluchtsstätte* ist auch dieses Gedicht auf einen abschließenden Höhe- und Wendepunkt hin angelegt, der die vorangegangenen Textpartien mit einem Schlag in ein verändertes Licht rückt. Erst von der Schlusspointe her kann man das nahende »Regengewölke« der Eingangszeile als düsteres Sinnbild der historischen Konstellation verstehen, die ihren Schatten nur allzu bald auf die sonnenhelle Gartenlandschaft werfen wird, und zudem drängt sich jetzt die unbehagliche Frage auf, ob die zaghaft keimende Natur, die noch ganz im Zeichen des Übergangs steht, jemals zu einer friedlichen Entfaltung gelangen wird Die beängstigende Nähe der deutschen Militärmaschinerie verfinstert buchstäblich alle Freuden, die man für gewöhnlich mit dem Frühling verbindet. So macht das Gedicht unmittelbar ästhetisch erfahrbar, wie sehr der geschichtliche Augenblick das Erlebnis der Natur prägt und dass deshalb 1938 keine harmlose, ungetrübte Wahrnehmung natürlicher Phänomene mehr möglich ist. Auf diese Weise hebt die von Brecht entwickelte neue Spielart der Naturlyrik auch den Konflikt zwischen dem »Gespräch über Bäume« und der Anklage der »finsteren Zeiten« auf, der in *An die Nachgeborenen* zur Sprache kommt (12, S.85): Wir haben es hier mit Naturgedichten zu tun, deren Legitimität selbst am Vorabend des Weltkriegs kaum

---

20 Die tröstliche Wirkung, die von Zeugnissen menschlichen Daseins und menschlicher Tätigkeit in der Natur ausgeht, ist noch das Thema der Gedichte *Der Rauch* und *Laute* aus den *Buckower Elegien*.

zu bestreiten ist, weil ihnen nicht die geringsten eskapistischen Tendenzen anhaften. Ein Gegenbild entwarf Brecht einige Jahre später in Versen mit dem vielsagenden Titel *Lektüre ohne Unschuld*. Sie zitieren aus den Tagebüchern André Gides die bewundernde Beschreibung eines mächtigen Platanenbaums, der »durch die Schwere seiner wichtigsten Äste« ein faszinierendes »Gleichgewicht« bewahrt. Das lyrische Ich kommentiert:

> Im fernen Kalifornien
> Lese ich kopfschüttelnd diese Notiz.
> Die Völker verbluten. Kein natürlicher Plan
> Sieht ein glückliches Gleichgewicht vor.
> (12, S. 123)

Bei Gide fehlt also die Vermittlung zwischen Naturerlebnis und Zeiterfahrung. Nach Brechts Deutung sucht er in der Schönheit der Natur lediglich einen billigen, illusorischen Trost, und das ist in einer solchen Epoche bekanntlich »fast ein Verbrechen« (12, S. 85).

Der nur mit der Jahreszahl *1940* überschriebene zweite Zyklus der *Steffinschen Sammlung* verwendet für seine Zeitkritik das Vorstellungsmuster der ›verkehrten Welt‹, das uns schon im ersten Teil von *An die Nachgeborenen* begegnet ist und das hier von den einzelnen Texten in immer neuen Varianten entfaltet wird. Das Eingangsgedicht[21] schließt dabei wieder an die Tradition der Naturlyrik an:

> Das Frühjahr kommt. Die linden Winde
> Befreien die Schären vom Wintereis.
> Die Völker des Nordens erwarten zitternd
> Die Schlachtflotten des Anstreichers.
> (12, S. 96)

Noch deutlicher als *Frühling 1938/2* nehmen die beiden ersten Verse mit dem Erwachen der Natur im Lenz einen Topos auf, der im Laufe der Zeit unzählige literarische Gestaltungen erfahren hat. Sie scheinen sogar direkt auf ein besonders berühmtes Beispiel Bezug zu nehmen, nämlich auf den Osterspaziergang aus Goethes *Faust*: »Vom Eise befreit sind Strom und Bäche, / Durch des Frühlings holden, belebenden Blick, / Im Tale grünet Hoffnungs-Glück; / Der alte Winter, in seiner Schwäche, / Zog sich in rauhe Berge zurück ...«.[22] Das zweite Verspaar setzt die damit evozierte Stimmung jedoch einer pointierten Verfremdung aus, die den Leser abrupt aus allen poetischen Träumereien reißt. Bedroht von den Truppen des NS-Regimes, beginnen die Skandinavier paradoxerweise gerade dann zu zittern, wenn das »Wintereis« weicht, denn jetzt sind die Meere wieder für militärische Operationen frei.[23] 1940 herrschen also wahrhaft un-natürliche Zustände. Angesichts der von Menschen gegen Menschen entfesselten Schrecknisse vermag die Natur weder Trost noch Hoffnung zu bieten, und mit den entsprechenden Illusionen zerbricht auch die ganze literarische Tradition, die sie seit Jahrhunderten vermittelt und verstärkt hat.

---

21 Vgl. zum Folgenden Kittstein: Deutsche Naturlyrik, S. 237–239.
22 Johann Wolfgang Goethe: Faust. Eine Tragödie. In: ders.: Sämtliche Werke nach Epochen seines Schaffens. Münchner Ausgabe. Bd. 6.1: Weimarer Klassik 1798–1806/1. Hrsg. von Victor Lange. München 1986, S. 535–673, hier S. 560 (V. 903–907).
23 Das Gedicht entstand übrigens im März 1940, wenige Wochen bevor die Deutschen in der Tat zum Angriff auf die »Völker des Nordens« übergingen.

Eine Verfremdung vertrauter naturlyrischer Topoi findet sich auch im vierten Stück des Zyklus – ursprünglich mit dem Titel *Nebel in Flandern* an dritter Stelle eingereiht –, in dem der Frühnebel nicht nur die Straße, die Pappeln und die Gehöfte, sondern auch die kampfbereite Artillerie einhüllt. Aber Gelehrsamkeit und Wissenschaft, Arbeit und Lernen werden im Weltkrieg ebenfalls pervertiert: In »Bücherhallen« betreiben die »Schlächter« ihre Studien, die »Erfindungen der Gelehrten« versetzen die Mütter in Angst und Schrecken, und die »Konstrukteure« arbeiten mit angestrengter Gewissenhaftigkeit, um größtmögliche Zerstörungen zu gewährleisten (12, S. 96 f.). In dem erst später in die Reihe eingefügten Gedicht, das in der von Brecht erstellten Fassung die Nummer fünf trägt, nimmt zudem das Verhältnis von Heimat und Exil eine paradoxe Gestalt an, wenn der Flüchtling, der sich nach Deutschland zurückträumt, schweißgebadet erwacht und sich voller Erleichterung »in der Fremde« wiederfindet: Das Bewusstsein, im eigenen Lande vom Tod bedroht zu sein, lässt die Sehnsucht nach Rückkehr in einen Alptraum umschlagen (12, S. 97). Und doch fehlt es dem Zyklus nicht an einem Hoffnungsschimmer. Dafür sorgt das sechste Gedicht – zuvor die Nummer vier –, das wieder die eng mit dem Dichter Brecht verwandte »lyrische ›Persona‹ des Exils« (Kuhn) ins Spiel bringt:

> Mein junger Sohn fragt mich: Soll ich Mathematik lernen?
> Wozu, möchte ich sagen. Daß zwei Stück Brot mehr ist als eines
> Das wirst du auch so merken.
> Mein junger Sohn fragt mich: Soll ich Englisch lernen?
> Wozu, möchte ich sagen. Dieses Reich geht unter. Und
> Reibe du nur mit der flachen Hand den Bauch und stöhne
> Und man wird dich schon verstehen.
> Mein junger Sohn fragt mich: Soll ich Geschichte lernen?
> Wozu, möchte ich sagen. Lerne du deinen Kopf in die Erde stecken
> Da wirst du vielleicht übrigbleiben.
>
> Ja, lerne Mathematik, sage ich
> Lerne Englisch, lerne Geschichte!
> (12, S. 97 f.)

Die Pointenstruktur, eine Eigentümlichkeit vieler der »Gedichte über das Exil«, ist hier mit Zügen eines Rätsels verknüpft, die die von Brecht angestrebte Aktivierung des Lesers unterstützen. Dem Rezipienten bleibt es überlassen, die bedeutungsvolle Leerzeile vor dem abschließenden Verspaar, »die wichtigste Zeile des Gedichtes«[24], durch eigenes Nachdenken zu füllen. Was bewegt den Sprecher dazu, das Lernen am Ende, aller Skepsis und Resignation zum Trotz, doch noch gutzuheißen? Die Antwort könnte etwa folgendermaßen lauten: Menschen, die in Zeiten äußerster Bedrängnis einzig daran denken, sich notdürftig durchzuschlagen, mögen sich mit rudimentären Kenntnissen und Fähigkeiten zufrieden geben. Wer jedoch nicht bloß »den Kopf in die Erde stecken« will, um mit viel Glück wenigstens zu überleben, sondern darauf aus ist, die fatalen Verhältnisse zu *ändern*, bedarf des Wissens. Das Lernen wird also nicht allein im Hinblick auf eine ferne bessere Zukunft empfohlen, in der es sich unter ganz veränder-

---

24 Dieter Wellershoff: Widerstand gegen Regression in Zeiten des Unheils. In: Ausgewählte Gedichte Brechts mit Interpretationen. Hrsg. von Walter Hinck. Frankfurt a. M. 1978, S. 87–91, hier S. 90.

ten Bedingungen vielleicht einmal als nützlich erweist; es soll die heranwachsende junge Generation vielmehr auch dazu befähigen, diese Zukunft selbst aktiv herbeizuführen. Solche Hoffnungen können aber nur dann überzeugend wirken, wenn sie, wie es hier geschieht, den Zweifeln und dem verführerischen Fatalismus förmlich abgerungen worden sind.

Zuletzt sei ein Blick auf das Gedicht geworfen, das zwischen die beiden ersten Zyklen der *Steffinschen Sammlung* eingeschoben ist – ursprünglich zählte es noch als viertes und letztes Stück zu der Reihe *Frühling 1938* – und sich in mehrfacher Hinsicht deutlich von ihnen abhebt:

> Der Kirschdieb
>
> An einem frühen Morgen, lange vor Hahnenschrei
> Wurde ich geweckt durch ein Pfeifen und ging zum Fenster.
> Auf meinem Kirschbaum, Dämmerung füllte den Garten
> Saß ein junger Mann mit geflickter Hose
> Und pflückte lustig meine Kirschen. Mich sehend
> Nickte er mir zu, mit beiden Händen
> Holte er die Kirschen von den Zweigen in seine Taschen.
> Noch eine ganze Zeitlang, als ich wieder in meiner Bettstatt lag
> Hörte ich ihn sein lustiges kleines Lied pfeifen.
> (12, S.96)

Wieder ist das Denkvermögen des Lesers gefordert, da das Gedicht entscheidende Informationen zum Verständnis der geschilderten Episode verweigert. Warum verjagt der Sprecher den Fremden nicht, der da ungeniert seinen Kirschbaum plündert, und warum verlässt sich der Kirschräuber auch offenbar fest darauf, dass ihn niemand stören wird? Immerhin begeht der junge Mann zweifellos ein Eigentumsdelikt: Schon die Überschrift spricht von einem Dieb, und gleich zweimal erscheint in der Rede des Ich das Possessivpronomen »mein«, bezogen auf den Baum und die Früchte. Nun ist der Fremde aber leicht als Angehöriger der besitzlosen Unterschicht zu identifizieren. Die »geflickte Hose« gehört zu jenen zugleich realistisch konkreten und zeichenhaft bedeutsamen Details, die Brecht in seinen Exilgedichten häufig einsetzt, und kennzeichnet ihren Träger ebenso unmissverständlich als Proletarier wie die »Flickjoppe« den Zöllner in der *Legende von der Entstehung des Buches Taoteking* (12, S.34) und die »zerschlissene Jacke« den anonymen Mann in einem Gedicht der *Deutschen Kriegsfibel* (S.12). Dagegen ist der lyrische Sprecher in *Der Kirschdieb* einer von denen, die etwas ›haben‹, und seien es in diesem Fall auch bloß Kirschen. In der Ausnahmesituation, die das Gedicht beschreibt, heben die Beteiligten jedoch in einer von beiden Seiten mit größter Selbstverständlichkeit geübten stillschweigenden Komplizenschaft – »Mich sehend / Nickte er mir zu« – die Grenzen zwischen Besitzenden und Besitzlosen auf. Die Erfahrung eines solchen idealen Einverständnisses ruft die Fröhlichkeit hervor, der das noch lange nachklingende Pfeifen gestischen Ausdruck verleiht.

Beachtung verdient auch die etwas umständliche Zeitangabe in der ersten Zeile. Der »Hahnenschrei« ist seit der Verleugnung Jesu durch Petrus ein Symbol für Treulosigkeit und Täuschung, und Brecht hat das Motiv selbst mehrfach in diesem Sinne verwendet, beispielsweise am Schluss des Gedichts *Von der Willfährigkeit der Natur* oder in *Tagesanbruch*: »das Krähen des Hahns / Anzeigend seit alters / Einen Verrat« (15, S.100). Der Kirschraub spielt sich aber eben »lange vor Hahnenschrei« ab und damit in einem Zeitraum, der noch nicht im Zeichen des Trugs und des unablässigen Kampfes zwischen den Menschen steht. So vermittelt der Text ein leuchtendes Bild von Freundlichkeit, das märchenhaft, ja beinahe paradiesisch anmutet, zumal es in der düsteren Umgebung der *Steffinschen Sammlung* nur umso heller strahlt. Und es gewinnt noch eine zusätzliche Bedeutungsdimension, wenn man bedenkt, dass Brecht Krieg und Faschismus letztlich auf die kapitalistischen Eigentumsverhältnisse und ihr fatales Gesetz »du oder ich« (23, S.64) zurückführte. *Der Kirschdieb* entwirft spielerisch eine utopische Alternative, die das humanere Prinzip »du und ich« (ebd.) zur Geltung bringt – eine Andeutung, wie die Zustände, die in den benachbarten Gedichten gestaltet sind, überwunden werden könnten.

Kapitel 11
Brecht und Amerika

Als im Mai 1941 endlich alle nötigen Papiere vorlagen, verließ Brecht mit Margarete Steffin, Ruth Berlau und seiner Familie Finnland und fuhr über Leningrad und Moskau nach Wladiwostok, von wo aus er am 21. Juli, einige Wochen nach Hitlers Überfall auf die Sowjetunion, zu Schiff Los Angeles erreichte. Mehr als sechs Jahre in den Vereinigten Staaten von Amerika lagen vor ihm. Es war allerdings nicht seine erste Berührung mit diesem Land, denn schon von Oktober 1935 bis Februar 1936 hatte er sich in New York aufgehalten, um die Inszenierung des Stückes *Die Mutter* an einem Arbeitertheater zu begleiten. Und seine literarische Beschäftigung mit der Neuen Welt reicht noch viel weiter zurück. Bereits einige seiner frühen balladesken Gedichte machen den Kontinent Amerika zum Schauplatz abenteuerlicher Erlebnisse, in deren Mittelpunkt die Konfrontation des Menschen mit einer übermächtigen elementaren Natur steht. Zu nennen sind insbesondere *Das Lied von der Eisenbahntruppe von Fort Donald*, dessen erste Fassung aus dem Jahre 1916 stammt, die *Ballade von des Cortez Leuten* und *Vom Tod im Wald*. Amerika dient hier aber bloß als exotische Kulisse, die sich ohne weiteres austauschen ließe. Es ist bezeichnend, dass in der Urfassung des zuletzt genannten Gedichts, die den Titel *Tod im Walde* trägt, der Amerika-Bezug noch fehlt (vgl. 11, S.307f.), den Brecht erst in der Version der *Hauspostille* herstellte, indem er in den Eingangsversen die Ortsnamen »Hathourywald« und »Mississippi« einfügte (11, S.80). Offenkundig macht es kaum einen Unterschied, ob das Geschehen in einer namenlosen Wildnis oder in einer durch wenige Versatzstücke notdürftig gekennzeichneten nordamerikanischen Landschaft angesiedelt ist. Den »exotischen Schauplätzen und Motiven« kommt in solchen Texten lediglich »die Funktion zu, einen (poetischen) Vorstellungsraum zu öffnen, der von den realen Bedingungen des modernen Lebens entlastet.«[1]

Wenige Jahre später änderte sich Brechts Bild von Amerika, worunter jetzt allein die USA zu verstehen sind. Die Vereinigten Staaten wurden für den jungen Mann, der seine Kenntnisse weiterhin aus zweiter Hand, vor allem aus literarischen Werken bezog, zum Sinnbild der Moderne schlechthin, das er mit einer Mischung aus Schrecken und Faszination betrachtete, wobei die letztere überwog. Diese Sicht darf für seine Zeit und für die ganze ›neusachliche‹ Generation als typisch gelten:

> »Amerikanismus« avancierte in den zwanziger Jahren zur Chiffre für vorbehaltlose und bindungslose Modernität [...]. Das Bild des strahlenden Siegers aus Übersee, der Mythos vom Land der unbegrenzten Möglichkeiten, die amerikanische Wirtschafts- und Finanzkraft und der Vorsprung in Massenproduktion und Massenkonsum verknüpften sich mit Vorstellungen von ungehinderter Rationalität, traditionslosem Neuerertum, massenkultureller Avantgarde, Entfaltung neuer Medienwelten und konventioneller Lebensstile.[2]

---

1 Katharina Grätz: Korallenchor und Matrosenpuff: Entwürfe des Exotischen bei Benn und Brecht. In: Gottfried Benn – Bertolt Brecht. Das Janusgesicht der Moderne. Hrsg. von Achim Aurnhammer, Werner Frick und Günter Saße. Würzburg 2009, S.131–152, hier S.137.
2 Detlev J.K. Peukert: Die Weimarer Republik. Krisenjahre der Klassischen Moderne. Frankfurt a.M. 1987, S.179f.

Vom Überdruss an den als erstarrt und bedrängend empfundenen europäischen Zuständen und von der emphatischen Hinwendung zur scheinbar überlegenen Alternative jenseits des Ozeans zeugt eine auf den 18. Juni 1920 datierte Notiz Brechts. Sie enthüllt zugleich den projektiven Charakter der Amerika-Sehnsucht, die sich allein aus der schroffen Negation der vertrauten Lebenswelt speist, weshalb ihr Gegenstand auch keine klaren und eigenständigen Konturen gewinnt:

> Wie mich dieses Deutschland langweilt! Es ist ein gutes, mittleres Land, schön darin die blassen Farben und die Flächen, aber welche Einwohner! Ein verkommener Bauernstand, dessen Roheit aber keine fabelhaften Unwesen gebiert, sondern eine stille Vertierung, ein verfetteter Mittelstand und eine [!] matte Intellektuelle! Bleibt: Amerika! (26, S. 121)

Um die gleiche Zeit entstand das Gedicht *Deutschland, du Blondes, Bleiches* (13, S. 171 f.), das in krassen Bildern ähnliche Wertungen zum Ausdruck bringt und Deutschland als verseuchtes »Aasloch Europas« tituliert, bevor die Schlussverse den Ausweg weisen:

> O Aasland, Kümmernisloch!
> Scham würgt die Erinnerung
> Und in den Jungen, die du
> Nicht verdorben hast
> Erwacht Amerika!

Dass die Vereinigten Staaten in Brechts Augen schon in diesen Jahren durchaus kein Paradies der Seligen darstellten, sondern eine sehr ambivalente Anziehungskraft ausübten, belegt das Stück *Im Dickicht* von 1920/21 – die überarbeitete Fassung hieß später *Im Dickicht der Städte* –, in dem das ›kalte Chicago‹ als Schauplatz ebenso erbarmungsloser wie undurchschaubarer Kämpfe zwischen seinen aus allen gesellschaftlichen und moralischen Bindungen entlassenen Bewohnern vorgeführt wird. Ähnliches gilt für einige unvollendet gebliebene dramatische Projekte aus den zwanziger Jahren wie *Dan Drew* und *Joe Fleischhacker*.

Nach der Wendung zum Marxismus wurde Brechts Blick auf Amerika entschieden kritisch und fokussierte sich zudem mehr und mehr auf die dortigen sozialen und ökonomischen Verhältnisse. Brecht sah in den USA jetzt vorrangig den Inbegriff des Hochkapitalismus und ergriff mehrfach die Gelegenheit, an ihrem Beispiel Phänomene, die auch in Europa existierten, in exemplarischer Zuspitzung zu studieren und einer marxistisch inspirierten Analyse zu unterziehen. Damit hatte er prinzipiell jene Perspektive gewonnen, unter der er auch nach 1941 die amerikanische Lebenswirklichkeit wahrnehmen sollte. Sie prägte seit dem Ausgang der zwanziger Jahre Stücke wie *Aufstieg und Fall der Stadt Mahagonny* oder *Die heilige Johanna der Schlachthöfe*, machte sich jedoch ebenso auf dem Gebiet der Lyrik bemerkbar, nämlich in dem umfangreichen Gedicht *Verschollener Ruhm der Riesenstadt NewYork* (vgl. 11, S. 243–250).[3] Wann dieses aus dreiundzwanzig durchnummerierten Versblöcken unterschiedlicher Länge zusammengesetzte Werk geschrieben wurde, lässt sich nicht mehr genau feststellen. Es setzt jedenfalls den Beginn der Weltwirtschaftskrise mit dem New Yorker Börsenkrach vom 24. Oktober 1929 voraus, der für die USA die Phase der Prosperität im »Jahrzehnt

---

3 Um die Orientierung zu erleichtern, ist im Folgenden jedem Zitat aus diesem Text die Angabe der Verszahl beigefügt.

nach dem großen Krieg« (V. 5) jäh beendete. Publiziert wurde es 1934 zunächst in der Exilzeitschrift *Die Sammlung*, dann im Anhang von Brechts Lyrikband *Lieder Gedichte Chöre*.

Schon das Gedicht *Vom armen B.B.* hatte »die langen Gehäuse des Eilands Manhattan« als Paradigma der modernen Zivilisation beschworen und zugleich deren unvermeidlichen Untergang prophezeit (11, S. 120). Beide Elemente finden sich in dem späteren Werk wieder, freilich modifiziert durch marxistische Kategorien und die einschneidende Erfahrung der Weltwirtschaftskrise. Jene westliche Gesellschaftsordnung, die New York und die Vereinigten Staaten repräsentieren, ist für Brecht jetzt eben eine *kapitalistische*, und ihr Ruin wird nicht mehr als schicksalhaftes Verhängnis hingenommen, sondern als Resultat sozialer wie ökonomischer Fehlentwicklungen und damit ganz profan als »Bankrott« (V. 187) gedeutet. Das in den USA entwickelte »System des Gemeinlebens«, von ihren Bürgern als das »bestmögliche« gefeiert (V. 111) und scheinbar für die Ewigkeit errichtet, hat sich als zerbrechliches Konstrukt erwiesen, dem nur eine kurze Lebensdauer beschieden war. Heute wissen wir zwar, dass Brecht in diesem Punkt voreilig urteilte, weil die schweren Erschütterungen der Jahre um 1930 bekanntlich keineswegs das Ende des Kapitalismus bedeuteten. Gleichwohl kann man die kritische Perspektive des Gedichts nicht als überholt abtun – es genügt der Hinweis auf die globale Finanz- und Wirtschaftskrise von 2008, die ebenfalls in den USA ihren Ausgangspunkt hatte und vor deren Hintergrund dieser Text bis in manche Details hinein eine verblüffende Aktualität gewinnt.

Den positiven Gegenpol, die in der Sowjetunion verwirklichte sozialistische Ordnung, benennt Brecht nicht ausdrücklich, so wie er auch die naheliegende Übertragung seiner Diagnose auf die Lage in Europa beziehungsweise in Deutschland, von flüchtigen Andeutungen im 19. Abschnitt abgesehen, dem Leser überlässt. Das Interesse des Gedichts gilt vielmehr der ausweglosen Situation der Amerikaner, für die ein grundlegender Umbau ihrer Wirtschaft und Gesellschaft offenbar nicht in Frage kommt und die daher nur noch auf ein Wunder hoffen können: »Ihre Zuversichtlichkeit, heißt es / Ist noch da; sie begründet sich auf die Hoffnung / *Daß der Regen morgen von unten nach oben fließen wird*« (V. 174 ff.). Den Regen, der nach den Naturgesetzen stets *herab*fällt und -fließt, verwendet Brecht häufig als Symbol für die Zwangsstrukturen der kapitalistischen Klassengesellschaft und für die Leiden der ›Unteren‹, die sie mit sich bringen, während die absurde Hoffnung auf eine Umkehrung der Fließrichtung bei ihm den naiven Glauben bezeichnet, ein solches System könne von sich aus für einen gerechten Ausgleich und stabile soziale Verhältnisse sorgen. Im *Lied vom Klassenfeind*, das ebenfalls in der Sammlung *Lieder Gedichte Chöre* steht, dient das Bild des Regens als Leitmotiv und wird vom Refrain in immer neuen Variationen präsentiert. So folgt auf die scheinheiligen Versprechungen von einer Überwindung aller gesellschaftlichen Antagonismen im Zeichen der bürgerlichen Demokratie der sarkastische Kommentar: »das ist schön von dem Regen / Daß er aufwärts fließen will« (11, S. 212), und das Gedicht schließt mit der apodiktisch formulierten Einsicht in die gesetzmäßige Unabänderlichkeit der Klassengegensätze in der kapitalistischen Welt: »Der Regen fließt von oben nach unten / Und du bist mein Klassenfeind« (S. 214).

Die Strophen vom *Verschollenen Ruhm der Riesenstadt New York* liefern allerdings keine kühle marxistische Untersuchung der Weltwirtschaftskrise und ihrer sozioökonomischen Auswirkungen. Auffällig ist schon, dass sie weniger auf strukturelle Zusammenhänge der kapitalistischen Ordnung als auf gewisse hervorstechende Erscheinungen in Gesellschaft und Alltagskultur der USA eingehen, weshalb auch die Diagnose des fatalen Systemfehlers, an dem das amerikanische »Gemeinleben« (V. 111) gescheitert ist, nicht aus einer differenzierten Analyse seiner Funktionsmechanismen abgeleitet wird, sondern sich eher auf die offen sichtbaren *Symptome* der verheerenden Krise stützt, die das Gedicht breit ausmalt. Beachtung verdienen zudem die Sprechinstanz und ihr Verhältnis zum Gegenstand der Verse. Da hier im Namen einer Gruppe (»wir«) gesprochen wird, die offenkundig aus der Perspektive Europas – »unseres Kontinents« (V. 158) – und damit von außen auf die Vereinigten Staaten blickt, thematisiert der Text neben der fundamentalen Krise der amerikanischen Gesellschaftsordnung auch den tiefgreifenden Wandel des Bildes von Amerika in den Augen europäischer Betrachter. Er dokumentiert einerseits rückblickend die Bewunderung, die die USA in den zwanziger Jahren auf sich gezogen hatten, andererseits die spätere Ernüchterung, der zumindest im Falle Brechts die Hinwendung zu einem neuen, diesmal im Osten gelegenen Vorbild korrespondierte. Der Gegensatz von Faszination und kritischer Distanz drückt sich in der Zweiteilung des Gedichts sowie in der spiegelbildlichen Entsprechung der beiden Teile aus. Die erste Textpartie erinnert an jene USA, die von den Europäern als überdimensionale Manifestation des entwickelten Kapitalismus und als Land der Superlative bestaunt worden waren: »Was für Menschen! Ihre Boxer die stärksten! / Ihre Erfinder die praktischsten! Ihre Züge die schnellsten! / Auch die bevölkertsten!« (V. 103 ff.) Der 13. Abschnitt markiert mit dem historischen Einschnitt der Krise zugleich den Umschlagspunkt des Gedichts, indem er in zwei knappen Zeilen die Illusionen über Stabilität und Dauerhaftigkeit des kapitalistischen Mega-Staates entlarvt: »Leider dauerte dieses Jahrhundert / Nur knappe acht Jahre« (V. 114 f.). Es folgt dann die Darstellung des aktuellen Zustands der Vereinigten Staaten, die Zug um Zug im Kontrast zu den begeisterten Ausrufen und Schilderungen des ersten Teils entworfen wird.

Für Brecht ist das Leben in den USA durch einen erbarmungslosen Konkurrenzkampf gekennzeichnet, der sein Abbild in sportlichen Wettbewerben wie etwa dem Boxen findet.[4] Er formt zwangsläufig die Einstellung der betroffenen Menschen, die ihre Interessen ohne Rücksicht auf andere verfolgen müssen und sich beständig zu einer forcierten Selbstdarstellung genötigt sehen, um ihren ›Marktwert‹ zu steigern. Optimismus ist Pflicht und mit ihm das aufgesetzte Dauerlächeln, dem nicht einmal die Verstorbenen entkommen können, da man selbst den Tod, die ultimative Grenze des verbissenen Erfolgsstrebens, zu vertuschen sucht: »welche Zuversicht! Selbst die Toten / Wurden geschminkt und mit wohligem Lächeln versehen« (V. 97 f.). Doch während im ersten, der Rückschau gewidmeten Teil das ehrfürchtige Staunen über Robustheit, Brutalität und Selbstsicherheit der im Lebenskampf gestählten Amerikaner und ihre durch den permanenten Konkurrenz- und Leistungsdruck förmlich hervorgepressten Errungenschaften überwiegt, treten im zweiten Teil die Nöte und

---

4   Gerade für Boxkämpfe als typische Elemente eines ›amerikanischen‹ Lebensstils hatte sich Brecht in früheren Jahren selbst außerordentlich interessiert – freilich nur in der Theorie. So plante er 1926 eine Biographie des deutschen Boxers Paul Samson-Körner und schrieb eine lyrische *Gedenktafel für zwölf Weltmeister* aus der Geschichte des Boxsports. Dieses Detail belegt noch einmal, wie sehr das *New York*-Gedicht auch als Abrechnung des Verfassers mit einer eigenen Haltung, die er inzwischen überwunden hatte, zu verstehen ist.

Leiden dieser Menschen ganz unverhüllt zutage, weil nun die glänzenden Fassaden von Wohlstand, Dynamik und rasantem Fortschritt zusammengebrochen sind. Immer noch kämpft jeder gegen jeden, doch die Rahmenbedingungen haben sich für alle gravierend verschlechtert.

Den Spott des Beobachterkollektivs über die einst bewunderten, jetzt aber bankrotten Vereinigten Staaten verschärft der Text nicht nur durch den gehobenen Ton der Verse, der seine satirische Qualität spätestens dann offenbart, wenn statt der überdimensionalen Erfolge die überdimensionale Katastrophe hymnisch besungen wird, sondern auch durch verfremdete Zitate aus der abendländischen Geistes- und Kulturgeschichte. So wird mit dem Glauben an das »bestmögliche« Gesellschaftssystem (V. 111) in Anspielung auf die Lehre des Philosophen Gottfried Wilhelm Leibniz von der besten aller möglichen Welten ein flacher, pseudo-aufklärerischer Fortschrittsoptimismus verhöhnt, der weder Schranken noch Selbstkritik kennt. In der Wendung »Wie ist da / Ein großer Ruhm verschollen!« (V. 187f.), mit der die Schlussstrophe den Titel des Gedichts aufnimmt, klingt der lateinische Spruch »Sic transit gloria mundi« (»So vergeht der Ruhm der Welt«) an, und die dreimal wiederholte Formel »Welch ein Ruhm! Welch ein Jahrhundert!« (V. 26, 56 und 112) lässt an den Jubelruf des Humanisten Ulrich von Hutten über den Aufbruch der Menschheit in die Neuzeit denken – »O seculum! O literae! Juvat vivere!« / »O Jahrhundert! O Wissenschaften! Es ist eine Lust zu leben!«[5] –, den sich später auch Brechts Galilei zu eigen macht: »Eine neue Zeit ist angebrochen, ein großes Zeitalter, in dem zu leben eine Lust ist« (5, S.193). Da die Sprechinstanz des Gedichts aber bereits weiß, dass das euphorisch gefeierte »Jahrhundert« des Hochkapitalismus in Wahrheit nur »knappe acht Jahre« gedauert hat (V. 114f.), folgt im zweiten Teil die ironische Replik: »Welch ein Bankrott!« (V. 187) Der Zusammenbruch der Illusionen ist ebenso vernichtend, wie die Illusionen glänzend waren.

Der Spott gilt, wie wir gesehen haben, nicht zuletzt Brechts eigener früherer Sicht auf die USA. Um größtmöglichen Abstand zu dem, was ihn selbst einmal gefesselt hatte, bemüht sich der Dichter von Anfang an, indem er die doch gerade erst zu Ende gegangene Glanzzeit der Vereinigten Staaten durch suggestive Wendungen in eine entlegene Ferne entrückt, die schon fast dem Gedächtnis entschwunden ist. Diese Verschiebung leistet neben dem Titel vor allem jene Frage, die die ganze erste Strophe einnimmt: »Wer erinnert sich wohl noch / An den Ruhm der Riesenstadt New York / In dem Jahrzehnt nach dem großen Krieg?« (V. 3–5) Wenn man aus der Stärke der Abwehr, ja der Aggression gegen den einstigen Gegenstand der Bewunderung (und des Neides?) auf das Ausmaß dieser Bewunderung schließt, lässt sich erahnen, welch tiefen Einschnitt die Abkehr von dem Leitbild Amerika für Brecht bedeutete. So ist Herbert Lehnert zuzustimmen, der mit Blick auf das Gedicht den ›widerstrebenden Verzicht auf eine Faszination‹ konstatiert.[6] Als Brecht sich ab 1941 gezwungen sah,

---

5 Vgl. die Erläuterung in 11, S.383. Das Zitat findet sich in einem Brief Huttens an Willibald Pirckheimer vom 25. Oktober 1518.
6 Herbert Lehnert: *Verschollener Ruhm der Riesenstadt New York*. Widerstrebender Verzicht auf eine Faszination. In: Gedichte von Bertolt Brecht. Interpretationen. Hrsg. von Jan Knopf. Stuttgart 1995, S.93–103. Ähnlich argumentiert schon Franz Norbert Mennemeier: Bertolt Brecht als Elegiker. In: Der Deutschunterricht 23 (1971), H. 1, S.59–73, hier S.63f.

für unbestimmte Zeit in den Vereinigten Staaten zu leben, war von dieser Faszination nichts mehr übrig. An ihre Stelle trat in den Folgejahren eine schonungslose Abrechnung mit unterschiedlichen Erscheinungen des inzwischen wieder gefestigten hochkapitalistischen Gesellschaftssystems, dessen Gesetze der exilierte Autor nun am eigenen Leibe zu spüren bekam.

»Fast an keinem Ort war mir das Leben schwerer als hier in diesem Schauhaus des easy going« (27, S.10) – kaum zwei Wochen nach der Ankunft in Amerika gibt der Journaleintrag vom 1. August 1941 den Tenor vor, in dem Brecht fortan über die USA sprach und schrieb. Später versuchte er mehrfach, seine Eindrücke zu einem Gesamtbild zu formen, so beispielsweise in einigen kleineren Aufsätzen, die vermutlich 1944/45 verfasst wurden (vgl. 23, S.45–51). Beziehungslosigkeit und Schnelllebigkeit, die zu permanenter Unsicherheit führen, werden hier als Hauptmerkmale des Daseins in den Vereinigten Staaten genannt. Wichtigste Tugend ist die flexible Anpassung, von der jeder ökonomische und gesellschaftliche Erfolg abhängt; für den entsprechenden Druck sorgt die latente, aber stets fühlbare Bedrohung der Existenzgrundlage durch Krankheit oder Arbeitslosigkeit. In seinem Journal charakterisierte Brecht diese Zustände in Anspielung auf die »Große Ordnung« des Sozialismus, von der insbesondere sein *Buch der Wendungen* handelt, als »Große Unordnung« (27, S.13). Sie resultiere aus der »Planlosigkeit, welche erzeugt wird durch die mannigfachen und heftigen Pläne vieler einzelner, die einander im dunkeln lassen« (23, S.46): Da unter kapitalistischen Bedingungen jeder auf sich allein gestellt ist und folglich gegen alle anderen arbeitet, bleiben die gesellschaftlichen Verflechtungen verworren und in ihren Effekten unkalkulierbar. Der Egoismus, der diese Menschen leitet, steht im krassen Gegensatz zu jener solidarischen Freundlichkeit, die Brecht sich vom Sozialismus erhoffte. Und so registrierte er aufmerksam die »ungeheure Brutalität, die der ökonomische Kampf auf diesem Kontinent entwickelt hat« (S.50), und die zahlreichen Verlierer, die »failures« (S.51), die er produzierte.

Auch Wissenschaftler und Künstler müssen sich den Mechanismen des kapitalistischen Systems unterwerfen: »Die große Unsicherheit und Abhängigkeit pervertiert die Intellektuellen und macht sie oberflächlich, ängstlich und zynisch« (23, S.50). Anders als in Europa liegt ihre Bindung an ökonomische Interessen in den USA offen zutage, weshalb ihnen in diesem Land, wie Brecht sarkastisch anmerkt, nicht einmal mehr Illusionen über ihre geistige Würde und Autonomie vergönnt sind. Ob es nun um Gebrauchsartikel, um Wissen oder um Ansichten und Überzeugungen geht – entscheidend ist in Amerika allein, dass man das jeweilige Produkt zu verkaufen versteht. Mehrfach finden sich in Notizen und Aufsätzen aus diesen Jahren Reflexionen über das Schlüsselwort »to sell«, von denen nur eine besonders drastische zitiert sei: »Die Sitte hier verlangt, daß man alles, von einem Achselzucken bis zu einer Idee, zu ›verkaufen‹ sucht, d.h. man hat sich ständig um einen Abnehmer zu bemühen, und so ist man unaufhörlich Käufer oder Verkäufer, man verkauft sozusagen dem Pissoir seinen Urin« (27, S.50f.).[7] Auch in der Lyrik griff Brecht das Thema auf:

---

[7] Vgl. dazu auch 23, S.45 und 27, S.39. Schon 1934 war Brecht während seines Aufenthalts in London, einer anderen kapitalistischen Metropole, mit diesem Phänomen konfrontiert worden und hatte mühsam lernen müssen, »wie man Waren verkauft bzw. sich selber« (28, S.465).

> In diesem Land, höre ich, ist das Wort »überzeugen«
> Ersetzt durch das Wort »verkaufen«. Von der jungen Mutter
> Die dem Neugeborenen die Brust weist, sagt man:
> Sie verkauft ihm die Milch. [...]
> (15, S.60)

Weitere Beispiele folgen: Der Fremdenführer verkauft dem Touristen die Landschaft, der Präsident verkauft dem Volk den Krieg, und sogar den Aufruf zum Kampf gegen »die Verbrechen des Marktes« hat man »den Ausgebeuteten / Erst einmal zu verkaufen«! Unter solchen Umständen wird die Kunst, die Brecht bekanntlich ihrer lebenspraktischen Funktionen wegen schätzte, ebenfalls zur bloßen Ware: »Der Merkantilismus erzeugt alles, nur eben in Warenform, und hier schämt sich der Gebrauchswert, nicht der Tauschwert in der Kunst« (27, S.71). Der Autor Brecht hatte zwar schon in jungen Jahren ein beachtliches Talent bewiesen, sich und seine Werke auch erfolgreich zu vermarkten, doch die Verhältnisse in der durch und durch kommerzialisierten amerikanischen Kulturindustrie führten in ganz neue Dimensionen. Ähnliches war ihm bisher allenfalls bei den Konflikten um die Verfilmung der *Dreigroschenoper* begegnet, die er 1931 im *Dreigroschenprozeß* analysierte.

Noch aus anderen, persönlicheren Gründen fühlte sich Brecht in den USA nicht nur unwohl, sondern auch in seinem Selbstverständnis als Schriftsteller getroffen. Dass sein in Europa erworbener Ruf in Amerika nicht mehr zählte, bedeutete für ihn sicherlich eine kränkende Erfahrung, die manche verbitterten Ausfälle gegen das Gastland verständlicher macht.[8] Außerdem beklagte er von Anfang an seine Isolation in der neuen Umgebung, die das Feld der privaten Beziehungen ebenso betraf wie den Kontakt mit den Zeitereignissen: »Ich komme mir vor wie aus dem Zeitalter herausgenommen« (27, S.10); »Im hintersten Finnland war ich nicht so aus der Welt« (29, S.215); »Die geistige Isolierung hier ist ungeheuer, im Vergleich zu Hollywood war Svendborg ein Weltzentrum« (29, S.254). Im Laufe der Jahre machte er zwar viele Bekanntschaften, vor allem im Umkreis der Filmindustrie[9], doch ergaben sich nur selten Gelegenheiten zu einem intensiven Gedankenaustausch mit Gleichgesinnten, die für den Freund des kollektiven Produzierens immer von größter Bedeutung gewesen waren; die enge Zusammenarbeit mit dem Schauspieler Charles Laughton, die zwischen 1944 und 1947 zur amerikanischen Fassung des Galilei-Stücks führte, bildete eine Ausnahme. Und während Brecht die Arbeit sonst als selbstverständliches Bedürfnis empfand, kam es jetzt bisweilen zu Schaffenskrisen: »Zum erstenmal seit zehn Jahren arbeite ich nichts Ordentliches« (27, S.85).

Auf der anderen Seite fällt in dieser Phase die Häufung der Notizen in Brechts privatem Journal auf, die schon für sich genommen das gesteigerte Bedürfnis des Verfassers nach Selbstverständigung und Standortbestimmung verrät. Im Juli 1942 stellte er sogar ausdrücklich fest: »Dieses Journal zeigt allein durch die vielen Eintragungen

---

8 Dieser Schock spiegelt sich in dem *Sonett in der Emigration* (15, S.48): Die Aufforderung »spell your name!«, die er allenthalben zu hören bekommt, führt dem Sprecher vor Augen, dass er, dessen Name einmal »zu den großen« gehörte, in den Vereinigten Staaten ein Niemand ist.
9 James K. Lyon: Bertolt Brecht in Amerika. Aus dem Amerikanischen von Traute M. Marshall. Frankfurt a.M. 1984, S.124, listet die zahlreichen Filmautoren, Produzenten, Regisseure und Schauspieler auf, mit denen Brecht in Verbindung stand.

die bedrängte Lage, in der ich bin« (27, S.116). Als er ab 1943/44 vermehrt Kontakte im amerikanischen Kulturbetrieb knüpfen und einige vielversprechende Projekte in Angriff nehmen konnte – die später freilich oft zu neuen Enttäuschungen führten –, nahm die Frequenz der Journaleinträge entsprechend ab. Vorher aber nutzte er dieses Medium wiederholt für Reflexionen über Eigenart und Zweck seines lyrischen Schaffens.[10] Sie veranschaulichen insbesondere, wie sehr Brecht auf einen klar umrissenen Wirkungsbezug, auf konkrete Adressaten und Anwendungsmöglichkeiten seiner Werke angewiesen war. Das Dichten definierte er grundsätzlich als »gesellschaftliche Praxis«, ebenso »geschichtsbedingt« wie »geschichtemachend« (26, S.418), aber gerade als solche konnte es nicht mehr gelten, wenn es von jeder eingreifenden Wirkung abgeschnitten war. In den USA fanden seine Texte keine adäquate Rezeption und vermochten deshalb ihren Gebrauchswert nicht zu entfalten. Das Schreiben für die Schublade hatte in Brechts Dichtungsverständnis keinen Platz: »Wann immer man fertig ist mit einer Arbeit in diesen Jahren, entsteht jene vernichtende Pause der unnatürlichen Nichtverwertung, die überstanden werden muß« (27, S.159).

So blieben Brechts Gedichte in seinen Augen wegen der mangelnden Interaktion mit einem aufnahmebereiten Publikum unvollständig. Die ungewisse Hoffnung auf künftige ›Verwertung‹ unter gründlich veränderten politischen Bedingungen bildete da nur einen schwachen Ersatz, zumal sie sich ganz auf den Kriegsverlauf verwiesen sah, wie Brecht am 5. April 1942 mit Blick auf die Kämpfe an der deutschen Ostfront festhielt: »Hier Lyrik zu schreiben, selbst aktuelle, bedeutet: sich in den Elfenbeinturm zurückziehen. Es ist, als betreibe man Goldschmiedekunst. Das hat etwas Schrulliges, Kauzhaftes, Borniertes. Solche Lyrik ist Flaschenpost. Die Schlacht um Smolensk geht auch um die Lyrik« (27, S.79 f.). Die krasse Diskrepanz zwischen aufgewühlter Zeitgeschichte und isolierter literarischer Tätigkeit illustrierte Brecht im Journal, indem er Zeitungsfotos vom politischen und militärischen Geschehen einfügte, die er meist unkommentiert ließ und die schroff mit den benachbarten Eintragungen zu seiner eigenen Arbeit und seinem Alltagsleben kontrastieren. Derselbe Gegensatz strukturiert das Gedicht *Sommer 1942*:

Tag für Tag
Sehe ich die Feigenbäume im Garten
Die rosigen Gesichter der Händler, die Lügen kaufen
Die Schachfiguren auf dem Tisch in der Ecke
Und die Zeitungen mit den Nachrichten
Von den Blutbädern in der Union.
(15, S.74)[11]

In der europäischen Phase des Exils hatte Brecht lange Zeit noch darauf spekuliert, mit seinen Schriften bis nach Deutschland hinein wirken zu können, auch wenn diese Hoffnungen übertrieben gewesen sein mögen. Die USA boten keinen Raum mehr für

---

10 Daneben übernahm das Journal noch andere Aufgaben. Beispielsweise konnte Brecht mit seiner Hilfe Frustrationen abreagieren und persönlichen Abneigungen in wütenden Schimpfreden Luft machen. Der Erzfeind Thomas Mann – das »Reptil« (27, S.172) – und die ebenfalls in die USA emigrierten Mitglieder des Frankfurter Instituts für Sozialforschung um Max Horkheimer und Friedrich Pollock – den »Doppelclown« (S.12) – waren bevorzugte Opfer solcher Tiraden.
11 Die »Händler, die Lügen kaufen«, sind die Akteure des amerikanischen Kulturbetriebs, denen wir in den *Hollywoodelegien* wieder begegnen werden.

solche Erwägungen: Der antifaschistische Kampf war jetzt so gut wie ausgeschlossen, jede politische Betätigung für den mit Misstrauen betrachteten und zeitweilig auch geheimdienstlich überwachten deutschen Flüchtling unmöglich. Das im Frühjahr 1943 erwogene Projekt, gemeinsam mit anderen Exilautoren »eine Reihe sehr komprimierter Bändchen« zu verfassen, »bestimmt, über Deutschland von Flugzeugen abgeworfen zu werfen« – er dachte unter anderem an »Antihitlerlyrik« –, mutet wie ein verzweifelter Versuch an, dem ›eingreifenden Schreiben‹ mitten im Krieg doch noch eine Chance zu verschaffen (29, S. 263). Und die Verhältnisse in seinem Gastland in belehrender Absicht mit den gewohnten Mitteln literarischer Verfremdung zu gestalten, betrachtete Brecht erst recht als aussichtslos, da er das kapitalistische System in Amerika gerade wegen der brutalen Selbstverständlichkeit, mit der es herrschte, für unangreifbar hielt. Frühzeitig wurde ihm klar, dass der »Aufklärungseffekt«, den die marxistischen Lehren in Europa durch die »sensationelle Enthüllung der Geschäfte des bürgerlichen Staates« erzielen konnten, in den USA verpuffen musste, wo sich der Staat in aller Offenheit als Agent der bürgerlichen Klasse präsentierte (27, S. 56).[12] Bei anderer Gelegenheit reflektierte er die Folgen der totalen Ökonomisierung des amerikanischen Lebens für sein eigenes Schreiben am Beispiel des schon länger gehegten Plans zu einer romanhaften satirischen Abrechnung mit den bürgerlichen Intellektuellen, den Tuis:

> Dieses Land zerschlägt mir meinen *Tuiroman*. Hier kann man den Verkauf der Meinungen nicht enthüllen. Er geht nackt herum. Die große Komik, daß sie zu führen meinen und geführt werden, die Donquichotterie des Bewußtseins, das vermeint, das gesellschaftliche Sein zu bestimmen – das galt wohl nur für Europa. (27, S. 84)

Die Vereinigten Staaten blockierten also den wichtigsten Impuls von Brechts Arbeit, nämlich das Bemühen um die Aufdeckung verborgener sozialer Zusammenhänge und Mechanismen mit Hilfe einer didaktisch ausgerichteten Kunst. Dass die Jahre in den USA trotzdem nicht ohne lyrischen Ertrag blieben, lag besonders daran, dass der Autor zumindest gelegentlich aus der Not eine Tugend zu machen wusste und seine bedrückenden Erfahrungen selbst zum Gegenstand poetischer Gestaltung erhob. Außer *Sommer 1942*, das oben zitiert wurde, schrieb er noch mehrere Gedichte, die die prekäre Situation eines unverkennbar autobiographisch geprägten Ich in dem neuen Exilland beleuchten, darunter neben dem *Sonett in der Emigration* auch *Angesichts der Zustände in dieser Stadt*, wo Isolation und Entfremdung des Sprechers und die Notwendigkeit einer Maskerade thematisiert werden – hier einige Verse aus dem ersten Abschnitt:

> Wenn ich schweige, gebe ich meinem Gesicht
> Einen Ausdruck der Leere, damit man sieht:
> Ich denke nicht nach.
> So
> Erlaube ich niemandem, mir zu glauben. Jedes Vertrauen
> Lehne ich ab.
> (15, S. 58)

---

[12] Angesichts der Steuerung der Politik durch Cliquen und Interessenverbände schrieb Brecht der demokratischen Ordnung in den USA einen rein »formalistischen Charakter« zu (27, S. 23). Die bürgerlichen Demokratien Europas, darunter die Weimarer Republik, bildeten für ihn zwar auch nur einen politischen Überbau der Klassengesellschaft und ein brauchbares Werkzeug der Besitzenden, besaßen aber immerhin den Anstand, diese Tatsache so gut wie möglich zu verschleiern.

Ein ganz spezielles Objekt von Brechts lyrischer Reflexion bildete der schon erwähnte Kulturbetrieb in den USA, der ihm vor allem in Gestalt der Filmindustrie von Hollywood begegnete. Sie bot das Paradebeispiel einer durch und durch nach kapitalistischen Gesichtspunkten organisierten Produktion von ›Kunst‹, in der er das krasse Gegenteil seiner eigenen Idealvorstellungen erblickte. Gleichwohl konnte er Hollywood nicht aus dem Weg gehen, denn für exilierte Autoren stellte die Filmarbeit eine der wenigen Möglichkeiten dar, zu Geld zu kommen. Brecht verfasste deshalb eine Vielzahl von Skizzen und Entwürfen für Stories und Drehbücher, mit denen er freilich nur in einem einzigen Fall, nämlich bei dem antifaschistischen Film *Hangmen Also Die*, einen nennenswerten Erfolg verzeichnete. Filme hatten sich strikt am kommerziellen Gewinn und damit am Geschmack des breiten Publikums zu orientieren. Im Journal beschrieb Brecht das für Hollywood schon damals typische Operieren mit einem begrenzten Vorrat bewährter Schemata als einen »dauernde[n] Inzest des Beklatschten und Bezahlten mit dem Beklatschten und Bezahlten in neuer Position« (27, S.27), der für originelle oder wenigstens sorgfältig durchdachte Ideen keinen Spielraum ließ. Das Leitmotiv des auf die Filmarbeit bezogenen Gedichts *Immer wieder, wenn ich durch ihre Städte laufe* (15, S.78 f.) war in der Tat das oberste Gebot für alle, die mit Hollywood zu tun hatten: »Liefere die Ware!«

Weniger als in jeder anderen Schaffensphase war Brecht während seiner Tätigkeit für den Film in der Lage, selbst über das Schicksal und den Ablauf seiner jeweiligen Projekte zu entscheiden. Zwar hielt er bekanntlich nichts vom Typus des einsamen Genies, doch was er unter kollektiver Produktion verstand und auf europäischem Boden seit den Augsburger Jugendjahren und bis hin zur Inszenierungspraxis am Berliner Ensemble der Nachkriegszeit auch vielfach zu verwirklichen vermochte, unterschied sich fundamental von den Gepflogenheiten in Hollywood. Während Brecht im ersteren Falle vom Anfang bis zum Ende am Schaffensprozess beteiligt war und für gewöhnlich auch bestimmenden Einfluss auf ihn nehmen konnte, praktizierte die Filmindustrie in den USA eine strikte Differenzierung der Tätigkeitsbereiche. Hatte etwa der Drehbuchschreiber den Text abgeliefert, musste er unter Umständen, wie es Brecht bei seiner Mitwirkung an *Hangmen Also Die* schmerzlich erfuhr, hinnehmen, dass sein Werk tiefgreifend verändert wurde und schließlich kaum noch wiederzuerkennen war. So erlebte Brecht im Filmgeschäft die charakteristische Entfremdung des Schaffenden unter den Bedingungen einer rationellen Arbeitsteilung, die er als »geistige Verstümmelung« empfand (27, S.148). Am 19. Oktober 1942 notierte er im Zusammenhang mit der Drehbucharbeit: »Interessant, wie eine Funktionsabdrosselung die Person aufdröselt. Das Ich wird formlos, wenn es nicht mehr angesprochen, angegangen, angeherrscht wird. Selbstverfremdung setzt ein« (S.129). Brecht bestimmte den Menschen, wie wir aus anderen Kontexten wissen, grundsätzlich als *produktives* Wesen. Die Inanspruchnahme durch eine gesellschaftlich sinnvolle Tätigkeit hält das »Ich« zusammen und verleiht ihm klare Konturen; fehlt sie, löst es sich allmählich auf und wird sich selbst fremd. Diese »Selbstverfremdung« schlägt sich sogar in der Form des zitierten Journaleintrags nieder, der die persönliche Erfahrung des Schreibers in eine nüchterne, quasi-wissenschaftliche Gestalt kleidet. Brecht betrachtet die Zersetzung des Ich, das ja sein eigenes ist, gleichsam von außen, um seine Einsichten zu einer generellen Diagnose verallgemeinern zu können.

Drei Tage später beschließt er eine Klage über die fatalen Gegebenheiten in Hollywood, die ihn »fast krank gemacht« hätten (S.130), mit einer weiteren prinzipiellen Überlegung zu den Auswirkungen kapitalistischer Zustände auf einen Menschen, der sich vorrangig über sein schöpferisches Wirken definiert:

> Das Individuum, das mehr und mehr sein Ansehen (ist gleich: Charakter) von der Produktion zu gewinnen hat, geht hier durch eine böse Phase, da die Produktion eben gedrosselt und manipuliert ist. Gewöhnt daran, meine Würde zu nehmen von der Würde der Aufgabe, meine Bedeutung von der Bedeutung, die ich für die Allgemeinheit habe, meine Energie von den Kräften, mit denen ich in Berührung komme, wo bleibe ich, wenn die Aufgabe unwürdig, die Allgemeinheit depraviert ist und wenn in der Umwelt keine Energie sich sammeln kann? (S.131)

In engem Zusammenhang mit solchen Gedanken stehen die *Hollywoodelegien* (12, S.115f.), die trotz ihres geringen Umfangs einen Höhepunkt von Brechts lyrischem Schaffen während des amerikanischen Exils markieren und zugleich eine Sonderstellung in seinem gesamten Gedichtwerk einnehmen. Sie wurden im Spätsommer 1942 geschrieben; am 20. September vermerkt das Journal, dass ein Bekannter des Autors einige von ihnen zu lesen bekommen habe (27, S.125). Die Anregung zu dem kleinen Gedichtensemble scheint von Hanns Eisler gekommen zu sein[13], der dann auch mehrere Stücke vertonte. Allerdings bilden die *Hollywoodelegien* keinen geschlossenen Zyklus. Es blieb vielmehr bei einer lockeren Sammlung, deren Korpus Brecht offenbar nie genau festgelegt hat, weshalb die Zuordnung mancher Texte umstritten ist. Die folgenden Ausführungen werden daher gar nicht erst versuchen, zwischen ›eigentlichen‹ *Hollywoodelegien* und Werken aus ihrem Umfeld zu unterscheiden, sondern die gesamte, nach Entstehungschronologie und Thematik eng zusammengehörige Gruppe ins Auge fassen.

Als eine Vorstufe der Elegien kann das Gedicht *Nachdenkend, wie ich höre, über die Hölle* (15, S.46) betrachtet werden, das bereits 1941 ganz zu Beginn von Brechts Aufenthalt in den USA entstand. Gleich eingangs wird hier auf den englischen Lyriker Percy Bysshe Shelley angespielt, der in seinem Gedicht *The Hell* von 1819 die Hölle durch den Vergleich mit London charakterisiert (und nicht etwa umgekehrt, wie man denken sollte!), während Brechts lyrisches Ich der Meinung ist, dass Los Angeles sich für diesen Zweck noch besser eigne. Ein näherer Blick auf den Bezugstext offenbart eine weitere und sehr viel bedeutsamere Verschiebung, denn während Shelley in *The Hell* Elend, Armut und Ungerechtigkeit anprangert, legt Brecht den Akzent auf den Glanz des ›american way of life‹, den er als falschen Schein entlarvt: Die üppige Schönheit der kalifornischen Natur stellt in Wahrheit ein substanzloses Kunstprodukt dar, so wie auch hinter den schimmernden Fassaden der Häuser nicht das Glück wohnt, sondern die Angst der Menschen vor einem sozialen Abstieg lauert, der sie jederzeit ihre Existenz kosten kann. Die moderne kapitalistische Hölle ist demnach durch die Diskrepanz von Schein und Sein, von verlockender Oberfläche und verborgenem Leidensdruck geprägt.

Brechts Journal enthält ganz ähnliche Betrachtungen, die aufs Neue belegen, dass manche Notate dieser Jahre geradezu als Studien aufzufassen sind, in denen der Autor

---

13 Vgl. dazu Hanns Eisler: Gespräche mit Hans Bunge. Fragen Sie mehr über Brecht. München 1976, S.43. Im Journal erwähnt Brecht zudem, dass er die Elegien »für Eisler« geschrieben habe (27, S.125).

Motive für seine lyrischen Werke entwickelte. So gehörte die Irritation durch die Künstlichkeit der Natur in Kalifornien zu den ersten Erlebnissen, die er nach der Ankunft in Los Angeles festhielt: »Sie haben Natur hier, [...] aber man erfährt, daß alles Grüne nur durch Bewässerungsanlagen der Wüste abgerungen ist. Kratz ein bißchen, und die Wüste kommt durch: zahl die Wasserrechnung nicht, und nichts blüht mehr« (27, S. 12). Als weitere Vorarbeit für die *Hollywoodelegien* ist schließlich ein *Die Hölle* überschriebener kurzer Prosatext aus dem Jahre 1942 zu nennen (12, S. 399 f.), der Brechts Eindrücke vom Leben in den Vereinigten Staaten in komprimierter und poetisch überhöhter Form aufzeichnet, wobei er sich streckenweise eng an das Gedicht aus dem Vorjahr anlehnt. Er übernimmt den Höllenvergleich als Grundmuster und setzt ebenfalls mit der Berufung auf den »Bruder Shelley« ein, enthält jedoch auch neue Gesichtspunkte, die wir in den Elegien wiederfinden werden, vor allem die Motive des Lächelns, der Träume und des Marktes sowie das Spiel mit dem Namen von Los Angeles, der ›Stadt der Engel‹. Hollywood wird hier zwar ebensowenig erwähnt wie in *Nachdenkend, wie ich höre, über die Hölle*, aber es begegnen doch schon versteckte Hinweise auf die amerikanische Kulturindustrie: »Sie gehen den ganzen Tag hin und her und handeln mit Luft und nachts stehlen sie einander die Träume.«

Die Elegien selbst deuten Los Angeles und Hollywood als Inbegriff der kapitalistischen Wirklichkeit wie auch ihrer ideologischen Verschleierung. Diese Verschleierung zu durchbrechen und »Gier« und »Elend« (12, S. 116) der ›höllischen‹ amerikanischen Lebenswelt sichtbar zu machen, ist das Ziel dieser kurzgefassten Gedichte. Nicht mehr der künstlichen Natur, hinter der sich die Wüste verbirgt, gilt jetzt das Augenmerk, sondern dem trügerischen Glanz der »Traumfabriken von Hollywood« (12, S. 115). Für Brecht stellen sie Werkzeuge einer systematischen Verblendung dar, Produktionsstätten berauschender Drogen, die ihre Konsumenten von der ernüchternden sozialen und ökonomischen Realität ablenken sollen. So bezeichnet er Hollywood im Journal als »Zentrum des Weltrauschgifthandels« (27, S. 116) und spricht in einem Brief von der »unbeschreibliche[n] Häßlichkeit des Lügenmarkts« (29, S. 299). Später, nachdem er auch dort entsprechende Erfahrungen gemacht hatte, nannte er die Broadway-Theater in New York übrigens ebenfalls einen »von Spielern unterhaltene[n] Zweig des Rauschgifthandels« (29, S. 401).

Eine der Elegien stellt die Filmindustrie direkt in den Mittelpunkt, verknüpft sie aber in einer auf Anhieb nicht leicht zu durchschauenden Weise mit anderen Phänomenen aus der Umgebung von Los Angeles:

Am Meer stehen die Öltürme. In den Schluchten
Bleichen die Gebeine der Goldwäscher. Ihre Söhne
Haben die Traumfabriken von Hollywood gebaut.
Die vier Städte
Sind erfüllt von dem Ölgeruch
Der Filme.
(12, S. 115)[14]

---

14 Der vierte Vers wird im Kommentar der GBFA folgendermaßen erläutert: »Gemeint sind wahrscheinlich die vier Städte, aus denen sich Los Angeles zusammensetzt: Beverly Hills (mit Hollywood), Santa Monica, Inglewood (die ›Beach‹[Küsten]-Zone) sowie das eigentliche Los Angeles, das sich vom nördlichen San Fernando-Tal bis zum Hafengebiet von San Pedro zieht« (12, S. 402).

Eine Gemeinsamkeit von Ölförderung, Goldwäscherei und Filmgeschäft erschließt sich verhältnismäßig rasch – es handelt sich um drei Wege, reich zu werden. Bestätigt findet man das in einer anderen, noch knapperen Elegie:

> In den Hügeln wird Gold gefunden
> An der Küste findet man Öl.
> Größere Vermögen bringen die Träume vom Glück
> Die man hier auf Zelluloid schreibt.
> (12, S. 116)

Überdies ist Öl auch der Stoff, aus dem das Filmmaterial gemacht wird; daher der »Ölgeruch / Der Filme«. Subtiler gestaltet sich die Verbindung, die der Text zwischen den Goldsuchern und ihren »Söhne[n]«, den Erbauern der Filmstudios, herstellt. Sie lässt sich über den Aspekt des Zufalls verständlich machen, den Brecht im Journal hervorhebt, wenn er seine schriftstellerische Tätigkeit – wohl schon im Hinblick auf die Filmarbeit – als Goldsuche umschreibt, weil ihr materieller Erfolg in den USA vom puren Glück abhängt: »mein Beruf ist hier Goldgräbertum, die Glückspilze waschen sich aus dem Schlamm faustgroße Goldklumpen, von denen dann lange die Rede ist« (27, S. 10).[15] Daneben kann man auch den illusorischen Charakter der Hoffnung auf Reichtum in den Vordergrund rücken. Die Goldwäscher, deren »Gebeine« in den Bergschluchten liegen, haben sie augenscheinlich allesamt mit dem Leben bezahlt, und der Ausdruck »Traumfabriken« deutet analog dazu auf die täuschenden Verheißungen eines besseren Lebens, die die Filmindustrie dem Kinopublikum verkauft. In dieser bis heute geläufigen Metapher für Hollywood findet Brechts kritische Diagnose einen prägnanten Ausdruck: »Träume vom Glück« (12, S. 116) werden im Kapitalismus serienmäßig hergestellt und als Massenware unter das Volk gebracht, so dass sich ökonomische Interessen und ideologische Verschleierung der gesellschaftlichen Realität aufs engste miteinander verbinden.

Eine andere Elegie gewinnt ihr zentrales Motiv aus dem Namen der Stadt Los Angeles:

> Die Engel von Los Angeles
> Sind müde vom Lächeln. Am Abend
> Kaufen sie hinter den Obstmärkten
> Verzweifelt kleine Fläschchen
> Mit Geschlechtsgeruch.
> (12, S. 115)

Mit den Engeln mögen die schönen Menschen gemeint sein, die dem Zuschauer in Hollywood-Filmen als Wunschbilder und Identifikationsfiguren präsentiert werden. Darüber hinaus kommt hier aber die gesamte US-amerikanische Gesellschaft in den Blick, in der nach Brechts Beobachtungen der äußere Schein, das gewinnende Auftreten und eine geschickte Selbstinszenierung über sozialen Rang und wirtschaftlichen Erfolg entscheiden. Das Lächeln als Signatur des zur Schau gestellten Daueroptimismus kennen wir bereits aus *Verschollener Ruhm der Riesenstadt New York*, wo es nicht einmal

---

15 Die Metaphern dieser Notiz sind mit Bedacht gewählt: Die trüben Verhältnisse in der kommerzialisierten Unterhaltungsindustrie bilden den »Schlamm«, aus dem man mit viel Glück ein Vermögen ziehen kann – sofern man in Kauf nimmt, sich dabei schmutzig zu machen!

den Toten erlassen wird, aber die Devise ›keep smiling‹ begegnet beispielsweise auch in dem Gedicht *In diesem Land, höre ich* (15, S. 60 f.), das ihre Zwangsnatur besonders deutlich herausstreicht. Das »Lächeln« ist in den USA »ganz einfach vorgeschrieben«, und jedermann achtet mit peinlicher Sorgfalt darauf, sich in diesem Punkt keine Blöße zu geben:

> [...] So lächelt
> Der Betrogene und der Betrüger, der Erfrischte
> Und auch der tödlich Erschöpfte. Der Satte lächelt
> Und der vom Hunger Gepeinigte wagt nicht
> Nicht zu lächeln. [...]

Die krampfhafte Aufrechterhaltung der heiteren, zuversichtlichen Fassade kostet Kraft, deshalb sind die Engel schon »müde vom Lächeln«. Als ein weiteres Mittel zum Zweck enthüllt der Text die erotische Attraktivität, die gleichfalls künstlich bewahrt werden muss, da auch sie den Marktwert einer Person in die Höhe treibt. Wer aber irgendwann nicht mehr im unablässigen Konkurrenzkampf um die gelungenste Selbstdarstellung mithalten kann, sinkt im Handumdrehen zu jenen »failures« herab (23, S. 51), die den Bodensatz der US-Gesellschaft bilden, zu den »Unbemittelten, Erfolglosen«, von denen in einer anderen *Hollywoodelegie* die Rede ist und die die kapitalistische Wirklichkeit vollends als »Hölle« erfahren, weil sie vom Genuss ihrer Verlockungen ausgeschlossen bleiben (12, S. 115).

Den Zwang zur Selbstinszenierung, ja zum buchstäblichen Selbstverkauf, dem in Amerika niemand entrinnt, der nicht seine Existenz aufs Spiel setzen will, fasst Brecht in das Bild der Prostitution. Es zeichnet sich schon in der Elegie *Die Engel von Los Angeles* ab, in der die Engel »verzweifelt« ihre sexuelle Anziehungskraft zu erhalten suchen, weil sie offenbar geschäftlich auf sie angewiesen sind. Ein weiterer Text des Ensembles, *Die Stadt ist nach den Engeln genannt*, verknüpft Prostitution und Filmgeschäft noch augenfälliger miteinander, ein dritter bezieht das Motiv schließlich auf Musiker und Schriftsteller in den Vereinigten Staaten:

> Unter den grünen Pfefferbäumen
> Gehen die Musiker auf den Strich, zwei und zwei
> Mit den Schreibern. Bach
> Hat ein Strichquartett im Täschchen. Dante schwenkt
> Den dürren Hintern.
> (12, S. 115)

In einem Eintrag des Journals, der vom 13. August 1942 und damit wohl aus der Entstehungszeit der *Hollywoodelegien* datiert, bezeichnet Brecht Eislers und seine eigenen Bemühungen um Verdienstmöglichkeiten in Hollywood zynisch als ›Auf-den-Strich-Gehen‹ (vgl. 27, S. 120). So kann man in Bach und Dante, dem Ton- und dem Sprachkünstler, Masken der beiden Freunde sehen, denen im Exil nichts anderes übrig blieb, als sich auf dem Kulturmarkt ›anzubieten‹. Das Gedicht treibt die satirische Wirkung auf den Höhepunkt, indem es die Vermarktung künstlerischer Schöpfungen auf groteske Weise mit der Prostitution des Körpers verbindet.

Vom »Lügenmarkt« Hollywoods schrieb Brecht noch im August 1943 in einem Brief, aus dem bereits weiter oben zitiert wurde (29, S. 299). Die Wendung kommt aber auch schon in den *Hollywoodelegien* vor:

> Jeden Morgen, mein Brot zu verdienen
> Fahre ich zum Markt, wo Lügen gekauft werden.
> Hoffnungsvoll
> Reihe ich mich ein unter die Verkäufer.
> (12, S.116)

Welchen Grad die Entfremdung eines Künstlers erreicht hat, der genötigt ist, seine schöpferische Kraft für die Vermittlung täuschender Illusionen zu missbrauchen, kann man erst ganz ermessen, wenn man diese Verse vor der Folie von Brechts Selbstverständnis als Aufklärer und Lehrer liest. Nicht um den ideologischen Trug zu zerstören, begibt sich das lyrische Ich auf den Lügenmarkt; von seiner ökonomischen Lage zur Anpassung an die herrschenden Verhältnisse gedrängt, muss es vielmehr hoffen, selbst auf diesem Markt zu reüssieren und die eigenen »Lügen« an den Mann bringen zu können. Indirekt wird der Sprecher allerdings doch seiner aufklärerischen Verpflichtung gerecht, da das Gedicht ja eben die Lügenhaftigkeit aller angebotenen Produkte und den Zwang zu deren Herstellung offenlegt.

»Distanz« nennt das Journal als hervorstechendes Merkmal der *Hollywoodelegien*. Ein Bekannter Brechts habe sie mit den Worten kommentiert: »Sie sind wie vom Mars aus geschrieben.« Und weiter heißt es:

> Wir kommen darauf, daß diese ›Distanz‹ nichts dem Schreiber Eigentümliches ist, sondern von dieser Stadt geliefert wird: ihre Bewohner haben sie fast alle. Diese Häuser werden nicht Eigentum durch Bewohnen, nur durch Schecks, der Eigentümer bewohnt sie nicht so sehr, als er über sie disponiert. (27, S.125)

Für den Eindruck kühler Distanz ist neben dem Gestus der nüchternen Schilderung, der das ganze Ensemble prägt, auch das weitgehende Zurücktreten des lyrischen Ich verantwortlich. In den meisten *Hollywoodelegien* kommt statt eines als Subjekt fassbaren Sprechers nur eine anonyme Stimme zu Wort, die ihre Mitteilungen ohne merkliche Gefühlsregung formuliert, und selbst in den beiden Ausnahmefällen, in denen sich ein Ich in der ersten Person Singular geltend macht – dazu gehört *Jeden Morgen, mein Brot zu verdienen* –, bleibt der Tonfall rein beschreibend und emotional unbeteiligt. Wenn Brecht eine solche Distanz bei fast allen Bewohnern von Los Angeles/Hollywood konstatiert, begreift er sie als Symptom einer tiefen Entfremdung der Bevölkerung von ihrer Lebenswelt, die sich im Kapitalismus aus der Verdinglichung sämtlicher Beziehungen zu den Mitmenschen wie auch zu den Gegenständen des Alltags ergibt. Wo solche Beziehungen ausschließlich durch den Aspekt des *Besitzens* definiert und daher beispielsweise Häuser allenfalls als »Eigentum« von Interesse sind, steht das Individuum fremd und isoliert in einer Umgebung, die es sich nur mittels des Geldes aneignen kann. Im Blick auf die Elegien bestätigt sich damit, dass Brecht die Filmindustrie und den Kulturbetrieb in den USA als Sinnbilder für die generelle Existenzweise des Menschen in der hochkapitalistischen Ordnung auffasste. »Selbstverfremdung«, wie er sie persönlich während der quälenden Filmarbeit empfand (27, S.129), war demnach nicht bloß das unglückliche Privatschicksal eines Einzelnen. Gleichwohl darf man vermuten, dass die in den *Hollywoodelegien* spürbare Distanz zumindest teilweise auch aus dem tiefverwurzelten Fremdheitsgefühl des deutschen Exilanten in den Vereinigten Staaten hervorging. Und vielleicht kann man auch die sonderbar anmutende Gattungsbezeichnung im Titel der Gedichtgruppe, die sonst nicht befriedigend zu erklären wäre, mit dieser Distanz in Verbindung bringen.¹⁶

Um die Erörterung von Brechts lyrischer Auseinandersetzung mit dem kapitalistischen Kulturbetrieb abzuschließen, sei noch ein Blick auf ein Gedicht geworfen, das 1947 entstand, als sich die Exilzeit des Verfassers bereits dem Ende zuneigte. Zu seinen Lebzeiten wurde es nur in einer englischen Übersetzung bekannt, erst später fand sich das Original im Nachlass des Schauspielers Peter Lorre, der ebenfalls 1933 aus Deutschland geflohen war, sich dann erfolgreich in Hollywood etablierte und in den USA zu Brechts Freundeskreis zählte. Er darf als primärer Adressat der Verse gelten:

Der Sumpf

Manchen der Freunde sah ich, und den geliebtesten
Hilflos versinken im Sumpfe, an dem ich
Täglich vorbeigeh.

Und es geschah nicht an einem
Einzigen Vormittag. Viele
Wochen nahm es oft;
Dies machte es schrecklicher.
Und das Gedenken an die gemeinsamen
Langen Gespräche über den Sumpf, der
So viele schon birgt.

Hilflos nun sah ich ihn zurückgelehnt
Bedeckt von den Blutegeln
In dem schimmernden
Sanft bewegten Schlamm. Auf dem versinkenden
Antlitz das gräßliche
Wonnige Lächeln.
(15, S.183)

Diesmal erscheint die »Traumfabrik« im Bild eines Sumpfes, der seine Tiefe tückisch unter einer »schimmernden / Sanft bewegten« Oberfläche versteckt. Zugleich lässt sich dieses zentrale Motiv jedoch auf Lorres Drogensucht beziehen, die für Brecht kein Geheimnis war, womit die Bezeichnung der amerikanischen Filmmetropole als »Zentrum des Weltrauschgifthandels« (27, S.116) eine neue, ganz unmetaphorische Bedeutungsdimension gewinnt. Beide Sinnebenen, die wörtliche und die übertragene, verknüpft Brecht in einem Brief, der Lorres prekäre Situation in einen allgemeineren Zusammenhang stellt: »Wenige […] können sich in einer Industrie, die nur geistiges Rauschgift erzeugt, nüchtern halten« (29, S.409). Und auch das Gedicht gewinnt seine kritische Stoßkraft und seine poetische Komplexität gerade aus der Überlagerung des

---

16 Vgl. Jan Knopf: Brecht-Handbuch. Lyrik, Prosa, Schriften. Eine Ästhetik der Widersprüche. Mit einem Anhang: Film. Stuttgart 1984, S.153. Alle darüber hinausgehenden Überlegungen zum Elegienbegriff in den Hollywood-Gedichten bleiben spekulativ und gleiten leicht in pure Beliebigkeit ab, so etwa bei Dieter Thiele: »Der Autor als Produzent«. Studien zum Selbstverständnis Brechts. Frankfurt a.M. u.a. 1981, S.60–68. Offenbar war es Eisler, der den Terminus zuerst ins Spiel brachte: »In diesem trübsinnigen ewigen Frühling von Hollywood sagte ich Brecht […]: ›Das ist der klassische Ort, wo man Elegien schreiben muß‹« (Eisler: Gespräche mit Hans Bunge, S.43). Die von ihm hergestellte Parallele zu Goethes *Römischen Elegien* ist freilich nicht sonderlich erhellend.

›Drogensumpf‹ mit den Produkten der Filmstudios. In beiden Fällen geht es um illusorischen Genuss, um die Flucht aus der Realität in eine verlockende Traum- und Scheinwelt, die ihre Opfer nicht mehr freigibt. Wie rettungslos der »Freund« dieser Welt verfallen ist, bezeugt das »gräßliche / Wonnige Lächeln« auf seinem Gesicht. Hier haben wir es nicht mehr mit jener künstlichen Zuversicht zu tun, die die Amerikaner gewohnheitsmäßig zur Schau stellen, sondern mit dem fatalen Glücksempfinden eines Menschen, der sich in seinem wirklichkeitsfernen Rauschzustand wahrhaft selig fühlt – gleichgültig ob es sich nun um einen Drogenrausch oder um die Phantasiewelten gängiger Hollywoodfilme handelt. Eine förmliche Vergiftung des Bewusstseins, die zum Einverständnis mit dem eigenen Untergang führt: das war es, was Brecht von der kapitalistischen Unterhaltungsindustrie befürchtete.

Vor Lorres schauspielerischen Fähigkeiten hatte er übrigens großen Respekt. Als Brecht nach Kriegsende dem schillernden Morast von Hollywood ein für allemal entfloh, um sich wieder nach Europa zu begeben und sein eigenes Theater zu begründen, versuchte er, den Freund gleichfalls zur Rückkehr zu bewegen und für das neue Unternehmen zu gewinnen. Schon Anfang 1947 schrieb er über seine Pläne: »Lorre brauche ich unbedingt – ohne ihn kann ich mir das Ganze kaum vorstellen« (29, S. 409); etwas später heißt es: »Es ist nicht nur, daß ich ihn gern habe, ich brauche ihn auch in Deutschland und dringend, mein Theater wieder zusammenzukriegen« (S. 412). Und noch im Januar 1950 mahnte er Lorre von Berlin aus in Versen unter dem Titel *An den Schauspieler P.L. im Exil*, dass sein Platz in seinem Heimatland sei: »Arm oder reich / Gesund oder krank / Vergiß alles / Und komm« (15, S. 218). Das Gedicht *Der Sumpf* dürfte, als dringende Warnung an den Adressaten, ebenfalls Teil dieser Bemühungen gewesen sein, denen aber letztlich kein Erfolg beschieden war.

Es wurde bereits erwähnt, dass Brechts Gedichte über den amerikanischen Kulturbetrieb und das Filmgeschäft eine eigentümliche Stellung in seinem lyrischen Werk einnehmen. Bekanntlich verstand er unter der kapitalistischen Ordnung eine Klassengesellschaft, die vor allem durch ökonomische Abhängigkeiten, Ausbeutung und das materielle Elend der unteren Schichten geprägt war; in zahlreichen sozialkritischen und antifaschistischen Gedichten machte er diese Auffassung zur Grundlage einer ›realistischen‹ Belehrung der Leserschaft. Aus Sicht der Gegenwart bleibt eine solche Diagnose allerdings unvollständig und einseitig, da die ambivalenten Eigenarten und die entfremdenden Effekte einer modernen Wohlstands-, Überfluss- und Vergnügungsgesellschaft und ihrer gigantischen Bewusstseinsindustrie, mit denen wir uns inzwischen so massiv konfrontiert sehen, bei Brecht noch kaum in den Blick kommen. Nirgends aber hat er sich ihnen so weit genähert wie in seinen Überlegungen und Gedichten zur kommerzialisierten Traumwelt von Hollywood. Sie sind noch heute äußerst bedenkenswert, und man muss es sicherlich bedauern, dass der Ertrag von Brechts lyrischer Beschäftigung mit diesem Themenkreis zumindest in quantitativer Hinsicht recht bescheiden geblieben ist.

Kapitel 12
Bilder lesen lernen: *Kriegsfibel*

Wer sich mit Brechts *Kriegsfibel* befassen möchte, sollte unbedingt versuchen, einmal die Erstausgabe in die Hand zu bekommen, denn das 1955 im Ostberliner Eulenspiegel-Verlag erschienene Buch erweist sich schon bei flüchtiger Betrachtung als die ungewöhnlichste Publikation dieses Autors, von deren imposanter Erscheinung die Wiedergabe in der Berliner und Frankfurter Werkausgabe nur einen sehr unzureichenden Eindruck vermittelt.[1] Beim ersten Durchblättern des stattlichen Bandes, dessen Format noch größer, vor allem etwas breiter ist als DIN A-4, fällt das leitende Gestaltungsprinzip ins Auge: Auf jeder rechten Seite findet sich vor schwarzem Hintergrund ein Foto aus einer Zeitung oder Zeitschrift, vielfach mitsamt der zugehörigen Bildunterschrift.[2] Unter jedes Foto hat Brecht einen weiß auf schwarz gedruckten gereimten Vierzeiler gesetzt; bei einigen großformatigen Bildern sind diese Verse auch unmittelbar auf dem Foto platziert. Die linke Seite ist weiß und zeigt manchmal nichts weiter als die Nummer des nebenstehenden ›Fotoepigramms‹ in der linken unteren Ecke. Häufig kommt jedoch noch ein knapper Text oben auf der Seite hinzu, der entweder die deutsche Übersetzung einer fremdsprachigen Bildunterschrift oder eine schlagwortartige Überschrift bietet, die den weiteren historischen Kontext des Fotos kennzeichnet oder die abgebildete Person benennt. So können die insgesamt 69 Fotoepigramme der *Kriegsfibel* jeweils bis zu vier Bestandteile aufweisen: Überschrift, Foto, Bildunterschrift und Vierzeiler. Foto und Verse bilden die Mindestausstattung, die in jedem Fall vorhanden ist. Vervollständigt wird der Band, von den Abbildungen und Texten auf dem Schutzumschlag abgesehen, zum einen durch eine kurze Vorrede von Ruth Berlau, zum anderen durch angehängte »Nachbemerkungen zu den Bildern«, die von Heinz Seydel und Günter Kunert stammen, aber sicherlich in enger Abstimmung mit Brecht verfasst wurden.

Die *Kriegsfibel*, die im Wesentlichen in den Jahren 1944/45 entstand, ist nur eines von zahlreichen Zeugnissen für Brechts Interesse an den Möglichkeiten der Fotografie, das sich bereits in den zwanziger Jahren in verschiedenen Reflexionen und künstlerischen Experimenten niederschlug. So dachte der Autor um 1928 über Fotografien nach, die nicht nur ästhetischen Wert, sondern einen bestimmten Zweck haben und als Dokumente ihrer Zeit fungieren sollten (21, S. 264), und notierte Beispiele für »funktionelle Bildnisse« von »Arbeitern« und »Kopfarbeitern« (S. 265). Allerdings beurteilte er den dokumentarischen und erhellenden Wert dieser Technik auch wiederum skeptisch, da er der fotografischen Abbildung isolierter Realitätsausschnitte eine verfälschende Wirkung unterstellte: »Die Fotografie ist die Möglichkeit einer *Wieder*gabe, die den Zusammenhang wegschminkt«, heißt es in einer Notiz, und zustimmend wird

---

[1] Vgl. 12, S. 127–267. Andere Brecht-Ausgaben verzichten entweder ganz auf die *Kriegsfibel* oder drucken allein die Verse ohne die dazugehörigen Fotos ab.
[2] Nur in einem Ausnahmefall (Nr. 31) besteht die Abbildung lediglich aus dem abfotografierten Text eines kurzen Zeitungsartikels in schwedischer Sprache.

die Auffassung des Soziologen Fritz Sternberg referiert, »daß aus der (gewissenhaften) *Fotografie* einer Fordschen Fabrik keinerlei Ansicht über diese Fabrik gewonnen werden kann« (21, S.443 f.). Die Frage, inwieweit die Strukturen kapitalistischer Verhältnisse anhand von fotografischem Material analysiert werden können, erörtert Brecht auch in seiner Schrift *Der Dreigroschenprozeß* von 1931, die abermals das Beispiel der Fabrik ins Spiel bringt. Die »einfache ›Wiedergabe der Realität‹«, wie sie ein Fotoapparat liefere, genüge in der komplexen modernen Welt nicht, da sie lediglich die Oberfläche der Phänomene erfasse: »Eine Fotografie der Kruppwerke oder der AEG ergibt beinahe nichts über diese Institute. Die eigentliche Realität ist in die Funktionale gerutscht. Die Verdinglichung der menschlichen Beziehungen, also etwa die Fabrik, gibt die letzteren nicht mehr heraus« (21, S.469). Wer die »eigentliche Realität« funktionaler Bezüge zum Vorschein bringen wolle, müsse daher über die reine Reproduktion des Sichtbaren hinausgehen und Fotografien für die Herstellung sorgfältig arrangierter, künstlich-künstlerischer Konstrukte nutzen: »Es ist also tatsächlich ›etwas aufzubauen‹, etwas ›Künstliches‹, ›Gestelltes‹. Es ist also ebenso tatsächlich Kunst nötig« (ebd.) – eine Kunst freilich, die sich, wie wir es von Brecht längst kennen, nicht an das Gefühl des Betrachters wendet, um emotionale Erlebnisse hervorzurufen, sondern an Einsicht und Erkenntnis appelliert; eine Kunst, die *verfremdend* verfährt, indem sie das scheinbar Offenkundige in eine ungewohnte Perspektive rückt und auf neue Art wahrnehmbar macht. In seinen Stücken, etwa im *Badener Lehrstück vom Einverständnis* (1929), arbeitete Brecht gelegentlich mit Projektionen von Fotos auf der Bühne, aber erst die *Kriegsfibel* verwirklichte das Programm einer gesellschaftskritisch-analytischen Foto-Kunst in vollem Umfang.

Wenn Brecht die vermeintliche Authentizität fotografischer Dokumente für fragwürdig hält, entspricht dies exakt der Absage an einen naiven Abbildrealismus auf dem Theater, die er beispielsweise im *Messingkauf*-Projekt formuliert, bezeichnenderweise unter Bezugnahme auf das Medium Fotografie. Wer »einfach als realistisch erklärt, was bloße Wiedergabe photographischer Art der Realität« ist, blendet die »Meisterung der Realität«, auf die es eigentlich ankommt, aus. In einer wahrhaft realistischen Kunst soll Realität eben nicht nur »wiedererkannt«, sondern auch »durchschaut« werden: »Es müssen die Gesetze sichtbar werden, welche den Ablauf der Prozesse des Lebens beherrschen. Diese Gesetze sind nicht auf Photographien sichtbar« (22.2, S.792). Der echte Künstler, so heißt es an anderer Stelle, hat »die Kunst der Beobachtung der Dinge« zu lehren: »Das Kunstwerk erklärt die Wirklichkeit, die es gestaltet [...], es lehrt die Dinge der Welt richtig sehen« (22.1, S.572). Solche Thesen führen in den Kern von Brechts realistisch-verfremdendem Kunstverständnis, dessen Maxime auch in seinen Stücken mehrfach prägnant ausgesprochen wird. »Du siehst gar nichts. Du glotzt nur. Glotzen ist nicht sehen«, muss sich der junge Andrea von seinem Lehrer Galilei zurechtweisen lassen, der das Ziel seines Unterrichts in die Worte fasst: »Ich lehre ihn sehen« (5, S.192 f.). Und im Epilog von *Der Aufstieg des Arturo Ui* wird an das Publikum appelliert: »Ihr aber lernet, wie man sieht, statt stiert« (7, S.112). Auch die *Kriegsfibel* will, wie noch deutlich werden wird, zum rechten Sehen anleiten, nämlich zu einer Betrachtungsweise, die die politische und gesellschaftliche Wirklichkeit mit Hilfe marxistischer Kategorien deutet.

Brechts Überlegungen zu der Frage, ob und wie man mit Hilfe von Fotografien aufklären und belehren könne, bewegen sich im Umfeld von Diskussionen, die in der Weimarer Zeit im linken politischen Spektrum geführt wurden.³ Einsichten über Kapitalismus, Klassenkampf und Krieg hoffte man dadurch zu vermitteln, dass man das Einzelbild durch Fotoserien oder Fotomontagen ersetzte und die schein-realistische Wirklichkeitswiedergabe zugunsten komplexerer Foto-Text-Kombinationen aufgab. Ein eindrucksvolles Beispiel für ein solches Verfahren lieferte Ernst Friedrich 1924 mit dem Band *Krieg dem Kriege!*, dessen Studium Brecht zwei Jahre später in einer Umfrage ausdrücklich empfahl (vgl. 21, S.176). Sein Aufbau erinnert von ferne an das Gestaltungsprinzip der *Kriegsfibel*: Fotos von Verwüstungen und Opfern des Ersten Weltkriegs, die das Grauen der Metzeleien vor Augen führen, sind jeweils mit einer knappen, mitunter sachlich-nüchternen, oft jedoch entlarvenden und desillusionierenden Schlagzeile in vier Sprachen versehen. 1929 publizierten Kurt Tucholsky und John Heartfield ihr Buch »*Deutschland, Deutschland über alles*«, in dem sie gesellschaftliche Missstände und reaktionäre Tendenzen in der Weimarer Republik attackierten. Auch sie verwenden Texte und Abbildungen, wobei sich, anders als bei Friedrich, sehr unterschiedliche Verknüpfungsformen ergeben, die von einer gedrängten Bildunterschrift – etwa das berühmte »Tiere sehen dich an« unter einer Fotomontage mit den Köpfen deutscher Militärs[4] – bis zum fotografisch illustrierten Essay reichen. Die Arbeiter-Illustrierte-Zeitung schließlich operierte schon seit Anfang der zwanziger Jahre unter anderem mit sozialkritischen »Bildgedichten«, die mannigfache Formen einer »interaction of poem and picture« durchspielen.[5] 1931 gratulierte Brecht der AIZ zu ihrem zehnjährigen Bestehen mit einem kleinen Beitrag, in dem er ihre Leistung vor dem Hintergrund des ambivalenten Potentials des Mediums Fotografie würdigte, das nach seiner Überzeugung ja keineswegs per se der Aufklärung und Wahrheitsfindung diente:

> Die ungeheure Entwicklung der Bildreportage ist für die *Wahrheit* über die Zustände, die auf der Welt herrschen, kaum ein Gewinn gewesen: die Photographie ist in den Händen der Bourgeoisie zu einer furchtbaren Waffe *gegen* die Wahrheit geworden. Das riesige Bildmaterial, das tagtäglich von den Druckerpressen ausgespien wird und das doch den Charakter der Wahrheit zu haben scheint, dient in Wirklichkeit nur der Verdunkelung der Tatbestände. Der Photographenapparat kann ebenso lügen wie die Setzmaschine. Die Aufgabe der »A-I-Z«, hier der Wahrheit zu dienen und die wirklichen Tatbestände wiederherzustellen, ist von unübersehbarer Wichtigkeit und wird von ihr, wie mir scheint, glänzend gelöst. (21, S.515)

In Brechts Augen praktizierte die AIZ demnach, was er zur gleichen Zeit im *Dreigroschenprozeß* forderte, indem sie aus Fotografien und anderen Materialien »etwas ›Künstliches‹, ›Gestelltes‹« schuf und damit einen echten Realismus erzielte, der gesellschaftliche Zusammenhänge kritisch aufzudecken vermochte. So ist anzunehmen, dass er aus dieser Zeitung wie überhaupt aus den einschlägigen Debatten und Experimenten der Weimarer Zeit mancherlei Anregungen für seine *Kriegsfibel* schöpfte. Außerdem mögen die Reflexionen Walter Benjamins über die Technik der Fotografie für ihn von

---

3 Vgl. dazu allgemein Philip Brady: The »Zweite Betrachtung«: photography and the political message, 1925–1933. In: Text und Bild, Bild und Text. DFG-Symposion 1988. Hrsg. von Wolfgang Harms. Stuttgart 1990, S.329–338.

4 »Deutschland, Deutschland über alles«. Ein Bilderbuch von Kurt Tucholsky und vielen Fotografen. Montiert von John Heartfield. Berlin 1929, S.63.

5 Brady: The »Zweite Betrachtung«, S.332. Eine Auswahl davon wurde zusammengestellt in dem Band: Rote Signale. Gedichte und Lieder. Hrsg. von Lilly Korpus. Berlin 1932.

einiger Bedeutung gewesen sein. 1934 forderte Benjamin beispielsweise, im Zuge einer klassenkämpferischen Umfunktionierung aller künstlerischen Produktionsweisen auch »die Schranke zwischen Schrift und Bild« niederzulegen: »Was wir vom Photographen zu verlangen haben, das ist die Fähigkeit, seiner Aufnahme diejenige Beschriftung zu geben, die sie dem modischen Verschleiß entreißt und ihr den revolutionären Gebrauchswert verleiht.«[6] Allerdings stellen die Fotoepigramme der *Kriegsfibel* trotz dieser Fülle denkbarer Bezüge letztlich eine völlig eigenständige Schöpfung Brechts dar. Überdies macht der durchdachte Gesamtaufbau, der noch zu erläutern sein wird, den ganzen Band zu einem in seiner Vielschichtigkeit einzigartigen Kunstwerk.

Die Entstehungsgeschichte der *Kriegsfibel* reicht bis in die späten dreißiger Jahre zurück. In das Journal, das Brecht seit dem Sommer 1938 führte, klebte er zunächst gelegentlich private Fotos ein, bevor er nach Kriegsbeginn dazu überging, Fotografien aus Zeitungen und Zeitschriften aufzunehmen, um aktuelle Ereignisse zu dokumentieren. So diente ihm das Journal dazu, Text-Bild-Kombinationen zu erproben.[7] Eine andere wichtige Inspiration ging von den altgriechischen Epigrammen aus, die Brecht 1940 im finnischen Exil in der von August Oehler unter dem Titel *Kranz des Meleagros von Gadara* vorgelegten Übertragung las (vgl. 26, S.401) und von denen er sich umgehend zu eigenen Epigrammen inspirieren ließ (vgl. 26, S.402 und 413). Oehler hatte für seine Nachdichtungen die Form des gereimten jambischen Fünfhebers gewählt, die auch die *Kriegsfibel* verwendet. Aus der Zusammenführung dieser beiden Stränge resultierten dann noch im Jahre 1940 die ersten Fotoepigramme, die jeweils aus einem Foto und einem Vierzeiler bestehen. Zwei davon, die Person Hitlers betreffend, finden sich im Journal unter dem Datum des 15. Oktober (vgl. 26, S.434f.), wurden später aber nicht in die *Kriegsfibel* aufgenommen. 1944/45, in den USA, befasste sich Brecht dann intensiv mit diesem Projekt, wobei ihn Ruth Berlau unterstützte. Im Juni 1944 notierte er »Arbeite an neuer Serie der Fotoepigramme« und vermerkte, dass schon »über 60 Vierzeiler« beisammen seien (27, S.196). Die verwendeten Fotos sind zum Teil deutschen, überwiegend aber skandinavischen und US-amerikanischen Zeitungen und Zeitschriften entnommen.

Eine Veröffentlichung fasste Brecht bereits unmittelbar im Anschluss an seine Rückkehr nach Deutschland ins Auge, doch konnte er den Plan erst 1955 realisieren. Die Verzögerung dürfte zum einen darauf zurückzuführen sein, dass ihn in jenen Jahren die praktische Theaterarbeit stark in Anspruch nahm, aber zum anderen gab es in der DDR politische Bedenken und Einwände von offizieller Seite gegen das vermeintlich ›pazifistische‹ und somit ideologisch unbequeme Werk. Immerhin bewogen die Diskussionen über das Buch den Autor zu einigen Hinzufügungen, Streichungen und Umstellungen sowie zu Eingriffen in die Texte der Vierzeiler. In diesem Stadium

---

6 Walter Benjamin: Der Autor als Produzent. In: ders.: Gesammelte Schriften. Bd. II.2. Hrsg. von Rolf Tiedemann und Hermann Schweppenhäuser. Frankfurt a.M. 1977, S.683–701, hier S.693. – Benjamin stand in den dreißiger Jahren mit Brecht in enger Verbindung und entwickelte viele seiner Thesen zu Kunst und Literatur aus der Beschäftigung mit den Werken des Freundes. In seiner *Kleinen Geschichte der Photographie*, in der er die »Beschriftung« ebenfalls als den »wesentlichsten Bestandteil der Aufnahme« bezeichnet (Gesammelte Schriften. Bd. II.1, S.368–385, hier S.385), führt er auch die oben zitierte Passage aus dem *Dreigroschenprozeß* an.
7 Vgl. dazu ausführlich Philip V. Brady: From Cave-painting to »Fotogramm«: Brecht, Photography and the *Arbeitsjournal*. In: Forum for Modern Language Studies 14 (1978), S.270–282.

der Arbeit wurde auch der Anhang mit den knappen historischen »Nachbemerkungen« erstellt, die Detailinformationen liefern und zugleich die Interpretation der Fotoepigramme lenken: Obwohl sie in nüchternem Ton gehalten sind, zeigen sie doch vielfach eine unzweideutig parteiliche Färbung.

Als die in ihren Grundzügen aus der Endphase des Weltkriegs stammende *Kriegsfibel* mit einer Verspätung von rund zehn Jahren der Öffentlichkeit zugänglich gemacht wurde, war sie selbst in mancher Hinsicht bereits ein historisches Dokument geworden. Viele der 1944/45 angefertigten Fotoepigramme gewannen aber für die Betrachter von 1955 – von späteren ganz zu schweigen – vor dem Hintergrund der deutschen Teilung und des Kalten Krieges eine veränderte Bedeutung und eröffneten ganz neue Dimensionen des Verständnisses. Als überholt konnten sie jedenfalls nicht gelten, und Brecht betonte auch ausdrücklich ihre fortdauernde Aktualität. Ihm war vor allem daran gelegen, dass Kultur- und Bildungseinrichtungen den Band anschafften, mit dem er jetzt dazu beitragen wollte, die »tolle Verdrängung aller Fakten und Wertungen über die Hitlerzeit und den Krieg bei uns«, also in der DDR, zu beenden (30, S. 472) – der Klage über den Umgang des jungen ostdeutschen Staates mit der nationalsozialistischen Vergangenheit werden wir in späteren Kapiteln wieder begegnen. Ein Thema für sich stellt die Rezeption der *Kriegsfibel* in der Bundesrepublik dar, wo sie sogar erst 1978 herauskam.

Auf die pädagogische Zwecksetzung des Werkes deutet schon der Titel hin, ist doch eine Fibel bekanntlich ein Elementarbuch, mit dessen Hilfe Kinder lesen lernen oder das, im weiteren Sinne, in die Grundlagen einer bestimmten Disziplin, eines spezifischen Wissensgebietes einführt. Auch die Kombination von Bild und erläuterndem Text ist aus Schulfibeln geläufig, wo sie gerne als verständnisfördernde Strategie eingesetzt wird. In der Tat zielt die *Kriegsfibel* auf eine fundamentale Belehrung über das Wesen und die Ursprünge von Kriegen, wobei der Zweite Weltkrieg, auf den die allermeisten Fotoepigramme Bezug nehmen, nur als ein besonders krasses Beispiel für das generelle Phänomen des Krieges in der Klassengesellschaft dient. In gewisser Weise setzt dieses Buch die *Deutsche Kriegsfibel* aus den *Svendborger Gedichten* mit anderen künstlerischen Mitteln fort: Der Krieg, auf den Brecht damals warnend vorausgedeutet hatte, war inzwischen wirklich gekommen, so dass man ihn den Lesern nun ›vorzeigen‹ und die Lehren über ihn mit reichhaltigem Anschauungsmaterial untermauern konnte. Doch in ihrer Vorrede benennt Ruth Berlau noch eine weitere didaktische Absicht der *Kriegsfibel*:

> Dieses Buch will die Kunst lehren, Bilder zu lesen. Denn es ist dem Nichtgeschulten ebenso schwer, ein Bild zu lesen wie irgendwelche Hieroglyphen. Die große Unwissenheit über gesellschaftliche Zusammenhänge, die der Kapitalismus sorgsam und brutal aufrechterhält, macht die Tausende von Fotos in den Illustrierten zu wahren Hieroglyphentafeln, unentzifferbar dem nichtsahnenden Leser. (12, S. 129)

Hier klingen Gedanken an, denen wir bei Brecht bereits begegnet sind: Fotografien geben die sichtbare Oberfläche der Realität wieder, *durchdringen* sie aber nicht, weshalb es besonderer künstlerischer Anstrengungen bedarf, um solche Bilder im Horizont »gesellschaftliche[r] Zusammenhänge« erst wirklich entzifferbar zu machen. Auch die Produkte des Fotoapparats müssen also kompetent ›gelesen‹ werden, da sie, entgegen dem ersten Augenschein, durchaus keinen unverstellten Zugang zur Wirklichkeit eröffnen. Das komplexe Arrangement der *Kriegsfibel* und zumal die deutende Kommentierung der Fotos durch epigrammatische Vierzeiler sind mithin als Hilfen für den Betrachter gedacht, der sich in der Kunst, Bilder zu lesen, üben will.

Indes ist diese vielzitierte Wendung Berlaus ihrerseits mehrdeutig und bedarf einer näheren Prüfung.[8] Die Beziehungen zwischen Bild, Bildunterschrift (sofern vorhanden) und Epigrammtext gestalten sich in den einzelnen Fotoepigrammen nämlich unterschiedlich. So nimmt der Vierzeiler nur selten auf die Fotografie als solche und ihre spezifische Darstellungsweise Bezug; meist gilt er dem abgebildeten Gegenstand bzw. der abgebildeten Person. In anderen Fällen spielt das Foto bloß eine Nebenrolle, weil die betreffenden Fotoepigramme in erster Linie von der Spannung zwischen Bild*unterschrift* und lyrischem Kommentar leben.

Zudem erfordert richtiges Sehen – und adäquates ›Lesen‹ von Bildern – nach Brechts Überzeugung Sachkenntnis und Reflexionsvermögen, ohne die keine angemessene Einordnung des jeweiligen Sujets möglich ist. Zwar hält jedes Foto der *Kriegsfibel*, aus seinem ursprünglichen medialen Umfeld gelöst und auf einer eigenen großformatigen Seite vor der schwarzen Blende förmlich ausgestellt, den Rezipienten zu einer genauen, anhaltenden Betrachtung, gleichsam zu einem langsamen Sehen an, so dass schon die artifizielle Konstruktion des Bandes eine produktive Entautomatisierung der von den modernen Medien und ihrer Bilderfülle geprägten Wahrnehmung in Gang setzt. Beweisen und erklären können diese Fotos aber, für sich genommen, noch gar nichts. Notwendig ist es vielmehr, sie in übergreifende politisch-gesellschaftliche Kontexte einzubetten und auf der Basis eines Hintergrundwissens, das man erst an sie herantragen muss, zu interpretieren. Zu einer solchen Einbettung und Interpretation wollen die Epigrammtexte anleiten. Das Bild des 42. Fotoepigramms beispielsweise verrät auch bei noch so intensivem Studium nicht das Geringste über die Wurzeln des Krieges in der kapitalistischen Gesellschaftsordnung und über die Leiden der einfachen Menschen in den Kämpfen der besitzenden Klassen, denn es zeigt lediglich eine junge asiatische Frau, die sich notdürftig in einer Art Erdloch verborgen hat und aufmerksam gen Himmel schaut. Erst der zugeordnete Vierzeiler bringt mit dem Gegensatz von »Herrn« und »Volk« die aus Brechts Denken wohlvertraute Dichotomie von ›Oben‹ und ›Unten‹ ins Spiel, als deren Illustration man das Foto nun begreifen kann. Vornehmlich mit Hilfe der Epigrammtexte versucht die *Kriegsfibel* also, die »große Unwissenheit über gesellschaftliche Zusammenhänge« durch ein kritisch-marxistisches – und in Brechts Sinne realistisches – Bewusstsein zu ersetzen. Sie macht damit zugleich noch einmal den grundsätzlichen Vorrang der Schrift vor dem Medium des Bildes geltend: »On the threshold of a postmodern media society, Brecht's war and media critique make a final appeal to an operative reading praxis under the sign of writing.«[9]

Mit den Fotoepigrammen entwickelte Brecht eine neue Variante des verfremdenden Zeigens, das wir schon als leitendes Prinzip seines Schaffens kennen, wobei das Zeigen in der *Kriegsfibel* eben nicht in Form eines sprachlich evozierten Bildes, sondern durch die Präsentation von vorgefundenem (Foto-)Material erfolgt. Wieder

---

8 Zu Recht kritisiert Anya Feddersen im einschlägigen Artikel des Brecht-Handbuchs die allzu leichtfertige Adaption von Berlaus Formulierung in vielen Forschungsbeiträgen zur *Kriegsfibel* (Brecht-Handbuch in fünf Bänden. Hrsg. von Jan Knopf. Bd. 2: Gedichte. Stuttgart u.a. 2001, S. 382–397, hier S. 395 f.).

9 Stefan Soldovieri: War-Poetry, Photo(epi)grammetry: Brecht's *Kriegsfibel*. In: A Bertolt Brecht Reference Companion. Hrsg. von Siegfried Mews. Westport, Conn. 1997, S. 139–167, hier S. 154.

bildet also die Kombination von »Zeigen und Erläutern«[10], von Zeigen und verfremdendem Kommentieren den Grundgestus des Kunstwerks: Die Fotografie – gegebenenfalls inklusive Bildunterschrift – zeigt etwas vor, der Vierzeiler liefert die verfremdend-erhellende Interpretation dazu.[11] Das Streben nach Einsicht und Verständnis wird in mehreren Epigrammen auch selbst zum Thema, was sich in den leitmotivischen Oppositionsachsen Blindheit versus Sehen und Schlaf versus Wachen niederschlägt.[12] Und den augenfälligen Schwarz-Weiß-Kontrast, der vom Titelblatt an den ganzen Band durchzieht, darf man ebenfalls in diesem Sinne verstehen. Brechts *Kriegsfibel* »gibt sich deutlich als ein Buch der Aufklärung zu erkennen.«[13]

In Anlehnung an Oehlers Übersetzungen aus dem Griechischen schrieb Brecht seine Epigramme in fünfhebigen jambischen Versen mit Kreuzreim[14], auch wenn er sich hin und wieder Abweichungen von dem Grundschema erlaubte. Allerdings sollte man sich von der weitgehenden formalen Einheitlichkeit und von der übergreifenden Bezeichnung ›Fotoepigramm‹ nicht über den erstaunlichen Facettenreichtum der *Kriegsfibel* hinwegtäuschen lassen, der ihre Lektüre zu einem ungemein reizvollen und spannenden Unternehmen macht. Auffallend ist insbesondere die Vielfalt der Sprechsituationen und Sprechinstanzen, denn das Werk kennt kein einheitliches lyrisches Ich. Einige Epigrammtexte präsentieren sich als Rollenrede der abgebildeten Figuren oder Objekte – das können Einzelpersonen wie Adolf Hitler (Nr. 1) oder Kollektive wie die »Besatzung eines deutschen Bombers« (Nr. 15) sein, aber es kommen auch Städte (Nr. 16 und 17) und sogar ein Pferdestandbild zu Wort (Nr. 29).[15] In anderen Fällen artikulieren sich dagegen Figuren, die auf der Abbildung nicht zu sehen sind und deren Identität erschlossen werden muss (Nr. 5, 7, 32, 41 und 54). Bei beiden Varianten richtet sich die lyrische Rollenrede bisweilen unmittelbar an den Rezipienten. Eines der effektvollsten Epigramme gibt sich als Gespräch zwischen Göring und Goebbels, die auf dem zugehörigen Foto zu sehen sind (Nr. 27). Häufig hören wir die Stimme eines anonymen auktorialen

---

10 Ursula Heukenkamp: Den Krieg von unten ansehen. Über das Bild des zweiten Weltkrieges in Bertolt Brechts *Kriegsfibel*. In: Weimarer Beiträge 31 (1985), S.1294–1312, hier S.1303.
11 In der Forschung zur *Kriegsfibel* wurden Begriff und Tradition des Epigramms und des Emblems eingehend erörtert und zu den Brecht'schen Fotoepigrammen in Beziehung gesetzt. Vgl. Reinhold Grimm: Marxistische Emblematik. Zu Bertolt Brechts *Kriegsfibel*. In: Emblem und Emblematikrezeption. Vergleichende Studien zur Wirkungsgeschichte vom 16. bis 20. Jahrhundert. Hrsg. von Sibylle Penkert. Darmstadt 1978, S.502–542 [zuerst 1969], und Christian Wagenknecht: Marxistische Epigrammatik. Zu Bertolt Brechts *Kriegsfibel*. In: Emblem und Emblematikrezeption, S.543–559. In einer Replik auf Wagenknechts Kritik an seinem Ansatz weist Grimm zu Recht darauf hin, dass beide Formen nicht streng getrennt oder gar gegeneinander ausgespielt werden dürfen (Gehupft wie gesprungen. Eine kurze, doch notwendige Erwiderung. In: Brecht-Jahrbuch 1977, S.177–183). Alles in allem hat die Beschäftigung mit solchen Fragen das Verständnis der *Kriegsfibel* freilich kaum gefördert.
12 Vgl. vor allem die Fotoepigramme 1, 51, 52, 56 und 68.
13 Feddersen, S.390. Ebd., S.389f., finden sich genauere Ausführungen zu den genannten Motivkomplexen und ihrem Bedeutungshorizont.
14 Der GBFA-Kommentar spricht irrtümlicherweise von Knittelversen (vgl. 12, S.414), ebenso wie Jan Knopf, der daraus sogar Spekulationen über eine angebliche »›volkstümliche‹ Tradition« ableitet, in der er die Brecht'schen Epigramme sieht (Brecht-Handbuch. Lyrik, Prosa, Schriften. Eine Ästhetik der Widersprüche. Mit einem Anhang: Film. Stuttgart 1984, S.214).
15 Zitate aus der *Kriegsfibel* und Verweise auf einzelne Fotoepigramme werden hier nur durch die Angabe der jeweiligen Nummer belegt. Die Originalausgabe weist ohnehin keine zusätzliche Seitenzählung auf.

Ich, das die abgebildeten Personen anredet (Nr. 8, 39, 44, 68) oder in einen Dialog mit abgebildeten (Nr. 2, 34) oder nicht abgebildeten Figuren eintritt (Nr. 6), mehrfach aber auch einfach das auf dem Foto Dargestellte kommentiert, teils wiederum in direkter Wendung an den Leser (Nr. 3, 13, 14, 23, 47, 69). Schließlich begegnet noch die Kombination verschiedener Redeformen und -instanzen in einem einzigen Fotoepigramm (Nr. 18). Durch diesen unaufhörlichen Wechsel, der übrigens in einem starken Kontrast zu dem einheitlichen, nüchtern-distanzierten Ton der erläuternden Nachbemerkungen steht, wird auch die Aufmerksamkeit des Betrachters wachgehalten: Da er genötigt ist, sich bei jedem Fotoepigramm neu zu orientieren, kann sich keine einschläfernde Wahrnehmungsroutine einstellen. Erst gegen Ende tritt jenes auktoriale Ich verstärkt mit persönlichen Stellungnahmen und Appellen hervor, wobei es auf die Erkenntnisse aufbauen kann, die der Rezipient im Zuge seiner bisherigen Lektüre bereits erworben haben sollte.

Die Interpretation von Krieg und Faschismus, die Brecht in der *Kriegsfibel* entwickelt, wird demnach nicht in geschlossener Form und mit autoritärem Anspruch vorgelegt, sie muss vielmehr vom Leser selbst in konstruktiver Denkarbeit zusammengesetzt werden. Gleichwohl erweist sich diese Interpretation als ebenso umfassend wie konsistent.[16] In ihren wesentlichen Aspekten ist sie uns längst bekannt: Krieg stellt nach Brechts Überzeugung lediglich eine offen gewalttätige Form der Ausbeutung in einer Klassengesellschaft dar und dient folglich stets den Interessen der Mächtigen und Besitzenden. Die wahren Fronten der gesellschaftlichen Auseinandersetzungen verlaufen für ihn deshalb nicht zwischen verschiedenen Nationen, sondern zwischen Oben und Unten, Herrschenden und Beherrschten in *allen* (kapitalistischen) Ländern – eine Sicht der Dinge, die buchstäblich quer zu der üblichen und von der offiziellen Propaganda kriegführender Mächte proklamierten Auffassung steht. So erkennt Brecht sogar in den deutschen Soldaten, die im Dienst des NS-Regimes die halbe Welt verheeren, Geknechtete, die im Klassenkampf von ihren ›Herren‹ besiegt worden sind: Nach der von ihm vorgeschlagenen Definition ist Faschismus eine »Regierungsform, durch welche ein Volk so unterjocht werden kann, daß es dazu zu mißbraucht ist, andere Völker zu unterjochen« (27, S. 109). Diese Ausgebeuteten, die endlich ihre Lage begreifen und zu solidarischem Handeln gelangen sollen, dürfte er schon 1944/45 als die eigentlichen Adressaten seines Werkes im Auge gehabt haben.

Wie bereits angedeutet, schuf Brecht mit der *Kriegsfibel* ein sorgfältig komponiertes Kunstgebilde, das zahlreiche Bezüge zwischen seinen Elementen, also den einzelnen Fotoepigrammen, herstellt und den Betrachter somit auch auf dieser Ebene zu gedanklicher Aktivität, zum produktiven Studium herausfordert. Vielfach antwortet ein Fotoepigramm unmittelbar auf das vorangegangene, während sich in anderen Fällen weiter gespannte Korrespondenzen ergeben – es sei hier vorerst nur auf den Rahmen verwiesen, den die Stücke 1 und 69 bilden. Überdies fügen sich immer wieder mehrere Fotoepigramme zu größeren Einheiten zusammen, die ein gemeinsames Thema behandeln. Die Anordnung folgt weitgehend der Ereignischronologie vom spanischen

---

16 Dies ist gegen Jonathan J. Long einzuwenden, der unter Hinweis auf die strukturelle Komplexität des Werkes bestreitet, dass man ihm eine klare, weltanschaulich fundierte Zeitdiagnose entnehmen könne (Paratextual Profusion: Photography and Text in Bertolt Brecht's *War Primer*. In: Poetic Today 29 (2008), S. 197–224). Die subtilen didaktischen Strategien, über die Brecht seinen Rezipienten bestimmte Deutungs- und Erklärungsangebote vermittelt, sind allerdings mit dem verengten, starren Ideologiebegriff, den Long zugrunde legt, in der Tat nicht zu erfassen.

Bürgerkrieg bis zum deutschen Zusammenbruch im Jahre 1945, doch wird dieses Prinzip mehrfach durchbrochen. Einige Gruppen von Fotoepigrammen lassen sich sogar als förmliche Exkurse innerhalb des Werkganzen verstehen.

Das Foto von Nummer 1[17] zeigt Adolf Hitler, der mit beschwörender Geste, visionärem Gesichtsausdruck und nach oben gerichtetem Blick am Rednerpult steht. Folgende Verse sind ihm in den Mund gelegt:

> Wie einer, der ihn schon im Schlafe ritt
> Weiß ich den Weg, vom Schicksal auserkürt
> Den schmalen Weg, der in den Abgrund führt:
> Ich finde ihn im Schlafe. Kommt ihr mit?

Hitler pflegte für sich seherische Fähigkeiten und die Erwählung durch eine obskure höhere Macht in Anspruch zu nehmen. »Ich gehe mit traumwandlerischer Sicherheit den Weg, den mich die Vorsehung gehen heißt«, verkündete er zum Beispiel in einer Rede vom 14. März 1936.[18] Diesen Führermythos, den auch das Foto offenkundig zu inszenieren sucht, entlarvt das Epigramm als irrationalen Wahn, der in die Katastrophe münden wird, aber das geschieht nicht durch offenen Widerspruch, sondern durch die subtile Übernahme von Hitlers Denkweise mitsamt dem dazugehörigen Vokabular, die in der Rollenrede ihre angemessene Form findet. Das abschließende »Kommt ihr mit?« ist zunächst einmal eine – unterstellte – Frage des nationalsozialistischen Diktators an seine Landsleute. Dass sie ihm tatsächlich gefolgt sind und welche Konsequenzen dies hatte, demonstriert der Fortgang der *Kriegsfibel*. Zugleich richten sich die Worte aber an den Leser des Buches, der damit eingeladen wird, sich selbst jetzt noch einmal, nämlich in seiner Erinnerung oder Vorstellung, auf Deutschlands Weg »in den Abgrund« zu begeben und ihn, angeleitet durch das künstlerische Arrangement der Fotoepigramme, kritisch zu durchleuchten.

Die Folgsamkeit der Deutschen führte Brecht, der den Gedanken einer Kollektivschuld für abwegig hielt, keineswegs auf den überschäumenden Enthusiasmus breiter Bevölkerungsschichten für die nationalsozialistische Ideologie zurück. Das zweite Fotoepigramm deckt im Dialog des auktorialen Ich mit den abgebildeten Industriearbeitern ganz andere, materialistische und in der Klassenordnung der Gesellschaft verankerte Motive auf:

> »Was macht ihr, Brüder?« – »Einen Eisenwagen.«
> »Und was aus diesen Platten dicht daneben?«
> »Geschosse, die durch Eisenwände schlagen.«
> »Und warum all das, Brüder?« – »Um zu leben.«

Die Arbeiter lassen sich lediglich deshalb von der Rüstungsmaschinerie des Dritten Reiches einspannen, weil ihnen im Kapitalismus kein anderer Weg offen steht, ihren Lebensunterhalt zu sichern.[19] Die Dominanz der ökonomischen Besitz- und Produkti-

---

17 Da im Folgenden nur ausgewählte Fotoepigramme eingehend behandelt werden können, sei generell auf das einschlägige Kapitel bei Christiane Bohnert: Brechts Lyrik im Kontext. Zyklen und Exil. Königstein i.T. 1982, S. 255–285, verwiesen, das sämtliche 69 Epigramme mit einem knappen, aber meist sehr treffenden Kommentar versieht.
18 Max Domarus: Hitler. Reden und Proklamationen 1932–1945. Kommentiert von einem deutschen Zeitgenossen. Band I: Triumph. Zweiter Halbband: 1935–1938. München 1965, S. 606.
19 Dass es Hitler vornehmlich durch massive Aufrüstung gelang, die Massenarbeitslosigkeit in Deutschland zu bekämpfen, hatte Brecht schon in den dreißiger Jahren erkannt, wie unter anderem die *Deutsche Kriegsfibel* bezeugt.

onsverhältnisse über die menschlichen Individuen spiegelt sich ganz anschaulich in den Größenrelationen des Bildes wider, auf dem die Männer gegenüber den gigantischen Stahlplatten, mit denen sie hantieren, winzig wirken. Nur wenn die Bedingungen, unter denen Arbeit verrichtet wird, von Grund auf geändert würden, könnte sie wieder einen humanen Zweck erhalten, während sie jetzt gleich in doppelter Hinsicht widersinnig ist, da die Arbeiter einerseits Mordwerkzeuge fertigen, »[u]m zu leben«, andererseits neben dem Panzerwagen auch Geschosse bauen, die eben solche Gefährte zerstören sollen – das kapitalistische System, das in Brechts Augen wiederum die Basis des Faschismus bildete, hat mit der Produktivität das kostbarste Vermögen des Menschen von Grund auf pervertiert. Durch die Anrede »Brüder« solidarisiert sich das Sprecher-Ich mit den Arbeitern; es will dazu beitragen, ihnen und ihresgleichen ihre paradoxe, entfremdete Lage bewusst zu machen.

Während die beiden ersten Fotoepigramme eine kleine Exposition für den Band formen, indem sie, abgelöst von einzelnen historischen Geschehnissen, den Repräsentanten der Herrschenden und die Vertreter der Beherrschten vorstellen, beginnt mit den Nummern 3 und 4 der Durchgang durch die Ereignischronologie, die fortan den Leitfaden der *Kriegsfibel* abgeben wird. Sie thematisieren den spanischen Bürgerkrieg (1936–1939), an dessen Ende der Sieg der rechtsgerichteten Putschisten über die Republikaner und eine von General Franco etablierte faschistische Diktatur standen, die bis zu Francos Tod im Jahre 1975 dauern sollte. Die Vorgänge in Spanien wurden von den deutschen Exilanten mit größter Aufmerksamkeit verfolgt, da es dort erstmals zu einer offenen militärischen Konfrontation mit dem Faschismus kam, die umso brisanter war, als Hitler und Mussolini Francos Truppen durch die Entsendung von Schiffen und Flugzeugen tatkräftig unterstützten. In der von Brecht für die *Kriegsfibel* gewählten Anordnung erscheint der spanische Bürgerkrieg als Vorspiel und Auftakt jener noch weit größeren Katastrophe, die das Deutsche Reich am 1. September 1939 entfesselte.

Die deutschen Anfangserfolge in den sogenannten Blitzkriegen der Jahre 1939/40 behandelt ein Block von sechs Fotoepigrammen (Nr. 5–10): den »Einfall in Polen«, den »Überfall auf Norwegen« und den Westfeldzug mit dem »Einmarsch in Holland, Belgien und Frankreich«. Näher betrachtet sei die Nummer 8, die der in zahlreichen Epigrammen ausgesprochenen oder zumindest implizierten Kernthese der *Kriegsfibel* prägnanten Ausdruck verleiht – allerdings in Frageform, so dass die Ausformulierung der entscheidenden Einsicht dem Leser überlassen bleibt:

> Nach einem Feind seh ich euch Ausschau halten
> Bevor ihr absprangt in die Panzerschlacht:
> War's der Franzos, dem eure Blicke galten?
> War's euer Hauptmann nur, der euch bewacht?

Das Foto zeigt zwei deutsche Soldaten, die unter einem Eisenbahnwaggon hervorkriechen, um sich ins Gefecht zu stürzen; genauer zu erkennen ist im Vordergrund die Miene des einen Mannes, in der sich Spannung und Furcht zu mischen scheinen. Nicht »der Franzos«, so suggerieren die Verse, ist der wahre Gegner der einfachen Soldaten, sondern ihr eigener Befehlshaber als Repräsentant der herrschenden Klassen, für die der Krieg eigentlich geführt wird. Das ›Volk‹ lässt sich demnach täuschen und missbrauchen, wenn es in einem Krieg gegen andere Nationen mitkämpft, der ihm keine Vorteile bringen kann und daher sinnvollerweise durch den selbstbewusst geführten Klassenkampf ersetzt werden müsste. Diese Konsequenz benennt Brecht beispielsweise im *Lied gegen den Krieg* aus den *Svendborger Gedichten* – hier die erste Strophe:

> Der Prolet wird in den Krieg verladen
> Daß er tapfer und selbstlos ficht.
> Warum und für wen, wird ihm nicht verraten
> Für ihn selber ist es nicht.
> Dreck euer Krieg! So macht ihn doch allein!
> Wir drehen die Gewehre um
> Und machen einen andern Krieg
> Das wird der richtige sein.
> (12, S. 24 f.)

Der tatsächliche Verlauf der Fronten wird auch in der folgenden Gruppe von Epigrammen beleuchtet (Nr. 11–14), die am französischen Beispiel den Gegensatz zwischen dem »Volk« und den »Oberen« in den Blick nimmt. Das Foto von Nummer 13 zeigt Lion Feuchtwanger, der 1933 in Frankreich Zuflucht gefunden hatte, nach Kriegsausbruch aber mit vielen anderen antifaschistischen Exilanten von der dortigen Regierung interniert worden war. Der Vierzeiler dazu lautet:

> Er war zwar ihres Feindes Feind, jedoch
> War etwas an ihm, was man nicht verzeiht
> Denn seht: ihr Feind war seine Obrigkeit.
> So warfen sie ihn als Rebell ins Loch.

Die simple Maxime ›Der Feind meines Feindes ist mein Freund‹ gilt hier nicht mehr, weil die Herrschenden in Frankreich (»sie«) einem Mann, der sich gegen seine Regierung stellt, grundsätzlich misstrauen. Sie geben damit zu erkennen, dass der Gegensatz zwischen Oben und Unten, »Obrigkeit« und »Rebell« allemal schwerer wiegt als der nur vorgeschobene zwischen den verschiedenen Nationen. Dementsprechend führte Brecht den raschen Zusammenbruch Frankreichs im Juni 1940 auf Verrat und Kollaboration zurück: »Besiegt von Hitler und von unsern Obern«, präsentiert sich das französische Volk im elften Fotoepigramm. Die selbstverständliche Bereitschaft der Unterdrücker, über alle Grenzen hinweg zusammenzuarbeiten, um die kapitalistische Ausbeutung aufrechtzuerhalten, illustriert Nummer 14 anhand des Vichy-Regimes, dessen ›Programm‹ der Schlussvers zusammenfasst: »Herrschaft der Deutschen? Ja. Des Volkes? Nie.«

Dem mörderischen Luftkrieg, mit dem das NS-Regime 1940 England zu zermürben suchte, sind die Fotoepigramme 15 bis 21 gewidmet. Nummer 19 zeigt Menschen, die in der Londoner U-Bahn Schutz vor den Bombenangriffen suchen, und interpretiert ihre Lage folgendermaßen:

> Es war zur Zeit des UNTEN und des OBEN
> Als auch die Luft erobert war, und drum
> Verkroch viel Volk, als einige sich erhoben
> Sich unterm Boden und kam dennoch um.

Der erste Vers charakterisiert ganz allgemein die Epoche des Kapitalismus: Der Weltkrieg bildet für Brecht nur eine besondere Episode innerhalb dieses Zeitalters, das durch den Gegensatz der Klassen geprägt ist. Zugleich entrückt die Eingangsformel, in der das märchenhafte »Es war einmal ...« anklingt, jene »Zeit« in weite Ferne, womit eine verblüffende Historisierung der kapitalistischen Ära erreicht und eine Beobachterposition suggeriert wird, die bereits jenseits davon angesiedelt ist. Ähnlich wie etwa die Nummern 20, 42 und 49 verweigert der Vierzeiler provozierend eine Unterscheidung nach Nationen, die »zur Zeit des UNTEN und des OBEN« faktisch keine Rolle spielt, denn ›oben‹ sind die »Herren«, ›unten‹ steht das »Volk«, sei es nun in England, in Deutschland, in Italien oder in den umkämpften Ländern Asiens.[20] Dabei führt der Bombenkrieg, der die einfache Bevölkerung zwingt, sich während der Kämpfe der »Herren« unter der Erde zu verbergen, zu einer ganz buchstäblichen Konkretisierung der Oben-Unten-Dichotomie. Doch kündigt sich im zweiten Verspaar schon ein Ausweg an. Wer in seiner Position ›unten‹ verharrt und sich bloß ängstlich verkriecht, entrinnt seinem Schicksal nicht (»... und kam dennoch um«), aber »einige« haben sich statt dessen auch »erhoben« – wohl eine kryptische Anspielung auf das »Volk« der Sowjetunion. Der Bewegung des Sich-Erhebens kommt in dem räumlichen Vorstellungsfeld, das zuvor aufgebaut worden ist, eine eminente Bedeutung zu, zerstört sie doch die strikte Hierarchie der Klassengesellschaft und setzt damit deren fatale Zwänge außer Kraft. Offen wird Brecht die hier nur angedeutete welthistorische Alternative des Sozialismus nach sowjetischem Muster, die die »Zeit des UNTEN und des OBEN« beenden kann, erst sehr viel später in die *Kriegsfibel* einführen.

Als eine Art Scharnier in der Abfolge der Fotoepigramme fungiert die Nummer 22, die das Thema Luftkrieg fortführt, aber, wie die Bildunterschrift verrät, erstmals *deutsche* Opfer ins Blickfeld rückt (1942 hatte die Royal Air Force ihrerseits mit massiven Angriffen auf Großstädte im Reich begonnen).[21] Außerdem leitet dieses Epigramm mit dem abschließenden Hinweis auf die Verantwortlichen für Krieg und Leid den folgenden größeren Abschnitt des Werkes ein. Das Foto zeigt eine Frau, die in den Trümmern ihres zerbombten Hauses umherirrt und, Brechts Interpretation zufolge, nach ihren verschollenen Angehörigen forscht:

---

20 In einigen Fällen liefern die Nachbemerkungen zu den Epigrammen zwar die entsprechenden Informationen, aber deren Ausblendung in den Vierzeilern wird dadurch eher noch unterstrichen. So erfährt der Leser, dass unter den drei Heeren, von denen in Nummer 49 mit Blick auf die Kämpfe in Sizilien die Rede ist, Italiener, Deutsche und US-Amerikaner zu verstehen seien (vgl. Kap. 12, S.421). Um so irritierender wirkt es jedoch, wenn das Sprecher-Kollektiv – nach dem Foto muss es sich wohl um die einfache italienische Landbevölkerung handeln – alle drei Armeen gleichermaßen als »fremd« bezeichnet. Selbst die Truppen der eigenen Nation werden von den ›Unteren‹ als fremde Macht empfunden, da ja auch sie für die »Herren« kämpfen!

21 W.G. Sebald, der in seinem vieldiskutierten Essay *Luftkrieg und Literatur* die These vertritt, die deutschen Schriftsteller hätten sich der notwendigen Auseinandersetzung mit den Bombenangriffen auf die Großstädte in ihrem Land entzogen, lässt die *Kriegsfibel* unberücksichtigt, obwohl sie eine Fülle von Material zu den Verheerungen des Luftkriegs bietet. Allerdings bettet Brecht die Zerstörung der deutschen Städte in den weiteren Zusammenhang des Nationalsozialismus und des Zweiten Weltkriegs ein, während Sebald diesen Kontext fast völlig ausblendet und zum Beispiel erst ganz am Ende seiner Schrift wenigstens flüchtig auf den Umstand zu sprechen kommt, »daß wir die Vernichtung der Städte, in denen wir einst lebten, geradezu provozierten« (Luftkrieg und Literatur. Mit einem Essay zu Alfred Andersch. München u.a. 1999, S.119). In der Gegenüberstellung mit Sebalds äußerst fragwürdiger Auffassung von Authentizität, deren Ideal der ungefilterte Erlebnisbericht der Zeitzeugen ist, tritt die analytische Leistung der Brecht'schen Fotoepigramme umso eindrucksvoller hervor.

Such nicht mehr, Frau: du wirst sie nicht mehr finden!
Doch auch das Schicksal, Frau, beschuldige nicht!
Die dunklen Mächte, Frau, die dich da schinden
Sie haben Name, Anschrift und Gesicht.

Brecht hielt es für verfehlt, politisch-gesellschaftliche Konflikte und ihre Folgen als dunkles Verhängnis zu deuten, dem der Mensch hilflos ausgeliefert sei. »Der Faschismus ist keine Naturkatastrophe«, heißt es zum Beispiel in *Fünf Schwierigkeiten beim Schreiben der Wahrheit* (22.1, S. 79). Dass dies für ihn kein rein theoretisches Problem war, wissen wir bereits[22]: Derartige Auffassungen schienen ihm gefährlich, weil sie die betreffenden Phänomene jeder bewussten Einflussnahme entrücken und folglich keine Anleitung für eingreifendes Handeln bieten – im Gegensatz zu seinem eigenen Verständnis der faschistischen Diktatur als einer radikalisierten Form kapitalistischer Ausbeutung. So beharrt dieses Epigramm darauf, dass historische Prozesse mit all ihren Auswirkungen als Ergebnisse menschlichen Tuns zu begreifen sind und dementsprechend auch durch Menschen verändert werden können. Nüchternes Denken und zielstrebiges Aufbegehren gegen Unrecht und Gewalt sollen den dumpfen Fatalismus ersetzen, der alle Schrecken der Zeit als vermeintlich unausweichliches »Schicksal« hinnimmt.

Namen und Gesichter der »dunklen Mächte«, die hinter Ausbeutung, Krieg und Terror stehen, werden dann in den Fotoepigrammen 23 bis 32 vorgeführt. Hitler, Göring, Goebbels und eine ganze Reihe deutscher Generäle ziehen vor den Augen des Betrachters vorbei, aber auch Kirche (Nr. 31) und Industrie (Nr. 32) sind in den nationalsozialistischen Herrschaftsapparat verstrickt. Mit der »Reichskanzlei« benennt Nummer 29 sogar tatsächlich eine konkrete »Adresse« der mörderischen Gewalten. Außerdem begegnet man in diesem Zusammenhang wider Erwarten dem Sozialdemokraten Gustav Noske, der boshafterweise zwischen Hitler und Göring platziert worden ist (Nr. 24). Noske, der um die Jahreswende 1918/19 als selbsternannter »Bluthund« die gewaltsame Niederschlagung linksgerichteter Demonstrationen in Berlin geleitet hatte, galt Brecht als Symbolfigur für den Verrat der SPD an der deutschen Novemberrevolution und damit als einer der Wegbereiter des Nationalsozialismus. Ursprünglich gab es übrigens ein weiteres Fotoepigramm, das aus demselben Grund und in nicht weniger scharfen Worten den damaligen SPD-Vorsitzenden und späteren Reichspräsidenten Friedrich Ebert attackierte (vgl. 12, S. 282). Es erregte in der DDR allerdings Anstoß und wurde von Brecht vor dem Druck der *Kriegsfibel* aus dem Konvolut herausgenommen.

Die Epigramme 33 bis 37 zeichnen die weitere Ausdehnung der deutschen Operationen und Raubzüge nach: 1941 fallen die Truppen in Russland, Lappland und Nordafrika ein. Die Nummern 33, 34 und 36 machen dabei noch einmal deutlich, dass die Soldaten der Wehrmacht nicht nur Täter, sondern auch selber Opfer des nationalsozialistischen Regimes sind; Hinweise auf erste Rückschläge und Niederlagen für die deutschen Aggressoren bereiten überdies die Wende des Kriegsverlaufs vor. Das Fotoepigramm 37, mit dem schlichten Wort »Afrika« überschrieben, personifiziert diesen Erdteil, einer langen ikonographischen Tradition folgend, in der Gestalt einer

---

[22] Vgl. dazu das Kapitel »Finstere Zeiten: Der Kampf gegen den Faschismus«.

dunkelhäutigen Frau und kleidet den Kampf der europäischen Großmächte um die Vorherrschaft in das Bild einer Vergewaltigung:

> Die Herren raufen um dich, schöne Schöpfung,
> Und rasend stoßen sie sich aus den Schuhn.
> Denn jeder rühmt sich kundiger der Schröpfung
> Und mehr im Rechte, dir Gewalt zu tun.

Wieder fällt die undifferenzierte Rede von den »Herren« auf, die die Engländer, deren Truppen in Nordafrika dem deutschen General Rommel gegenüberstanden, mit ihren Gegnern auf eine Stufe stellt. Brecht weigerte sich, einen kategorialen Unterschied zwischen dem nationalsozialistischen Deutschland und den Westalliierten anzunehmen, denn solange nur kapitalistische Staaten um Einflussgebiete, Rohstoffquellen und Absatzmärkte rangen, waren in seinen Augen alle Kriegsparteien prinzipiell vom gleichen Schlage. Das Fotoepigramm 38 bestätigt diese Sichtweise, indem es den britischen Premierminister Churchill in Gangster-Pose vorführt und so die von Brecht postulierte Strukturgleichheit von Kapitalismus und Faschismus unterstreicht.[23]

Die Epigramme zum deutschen Afrikafeldzug und zum Kampf mit dem britischen Kolonialreich schaffen einen Übergang zu den außereuropäischen Teilnehmern und Schauplätzen des Zweiten Weltkriegs: Der Block mit den Nummern 39 bis 47 gilt dem pazifischen Krieg zwischen Japan und den USA, in den im südostasiatischen Raum auch Großbritannien verwickelt war. Neben die hemmungslose Brutalität, mit der die Auseinandersetzung auf beiden Seiten geführt wurde, stellt Brecht auch einige hoffnungsvoll stimmende Gesten der Freundlichkeit (Nr. 43 und 46). Zu den komplexesten Stücken der *Kriegsfibel* zählt das Fotoepigramm 47, bei dem die Bildunterschrift eine zentrale Rolle spielt, weil sich der Vierzeiler vorrangig auf sie bezieht: »Ein amerikanischer Soldat steht über einem sterbenden Japaner, den zu erschießen er gezwungen war. Der Japaner hatte sich im Landungsboot versteckt und auf U.S.-Truppen gefeuert.« Dazu der lyrische Kommentar:

> Es hatte sich ein Strand von Blut zu röten
> Der ihnen nicht gehörte, dem noch dem.
> Sie waren, heißt's, gezwungen, sich zu töten.
> Ich glaub's, ich glaub's. Und frag nur noch: von wem?[24]

Die Eingangszeile rückt den Strand der pazifischen Insel in die Position eines Subjekts, dem es auferlegt ist, sich »von Blut zu röten« – hier waltet offenbar ein übermächtiges, undurchschaubares Schicksal, während Menschen allenfalls indirekt durch das Wort »Blut« und damit auch nur als namenlose Opfer ins Spiel kommen. Indem er eine unpersönliche Formulierung wählt, übernimmt Brecht die Tendenz der Bildunterschrift, mit sprachlichen Mitteln menschliche Verantwortung zu eskamotieren (»den zu erschießen er gezwungen war«), aber im Gegensatz zu seinem Bezugstext drückt er sich

---

23 Schon in dem Stück *Der Aufstieg des Arturo Ui* hatte Brecht das Gangstermilieu als Folie für eine entlarvende Darstellung des Nationalsozialismus verwendet.
24 Eine sorgfältige Detailanalyse dieses Fotoepigramms bietet Anya Feddersen: Kriegsfibel 47. »Sie waren, heißt's, gezwungen, sich zu töten«. In: Gedichte von Bertolt Brecht. Interpretationen. Hrsg. von Jan Knopf. Stuttgart 1995, S. 148–160.

dabei so auffallend ungelenk und befremdlich aus, dass der Leser bereits an dieser Stelle beginnen dürfte, sich über die vermeintliche Zwangsläufigkeit des Vorgangs zu wundern. Die beiden Soldaten werden erst im zweiten Vers genannt, der sie jedoch nicht klar unterscheidet, ganz im Gegensatz zur Bildunterschrift, die die jeweilige Nationalität genau angibt (und übrigens im englischen Original für den Japaner das herabsetzende Wort »jap« verwendet). Wichtig ist dem Epigrammtext vielmehr ihre Gemeinsamkeit, die darin besteht, dass sie beide auf diesem Strand eigentlich nichts zu suchen haben, da er ihnen »nicht gehört«. Zeile 3 spricht einmal mehr von der schicksalhaften Notwendigkeit des Blutvergießens, wobei das eingeschobene »heißt's« auf die Bildunterschrift verweist, zugleich aber schon eine behutsame Distanzierung des Sprecher-Ichs andeutet. Eine Differenzierung zwischen den Beteiligten wird weiterhin demonstrativ verweigert, denn die Wendung »Sie waren [...] gezwungen, sich zu töten« hebt die in Bild und Beischrift deutlich markierte Unterscheidung von Täter und Opfer, Sieger und Besiegtem auf.

Im letzten Vers nimmt der Sprecher die erwähnte vorsichtige Distanzierung mit einem beschwichtigenden »Ich glaub's, ich glaub's« zunächst wieder zurück, lässt aber dann die durch einen Punkt deutlich abgesetzte irritierende Schlussfrage folgen. Sie verfremdet den scheinbar selbstverständlichen Zwang zum Töten im Krieg, indem sie die Aufmerksamkeit des Lesers von der konkreten Gefechtssituation, die Foto und Bildunterschrift fokussieren, auf die Hintermänner und die gesellschaftlichen Triebkräfte der militärischen Aktionen lenkt, die es zu durchschauen und zu beseitigen gilt. Appelliert der englische Begleittext implizit an die Einsicht der Rezipienten, dass ein Soldat in der Schlacht eben genötigt sein kann, einen anderen zu töten, wenn er nicht selbst sterben will, so verlangt der Sprecher des Epigramms zu wissen, wie und wodurch Menschen überhaupt in die Lage geraten, einander im Dienst fremder Interessen zu bekämpfen. Die Antwort geht aus der *Kriegsfibel* in ihrer Gesamtheit hervor: Schuld sind die Herrschafts- und Abhängigkeitsstrukturen der kapitalistischen Ordnung, die immer wieder Kriege als potenzierte Fortsetzung der alltäglichen Ausbeutung hervorbringen.[25] Japanische wie amerikanische Soldaten werden so lange hilflose Opfer dieses Zwangs bleiben, bis sie anfangen, über die von dem Fotoepigramm aufgeworfene Frage nachzudenken – daher sieht der Vierzeiler keinen Grund, sie voneinander zu unterscheiden.

Das Epigramm 48, das die Leiden jüdischer Flüchtlinge thematisiert und damit zu den vergleichsweise wenigen Werken gehört, in denen sich Brecht zumindest am Rande mit der nationalsozialistischen Judenvernichtung beschäftigt, verschiebt die Perspektive wieder auf Europa, wo Amerikaner und Engländer 1943 zum Angriff auf die Achsenmächte übergingen. Die Nummern 49 bis 53 beleuchten die Invasion in Italien und die Landung der alliierten Truppen in der Normandie am 6. Juni 1944, dem berühmten »D-Day«. Für Brecht stellen diese Vorgänge freilich keinen wirklichen historischen Einschnitt dar, da sich mit ihnen nur der gewaltsame Konkurrenzkampf der Ausbeuterstaaten fortsetzt. So besteht für die einfache Bevölkerung Siziliens kein nennenswer-

---

25 Die zusammenfassende Nachbemerkung zu den Fotoepigrammen, die den pazifischen Krieg behandeln, betont denn auch die ökonomischen Motive dieses Konflikts: »Das schwer gerüstete Japan schickte sich an, in Asien und im Pazifik die weißen Kolonialherren abzulösen und selbst Gewinn aus den reichen Rohstoffquellen zu ziehen« (12, S. 420).

ter Unterschied zwischen deutschen Besatzern, US-amerikanischen Landungstruppen und der italienischen Armee (Nr. 49)[26], und das Fotoepigramm 50 zeigt, wie sich an die Befreiung vom Faschismus bruchlos die Restauration alter Machtverhältnisse anschließt, flankiert durch wirtschaftliche Maßnahmen, die nach Brechts Auffassung den amerikanischen Einfluss in Europa sichern sollten: »Wir bringen Mehl und einen König, nehmt!«[27] Da verwundert es nicht, dass die *Kriegsfibel* schließlich auch die Invasion in der Normandie als anti-sowjetischen Schachzug der Westalliierten interpretiert (Nr. 53):

> In jener Juni-Früh nah bei Cherbourg
> Stieg aus dem Meer der Mann aus Maine und trat
> Laut Meldung gen den Mann an von der Ruhr
> Doch war es gen den Mann von Stalingrad.

Brecht war seit langem überzeugt, dass Amerikaner und Engländer die Eröffnung einer zweiten Front in Europa bewusst hinauszögerten, um die Hauptlast des Krieges gegen Deutschland auf die Sowjetunion abzuwälzen. Schon am 30. Juni 1942 beschuldigte er in seinem Journal die britische Regierung unter Churchill der Untätigkeit und nannte ihre zurückhaltende »Zweitfrontpolitik« eine »militärische Fortführung der diplomatischen Münchenpolitik« (27, S.110) – in Anspielung auf das 1938 geschlossene Münchner Abkommen zwischen England, Frankreich, Deutschland und Italien, das er seinerzeit bereits auf die Absicht der Westmächte, die deutschen Expansionsgelüste gegen die Sowjetunion zu lenken, zurückgeführt hatte. Er hielt es nur für folgerichtig, dass die westlichen Alliierten ihre Taktik änderten, sobald die deutsche Niederlage im Osten feststand, da ihnen jetzt daran gelegen sein musste, der drohenden Ausweitung des kommunistischen Machtbereichs zu begegnen. Deshalb richtete sich die Offensive vom Juni 1944 in seinen Augen nur vordergründig gegen die deutsche Wehrmacht – »den Mann [...] von der Ruhr« –, in Wahrheit aber gegen die nach Westen vorrückenden Sieger der Schlacht von Stalingrad.[28] So sah er schon im Endstadium der Kämpfe gegen das NS-Regime die Konstellation des Kalten Krieges angelegt.

Zugleich kündigt sich mit dem letzten Wort dieses Epigramms 53 etwas ganz Neues an. Bislang war in der *Kriegsfibel* nämlich nur ein einziges Mal ausdrücklich von der Sowjetunion die Rede, als der Überfall auf sie – eher beiläufig – in die Reihe der deutschen Angriffskriege eingeordnet wurde (Nr. 33). Jetzt aber, gewissermaßen ausgelöst durch die Erwähnung Stalingrads, bringen die Nummern 54 bis 62 eine Rückblende, die den deutschen Vormarsch im Osten seit Juni 1941, sein Scheitern und den Sieg der Sowjettruppen ausführlich nachzeichnet. Das Epigramm 54 erweist sich dabei als das geheime Zentrum, als Dreh- und Angelpunkt des ganzen Bandes:

> Doch als wir vor das rote Moskau kamen
> Stand vor uns Volk von Acker und Betrieb
> Und es besiegte uns in aller Völker Namen
> Auch jenes Volks, das sich das deutsche schrieb.

---

26 Brecht hat hier sicherlich mit Bedacht ein Foto ausgesucht, in dem ein amerikanischer General in der lässigen Pose des großen Herrn neben einem zerlumpten Bauern steht. Assoziationen zu einer wirklichen *Befreiung* kommen bei diesem Anblick gar nicht erst auf.
27 Vgl. dazu die einschlägige Nachbemerkung (12, S.421).
28 Breiter entwickelt wird diese Deutung in der Nachbemerkung zum Epigramm (12, S.421).

Das einleitende »Doch« markiert zunächst einmal die militärische Wende des Krieges: Die bis dahin schier unaufhaltsam vorrückenden deutschen Streitkräfte werden im Winter 1941/42 vor Moskau erstmals zurückgeworfen; es ist, wie sich im Rückblick zeigt, der Anfang vom Ende des Dritten Reiches. Darüber hinaus aber verweist das Wort auf eine neue *Qualität* der Kriegshandlungen, denn jetzt geht es erstmals nicht mehr um einen Streit zwischen verschiedenen kapitalistischen »Herren«, den irregeführte arme Teufel austragen müssen, sondern um die Selbstverteidigung des in der Sowjetunion zur Macht gelangten Proletariats. Auf der Ebene der Nationen kennt die *Kriegsfibel* nur einen einzigen echten Gegensatz, und zwar den zwischen der sozialistischen Sowjetunion und sämtlichen anderen Ländern, in denen nach wie vor die kapitalistische Ordnung herrscht. In der militärischen Konfrontation des Sowjetreichs mit Hitler-Deutschland nimmt der Antagonismus der Klassen ausnahmsweise die Gestalt eines zwischenstaatlichen Konflikts an. Einzig das sowjetische Volk kämpft wirklich für sich selbst und damit letztlich für die Freiheit aller Menschen vom Joch der kapitalistischen Unterdrückung.[29]

Konsequenterweise hat Brecht ein Foto gewählt, das Partisanen in einfachster Aufmachung, nicht aber Soldaten der regulären Roten Armee zeigt. Obendrein sehen wir einen Mann und eine Frau im gemeinsamen Kampfeinsatz – gleichfalls ein Novum, denn bis dahin wurden Frauen ausschließlich als hilflose Opfer des Krieges, besonders des Bombenterrors vorgeführt. So suggeriert das Fotoepigramm spontanen Widerstand des ›einfachen Volkes‹, das unmittelbar »von Acker und Betrieb« herbeigeeilt ist, um mit der Waffe in der Hand seine Produktionsstätten zu schützen. Die dazugehörige Nachbemerkung spricht von »Frauen und Männer[n] jeden Alters«, die »nicht für fremde Interessen […], sondern für ihre eigenen« in den Kampf gezogen seien (12, S. 421).

Diese Sicht auf die Sowjetunion und ihre Rolle im Weltkrieg behält die *Kriegsfibel* fortan bei. Sie bedingt unter anderem die wohl auffälligste Aussparung des ganzen Werkes: Die Person Stalins erscheint weder im Bild noch im Text, weder in den Fotoepigrammen noch in den Nachbemerkungen. Ganz abgesehen von Brechts zwiespältiger Haltung gegenüber dem sowjetischen Diktator[30], hätte dessen Erwähnung auch nicht in das Interpretationsraster der Fibel gepasst, die die Niederwerfung des Nationalsozialismus als eine Tat des proletarischen Kollektivs darstellt, eben jener vielbeschworenen ›Unteren‹, die sich in der Sowjetunion, wie Brecht glaubte, endlich zu Herren ihres eigenen Schicksals gemacht hatten. In diesem Sinne hat man das »Volk« zu verstehen, das im zweiten Vers von Nummer 54 als neue geschichtsbestimmende Macht auf den Plan tritt. Im Folgenden kommen jedoch auch andere Bedeutungsaspekte dieses Wortes ins Spiel, denn die dritte Zeile nähert den Volksbegriff durch die Verwendung der Pluralform dem der Nation an. Die Trennlinien zwischen verschiedenen Völkern werden dabei allerdings aufgehoben, da die sowjetischen Arbeiter und Bauern ja für die Unterdrückten der ganzen Welt den Sieg erringen. Der letzte Vers lässt schließlich den

---

29 Von einer grundsätzlichen pazifistischen Tendenz der *Kriegsfibel* kann demnach keine Rede sein. Es gibt für Brecht durchaus Formen eines *gerechten* Krieges, so wie er auch das gewaltsame Aufbegehren der ausgebeuteten proletarischen Klasse gegen die herrschenden Verhältnisse stets als legitim erachtete.
30 Vgl. dazu das Kapitel »Brecht und der Sozialismus«.

von den Nationalsozialisten propagierten, nationalistisch-rassistisch gefärbten Volksbegriff anklingen, der die Überhebung des vermeintlichen deutschen Herrenvolkes über jedes andere impliziert. Durch den sowjetischen Sieg, so hat man die Zeile wohl zu verstehen, werden die Deutschen von ihrer fatalen Hybris geheilt und erhalten die Chance, sich wieder gleichberechtigt in den Kreis »aller Völker« einzufügen.

Für Brecht erreichte die Entfremdung, in die das deutsche Proletariat unter der Herrschaft von Kapitalismus und Faschismus geraten war, mit dem Russlandfeldzug einen traurigen Höhepunkt, weil die Arbeiter jetzt gegen ihre eigene ideelle Heimat – bekanntlich das »Vaterland aller Werktätigen«! – in den Krieg getrieben wurden. Schon die Nachbemerkung zu Fotoepigramm 33 streicht den Widersinn heraus: »Deutsche Arbeiter und Bauern, seit acht Jahren im braunen Joch, mußten hinausziehen und gegen ein Land kämpfen, in dem ihre eigene Klasse regierte. Sie kämpften gegen sich selbst« (12, S. 420). Die entscheidende Niederlage erlitten sie also nicht vor Moskau oder Stalingrad, sondern schon vorher im eigenen Lande, wie Nummer 57 konstatiert (das Bild zeigt einige verstreut am Boden liegende Soldatenhelme):

> Seht diese Hüte von Besiegten! Und
> Nicht als man sie vom Kopf uns schlug zuletzt
> War unsrer bittern Niederlage Stund.
> Sie war, als wir sie folgsam aufgesetzt.[31]

Die dem sowjetischen Sieg zu verdankende Erlösung vom »braunen Joch« eröffnet den Deutschen aber die Möglichkeit, ihre Verirrung zu durchschauen. So drückt Nummer 56 in einem kunstvollen Spiel mit den Motiven Blindheit und Sehen, Verblendung und Erkenntnis die Erwartung aus, gerade der im Kampf vor Moskau um sein Augenlicht gekommene Mann werde jetzt die tieferen Zusammenhänge seines Schicksals »verstehn« können, und die Fotoepigramme 54 und 57 nehmen die befreiende Bewusstwerdung des deutschen Volkes in der Sprechsituation ihrer Verse bereits hoffnungsvoll vorweg, indem sie den zur Einsicht gelangten Soldaten des Dritten Reiches selbst das Wort erteilen.

Bilder der deutschen Katastrophe und des sowjetischen Triumphs, aber auch der Leiden der Bevölkerung im Osten wechseln in den Nummern 58 bis 62 miteinander ab. Auffallend ist hier das schon früher erwähnte zunehmende Hervortreten des auktorialen Ich, das sich immer häufiger mit Kommentaren, Appellen und Warnungen zu Wort meldet. Im Vierzeiler von Nummer 59 spricht es eine auf dem Foto abgebildete Frau an, die über dem Leichnam ihres von den Deutschen ermordeten Sohnes förmlich zusammenbricht:

> Und alles Mitleid, Frau, nenn ich gelogen
> Das sich nicht wandelt in den roten Zorn
> Der nicht mehr ruht, bis endlich ausgezogen
> Dem Fleisch der Menschheit dieser alte Dorn.

---

31 Dasselbe besagt der Vierzeiler von Nummer 33. Der »im fernen Kaukasus« gefallene »schwäbische Bauernsohn«, der hier von jenseits des Grabes zu den Lesern spricht, erkennt: »Besiegt ward ich vor Jahr und Tag in Schwaben.«

Bloßes Mitgefühl bleibt wirkungslos, solange es nicht zum tätigen Handeln führt, das die Ursachen unmenschlicher Zustände beseitigt, in diesem Falle also den »alte[n] Dorn« von Krieg und Gewalt entfernt, der die Menschheit seit jeher quält. Dass eine solche Abhilfe allein im sozialistischen Engagement zu finden wäre, signalisiert das Farbattribut »rot«. Nach Brechts Überzeugung kann nur der Sozialismus die Welt von gewalttätigen Konflikten befreien, die ja letztlich, wie die *Kriegsfibel* durchgängig verkündet, stets auf Klassengegensätze und die Ausbeutung von Menschen durch Menschen zurückzuführen sind.

Den Endpunkt der dem deutsch-sowjetischen Krieg gewidmeten Reihe markiert das Epigramm 62, dessen Foto einen von Kindern umgebenen Soldaten der siegreichen Roten Armee zeigt – ein Bild von wehrhaftem Frieden und einer wiedergewonnenen Eintracht, in die das Sprecher-Ich auch die Kinder seines eigenen, des deutschen Volkes einbezogen sehen möchte. Das grausige Gegenstück dazu bildet die Nummer 63, die Kinder verschiedener Nationalität als die erbarmungswürdigsten Opfer des Weltkriegs präsentiert. Eine letzte Gruppe von Epigrammen stellt dann die Frage nach der Zukunft Europas und zumal Deutschlands nach der Zerschlagung des nationalsozialistischen Regimes (Nr. 64–69). Beim Blick auf die Fotos könnte man meinen, dass diese Partie der *Kriegsfibel* vorwiegend zusammenfassenden und abschließenden Charakter habe: Geschlagene deutsche Soldaten sitzen erschöpft da (Nr. 64), die Städte des Landes liegen in Trümmern (Nr. 65 und 67), französische Kriegsgefangene ziehen heimwärts (Nr. 66). Aber die beigefügten Verse beugen immer wieder gezielt diesem Eindruck vor, indem sie darauf insistieren, dass mit der militärischen Niederwerfung der faschistischen Diktatur wenig gewonnen ist, solange die Strukturen der kapitalistischen Klassengesellschaft bestehen bleiben. Für die Soldaten der Wehrmacht käme es darauf an, jetzt trotz aller vorangegangenen Strapazen entschlossen den Kampf für ihre wahren Interessen aufzunehmen – »Oh hättet ihr, nun für euch selbst zu kämpfen / Ein Zehntel eurer Kraft noch, Kampfesmüde« (Nr. 64) –, um künftig nicht mehr »zum blinden Welterobern / Zur Knechtschaft am Joch oder unterm Joch« missbraucht zu werden (Nr. 68). Das auktoriale Ich ermahnt die ehemaligen Kriegsgefangenen, die in ein kapitalistisches Land zurückkehren werden, sich »nicht selbst schon für befreit« zu halten (Nr. 66), und appelliert an die »Völker«, endlich die »unerklärliche Geduld« mit ihren »Herren« abzulegen (Nr. 67). Beispielhaft verknüpft das letzte Fotoepigramm des Bandes Resümee und Ausblick, Belehrung und Warnung miteinander:

Das da hätt einmal fast die Welt regiert.
Die Völker wurden seiner Herr. Jedoch
Ich wollte, daß ihr nicht schon triumphiert:
Der Schoß ist fruchtbar noch, aus dem das kroch.

Ein Hitlerbild hat die *Kriegsfibel* eröffnet, ein Hitlerbild beschließt sie: Mit verzerrten Gesichtszügen, weit aufgerissenem Mund und herrischer Geste sieht man erneut den Führer als Redner dastehen. Der Vierzeiler von Nummer 1 ließ ihn allerdings als Subjekt der Aussage direkt zu Wort kommen und im Präsens sprechen, wodurch sich der Betrachter in die Zeit des Nationalsozialismus zurückversetzt fühlen konnte, um den »Weg, der in den Abgrund führt«, in Gedanken noch einmal zu beschreiben. Jetzt hingegen wird über Hitler als Objekt und in der Vergangenheitsform geredet, zudem im Ton hasserfüllter Verachtung (»Das da«) – das vorläufige Ende des Erinnerungsgangs durch die jüngste Geschichte und des Lernprozesses für den Leser ist erreicht. Indes macht das noch in den zweiten Vers gezogene »Jedoch«, dessen Gewicht durch seine isolierte Stellung verstärkt wird, jeden Anflug von Erleichterung und Selbstzufriedenheit nach dem Sturz des Dritten Reiches zunichte. Es leitet eine Mahnung für die Zukunft ein, in der die schreckliche Vergangenheit jederzeit wieder lebendig werden kann, wenn nichts Einschneidendes geschieht. Der mittlerweile durch 68 Fotoepigramme umfassend belehrte Rezipient dürfte in der Lage sein, den weiterhin fruchtbaren »Schoß« des Unheils mit der kapitalistischen Gesellschaftsordnung von ›Oben‹ und ›Unten‹ zu identifizieren, deren völlige Umwälzung allein künftig Sicherheit vor Ausbeutung, Krieg und Faschismus bieten würde.[32]

Die *Kriegsfibel* erweist sich als musterhafte Umsetzung von Brechts Realismus-Konzept: Die Belehrung, die sie anbietet, soll den Leser befähigen, seine Lebenswelt nicht nur zu verstehen, sondern auch umzugestalten; sie soll und muss *praktisch* werden. Aus der Distanz von über fünfzig Jahren ist zwar eine skeptische Beurteilung von Brechts Thesen geboten, die in ihrer Reduktion des Faschismus auf Klassenverhältnisse und ökonomische Ausbeutung gewiss zu weit gehen und viele aus heutiger Sicht notwendige Differenzierungen außer acht lassen.[33] Gleichwohl sollte man die Anstöße zum Nachdenken über die Ursprünge von Krieg und Gewalt, die von seinen Fotoepigrammen nach wie vor ausgehen, nicht gering schätzen. Vor allem aber bleibt die von Brecht angestrebte kritisch reflektierte ›Kunst der Betrachtung‹ in unserem Zeitalter einer unaufhörlich anschwellenden medial vermittelten Bilderflut, die das menschliche Fassungs- und Deutungsvermögen vor immer größere Herausforderungen stellt, unverändert aktuell. Nicht ohne Grund ist das wissenschaftliche Interesse an der *Kriegsfibel*, die 1984 noch als »Stiefkind der Forschung« galt[34], in jüngerer Zeit geradezu sprunghaft gewachsen.

---

32 Die Rahmenkonstruktion des Bandes, mit der Hitler so stark in den Vordergrund rückt, birgt freilich auch Gefahren, weil sie unter Umständen einer personalisierenden Geschichtsauffassung Vorschub leistet, die den Intentionen der *Kriegsfibel* strikt zuwiderläuft. Beispielsweise schreibt Theo Stammen in seinem Kommentar zum 69. Fotoepigramm: »Daß es dahin hat kommen können oder gar müssen, das ist nicht nur für Brecht im wesentlichen eines Mannes Schuld: Adolf Hitlers!« (Brechts *Kriegsfibel*. Politische Emblematik und zeitgeschichtliche Aussage. In: Brechts Lyrik – neue Deutungen. Hrsg. von Helmut Koopmann. Würzburg 1999, S.101–141, hier S.138). Die verführerische Suggestivkraft des Mediums Fotografie ist offenbar durchaus imstande, alle Bemühungen der Brecht'schen Epigramme um ein differenziertes sozioökonomisches Verständnis des Faschismus zu überspielen.
33 Vgl. dazu ausführlich das Kapitel »Finstere Zeiten: Der Kampf gegen den Faschismus«.
34 Knopf: Brecht-Handbuch. Lyrik, Prosa, Schriften, S.216.

Kapitel 13
Kinderlieder

Der Übergang von Brechts *Kriegsfibel* ausgerechnet zur Gattung des Kinderlieds mag ein wenig gewaltsam anmuten – und außerdem: Fanden Gedichte für Kinder überhaupt Platz im Schaffen eines Autors, der in so hohem Maße an Gesellschaftskritik und politischem Engagement interessiert war? Aber Brecht hat in der Tat eine beträchtliche Anzahl solcher Texte geschrieben, und bei näherer Betrachtung schwindet auch ihre vermeintliche Distanz zu den übrigen Teilen seines Werkes rasch dahin, denn Lyrik für Kinder passt im Grunde vortrefflich in das poetologische Konzept eines Schriftstellers, der sich in erster Linie als *Lehrer* verstand. Übrigens entwarf er auch einige seiner dramatischen Schöpfungen eigens für kindliche Rezipienten oder Darsteller. Den *Flug der Lindberghs* nannte er »Radiolehrstück für Knaben und Mädchen«, der *Jasager* firmiert als »Schuloper«, *Die Horatier und die Kuriatier* sind als »Lehrstück für Kinder« gedacht.

Eine strenge Trennung der Erfahrungsräume von Kindern und Erwachsenen kannte Brecht ohnehin nicht, da er beide Sphären gleichermaßen von sozialen Konflikten geprägt sah, die folglich auch ein beherrschendes Thema seiner Gedichte für Kinder bilden. Die Erlebniswelt des Kindes ist bei ihm alles andere als heil – erst recht, wenn es sich um eine proletarische Welt handelt wie in den folgenden Versen, die um 1930 entstanden und einfach *Kinderlied* überschrieben sind:

> Die Mutter liegt im Krankenhaus
> Sie hat die Sucht, die zehrt sie aus.
> Seit Vater ihr gestorben ist
> Es war an einem Polizist.
> Der Großvater hat den Freiheitsdurst
> Wenn Revolution ist, kriegen wir Wurst.
> (14, S. 109)

Das Gedicht ist aufgrund der Schlichtheit von Ausdruck und Gedankenführung für kindliche Leser bestens geeignet, macht aber keine Anstalten, etwas zu beschönigen. Durch die wohlbedachte sprachliche Simplizität werden sogar bemerkenswerte Verfremdungseffekte erzielt: Ein Arbeiter kann in diesen Jahren der verschärften und vielfach gewaltsam ausgetragenen gesellschaftlichen Auseinandersetzungen leicht einmal ›an einem Polizisten‹ sterben, und die frappierende, vom Reim unterstützte Verknüpfung von Freiheitsdurst, Revolution und Wurst bindet die Ziele des Klassenkampfes, wie es für Brecht typisch ist, an die ganz konkreten materiellen Bedürfnisse der proletarischen Schichten zurück.

Im Dezember 1940 erwog Brecht im finnischen Exil, »ein für Kinder spielbares Stück« über das Leben des Konfutse zu schreiben, und entwickelte aus diesem Anlass in einer Journaleintragung seine persönliche Poetik der Kinderliteratur: »Ich habe eine starke Abneigung dagegen, irgend etwas irgendeinem Verständnis anzupassen. Die Erfahrung […] zeigte immer wieder, daß Kinder das, was zu verstehen sich einigermaßen lohnt, ganz gut verstehen, ebenso wie Erwachsene. Und es lohnt sich für sie ungefähr dasselbe« (26, S. 450). Eben weil der Dichter alle Altersgruppen im Grunde gleich – und gleichberechtigt – behandelt, eignen sich seine Kinderlieder ebensogut für Erwachsene. Letzteren mögen sich gewisse Bedeutungsdimensionen erschließen, die dem kindlichen Leser oder Hörer verborgen bleiben, aber die Texte ›funktionieren‹ doch auch ohne diese zusätzlichen Einsichten; sie sind in mehrfacher Weise und auf unterschiedlichen Komplexitätsebenen lesbar. Daher lassen sich Brechts Kinderlieder mitunter kaum von seinen Gedichten für erwachsene Rezipienten unterscheiden: »In beiden Bereichen werden im Prinzip ähnliche Themen und Probleme verhandelt und dieselben literarischen Techniken eingesetzt.«[1] Auch für seine Kinderdichtungen griff Brecht gerne auf vorhandenes Material zurück, sofern ihm noch ein Gebrauchswert abzugewinnen war. Kinderliterarische Traditionen und Gattungen, Redeweisen und Formen, mitunter sogar bestimmte Einzeltexte werden produktiv angeeignet und weitergeführt oder auch widerrufen, verkehrt und parodiert. Manche einschlägigen Gedichte Brechts können deshalb herkömmlichen Genres der Kinderlyrik wie dem Abzählreim oder dem Tiergedicht zugeordnet werden, durchbrechen aber deren Konventionen, etwa durch die überraschende Integration sozialkritischer Aspekte.

Brechts Verfahren, in der Kinderdichtung jene Probleme von Politik und Gesellschaft abzuhandeln, mit denen er sich auch sonst vorzugsweise befasste, bringt es freilich mit sich, dass gewisse spezifisch kinderbezogene Themen in diesen Texten ausgeblendet bleiben. So kommen die Psyche der Heranwachsenden und die innerfamiliären Beziehungen als maßgeblicher Erfahrungshorizont des Kindes kaum einmal in den Blick.[2] Am ehesten werden sie noch dort berührt, wo Brecht Fragen der Erziehung und der Autorität im Umgang mit Kindern aufgreift. Er attackiert in diesem Zusammenhang eine kinderliterarische Tradition, deren Werke ihre jungen Rezipienten mit den Normen der bürgerlichen Moral vertraut machen sollen, und knüpft statt dessen an kritisch-herausfordernde, subversive Stränge der Gattungsentwicklung an. Als Beispiel möge das um 1937 verfasste Gedicht *Der liebe Gott sieht alles* dienen, das die pädagogisch-moralisch instrumentalisierte Spielart der Kinderlyrik in parodistischer Überspitzung nachahmt:

> Der liebe Gott sieht alles.
> Man spart für den Fall des Falles.
> Die werden nichts, die nichts taugen.
> Schmökern ist schlecht für die Augen.
> Kohlentragen stärkt die Glieder.
> Die schöne Kinderzeit, die kommt nicht wieder.
> Man lacht nicht über ein Gebrechen.
> Du sollst Erwachsenen nicht widersprechen.
> Man greift nicht zuerst in die Schüssel bei Tisch.
> Sonntagsspaziergang macht frisch.
> Zum Alter ist man ehrerbötig.
> Süßigkeiten sind für den Körper nicht nötig.
> Kartoffeln sind gesund.
> Ein Kind hält den Mund.
> (14, S.361)

---

1 So Heinrich Kaulen im Handbuch-Artikel *Kinderlieder/Neue Kinderlieder* (Brecht-Handbuch in fünf Bänden. Hrsg. von Jan Knopf. Bd. 2: Gedichte. Stuttgart u.a. 2001, S.423–434, hier S.433).
2 Reichweite und Grenzen von Brechts Ansatz erörtert aus dem Blickwinkel der neueren Forschung zur Kinder- und Jugendliteratur Heinrich Kaulen: Bertolt Brecht und die Kinderliteratur. Probleme und Fragen aus modernisierungstheoretischer Sicht. In: Gesellschaftliche Modernisierung und Kinder- und Jugendliteratur. Hrsg. von Reiner Wild. St. Ingbert 1997, S.157–176.

Der Eingangsvers beschwört mit dem lieben Gott jenen Popanz der bürgerlichen Pädagogik, der als allwissende Überwachungsinstanz die elterliche Autorität verstärken und ihren Geboten den erforderlichen Rückhalt verschaffen soll. Es folgen, im Zeilenstil gereiht und damit gleichsam Schlag auf Schlag, unpersönlich formulierte Anweisungen und Maximen für richtiges kindliches Verhalten, die mit der verkürzten Schlusszeile in die Verordnung stummen Gehorsams und braver Anpassung münden. In der strikt hierarchischen Kommunikationssituation einer solchen repressiven Erziehung wird dem Kind von vornherein keine Stimme, keine eigene Rede zugestanden.

Der pädagogische Gestus, dessen sprachliche Ausdrucksformen hier in kritischer Absicht ausgestellt sind, zielt nicht auf eine Emanzipation der Heranwachsenden, sondern auf Unterordnung, verinnerlichte Selbstdisziplin und die Verleugnung unerwünschter Bedürfnisse. Brechts Kinderlieder sollen dagegen den Konformitätsdruck unterlaufen und das Schweigegebot durchbrechen, so wie seine Werke ja generell darum bemüht sind, die Interessen und die Weltsicht der Benachteiligten und Unterdrückten zu artikulieren. Wie der bürgerliche Intellektuelle, der sich zum Sozialismus bekennt, gegenüber den Proletariern die Rolle eines freundlichen Pädagogen einnimmt, so tut er das auch im Verhältnis zu den Kindern. Ein Musterbeispiel für eine bessere Erziehung, die realitätsgerechtes Verhalten im Klassenkampf lehrt, bietet das Gedicht *Vater und Kind*, das wahrscheinlich ebenfalls in das Jahr 1937 gehört und bezeichnenderweise im krassen Gegensatz zu *Der liebe Gott sieht alles* über mehrere Strophen hinweg einen Dialog der Beteiligten entfaltet. Und selbst da, wo in Brechts Kinderliedern die pure Lust am Sprachwitz zu regieren scheint wie in *Alfabet* oder in den *Kleinen Liedern für Steff* (beide 1934), mischt der Autor immer wieder gesellschaftskritische Momentaufnahmen und aktuelle politische Anspielungen in seine Unsinnspoesie.

Kinderlyrik schrieb Brecht von etwa 1920 bis in die frühe DDR-Zeit. Als ältester Text ist die Struwwelpeter-Parodie *Der kleine Friederich besaß* zu nennen. Um die Mitte der zwanziger Jahre entstanden *Mutter Beimlen* und *Wer will unter die Soldaten* – letzteres wieder eine Parodie, diesmal auf das Lied *Der kleine Rekrut* von Friedrich Güll –, 1932 erschien das mit Illustrationen von George Grosz ausgestattete gereimte »Kinderbuch« *Die drei Soldaten*, das die kindliche Leserschaft anhand der allegorisch zu verstehenden Titelfiguren aus sozialistischer Perspektive über die gesellschaftlichen Zustände in der Weimarer Republik aufzuklären sucht. Einen ersten Höhepunkt in quantitativer wie qualitativer Hinsicht erreichte Brechts Beschäftigung mit dem Genre in den mittleren dreißiger Jahren; in dieser Phase dürfte er nicht zuletzt durch den Umgang mit seinen eigenen Kindern Stefan und Barbara inspiriert worden sein. Neben einigen Gedichten, die oben schon erwähnt wurden, schrieb er damals vor allem jene sechs *Kinderlieder*, die dann unter diesem Sammeltitel als Binnenzyklus in die zweite Abteilung der *Svendborger Gedichte* eingingen: *Ulm 1592*, *Vom Kind, das sich nicht waschen wollte*, *Kleines Bettellied*, *Der Pflaumenbaum*, *Mein Bruder war ein Flieger* und *Der Gottseibeiuns* (12, S. 19–23). Gegen die Integration der Gruppe in einen Lyrikband, der sonst überwiegend den Themen Nationalsozialismus, Kriegsdrohung und Exil gewidmet ist, äußerte bereits Walter Benjamin Bedenken, als er den Autor im Sommer 1938 in Svendborg besuchte. Benjamins Aufzeichnungen zufolge rechtfertigte Brecht seine Absicht jedoch als notwendiges Element einer antifaschistischen Strategie, die ebenso umfassend sein müsse wie der Terror, dem sie begegnen wolle:

»In dem Kampf gegen die darf nichts ausgelassen werden. Sie haben nichts Kleines im Sinn. Sie planen auf dreißigtausend Jahre hinaus. Ungeheures. Ungeheure Verbrechen. Sie machen vor nichts halt. Sie schlagen auf alles ein. Jede Zelle zuckt unter ihrem Schlag zusammen. Darum darf keine von uns vergessen werden. Sie verkrümmen das Kind im Mutterleib. Wir dürfen die Kinder auf keinen Fall auslassen.«[3]

Tatsächlich sind unschwer Bezüge zwischen den *Kinderliedern* und den anderen Partien der Svendborger Sammlung zu erkennen, die insbesondere über die kritische Wendung gegen einengende Verhältnisse und rigide Autoritäten hergestellt werden. In den sechs Texten für Kinder entspringt diese Auflehnung, wie Ernst-Ullrich Pinkert erkannt hat, nicht nur dem Gegensatz der Generationen, sondern zugleich auch dem in den *Svendborger Gedichten* stets aufs Neue gestalteten Konflikt zwischen den Klassen, zwischen ›Oben‹ und ›Unten‹, dessen Darstellung in dem kleinen Zyklus der kindlichen Perspektive angeglichen wird.[4] Den Höhepunkt markiert in der Schlussstrophe des letzten Liedes der Gruppe die offene Aggression gegen den Repräsentanten der ›Oberen‹, nämlich gegen Hitler selbst, den »Kanzler« des Deutschen Reiches, den Brecht hier buchstäblich zum Teufel wünscht (12, S.23).

Gleich am Anfang der Reihe steht mit *Ulm 1592* das vielleicht gelungenste Kinderlied Brechts. Der Verfasser selbst empfahl es später für den Schulunterricht in der DDR (vgl. 23, 160), und zumindest in den ersten Nachkriegsjahrzehnten zählte es in Ost und West »zu den beliebtesten Brecht-Gedichten im Lesebuch«.[5]

Ulm 1592

Bischof, ich kann fliegen
Sagte der Schneider zum Bischof.
Paß auf, wie ich's mach!
Und er stieg mit so 'nen Dingen
Die aussahn wie Schwingen
Auf das große, große Kirchendach.
Der Bischof ging weiter.
Das sind lauter so Lügen
Der Mensch ist kein Vogel
Es wird nie ein Mensch fliegen
Sagte der Bischof vom Schneider.

Der Schneider ist verschieden
Sagten die Leute dem Bischof.
Es war eine Hatz.
Seine Flügel sind zerspellet
Und er liegt zerschellet
Auf dem harten, harten Kirchenplatz.

---

3   Walter Benjamin: Tagebuchnotizen 1938. In: ders.: Gesammelte Schriften. Bd.VI. Hrsg. von Rolf Tiedemann und Hermann Schweppenhäuser. Frankfurt a.M. 1985, S.532–539, hier S.539.
4   Vgl. Ernst-Ullrich Pinkert: Brechts Kinderlieder und das Volksvermögen. In: Bertolt Brecht – Die Widersprüche sind die Hoffnungen. Vorträge des Internationalen Symposiums zum dreißigsten Todesjahr Bertolt Brechts in Roskilde 1986. Hrsg. von Wolf Wucherpfennig und Klaus Schulte. München 1988, S.103–129, hier S.111.
5   Michael Sauer: Brecht in der Schule: Beiträge zu einer Rezeptionsgeschichte Brechts (1949–1980). Stuttgart 1984, S.150.

Die Glocken sollen läuten
Es waren nichts als Lügen
Der Mensch ist kein Vogel
Es wird nie ein Mensch fliegen
Sagte der Bischof den Leuten.
(12, S. 19 f.)

Ein Vergleich der beiden Strophen legt den präzise kalkulierten Aufbau des Gedichts offen. Zahlreiche Wiederholungen sowie Parallelen zwischen einzelnen Versen schaffen ein dichtes Netz von Verweisen. Jeweils die ersten sechs Zeilen sind dem Schneider gewidmet – entweder spricht und agiert er selbst oder es wird über ihn gesprochen –, während sich der Fokus in den verbleibenden fünf Versen auf den Bischof richtet, der damit buchstäblich das letzte Wort hat. Es fragt sich nur, ob er es auch in den Augen des Lesers behält.

Der historische ›Schneider von Ulm‹, an dessen Geschichte Brecht anknüpft, hieß Albrecht Ludwig Berblinger und unternahm sein Experiment erst im Jahre 1811. Er startete nicht vom »Kirchendach«, sondern von einer Bastei der Stadtmauer am Donauufer und fiel daher in den Fluss statt auf den »harten Kirchenplatz«, weshalb er auch nicht ums Leben kam, sondern lediglich nass wurde und sich den Spott seiner Mitbürger gefallen lassen musste. Einen Bischof gab es in Ulm übrigens weder 1811 noch 1592. Der gesamte Motivkomplex des Kirchlichen im Gedicht erweist sich damit als Hinzufügung Brechts. Indem er den Bischof als ideologischen Gegenspieler des Protagonisten einführt, verleiht er dem Flugversuch Züge eines Aufbegehrens gegen die herrschende, religiös fundierte Obrigkeit; dazu passt die Verlagerung des Geschehens in das räumliche Zentrum, ins Herz dieser Obrigkeit. Folgerichtig lässt der Bischof nach dem Ende des Rebellen, das er ungerührt zur Kenntnis nimmt, die Glocken läuten, um die triumphal bewährte Überlegenheit der kirchlichen Lehre und Macht vor aller Welt zu demonstrieren. Der von Brecht erfundene Tod des Schneiders wiederum verschärft dessen Scheitern, er vergrößert, ganz im makabren Wortsinne, die Fallhöhe des Helden.

Dieser Held ist nun von Anfang an als Identifikationsfigur für kindliche Leser angelegt, denen es nicht schwerfallen dürfte, die Personenkonstellation des Gedichts auf die aus dem familiären Alltag vertraute Beziehung zwischen Vater und Kind zu projizieren. Der Schneider begehrt dreist gegen eine patriarchalische Autorität auf – man beachte die saloppe Anrede »Bischof« und das freche Duzen des Kirchenfürsten! – und ist begierig, vor der Vatergestalt mit seiner neuerworbenen Fertigkeit zu prahlen: »Paß auf, wie ich's mach!« Sympathielenkung erfolgt im Text obendrein durch den subtilen Einsatz formaler Mittel, denn während die dem Bischof gewidmeten Partien im strengen Zeilenstil knappe, apodiktische Sätze aneinanderreihen, in denen sich die dogmatische Härte auch sprachlich-stilistisch manifestiert, sind die Schneider-Verse in syntaktischer wie in metrischer Hinsicht sehr viel freier gehalten.

Die Pointe von *Ulm 1592* liegt aber darin, dass Brecht dem Herausforderer eben *nicht* den Sieg zuspricht. Oberflächlich betrachtet, folgt der Text exakt dem traditionellen Warn- und Belehrungsschema, indem er auf die Auflehnung gegen die gottgewollte Ordnung (1. Strophe) sogleich die Strafe (2. Strophe), auf den Hochmut – wieder im Wortsinne – den Fall folgen lässt. Besser als den selbstbewussten, renitenten Kindern ergeht es offensichtlich den braven und folgsamen, nämlich den »Leuten«, die sich vom

Bischof noch etwas sagen lassen, seine Position gar nicht erst in Frage stellen und die Katastrophe ihres aufsässigen ›Bruders‹ mit perfider Schadenfreude verfolgen: »Es war eine Hatz.« Doch das Gedicht schließt in Wahrheit nicht mit der zweiten Strophe, es vollendet sich vielmehr erst in den Überlegungen eines Lesers, der seine Appellstruktur erfasst und angemessen auf sie reagiert. Dazu sollten aber schon Kinder in der Lage sein, denn sie wissen natürlich, dass man inzwischen sehr wohl fliegen kann, die entschiedene Behauptung des Bischofs »Es wird nie ein Mensch fliegen« also einwandfrei falsch ist – die Zeit hat sie überholt. Dass der Rezipient aufgrund der suggestiven Leserlenkung des Textes quasi automatisch die weitere historische Entwicklung ins Auge fasst und den verunglückten Schneider damit nachträglich ins Recht setzt, hat Hans Mayer in einem berühmten Experiment mit Studenten gezeigt, die, zur freien Nacherzählung der Handlung aufgefordert, unwillkürlich eine entsprechende dritte Strophe ›hinzudichteten‹.[6]

Der Bischof tritt als Repräsentant einer Autorität auf, die absolute und zeitlose Geltung beansprucht. Im konkreten Fall ist dies die christliche Kirche, aber der Leser kann dafür ohne weiteres andere Institutionen, Gruppen oder weltanschauliche Richtungen einsetzen, beispielsweise, wie es der Kontext der *Svendborger Gedichte* nahelegt, die Ideologie des NS-Regimes. Der nächste Schritt in dem von Brecht intendierten Lernprozess bestünde dann etwa in folgendem Gedanken: Wenn eine 1592 als unumstößlich verkündete Lehre inzwischen als Irrtum entlarvt ist, wie mag es dann in näherer oder fernerer Zukunft um Behauptungen stehen, die uns *heute* als unwiderlegliche und ewige Wahrheiten präsentiert werden? Auf diese Weise wäre eine Historisierung der eigenen Gegenwart erreicht, die dazu befähigt, blinde Autoritätsgläubigkeit abzulegen und jede Anwandlung von Fatalismus zu überwinden. Sie würde mithin jene Aufgabe erfüllen, die Brecht der Technik des Historisierens in seinen theatertheoretischen Schriften ausdrücklich zugeschrieben hat, die Funktion nämlich, den dialektischen Prozesscharakter der Geschichte aufzudecken, die nichts Ewiges, Unveränderliches kennt. »So, wie es ist, bleibt es nicht«, verkündet das Gedicht *Lob der Dialektik* gegen alle Anmaßungen von Unrecht, Gewalt und Unterdrückung, und: »Wer wagt zu sagen: niemals?« (11, S. 237 f.)

Die Einsicht in die Unaufhaltsamkeit des geschichtlichen Wandels, in die notorische Unfestigkeit aller gesellschaftlichen Einrichtungen und Beziehungen und damit auch aller Machtverhältnisse stellt nach Brechts Überzeugung den größten Quell der Hoffnung für die Unterdrückten und Ausgebeuteten dar, gerade in den dunklen Zeiten der nationalsozialistischen Diktatur. Und so dient ihm das Historisieren als ein wichtiges Werkzeug der Verfremdung, die alle Dinge neu sehen lehrt, indem sie ihnen den fatalen Schein des Unabänderlichen nimmt und deutlich macht, dass sie immer auch anders sein oder zumindest anders *werden* könnten, als sie sind.[7] In ihrer Ver-

---

6 Vgl. Hans Mayer: Brecht. Frankfurt a.M. 1996, S. 370 f.
7 Bisweilen scheint Brecht Verfremden und Historisieren sogar gleichzusetzen, zum Beispiel in der knappen Definition, die er in dem Aufsatz *Über experimentelles Theater* gibt: »Verfremden heißt also Historisieren, heißt Vorgänge und Personen als historisch, also als vergänglich darstellen. Dasselbe kann natürlich auch mit Zeitgenossen geschehen, auch ihre Haltungen können als zeitgebunden, historisch, vergänglich dargestellt werden« (22.1, S. 554 f.). Auf diese Weise will der Stückeschreiber die Welt im Theater als eine veränderliche zeigen und sie dem »Zugriff« (S. 555) des kritischen Betrachters ausliefern.

knüpfung einer kindgerecht schlichten Darstellung mit außerordentlicher poetischer Raffinesse, dialektischem Denken und dem Appell an die produktive Mitarbeit des Rezipienten bilden die beiden Strophen von *Ulm 1592* zweifellos einen Höhepunkt von Brechts lyrischem Werk.

Einer Erklärung bedarf noch die Datumsangabe im Titel. Für das Verständnis des Textes wäre sie durchaus entbehrlich, und in diesem Falle leuchtet auch nicht ohne weiteres ein, warum Brecht von den historischen Fakten abgewichen ist. Eine mögliche Deutung ergibt sich aus einem Blick auf die *Kalendergeschichten*, die Brecht 1949 publizierte und die unter anderem auch unser Gedicht enthalten. Es ist hier zwischen den Erzählungen *Das Experiment* und *Der Mantel des Ketzers* platziert, in denen Francis Bacon bzw. Giordano Bruno die Hauptrollen spielen, womit der Schneider von Ulm in die illustre Nachbarschaft zweier Heroen des beginnenden ›wissenschaftlichen‹ Zeitalters‹ gerät. Obendrein wird auch die Handlung von *Der Mantel des Ketzers* auf das Jahr 1592 datiert (vgl. 18, S.375); es ist übrigens zugleich das Jahr, in dem Galileo Galilei seine Lehrtätigkeit an der Universität Padua aufnahm. Gerhard Koch leitet aus diesen intertextuellen Verflechtungen folgende Interpretation des Gedichttitels ab:

> Die Rückdatierung [von 1811 auf 1592] impliziert einen Zusammenhang zwischen der modernen, empirischen Vorgehensweise der ›großen‹ Wissenschaftler und dem Flugexperiment des Schneiders. […] Allen Figuren gemeinsam ist die Gegnerschaft einer Kirche, die um diese Zeit den wissenschaftlichen wie den sozialen Fortschritt um jeden Preis zu verhindern suchte. Die Umdatierung versetzt das Ulmer Flugexperiment an jene Nahtstelle der Geschichte, die von der mittelalterlich-feudalistischen Epoche zur neuzeitlich-bürgerlichen überleitet. […] So verstanden, wird aus der Geschichte des Schneiders von Ulm eine Parabel des neuzeitlichen Menschen, der sich den Zwängen und Beschränkungen des Mittelalters zu entziehen versucht.[8]

Zwar wurde das Gedicht bereits 1934 geschrieben, während *Der Mantel des Ketzers* erst vier bis fünf Jahre später entstand, doch mag Brecht die von Koch rekonstruierten Bezüge schon früh im Kopf gehabt haben; die Identität der Jahreszahl kann jedenfalls kein Zufall sein. Damit bestätigt sich, dass die Figur des Schneiders Teil eines Geschichtsbildes ist, das von dem unaufhaltsamen Prozess des historischen Wandels und des Fortschritts kündet.

Das Motiv des Fliegens ist in Brechts Werk immer wieder anzutreffen – für die Stücke seien *Der Flug der Lindberghs*, das *Badener Lehrstück vom Einverständnis* und die Schlussszene von *Leben des Galilei* genannt –, und in seiner Lyrik für Kinder begegnet es besonders häufig. Der Autor thematisiert diese Technik, in der er ein exemplarisches Zeugnis für die Leistungen der modernen Wissenschaft, für die Unterwerfung und Nutzbarmachung der Naturkräfte durch den Menschen erblickte, mit spürbarer Faszination, aber unter wechselnden Aspekten. Entscheidend für seine Beurteilung ist stets die konkrete gesellschaftliche Verwendung der technischen Möglichkeiten, ganz

---

[8] Gerhard Koch: *Der Schneider von Ulm* – Bertolt Brechts Bearbeitung eines Sujets aus der Geschichte der Aviatik. In: German Studies in India 5 (1981), S.195–206, hier S.202. Vgl. dazu auch Ludwig Völker: Wahrheitsglaube und Widerstandsdenken in Bertolt Brechts *Svendborger Gedichten*. In: Sagen mit Sinne. Festschrift für Marie-Luise Dittrich zum 65. Geburtstag. Hrsg. von Helmut Rücker und Kurt Otto Seidel. Göppingen 1976, S.367–381, hier S.371 f. und 380, Anm. 18.

im Sinne von Galileis Warnrede, wonach der wissenschaftliche Fortschritt »nur ein Fortschreiten von der Menschheit weg« sein wird, wenn er nicht an die Wahrnehmung sozialer Verantwortung gebunden bleibt (5, S.284). Beispiele für Triumphe von Wissenschaft und Erfindergeist, die sich in eine tödliche Bedrohung verwandelten, bot in der Zeit des Zweiten Weltkriegs gerade die Flugtechnik in Hülle und Fülle. So spielt das zweite Gedicht des Zyklus *1940* aus der *Steffinschen Sammlung* mit den »Erfindungen der Gelehrten«, nach denen die angstvollen Mütter am Himmel Ausschau halten, offensichtlich auf Bombenflugzeuge an (12, S.96).[9] In seinem Journal notierte Brecht unter dem 28. August 1940: »Als ich in Schweden, vor dem Krieg, einen Film vorschlug, der die Parole ›Das Flugzeug der Arbeiterjugend!‹ hatte – diese Waffe ist in festen Händen – und den einfachen Traum der Menschheit vom Fliegen ausdrücken wollte, wandte man sofort ein: Sollen sie Bombenflieger werden?« (26, S.420). Der »einfache Traum der Menschheit« war also in der Wahrnehmung vieler Zeitgenossen längst in einen Alptraum umgeschlagen, und Brecht musste selbst einräumen, dass die »Schönheit eines Flugzeugs« in dieser Epoche »etwas Obszönes« habe (ebd.). Nicht von ungefähr behandeln zahlreiche Fotoepigramme seiner *Kriegsfibel* Luftkrieg und Bombenterror, die die Zivilbevölkerung zunächst in England, dann auch in Deutschland unmittelbar mit den verheerenden Folgen einer militärischen Nutzung der modernen Technik konfrontiert hatten.

Das dreistrophige Gedicht *Mein Bruder war ein Flieger* aus dem *Kinderlieder*-Zyklus der Svendborger Sammlung fügt sich in diesen Kontext ein, weil es ebenfalls die pervertierte Form des Traums vom Fliegen vorführt (12, S.22). Das schlägt sich in der fatalen Parallele zwischen »Mein Bruder war ein Flieger« (1. Strophe) und »Mein Bruder ist ein Eroberer« (2. Strophe) nieder: Der Flieger steht hier im Dienst der Mächtigen, die ihn in ihre Raubkriege schicken. Die Erwähnung des in der Nähe von Madrid gelegenen Quadaramamassivs verweist auf den spanischen Bürgerkrieg; man hat also an die berüchtigte »Legion Condor« zu denken, mit der Nazi-Deutschland die Streitkräfte Francos unterstützte und die durch das Bombardement der Stadt Guernica im Jahre 1937 traurige Berühmtheit erlangte. Das Gedicht demonstriert freilich, dass der mit der Idee des Fliegens assoziierte Aufbruch in die Weite, in die Freiheit unter solchen Umständen zum Trugbild werden muss, denn der »Flieger«, der sich als »Eroberer« missbrauchen lässt, endet gerade in der größten Enge, nämlich im Grab:

Der Raum, den mein Bruder eroberte
Liegt im Quadaramamassiv
Er ist lang einen Meter achtzig
Und einen Meter fünfzig tief.

Ulm 1592 akzentuiert dagegen, wenngleich gebrochen durch den Tod des Helden, den Gesichtspunkt von Emanzipation und Fortschritt, und auch in dem Gedicht *Der Flieger ohne Flugzeug*, das ebenfalls um die Mitte der dreißiger Jahre entstand, bietet das Fluggerät eine Möglichkeit, der Autorität der Mächtigen zu entkommen und die Hierar-

---

9   Fast wörtlich finden sich die entsprechenden Verse, in Prosa aufgelöst, noch einmal im *Kleinen Organon für das Theater*, und zwar im Anschluss an die Überlegung, dass der technische Fortschritt unter den Bedingungen kapitalistischer Ausbeutung und Klassenherrschaft zwangsläufig dazu verwendet wird, »Mittel der Destruktion für gewaltige Kriege zu schaffen« (23, S.72).

chie von Oben und Unten im ganz buchstäblichen Sinne umzukehren: General und Erzbischof lieben die Flieger nicht, weil sie unberechenbar sind und am Ende gar die »Demut« verlieren könnten (14, S. 282).

In den Kinderliedern, die Brecht 1950 in Ostberlin schrieb, tritt der positive Aspekt des Flugmotivs dann (fast) durchweg in den Vordergrund. Sind dank der sozialistischen Gesellschaftsordnung erst einmal Frieden und Gerechtigkeit verwirklicht, kann der Himmel tatsächlich als Entfaltungsraum grenzenloser menschlicher Freiheit in Besitz genommen werden. Das *Nachkriegsliedchen* erhebt den Drachen, den die Kinder fliegen lassen, zum Sinnbild dieser Freiheit in einer von Grund auf umgestalteten Welt, in der, wie Brecht glaubte, alle sozialistischen Bruderstaaten in Einigkeit zusammenfinden würden:

[…]
Flieg, Drache, flieg!
Am Himmel ist kein Krieg.
Und reißt die Schnur, dann fliegt das Ding
Hoch über Moskau bis Peking.
Flieg, Drache, flieg!
(12, S. 291)[10]

Im *Drachenlied* wiederum wird der Drache als »kleiner Ahne / unsrer großen Äroplane«, also der Flugzeuge, angesprochen und sein Flug als Aufstieg in die Freiheit besungen. Zugleich deutet der Text an, dass die Kinder mit ihren Vergnügungen Erkenntnisse und Errungenschaften der Erwachsenen spielerisch vorwegnehmen, denn in den Versen »Knecht der sieben Windsgewalten, / zwingst du sie, dich hochzutreiben« veranschaulicht das Gedicht »auf einfache Weise die dialektische Maxime von Francis Bacon, wonach die Natur nur der besiegen kann, der ihr gehorcht«.[11]

Sehr viel düsterer eingefärbt war das Motiv des Drachensteigens noch in dem Gedicht *Wir Guten*, das in die Endphase des Weltkriegs gehört und sicherlich kein Kinderlied darstellt (15, S. 104 f.). Es entwickelt eine resignierte poetologische Reflexion, indem es die Machtlosigkeit der Schriftsteller in solchen Zeiten ins Bild setzt: Den Himmel beherrschen die »großen Bomber«, während die »[s]chwarz mit Texten« bedruckten Drachen, die die Dichter »hysterisch« steigen lassen, von niemandem zur Kenntnis genommen werden. Wenige Jahre später ist dagegen zumindest der sozialistische Himmel frei von solchen Schrecknissen.[12] Mit Blick auf *Wir Guten* könnte man auch für *Drachenlied* und *Nachkriegsliedchen* eine poetologische Dimension annehmen, die dann aber sehr viel hoffnungsvoller aussähe, da es jetzt eben um den neugewonnenen Freiraum für eine zuversichtliche, völkerverbindende Dichtung ginge. Doch

---

10 Die Erwähnung Pekings verweist auf die Volksrepublik China, die im Jahr zuvor von Mao Tsetung proklamiert worden war. Brecht hatte den Bürgerkrieg in dem fernöstlichen Land aufmerksam verfolgt und war überzeugt, dass der »Sieg der chinesischen Kommunisten« einen welthistorischen Einschnitt bedeutete (27, S. 298).
11 Jan Knopf: Brecht-Handbuch. Lyrik, Prosa, Schriften. Eine Ästhetik der Widersprüche. Mit einem Anhang: Film. Stuttgart 1984, S. 176. – Das *Drachenlied* wird hier nach dem Erstdruck zitiert: Rudolf Wagner-Régeny: Zehn Lieder auf Worte von Bertolt Brecht. Leipzig 1953, S. 9. Die GBFA bringt nämlich in Vers 7 die Variante »Herr der sieben Windsgewalten«, die die von Knopf hervorgehobene Pointe zerstört (15, S. 219).
12 Sofern nicht gerade die »Ammiflieger« aus dem gleichnamigen Gedicht (15, S. 218) durch den tückischen Abwurf von Schädlingen über ostdeutschem Gebiet die Idylle stören!

selbst in dieser Zeit verzichtete Brecht in seiner Kinderlyrik nicht auf die Mahnung, den technischen Fortschritt, der weiterhin bevorzugt im Bild des Fliegens thematisiert wird, stets im Zusammenhang mit dem Stand der gesellschaftlichen Entwicklung zu beurteilen. Das in dieser Hinsicht ausgesprochen einseitige Gedicht *Stürme schmettern*, das voller Stolz den Triumph des Menschen verkündet, höher fliegen zu können als die Adler, erklärte der Autor selbstkritisch – und mit Recht – für »nicht allzu gut« (15, S.445). Dagegen macht *Über die Berge* auf den Widerspruch zwischen technischen Höchstleistungen und fortdauernder menschlicher Not aufmerksam:

> Über die Berge
> Fliegt der Mensch wie nichts
> Groß sind seine Werke
> Doch am Brot für alle, da gebricht's.
> Menschenskind!
> Daß nicht alle satt sind!
> [...]
> (15, S.221)

Die hymnisch gepriesene Gottgleichheit des modernen Menschen (»Groß sind seine Werke«) wird sofort ironisch relativiert durch den simplen Umstand, dass er nach wie vor außerstande ist, Hunger und Elend unter seinesgleichen zu besiegen. Technik allein schafft keine bessere Welt, wenn ihre Anwendung nicht in einem humanen und gesellschaftlich produktiven Sinne gesteuert werden kann – diese Lehre ist noch sechzig Jahre später unverändert aktuell.[13]

Am Leitfaden des Flugmotivs sind wir schon bis zu Brechts später Kinderlyrik aus der Nachkriegszeit gelangt. Doch soll der Blick noch einmal auf die *Kinderlieder* der *Svendborger Gedichte* zurückgelenkt werden, von denen mindestens ein weiteres eine genauere Betrachtung verdient:

> Der Pflaumenbaum
>
> Im Hofe steht ein Pflaumenbaum
> *Der* ist klein, man glaubt es kaum.
> Er hat ein Gitter drum
> So tritt ihn keiner um.
>
> Der Kleine kann nicht größer wer'n.
> Ja größer wer'n, das möcht er gern.
> 's ist keine Red davon
> Er hat zu wenig Sonn.
>
> Den Pflaumenbaum glaubt man ihm kaum
> Weil er nie eine Pflaume hat
> Doch er ist ein Pflaumenbaum
> Man kennt es an dem Blatt.
> (12, S.21)

---

13 Auch von seiner früheren Bewunderung für den amerikanischen Flieger Charles Lindbergh, dessen Atlantik-Überquerung ihn 1929 zu einem Lehrstück in Hörspielform angeregt hatte, distanzierte sich Brecht nach dem Krieg, weil Lindbergh inzwischen als Parteigänger des Faschismus hervorgetreten war. Vgl. dazu das Gedicht *An die Veranstalter und Hörer des Lindberghflugs* (15, S.207).

Bäume gehörten seit Brechts frühesten Schreibversuchen zu seinen Lieblingsmotiven in der Lyrik, und von Anfang an dienten sie ihm als poetische Sinnbilder für den Menschen, so in *Der Baum* und *Der brennende Baum*, im *Lied vom Geierbaum* und in *Morgendliche Rede an den Baum Green*. Bezeichnend für die weltanschauliche Entwicklung des Autors ist dabei der Übergang vom alleinstehenden Baumriesen, einem einsamen Heros im gesellschaftsfreien Raum, zu dem von Mauern eingeengten Baum, der als Symbol des sozial Benachteiligten unablässig um seine bloße Existenz kämpfen muss. Schon für den Baum Green stellt die Selbstbehauptung unter ungünstigsten Bedingungen eine beachtliche Leistung dar, die dem lyrischen Sprecher Respekt abnötigt: »Es war wohl keine Kleinigkeit, so hoch heraufzukommen zwischen den Häusern« (11, S.55). Noch in seinem letzten Lebensjahr verwandelte Brecht im Zuge einer gründlichen Überarbeitung dieses Textes die »Häuser« in »Mietskasernen« (11, S.306) und bezog das Schicksal des Baumes damit ganz direkt auf das menschliche Dasein in einer spezifisch modernen Lebenswelt.

In einer ähnlichen Umgebung, im engen Hinterhof mit »zu wenig Sonn«, hat man sich den Pflaumenbaum aus den *Svendborger Gedichten* vorzustellen. Anders als Green war es ihm jedoch nicht vergönnt, sich trotz der widrigen Umstände nach oben zu kämpfen; er ist unwiderruflich mickrig geblieben. So haben ihn die bedrängenden ›sozialen‹ Verhältnisse um seine Bestimmung gebracht, fruchtbar zu sein und Pflaumen zu tragen, mithin sein natürliches Potential zu entfalten, das der Betrachter jetzt kaum mehr zu erkennen vermag – »Den Pflaumenbaum glaubt man ihm kaum« –, dessen Vorhandensein aber vom lyrischen Ich abschließend eigens hervorgehoben wird: »Doch er ist ein Pflaumenbaum / Man kennt es an dem Blatt.«

Die Deutungsmöglichkeiten, die dieses scheinbar simple Gedicht eröffnet, sind vielfältig. Man kann in der verkümmerten Existenz des Baumes gewiss das Schicksal eines Kindes aus dem proletarischen Milieu oder die Lage des Proletariats in seiner Gesamtheit wiedererkennen, doch motivische Verflechtungen im lyrischen Werk des Autors weisen auch noch andere Wege. Die Pflaumen beispielsweise, die im vorliegenden Fall ausbleiben, treffen wir bei Brecht häufig als Symbole des Lebensgenusses und zumal des erotischen Vergnügens an[14], und darüber hinaus setzt er den Baum gelegentlich als Sinnbild der Dichtung ein, deren Gedeihen von der Qualität des (historischgesellschaftlichen) Bodens, in dem sie wurzelt, abhängig ist. So steht der »verkrüppelte Baum im Hof« in *Schlechte Zeit für Lyrik* für den Poeten, der unter dem Eindruck der faschistischen Diktatur kein Interesse für die Schönheiten des Lebens mehr aufbringen kann, sondern ›dürre‹, politisch engagierte Texte produzieren muss (14, S.432). Solche Bedeutungsdimensionen unseres Pflaumenbaums, die sich nur über den Kontext von Brechts Gesamtwerk erschließen, können von kindlichen Lesern, denen der winzige Baum lediglich ein Gegenstand der Neugier, des Mitgefühls oder der Identifikation sein dürfte, schwerlich erfasst werden. Sie illustrieren aber wieder das Phänomen der mehrfachen Lesbarkeit von Brechts Kindergedichten, die in ihrer Vielschichtigkeit auch das Interesse erwachsener Rezipienten auf sich ziehen.

---

14 Genannt seien die Gedichte *Erinnerung an die Marie A.*, *Durch die Kammer ging der Wind*, *Das Lied vom kleinen Wind* sowie *Das Pflaumenlied*.

Skeptische und ernüchternde Bilder, wie sie *Der Pflaumenbaum* bietet, finden sich in den Kinderliedern des Jahres 1950 nicht mehr, die, wie bereits angedeutet, unter ganz anderen gesellschaftlichen und politischen Bedingungen geschrieben wurden. Bei ihrer Entstehung spielten unterschiedliche Momente eine Rolle. Zur Schaffung zeitgemäßer, d.h. sozialistischer Kinderliteratur wurde in der DDR damals ausdrücklich aufgerufen, zum Beispiel im *Neuen Deutschland* vom 9. Februar 1950 (vgl. 12, S.439). Brecht folgte dem Appell umso bereitwilliger, als er sich gut zwei Jahre nach seiner Rückkehr aus den USA und wenige Monate nach der Gründung des ostdeutschen Teilstaates in einer ungewöhnlich zuversichtlichen, hoffnungsfrohen Stimmung befand – im Frühjahr 1950 scheint seine Identifikation mit der jungen sozialistischen Ordnung auf ihrem Höhepunkt gewesen zu sein.[15] Die Aussicht, jetzt im Vergleich zur Zeit des Exils einen erheblich größeren Adressatenkreis zu erreichen, mag den Dichter zusätzlich beflügelt haben. Anregungen gingen außerdem vom 1. Deutschlandtreffen der Jugend aus, das Ende Mai in Ostberlin stattfand (vgl. 27, S.313). Bald danach verzeichnet Brechts Journal die Beschäftigung mit den Kinderliedern (ebd.).

So kam innerhalb weniger Wochen eine stattliche Reihe von Kindergedichten zustande, von denen einige in zwei teilweise deckungsgleichen Zyklen unter den Titeln *Kinderlieder* bzw. *Neue Kinderlieder* zusammengestellt wurden, während andere offenbar nicht für eine Publikation vorgesehen waren.[16] Die Bezeichnung *Neue Kinderlieder* sollte diese Werke vermutlich von jenen sechs Gedichten unterscheiden, die in der Svendborger Sammlung erschienen waren, aber sie markiert auch den Abstand zur gängigen Kinderlyrik des bürgerlichen Zeitalters, da die vielversprechenden Verhältnisse in der sozialistischen Lebenswelt in Brechts Augen eine neuartige Form von Literatur für die jüngere Generation verlangten und ermöglichten. Dementsprechend treten die subversiven und parodistischen Elemente nun merklich zurück, während der Ausmalung einer besseren Gesellschaftsordnung, in die die Kinder hineinwachsen und die sie selbst künftig mitgestalten sollen, breiter Raum gewidmet wird. Vielsagend ist unter diesem Gesichtspunkt schon die Farbsymbolik der Gedichte, die Hoffnung und Neubeginn assoziieren lässt: Blau im *Drachenlied*, Grün in *Die Pappel vom Karlsplatz*, das Grün der keimenden Vegetation neben dem Rot der Fahne im *Mailied der Kinder*, das zugleich die traditionsreiche Frühlingsmetaphorik aufnimmt, und noch einmal die »roten Fahnen« in *Neue Zeiten*. Frieden und Gerechtigkeit werden jetzt, anders als im Exil, nicht mehr in Abgrenzung gegen die bedrückenden »finsteren Zeiten« der Gegenwart und damit in erster Linie als Zukunftsvision entworfen, sondern als greifbare Möglichkeit vorgestellt, deren Verwirklichung zumindest schon begonnen hat. Im Jahre 1950 schie-

---

15 Vgl. dazu das folgende Kapitel. Schon hier sei zumindest auf den Journaleintrag vom 1. Mai 1950 verwiesen (27, S.311 f.), dem man das *Mailied der Kinder* (12, S.292 f.) zur Seite stellen kann.
16 Die Texte sind abgedruckt in 12, S.289–303 und 15, S.218–223. Mehrere Gedichte wurden von Hanns Eisler vertont. – Dass sich unter diesen Kinderliedern auch ein paar ausgesprochen schwache, ja belanglose Stücke finden, so vor allem *Onkel Ede*, *Vom kriegerischen Lehrer* und *Willems Schloß*, darf nicht verschwiegen werden. Eine Pauschalkritik, wie sie Helmut Koopmann formuliert – »Die Kinderlieder sind an Peinlichkeiten nicht zu übertreffen« –, ist jedoch gänzlich unangebracht (Brechts späte Lyrik. In: Brechts Lyrik – neue Deutungen. Hrsg. von Helmut Koopmann. Würzburg 1999, S.143–162, hier S.157). Auf die *Kinderhymne* beispielsweise geht Koopmann in seinen polemischen Ausfällen mit keinem Wort ein.

nen Brecht in seinem Land die Voraussetzungen für die »reale Entwicklung humaner Beziehungen, Denk- und Verhaltensweisen« grundsätzlich gegeben.[17]

Daher sind die neuen Kinderlieder ganz auf das Lob des Friedens und der Freundlichkeit zwischen Menschen und Völkern im Zeichen des Sozialismus gestimmt. Schönheit, Anmut und Genuss sowie die Freude an der Natur, die angesichts von Krieg und gewaltsamer Unterdrückung lange zurückstehen mussten, wie es etwa die Exilgedichte *Schlechte Zeit für Lyrik* und *Ausschließlich wegen der zunehmenden Unordnung* programmatisch formuliert hatten, werden nun wieder in ihre angestammten Rechte eingesetzt: Erhalten in *Die Vögel warten im Winter vor dem Fenster* Sperling und Buntspecht jeweils ein Korn als Lohn für ihre hilfreiche Tätigkeit, so wird anschließend auch der Amsel ihr wohltönender Gesang, der nichts im engeren Sinne Nützliches schafft, als »Arbeit« vergütet (12, S.292). Auf dem Gebiet der Baumgedichte zeigt ein Vergleich zwischen *Der Pflaumenbaum* und *Die Pappel vom Karlsplatz*, wie sehr sich Brechts neue Schöpfungen in Gehalt und Duktus von seinen älteren Kinderliedern unterscheiden. Das »freundlich Grün« der trotz Kälte und Holzknappheit verschont gebliebenen Pappel (12, S.295) zeugt nicht nur von einem rücksichtsvollen Umgang mit der Natur, sondern steht auch sinnbildlich für die neue Qualität der zwischenmenschlichen Beziehungen, eben für jene Freundlichkeit, die Brecht schon in *An die Nachgeborenen* mit einer kommenden besseren Epoche der Menschheitsgeschichte verbunden hatte.

Freilich herrschen in den Kindergedichten keineswegs pure Euphorie und ein ungebrochenes Pathos des sozialistischen Aufbaus. Die aufschlussreichen Differenzierungen, die bei näherem Hinsehen in verschiedenen Texten erkennbar werden, beziehen sich insbesondere auf den inzwischen gewonnenen oder noch herzustellenden Abstand zur Vergangenheit, auf den notwendigen Bruch mit ihr, den jeder hoffnungsvolle Neuanfang voraussetzt. Während die *Kinderlieder* der dreißiger Jahre Autoritäten und Zwänge der bürgerlich-kapitalistischen Welt mit Blick auf eine künftige befreite Gesellschaft kritisieren, entwerfen die Gedichte von 1950 eine solche freiheitlich-sozialistische Gesellschaft in beständiger Rückschau auf Strukturen und Denkmuster der Vergangenheit. »Neue Zeiten« – so einer der Titel (12, S.294) – können nur aus der Zertrümmerung der alten hervorgehen, in diesem Falle aus der Aufhebung kapitalistischer Eigentums- und Abhängigkeitsverhältnisse. Und wenn das *Nachkriegsliedchen* (12, S.291) den bekannten traurigen Kinderreim »Maikäfer, flieg / Dein Vater ist im Krieg« widerruft (»Flieg, Drache, flieg! / Am Himmel ist kein Krieg«), dann bewahrt es damit doch zugleich die Erinnerung an ihn und hält die Spannung zwischen Alt und Neu, Einst und Jetzt bewusst. Dank dieser auch im schlichten Rahmen der Kinderlyrik mit großer Sorgfalt vorgenommenen Einbettung in den Geschichtsprozess bleibt Brechts Optimismus in den meisten Texten gemäßigt und vor allem historisch reflektiert. Das beste Beispiel für seine literarische Strategie, den Zukunftsentwurf in kritischer Auseinandersetzung mit der fatalen deutschen Geschichte zu entfalten, liefert die *Kinderhymne*:

---

17 Christel Hartinger: Bertolt Brecht – das Gedicht nach Krieg und Wiederkehr. Studien zum lyrischen Werk 1945–1956. Berlin (Ost) 1982, S.199. Hartinger liefert in dem entsprechenden Kapitel einen guten Überblick über Brechts *Neue Kinderlieder* (S.181–203); allerdings muss man bei der Lektüre auch ihre Begeisterung für die angeblichen sozialistischen Errungenschaften der DDR in Kauf nehmen.

> Anmut sparet nicht noch Mühe
> Leidenschaft nicht noch Verstand.
> Daß ein gutes Deutschland blühe
> Wie ein andres gutes Land.
>
> Daß die Völker nicht erbleichen
> Wie vor einer Räuberin
> Sondern ihre Hände reichen
> Uns wie anderen Völkern hin.
>
> Und nicht über und nicht unter
> Andern Völkern wolln wir sein
> Von der See bis zu den Alpen
> Von der Oder bis zum Rhein.
>
> Und weil wir dies Land verbessern
> Lieben und beschirmen wir's
> Und das liebste mag's uns scheinen
> So wie andern Völkern ihrs.
> (12, S. 303)

Mit seinen vierhebigen trochäischen Versen und den wechselnden Kadenzen bildet das Gedicht eine exakte Kontrafaktur zu August Heinrich Hoffmann von Fallerslebens *Lied der Deutschen*, so dass man es statt nach Eislers Vertonung ebensogut auf die berühmte Melodie von Joseph Haydn singen könnte. Aber auch inhaltlich präsentiert es sich als Gegengesang zum Deutschlandlied, das Brecht mit seinem Text offenkundig zu verdrängen hoffte. 1841 hatte Hoffmann von Fallersleben mit diesem Lied ein eingängiges Manifest der liberalen und nationalen Bewegung in Deutschland geschaffen, deren politische Ziele, prägnant zusammengefasst in der Trias »Einigkeit und Recht und Freiheit«, im Kontext der restaurativen Vormärz-Ära durchaus progressiv waren. Nach der Reichseinigung von 1871 wurden die Strophen mit ihrer Eingangszeile »Deutschland, Deutschland über alles« freilich zunehmend dazu genutzt, einen chauvinistischen und aggressiven Nationalismus zu artikulieren. Es war daher besonders ihre Rezeptionsgeschichte im Kaiserreich, in der Weimarer Republik – seit 1922 galt Fallerslebens Lied als Nationalhymne – und im Nationalsozialismus, gegen die Brecht den literarischen Kampf aufnahm.

Eine solche Konkurrenzdichtung zu schaffen, schien umso mehr geboten, als sich die Karriere des Deutschlandliedes in der Bundesrepublik bekanntlich ungebrochen fortsetzte, wenn auch mit der Einschränkung, dass man sich hier bei offiziellen Anlässen mit der am wenigsten brisanten dritten Strophe begnügte. Schon bevor Bundespräsident Theodor Heuss am 2. Mai 1952 auf Drängen Konrad Adenauers das Deutschlandlied mit besonderer Hervorhebung der Schlussstrophe zur Nationalhymne der BRD erklärte[18], gab es entsprechende Vorstöße. So hatte Adenauer am 18. April 1950 ausgerechnet bei einer Kundgebung in Westberlin die dritte Strophe angestimmt, und dieser Vorfall, der erhebliches Aufsehen erregte, dürfte ein unmittelbarer Anlass für die Abfassung von Brechts Gedicht gewesen sein. Die *Kinderhymne* kann zwar im Prinzip

---

18 Die Verbindlichkeit der brieflichen Äußerung von Heuss ist allerdings mehr als zweifelhaft. Ein einschlägiges *Gesetz* existiert bis heute nicht, weshalb die Bundesrepublik, streng genommen, gar keine Nationalhymne besitzt.

auch ohne nähere Kenntnis aller historischen und intertextuellen Bezüge gesungen und verstanden werden, aber ihr voller Gehalt erschließt sich doch nur, wenn der Rezipient den Prätext von Fallersleben mitsamt seiner problematischen Wirkungsgeschichte als Bezugspunkt vor Augen hat.[19] Gemeinsam ist beiden Werken die Einführung einer kollektiven Sprechinstanz, wie sie bei Nationalhymnen überhaupt häufig begegnet. Während jedoch Fallersleben ›die Deutschen‹ in ihrer Gesamtheit sprechen lässt – genau betrachtet sind es freilich nur die deutschen *Männer*, wie der Preisgesang auf die Frauen des Landes in der zweiten Strophe verrät! –, erteilt Brecht eben den Kindern das Wort. Die junge Generation allein scheint nach 1945 fähig zu sein, den notwendigen Neuanfang im Zeichen von Toleranz und Völkerverständigung ins Werk zu setzen, dessen Programm das Gedicht so eindrucksvoll formuliert.

Bereits die erste Strophe deutet die Frontstellung gegen die nationale Vergangenheit zumindest an, wenn sie ausdrücklich ein »gutes Deutschland« fordert und damit die Möglichkeit weniger guter Alternativen offen lässt. Ein solches Deutschland kann, wie die Pluralform des Imperativs verdeutlicht, nur aus *kollektiven* Anstrengungen hervorgehen, in denen zudem sämtliche Kräfte und Fähigkeiten der Mitwirkenden vereint zum Einsatz kommen: Wahrhaft humanes Handeln erwächst aus dem harmonischen Zusammenspiel von »Anmut« und »Mühe«, von »Leidenschaft« und »Verstand«. Der vierte Vers führt schließlich mit der Gleichberechtigung aller Völker beziehungsweise Länder das zentrale Motiv der gesamten Hymne ein, das dann in der zweiten Strophe – im Bild des Händereichens über die Grenzen hinweg –, in der dritten – »Und nicht über und nicht unter / Andern Völkern wolln wir sein« – und in der vierten – »Und das liebste mag's uns scheinen / So wie andern Völkern ihrs« – wieder aufgenommen wird. Gerade dieser Leitgedanke grenzt Brechts Gedicht nachdrücklich vom *Lied der Deutschen* ab, das Deutschland schon in der Eingangsstrophe »über alles in der Welt« stellt, was zumindest in der späteren Rezeption im Sinne von Großmachtgeltung und Hegemonialpolitik ausgelegt wurde.

Die zweite Strophe bestätigt, dass sich das Deutschlandbild der *Kinderhymne* in hohem Maße über den Gegensatz zu den nationalistischen Exzessen der NS-Zeit und ihren Folgen konstituiert. Um dies im Detail erkennen zu können, muss der Leser allerdings wieder mit dem weiteren Kontext von Brechts literarischem Werk vertraut sein, denn das Bild der »Räuberin« knüpft an die Metaphorik seiner Exilgedichte an, besonders an das Klagelied *Deutschland*, das den Band *Lieder Gedichte Chöre* von 1934 beschließt. Dort wird das durch Diktatur und Terrorherrschaft befleckte Land als »bleiche Mutter« angeredet, in deren »Haus« Lüge, Gewalt und Mord herrschen. Die beiden letzten Versabschnitte lauten:

> Hörend die Reden, die aus deinem Hause dringen, lacht man.
> Aber wer dich sieht, der greift nach dem Messer
> Wie beim Anblick einer Räuberin.

---

19 Zumindest erwähnt sei, dass Brechts Werk überdies auf die offizielle Hymne der jungen DDR reagiert, die Johannes R. Becher im Herbst 1949 geschrieben hatte und die ebenfalls von Eisler komponiert worden war (»Auferstanden aus Ruinen ...«). Bechers Strophen enthalten zum Teil schon ganz ähnliche Gedanken wie die *Kinderhymne*, bringen sie aber in einer sehr viel pathetischeren Diktion zum Ausdruck. Vgl. dazu Gerhard Müller: Lieder der Deutschen. Bemerkungen zum *Deutschlandlied*, zur Becher-Hymne und zu Bertolt Brechts *Kinderhymne*. In: Der Sprachdienst 33 (1989), H. 5, S. 137–145, hier S. 141–145.

O Deutschland, bleiche Mutter!
Wie haben deine Söhne dich zugerichtet
Daß du unter den Völkern sitzest
Ein Gespött oder eine Furcht!
(11, S.254)

Die *Kinderhymne* spricht dagegen von einem Deutschland, das in neuer, gleichsam gereinigter Gestalt einen festen Platz im friedlichen Kreis der »anderen Völker« einnimmt. Neu ist diese Gestalt nicht zuletzt im Hinblick auf die geographische Ausdehnung, die die dritte Strophe gegenüber dem Bezugstext korrigiert, womit sie unmissverständlich die von den Siegermächten des Zweiten Weltkriegs verfügten territorialen Veränderungen anerkennt: »Von der See bis zu den Alpen / Von der Oder bis zum Rhein« – statt »Von der Maas bis an die Memel, / Von der Etsch bis an den Belt«, wie es bei Fallersleben heißt. Aber noch in einer anderen Hinsicht sind diese beiden Verse aufschlussreich, belegen sie doch, dass Brecht ein (wieder-)vereinigtes Deutschland und keineswegs nur die DDR vor Augen hat. Die *Kinderhymne* ist als gesamtdeutsches Lied konzipiert.[20]

Die Schlussstrophe greift zunächst das Bild der Eingangsverse auf: Das Verhältnis der Menschen zu ihrem Land ist ein *produktives*, und deshalb ist dieses Land auch unablässig im Werden. Deutschland erscheint nicht als feste Größe, als monumentales Gebilde, dem eine quasi-religiöse Verehrung zuteil wird, sondern im wahrsten Sinne des Wortes als Projekt, das niemals zu einem vollkommenen Abschluss gelangt, als Objekt einer fortdauernden zielstrebigen ›Verbesserung‹; als solches kann und soll es von seinen Bewohnern geliebt und geschützt werden. Die *Kinderhymne* trachtet also keineswegs danach, die emotionale Bindung an das Vaterland aufzuheben, sie schafft ihr jedoch eine neue Grundlage und rückt sie überdies durch das letzte Verspaar einmal mehr in den Horizont einer übergreifenden Gemeinschaft gleichberechtigter Nationen. Das Recht auf exklusive Liebe zur eigenen Heimat wird in diesen Zeilen zugleich eingeräumt und durch den Hinweis auf seine subjektive Begrenzung in heilsamer Weise relativiert – die gefühlsmäßige Beziehung der Deutschen zu ihrem Land ist ebenso legitim wie die anderer Völker zu dem ihren. Brecht ist dank dieser in sämtlichen vier Strophen virtuos durchgehaltenen Balance ein literarisches Kunstwerk gelungen, das unter den Nationalhymnen der Welt wohl nicht seinesgleichen hat.[21]

---

20 Dass der Autor nicht gewillt war, sich mit der deutschen Zweistaatlichkeit abzufinden, und mit seinen literarischen Werken immer wieder die Spaltung zu überbrücken suchte, wird im folgenden Kapitel ausführlicher erörtert. Brechts deutschlandpolitische Strategie mag auch erklären, warum in seiner Hymne kein spezifisch kommunistisches Gedankengut auftaucht: Der Adressatenkreis sollte möglichst groß bleiben.

21 Generell stellt ›Deutschland‹ ein wichtiges Thema Brecht'scher Lyrik dar, das sich von den Jahren des Ersten Weltkriegs an bis in die späteste Zeit verfolgen lässt. Zu nennen sind hier unter anderem Werke wie *Deutsches Frühlingsgebet*, *Der belgische Acker* und *Deutschland, du Blondes, Bleiches*, das oben zitierte *Deutschland* (»O Deutschland, bleiche Mutter!«) und schließlich *Über Deutschland, Deutschland* (»Im Haus ist der Pesttod«) und *Deutschland 1952*. Schon anhand dieser Texte können sämtliche Wandlungen von Brechts politisch-weltanschaulicher Position im Laufe der Jahrzehnte nachgezeichnet werden. Vgl. dazu Franz Norbert Mennemeier: Bertolt Brechts Lyrik. Aspekte, Tendenzen. Berlin ²1998, S.159–170, und den Exkurs bei Simon Karcher: Sachlichkeit und elegischer Ton. Die späte Lyrik von Gottfried Benn und Bertolt Brecht – ein Vergleich. Würzburg 2006, S.65–82. Einige weitere Deutschland-Gedichte werden wir im nächsten Kapitel kennen lernen.

Kapitel 14
Die Mühen der Ebenen: Brecht in der DDR

Für die weitere Rezeption seines Werkes und alle künftigen Diskussionen um seine Person war es von ausschlaggebender Bedeutung, dass Brecht sich bei seiner Rückkehr nach Deutschland für die Sowjetische Besatzungszone (SBZ) und die DDR entschied. Im Westen galt er fortan weithin als ideologisch verseuchter Parteigänger des SED-Regimes, was auf Jahrzehnte hinaus eine unvoreingenommene Aufnahme seiner Arbeiten so gut wie unmöglich machte und im Zeitalter des Kalten Krieges sogar zu Boykottmaßnahmen gegen seine Stücke führte. Wenn man den Lebensweg und die persönliche Haltung des Autors berücksichtigt, mutet die Festlegung auf Ostberlin auch völlig konsequent an: Einen Bertolt Brecht, der in der politisch-weltanschaulichen Systemkonkurrenz der Nachkriegszeit für den Westen und die kapitalistische Bundesrepublik optiert hätte, kann man sich kaum vorstellen. Und in der Tat gibt es eine Reihe von Zeugnissen, die belegen, wie sehr sich Brecht mit dem jungen ostdeutschen Staatswesen und der dort entwickelten Form des Sozialismus identifizierte. So ist in seinem Journal aus dem Jahre 1950 folgender Bericht über die Ostberliner Kundgebung zum 1. Mai zu lesen:

> Strahlender Tag. Von der Tribüne im Lustgarten aus sehe ich die Demonstration. Voraus die Freie Deutsche Jugend mit blauen Hemden und Fahnen und die Volkspolizei in Kompanien. Dann ein stundenlanger Zug mit Maschinen, Waggons, Kleiderausstellungen usw. auf Lastwägen, Bildern und Transparenten. Die Demonstranten gehen schlendernd, wie spazierend, und halten ein wenig vor der Tribüne. Während der Rede des chinesischen Teilnehmers werden Tauben losgelassen. (Nebenan kreist in der Luft über der Gegendemonstration hinter dem Brandenburger Tor ein amerikanischer Schraubenflieger.) […] Das Berliner Ensemble fährt auf seinem Lastwagen, Barbara sitzt auf dem Couragewagen und schwenkt eine rote Fahne. Helli wird durch alle Straßen hindurch begrüßt, Frauen halten tatsächlich die Kinder hoch: »Die Mutter Courage«! (27, S. 311 f.)

Dieses leuchtende Bild einer heilen sozialistischen Welt findet sich immerhin in einem privaten, also keineswegs für propagandistische Zwecke vorgesehenen Dokument. Umso bemerkenswerter ist die aufdringliche Symbolik mit den Tauben über Ost- und dem dräuenden US-Hubschrauber über Westberlin. Wer kann da noch zweifeln, wo die echte Friedensliebe wohnt und wo die Aggressoren lauern! Und nicht von ungefähr schließt die Notiz mit einem Hinweis auf die Popularität, die Brechts Frau Helene Weigel ihrer Rolle in *Mutter Courage und ihre Kinder* verdankte – auch die Kunst hat in der sozialistischen Gesellschaft einen festen Platz. Bald darauf dürften folgende Verse entstanden sein:

> Das Theater des neuen Zeitalters
> Ward eröffnet, als auf die Bühne
> Des zerstörten Berlin
> Der Planwagen der Courage rollte.
> Ein und ein halbes Jahr später
> Im Demonstrationszug des 1. Mai
> Zeigten die Mütter ihren Kindern
> Die Weigel und
> Lobten den Frieden.
> (15, S. 226)

Ohne falsche Bescheidenheit identifiziert Brecht das Theater der Zukunft mit seinem eigenen epischen Theater, das im Januar 1949 mit der von ihm selbst geleiteten *Courage*-Inszenierung seinen Einstand in Berlin gegeben hatte. Doch aus dem Gedicht spricht nicht nur die Genugtuung eines Künstlers, der nach einer langen exilbedingten Durststrecke nun endlich auf gebührende Anerkennung für seine Werke rechnen konnte. Akzentuiert wird in erster Linie der Erfolg einer didaktischen Strategie: Gerade die Mütter haben aus dem Theaterstück etwas über den Wert des Friedens gelernt; sie sind also, ganz wie es der Stückeschreiber sich erhoffte, durch die Vorführung der völlig unbelehrbaren Mutterfigur auf der Bühne zu einer besseren Einsicht gelangt (vgl. 23, S.112). Im Zeichen des Sozialismus schien der Osten Deutschlands einen fruchtbaren Boden für die epische Theaterkunst zu bieten.

Von den Kinderliedern, die Brecht im Frühjahr 1950 schrieb und die in hohem Maße auf die Zukunft in einer sozialistischen Gesellschaftsordnung ausgerichtet sind, war schon im vorigen Kapitel die Rede. Zu ihnen gehört das *Mailied der Kinder*, das wiederum unmittelbar auf den Maifeiertag Bezug nimmt. Außerdem entstanden um diese Zeit einige im Kontext von Brechts Werk recht ungewöhnliche, volksliedhaft schlichte, beschwingte Liebesgedichte, die von Lebensfreude und ungebrochenen Glücksgefühlen künden und ebenfalls bereits an früherer Stelle behandelt wurden.[1] Es spricht somit viel dafür, dass der Dichter damals in der DDR tatsächlich den Beginn einer neuen Ära auf den Gebieten der Politik, der Gesellschaft und des künstlerischen Schaffens wahrzunehmen glaubte und dadurch zumindest phasenweise in euphorische Stimmung versetzt wurde. Aufs Ganze gesehen war sein Verhältnis zu den Entwicklungen in Ostdeutschland jedoch sehr viel komplizierter, als diese ersten Beobachtungen ahnen lassen. Darauf deutet schon der Weg hin, der ihn aus den USA nach Ostberlin führte und der weder geradlinig verlief noch zügig zurückgelegt wurde.

Brecht entschied sich keineswegs spontan und voller Begeisterung für den sozialistischen Teil seines Heimatlandes. Trotz aller Vorbehalte gegen die Vereinigten Staaten, seine letzte große Exilstation, machte er nach dem Zusammenbruch des NS-Regimes im Mai 1945 keine Anstalten, die Rückkehr zu beschleunigen. Er wollte auf jeden Fall noch das *Galileo*-Projekt mit Charles Laughton abschließen; überdies war ihm klar, dass das verwüstete Deutschland vorerst keine günstigen Arbeitsbedingungen bot. Eine Alternative stellte die Schweiz dar, wo das Züricher Schauspielhaus während des Krieges seine wichtigsten Exilstücke aufgeführt hatte. Im Herbst 1946 entwickelte Brecht den Plan, einige Zeit lang »in Oberitalien oder in der Schweiz« mit seinem alten Freund, dem Bühnenbildner Caspar Neher, zusammenzuarbeiten (29, S.401), und als er ein Jahr später endlich wieder europäischen Boden betrat und in Paris von Anna Seghers über die verworrene Lage in Berlin informiert wurde, stand für ihn endgültig fest: »man muß eine residence außerhalb Deutschlands haben« (29, S.425). So siedelte er sich bis auf weiteres in Zürich an und reiste erst im Oktober 1948 für mehrere Monate nach Ostberlin, um *Mutter Courage und ihre Kinder* einzustudieren und die Möglichkeiten für die Errichtung eines eigenen Theaters zu erkunden. Die endgültige Übersiedlung verzögerte sich noch bis zum Frühjahr 1949.

---

1 Vgl. dazu die Schlusspartie des Kapitels 5 »Von Kranichen und Huren: Gedichte über Liebe und Sexualität«.

Sein langes Abwarten war nicht zuletzt durch die Aufteilung Deutschlands in Besatzungszonen der alliierten Siegermächte bedingt, die strategische Überlegungen notwendig machte. Den Wunsch nach einem österreichischen Pass, den er später auch erhielt, begründete Brecht damals mit der lapidaren Bemerkung: »Ich kann mich ja nicht in irgendeinen Teil Deutschlands setzen und damit für den andern Teil tot sein« (29, S.511f.), und seiner Frau schrieb er: »ich muß ja versuchen, den Zugang zu so vielen deutschsprachigen Bühnen wie möglich zu behalten« (29, S.513). Für Staatenlose, zu denen er zählte, seit ihn die deutschen Behörden 1935 ausgebürgert hatten, gestalteten sich Reisen wegen der fehlenden Papiere stets schwierig. Vor allem aber scheint ihm angesichts der weltpolitischen Konfliktlage zu Beginn des Kalten Krieges frühzeitig klar geworden zu sein, dass eine bindende Entscheidung für die SBZ jede Betätigung im Westen und jede Wirkung seines Werkes dort ungemein erschweren musste. Die Auseinandersetzungen, zu denen es dann in der Tat kam, dürften ihn demnach kaum überrascht haben.

Nach Ostberlin ging Brecht schließlich nicht nur, um den sozialistischen Neubeginn zu unterstützen, sondern auch deshalb, weil man ihm hier die Gelegenheit bot, ein Theaterensemble aufzubauen, mit dem er seine Vorstellungen vom epischen Theater praktisch umsetzen konnte. Und statt damit etwa die gesamtdeutsche Perspektive aufzugeben, sah er sich fortan erst recht zum Einsatz im »Kampf um die Einheit Deutschlands« verpflichtet (30, S.147). Geradezu militant klingt eine Notiz vom Dezember 1948: »Die Literatur kann sich nicht hinter die Elbe zurückziehen und lediglich eine von den Russen militärisch (und polizeilich) verteidigte Musterprovinz aufbauen helfen. [...] Die Literatur muß sich engagieren, sich in den Kampf bringen über ganz Deutschland hin« (27, S.286/290). Schon aus der *Kinderhymne* wissen wir, dass Deutschland für Brecht auch im Frühjahr 1950 noch »[v]on der Oder bis zum Rhein« reichte (12, S.294), und in seinen Briefen begegnen immer wieder Mahnungen, »das deutsche Gesamtinteresse« nicht zu vergessen (30, S.32), »die schreckliche Zerreißung« wenigstens in der Kunst nicht mitzumachen (S.66), vielmehr »der Spaltung auf kulturellem Gebiet entgegenzuarbeiten« (S.69).

Freilich konnte sich Brecht ein geeintes, friedliches Deutschland allein auf sozialistischer Grundlage vorstellen. Mit zunehmender Sorge beobachtete er deshalb die restaurativen Tendenzen in den Westzonen und später in der Bundesrepublik, die in seinen Augen auf die bloße Wiederherstellung des Kapitalismus unter dem Deckmantel einer oberflächlichen Demokratisierung hinausliefen – eine Entwicklung, die ihm umso fataler erscheinen musste, als er nach wie vor an die Wesensverwandtschaft von Kapitalismus und Faschismus glaubte. Wiederholt versuchte Brecht im Laufe der Jahre, mit publizistischen Mitteln auf die Bevölkerung und die politischen Entscheidungsträger im Westen Deutschlands einzuwirken. Beispielsweise protestierte er 1951 mit einem *Offenen Brief an die deutschen Künstler und Schriftsteller* (23, S.155f.) und noch 1956, kurz vor seinem Tod, mit einem Appell an den Bundestag (23, S.415f.) gegen die Remilitarisierung der Bundesrepublik, ihre Aufnahme in das westliche Bündnissystem und die Wiedereinführung der Wehrpflicht. Aber auch die Lyrik diente ihm in dieser Sache als Medium der Kritik. Eine erste in Gedichtform gekleidete Abrechnung mit der politischen und gesellschaftlichen Orientierung der Westzonen verfasste er bereits Anfang 1947, während er sich noch in Amerika aufhielt, unter dem Titel *Freiheit und Democracy* (vgl. 15, S.183–188).[2]

---

2 Der nicht weniger als vierzig vierzeilige Strophen umfassende Text kann hier nicht vollständig angeführt werden. Hinter jedem Zitat steht in Klammern die jeweilige Verszahl.

Im Journal wird das Gedicht, das zunächst *Der anachronistische Zug* heißen sollte, als »[e]ine Art Paraphrase von Shelleys *The Masque of Anarchy*« bezeichnet (27, S.242).³ Von diesem Text, den Brecht in seinem Aufsatz *Weite und Vielfalt der realistischen Schreibweise* als Lehrbeispiel verwendete, war bereits im Kapitel über den Realismus ausführlicher die Rede. Doch die Verse von 1947 knüpfen als satirisch-polemische Revue nicht nur an den englischen Lyriker an, sondern greifen auch aus einem Abstand von rund dreißig Jahren noch einmal die Struktur und den Zeige-Gestus der *Legende vom toten Soldaten* auf. Erneut zieht vor den Augen des Lesers eine Prozession typisierter Gestalten vorbei, in denen die verschiedenen Facetten einer umfassenden Zeit- und Gesellschaftskritik anschaulich werden, und sogar die Ratten finden wir als Teilnehmer wieder: Waren sie in der *Legende* von chauvinistischem Franzosenhass beseelt, so stimmen sie jetzt in die Parole »*Freiheit der Democracy*« ein (V. 161). Die sechs allegorischen Gestalten Unterdrückung, Aussatz, Betrug, Dummheit, Mord und Raub, die den Zug vervollständigen, haben in der Weltkriegsballade allerdings kein Pendant. Ihre Einführung dürfte tatsächlich durch Shelley inspiriert worden sein, der in *The Masque of Anarchy* mit zahlreichen Allegorien arbeitet. In dem erwähnten Aufsatz illustriert Brecht die »Weite und Vielfalt der realistischen Schreibweise« unter anderem mit dem Hinweis, dass ein Dichter auch mit allegorischen Figuren – er nennt sie »große symbolische Bilder« – realistische Wirkungen erzielen könne, sofern in ihnen »die Wirklichkeit zu Wort kommt« (22.1, S.430).

Den äußeren Anlass für die Entstehung von *Freiheit und Democracy* lieferte die erste bayerische Landtagswahl nach dem Krieg, die der CSU am 1. Dezember 1946 einen Stimmenanteil von über fünfzig Prozent beschert hatte. Das Gedicht führt einen Zug »von Wählern« vor (V. 7), der von Süden her durch die »deutsche Landschaft« marschiert (V. 99) und schließlich München erreicht, die »Hauptstadt der Bewegung / Stadt der deutschen Grabsteinlegung« (S.104 f.). Freie Wahlen beurteilte Brecht zu diesem Zeitpunkt als bloßes Ablenkungsmanöver, das im Westen die Kontinuität der alten ökonomisch-sozialen Abhängigkeitsverhältnisse kaschieren sollte, zumal er sicher war, dass sie den Faschisten den Weg zur Rückkehr an die Macht bahnen würden – noch 1953 beantwortete er (im Blick auf die DDR!) entsprechende Forderungen mit der knappen Feststellung: »Dann werden die Nazis gewählt« (27, S.347).⁴ So entlarvt sein Text die leitmotivisch wiederholte Parole »Freiheit und Democracy« als die verlogene Devise all jener, die ihre im Dritten Reich betriebenen schmutzigen und blutigen Geschäfte unter nur oberflächlich veränderten Bedingungen munter fortsetzen wollen. Die Frühlingsmotive der Eingangsstrophe erweisen sich folglich als trügerisch, denn von einem hoffnungsvollen Neubeginn kann ganz und gar keine Rede sein.

---

3   Für einen detaillierten Vergleich der beiden Gedichte sei verwiesen auf den Aufsatz von Theo Stemmler: Das Massaker von Peterloo, Shelleys *Mask of Anarchy* und Bertolt Brechts *Der anachronistische Zug* – eine intertextuelle Rekonstruktion in chronologischer Anordnung. In: Lyrik im historischen Kontext. Festschrift für Reiner Wild. Hrsg. von Andreas Böhn, Ulrich Kittstein und Christoph Weiß. Würzburg 2009, S.350–361.
4   Vgl. dazu auch die Notiz *Freie Wahlen* vom Februar 1954, in der es heißt: »Es ist der älteste Trick der Bourgeoisie, den Wähler frei seine Unfreiheit wählen zu lassen, indem man ihm das Wissen um seine Lage vorenthält« (23, S.272). Ohne eine eingehende, marxistisch fundierte Aufklärung über gesellschaftliche Zusammenhänge hielt Brecht die Menschen für unfähig, Freiheit verantwortungsvoll und im eigenen Interesse zu nutzen.

Beim Defilee der einzelnen Gruppen, die sich zuversichtlich dem Schutz der pervertierten »Freiheit« anvertrauen, nutzt Brecht den knappen, paargereimten Vierzeiler virtuos für effektvolle Zuspitzungen. In den folgenden Strophen wird beispielsweise die katholische Kirche abgefertigt:

> Dann in Kutten schritten zwei
> Trugen 'ne Monstranz vorbei.
> Wurd die Kutte hochgerafft
> Sah hervor ein Stiefelschaft.
>
> Doch dem Kreuz dort auf dem Laken
> Fehlten heute ein paar Haken
> Da man mit den Zeiten lebt
> Sind die Haken überklebt.
>
> Drunter schritt dafür ein Pater
> Abgesandt vom Heiligen Vater
> Welcher tief beunruhigt
> Wie man weiß, nach Osten blickt.
> (V. 26–37)

Die misstönenden Reime, mit denen der Dichter seine grotesken Bilder klanglich untermalt – hier: »beunruhigt« auf »blickt«! –, erinnern einmal mehr an die *Legende vom toten Soldaten*.

Den Repräsentanten der Kirche folgen unter anderem die »Herrn von den Kartellen«, die nationalistischen Lehrer, die »Planer der Vergasungslager«, die »Stürmerredakteure« und die »Hitlerfrauenschaft«, die sich allesamt als glühende Verehrer von »Freiheit und Democracy« zu erkennen geben. Strophe um Strophe lösen Vertreter unterschiedlichster Berufsgruppen und Institutionen einander ab, bevor die polemische Attacke durch eine noch weiter gesteigerte Verdichtung zum Höhepunkt geführt wird. Die Bezeichnungen derer, die sich nach 1945 in der neuen Ordnung gleich wieder häuslich einzurichten wissen, prasseln jetzt nur so auf den Leser herab:

> Spitzel, Kraft-durch-Freude-Weiber
> Winterhelfer, Zeitungsschreiber
> Steuer-Spenden-Zins-Eintreiber
> Deutsches-Erbland-Einverleiber
>
> Blut und Dreck in Wahlverwandtschaft
> Zog das durch die deutsche Landschaft
> Rülpste, kotzte, stank und schrie:
> *Freiheit und Democracy.*
> (V. 94–101)

Es ist nicht zu leugnen, dass Brecht hier zu einem sehr frühen Zeitpunkt ein Kernproblem der westdeutschen Nachkriegshistorie ans Licht brachte, nämlich den Verzicht auf einen radikalen Bruch mit jenen Strukturen und Personen, die das nationalsozialistische Regime getragen hatten.[5] Wie schon die titelgebende skurrile Losung anzeigt,

---

5 Das Phänomen beschäftigte ihn sogar bereits unmittelbar nach Kriegsende, wie die 1945 verfassten Gedichte *Der Nürnberger Prozeß* und *Der Krieg ist geschändet worden* belegen. Gemeinsam mit *Legalität* stellte Brecht sie zu dem kleinen Ensemble *Deutsche Satiren (Zweiter Teil)* zusammen, dessen Überschrift die Anknüpfung an die *Deutschen Satiren* aus den *Svendborger Gedichten* signalisiert (vgl. 12, S. 287 f.).

machte er den Einfluss der angloamerikanischen Siegermächte für dieses Versäumnis mitverantwortlich, so wie er auch später die restaurative Orientierung der jungen Bundesrepublik eng mit deren rascher Integration in die politischen, militärischen und ökonomischen Verflechtungen der westlichen Staatenwelt verknüpft sah. Ende 1949 dichtete er mit der *Bonner Bundeshymne* eine Parodie auf Hoffmann von Fallerslebens *Lied der Deutschen*, die zugleich ein negatives Gegenstück zu seiner wenig später entstandenen *Kinderhymne* darstellt:

> Deutschland, Deutschland, über alles
> Nur nicht über unser Geld!
> Wenn es auch gegebenen Falles
> Dadurch auseinanderfällt.
>
> Ja, vom Rhein bis an die Elbe
> Sind wir westlich eingestellt
> Ist das Ziel doch ganz dasselbe:
> Für den reichen Mann mehr Geld!
>
> Deutsche Kohlen, deutsches Eisen
> Deutsches Holz und deutschen Stahl
> Liefern wir zu Schleuderpreisen
> An das Wallstreetkapital.
>
> Wahlen gibt es allgemeine
> Nur in dem gibt's keine Wahl:
> U.S.A. hält Wacht am Rheine
> Daß der deutsche Michel zahl.
> (15, S.207 f.)[6]

Die Gedichte *Steh auf, Michel!*, *An der Ruhr zerfällt ein Haus* und *Soll es von eurer Stadt New York einmal heißen* wenden sich ebenfalls gegen die Hegemonialpolitik der Vereinigten Staaten, in deren Kontext Brecht auch den Marshallplan einordnete, mit dem die US-Regierung den Wiederaufbau in Europa fördern wollte. Besser sei es, mit »nackten Händen« und aus eigener Kraft die Trümmer wegzuräumen, als sich »in fremde Fron zu verkaufen«, erklärt er in *Als unsere Städte in Schutt lagen* (15, S.208).

Brechts Gewissheit, dass der Kapitalismus auf gewaltförmigen Beziehungen zwischen den Menschen beruhe und daher am Ende unweigerlich zu Kriegen führen müsse, prägte sein gesamtes deutschlandpolitisches Denken nach 1945, das beständig um die Alternative Kapitalismus und Krieg oder Sozialismus und Frieden kreiste. In allen Texten lyrischer wie nicht-lyrischer Art, die diesem Thema gewidmet sind, schwebt gewissermaßen der Militärhubschrauber über der westlichen Welt, während im Osten die Friedenstauben in den Himmel steigen. »Solange es Kapitalismus geben wird, so lange wird es den Krieg geben«, verkündete Brecht 1948 (23, S.64), und vier Jahre später stellte er in einem Brief an die Teilnehmer eines Friedenskongresses in Wien die »kriegerische Natur des Kapitalismus« und die »tief friedliche Natur des Sozialismus« einander gegenüber (30, S.154). Ähnlich plakativ verfährt sein gemeinsam mit dem Komponisten Paul Dessau geschaffenes Chorwerk *Herrnburger Bericht* von 1951, das, auf einen Zwischenfall aus dem Vorjahr Bezug nehmend, die von

---

6 Die Vorlage für diese Strophen lieferte die von einem Konstanzer Hilfsarbeiter verfasste *Bonner Bundes-Hymne*, deren Text im Kommentar der GBFA abgedruckt ist (vgl. 15, S.436).

einem Berliner Friedenstreffen heimwärts ziehenden westdeutschen Jugendlichen mit dem verbrecherischen »Bonner Staat« (15, S.246) und seiner Polizei konfrontiert. In den westlichen Medien provozierte der *Bericht* damals höhnische Kommentare, aber auch der heutige Leser zuckt unwillkürlich zusammen, wenn mitten in dem lyrischen Hymnus auf Frieden, Freiheit und Fortschritt unter dem Banner des Sozialismus plötzlich »ein Gruß von Josef Stalin« auftaucht (S.251). Bei aller Skepsis, mit der man die Politik Konrad Adenauers und den Umgang der frühen Bundesrepublik mit der NS-Vergangenheit betrachten mag – die weltanschauliche Rechnung ging doch nicht so glatt auf, wie Brecht das mit der Schwarz-Weiß-Malerei mancher Texte suggerieren wollte.

Sein poetischer und publizistischer Einsatz für eine friedliche Einigung Deutschlands, durch die insbesondere der US-amerikanische Einfluss zurückgedrängt werden sollte, passte gut zu der Haltung der SED-Führung, die damals auf Initiative Stalins mehrfach vorschlug, Deutschland wieder zu vereinigen und politisch zu neutralisieren, damit aber stets an der konsequenten Westorientierung der Regierung Adenauer und der Unnachgiebigkeit der Westmächte scheiterte. Parallel zu dieser gesamtdeutschen Agitation forcierte die SED allerdings den engen Anschluss an die Sowjetunion sowie den Ausbau der ›sozialistischen Errungenschaften‹ in ihrem eigenen Machtbereich, natürlich nicht zuletzt mit der Absicht, im Wettstreit der politisch-ideologischen Systeme die Attraktivität und Überlegenheit des sozialistischen Weges unter Beweis zu stellen. Und auch diese Strategie findet sich bei Brecht wieder, bei dem sich zu der Sorge um die deutsche Einheit das entschiedene Engagement für den Aufbau des Sozialismus im Osten gesellte. Nach den vielen Jahren des Exils und des unter ungünstigsten Bedingungen geführten antifaschistischen Kampfes hoffte er, in der sowjetischen Zone und später in der DDR endlich wieder eine uneingeschränkte produktive Tätigkeit entfalten zu können. Das Gedicht *Wahrnehmung*, entstanden im Februar 1949, verknüpft den Einschnitt in der Biographie des Sprechers, nämlich seine Rückkehr in die Heimat in einem Alter, das immer noch kraftvolles Zupacken gestattet, mit dem angestrebten Neuanfang auf der Ebene der sozialen Ordnung; daher der Wechsel vom Ich zum Wir zwischen der ersten und der zweiten Versgruppe:

Als ich wiederkehrte
War mein Haar noch nicht grau
Da war ich froh.

Die Mühen der Gebirge liegen hinter uns
Vor uns liegen die Mühen der Ebenen.
(15, S.205)

An die Stelle der offenen Konfrontation mit dem Faschismus tritt nun für den Einzelnen wie für das Kollektiv das Ringen um die Errichtung einer sozialistischen Gesellschaft – die »Mühen« nehmen kein Ende, doch sind sie jetzt von anderer Art. Wie steinig der Marsch durch die »Ebenen« für ihn werden würde, konnte Brecht zu diesem Zeitpunkt noch nicht absehen.

Einen zentralen Stellenwert in den Gedichten, die sich in Form von Schilderungen oder Appellen mit der Lage in der SBZ beziehungsweise der DDR befassen, erhält das Motiv des ›Aufbaus‹, das damals im Osten Deutschlands in Reden, Verlautbarungen und literarischen Werken allgemein eine große Konjunktur erlebte. Indem sie die radikale Beseitigung überkommener Gewohnheiten und Abhängigkeiten zur Voraussetzung für die Schaffung eines neuen, selbstbestimmten und menschenwürdigen Daseins erklären, bilden Brechts einschlägige Texte das Pendant zu seinen polemischen Attacken auf die restaurative Politik des Westens. Besonders populär wurde das im Dezember 1948 verfasste und von Dessau vertonte *Aufbaulied der F.D.J.*, der Freien Deutschen Jugend, später auch unter dem schlichten Titel *Aufbaulied* verbreitet:

> Keiner plagt sich gerne, doch wir wissen:
> Grau ist's immer, wenn ein Morgen naht
> Und trotz Hunger, Kält und Kümmernissen
> Stehn zum Handanlegen wir parat.
> *Fort mit den Trümmern*
> *Und was Neues hingebaut*
> *Um uns selber müssen wir uns selber kümmern*
> *Und heraus gegen uns, wer sich traut.*
>
> Jeder sitzt mal gerne unterm Dache
> Drum ist aufbaun gar kein schlechter Rat
> Aber es muß sein in eigner Sache
> Und so baun wir erst 'nen neuen Staat.
> *Fort mit den Trümmern ...*
>
> Und das Schieberpack, das uns verblieben
> Das nach Freiheit jammert früh und spat
> Und die Herren, die die Schieber schieben
> Schieben wir per Schub aus unserm Staat.
> *Fort mit den Trümmern ...*
>
> Denn das Haus ist hin, doch nicht die Wanzen
> Junker, Unternehmer, Potentat
> Schaufeln her, Mensch, schaufeln wir den ganzen
> Klumpatsch heiter jetzt aus unserm Staat.
> *Fort mit den Trümmern ...*
>
> Besser als gerührt sein ist, sich rühren
> Denn kein Führer führt aus dem Salat
> Selber werden wir uns endlich führen
> Weg der alte, her der neue Staat.
> *Fort mit den Trümmern ...*
> (15, S. 196 f.)

Einem Kollektiv in den Mund gelegt, stellt das Lied den »Aufbau« als Gemeinschaftswerk dar, das von vielen Gleichberechtigten getragen wird. Dabei bleibt die ideologische Stoßrichtung recht allgemein, auch wenn die Attacke auf »Junker, Unternehmer, Potentat« durchaus eine sozialistische Position durchschimmern lässt.[7] Das kollektive Sprecher-Subjekt – und damit der Adressatenkreis des Gedichts – soll offenbar mög-

---

7 Die pervertierte Forderung nach »Freiheit«, die hier dem »Schieberpack« in den Mund gelegt ist, kennen wir schon aus *Freiheit und Democracy* als tückische Strategie der alten bürgerlichen Kapitalistenklasse, die ihre überkommenen Machtpositionen ungeschmälert in die Nachkriegsära hinüberretten will. Im Kampf gegen diese Schicht, die es aus dem »neuen Staat« zu verdrängen gilt, hält Brecht diktatorische Maßnahmen und massive Repressalien für ebenso unverzichtbar wie legitim.

lichst alle umfassen, die aus Krieg und Diktatur ihre Lehren gezogen haben und als prinzipiell ›Aufbauwillige‹ für den Kampf gegen die alten Herrschafts- und Besitzverhältnisse gewonnen werden können.

Brecht selbst sah die Pointe des Liedes darin, dass »der materielle Aufbau [...] mit dem politischen« verknüpft werde (27, S.293), und in der Tat leben die Verse von der Doppelbedeutung des titelgebenden Leitmotivs, das im wörtlichen wie im übertragenen Sinne eingesetzt wird. Während »Hunger, Kält und Kümmernisse« und die »Trümmer« im Refrain zunächst ganz konkret die bedrückende Nachkriegssituation in den zerstörten deutschen Städten evozieren, zielt der Ruf nach einem »neuen Staat« auf die politisch-sozialen Bedingungen des menschlichen Zusammenlebens, die es von Grund auf zu revidieren gilt. Vor diesem Hintergrund dürfen dann die zu beseitigenden »Trümmer« zugleich als Sinnbild für alle übrig gebliebenen Repräsentanten früherer Zeiten verstanden werden, die einen solchen Neuanfang blockieren würden. Mittels der Trümmer- und Aufbaumetaphorik leitet Brecht die Errichtung einer besseren Gesellschaftsordnung unmittelbar aus der damals allgegenwärtigen Erfahrung des Schuttabräumens und des Häuserbaus ab, so dass der Leser fast unvermerkt von der einen Ebene auf die andere geführt wird. Auf diese Weise verknüpft das *Aufbaulied* die Fragen von Politik und Klassenkampf direkt mit den handgreiflichen Lebensumständen und Bedürfnissen der Menschen, deren Alltagsperspektive auch in der burschikosen Umgangssprache zur Geltung kommt. Diese Sprache sollte überdies den (proletarischen) Jugendlichen gerecht werden, die Brecht als primäre Adressaten anvisierte, und die schwungvolle Aufbruchsstimmung auf die Ebene der ästhetischen Gestaltung übertragen. Der außerordentliche Erfolg des Liedes bezeugt, wie gut sich die Strategie des Autors bewährte.

In den folgenden Jahren entstanden zahlreiche weitere Aufbaugedichte, die ein vergleichbares Motivarsenal verwenden, aber mit unterschiedlichen Sprechhaltungen und Perspektiven aufwarten. Mal wird der Gestus des Appells verwendet (*An Meine Landsleute*), mal von einem einzelnen Ich berichtet (*Als die Stadt nun tot lag, ging dein einer Sohn*), mal spricht wieder das Kollektiv (*Als unsere Städte in Schutt lagen*); die Diktion ist bisweilen überschwänglich, ja geradezu hymnisch (*Lied vom Glück*), in anderen Fällen eher drängend und mahnend (*An Meine Landsleute*). Im Mittelpunkt steht aber durchweg die Idee des historischen Neubeginns, den der Dichter gelegentlich sogar in eschatologisch anmutenden Wendungen feiert: Die anbrechende »Zeit der Städtebauer« wird zugleich die »große Friedenszeit« sein (*Deutsches Lied*; 15, S.212), das »goldene Zeitalter«, von dem die Menschheit seit jeher träumt (*Nimm Platz am Tisch, du hast ihn doch gedeckt*; 15, S.215). Auch das *Lied der neuen Erde* schlägt Töne an, die an biblische Verheißungen gemahnen.[8] Einen idealen Charakter trägt die neue Epoche nicht etwa deshalb, weil sie materiellen Überfluss verspricht, sondern weil sie endlich allen Menschen die Möglichkeit bietet, frei und im eigenen Interesse tätig zu sein – wie wir wissen, definierte Brecht den Sozialismus auch als »große Produktion« (18, S.108). Davon sprechen noch die beiden *Kalenderlieder*, die er im Frühjahr 1953 schrieb, während er mit Erwin Strittmatter dessen Komödie *Katzgraben* bearbeitete.

---

8 In diesem Fall ist Brechts Autorschaft allerdings nicht gesichert; vgl. den Kommentar in 15, S.494.

Brechts Bemühungen, den Gedanken des Aufbaus allgemeinverständlich und effektvoll zu propagieren, stießen jedoch selbst bei seinen sozialistischen Gesinnungsgenossen nicht nur auf Gegenliebe. Noch bevor er sich überhaupt fest in Berlin etabliert hatte, provozierte das *Aufbaulied* schon einige Irritationen. Am 21. Dezember 1948 notierte er zur Beschäftigung mit diesem Text: »Ignoriere […] die Einwände gegen die letzte Strophe (›Und kein Führer führt aus *dem* Salat‹), erhoben von der Leitung [der FDJ]« (27, S.293). Unter dem Datum des 2. Januar erfährt man Genaueres:

> Bei dem *Aufbaulied* der FDJ (Freien Deutschen Jugend) bat mich der Berliner Gruppenleiter, die Zeile »Und kein Führer führt aus dem Salat« zu überprüfen, denn Hitler interessiere niemand mehr, da er olle Kamellen sei (aber Kamellen verwandeln sich, wenn unbeobachtet, leicht in olle Lorbeern), und dann gebe es eine Führung durch die Partei. Ich kann aber nicht entsprechen, die Strophe ist auf das Motiv des Sich-Selbst-Führens aufgebaut, und das ganze Lied dazu. (27, S.295)

Der Vorfall mag belanglos erscheinen, ist aber gleich in zweifacher Hinsicht symptomatisch für jene »Mühen der Ebenen«, mit denen Brecht in der Folgezeit immer wieder konfrontiert werden sollte. Sorgen bereitete ihm zum einen die auch im Osten weit verbreitete Neigung, den Nationalsozialismus voreilig als überwunden abzutun. 1953 schrieb er warnend: »Wir haben allzufrüh der unmittelbaren Vergangenheit den Rücken zugekehrt, begierig, uns der Zukunft zuzuwenden« (23, S.259), und noch wenige Wochen vor seinem Tod empfahl er seine *Kriegsfibel* als wirksames Mittel gegen die »tolle Verdrängung aller Fakten und Wertungen über die Hitlerzeit und den Krieg bei uns« (30, S.472). Er war sich bewusst, dass die Niederwerfung des Faschismus und die Eröffnung des sozialistischen Zeitalters in der DDR keine eigenständigen Leistungen des deutschen Proletariats darstellten, sondern nur dem Ausgang des Krieges und dem sowjetischen Druck zu verdanken waren. Während seines Schweizer Aufenthalts hielt er im Journal fest:

> Lese Lukács' *Briefwechsel zwischen Schiller und Goethe*. Er analysiert, wie die deutschen Klassiker die Französische Revolution verarbeiten.
>
> Noch einmal keine eigene habend, werden nun wir die russische zu »verarbeiten« haben, denke ich schaudernd. (27, S.259)

Etwas später heißt es von den Deutschen: »Wieder erschwindelt sich diese Nation eine Revolution durch Angleichung« (S.262). Und Ende 1948 formulierte Brecht eine längere Betrachtung über »die neue deutsche Misere […], daß nichts erledigt ist, wenn schon fast alles kaputt ist«, und über die Unfähigkeit der deutschen Arbeiterschaft, ihre Situation klar zu erfassen und die ihr zukommende gesellschaftliche Führungsrolle zu übernehmen (S.285 f.).[9] Eben weil der Übergang zu ganz neuartigen politischen, sozialen und ökonomischen Organisationsformen den Deutschen im Osten nur von außen aufgezwungen worden war, hielt Brecht die Fundamente dieses »befohlene[n] Sozialismus« (S.285) vorläufig für nicht sonderlich stabil. Er vermisste eine offene kri-

---

9 Nicht von ungefähr beschäftigte sich Brecht gerade zwischen Februar und April 1949 – also noch in Zürich – mit dem Stück *Die Tage der Kommune*: Anhand des historischen Exempels von 1871 werden hier die Chancen, aber auch die Probleme und Risiken einer radikalen Neuordnung von Gesellschaft, Verwaltung und Produktion durch das zur Macht gelangte Proletariat reflektiert. Bezeichnend ist jedoch auch, dass der Autor nach seiner Rückkehr nach Deutschland auf eine Inszenierung dieses Werkes mit dem Berliner Ensemble verzichtete.

tische Auseinandersetzung mit den vermeintlichen »olle[n] Kamellen«, ohne die für ihn keine echte Neuorientierung denkbar war. Die Frage nach dem Überdauern der nationalsozialistischen Ideologie und der entsprechenden Mentalität in der deutschen Bevölkerung beschäftigte ihn vor allem noch einmal nach den Ereignissen vom 17. Juni 1953, auf die wir später zurückkommen werden.

Dass auf der anderen Seite die »Führung durch die Partei«, die Sozialistische Einheitspartei Deutschlands, im *Aufbaulied* nicht gewürdigt werde, beanstandete der FDJ-Funktionär aus seiner Sicht ganz zu Recht. Nicht minder berechtigt war allerdings Brechts Weigerung, den Text abzuändern, denn sonst hätte er sich dazu bequemen müssen, ein völlig neues Lied zu schreiben: Da seine Strophen tatsächlich auf das »Motiv des Sich-Selbst-Führens« eines handelnden Kollektivs gebaut sind (27, S.295), schließen sie die Vorstellung einer autoritären Steuerung aus. In dem Disput mit dem Berliner Gruppenleiter traten erstmals die unterschiedlichen Auffassungen von der Rolle der Partei und ihrer Funktionäre zutage, die dann den Kern fast aller Konflikte bildeten, in die Brecht im SED-Staat verwickelt wurde. Der Stückeschreiber stellte die Notwendigkeit der Partei keineswegs in Abrede, bestimmte ihre Aufgabe aber unter Rückgriff auf sein Ideal eines dialektischen Lehrer-Schüler-Verhältnisses in ganz spezifischer Weise: Sie sollte die Massen der arbeitenden Bevölkerung nicht gängeln und bevormunden, sondern ihnen helfen, ihre eigene Produktivität zu entfalten. Sehr treffend wird das in dem fragmentarischen Gedicht *An einen jungen Bauarbeiter der Stalinallee* ausgedrückt, in dem Brecht den Adressaten unter anderem auffordert:

> Dem, der das Kommando gibt, sag:
> Kommando muß sein, bei so vielen, in so großen Unternehmungen
> Mit so wenig Zeit
> Aber kommandiere so
> Daß ich mich selber mitkommandiere! Erkundige dich, was da ist!
> Wenn du etwas forderst, Genosse
> (15, S.261)

Der Funktionärselite oblag es demnach, das »Sich-Selbst-Führen« des Proletariats zu fördern, statt es zu unterbinden. Dazu bedurfte es eines unablässigen Austauschs zwischen Partei und Arbeiterschaft, zwischen ›Lehrern‹ und ›Schülern‹, der jeder autoritären Erstarrung und Entfremdung vorbeugte.

Die Realität sah leider anders aus. Zwar begriff sich die SED als Speerspitze und Vortrupp der Arbeiterklasse, doch faktisch wurde sie seit den späten vierziger Jahren nach dem Muster der stalinistischen KP der Sowjetunion in eine hierarchisch organisierte Kaderpartei umgeformt, die von ›demokratischem Zentralismus‹ und straffer Disziplin geprägt war und den Aufbau des Sozialismus als Gesellschaftsumbau ›von oben‹ durchführen wollte. Da die Partei als Sachwalterin des Proletariats galt, setzte ihre Ideologie jene Interessengleichheit zwischen der Arbeiterschaft und ihrer politischen Führung, deren Herstellung und Aufrechterhaltung Brecht als eine stets neu zu bewältigende Aufgabe verstand, immer schon als gegeben voraus; echte Differenzen zwischen beiden Seiten konnte es nach dieser Logik gar nicht geben. Auch in den Phasen eines moderateren Kurses der Staats- und Parteiführung, beispielsweise nach Stalins Tod 1953 oder nach dem XX. Parteitag der KPdSU, der drei Jahre später den Prozess der Entstalinisierung einleitete, blieben Anspruch und Selbsteinschätzung der SED im Grundsatz unverändert.

So verwundert es nicht, dass Brecht sich häufig zu harscher Kritik an der Haltung der Partei und an einzelnen Institutionen des neuen Staates genötigt sah, für die er gelegentlich auch die lyrische Form einsetzte. Als Verfechter eines eingreifenden, kritisch belehrenden Schreibens beanspruchte er das Recht, offen zu politischen Fragen Stellung zu nehmen, wobei er sein Gewicht als bekannter antifaschistischer Künstler in die Waagschale werfen konnte. Allenthalben beobachtete er in der DDR bürokratische Überregulierung, autoritäre Gängelung und Funktionärswillkür, die er zu bekämpfen suchte. Auf dem Gebiet der Kunst und der Kultur, wo die offiziell proklamierte Realismusdoktrin gewissermaßen das ästhetische Korrelat zu der veräußerlichten marxistischen Ideologie der Partei und ihrer rigorosen Lenkung von Staat und Gesellschaft bildete, sah er sich mit solchen Phänomenen ganz direkt konfrontiert. Erwartet und gefördert wurde eine affirmative Kunst, die sich in einem eng abgesteckten Rahmen bewegte, während die staatlichen Instanzen eigenständige kreative Bestrebungen nach Möglichkeit zu unterbinden trachteten. Als Allzweckwaffe diente ihnen dabei der Vorwurf des Formalismus und der volksfremden Dekadenz, der sich gegen sämtliche Abweichungen von den rigiden Normen des sogenannten sozialistischen Realismus und insbesondere gegen jede Anknüpfung an die künstlerische Moderne richtete. 1951 verabschiedete das Zentralkomitee der SED ein Manifest mit dem Titel *Der Kampf gegen den Formalismus in Kunst und Literatur, für eine fortschrittliche deutsche Kultur*, in dem es unter anderem heißt:

> Die Hauptursache für das Zurückbleiben in der Kunst hinter den Forderungen der Epoche ergibt sich aus der Herrschaft des Formalismus in der Kunst sowie aus Unklarheiten über Weg und Methoden des Kunstschaffens in der Deutschen Demokratischen Republik.
> [...]
> Der Formalismus bedeutet Zersetzung und Zerstörung der Kunst selbst. Die Formalisten leugnen, daß die entscheidende Bedeutung im Inhalt, in der Idee, im Gedanken des Werkes liegt. Nach ihrer Auffassung besteht die Bedeutung eines Kunstwerkes nicht in seinem Inhalt, sondern in seiner Form. Überall, wo die Frage der Form selbständige Bedeutung gewinnt, verliert die Kunst ihren humanistischen und demokratischen Charakter.
> [...]
> Das wichtigste Merkmal des Formalismus besteht in dem Bestreben, unter dem Vorwand oder auch der irrigen Absicht, etwas »vollkommen Neues« zu entwickeln, den völligen Bruch mit dem klassischen Kulturerbe zu vollziehen. Das führt zur Entwurzelung der nationalen Kultur, zur Zerstörung des Nationalbewußtseins, fördert den Kosmopolitismus und bedeutet damit eine direkte Unterstützung der Kriegspolitik des amerikanischen Imperialismus.[10]

Zu den Opfern des Kampfes gegen vermeintlich formalistische Tendenzen gehörte Brechts Freund Hanns Eisler, den die Auseinandersetzungen um sein Opernprojekt *Johann Faustus* in eine tiefe Schaffenskrise stürzten, doch auch Brecht selbst zog wiederholt Angriffe von parteioffizieller Seite auf sich. Unter veränderten Bedingungen,

---

10 Dokumente der Sozialistischen Einheitspartei Deutschlands. Beschlüsse und Erklärungen des Parteivorstandes, des Zentralkomitees sowie seines Politbüros und seines Sekretariats. Bd. III. Berlin (Ost) 1952, S. 431–446, hier S. 434 f.

aber mit den altbekannten Fronten lebte der Realismusstreit der dreißiger Jahre wieder auf.[11]

Schon die ersten Erfahrungen auf dem kulturpolitischen Terrain Ostdeutschlands waren für den Heimkehrer Brecht ernüchternd. Von Anfang an zeigte sich, dass das »Theater des neuen Zeitalters« (15, S.226) nicht leicht durchzusetzen sein würde, denn man begegnete den Ideen seines Schöpfers meist zurückhaltend oder ablehnend. »Zum ersten Mal fühle ich den stinkenden Atem der Provinz hier«, schrieb er Anfang 1949 im Journal, nachdem er mit dem (Ost-)Berliner Oberbürgermeister Friedrich Ebert und anderen Funktionären konferiert hatte (27, S.296); er registrierte »geistige Verödung« und »Selbstzufriedenheit« (S.358), die alle Fortschritte auf dem Gebiet der Kunst blockierten. In einem Brief aus dem Frühjahr 1949 skizzierte er die Situation im Kultursektor mit folgenden Worten: »Noch ist viel im Fluß, aber viel beginnt sich schon zu verhärten. Produktionsstätten werden zu Posten und Positionen. Risse vertiefen sich, Skepsis wird Verdacht, Vorurteile zementieren sich ein, kleine Leute beziehen große Stellungen und formieren zähe Cliquen usw.« (29, S.509 f.).

Besonders ab 1951 gerieten die halbwegs unabhängig denkenden Künstler in der DDR zunehmend unter Druck. Um Einfluss nehmen und seinen Vorschlägen einen gewissen Rückhalt verschaffen zu können, engagierte sich Brecht mit einigen Gleichgesinnten über Jahre hin in der neuen Ostberliner Akademie der Künste, zu deren Vizepräsident er 1954 gewählt wurde. Sein unbequemster Gegner war die Staatliche Kommission für Kunstangelegenheiten, die bei der Durchsetzung der Realismusdoktrin auch vor rigiden Zensurmaßnahmen nicht zurückschreckte. Als Brecht nach den Juni-Ereignissen von 1953 die Chance zu erkennen glaubte, tiefgreifende Veränderungen durchzusetzen, wandte er sich unter anderem mit satirischen Gedichten gegen die missliebigen Behörden. Eines davon gilt dem Amt für Literatur und Verlagswesen, das Papierzuteilungen an die Verlage genehmigen musste und damit über ein äußerst wirksames administratives Steuerungsinstrument verfügte (*Das Amt für Literatur*), ein anderes nimmt die Kunstkommission selbst ins Visier:

Nicht feststellbare Fehler der Kunstkommission

Geladen zu einer Sitzung der Akademie der Künste
Zollten die höchsten Beamten der Kunstkommission
Dem schönen Brauch, sich einiger Fehler zu zeihen
Ihren Tribut und murmelten, auch sie
Zeihten sich einiger Fehler. Befragt
Welcher Fehler, freilich konnten sie sich
An bestimmte Fehler durchaus nicht erinnern. Alles, was
Ihnen das Gremium vorwarf, war

---

11 Über Brechts Konflikte mit der Obrigkeit in der DDR informieren die Kapitel »Das Theaterprojekt« und »Die Kunst-Instanz« bei Werner Hecht: Brechts Leben in schwierigen Zeiten. Geschichten. Frankfurt a.M. 2007. Die noch aus DDR-Zeiten stammende Biographie von Werner Mittenzwei widmet Brechts späten Jahren zwar mehrere hundert Seiten, ist aber wegen ihrer ideologischen Voreingenommenheit, die manche Verzeichnungen mit sich bringt, nur mit Vorsicht zu verwenden (Werner Mittenzwei: Das Leben des Bertolt Brecht oder Der Umgang mit den Welträtseln. Zweiter Band. Frankfurt a.M. 1987). Zur Formalismusdebatte im Allgemeinen und zu ihren Auswirkungen auf Brecht vgl. auch den Artikel von Raimund Gerz in: Brecht-Handbuch in fünf Bänden. Hrsg. von Jan Knopf. Bd. 4: Schriften, Journale, Briefe. Stuttgart u.a. 2003, S.375–392.

> Gerade nicht ein Fehler gewesen, denn unterdrückt
> Hatte die Kunstkommission nur Wertloses, eigentlich auch
> Dies nicht unterdrückt, sondern nur nicht gefördert.
> Trotz eifrigsten Nachdenkens
> Konnten sie sich nicht bestimmter Fehler erinnern, jedoch
> Bestanden sie heftig darauf
> Fehler gemacht zu haben – wie es der Brauch ist.
> (15, S.268)

Über den konkreten Anlass hinaus zeichnen diese Verse ein entlarvendes Bild jenes Funktionärsunwesens, das sich in der DDR binnen weniger Jahre etabliert hatte und bekanntlich einer großen Zukunft entgegenging. Die offiziell ständig eingeforderte Selbstkritik der Bürokraten entfaltet keine produktive Wirkung mehr, denn sie ist zu einem »schönen Brauch« erstarrt, zu einem mechanischen Ritual, das Brecht in der altertümlich-preziösen Wendung ›sich eines Fehlers zeihen‹ meisterhaft abbildet. Unter ihrem Deckmantel regiert die pure borniert Selbstgefälligkeit.

Die Reaktionen auf die von Brecht wesentlich mit initiierten Vorstöße der Akademie zeigten, wie rasch man damals mit dem Versuch, differenzierte Kritik zu üben, zwischen die weltpolitischen und ideologischen Fronten geriet. Es kam nämlich Applaus von ganz unerwünschter Seite, gegen den sich Brecht sogleich in einem weiteren Gedicht, *Nicht so gemeint* (15, S.270 f.), verwahrte: Die Forderung nach »Freiheit des künstlerischen Ausdrucks« habe »jenseits der Sektorengrenze« ein »betäubendes Beifallsgeklatsche« hervorgerufen, wobei die Freiheit aber prompt auf die »Ausbeuter«, die »Kriegstreiber«, die »Ruhrkartelle« und die »Hitlergeneräle« ausgedehnt worden sei. Mit den Worten »Sachte, meine Lieben!« weist Brecht diese zweifelhafte Solidarisierung zurück, denn vor den Karren der verkappten Faschisten im Westen wollte er sich nicht spannen lassen. Zeit seines Lebens verstand er den Kampf gegen Funktionärsanmaßung und Bürokratie als konstruktiven Beitrag zum sozialistischen Aufbau in der DDR. Mit dem Ausdruck ›kritische Loyalität‹ ist seine Einstellung zum SED-Regime wohl am besten charakterisiert.

Brechts Bedenken und seine publizistischen und literarischen Initiativen galten nicht nur der Kulturpolitik der DDR. In der raschen Verfestigung der administrativen Strukturen und in der Erstarrung der Parteiherrschaft erkannte er bedrohliche Tendenzen, die die politische Führung nicht allein den Künstlern des Landes, sondern erst recht der Arbeiterklasse, die sie doch eigentlich zu repräsentieren hatte, zunehmend entfremdete. Unter solchen Umständen mussten wiederum das Klassenbewusstsein des Proletariats und seine Fähigkeit, die gesellschaftliche Ordnung zielstrebig nach seinen Interessen zu formen, unterentwickelt bleiben – ein Verhältnis zwischen Lehrern und Schülern, wie es Brecht vorschwebte und wie es die oben zitierten Verse *An einen jungen Bauarbeiter der Stalinallee* noch einmal ausdrücklich fordern, kam nicht zustande. In ein Bild gekleidet wird diese fatale Konstellation in dem wohl 1952 entstandenen Gedicht *Unglücklicher Vorgang*:

> Hier ist ein Haus, das für euch gebaut ist.
> Es ist weit. Es ist dicht.
> Es ist gut für euch, tretet ein.
> Zögernd nähern sich
> Zimmerleute und Maurer
> Klempner und Glaser.
> (15, S.263)

Einmal mehr greift dieser Text auf das Motiv des Aufbaus zurück, wobei das Haus wieder als Sinnbild für den neuen sozialistischen Staat begriffen werden kann. Während aber in dem um die gleiche Zeit verfassten komplementären Gedicht *Glücklicher Vorgang* am Beispiel der für Brechts Werk so überaus typischen Mutter-Kind-Beziehung eine vollendete Harmonie entworfen wird, die sich mit größter Selbstverständlichkeit einstellt – »Das Kind kommt gelaufen / Mutter, binde mir die Schürze! / Die Schürze wird gebunden« (15, S.262) –, ist hier der Missklang unüberhörbar. Hinter der anonymen Sprechinstanz der Eingangsverse, die das »Haus« offeriert, darf man die Vertreter von Staat und Partei vermuten, die sich an die Arbeiterklasse wenden. Deren Angehörige verharren jedoch in skeptischer Distanz und befassen sich nur »[z]ögernd« mit dem verlockenden Angebot.

Interessant ist das Gedicht *Unglücklicher Vorgang* vor allem deshalb, weil es zwei verschiedene Deutungsmöglichkeiten eröffnet, die jeweils eine andere Stoßrichtung der Kritik implizieren. Haben die in den letzten Zeilen genannten Proletarier das Haus, das man ihnen nun als wohnliche Heimstatt zur Verfügung stellen will, selbst gebaut? Wenn das so ist, fokussiert der Text das Unvermögen der (ost-)deutschen Arbeiterschaft, sich endlich im sozialistischen Sinne als wahres Subjekt der Geschichte und des Staates zu erkennen und ebenso tatkräftig wie selbstbewusst von jenen Gütern und Errungenschaften Besitz zu ergreifen, die sich ihrer eigenen Produktivität verdanken.[12] Oder soll man das Gedicht vielmehr so verstehen, dass Zimmerleute und Maurer, Klempner und Glaser an der Errichtung des Hauses gar keinen Anteil hatten und nun mit einem fertigen Gebäude konfrontiert werden, das zwar »für« sie, aber eben nicht *von* ihnen »gebaut ist« – auf der symbolischen Ebene also mit einem Staat, dessen Ordnung nicht von den proletarischen Massen getragen wird, sondern das Werk elitärer Funktionärscliquen darstellt?[13] Mit anderen Worten: Präsentiert der Autor eine ideologisch rückständige proletarische Klasse, die sich noch nicht aus ihrer Unmündigkeit zu befreien weiß, oder eine Arbeiterschaft, der von autoritären Führungsinstanzen nach wie vor die Mündigkeit verweigert wird? Die Doppeldeutigkeit des Textes lässt sich nicht auflösen und kommt wohl auch nicht von ungefähr. Bei seinen Anstrengungen, die Kluft zwischen den Arbeitermassen und dem Establishment von Staat und Partei zu überbrücken, vermied Brecht einseitige Schuldzuweisungen.

Wie er die Lage im Land beurteilte, tritt nirgends so deutlich zutage wie in seiner Reaktion auf den Arbeiteraufstand vom 17. Juni 1953, die auch in einer ganzen Reihe lyrischer Werke ihren Ausdruck fand. Zur Vorgeschichte der Juni-Ereignisse gehörten verschiedene Maßnahmen, mit denen die SED seit 1952 den Aufbau des Sozialismus zu beschleunigen gedachte, darunter die forcierte Kollektivierung der Landwirtschaft und

---

12 Diese Interpretation findet sich bei Klaus Schuhmann: Untersuchungen zur Lyrik Brechts. Themen, Formen, Weiterungen. Berlin (Ost) u.a. ²1977, S.108, und bei Jürgen Link: Die Struktur des literarischen Symbols. Theoretische Beiträge am Beispiel der späten Lyrik Brechts. München 1975, S.75. Um sie zu stützen, kann man auf das schon erwähnte Gedicht *Nimm Platz am Tisch, du hast ihn doch gedeckt* verweisen (15, S.215f.). Es appelliert an die Leser, endlich das »goldene Zeitalter« einzuläuten, in dem alle Produkte denen zugute kommen, die sie geschaffen haben, also zum Beispiel die Häuser ihren eigenen Erbauern.

13 So die Deutung von Ray Ockenden: Empedocles in Buckow: a sketch-map of misreading in Brecht's poetry. In: Empedocles' Shoe. Essays on Brecht's poetry. Hrsg. von Tom Kuhn und Karen J. Leeder. London 2002, S.178–205, 271–278, hier S.196. Unter diesem Blickwinkel ergäbe sich eine Parallele zu *Große Zeit, vertan* aus den *Buckower Elegien*, wo Aufbaumaßnahmen kritisiert werden, an denen die »Weisheit des Volkes« keinen Anteil hat (siehe dazu weiter unten).

eine aufwendige Verwaltungsreform. Um diese Vorhaben zu finanzieren, hatte man die planwirtschaftlichen Normen für Arbeitsleistungen angehoben, was für die Betroffenen faktisch eine Lohnkürzung bedeutete. Zwar nahm die Parteispitze nach Stalins Tod im März 1953 auf Druck seiner Nachfolger im Kreml gewisse Korrekturen an ihrer Linie vor, die unter der Bezeichnung »Neuer Kurs« firmierten, aber die Unzufriedenheit der Arbeiter dauerte an, zumal die Normenerhöhung selbst viel zu spät zurückgezogen wurde. Als erste machten die Bauarbeiter in der Ostberliner Stalinallee, einem Prestigeprojekt der DDR-Führung, ihrem Unmut Luft; von dort griffen die Proteste, die am 17. Juni ihren Höhepunkt erreichten, auf andere Städte über. Weitreichende Forderungen, die den Rücktritt der Regierung und freie Wahlen einschlossen, wurden vorgebracht. Das spontane Aufbegehren blieb jedoch ohne zentrale Lenkung und wurde noch am selben Tag von den sowjetischen Besatzungstruppen niedergeschlagen.

Die historische Forschung spricht heute von einer »in wesentlichen (Nah-)Zielen gleichgerichtete[n], unkoordinierte[n] Protestbewegung relevanter Teile der Gesellschaft« im Osten Deutschlands und konstatiert: »Ganz unstrittig [...] gab es in der DDR Mitte Juni 1953 eine Arbeiterrebellion, die in den verschiedenen Schichten mehr oder weniger aktive Sympathisanten hatte. Und ebenso unstrittig ist, daß sie weder ein ›faschistischer Putschversuch‹ noch vom ›Westen‹ angezettelt war.«[14] Die unmittelbar betroffenen Zeitgenossen vermochten die Dinge freilich noch nicht so abgeklärt zu sehen. Weil die SED ihrem ganzen Selbstverständnis nach keine Revolte des Proletariats gegen die ›Arbeiterregierung‹ für denkbar halten konnte und durfte, legte sie sich eilig auf die Version vom »faschistische[n] Putschversuch« fest, wobei die Drahtzieher selbstverständlich jenseits der Grenze, vor allem in Westberlin ausgemacht wurden. Brecht bildete sich eine weniger einseitige Meinung und bewies sehr viel mehr Realitätssinn, da er die Erbitterung großer Teile der Arbeiterschaft einräumte und sogar für verständlich erachtete. Die Vorgänge bedeuteten für ihn zwar einen förmlichen Schock – »Der 17. Juni hat die ganze Existenz verfremdet«, heißt es im Journal (27, S.346) –, doch glaubte er sie vor dem Hintergrund seiner bisherigen Beobachtungen in der DDR durchaus erklären zu können. Zunächst einmal erkannte er in ihnen ein Symptom der schleichenden Entfremdung von Arbeiterklasse und Partei und damit letztlich eine Folge der Unfähigkeit der Funktionäre, auf die Bedürfnisse und Interessen des Proletariats einzugehen. Andererseits war er davon überzeugt, dass die berechtigten Proteste der Arbeiter von faschistischen Agitatoren ausgenutzt und fehlgeleitet worden seien – aber nicht nur von solchen aus dem Westen. Folgende Notiz fasst seinen Standpunkt thesenhaft zusammen:

> Die Demonstrationen des 17. Juni zeigten die Unzufriedenheit eines beträchtlichen Teils der Berliner Arbeiterschaft mit einer Reihe verfehlter wirtschaftlicher Maßnahmen.
> Organisierte faschistische Elemente versuchten, diese Unzufriedenheit für ihre blutigen Zwecke zu mißbrauchen.
> Mehrere Stunden lang stand Berlin am Rande eines dritten Weltkrieges.
> Nur dem schnellen und sicheren Eingreifen sowjetischer Truppen ist es zu verdanken, daß diese Versuche vereitelt wurden.
> [...]

---

14 Dietrich Staritz: Geschichte der DDR. 1949–1990. Erweiterte Neuausgabe. Darmstadt 1997, S.122.

> Es liegt jetzt an jedem einzelnen, der Regierung bei dem Ausmerzen der Fehler zu helfen, welche die Unzufriedenheit hervorgerufen haben und unsere unzweifelhaft großen sozialen Errungenschaften gefährden. (23, S. 249 f.)

Dieselbe Interpretation liegt dem ausführlichen Brief zugrunde, in dem Brecht den westdeutschen Verleger Peter Suhrkamp über seine »Stellungnahme zu den Vorkommnissen des 16. und 17. Juni« unterrichtete (30, S. 182). Auch hier ist von »unglücklichen und unklugen Maßnahmen der Regierung« und einem begreiflichen Unmut der Arbeiterschaft die Rede, außerdem aber von »deklassierten Jugendlichen«, die aus dem Westen »kolonnenweise eingeschleust wurden«, und von »den scharfen, brutalen Gestalten der Nazizeit, den hiesigen, die man seit Jahren nicht mehr in Haufen hatte auftreten sehen *und die doch immer dagewesen waren*« – erst deren unheilvolles Wirken habe die »Demonstrationen in Unruhen verwandelt« und die Proteste zu Gewalttätigkeiten gesteigert (S. 183). Im Schlussabschnitt des Briefes bekundet Brecht noch einmal seine kritische Loyalität gegenüber der SED:

> Die Sozialistische Einheitspartei Deutschlands hat Fehler begangen, die für eine sozialistische Partei sehr schwerwiegend sind und Arbeiter, darunter auch alte Sozialisten, gegen sie aufbrachten. Ich gehöre ihr nicht an. Aber ich respektiere viele ihrer historischen Errungenschaften, und ich fühlte mich ihr verbunden, als sie – nicht ihrer Fehler, sondern ihrer Vorzüge wegen – von faschistischem und kriegstreiberischem Gesindel angegriffen wurde. Im Kampf gegen Krieg und Faschismus stand und stehe ich an ihrer Seite. (30, S. 184 f.)

Brecht scheute sich nicht, auch Walter Ulbricht, wenngleich in diplomatischer Form, auf die Missgriffe, die die Partei seines Erachtens begangen hatte, aufmerksam zu machen. Das Schreiben an den Generalsekretär der SED, das er schon am Morgen des 17. Juni und damit vor dem Höhepunkt der Unruhen verfasste, hatte folgenden Wortlaut:

> Werter Genosse Ulbricht,
> die Geschichte wird der revolutionären Ungeduld der Sozialistischen Einheitspartei Deutschlands ihren Respekt zollen.
> Die große Aussprache mit den Massen über das Tempo des sozialistischen Aufbaus wird zu einer Sichtung und zu einer Sicherung der sozialistischen Errungenschaften führen.
> Es ist mir ein Bedürfnis, Ihnen in diesem Augenblick meine Verbundenheit mit der Sozialistischen Einheitspartei Deutschlands auszudrücken.
> Ihr
> bertolt brecht
> (30, S. 178)

Nur implizit weist Brecht darauf hin, dass es bisher an einer »Aussprache mit den Massen« über den Weg des Sozialismus gefehlt habe, und geschickt kleidet er seine Forderung nach einem solchen Dialog in eine schlichte Feststellung in futurischer Form (»wird … führen«). Indes musste er erneut erleben, wie alle feineren Zwischentöne im Lärm des eskalierenden Streits zwischen den verschiedenen politischen Lagern untergingen. Das *Neue Deutschland*, die Parteizeitung der SED, druckte einige Tage später nämlich nur den letzten Satz seines Briefes ab und verfälschte so die unterschwellig mahnende Botschaft zu einer uneingeschränkten Solidaritätserklärung, die im Westen wiederum als Kotau eines Künstlers und Intellektuellen vor der totalitären Staatsmacht aufgefasst wurde.

In Wirklichkeit war es Brecht dank seiner vergleichsweise differenzierten Sicht der Juni-Geschehnisse möglich, deutliche Kritik an den politischen und gesellschaftlichen Entwicklungen in der DDR zu üben und einschneidende Änderungen zu verlangen, ohne das große Projekt des »sozialistischen Aufbaus« schon für gescheitert halten zu müssen. Als lyrisches Reflexionsmedium diente ihm in den Wochen nach dem 17. Juni das Ensemble der *Buckower Elegien* (12, S. 307–315).[15] Es soll in seiner Gesamtheit erst im folgenden Kapitel erörtert werden; hier geht es lediglich um einige ausgewählte Stücke, die unmittelbar auf den Aufstand und seine Ursachen Bezug nehmen. Gerade von diesen brisanten Texten gelangte allerdings zu Lebzeiten des Autors kein einziger an die Öffentlichkeit, was den Zeitgenossen eine angemessene Beurteilung seiner Haltung zusätzlich erschwerte.

Das Überdauern autoritärer ›preußischer‹ Strukturen und gesellschaftlicher Abhängigkeiten wird in mehreren *Buckower Elegien* thematisiert, darunter *Gewohnheiten, noch immer* und *Heißer Tag*. Vor allem aber brachte Brecht die latente Fortexistenz des Faschismus zur Sprache, der nach seiner Überzeugung am 17. Juni wieder an die Oberfläche getreten war:

> Vor acht Jahren
> Da war eine Zeit
> Da war alles hier anders.
> Die Metzgerfrau weiß es.
> Der Postbote hat einen zu aufrechten Gang.
> Und was war der Elektriker?

Vor acht Jahren, nämlich bis zum Mai 1945, war »alles hier anders«, doch die Menschen sind ja dieselben wie damals, so dass sich die Frage nach dem Ausmaß der Kontinuität aufdrängt, die unter den äußerlich so sehr veränderten Verhältnissen lauert. Und diese Frage stellt sich selbst in den alltäglichsten Situationen. In drei Versen nennt das Gedicht die Vertreter von drei kleinbürgerlichen Allerweltsberufen, mit denen man häufig zu tun hat und die man in der Regel eher unter der jeweiligen Berufsbezeichnung als unter ihrem Namen kennt. Was ihnen vorzuwerfen sein könnte, bleibt freilich unklar. Die »Metzgerfrau« (nicht ›Metzgersfrau‹!) weckt vielleicht Assoziationen an die Menschenschlächtereien im Dritten Reich – aber was »weiß« sie denn eigentlich genau? Dass vor acht Jahren »alles hier anders« war, weil damals noch die Nationalsozialisten herrschten? Das wäre weder verwunderlich noch tadelnswert. Vieldeutig ist der »zu aufrechte Gang« des Postboten: Deutet er auf das Fehlen von Scham- und Schuldgefühlen, oder lässt diese soldatische Haltung eine frühere Mitgliedschaft in der Wehrmacht oder gar in der SS argwöhnen? Größte Unsicherheit verrät schließlich die letzte Zeile, denn gegen den Elektriker scheinen gar keine konkreten Verdachtsmomente mehr vorzuliegen.

Zu einem besseren Verständnis des Gedichts kann eine Notiz verhelfen, die Brecht ein Jahr später, im Juli 1954, niederschrieb:

> Das Land ist immer noch unheimlich. Neulich, als ich mit jungen Leuten aus der Dramaturgie nach Buckow fuhr, saß ich abends im Pavillon, während sie in ihren Zimmern arbeiteten oder sich unterhielten. Vor zehn Jahren, fiel mir plötzlich ein, hätten alle drei, was immer sie von mir gelesen hätten, mich, wäre ich unter sie gefallen, schnurstracks der Gestapo übergeben … (27, S. 350)

---

15 Bei Zitaten aus diesen durchweg sehr überschaubaren Gedichten wird im Folgenden auf die Angabe der Seitenzahl verzichtet.

Der Gestus von *Vor acht Jahren* gewinnt klarere Konturen, wenn man unterstellt, dass der lyrische Sprecher wie sein Schöpfer Bertolt Brecht aus dem Exil in das Deutschland der Nachkriegszeit zurückgekehrt ist. Er geht nun tagtäglich mit Menschen um, die unter der Nazi-Diktatur gelebt haben und folglich in der einen oder anderen Weise in jenes mörderische Regime verstrickt waren, vor dem er einst fliehen musste. Die dritte Zeile wäre dann etwa folgendermaßen zu ergänzen: »Die Metzgerfrau weiß« *aus eigener Erfahrung*, was »hier« vor acht Jahren vorging, weil sie sich auch damals in Deutschland aufgehalten hat. So erweist sich das Gedicht als eine konzentrierte Reflexion über den unsicheren Boden, auf dem die neue sozialistische Ordnung errichtet werden soll, und über den allgegenwärtigen *Verdacht*, der die fortdauernde ›Unheimlichkeit‹ des Landes ausmacht. Gerade weil der Sprecher offenkundig nur spekulieren kann, was die genannten Personen während der NS-Zeit tatsächlich getan haben, lässt ihn das Misstrauen niemals los.

Die folgende Elegie beschäftigt sich ebenfalls mit dem Problem einer Vergangenheit, die auf beängstigende Weise in die Gegenwart hineinragt:

> Der Einarmige im Gehölz
>
> Schweißtriefend bückt er sich
> Nach dem dürren Reisig. Die Stechmücken
> Verjagt er durch Kopfschütteln. Zwischen den Knieen
> Bündelt er mühsam das Brennholz. Ächzend
> Richtet er sich auf, streckt die Hand hoch, zu spüren
> Ob es regnet. Die Hand hoch
> Der gefürchtete S. S. Mann.

Scheint der Anfang dem Leser noch Mitgefühl mit dem vermutlich kriegsversehrten Krüppel nahe zu legen, so verändern die Schlussverse die Perspektive radikal, indem sie schockartig die Identität des Einarmigen enthüllen und ihn in einer Pose zeigen, die nun ganz andere Emotionen wecken muss: Plötzlich steht ein früherer SS-Mann wieder aufrecht und bedrohlich da, die Hand wie zum Hitler-Gruß erhoben. Die letzten anderthalb Zeilen, die kein Verb mehr aufweisen, entwerfen gleichsam ein erstarrtes Bild, mit dem der Horror der Nazi-Zeit von Neuem lebendig wird. Doch geht es Brecht nicht nur um eine Reminiszenz an die jüngste Vergangenheit, die ein momentanes Erschrecken auslösen mag. Die Geste des Sich-Aufrichtens verweist vielmehr auf die Befürchtung des Dichters, dass der Faschismus auch in der DDR unter günstigen Umständen jederzeit wieder ›hochkommen‹ könnte, zumal das Motiv des Brennholzsammelns im Gedichtkontext ebenfalls seinen harmlosen Charakter einbüßt und eine akute Bedrohung ahnen lässt. Assoziationen an den Reichstagsbrand vom Februar 1933, den man in antifaschistischen Kreisen auf das Konto des NS-Regimes schrieb, stellen sich umso eher ein[16], als sie von Brecht im Umfeld des 17. Juni auch explizit beschworen wurden. Im Brief an Suhrkamp schreibt er über die durch faschistische Hetze provozierte Eskalation des Aufstands: »Gegen Mittag [...] begann *das Feuer* seine alte Rolle wieder aufzunehmen. Von den Linden aus konnte man die Rauchwolke des

---

16 Vgl. zu dieser Deutung Marion Fuhrmann: Hollywood und Buckow. Politisch-ästhetische Strukturen in den Elegien Brechts. Köln 1985, S. 107 f., und Jan Knopfs Analyse in: Bertolt Brechts *Buckower Elegien*. Mit Kommentaren von Jan Knopf. Frankfurt a. M. 1986, S. 82–84.

Columbushauses [...] sehen, wie an einem vergangenen Unglückstag einmal die Rauchwolke des Reichstagsgebäudes. Heute wie damals hatten nicht Arbeiter das Feuer gelegt: es ist nicht die Waffe derer, die bauen« (30, S. 183 f.). Gleich darauf wird zudem von Bücherverbrennungen gesprochen, die vorgekommen seien. Auch in dem schon erwähnten Gedicht *Nicht so gemeint* erscheinen die Feinde des Sozialismus als »Brandstifter« (15, S. 271).

Brecht war aber eben nicht bereit, die Schuld an den Juni-Ereignissen ganz auf die (angeblichen) faschistischen Aufwiegler abzuwälzen. Mehrere *Buckower Elegien* attackieren in schroffer Form die politische Linie der Partei und vor allem die Entfernung des Funktionärsregiments von den Alltagsnöten der Arbeiterschaft. Große Berühmtheit erlangte später das Gedicht *Die Lösung* – übrigens das einzige aus der ganzen Sammlung, das den verhängnisvollen 17. Juni ausdrücklich erwähnt – mit seiner vielzitierten ironischen Schlusswendung:

> Nach dem Aufstand des 17. Juni
> Ließ der Sekretär des Schriftstellerverbands
> In der Stalinallee Flugblätter verteilen
> Auf denen zu lesen war, daß das Volk
> Das Vertrauen der Regierung verscherzt habe
> Und es nur durch verdoppelte Arbeit
> Zurückerobern könne. Wäre es da
> Nicht doch einfacher, die Regierung
> Löste das Volk auf und
> Wählte ein anderes?

Die im Mittelteil referierte, durch Flugblätter verbreitete Behauptung wird vom lyrischen Ich bis zu ihrer äußersten Konsequenz verfolgt und auf diese Weise als absurd entlarvt. Dabei scheint die groteske Verkehrung des Abhängigkeitsverhältnisses zwischen »Regierung« und »Volk«, die Brecht auch in seinem Stück *Turandot oder Der Kongreß der Weißwäscher* als Mittel der Satire einsetzt (vgl. 9, S. 169), auf die Arroganz der herrschenden Gruppen zu zielen, die statt des Volkes sich selbst als die maßgeblichen Träger der staatlichen Ordnung begreifen. Doch sollte man die sehr präzise formulierte Kritik dieser Verse nicht vorschnell verallgemeinern. Sie richtet sich nämlich, wie Dieter Thiele in seiner Analyse zu Recht betont hat[17], nicht pauschal gegen die Partei, die Regierung oder das politische System der DDR, sondern gegen einen ganz bestimmten Schriftsteller-Funktionär, denn Brecht nimmt hier auf einen authentischen Vorfall Bezug, auch wenn er die Fakten in bezeichnender Weise abändert. Kurt Barthel, genannt Kuba, seines Zeichens Sekretär des Schriftstellerverbandes der DDR, publizierte seine Stellungnahme, deren Tendenz Brecht in boshafter, aber treffender Zuspitzung wiedergibt, ohne sie wörtlich zu zitieren, am 20. Juni im *Neuen Deutschland*, dem Organ der SED. Indem das Gedicht statt dessen von Flugblättern spricht, privatisiert es die Meinungsäußerung gewissermaßen und nimmt die Partei aus der Schusslinie. Obendrein spart es die Tatsache aus, dass Barthel auch dem Zentralkomitee der SED angehörte.

---

17 Vgl. Dieter Thiele: Brecht und der 17. Juni 1953. In: Aktualisierung Brechts. Hrsg. von Wolfgang Fritz Haug, Klaus Pierwoß und Karen Ruoff. Berlin (West) 1980, S. 84–100, hier S. 84–90.

Was übrig bleibt, ist eine Satire auf eine einzelne Person oder allenfalls auf einen gewissen Funktionärstypus, der den Volksmassen mit selbstgefälliger Herablassung gegenübertritt und damit vor den Aufgaben, die Brecht einem wahren Lehrer der Arbeiterschaft zuschrieb, kläglich versagt. Unter diesem Blickwinkel gewinnt die vom Dichter erfundene Flugblattaktion eine zusätzliche Bedeutung: Die Flugblätter, eigentlich ein typisches Medium der Aufklärung und der revolutionären Agitation, werden jetzt dazu missbraucht, das Proletariat besserwisserisch abzukanzeln. Dazu passt es vortrefflich, dass der Funktionär die Blätter nicht selbst unter die Leute bringt, sondern verteilen *lässt* – eine Spitze gegen jene politischen Führer des Sozialismus, die sich weiterhin als berufsmäßige Revolutionäre verstanden, obwohl sie in Wahrheit längst zu realitätsfremden Bürokraten herabgesunken waren.

Für Kurt Barthel hatte der Artikel im *Neuen Deutschland* unangenehme Folgen: Er zog sich den Unmut seiner Genossen zu und wurde aus seinem Amt im Schriftstellerverband entfernt. Dies geschah aber nicht etwa deshalb, weil die Regierung den Arbeitern Gerechtigkeit widerfahren lassen und ihre Forderungen ernsthaft erwägen wollte, sondern weil Kuba immerhin offen jene Differenzen zwischen Proletariat und Partei angesprochen hatte, die es nach der offiziellen Lesart gar nicht gab. Vor diesem Hintergrund liegt auch die größte Provokation des Gedichts *Die Lösung* wohl darin, dass es im Blick auf den 17. Juni unumwunden von einem »Aufstand« spricht, statt ordnungsgemäß die Phrase vom faschistischen Putschversuch zu verwenden.

Eine weiter ausgreifende, ins Allgemeine gesteigerte Funktionärskritik übt die Elegie *Die neue Mundart*. Schon das Kunstwort »Kaderwelsch«, eine Verballhornung von »Kauderwelsch«, verrät dem Leser, von welcher Personengruppe in diesen Versen die Rede ist:

> Als sie einst mit ihren Weibern über Zwiebeln sprachen
> Die Läden waren wieder einmal leer
> Verstanden sie noch die Seufzer, die Flüche, die Witze
> Mit denen das unerträgliche Leben
> In der Tiefe dennoch gelebt wird.
> Jetzt
> Herrschen sie und sprechen eine neue Mundart
> Nur ihnen selber verständlich, das Kaderwelsch
> Welches mit drohender und belehrender Stimme gesprochen wird
> Und die Läden füllt – ohne Zwiebeln.
>
> Dem, der Kaderwelsch hört
> Vergeht das Essen.
> Dem, der es spricht
> Vergeht das Hören.

Die Entfremdung der Funktionäre, der Parteikader, von den Massen der einfachen Bevölkerung wird hier als Kommunikationsproblem diskutiert. Die Sprache der Proletarier hat sich in der beständigen Auseinandersetzung mit ihrem »unerträgliche[n] Leben / In der Tiefe«, mit den alltäglichen Nöten und Entbehrungen geformt und ermöglicht es ihnen, dieses Leben zu bewältigen, indem sie dem Leiden Ausdruck gibt (»Seufzer«), Widerstand und Protest artikuliert (»Flüche«) oder sich mit Galgenhumor über alle Widrigkeiten erhebt (»Witze«). Weil die Parteifunktionäre selbst aus diesem Milieu stammen, kannten sie früher einmal die Verhältnisse dort und verstanden daher »einst« auch die Sprache ihrer Klassengenossen. »Jetzt« ist es aber anders geworden –

Brecht reserviert für dieses Wort eine eigene Zeile, um den bedeutungsvollen Wechsel der Zeitebene zu unterstreichen. In der DDR haben die Funktionäre nun die Macht übernommen, und bereits das Verb ›herrschen‹ deutet darauf hin, dass sie sie in einer Art und Weise ausüben, die Brechts Idealvorstellungen keineswegs entspricht. Die autoritäre »neue Mundart«, die sie von oben herab »mit drohender und belehrender Stimme« sprechen, weist keinen konkreten Realitätsbezug mehr auf, sondern sucht ganz im Gegenteil die mangelhafte Wirklichkeit zu verschleiern. Mit ihrer Hilfe wird das Volk angesichts der immer noch leeren Läden buchstäblich abgespeist: »Dem, der Kaderwelsch hört / Vergeht das Essen.« Die Schärfe dieser Kritik lässt sich ermessen, wenn man bedenkt, dass Brecht seinerzeit dem NS-Regime denselben Vorwurf gemacht hatte. In *Notwendigkeit der Propaganda* aus den *Svendborger Gedichten* heißt es: »schade / Daß das Wort Fleisch allein noch nicht sättigt« (12, S.66), und in *Die Verbesserungen des Regimes* ist zu lesen: »So gibt es überall Verbesserungen, und die Rede davon / Stopft auch dem Hungrigen den Mund« (S.68). Über die Qualität eines Gemeinwesens entschied für Brecht nicht zuletzt die simple Frage, ob sich seine Bürger satt essen konnten. In diesem Punkt schnitt die frühe DDR, in der Versorgungsengpässe zur Normalität gehörten, schlecht ab.[18]

Doch der Abbruch jeglicher Kommunikation zwischen Partei und Arbeiterklasse zieht auch die Funktionäre selbst in Mitleidenschaft: »Dem, der es [= das Kaderwelsch] spricht / Vergeht das Hören.« Damit ist die dialektische Beziehung, die Führer und Geführte, Lehrer und Lernende miteinander verbinden sollte, aufgehoben. Ihre Notwendigkeit zu betonen, ließ sich der Autor gerade in der DDR immer wieder angelegen sein. So mündet ein ebenfalls 1953 verfasstes Gedicht in den Appell an den »Lehrer«: »Höre beim Reden!« (15, S.272), und wohl ein Jahr zuvor entstanden folgende Verse:

> Frage
> Wie soll die große Ordnung aufgebaut werden
> Ohne die Weisheit der Massen? Unberatene
> Können den Weg für die vielen
> Nicht finden.
>
> Ihr großen Lehrer
> Wollet hören beim Reden!
> (15, S.262)

Die »große Ordnung« des Sozialismus kann nicht von einer schmalen Elite geschaffen werden, die die »Massen« am Gängelband führt, sondern bedarf als Inspiration und Korrektiv stets der »Weisheit« dieser Massen, die sich im unablässigen Kampf mit den handgreiflichen Problemen der Proletarierexistenz herausgebildet hat – ganz so, wie es in *Die neue Mundart* einleitend am Beispiel der Sprache beschrieben wird. Es geht Brecht demnach um ein zwar unsystematisches, aber vielfach erprobtes Praxiswissen,

---

18 Ein entsprechender Seitenhieb auf die Staats- und Parteiführung findet sich sogar in *Lebensmittel zum Zweck*, wo die Kritik vorrangig den US-Amerikanern gilt, die die Bürger der DDR mit Esswaren in die Fänge des Kapitalismus locken: »Wenn das Kalb vernachlässigt ist / Drängt es zu jeder schmeichelnden Hand, auch / Der Hand seines Metzgers«. Was die Bevölkerung im Osten Deutschlands überhaupt erst für die verführerischen Angebote des Klassenfeindes empfänglich macht, ist also ihre ›Vernachlässigung‹, die Unfähigkeit der staatlichen Stellen, wenigstens die elementaren materiellen Bedürfnisse hinreichend zu befriedigen.

ohne das die weit ausgreifenden politischen Entwürfe kein sicheres Fundament besäßen. Von dieser »Weisheit« und von ihrer fatalen Missachtung ist auch in einer anderen *Buckower Elegie* die Rede:

> Große Zeit, vertan
>
> Ich habe gewußt, daß Städte gebaut wurden
> Ich bin nicht hingefahren.
> Das gehört in die Statistik, dachte ich
> Nicht in die Geschichte.
>
> Was sind schon Städte, gebaut
> Ohne die Weisheit des Volkes?

Die zentralen Schlagworte dieses Gedichts verwendete Brecht noch 1956 in seiner *Rede auf dem IV. Deutschen Schriftstellerkongreß*, die mit der Mahnung schließt: »Bauen wir doch unseren Staat nicht für die Statistik, sondern für die Geschichte, und was sind Staaten ohne die Weisheit des Volkes!« (23, S. 382) Die pointierte Gegenüberstellung von »Statistik« und »Geschichte« unterstreicht, dass einzig die Einbindung der proletarischen Massen einen echten Fortschritt im Sinne des Sozialismus und damit etwas historisch Neues hervorzubringen vermag, während eine Funktionärsherrschaft, die die Bevölkerung lediglich als bürokratisch zu verwaltenden Stoff ansieht, allenfalls quantitative Veränderungen bewirkt und folglich nur statistisch relevante Effekte produziert.

Das Motiv des Städtebaus kann in der Elegie aber durchaus auch im wörtlichen Sinne verstanden werden, denn Brecht hat sich tatsächlich wiederholt mit Fragen der Stadtplanung und der Architektur befasst, die beim Wiederaufbau nach dem Krieg naturgemäß eine große Rolle spielten. In Zürich reagierte er entsetzt auf die riesigen modernen Wohnblocks, die ihm der Architekt und Schriftstellerkollege Max Frisch vorführte und in denen er bloße »Gefängniszellen, Räumchen zur Wiederherstellung der Ware Arbeitskraft, verbesserte Slums« erkannte (27, S. 271). Demgegenüber entwarf er 1952 für den Wohnungsbau in der DDR einen ganzen Katalog von Vorschlägen und Forderungen unter dem Titel *Wovon unsere Architekten Kenntnis nehmen müssen* (23, S. 203 f.). Ausgehend von der Überzeugung, dass jetzt »die neue führende Klasse« als Bauherrin auftrete und »schöne«, wohnliche Gebäude, ja »Wohnpaläste« verlange, erklärt er sowohl bürgerliche Profitinteressen als auch die Bauhaus-Devise »Zweckdienlich ist immer schön« für überholt. Die Architekten müssten sich künftig den Wünschen und Ansprüchen der Arbeiterschaft anbequemen und diese Situation als Herausforderung für ihre Tätigkeit begreifen.[19]

In *Große Zeit, vertan* ist von der Hoffnung, mit einem solchen Programm durchzudringen, nichts mehr zu spüren, und auch im Hinblick auf die Errichtung eines besseren Staates verrät die Elegie ein gehöriges Maß an Resignation. Sie lässt sich geradezu als skeptischer Widerruf jener teils enthusiastischen, teils mahnend-belehrenden Aufbaugedichte lesen, die wir an früherer Stelle kennengelernt haben. Der Zusammenbruch des Dritten Reiches hatte nach Brechts Auffassung die Gelegenheit geboten, zumindest

---

19 Brecht versuchte sich damals auch an Kurzgedichten und knappen Inschriften, die neuerrichtete Wohnhäuser schmücken sollten (vgl. dazu 23, S. 202 f.). Er besann sich damit auf die ursprüngliche Funktion des *Epigramms*, das ja im Wortsinne eine poetische Aufschrift ist, die einem Gegenstand oder einem Gebäude eine höhere Bedeutung verleiht.

im Osten Deutschlands wirklich neue Wege zu beschreiten, wenn auch vorerst nur im Zeichen eines »befohlene[n] Sozialismus« (27, S.285), aber bereits 1953 ahnte er offenbar, dass die von dieser ›großen Zeit‹ eröffneten Möglichkeiten ungenutzt bleiben würden. Angesichts einer bürokratisierten Administration, die bloß in Zahlen, in Quantitäten dachte und den wahren Bedürfnissen der Bevölkerung fremd gegenüberstand, musste die Vision eines echten und tiefen historischen Einschnitts zunehmend verblassen.[20]

Große Zeit, vertan markiert, wie auch das Gedicht *Unglücklicher Vorgang*, den Gegenpol zu jener begeisterten Hymne aus der Exilzeit, die die *Inbesitznahme der großen Metro durch die Moskauer Arbeiterschaft am 27. April 1935* feiert.[21] Dort erscheinen »als Bauherren die Bauleute«, das Proletariat selbst, und das Bauen gehorcht augenscheinlich einzig und allein der »Weisheit des Volkes«, denn von den Institutionen und Behörden der stalinistischen Sowjetunion ist im Text nirgends die Rede. So verwirklicht die Moskauer Arbeiterschaft nach Brechts Darstellung als geschichtsmächtiges Kollektiv jenes »große Bild« einer neuen welthistorischen Epoche, »das die Klassiker [des Marxismus] einstmals / Erschüttert voraussahen« (12, S.45). Die Entwicklungen in der DDR gaben Brecht dagegen wenig Anlass zu der Hoffnung, dass an ihrem Ende einmal ›bewohnbare Städte‹ stehen könnten.[22] 1955 konzipierte er einen offenen Brief an den Ostberliner Stadtarchitekten Hermann Henselmann, in dem er sich über das »lineare Grundkonzept unseres Bauens«, über fehlende »Harmonie« und Abwechslung sowie über die geometrisch konstruierten »Einheitsstallungen« der Wohnblocks beklagen wollte (27, S.364) – den Durchbruch zu einer neuen Bau- und Wohnkultur hatte der Sozialismus also keineswegs gebracht.

Man sollte jedoch aus einzelnen Texten nicht voreilig auf eine grundsätzliche Haltung des Verfassers schließen. Brecht scheint in seinen letzten Jahren vielmehr beständig zwischen bösen Ahnungen und tiefer Enttäuschung auf der einen und zäher Zuversicht auf der anderen Seite geschwankt zu haben. Unter den *Buckower Elegien* findet sich mit dem Gedicht *Die Wahrheit einigt* immerhin auch ein unmittelbarer Aufruf an die politische Führung der DDR, die der Autor demnach nicht für gänzlich unbelehrbar hielt. Die Verse stellen Lenin, der stets an die Einsicht, den Realitätssinn und die Tatkraft seiner Anhänger appelliert habe, statt sie mit vagen Versprechungen zu vertrösten, als Prototyp des echten Revolutionärs vor. Welche »Wahrheit« die angesprochenen »Freunde«, die Genossen in der Parteispitze, nach diesem Vorbild unerschrocken propagieren müssten, erläutert Brecht in einem Brief: »Die Wahrheit, die wir unserer Arbeiterschaft sagen sollten, ist meiner Meinung nach: daß sie in tödlicher Gefahr ist, von einem neu erstarkenden Faschismus in einen neuen Krieg geworfen zu werden; daß sie alles tun muß, die kleinbürgerlichen Schichten unter ihre Führung zu bringen (wir haben unsern eigenen Westen bei uns!)« (30, S.191). Nach wie vor setzte er also darauf, dass die Partei doch noch ihre eigentliche Funktion erfüllen und das Proletariat bei der anstehenden Aufgabe, in Staat und Gesellschaft die Macht zu

---

20 Der Wortlaut der Elegie verbietet es dem Leser übrigens nicht, die Verse auf den Wiederaufbau im *Westen* Deutschlands zu beziehen. Ihre Sprengkraft würden sie damit freilich einbüßen: Dass die »Weisheit des Volkes« unter kapitalistischen Bedingungen nicht zum Zuge kommen konnte, verstand sich für Brecht von selbst.
21 Vgl. das Kapitel »Brecht und der Sozialismus«.
22 Vgl. dazu den Schluss des Kapitels 6 »Unter modernen Menschen: *Aus dem Lesebuch für Städtebewohner*«.

übernehmen, anleiten werde.²³ Gerade die Vorgänge des 17. Juni 1953 boten in seinen Augen die einmalige Chance, bisherige Fehlentwicklungen zu korrigieren. In der Journal-Eintragung vom 20. August (27, S. 346 f.) werden solche Gedanken ausführlich dargelegt. Immerhin habe sich bei den Protesten die Arbeiterklasse in Aktion gezeigt, wenn auch planlos und manipuliert durch den »Klassenfeind«:

> Und doch hatten wir hier die Klasse vor uns, in ihrem depraviertesten Zustand, aber die Klasse. Alles kam darauf an, diese erste Begegnung voll auszuwerten. Das war der Kontakt. Er kam nicht in der Form der Umarmung, sondern in der Form des Faustschlags, aber es war doch der Kontakt. – Die Partei hatte zu erschrecken, aber sie brauchte nicht zu verzweifeln.

Nach Brechts Überzeugung bedeutete die »große Ungelegenheit« der Juni-Ereignisse für die SED zugleich »die große Gelegenheit, die Arbeiter zu gewinnen«, und er resümiert: »Deshalb empfand ich den schrecklichen 17. Juni als nicht einfach negativ.«

Diese gewundenen, streckenweise schon paradoxen Ausführungen klingen verdächtig nach angestrengten Selbsttröstungen. Aber Brecht unternahm auch konkrete Schritte, um die zunehmende Entfremdung zwischen den Proletariern und der Funktionärskaste sowie die bürokratische Erstarrung von Staat und Partei zu bekämpfen. Dass der Arbeiteraufstand zum Anlass für eine »große Aussprache über die allseitig gemachten Fehler« (23, S. 250) genommen werden müsse, stand für ihn von vornherein fest; einen Dialog mit den »Massen« mahnte er ja bereits am Morgen des 17. Juni in seinem Brief an Ulbricht an. In erster Linie war ihm daran gelegen, gegen die festen administrativen Strukturen ein größeres Maß an kommunikativer Vermittlung und Flexibilität durchzusetzen. Beispielsweise monierte er im Juli 1953 gegenüber dem Ministerpräsidenten Otto Grotewohl »die Steifheit der Verwaltungsbehörden« und unterstützte den Vorschlag, »kleine fliegende Kommissionen zu schaffen, die überall den neuen Stil hineinbringen. Freilich müßten sie ganz unorthodox zusammengesetzt sein, einfach aus Leuten mit gesundem Menschenverstand, aus natürlichen Sozialisten!« (30, S. 185 f.) Im Jahr darauf unterbreitete er Grotewohl einen Vorschlag, wie man – laut Begleitbrief – »die Volkskammer in größeren Schwung setzen« könnte (30, S. 265):

> Vielleicht machen wir zuwenig aus unserer Volkskammer. Sie arbeitet, wie ich höre, in ihren Ausschüssen, aber das geht »hinter verschlossenen Türen« vor sich, und die Bevölkerung erfährt wenig davon. Wir könnten aber die Volkskammer als ein großes Kontaktinstrument von Regierung zu Bevölkerung und von Bevölkerung zu Regierung einrichten, als ein großes Sprech- und Horchinstrument. […] Die Abgeordneten der Volkskammer würden, wenn sie in großangelegten Versammlungen echten Kontakt mit der Bevölkerung suchten, auf Grund von Frage und Antwort vielleicht die uns so sehr fehlende Initiative der lebendigen Teile der Bevölkerung in den öffentlichen Angelegenheiten wecken können. Natürlich müßten auch sie nicht nur reden, sondern auch fragen. An sie sollten die tausend großen und kleinen Beschwerden gerichtet werden, damit wir sie in Vorschläge verwandeln können. Die Leute müßten ihren Abgeordneten Briefe schreiben können, auch anonyme, und die Abgeordneten müßten die Briefe beantworten, in Versammlungen, in Volkskammersitzungen, in Briefen. Der Regierung würde dies einen kostbaren Überblick über die Stimmung, die Sorgen, die Ideen der Bevölkerung geben und der Bevölkerung ein Organ. (23, S. 283)

---

23 Der zitierte Brief, der sich an Paul Wandel, den Minister für Volksbildung, richtete, wurde letztlich doch nicht abgesendet (vgl. 30, S. 556). Das Gedicht scheint Brecht aber tatsächlich dem damaligen Ministerpräsidenten der DDR Otto Grotewohl zugeschickt zu haben (vgl. 12, S. 450).

Die Frage, wie aus der Volksvertretung ein »großes Kontaktinstrument von Regierung zu Bevölkerung und von Bevölkerung zu Regierung« zu machen wäre, stellt sich auch in jeder echten parlamentarischen Demokratie, und generell muten Brechts Überlegungen zur bedrohlichen Verselbständigung moderner Funktionseliten und zum prekären Verhältnis von politischem Handeln und praktischer Alltagserfahrung noch heute unverändert aktuell an. Sein kleines Memorandum ist von der Absicht geleitet, Politik und Bürokratie wieder an die »Weisheit des Volkes« zu binden und zwischen den Massen und ihren berufenen Lehrern und Führern jenen dialektischen Austausch zu etablieren, den er für unbedingt erforderlich hielt.[24]

Auf dem kulturpolitischen Gebiet, auf dem er nach dem 17. Juni noch einmal eine besonders rege Tätigkeit entfaltete[25], erzielte Brecht über die Akademie der Künste sogar erkennbare Erfolge: Anfang 1954 löste die Regierung sowohl die Kunstkommission als auch das Amt für Literatur und Verlagswesen auf und errichtete statt dessen ein Kulturministerium, an dessen Spitze der Dichter Johannes R. Becher berufen wurde. Freilich handelte es sich, nüchtern betrachtet, um einen bloßen Scheinsieg, da die Kulturpolitik der DDR keinen wirklichen Kurswechsel vollzog und selbst das Personal der alten Behörden zum größten Teil in die neue Institution übernommen wurde. Auf lange Sicht stand Brecht in seinem Kampf gegen die Bürokratisierungstendenzen des real-sozialistischen Funktionärsregimes jedenfalls auf verlorenem Posten. Wenn er über »verknöcherte Beamte« und einen schwerfälligen, kaum kontrollierbaren »Staatsapparat« klagte, der im Grunde nicht von dem alten »Naziapparat« zu unterscheiden sei (24, S. 410), deckt sich dieser Befund erstaunlich genau mit den Erkenntnissen der jüngeren historischen Forschung, die ebenfalls einen weitgehend bruchlosen Übergang von der Obrigkeit preußisch-deutscher Prägung zur Administration der DDR konstatiert. Bei Dietrich Staritz heißt es über den SED-Staat:

> Chancen zu Aufstieg und Einfluß boten sich vor allem durch politische Akkuratesse und Disziplin, durch Fähigkeiten also, die schon die alte politische Kultur wesentlich bestimmt hatten und die nun dazu beitrugen, die Funktionstüchtigkeit der neuen obrigkeitlichen Strukturen zu sichern. Verlangt waren wieder Subalternität, förmlicher Vollzug, strikte Regelhaftigkeit, gefördert wurde das Klima der Bürokratie. Gewiß, der Prozeß vollzog sich unter anderen politischen Vorgaben und auf neuer sozialer Grundlage, doch er prägte eine vergleichbare Mentalität: verantwortungsscheu, subaltern und machtbewußt in einem [...].[26]

---

24 In diesen Zusammenhang gehört auch die 1954 verfasste Keuner-Geschichte *Apparat und Partei*. Keuner sieht im Parteiapparat den »Knochenbau der Verwaltung und der Machtausübung«, der zwar notwendig, für sich allein aber unzureichend sei: Es gelte, ihn durch »Muskeln, Nerven und Organe« zu ergänzen, also auf seiner Basis einen lebendigen Organismus zu schaffen (18, S. 42 f.).
25 Verwiesen sei nur auf den Aufsatz *Kulturpolitik und Akademie der Künste*, der am 13. August 1953 im *Neuen Deutschland* abgedruckt wurde (23, S. 256–260), sowie auf den Brief an Paul Wandel vom Anfang des Monats, in dem Brecht energisch für die sofortige Abschaffung der Kunstkommission plädiert (30, S. 187 f.). Damals entstanden auch die Gedichte *Das Amt für Literatur* und *Nicht feststellbare Fehler der Kunstkommission*, von denen oben die Rede war.
26 Staritz: Geschichte der DDR, S. 68. Allerdings scheint Brecht die *personelle* Kontinuität im ostdeutschen Verwaltungsapparat nach 1945 überschätzt zu haben. Das Problem lag eher darin, dass gewisse autoritäre und hierarchische *Strukturen* beibehalten wurden, die zwangsläufig nach wie vor denselben Habitus hervorbrachten.

Aus der Rückschau fällt es leicht, sowohl Brechts deutschlandpolitische Initiativen, die auf eine friedliche Wiedervereinigung abzielten, als auch seine Ansichten über die Entwicklungsmöglichkeiten der DDR als naiv abzutun. Versetzt man sich jedoch in die Situation der Zeitgenossen, gelangt man zu einem differenzierteren Urteil. Dass der Zerfall Deutschlands in zwei unabhängige Staaten von Dauer sein würde, drang wohl erst mit dem Mauerbau von 1961 ins allgemeine Bewusstsein, und an einer Haltung kritischer Loyalität zu ihrem Land hielten viele Intellektuelle in der DDR bekanntlich noch lange nach Brechts Tod fest, obwohl sie immer wieder erleben mussten, wie sich ihre Bemühungen um konstruktive Kritik und echtes sozialistisches Engagement an den starren Strukturen der SED-Herrschaft totliefen.

Einige Monate nach dem Gedicht *Wahrnehmung*, das auf die »Mühen der Ebenen« vorausblickt, schrieb Brecht im Frühjahr 1949, als er in Berlin seine erste feste Wohnung bezogen hatte, folgende Verse:

Ein neues Haus

Zurückgekehrt nach fünfzehnjährigem Exil
Bin ich eingezogen in ein schönes Haus.
Meine No-Masken und mein Rollbild, den Zweifler zeigend
Habe ich aufgehängt hier. Fahrend durch die Trümmer
Werde ich tagtäglich an die Privilegien erinnert
Die mir dies Haus verschafften. Ich hoffe
Es macht mich nicht geduldig mit den Löchern
In denen so viele Tausende sitzen. Immer noch
Liegt auf dem Schrank mit den Manuskripten
Mein Koffer.
(15, S. 205)

Das Motiv der Heimkehr in den beiden Eingangszeilen suggeriert Beruhigung und den Beginn eines stabilen Zustands nach all den unsteten Jahren der Vertreibung. Einem mit Brechts Exillyrik vertrauten Leser mag indes auffallen, dass der Sprecher sich in seiner neuen Behausung genauso einrichtet, wie das der Autor nach Auskunft des siebten Gedichts aus dem Zyklus *1940* an seinen skandinavischen Zufluchtsorten getan hatte:

Vor der weißgetünchten Wand
Steht der schwarze Soldatenkoffer mit den Manuskripten.
Darauf liegt das Rauchzeug mit den kupfernen Aschbechern.
Die chinesische Leinwand, zeigend den Zweifler
Hängt darüber. Auch die Masken sind da. [...]
(12, S. 98)

Die Wendung »Immer noch«, die den am Schluss platzierten Hinweis auf den »Koffer« einleitet, kann gleichfalls nur als Hinweis auf die Zeit des Exils verstanden werden: Anscheinend ist das lyrische Ich weiterhin jederzeit darauf vorbereitet, den eben erst eingenommenen Platz wieder zu räumen. So steht das ganze Gedicht unter der durch das erste und das letzte Wort markierten Spannung zwischen Heimkehr und Aufbruchsbereitschaft, Sesshaftigkeit und Bewegung. Auch die Aufmerksamkeit des Sprechers für die Diskrepanz zwischen den »Privilegien«, die er selbst genießt, und den »Löchern«, in denen viele Menschen während der Nachkriegsjahre hausen, unterstreicht, dass von einem selbstzufriedenen Sich-Einrichten keine Rede sein kann.²⁷ An die Stelle der Geduld, die das Ich ausdrücklich von sich weist, tritt der – unausgesprochene – Wunsch nach Veränderung, nach einer gesellschaftlichen Dynamik, die zunächst einmal die konkreten Lebensbedingungen für alle zu verbessern hätte.

Brecht dürfte 1949 kaum ernstlich befürchtet haben, bald wieder zu einer Flucht ins Exil genötigt zu sein. Das Motiv des Koffers in *Ein neues Haus* deutet vielmehr darauf hin, dass er überzeugt war, nach wie vor in einer Zeit des Wandels, der Vorläufigkeit und damit auch der allgemeinen Unsicherheit zu leben. Da der Sozialismus in der sowjetischen Besatzungszone und später in der DDR für ihn keinen glücklich erreichten Endzustand darstellte, sondern ein (vielversprechendes) Experiment, den Beginn einer Entwicklung mit durchaus offenem Ausgang, empfand er seine eigene Existenz fortwährend als provisorisch, und aus demselben Grund blieb der »Zweifler« eine Identifikationsfigur, die er am liebsten ständig vor Augen hatte. Um die Hoffnung auf eine echte sozialistische Zukunft mit den unübersehbaren Mängeln der Gegenwart zu versöhnen, griff er gerne auf die plausible Überlegung zurück, dass ein großer historischer Fortschritt nicht von einem Tag auf den anderen verwirklicht werden könne und man die unvermeidlichen Probleme einer Übergangszeit in Rechnung stellen müsse.²⁸ Beispielsweise klagte er am 1. Juli 1951 nach einer »Diskussion mit Studenten der Arbeiter- und-Bauern-Fakultät« über deren geringes Reflexionsvermögen auf wissenschaftlichem wie auf ästhetischem Gebiet, schloss seine Journalnotiz aber mit der fast trotzigen Behauptung: »Und doch sind dies Kinderkrankheiten, nichts Schlimmeres« (27, S. 322).

Auch massive Enttäuschungen beim eigenen künstlerischen Engagement verarbeitete er nach diesem Schema. Als die gemeinsam mit Paul Dessau geschaffene Oper *Das Verhör des Lukullus* im Formalismus-Streit unter Beschuss geriet²⁹ und auf Druck der Behörden vom Spielplan abgesetzt wurde, stellte Brecht gelassen fest: »Es ist vorauszusehen, daß bei Umwälzungen von solchem Ausmaß die Künste selbst da in Schwierigkeiten kommen, wo sie führend mitwirken. Zusammenstoßen die Zurückgebliebenheit der Künste und die Zurückgebliebenheit des neuen Massenpublikums« (27, S. 318); es brauche eben Zeit, um eine nach Form und Inhalt neue Kunst auf ganzer Linie durchzusetzen. Und im Januar 1952 erklärte er mit Blick auf die »Formalismus-Realismus-Debatte«: »Daß die Neu-Organisation, schon durch die ökonomische und politische Umwälzung, auf dem kulturellen Gebiet ohne Irrtümer und Fehler vor sich geht, kann kein vernünftiger Mensch erwarten« (30, S. 107).

Trotzdem blieben Anwandlungen von Pessimismus im Laufe der Jahre nicht aus. Wir sind ihren Spuren bereits in einigen *Buckower Elegien* begegnet, und auch der kleine lyrische *Epitaph für Majakowski* ist von ihnen geprägt:

---

27 ›Kulturschaffende‹ wurden in der SBZ bzw. der DDR bevorzugt behandelt und mit beträchtlichen materiellen Vergünstigungen umworben. Dass Brecht sich dieser Vorteile vollkommen bewusst war, belegen auch verschiedene Bemerkungen in seinen Briefen aus der ersten Berliner Zeit (vgl. 29, S. 480, 483, 485 und 504).

28 Ein ähnliches dialektisches Deutungsmuster setzte er bekanntlich ein, um sich mit den dunklen Seiten von Stalins Diktatur abfinden zu können. Vgl. dazu das Kapitel »Brecht und der Sozialismus«.

29 Im ZK-Beschluss zum »Kampf gegen den Formalismus« von 1951 wird dieses Werk ausdrücklich als Beispiel für formalistische Kunst genannt (Dokumente der Sozialistischen Einheitspartei Deutschlands, Bd. III, S. 437).

Den Haien entrann ich
Die Tiger erlegte ich
Aufgefressen wurde ich
Von den Wanzen.
(15, S. 178)

In dem Schicksal des russischen Poeten Wladimir Majakowski (1893–1930), der sich für die Oktoberrevolution und den Kommunismus eingesetzt hatte, von der Entwicklung der Sowjetunion aber tief enttäuscht war und schließlich den Freitod wählte, scheint Brecht bis zu einem gewissen Grade seine eigene Situation wiedererkannt zu haben.[30] Überträgt man die symbolischen Bilder dieser Verse auf die Konstellation, die das Gedicht *Wahrnehmung* entwirft, so deutet sich hier die Einsicht an, dass es gerade die scheinbar banalen »Mühen der Ebenen« sind, die die Kräfte des Menschen überfordern und an denen er schließlich scheitern muss.

Solche Empfindungen gewannen aber nie völlig die Oberhand, wie die zahlreichen organisatorischen, literarischen und publizistischen Anstrengungen beweisen, mit denen Brecht in der DDR unverdrossen für seine Ideen warb. Noch kurz vor seinem Tod am 14. August 1956, schwer erschüttert durch die Aufdeckung der stalinistischen Verbrechen auf dem XX. Parteitag der KPdSU, orientierte er sich an seinem wohlvertrauten Ideal sozialistischer Praxis, wenn er darauf beharrte, dass jetzt »eine gigantische Mobilisierung der Weisheit der Massen durch die Partei« notwendig sei, um die eingetretene Krise zu meistern (23, S. 418).[31] Im selben Zusammenhang schrieb er einige Verse, die einmal mehr die Bevormundung der Bevölkerung in einer autoritären Parteidiktatur aufs Korn nehmen:

Zur Züchtung winterfesten Weizens
Zieht man viele Forscher heran
Soll der Aufbau des Sozialismus
Von ein paar Leuten im Dunkel zusammengepfuscht werden?

Schleppt der Führer die Geführten
Auf einen Gipfel, den nur er weiß?
[...]
(15, S, 301)

So glaubte Brecht bis zuletzt an die Zukunftsaussichten des Sozialismus in Deutschland und der ganzen Welt. Den Mauerbau oder gar das gewaltsame Ende des »Prager Frühlings« sieben Jahre später zu erleben, blieb ihm erspart. Über die Frage, wie er auf diese Ereignisse reagiert hätte, lässt sich nur spekulieren.

---

30 Das Gedicht ist die überarbeitete Version eines Vierzeilers, der 1946 entstand und den Titel *Epitaph* trägt. Brecht schrieb die Neufassung irgendwann nach seiner Rückkehr nach Berlin; der genaue Zeitpunkt lässt sich nicht ermitteln. Offenbar regten ihn einschlägige Erfahrungen in Deutschland dazu an, auf die Verse zurückzugreifen und den Bezug zu Majakowski herzustellen.
31 Vgl. dazu auch die Abschnitte zu Stalin im Kapitel »Brecht und der Sozialismus«.

Kapitel 15
Poetische Sinn-Bilder: *Buckower Elegien*

Ende November 1953 übersandte Brecht dem Verleger Peter Suhrkamp, dem Begleitschreiben zufolge, »ein paar ›Buckowlische Elegien‹«, die er als »Privatlektüre« für den Empfänger deklarierte (30, S.222). Das kuriose Attribut spielt einerseits auf die östlich von Berlin gelegene Ortschaft Buckow an, wo die Gedichte im Sommer desselben Jahres, nicht lange nach den Ereignissen des 17. Juni, entstanden waren, andererseits auf die Tradition der bukolischen Dichtung, jener Hirten- und Schäferpoesie, die seit der griechisch-römischen Antike stilisierte ländliche Idealwelten als Gegenräume zu den urbanen und höfischen Zentren der abendländischen Zivilisation entwarf. Buckow diente Brecht damals in der Tat als stadtferner Rückzugsort. Unter dem Datum des 14. Februar 1952 ist in seinem Journal zu lesen:

> Mit Helli in Buckow in der Märkischen Schweiz Landhäuser angesehn. Finden auf schönem Grundstück am Wasser des Schermützelsees unter alten großen Bäumen ein altes, nicht unedel gebautes Häuschen mit einem andern, geräumigeren, aber ebenfalls einfachen Haus daneben, etwa 50 Schritte entfernt. Etwas der Art wäre erschwinglich, auch im Unterhalt. In das größere Haus könnte man Leute einladen. (27, S.330)

Das Anwesen wurde gepachtet und bot Brecht fortan die Möglichkeit, zeitweilig abseits des großstädtischen Treibens zu arbeiten und sich ungestört mit gerngesehenen Besuchern zu unterhalten. Am 15. Juli notierte er befriedigt: »Haus und Umgebung in Buckow ist ordentlich genug, daß ich wieder etwas *Horaz* lesen kann« (S.332). Eine solche Lektüre, deren Spuren wir in einigen *Buckower Elegien* antreffen werden, setzte für ihn offenbar eine gewisse Abgeschiedenheit voraus.

Doch war Brecht weit davon entfernt, sich in ein beschauliches Refugium zu flüchten und, in seinen Horaz vertieft, die eigene Gegenwart zu vergessen. Schon Ende August 1952 heißt es im Journal ohne weitere Erläuterung: »Aber die Zufriedenheit des Horaz mißfällt mir mehr und mehr« (S.333). Und der Hinweis auf die Bukolik im Brief an Suhrkamp ist zweifellos ironisch zu verstehen, da die *Buckower Elegien*, obwohl sie zahlreiche Naturmotive verwenden, durchaus keine geschichtslosen Idyllen aufbauen, sondern konfliktreiche Erfahrungen mit der zeitgenössischen Gesellschaft thematisieren. Sie tun dies allerdings oft in indirekter, verschlüsselter Form, wodurch sie auf engstem Raum – die meisten von ihnen umfassen nur wenige Verse – ein erstaunliches Maß an ästhetischer Komplexität erreichen, das ihnen in der Brecht-Forschung zu Recht große Wertschätzung und besondere Aufmerksamkeit gesichert hat.

Die Interpretationsschwierigkeiten beginnen bereits bei der Gattungsbezeichnung, denn die beiden wichtigsten traditionellen Bestimmungen des Elegienbegriffs, die schon seit dem Altertum nebeneinander existieren, sind hier augenscheinlich nicht anwendbar.[1] Man definiert die Elegie für gewöhnlich entweder als ein Gedicht, das Wehmut und Trauer um einen erlittenen Verlust ausdrückt, oder aber rein formal als

---

1 Dasselbe Problem stellt sich bei den im amerikanischen Exil entstandenen *Hollywoodelegien*. Vgl. dazu das Kapitel 11 »Brecht und Amerika«.

lyrisches Werk in Distichen. In den *Buckower Elegien* klingen zwar gelegentlich antike Versmaße an, die gleichsam umspielt oder zitiert werden. So verwendet das Gedicht *Beim Lesen des Horaz*, das den Bezug zur römischen Dichtung schon im Titel trägt, in seiner dritten wie in seiner sechsten und letzten Zeile den Adoneus, jene aus einem Daktylus und einem Trochäus gebildete metrische Einheit, die sowohl den Hexameter als auch die von Horaz selbst mehrfach benutzte Sapphische Odenstrophe abschließt: »Einmal verrannen« – »Dauerten länger!«[2] Eine Rechtfertigung für den von Brecht gewählten Gattungsnamen wird man aus solchen Beobachtungen jedoch schwerlich ableiten können. Die Stimmung eines ›elegischen‹, wehmutsvollen Rückblicks wiederum kommt in dieser Textgruppe so gut wie nirgends auf. Allenfalls *Bei der Lektüre eines spätgriechischen Dichters*, wo explizit von »Totenklage« und dem Untergang Trojas die Rede ist, sowie *Tannen* wären als Ausnahmen unterschiedlicher Art zu nennen.

Franz Norbert Mennemeier versucht zwar, im Anschluss an Schillers gattungstheoretische Überlegungen in den *Buckower Elegien* das »elegische Moment« nachzuweisen, »in dem die Abständigkeit zum Ideal [einer sozialistischen Gesellschaft] poetisch festgehalten ist«[3], aber seine Argumentation wirkt äußerst bemüht – die Haltung der allermeisten Gedichte dieses Ensembles ist nicht spezifisch elegisch, sondern schlicht und einfach kritisch, zum Teil auch satirisch. So empfiehlt es sich, den Gattungsbegriff in diesem Fall interpretatorisch nicht allzu stark zu belasten. Zu überzeugen vermag noch am ehesten der Hinweis von Peter Witzmann, wonach man unter Elegien in einem etwas erweiterten Sinne auch Gedichte verstehen kann, die generell »die Innenwelt des Subjekts« zu ihrem Gegenstand machen. Im Blick auf die Buckower Sammlung fährt Witzmann fort: »Elegie, so scheint uns, meint hier nicht Gedicht einer bestimmten metrischen Gestalt oder traditionellen Stimmung und Gebärde der Trauer, Klage, Sehnsucht, sondern eine Art von subjektiver Poesie.«[4] Tatsächlich präsentieren viele *Buckower Elegien* die Beobachtungen und Reflexionen eines Ich-Subjekts, das eine Situation oder einen Vorfall wahrnimmt und kommentiert. Dieses Ich darf selbstverständlich nicht ohne weiteres mit dem realen Autor Bertolt Brecht identifiziert werden, steht ihm aber doch sehr nahe: Bei einer Gelegenheit, nämlich in *Heißer Tag*, gibt es sich als Schreibender zu erkennen, und die gelegentlich erwähnten Landschaftselemente wie der See und der angrenzende Garten mit seinen Silberpappeln und dem Pavillon sind der Buckower Umgebung entlehnt. Für das Verständnis der Elegien gewinnt die Frage nach einer solchen Identifizierung der Sprechinstanz indes nur in Ausnahmefällen Bedeutung, etwa bei dem Gedicht *Böser Morgen*, über das noch ausführlich zu reden sein wird. Prinzipiell ist und bleibt das Subjekt dieser Texte eine Kunstfigur, die der Verfasser als vermittelnde Instanz zwischen die poetisch entworfenen Sachverhalte und den Leser einschaltet.

Christel Hartinger verbindet die konkreten Anlässe für das Sprechen des lyrischen Ich, die den meisten *Buckower Elegien* eingeschrieben sind, mit deren subjektiv-›elegischer‹ Struktur: »Sowohl die Ruhe- oder Arbeitsstunden im Freien, die Spazier-

---

2   Vgl. dazu Jan Knopf in: Bertolt Brechts *Buckower Elegien*. Mit Kommentaren von Jan Knopf. Frankfurt a.M. 1986, S.116f. – Zitate aus den *Buckower Elegien* (12, S.307–315) werden im Folgenden nicht mehr eigens mit Seitenzahlen belegt.
3   Franz Norbert Mennemeier: Bertolt Brecht als Elegiker. In: Der Deutschunterricht 23 (1971), H. 1, S.59–73, hier S.70.
4   Peter Witzmann: Antike Tradition im Werk Bertolt Brechts. Berlin (Ost) 1964, S.26f.

gänge, die morgendlichen Besinnungen auf die Träume als auch die Lektürestunden sind Situationen, die nachdenklicher Beobachtung, analytischem Bedenken günstig sind.«[5] Von diesen unterschiedlichen Anknüpfungspunkten ausgehend, kann man einen Großteil des Textkorpus in Gruppen einteilen. Besonders zahlreich sind die Gedichte, in denen das Ich von unmittelbaren, in der Regel sehr alltäglichen Eindrücken im Garten oder in der näheren Umgebung inspiriert wird: *Der Blumengarten*; *Rudern, Gespräche*; *Der Rauch*; *Heißer Tag*; *Der Himmel dieses Sommers*; *Laute*; *Der Radwechsel*; *Der Einarmige im Gehölz* und *Vor acht Jahren* gehören hierher. Lektüreerlebnisse formieren eine zweite Gruppe, bestehend aus *Bei der Lektüre eines sowjetischen Buches*, *Bei der Lektüre eines spätgriechischen Dichters*, *Beim Lesen des Horaz* und *Die Lösung*, wo ein (fiktives) Flugblatt zum kritisch-ironischen Kommentar herausfordert. Träume liefern schließlich den Anlass zu den Elegien *Böser Morgen* und *Eisen*. Direkt beteiligt und als Person schärfer konturiert ist das lyrische Ich übrigens selten, so in *Der Blumengarten*, *Böser Morgen* und *Tannen*. Meist fungiert es lediglich als diskreter Beobachter, der sich bisweilen auch nur indirekt fassen lässt – etwa in *Rudern, Gespräche*, wo allein das Wort »[v]orbei« seine Anwesenheit und seinen Standort verrät – oder sogar ganz hinter das sprachlich vermittelte Bild zurücktritt, wie es zum Beispiel in *Der Einarmige im Gehölz* der Fall ist.

Für die meisten *Buckower Elegien* lässt sich nach dem bisher Gesagten ein allgemeines Aufbauschema rekonstruieren, das Brecht freilich sehr flexibel handhabt. Geboten wird zunächst ein kleines Bild von Gesehenem, Gelesenem oder Geträumtem, das anschließend eine Interpretation durch das Ich erfährt, die ebenfalls sehr knapp gehalten ist und sich sogar auf einen bloßen Stoßseufzer beschränken kann: »Wie in alten Zeiten! denke ich / Wie in alten Zeiten!« (*Heißer Tag*) Auf diese Weise variieren die Texte jene Verknüpfung von Zeige-Gestus und verfremdender Auslegung, die uns schon aus anderen Zusammenhängen als ein Grundprinzip Brecht'scher Lyrik bekannt ist; mit Peter Paul Schwarz kann man auch von einer epigrammatischen Struktur sprechen, die sich aus den Elementen ›Gegenstand‹ und ›Deutung‹ zusammensetzt.[6] In den Betrachtungen des Ich werden die wahrgenommenen Phänomene auf gesellschaftliche und politische Konstellationen oder auf menschliche Verhaltensmuster bezogen und damit als Sinnbilder kenntlich gemacht, die über sich hinausweisen. Eben wegen dieser Aufschlüsse und Einblicke, die sie gewährt, ist die subjektive Perspektive des lyrischen Sprechers bedeutsam, nicht etwa wegen eines psychologischen Interesses an seiner seelischen Innenwelt. Selbst da, wo sich das Ich ausnahmsweise einmal in hohem Maße persönlich involviert zeigt, weil beispielsweise die Distanz zu seiner Kindheit ins Spiel kommt, wie es in *Tannen* geschieht, transzendiert der Bezug zur Zeitgeschichte (»Vor zwei Weltkriegen«) die Ebene der rein privaten Erfahrungen und der individuellen Gefühlsregungen.

Schon wegen ihrer meist außerordentlich lakonischen Redeweise ist es nicht immer einfach, die poetische Verweisungsstruktur der Gedichte zu entschlüsseln und die jeweilige sinnbildliche Ebene freizulegen. Einige Texte haben geradezu Rätselcharakter, so die Elegie *Der Radwechsel*, die zu den berühmtesten gehört. Hier beschließt das

---

5   Christel Hartinger: Bertolt Brecht – das Gedicht nach Krieg und Wiederkehr. Studien zum lyrischen Werk 1945–1956. Berlin (Ost) 1982, S. 257.
6   Vgl. Peter Paul Schwarz: Lyrik und Zeitgeschichte. Brecht: Gedichte über das Exil und späte Lyrik. Heidelberg 1978, S. 122 f.

lyrische Ich die Situationsschilderung mit einer Frage – »Warum sehe ich den Radwechsel / Mit Ungeduld?« –, die unbeantwortet bleibt und damit an den Leser weitergereicht wird, der sich den Kopf darüber zerbrechen mag. In anderen Fällen, zu denen *Rudern, Gespräche* oder *Eisen* zählen, gibt der Sprecher gar keinen Kommentar zu dem entworfenen Bild ab, dessen Interpretation folglich ganz dem Rezipienten überlassen ist. Hin und wieder finden sich Anspielungen auf aktuelle Geschehnisse, die dem Verständnis einen Weg weisen, und gelegentlich greift Brecht auch auf Kollektivsymbole zurück, zu denen etwa das Motiv der Flut in *Beim Lesen des Horaz* zählt.

Die subtile Deutungsarbeit, zu der sich der Leser genötigt sieht und die bei jedem Gedicht neu einsetzen muss, macht den schier unerschöpflichen Reiz der *Buckower Elegien* aus. Hüten sollte man sich dabei vor allzu mechanischen Analyseverfahren, deren vermeintliche Objektivität auf bloßer Suggestion beruht und letztlich nur dazu verführt, die erforderliche Sorgfalt bei der hermeneutischen Auseinandersetzung mit den Texten zu vernachlässigen. Das gilt vor allem für den Ansatz von Jürgen Link, der anhand der Elegien (und einiger weiterer Gedichte aus dem Spätwerk des Autors) eine einheitliche »Struktur des literarischen Symbols« nachweisen will[7]: Während ihm auf der einen Seite zahlreiche einleuchtende Einzelbeobachtungen gelingen, lockt ihn andererseits gerade der quasi-mathematische Exaktheitsanspruch seiner strukturalistischen Methode regelmäßig auf spekulative Abwege. Völlig unhaltbar ist Nosratollah Rastegars These, Brecht habe in seinen späten Gedichten bestimmte Leitmotive mit ein für allemal festgelegten Bedeutungen verwendet.[8] Aufgrund der Vielschichtigkeit ihrer sinnbildlichen Strukturen lassen sich die *Buckower Elegien* nicht wie eine Geheimsprache nach einem einheitlichen Code entschlüsseln.

Der schlagende Effekt polemischer oder agitatorischer Verse, wie sie zum Beispiel einige Abschnitte der *Svendborger Gedichte* zu bieten haben, war für die *Buckower Elegien* von vornherein nicht zu erhoffen. Ihre Rezeption wurde aber noch zusätzlich durch die Publikationsgeschichte beeinträchtigt und verzögert. Zu Lebzeiten des Verfassers gelangten überhaupt nur sechs von ihnen an die Öffentlichkeit: Ende 1953 erschienen *Der Blumengarten*; *Gewohnheiten, noch immer*; *Rudern, Gespräche*; *Der Rauch*; *Heißer Tag* und *Bei der Lektüre eines sowjetischen Buches* unter der schlichten Überschrift *Gedichte* in der Zeitschrift »Sinn und Form«, und im folgenden Jahr nahm Brecht dieselbe Auswahl in die Reihe seiner »Versuche« auf, wobei er sie in der Vorbemerkung jetzt immerhin als Teil einer größeren Sammlung mit dem Titel *Buckower Elegien* kennzeichnete. Von den übrigen Texten mögen ihm manche, darunter sicherlich *Die Lösung* und *Die neue Mundart*, für eine Veröffentlichung zu brisant erschienen sein. Jedenfalls zog er einen vollständigen Abdruck der Sammlung offenbar nie in Erwägung, denn er machte sich nicht einmal die Mühe, eine verbindliche Reihenfolge der einzelnen Gedichte festzulegen. So dauerte es noch Jahrzehnte, bis die *Buckower Elegien* der Leserschaft in vollem Umfang zugänglich waren. Erst 1980 wurden mit *Lebensmittel zum Zweck* und *Die neue Mundart* die beiden letzten Stücke publiziert.[9]

---

7   Jürgen Link: Die Struktur des literarischen Symbols. Theoretische Beiträge am Beispiel der späten Lyrik Brechts. München 1975.
8   Nosratollah Rastegar: Die Symbolik in der späteren Lyrik Brechts. Frankfurt a.M. u.a. 1978.
9   Vgl. Gerhard Seidel: Vom Kaderwelsch und vom Schmalz der Söhne McCarthys. In: Sinn und Form 32 (1980), S. 1087–1091.

Wie schon Brechts Sorglosigkeit im Hinblick auf die Abfolge der Texte zeigt, bilden die Elegien keinen streng komponierten Zyklus, sondern ein lockeres Ensemble, dessen Bestandteile durch die erwähnten strukturellen Gemeinsamkeiten sowie durch mancherlei thematische und motivische Verflechtungen zusammengehalten werden. Insgesamt umfasst die Reihe 22 Gedichte und dazu ein vierzeiliges lyrisches Motto, das Brecht möglicherweise erst 1954 formulierte. Mit einigen *Buckower Elegien*, die sich unverhüllt auf die Lage in der DDR, die Geschehnisse des 17. Juni und das Verhältnis von Partei und Arbeiterklasse beziehen, haben wir uns bereits im vorigen Kapitel befasst. Als Gegenstand der folgenden Überlegungen wurden zehn weitere Gedichte ausgewählt, da eine erschöpfende Interpretation der ganzen Sammlung den Rahmen dieses Kapitels sprengen würde. Vorab sei aber das Motto des Ensembles ins Auge gefasst:

> Ginge da ein Wind
> Könnte ich ein Segel stellen.
> Wäre da kein Segel
> Machte ich eines aus Stecken und Plane.

Die Motive der Wasserfahrt und, allgemeiner, der Reise begegnen in den *Buckower Elegien* mehrfach, vor allem in *Rudern, Gespräche*; *Heißer Tag* und *Der Radwechsel*. Ihre symbolische Ausdeutung auf individuelle oder kollektive Erfahrungen, auf die Lebensfahrt des Menschen wie auf die Route des ›Staatsschiffs‹ hat eine lange Tradition. Für Brechts Mottoverse ist aber besonders interessant, dass die Schifffahrt in der griechisch-römischen Literatur auch als Bild für das Dichten dienen konnte, wobei der Wind die Stelle der Inspiration vertrat.[10] Beispiele dafür finden sich in Pindars Oden und in Vergils *Georgica*, und Horaz eröffnet eines seiner Gedichte mit folgenden selbstironischen Versen:

> Phoebus hat mich, als ich Kämpfe besingen wollte
> Und eroberte Städte, mit Lautenklang, angeherrscht,
> Ich solle nicht zur Fahrt übers Tyrrhenermeer kleine
> Segel setzen. [...][11]

– das anspruchsvolle Unternehmen, das der Dichter vermessen in Angriff nehmen wollte, drohte von vornherein an seiner Unzulänglichkeit zu scheitern. Dem fleißigen Horaz-Leser von Buckow muss diese Ode bekannt gewesen sein. Ob sich auch bereits der junge Brecht von ihr anregen ließ, ist ungewiss, doch die Verbindung des Schreibens mit der Symbolik der Schifffahrt, des Segels und des Windes war ihm jedenfalls schon geläufig. So kleidete er 1920 seine Tagebuch-Reflexionen über die desolate Lage des Theaters und der Dramatiker in Deutschland in das Bild eines Schiffes, das wegen einer Flaute nicht mehr vorankommt:

---

10 Vgl. dazu die Belege bei Ernst Robert Curtius: Europäische Literatur und lateinisches Mittelalter. Bern u.a. ⁵1965, S.138f., und die Artikel »Schiff« und »Wind« im Metzler Lexikon literarischer Symbole. Hrsg. von Günter Butzer und Joachim Jacob. Stuttgart u.a. 2008.
11 Quintus Horatius Flaccus: Oden und Epoden. Hrsg. und übersetzt von Gerhard Fink. Düsseldorf u.a. 2002, S.259 (Oden IV, 15, 1–4: »Phoebus volentem proelia me loqui / Victas et urbis increpuit lyra, / Ne parva Tyrrhenum per aequor / Vela darem«).

Jetzt verlassen die Ratten das Schiff [...]. Aber wir wollen uns in ihm einquartieren und die Beine gegen die Planken spreizen und sehen, wie wir das Schiff vorwärtsbringen. Vielleicht saufen wir das Wasser auf, das durchs Leck quillt, vielleicht hängen wir unsre letzten Hemden an den Mast als Segel und blasen dagegen, das ist der Wind, und furzen dagegen, das ist der Sturm. Und fahren singend hinunter, daß das Schiff einen Inhalt hat, wenn es auf den Grund kommt. (26, S. 169 f.)

Sechs Jahre später verwendete er dasselbe Motivfeld, um, wieder mit Blick auf Drama und Theater, die fatale Distanz der Künstler zum Publikum und zu ihrer eigenen Epoche anzuprangern:

Man ist gewohnt, von uns zu verlangen, daß wir nicht ausschließlich nach der Nachfrage produzieren. Aber ich glaube doch, daß ein Künstler, selbst wenn er in der berüchtigten Dachkammer unter Ausschluß der Öffentlichkeit für kommende Geschlechter arbeitet, ohne daß er Wind in seinen Segeln hat, nichts zustande bringen kann. Und dieser Wind muß eben derjenige sein, der zu seiner Zeit gerade weht, also kein zukünftiger Wind. Es ist keineswegs ausgemacht, zu welcher Fahrtrichtung man diesen Wind benutzt (wenn man Wind hat, kann man bekanntlich auch gegen den Wind segeln, nur ohne Wind oder mit dem Wind von morgen kann man niemals segeln) [...]. (21, S. 120 f.)

Der Wind vertritt also die zeitgenössischen gesellschaftlichen Tendenzen, auf die sich zumindest Brechts eigenes Schaffen in der Tat stets bezog – sei es auch, gegen den Wind steuernd, im Widerstand gegen sie. Noch in einem sehr späten Gedicht, das einmal mehr von Brechts Bemühungen zeugt, zwischen der Funktionärselite der DDR und der Arbeiterschaft zu vermitteln (15, S. 292), wird das Motiv des Windes in einer ähnlichen symbolischen Bedeutung eingesetzt, diesmal aber im Zusammenhang mit dem politischen Handeln. Die Verse ermahnen die »Staatenlenker«, bei ihren Projekten darauf zu achten, »[w]ie der Wind weht«, und da sie dies auf der »Straße« feststellen sollen, steht der Wind hier augenscheinlich für die Bewegungen und Stimmungen der Volksmassen, ohne deren Beteiligung nach Brechts Ansicht bekanntlich kein politisches Programm durchzuführen war.

Interpretiert man das Segelstellen im Motto der *Buckower Elegien* vor dem Hintergrund dieser Traditionen und Parallelstellen als Hinweis auf das Tun des Dichters, so entpuppt sich der Vierzeiler als eine skeptisch getönte poetologische Reflexion. Die erforderlichen künstlerischen Mittel, das »Segel« seines Gefährts, könnte der Sprecher notfalls mit »Stecken und Plane« improvisieren, doch die vom Wind symbolisierten Impulse aus dem gesellschaftlichen Leben entziehen sich seiner Verfügungsgewalt. Umso fataler ist die aktuelle Situation, auf die die hypothetischen Überlegungen der ganz im Konjunktiv gehaltenen Zeilen implizit verweisen: Es geht momentan eben *kein* Wind. Solange das Schifflein des Poeten aber in einer Flaute festliegt, hilft alles Experimentieren und Improvisieren nichts – es wird nicht vom Fleck kommen.

Am 17. Juni hatte Brecht bestätigt gefunden, dass die Arbeiterklasse in der DDR noch nicht zu eigenständigen und zielgerichteten Aktivitäten imstande war: Sein Journal spricht von ihrer »Richtungslosigkeit und jämmerliche[n] Hilflosigkeit« (27, S. 346). Zugleich zweifelte er an der Fähigkeit des starren Parteiapparats, die latenten produktiven Kräfte des Proletariats wachzurufen. So spiegelt das Bild der Windstille treffend den Zustand des öffentlich-politischen Lebens in seinem Land wider, wie er dem Dichter damals zumindest in gewissen Augenblicken erschienen sein dürfte. Eine eingreifende Literatur mit konkretem Gebrauchswert im widerspruchsvollen gesellschaftlichen Prozess, die er im Sinne seiner ›Philosophie der Praxis‹ eigentlich favorisierte, konnte angesichts dieser deprimierenden Flaute keinen rechten Ansatzpunkt finden. Genau hier hat nun der oben erörterte elegische Charakter der Buckower Sammlung seinen Ursprung, denn in einer solchen Lage musste die offene Agitation notwendigerweise in den Hintergrund treten und der Betrachtung Platz machen – in dem ganzen Ensemble weist allein das Gedicht *Die Wahrheit einigt* den Gestus des Handlungsappells auf. Demgemäß werden die auf unmittelbare Wirkung und aufrüttelnde Effekte zielenden literarischen Techniken, die wir zum Beispiel aus Brechts antifaschistischer Exillyrik und aus vielen Aufbaugedichten kennen, jetzt durch weitaus komplexere ästhetische Strategien ersetzt. Der Sprecher der Texte wendet sich keineswegs von der Gesellschaft ab. Statt aber das soziale Feld mit den Mitteln der poetischen Rede direkt beeinflussen zu wollen, bemüht er sich zunächst einmal darum, die durch die Ereignisse des 17. Juni von Grund auf ›verfremdete‹ Wirklichkeit (vgl. 27, S.346) überhaupt wieder gedanklich zu durchdringen und interpretierend zu ordnen. Hierin liegen Anspruch und Ziel der *Buckower Elegien*.

Das folgende Gedicht aus der Sammlung ist nicht nur über das Fahrtmotiv eng mit dem Motto verbunden:

> Der Radwechsel
> Ich sitze am Straßenhang.
> Der Fahrer wechselt das Rad.
> Ich bin nicht gern, wo ich herkomme.
> Ich bin nicht gern, wo ich hinfahre.
> Warum sehe ich den Radwechsel
> Mit Ungeduld?

Die Rätselstruktur dieser Verse, von der schon die Rede war, hat eine Fülle unterschiedlicher Deutungen provoziert. Wie Peter Christian Giese bereits vor mehr als zwanzig Jahren in einem kritischen Forschungsüberblick feststellte, erlagen dabei viele Interpreten der Versuchung, »die konkrete Bildlichkeit des Gedichts in eine abstrakte Begrifflichkeit zu überführen, die sich oft weit vom Wortlaut des Textes entfernt.«[12] Besonders die mysteriösen Orte, zwischen denen das Ich unterwegs ist, luden seit jeher zu Spekulationen ein. Da das Gedicht über sie jedoch nichts weiter mitteilt, als dass sie eben den Ausgangs- und den Zielpunkt der Reise bilden, muss jeder Versuch, diese Leerstellen unter Rückgriff auf Brechts Biographie oder die unmittelbare Zeitgeschichte zu füllen, willkürlich bleiben. Festzuhalten ist einzig, dass der Sprecher das Verweilen an einem bestimmten Platz grundsätzlich negativ beurteilt. »Ich bin nicht gern, wo ich herkomme«, »Ich bin nicht gern, wo ich hinfahre« – aber den Zwischenaufenthalt empfindet er, wie seine Ungeduld beweist, ebenfalls als störend. So löst sich

---

12 Peter Christian Giese: Der Blick auf den »Radwechsel«. Zur Rezeption eines Brecht-Gedichts (Yaak Karsunke, Hans Magnus Enzensberger, Thomas Brasch, Volker Braun). In: Jahrbuch der deutschen Schillergesellschaft 31 (1987), S.394–427, hier S.407. Als Beispiele für solche hochgradig spekulativen Auslegungen seien die Interpretationen von Link (Die Struktur des literarischen Symbols, S.53–55) und Schwarz (Lyrik und Zeitgeschichte, S.121 f.) genannt, die das Gedicht mit dem »Neuen Kurs« in der DDR bzw. mit Brechts Rückkehr aus dem Exil in Verbindung bringen. Alle Versuche, die Reise des lyrischen Ich symbolisch auf »den Übergang von der kapitalistischen zur sozialistischen Gesellschaft« zu beziehen – so Dieter Thiele: »Der Autor als Produzent«. Studien zum Selbstverständnis Brechts. Frankfurt a.M. u.a. 1981, S.102 –, scheitern übrigens an der unmissverständlichen Aussage: »Ich bin nicht gern, wo ich hinfahre.«

die im Schlussvers formulierte Frage »in der Negation des Orts auf, eben im Fahren selbst, nicht in der Fahrt, wohin auch immer.«[13] Es geht mithin nicht um eine ganz bestimmte Reise, die von einer Unannehmlichkeit in die nächste führt, sondern um die prinzipielle Alternative von Stillstand und Bewegung. Darauf deutet auch die irritierende Verwendung des Präsens in den Mittelversen hin – eigentlich sollte man ja zumindest in Vers 3 die Formulierung: ›Ich *war* nicht gern, wo ich herkomme‹ erwarten –, durch die der Sprecher seinen Feststellungen eine allgemeinere Dimension verleiht, die über den konkreten Anlass hinausreicht.

Den Gegensatz von dynamischem Vorwärtskommen und Stagnation kann man angesichts der literarischen Tradition der Reisemetapher sowohl auf die individuelle Lebensgeschichte eines Einzelnen als auch auf die Entwicklung der gesellschaftlichen Verhältnisse beziehen. Es entspricht ganz dem dialektischen Geschichtsverständnis, wenn das lyrische Ich weder auf einem bestimmten Stand verharren noch ein festes Ziel ins Auge fassen will. Sein Interesse gilt vielmehr dem Wandel als solchem, getreu der Einsicht, die Bertolt Brecht schon 1930 in den *Anmerkungen zur Oper »Aufstieg und Fall der Stadt Mahagonny«* formulierte und die für ihn zeitlebens ihre Gültigkeit behielt: »Wirklicher Fortschritt ist nicht Fortgeschrittensein, sondern Fortschreiten« (24, S.83). Diese Haltung schlägt sich noch in einem Vers aus *Orges Wunschliste* nieder, die Brecht im Jahr seines Todes aufsetzte: »Von den Aufenthalten« werden hier »die vergänglichen« bevorzugt (15, S.297). Umso erstaunlicher wirkt es auf den ersten Blick, dass der Sprecher in *Der Radwechsel* keinen Versuch macht, die unwillkommene Pause abzukürzen, und untätig am »Straßenhang« sitzt, statt dem Fahrer bei seiner Arbeit zu helfen. Ihm sind die Beobachtung und das Nachdenken zugeordnet, während über die ersehnte Vorwärtsbewegung andere Instanzen entscheiden. Eine solche Konstellation kennen wir bereits: Das Ich dieser Verse ist ebensowenig imstande, den Radwechsel zu beschleunigen, wie der Sprecher des Mottos den Wind, den er zum Segeln benötigt, selbst herbeizaubern kann. Wo aber die Dynamik des Fortschreitens – vorübergehend – zum Erliegen kommt, tritt eben die distanzierte, ›elegische‹ Betrachtung hervor, deren Produkt das Gedicht selbst darstellt. Folglich lassen sich auch diese Verse poetologisch deuten: Sie fassen die Situation, der die *Buckower Elegien* ihre Entstehung verdanken, in ein anschauliches Bild. Den unfreiwilligen Aufenthalt des Ich darf man deshalb bei aller »Ungeduld«, die er weckt, nicht ausschließlich negativ beurteilen. Er repräsentiert den Freiraum der elegischen Reflexion, die in den Gedichten der Buckower Sammlung ihre lyrische Form findet.

Das Motiv der Reise, hier nun wieder in Gestalt der Wasserfahrt, begegnet erneut in der Elegie *Heißer Tag*:

> Heißer Tag. Auf den Knien die Schreibmappe
> Sitze ich im Pavillon. Ein grüner Kahn
> Kommt durch die Weide in Sicht. Im Heck
> Eine dicke Nonne, dick gekleidet. Vor ihr
> Ein ältlicher Mensch im Schwimmanzug, wahrscheinlich ein Priester.
> An der Ruderbank, aus vollen Kräften rudernd
> Ein Kind. Wie in alten Zeiten! denke ich
> Wie in alten Zeiten!

---

13 Knopf in: Bertolt Brechts *Buckower Elegien*, S.40.

Ausnahmsweise erscheint das lyrische Ich einmal unmittelbar als Schreibender, als Dichterfigur. Der Text scheint die Umstände seines eigenen Zustandekommens festzuhalten, denn man kann sich leicht vorstellen, wie der Sprecher, der die »Schreibmappe« ja schon in Bereitschaft hat, den sich ihm bietenden Anblick sogleich in Versen aufzeichnet. Damit führt das Gedicht die Grundstruktur der meisten *Buckower Elegien* in ihrer Genese vor: Ein scheinbar unspektakulärer Vorgang wird in poetischer Form protokolliert und mit einem kritischen Kommentar versehen, der ihn als Sinnbild zeitgeschichtlicher, politischer und gesellschaftlicher Phänomene interpretiert. Im vorliegenden Fall besteht dieser Kommentar lediglich in dem Ausruf »Wie in alten Zeiten!«, der seinerseits nach einer Deutung durch den Leser verlangt.

Die beiden erwachsenen Personen im Kahn werden in jeder Hinsicht als leibhaftige Anachronismen dargestellt. Die Nonne trägt nicht nur trotz der sommerlichen Jahreszeit und der Hitze des Tages dicke Kleidung, sondern ist auch selber dick, was in den Nachkriegsjahren als einer Zeit fortdauernden Mangels auffallen muss, während der »ältliche« Mann, in dem das Ich einen Priester vermutet, mit dem »Schwimmanzug« ein schon zur damaligen Zeit höchst altmodisches Kleidungsstück trägt. Aus der Sicht des atheistischen Sozialismus stehen Nonne und Priester ohnehin für eine überlebte Weltanschauung. Ausgerechnet das »Kind« aber, das doch Träger des Neuen und hoffnungsvolles Symbol der Zukunft sein könnte, schuftet »aus vollen Kräften« für diese Menschen, indem es sich wie ein Galeerensträfling »an« – nicht »auf!« – der Ruderbank plagt. Um der Steigerung des Effekts willen wird es vom Sprecher als letzte der drei Personen genannt, obwohl es doch vor der im Heck des Bootes sitzenden Nonne und dem Priester in sein Blickfeld rücken müsste. Der wohlkalkulierte Zeilenbruch, der die nachgestellten Worte »Ein Kind« auch noch an den Anfang eines neuen Verses versetzt, intensiviert ebenfalls die offenkundig angestrebte Schockwirkung.[14]

Die drei Personen, vom Kahn zu einer Einheit zusammenfasst, scheinen sinnbildlich eine hierarchisch aufgebaute, religiös legitimierte Gesellschaftsordnung zu repräsentieren, die auf der Ausbeutung ihrer schwächsten Mitglieder beruht. Der bedeutungsschwer verdoppelte Seufzer des Ich entspringt daher nicht etwa der nostalgischen Sehnsucht nach den guten alten Zeiten, sondern zeugt von Entsetzen und Entrüstung. Er impliziert, dass eigentlich bereits eine neue Epoche angebrochen ist, in der solche Zustände keinen Platz mehr haben, besagt aber zugleich, dass sich gewisse Elemente der »alten Zeiten« eben doch noch hartnäckig behaupten. Indem es die beängstigende ›Gleichzeitigkeit des Ungleichzeitigen‹ in der DDR der frühen fünfziger Jahre konstatiert, tritt dieses Gedicht neben Elegien wie *Vor acht Jahren* und *Der Einarmige im Gehölz*, die um die latente Fortdauer des unbewältigten Faschismus kreisen. Konkret mag Brecht bei *Heißer Tag* an die Abmilderung des Kampfes gegen die christlichen Kirchen gedacht haben, die der »Neue Kurs« der Parteiführung mit sich brachte. Anscheinend befürchtete er, dass eine Schonung dieser Institutionen traditionelle Abhängigkeitsstrukturen aufrechterhalten und letztlich auf Kosten der zukunftsweisenden gesellschaftlichen Kräfte gehen würde, die sich für ihn in der Arbeiterschaft verkörperten.

---

14 Einen nach wie vor äußerst autoritär geprägten Umgang mit Kindern attackiert auch die Elegie *Gewohnheiten, noch immer*, die schon im Titel auf eine fatale historische Kontinuität anspielt.

Die Elegie *Rudern, Gespräche* wird in der Forschung zu Recht als positiver Gegenentwurf zu *Heißer Tag* aufgefasst.[15] Das zentrale Motiv der Fahrt auf dem Wasser erfährt hier eine ganz andersartige Ausgestaltung:

Rudern, Gespräche

Es ist Abend. Vorbei gleiten
Zwei Faltboote, darinnen
Zwei nackte junge Männer. Nebeneinander rudernd
Sprechen sie. Sprechend
Rudern sie nebeneinander.

An die Stelle des angestrengten Ruderns für ein paar Schmarotzer im schwerfälligen »Kahn« tritt das rasche, beinahe mühelose Dahingleiten in leichten Faltbooten. Ein ungezwungenes Neben- und Miteinander »junge[r] Männer« ersetzt die bedrückende Abhängigkeit des unmündigen Kindes, und dem gehemmten Verhältnis zur eigenen Körperlichkeit, das bei allen drei Gestalten der vorigen Elegie in der einen oder anderen Weise zu erkennen war, steht die natürliche Leiblichkeit der nackten Ruderer gegenüber, die an den paradiesischen Stand der Unschuld vor dem Sündenfall denken lässt. Schildert *Heißer Tag*, wo bezeichnenderweise keine Kommunikation zwischen den Figuren stattfindet, eine alptraumhafte Vision, so zeichnet *Rudern, Gespräche* ein Wunsch- und Idealbild freier menschlicher Aktivität, das die Zustände in einer wahrhaft sozialistischen Ordnung des menschlichen Zusammenlebens antizipiert.

Bemerkenswert ist die kunstvolle Beziehung, die das Gedicht zwischen den beiden titelgebenden Beschäftigungen herstellt. Wie das im Einzelnen geschieht, beschreibt Joachim Müller folgendermaßen:

Nicht nur wird durch das Präsenspartizip das Untrennbare von Rudern und Sprechen, das Zugleich beider Vorgänge, des praktischen Tätigseins und der menschlichen Verständigung, lyrisch vergegenwärtigt, sondern durch die spiegelbildliche Umkehr, den syntaktischen Chiasmus »rudernd sprechen – sprechend rudern« wird das sich gegenseitig Ergänzende des poetischen Geschehens vollzogen, was aber kein Ineinsschmelzen bedeutet: beidemale sind die spiegelbildlich bezogenen, überkreuzten, jeweils aber zusammengehörigen Fügungen im Enjambement gebrochen, so daß das Nebeneinander bei aller Begegnung und allem Aufeinanderzugerichtetsein doch seine jeweilige Selbständigkeit wahrt.[16]

Indem sie das »praktische Tätigsein« mit der »menschlichen Verständigung« zusammenführt, macht die Elegie jene »dialektische Einheit von Theorie und Praxis« sichtbar[17], die in den Überlegungen des Autors zur ›Philosophie der Praxis‹ und zu den Aufgaben

---

15 Vgl. etwa Joachim Müller: Zu einigen späten Spruchgedichten Brechts. In: Orbis Litterarum 20 (1965), S. 66–81, hier S. 76–79, und Marion Fuhrmann: Hollywood und Buckow. Politischästhetische Strukturen in den Elegien Brechts. Köln 1985, S. 112 f.
16 Joachim Müller: Phasen und Formen von Brechts Lyrik. In: ders.: Gesammelte Studien. Bd. 3: Epik, Dramatik, Lyrik. Analysen und Essays zur deutschsprachigen Literatur. Halle (Saale) 1974, S. 410–431 und 451, hier S. 425 f.
17 Link: Die Struktur des literarischen Symbols, S. 63.

einer realistischen Dichtung einen zentralen Platz einnahm.[18] Dabei erscheint die Theorie, typisch für Brechts dialogisch orientiertes Schreiben, nicht als einsames Nachdenken, sondern als Austausch zwischen Gleichberechtigten. Und weil man in dem abendlichen Rudern auf dem See ja zweifellos eine Freizeitbeschäftigung zu sehen hat, bringt das Gedicht noch einen weiteren wichtigen Aspekt der Brecht'schen Poetologie und Lebenslehre ins Spiel: Lehren und Lernen, in Freiheit und im eigenen Interesse geübt, sind allemal *vergnügliche* Tätigkeiten, in denen sich die menschliche Produktivität entfaltet. Schließlich sei angemerkt, dass auch *Rudern, Gespräche* kein festes Ziel für die Fahrt der jungen Männer benennt. Wie schon im Motto des Gedichtensembles und in *Der Radwechsel* geht es also um die Fortbewegung an sich – diesmal aber um *gemeinsame* Fortbewegung, denn um »nebeneinander« bleiben und ihre Unterhaltung weiterführen zu können, müssen die Ruderer ihre Bewegungen genau aufeinander abstimmen.

Da das lyrische Ich in *Rudern, Gespräche* auf einen expliziten Kommentar, der als Verständnishilfe dienen könnte, verzichtet, sieht sich der Leser aufgefordert, die Interpretation des poetischen Bildes auf eigene Faust aus den Eigentümlichkeiten seiner ästhetischen Struktur abzuleiten. Ebenso verhält es sich bei der Elegie *Eisen*, die die Entschlüsselung der dargebotenen Traumszene dem Rezipienten überlässt:

> Im Traum heute nacht
> Sah ich einen großen Sturm.
> Ins Baugerüst griff er
> Den Bauschragen riß er
> Den Eisernen, abwärts.
> Doch was da aus Holz war
> Bog sich und blieb.

Der Taktik des ›nachgiebigen Widerstands‹ kommt in Brechts praktischer Verhaltenslehre eine Schlüsselrolle zu[19], und regelmäßig kleidet er die Gefahren, die sie zu überstehen hilft, in das Bild eines Sturms. 1929 entstand folgende kleine Parabelerzählung, die dann Eingang in das *Badener Lehrstück vom Einverständnis* fand:

> Als der Denkende in einen großen Sturm kam, saß er in einem großen Wagen und nahm viel Platz ein. Das erste war, daß er aus seinem Wagen stieg. Das zweite war, daß er seinen Rock ablegte. Das dritte war, daß er sich auf den Boden legte. So überstand er den Sturm in seiner kleinsten Größe. (18, S.28; vgl. 3, S.38)

---

18 Dasselbe gilt für das 1952 entstandene Gedicht *Glückliche Begegnung* (15, S.260), in dem Theorie und Praxis durch das mehrdeutige Verb ›lesen‹ (Bücher lesen und Beeren lesen) miteinander verbunden sind. Das Maß an ästhetischer Verdichtung, das *Rudern, Gespräche* auszeichnet, wird hier allerdings nicht erreicht.

19 Europäische wie außereuropäische Traditionen und Variationen des Gegensatzes von starrem Beharren und geschmeidiger Anpassung, der sich in der abendländischen Geistesgeschichte erstmals in einer äsopischen Fabel gestaltet findet, skizziert Albrecht Schöne: »Vom Biegen und Brechen«. In: ders.: Vom Betreten des Rasens. Siebzehn Reden über Literatur. Hrsg. von Ulrich Joost, Jürgen Stenzel und Ernst-Peter Wieckenberg. München 2005, S.19–46. Er führt dabei auch Brechts *Eisen* an (S.39f.). Antony Tatlow hebt vor allem die Nähe des Gedichts zur »Taoist strategy of survival in dark times« hervor (The Mask of Evil. Brecht's Response to the Poetry, Theatre and Thought of China und Japan. A Comparative and Critical Evaluation. Bern u.a. 1977, S.467). Wie in so vielen Fällen dürfte es aber auch in diesem aussichtslos sein, eine ganz bestimmte Quelle für Brechts Verwendung des Topos ausfindig machen zu wollen.

Mit der Tugend des ›Einverständnisses‹ meinte Brecht also nicht etwa puren Opportunismus, sondern ein kluges Sich-Einlassen auf die Gegebenheiten, das schließlich den Weg zu deren Veränderung oder Überwindung weisen kann. Vermutlich im Jahr der nationalsozialistischen Machtübernahme entstand ein Kurzgedicht, das angesichts der mörderischen Gewalt des faschistischen Regimes wohl Brechts Hoffnungen auf den künftigen Gang der Geschichte zum Ausdruck bringen sollte:

> Aber das niedrige Gras vergißt der Sturm
> Wenn es Morgen wird
> Es richtet sich wieder auf.
> (14, S. 185)

Dank seiner flexiblen Widerstandskraft vermag ausgerechnet das einfachste, unscheinbarste Gewächs das Unwetter zu überdauern – ein Gleichnis für die Unverwüstlichkeit des Proletariats, das auch in »finsteren Zeiten« (*An die Nachgeborenen*) nicht zugrunde gehen, sondern sich am »Morgen« einer besseren Epoche unversehrt erheben wird? In der 1956 niedergeschriebenen Neufassung des *Hauspostillen*-Gedichts *Morgendliche Rede an den Baum Green* wählt Brecht schließlich das Oxymoron »unerbittliche Nachgiebigkeit«, um jene Eigenschaft zu bezeichnen, die den Baum in stürmischer Nacht rettet (11, S. 306). In *Eisen* kommt sie den hölzernen Teilen des Gerüsts zugute, während der schwere, starre »Bauschragen« vom Wind mitgerissen wird.

Das Gedicht lädt freilich dazu ein, jenseits der allgemeinen Lehre, die es vermittelt, nach spezifischen zeitgeschichtlichen Bezügen zu suchen. Als Anknüpfungspunkt bietet sich der Bauschragen an, jener »Eiserne«, den Brecht sicherlich nicht ohne Grund groß schreibt. Es liegt nahe, darin eine Anspielung auf den wenige Monate zuvor verstorbenen Stalin, den »Stählernen«, und das von ihm geprägte repressive politische System zu vermuten, zumal auch die Elegie *Die Musen* unmissverständlich auf den sowjetischen Diktator zielt, wenn sie von einem »Eiserne[n]« spricht, der die Künste brutal misshandelt. Demnach entwickelt *Eisen* eine verschlüsselte Reflexion über das autoritäre Regime des Stalinismus, wobei das Holz auf die Dauerhaftigkeit und Zählebigkeit des einfachen Proletariats verweist. Das hölzerne Gerüst übersteht den Sturz des »Eisernen« und bietet somit die Gewähr, dass nach dem Sturm der Bau fortgesetzt werden kann – der Aufbau des Sozialismus, wie man mit Blick auf die bekannte Metaphorik in zahlreichen anderen späten Brecht-Gedichten ergänzen darf. Entgegen dem ersten Augenschein fällt Brechts Urteil über Stalin in *Eisen* aber immer noch zurückhaltend aus, denn ein Hindernis für die Bauarbeiten stellt der metallene »Bauschragen« natürlich nicht dar. Sie können jedoch, wie es scheint, genausogut ohne ihn durchgeführt werden, solange nur das Gerüst intakt bleibt.

Wir finden in diesen Versen demnach Brechts Skepsis gegenüber einem rigiden Parteiregiment ebenso wieder wie seine Zuversicht, dass die Arbeiterklasse letztlich in der Lage sein werde, auch die größten historischen Herausforderungen zu meistern. Versuche, den Traum bis ins kleinste Detail im Kontext des Jahres 1953 zu dechiffrieren, sind dagegen mit Vorsicht aufzunehmen. Gegen solche Bemühungen sperrt sich insbesondere das Motiv des Sturms, für das sich in diesem Rahmen keine plausible Deutung finden lässt, da weder der Aufstand vom 17. Juni noch der »Neue Kurs« der

DDR-Führung, die Jürgen Link in Betracht zieht[20], ernsthaft in Frage kommen – in beiden Phänomenen sah Brecht keinen »großen Sturm«, der den Stalinismus hinwegfegen könnte. Vor dem Hintergrund der oben skizzierten Traditionslinie dieses Motivs im Werk des Autors muss man es wohl dabei belassen, den Sturmwind prinzipiell als Symbol schwieriger, konfliktreicher Zeiten zu interpretieren, deren Probe »Eisen« und »Holz« mit ganz unterschiedlichem Erfolg bestehen.

Um ein sehr viel unangenehmeres Traumerlebnis geht es in der Elegie *Böser Morgen*.[21] Fungierte das lyrische Ich in *Eisen* auch im Traum nur als aufmerksamer Beobachter (»Sah ich ...«), wie das in den allermeisten Gedichten der Buckower Sammlung der Fall ist, so tritt es hier als Angeklagter auf, der überdies kein reines Gewissen hat:

> Böser Morgen
>
> Die Silberpappel, eine ortsbekannte Schönheit
> Heut eine alte Vettel. Der See
> Eine Lache Abwaschwasser, nicht rühren!
> Die Fuchsien unter dem Löwenmaul billig und eitel.
> Warum?
> Heut nacht im Traum sah ich Finger, auf mich deutend
> Wie auf einen Aussätzigen. Sie waren zerarbeitet und
> Sie waren gebrochen.
>
> Unwissende! schrie ich
> Schuldbewußt.

Die Eingangsverse konkretisieren, was Brecht im August 1953 in seinem Journal notierte: »Der 17. Juni hat die ganze Existenz verfremdet« (27, S. 346). Die an das Grundstück in Buckow erinnernde Naturszenerie, die mit ihren Blumen, dem Baum und dem Gewässer alle Qualitäten eines klassischen ›locus amoenus‹ aufweist, bietet »[h]eut« plötzlich einen abstoßenden, ekelerregenden Anblick. Den schroffen Kontrast zwischen Einst und Jetzt unterstreicht das Gedicht durch die Zeilenbrüche, die den jeweils vorangestellten, an sich unschuldigen Naturgegenstand von der abrupten Offenbarung seiner aktuellen depravierten Verfassung trennen: »Die Silberpappel, eine ortsbekannte Schönheit / Heut eine alte Vettel. Der See / Eine Lache Abwaschwasser«. Auch wenn das lyrische Ich hier noch nicht explizit hervortritt, ist seine Beschreibung durch die Wortwahl doch schon als eine subjektive gekennzeichnet. So ahnt der Leser frühzeitig, dass nicht etwa die äußere Natur von einem unvermuteten Unheil heimgesucht wurde, sondern vielmehr die Perspektive des Betrachters eine Veränderung erfahren hat, die es ihm auf einmal unmöglich macht, diese Natur noch als schön zu empfinden.

Mit dem knappen Vers »Warum?«, der die Achse des Gedichts bildet, spricht das lyrische Ich die Frage aus, die sich dem Rezipienten nach der Lektüre der Anfangspartie aufdrängen muss. Der Grund für den buchstäblich über Nacht eingetretenen tiefgreifenden Wandel liegt in einer beängstigenden Traumvision, deren rückblickende Schilderung die zweite Gedichthälfte füllt. Konfrontiert mit Geschlagenen und Geschundenen, von denen nur ihre anklagend erhobenen Finger sichtbar waren, wurde

---

20 Link: Die Struktur des literarischen Symbols, S. 59 f.
21 Im Folgenden greife ich teilweise auf eine Interpretation dieses Gedichts zurück, die ich an anderer Stelle vorgelegt habe (Ulrich Kittstein: Deutsche Naturlyrik. Ihre Geschichte in Einzelanalysen. Darmstadt 2009, S. 240–244).

der Sprecher im Schlaf von Gewissensbissen heimgesucht, die ihn offenkundig auch noch am Tage verfolgen und ihm die Reize der Natur vergällen. Die Wahrnehmung der natürlichen Umgebung – so eine erste Deutung des Gedichts – ist also nicht von dem Wissen um gesellschaftliche Auseinandersetzungen und Leiden zu trennen. Die Natur bietet dem Menschen keinen idyllischen Zufluchtsort, der es ihm erlauben würde, die Zwänge und Nöte seiner sozialen Lebenswelt abzustreifen.

In der Tat hielt Brecht ein ›reines‹, von den Bedingungen der jeweiligen geschichtlichen Konstellation unabhängiges Naturverhältnis für undenkbar. »Was sind das für Zeiten, wo / Ein Gespräch über Bäume fast ein Verbrechen ist / Weil es ein Schweigen über so viele Untaten einschließt!«, heißt es in *An die Nachgeborenen* (12, S. 85), und auch *Schlechte Zeit für Lyrik*, gleichfalls ein Exilgedicht, mündet in die Einsicht, dass die lyrische Feier der »Begeisterung über den blühenden Apfelbaum« angesichts der faschistischen Diktatur und eines drohenden Weltkriegs zynisch wirken müsste (14, S. 432). Die kleine Episode *Über reine Kunst* aus dem *Buch der Wendungen* weist in dieselbe Richtung, spricht aber nicht von den Schrecken des Faschismus, sondern von Not und Ungerechtigkeit überhaupt: Erst wenn es einmal keine Obdachlosen mehr gibt, die den Regen nur als Plage erfahren, wird es möglich und legitim sein, das »Geräusch fallender Regentropfen« durch meisterhafte lyrische Gestaltung »zu einem genußvollen Erlebnis« für *alle* Menschen zu erheben (18, S. 143). Brechts Kritik gilt nie dem Naturgenuss als solchem, sondern eben den »Zeiten«, die ihn »fast« zu einem Verbrechen machen; ja, die Trauer über die gestörte Beziehung zur schönen Natur wird sogar zu einer wichtigen Antriebskraft im Kampf gegen Mangel und Unterdrückung und gegen die Gewalt des NS-Regimes. Umgekehrt schließt Brechts Utopie eines gerechten, freundlichen Zusammenlebens der Menschen notwendigerweise die Freude an der Natur mit ein.

Die Interpretation von *Böser Morgen* kann sich mit dem Hinweis auf diesen allgemeinen Problemkreis jedoch nicht begnügen, denn allzu deutlich ist im Text von einer individuellen *Schuld* des Sprechers die Rede, die nach einer Erklärung verlangt. Weiterhelfen kann die Annahme, dass Brecht über das lyrische Ich Fragen seiner eigenen Existenz als Dichter reflektierte, mit denen er sich unter dem Eindruck der Juni-Ereignisse konfrontiert sah. Wie sehr der Volksaufstand ihm auch persönlich zu schaffen machte und sein Selbstverständnis erschütterte, bezeugt ein etwa gleichzeitig mit der Buckower Sammlung entstandenes Gedicht, das mit *Böser Morgen* die Absage an den Topos des idyllischen Refugiums in schweren Zeiten gemein hat:

Dann wieder war ich in Buckow
Dem hügeligen am See
Schlecht beschirmt von Büchern
Und der Flasche, Himmel
Und Wasser
Beschuldigten mich, die Opfer
Gekannt zu haben.
(15, S. 268)

Mit den »Opfer[n]« des Aufstandes können auch die zerarbeiteten und gebrochenen Finger in Verbindung gebracht werden, die das Ich von *Böser Morgen* im Traum erblickt – Finger von Arbeitern, die brutale Gewalt erlitten haben. Aber wie steht es mit den widersprüchlichen Schlussversen der Elegie, in denen der Sprecher sich zunächst mit dem Ausruf »Unwissende!« gegen die Ankläger zur Wehr setzt, bevor er mit dem allerletzten Wort, das eine eigene Zeile in Anspruch nimmt, doch noch ein Schuldgefühl einräumt? Wodurch ist sein Gewissen belastet, und was wissen wiederum die Arbeiter, die ihn wie einen »Aussätzigen« behandeln, nicht?

Wie uns bereits bekannt ist, traute Brecht den deutschen Proletariern unmittelbar nach dem Zusammenbruch des Dritten Reiches noch kein ausgereiftes politisch-gesellschaftliches Bewusstsein und deshalb auch kein zielstrebiges Agieren als Klasse zu. Der 17. Juni bewies in seinen Augen, dass die Arbeiterschaft sich nicht über die fortdauernde Bedrohung durch die »kleinbürgerlichen Schichten« und den »neu erstarkenden Faschismus« in der DDR im Klaren war (30, S.191), also keine Einsicht in jene unangenehme »Wahrheit« besaß, von der die Elegie *Die Wahrheit einigt* spricht.[22] Mit anderen Worten: Es fehlte ihr an einer realistischen Einschätzung der Lage und folglich an sinnvollen Handlungsmöglichkeiten. Unfähig, die Eskalation ihrer Proteste in Brechts Sinne ›richtig‹, nämlich als das Werk faschistischer Aufwiegler zu verstehen, müssen ihm die Arbeiter wahrhaftig als unwissend erschienen sein. Allerdings fiel diese Unwissenheit bis zu einem gewissen Grade auf ihn selbst zurück. »Ich habe drei Jahrzehnte lang in meinen Schriften die Sache der Arbeiter zu vertreten versucht« (30, S.183), betonte er gegenüber Peter Suhrkamp, und tatsächlich war sein Schaffen seit den ausgehenden zwanziger Jahren vorrangig von der Absicht geleitet, das Proletariat im sozialistischen Sinne zu belehren und aufzuklären. Erwiesen sich seine primären Adressaten trotzdem nach wie vor als unwissend, so stellte dies der Wirksamkeit seines ›eingreifenden Schreibens‹ und seiner didaktischen Strategien ein denkbar schlechtes Zeugnis aus: Offenbar war es ihm nicht in hinreichendem Maße gelungen, zur Ausbildung eines Klassenbewusstseins der Arbeiterschaft beizutragen.[23] Vor diesem Hintergrund gewinnt die paradoxe Zuspitzung der Schlussverse von *Böser Morgen* erst ihre volle Bedeutung. Nicht mangelnde Solidarität mit den Arbeitern ist dem Sprecher des Gedichts anzulasten, wohl aber ein Versagen in seiner Rolle als Lehrer – mitschuldig ist er gerade an jener Unwissenheit seiner proletarischen Ankläger, die er ihnen zum Vorwurf macht, um ihre Kritik an seinem Verhalten zurückzuweisen. Kein Wunder also, dass sich sein Rechtfertigungsversuch mit Schuldgefühlen paart.

Die Elegie dokumentiert und verarbeitet somit eine tiefe Krise, in die Brechts schriftstellerisches Selbstverständnis im Sommer 1953 geraten war. Wo der Dichter sein eigentliches Publikum nicht mehr erreicht und die fruchtbare Dialektik zwischen dem Lehrenden und den Lernenden außer Kraft gesetzt ist, wird das Konzept einer realistischen Kunst, wie sie Brecht vorschwebte, von Grund auf fragwürdig. Zu Recht konstatiert Mennemeier in *Böser Morgen* eine »radikale Störung des Verhältnisses von Theorie und Praxis« und bezeichnet den Text als »das eigentliche Gegen-Gedicht zu den Versen *Rudern, Gespräche*«, die den harmonischen Einklang dieser beiden Aspekte

---

22 Vgl. dazu das vorige Kapitel.
23 Brecht beklagte in seinen letzten Jahren wiederholt die geringe Resonanz, die seine Werke und insbesondere die Inszenierungen des Berliner Ensembles beim proletarischen Publikum fanden (vgl. z.B. 27, S.346). Wenn eine kritisch belehrende, parteilich engagierte Kunst selbst in einem Staat, der sich als sozialistisch verstand, keine große Wirkung zeigte, waren daran eben nicht nur die Hindernisse schuld, die ihr von engstirnigen Bürokraten und Parteifunktionären in den Weg gelegt wurden.

gestalten.²⁴ Sein Hinweis unterstreicht noch einmal, wie vielfältig und subtil die Relationen sind, die die einzelnen Stücke der *Buckower Elegien* miteinander verknüpfen.

In dem Gedicht *Beim Lesen des Horaz* finden wir das lyrische Ich wieder in der vertrauten Rolle des nachdenklichen Kommentators:

> Selbst die Sintflut
> Dauerte nicht ewig.
> Einmal verrannen
> Die schwarzen Gewässer.
> Freilich, wie wenige
> Dauerten länger!

Die Ausgangssituation, an die die Überlegungen des Sprechers anschließen, wird nur in der Überschrift benannt. Wie deren Bezug zu den folgenden Versen im Einzelnen aussieht, bleibt jedoch zunächst unklar. Spielt das Gedicht auf eine bestimmte Passage bei Horaz an, in der von einer großen Flut die Rede ist, oder wird der Name dieses Poeten hier in einem ganz anderen Sinne genannt? Und was hat überhaupt die »Sintflut«, von der bekanntlich die jüdisch-christliche Überlieferung zu erzählen weiß, mit dem heidnisch-römischen Dichter zu tun? Berichte von großen Flutkatastrophen kennt zwar auch der antike Mythos, doch der eindeutig biblisch konnotierte Ausdruck wirkt in einem Gedicht, das sich auf Horaz bezieht, zumindest befremdlich. Gibt er dem Leser möglicherweise einen Wink, dass die Horaz-Lektüre den Sprecher zu Gedanken inspiriert, die ihren ersten Anlass weit hinter sich lassen?

Als konkreter Bezugstext kommt hauptsächlich das zweite Gedicht im ersten Buch der *Oden* des Horaz in Frage.²⁵ Seine Anfangsstrophen malen eine gewaltige Überschwemmung aus, die die Stadt Rom bedroht und bei der Bevölkerung die Angst weckt, es werde sich jene fürchterliche Flut wiederholen, in der nach dem Zeugnis der Mythologie einst fast die gesamte Menschheit zugrunde gegangen ist. Im weiteren Verlauf des Textes erweist sich dieses Szenario als poetisches Bild für die Schrecken der Bürgerkriege, die das römische Reich in der Spätphase der Republik heimsuchten. Horaz fleht den Himmel um Hilfe an und verkündet schließlich, dass seine Bitte Gehör gefunden habe: In der Person des Augustus sei den Römern der gottbegünstigte Retter erstanden. Übrigens bedient sich diese Ode der Sapphischen Strophenform, die Brecht in *Beim Lesen des Horaz* durch die Aufnahme des Adoneus zitiert – ein zusätzliches Indiz für die Verbindung zwischen den beiden Gedichten.

Brecht verwendet die Flut oft als Symbol für große weltgeschichtliche Katastrophen. So schrieb er im Frühjahr 1953 im Rückblick auf seine ersten dramatischen Werke:

> Alle fünf Stücke zusammen [...] zeigen ohne Bedauern, wie die große Sintflut über die bürgerliche Welt hereinbricht. Erst ist da noch Land, aber schon mit Lachen, die zu Tümpeln und Sunden werden; dann ist nur noch das schwarze Wasser weithin, mit Inseln, die schnell zerbröckeln. (23, S.245)

Später charakterisierte er die mörderische Gewalt des NS-Regimes als »Sintflut« (22.1, S.102) und nannte sein Exil »die Zeit auf dem Berge Ararat« (29, S.213). Vor allem aber ist das Gedicht *An die Nachgeborenen* anzuführen, das die Jahre der faschistischen Herr-

---

24 Mennemeier: Bertolt Brecht als Elegiker, S.73.
25 Vgl. dazu ausführlicher Marion Lausberg: Brechts Lyrik und die Antike. In: Brechts Lyrik – neue Deutungen. Hrsg. von Helmut Koopmann. Würzburg 1999, S.163–198, hier S.193–197.

schaft als »finstere Zeiten« beschreibt und darüber hinaus ebenfalls die Metapher der »Flut« einsetzt (12, S. 85–87) – zieht man beides zusammen, kommt man den »schwarzen Gewässer[n]« in *Beim Lesen des Horaz* schon sehr nahe. Doch kann die Elegie keineswegs eindeutig mit dem Dritten Reich in Verbindung gebracht werden. Link vermutet statt dessen eine verklausulierte Abrechnung des Autors mit dem Stalinismus[26], aber vielleicht ist auch ganz generell die Zeit um 1953 gemeint, in der der Kalte Krieg sicherlich genügend Stoff für globale Katastrophenängste lieferte, die im Sinnbild der Flut ihren dichterischen Ausdruck finden konnten. Da der Text sich in diesem Punkt nicht festlegt, sollte man seine Aussage so allgemein nehmen, wie sie eben formuliert ist. Thematisiert werden Schicksal und Verhalten von Menschen, die sich schrecklichen Ereignissen gegenübersehen, zu denen insbesondere Kriege und die Folgen der verschiedenen Formen diktatorischer Gewaltherrschaft zählen.

Mit dem Hinweis auf die Rolle des Flutmotivs ist der Horaz-Bezug des Brecht'schen Gedichts allerdings noch nicht vollständig erfasst. Schon zu Beginn dieses Kapitels wurde nicht nur auf Brechts intensive Horaz-Lektüre in Buckow, sondern auch auf seine wachsende skeptische Distanz hingewiesen: »Aber die Zufriedenheit des Horaz mißfällt mir mehr und mehr« (27, S. 333). Er scheint in Horaz, bei allem Respekt vor seinem dichterischen Können, den Vertreter einer (scheinbar) zeitlosen Idylle der Poesie gesehen zu haben, die er für zutiefst fragwürdig hielt. Nach Link steht dieser Autor in Brechts Elegie deshalb für den »Versuch, der Geschichte zu entfliehen und das Ende der historischen Katastrophen passiv abzuwarten«[27], und auch Klaus-Bernd Vollmar erkennt als Gegenstand der Kritik in *Beim Lesen des Horaz* »die Geste des ewigen Abwartens, der Passivität, wobei die ersten vier Zeilen mögliche Argumente gegen ein Handeln sind.«[28] Macht man sich diese plausible Lesart zu eigen, so referiert Brecht zunächst die von ihm unterstellte Haltung des Horaz, um dann in den Schlussversen einen Einwand vorzubringen (»Freilich ...«). Die Aussage des Gedichts wäre demnach etwa folgendermaßen zu paraphrasieren: ›Gewiss, nicht einmal die Sintflut, die größte bekannte Katastrophe der Menschheitsgeschichte, dauerte ewig. Dennoch ist es töricht, einfach untätig auf das Ende solcher Unglücksperioden zu warten, denn nur wenige Menschen werden es überhaupt erleben.‹[29]

---

26 Vgl. Jürgen Link: *Beim Lesen des Horaz*. Klassik als List, oder über die Schwierigkeiten des späten Brecht beim Schreiben der Wahrheit. In: Gedichte von Bertolt Brecht. Interpretationen. Hrsg. von Jan Knopf. Stuttgart 1995, S. 161–176, hier S. 172 f.
27 Link: Die Struktur des literarischen Symbols, S. 65.
28 Klaus-Bernd Vollmar: Ästhetische Strukturen und politische Aufklärung. Ein Versuch, die materialistische Literaturtheorie auf den Boden des Textes zu stellen. Bern u. a. 1976, S. 85. – In der nach dem Krieg entstandenen dritten und letzten Fassung von *Leben des Galilei* will sich der gealterte Titelheld, der aus Angst um sein persönliches Wohlergehen den Kampf mit der kirchlichen Obrigkeit vermieden hat, von seiner Tochter »etwas Horaz« vorlesen lassen (5, S. 276). Die Erstfassung des Stückes, die Galilei als listigen Widerstandskämpfer gegen eine totalitäre Macht darstellt, kennt dieses Detail noch nicht!
29 Michael Morley schlägt als Bezugstext bei Horaz statt der Ode I, 2 den zweiten Brief im ersten Buch der Episteln vor, wo der Dichter denjenigen, der sich nicht auf der Stelle für das rechte und weise Leben entscheiden will, mit einem Bauern vergleicht, der in der unsinnigen Hoffnung auf ein Versiegen des Flusses am Ufer wartet (Brecht's *Beim Lesen des Horaz*. An Interpretation. In: Monatshefte für deutschen Unterricht, deutsche Sprache und Literatur 63 (1971), S. 372–379, hier S. 376 f.). Die These, Brecht habe das horazische Fluss-Gleichnis mit dem Hinweis auf die begrenzte Dauer der Sintflut zurückweisen wollen, leuchtet jedoch nicht ein. Überdies lässt Morley den weiteren Bedeutungshorizont des Flutmotivs in Brechts Werk außer Acht.

Eine Alternative zur horazischen Passivität formuliert der Text nicht, auch wenn man aus ihm einen impliziten Appell zum tatkräftigen Handeln herauslesen kann, zum Kampf gegen Entwicklungen, die die Menschheit – oder einen großen Teil von ihr – zu verschlingen drohen. Einige Überlegungen zu diesem Thema, die an das Motiv der Flut anknüpfen, seien hier aber noch angestellt. Zwar bediente sich Brecht, wie die verschiedenen Belegstellen zeigten, bisweilen selbst des Kunstgriffs, verheerende zeitgeschichtliche Ereignisse in das Bild einer Naturkatastrophe zu kleiden. Er hielt diese Metaphorik jedoch andererseits für problematisch, weil sie ein verhängnisvolles Missverständnis befördern konnte, in dem sich das von ihm beobachtete Dilemma des ›wissenschaftlichen Zeitalters‹ manifestierte. Aufgrund ihrer mangelhaften Einsicht in die Mechanismen gesellschaftlicher Konflikte liefen die Menschen seiner Ansicht nach Gefahr, derartige Geschehnisse tatsächlich wie übermächtige Naturphänomene zu betrachten, die sich jeder Kontrolle entziehen und folglich schicksalsergeben hingenommen werden müssen: »Wie den unberechenbaren Naturkatastrophen der alten Zeiten stehen die Menschen von heute ihren eigenen Unternehmungen gegenüber« (23, S. 72). Schon in der *Hauspostille* spottete er in der »Anleitung zum Gebrauch der einzelnen Lektionen« über eine solche Haltung, indem er »Regengüsse, Schneefälle, Bankerotte usw.« als Beispiele für »rohe Naturgewalten« aufzählte (11, S. 39). Unter den Bedingungen des antifaschistischen Kampfes kam er mit größerem Ernst auf diese Fragen zurück. Wie wir aus dem einschlägigen Kapitel wissen, propagierte Brecht eine Faschismusinterpretation, die jede fatalistische Katastrophenmetaphorik vermied. »Der Faschismus ist keine Naturkatastrophe«, betont er in *Fünf Schwierigkeiten beim Schreiben der Wahrheit* (22.1, S. 79), und anschließend wird erläutert:

> Wer den Faschismus und den Krieg, die großen Katastrophen, welche keine Naturkatastrophen sind, beschreiben will, muß eine praktikable Wahrheit herstellen. Er muß zeigen, daß dies Katastrophen sind, die den riesigen Menschenmassen der ohne eigene Produktionsmittel Arbeitenden von den Besitzern dieser Mittel bereitet werden. (S. 80)

Effizienter Widerstand setzte für Brecht eine nach seinen Maßstäben realistische Beschreibung des Faschismus voraus, während poetische Bilder von unbezähmbaren Naturkräften – »Viele sprachen vom Krieg wie von Ungewitter und Meerflut« (14, S. 453) – den Blick für die »praktikable Wahrheit« über das NS-Regime zu verstellen drohten. Für eine »finstere Zeit« erklärt der Philosoph im *Messingkauf*-Fragment die ganze Epoche, in der Kriege »wie Erdbeben« angesehen werden, »als ob gar keine Menschen dahintersteckten, sondern nur Naturgewalten, denen gegenüber das Menschengeschlecht ohnmächtig ist« (22.2, S. 733). Und auch nach dem Zusammenbruch des Nationalsozialismus blieb das Problem für Brecht unverändert aktuell: *Den Krieg haben die Menschen gemacht* lautet der Titel eines Warngedichts aus dem Jahre 1950, das den Krieg noch einmal entschieden von Erscheinungen wie Regen und Gewitter abgrenzt (15, S. 239). Aus *Beim Lesen des Horaz* wäre also im Sinne des Autors die Lehre zu ziehen, dass die unheilvollen Folgen sozialer Prozesse und Konflikte erst dann wirkungsvoll bekämpft werden können, wenn man endlich lernt, sie nicht mehr wie eine von höheren Gewalten verhängte »Sintflut« anzusehen, der allenfalls mit der horazischen Flucht ins Idyll, der Hoffnung auf göttlichen Beistand oder purer Resignation zu begegnen ist. Dann bestünde auch die Chance, dass mehr als nur »wenige« überleben.

Dem *Horaz*-Gedicht steht die Elegie *Bei der Lektüre eines sowjetischen Buches* gegenüber, das umfangreichste Stück der Buckower Sammlung, das von einem ganz anderen Umgang der Menschen mit riesigen Wassermassen spricht:

Die Wolga, lese ich, zu bezwingen
Wird keine leichte Aufgabe sein. Sie wird
Ihre Töchter zu Hilfe rufen, die Oka, Kama, Unsha, Wetluga
Und ihre Enkelinnen, die Tschussowaja, die Wjatka.
Alle ihre Kräfte wird sie sammeln, mit den Wassern aus siebentausend Nebenflüssen
Wird sie sich zornerfüllt auf den Stalingrader Staudamm stürzen.
Dieses erfinderische Genie, mit dem teuflischen Spürsinn
Des Griechen Odysseus, wird alle Erdspalten ausnützen
Rechts ausbiegen, links vorbeigehn, unterm Boden
Sich verkriechen – aber, lese ich, die Sowjetmenschen
Die sie lieben, die sie besingen, haben sie
Neuerdings studiert und werden sie
Noch vor dem Jahre 1958
Bezwingen.
Und die schwarzen Gefilde der Kaspischen Niederung
Die dürren, die Stiefkinder
Werden es ihnen mit Brot vergüten.

Da der lyrische Sprecher, der nur in dem zweimal vorkommenden Einschub »lese ich« unmittelbar hervortritt, sich diesmal damit begnügt, die Früchte seiner Lektüre vor dem Leser auszubreiten, darf man annehmen, dass er hier keine kritischen Anmerkungen vorzubringen hat. Freilich ist allein anhand des Textes nicht sicher festzustellen, ob die poetischen Ausschmückungen, etwa die Personifikationen der Flüsse oder die Stilisierung der Wolga zu einem »erfinderische[n] Genie« vom Schlage des listenreichen Odysseus, dem »sowjetischen Buch« selbst oder der Einbildungskraft des lesenden Ich entstammen. Ein Blick in Brechts Vorlage beantwortet diese Frage: Der 1952 erschienene und sogleich aus dem Russischen ins Deutsche übersetzte »dokumentarische Roman« *Ein Strom wird zum Meer* bedient sich bei der Schilderung des projektierten Stalingrader Staudamms in der Tat ganz ähnlicher Bilder.[30]

In Anlehnung an seinen Bezugstext überhöht Brecht die Wolga zu einem mächtigen, schlauen Lebewesen, zu einem personalen Gegenüber des Menschen und zur Mutter und Großmutter ihrer zahlreichen größeren und kleineren Nebenflüsse. Die Übertragung menschlicher Eigenschaften auf die Naturkräfte erlaubt es aber umgekehrt, von der Natur wiederum auf soziale Verhältnisse zu schließen. Deshalb kann man mit den »schwarzen Gefilde[n] der Kaspischen Niederung«, den bislang vom Wasser abgeschnittenen »Stiefkinder[n]« der Wolga, auch die Benachteiligten unter den Menschen in Verbindung bringen, denen das gewaltige Bauprojekt zugute kommt, weil die neuen Bewässerungsanlagen endlich genügend »Brot« für alle schaffen werden.

Die Elegie kreist also um eine technische Großleistung, mit der sich die Menschen eine Naturmacht unterwerfen, um ihren Nutzen daraus zu ziehen. Dabei berührt das Gedicht verschiedene Stufen des menschlichen Naturverhältnisses, die durch die Abfolge der Verben ›lieben‹, ›besingen‹, ›studieren‹ und ›bezwingen‹ markiert sind. Erst die letzte dieser Stufen macht die Natur dem Menschen dienstbar. Statt aber die vorangehenden einfach auszulöschen, hebt sie sie in sich auf: »Dies zeigt die grammatische

---

30 Wassili Galaktionow und Anatoli Agranowski: Ein Strom wird zum Meer. Ein dokumentarischer Roman. Berlin (Ost) 1952. Vgl. dazu im Einzelnen Knopf in: Bertolt Brechts *Buckower Elegien*, S. 105–107, mit einer umfangreichen Passage aus dem »sowjetischen Buch«. Aus demselben Werk zitiert Brecht in der Elegie *Die Wahrheit einigt* (vgl. den Kommentar in 12, S. 450).

Parallelkonstruktion des tendenziell atemporalen Präsens für die ersten beiden Verben im Verhältnis zum Perfekt von ›studieren‹ und zum Futur von ›bezwingen‹.«[31] Die traditionelle emotionale Beziehung des Menschen zur Natur, die im Gesang ihren Ausdruck findet, genügt nicht[32] – Studium und Beherrschung der elementaren Kräfte müssen hinzukommen, damit segensreiche Wirkungen eintreten können. Andererseits schließt der technische Eingriff in die Naturphänomene die Liebe zu ihnen eben nicht aus; er erscheint vielmehr geradezu als deren gesteigerte Form, da erst die Technik in vollem Umfang zu entfalten vermag, was in der Natur an Möglichkeiten angelegt ist. Nicht nur in zwischenmenschlichen Beziehungen gilt für Brecht, dass Liebe stets ein *produktives* Verhältnis sein sollte![33]

Brechts Vertrauen in den technischen Fortschritt war noch nicht durch ökologische Sensibilität geschmälert. Die »Regulierung eines Flusses« betrachtete er ohne alle Bedenken als ein »Beispiel fruchtbarer Kritik« der gegebenen Wirklichkeit (15, S. 174; vgl. auch 23, S. 73), und das umfangreiche Erzählgedicht *Tschaganak Bersijew oder Die Erziehung der Hirse* gibt die zukunftsfrohe Losung aus: »Laßt uns so mit immer neuen Künsten / Ändern dieser Erde Wirkung und Gestalt« (15, S. 238). Die Rahmenhandlung des Stückes *Der kaukasische Kreidekreis* schildert, wie ein strittiges Tal denen zugesprochen wird, die es mit Hilfe technischer Maßnahmen optimal nutzen können. Auch in diesem Fall ist geplant, einen »Staudamm« und im Zusammenhang damit eine ausgedehnte »Bewässerungsanlage« zu errichten (8, S. 11). In der Fassung von 1944 klingt sogar eine Vision des wiedergewonnenen Paradieses an, wenn die Projektmacher einen von Menschenhand geschaffenen fruchtbaren »Garten« versprechen (S. 191): Dank der Technik rückt das marxistische Ideal einer Versöhnung von Mensch und Natur in greifbare Nähe. Voraussetzung dafür ist allerdings eine sozialistische Gesellschaftsordnung, die gewährleistet, dass technische Errungenschaften auch wirklich im Interesse aller Betroffenen eingesetzt werden. In *dieser* Hinsicht fehlte es Brecht nicht an Problembewusstsein, denn er warnte unermüdlich vor dem Missbrauch der Technik unter kapitalistischen Verhältnissen:

> Was der Fortschritt aller sein könnte, wird zum Vorsprung weniger, und ein immer größerer Teil der Produktion wird dazu verwendet, Mittel der Destruktion für gewaltige Kriege zu schaffen. In diesen Kriegen durchforschen die Mütter aller Nationen, ihre Kinder an sich gedrückt, entgeistert den Himmel nach den tödlichen Erfindungen der Wissenschaft. (23, S. 72)[34]

1945 verfasste er unter dem Eindruck der Geschehnisse von Hiroshima und Nagasaki das Gedicht *Abgesang*, das aus der Kombination von »Kapitalismus« und modernster

---

31 Fuhrmann: Hollywood und Buckow, S. 120 f.
32 Knopf führt in diesem Zusammenhang ein russisches Volkslied an, das die Zähmung von »Mütterchen Wolga« durch Menschenkraft ausdrücklich für unmöglich erklärt (Bertolt Brechts *Buckower Elegien*, S. 106 f.).
33 In einer Journaleintragung von 1949 findet sich folgende Definition: »Ich liebe: ich mache die geliebte Person produktiv« (27, S. 305). Auch im *Buch der Wendungen* heißt es, dass Liebe »eine Produktion ist« (18, S. 175), und derselbe Gedanke liegt der Keuner-Geschichte *Wenn Herr K. einen Menschen liebte* zugrunde (S. 24).
34 Der Schlusssatz lässt an die Gedichte über das Fliegen denken, die im Kapitel »Kinderlieder« erörtert wurden. Gerade anhand dieses Themas pflegte Brecht die Ambivalenz und die potentielle Bedrohlichkeit des technischen Fortschritts zu demonstrieren.

»Physik« eine apokalyptische Prognose ableitet: »Der Planet wird zerbersten / Die er erzeugt hat, werden ihn vernichten« (15, S.160), und noch zehn Jahre später nannte er seine Gegenwart ein »Zeitalter, dessen Wissenschaft die Natur derart zu verändern weiß, daß die Welt schon nahezu bewohnbar erscheint«, nur um im gleichen Atemzug an die durch dieselbe Wissenschaft herbeigeführte »totale Vernichtbarkeit des kaum bewohnbar gemachten Planeten« zu erinnern (23, S.341).

Weil Brecht eine wahrhaft nützliche Anwendung technischer Leistungen allein unter sozialistischen Vorzeichen für denkbar hielt, siedelte er seine Szenarien einer Verbesserung der Natur durch Technik und Wissenschaft – in der Elegie, im *Kreidekreis* und in *Tschaganak Bersijew oder Die Erziehung der Hirse* – stets in der Sowjetunion an, die er zumindest auf dem Wege zur Verwirklichung der »Großen Ordnung« wähnte.[35] Da er von dieser Ordnung aber bekanntlich seine eigenen Vorstellungen hatte, weicht *Bei der Lektüre eines sowjetischen Buches* in einem wichtigen Punkt von der Romanvorlage ab: Von der Stalin-Verherrlichung, die das titelgebende Buch prägt, bleibt im Gedicht nichts mehr übrig.[36] Während der Diktator allenfalls noch in dem Namen Stalingrad indirekt anwesend ist, geht das Verdienst an der Bezwingung der Wolga ganz auf die »Sowjetmenschen« über. Das sozialistische Kollektiv selbst wird zum Motor des Fortschritts.

Die konfliktträchtige Situation in der jungen DDR, das Überdauern faschistischer Kräfte und Mentalitäten, das Verhältnis von Funktionärsherrschaft und Arbeiterklasse sowie die Frage nach Triebkräften und Hindernissen der gesellschaftlichen Entwicklung sind zentrale Themen der *Buckower Elegien*. Daneben enthält das Ensemble jedoch mehrere Texte, die einen geradezu privaten Charakter aufweisen und sich zudem der konventionellen Naturlyrik zu nähern scheinen. Drei von ihnen seien zum Abschluss dieses Kapitels eingehender betrachtet, wobei sich zeigen wird, dass bei Brecht von Privatheit immer nur in einem äußerst eingeschränkten Sinne die Rede sein kann und dass auch seine Naturlyrik ganz eigentümliche Züge trägt, die sie deutlich von der Tradition des Genres abgrenzen.

Der Rauch

Das kleine Haus unter Bäumen am See
Vom Dach steigt Rauch
Fehlte er
Wie trostlos dann wären
Haus, Bäume und See.

---

35 In dem wahrscheinlich fragmentarischen Gedicht *Die Partei* wird die KPdSU nicht nur für die revolutionäre Umgestaltung der russischen Gesellschaft, sondern auch für die umfassende technologische Modernisierung des Landes gerühmt.
36 Das ist gegen Jan Knopf einzuwenden, der diese Elegie als Beleg für die positiven Seiten von Brechts Stalin-Bild wertet (Bertolt Brechts *Buckower Elegien*, S.105f.). Übrigens benutzte der Dichter auch für *Tschaganak Bersijew oder Die Erziehung der Hirse* mit Gennadi Fischs *Die Volksakademie* einen sowjetischen Tatsachenroman als Quelle (vgl. den Kommentar in 15, S.449f.). Er wählte daraus aber ausgerechnet eine Episode, in der sich die ›Weisheit des Volkes‹ im Umgang mit der Natur bewährt, während die staatlichen Instanzen und »des Sowjetvolkes großer Ernteleiter« Stalin (15, S.232) bei ihm in den Hintergrund treten. Im *Kaukasischen Kreidekreis* findet Stalin gar keine Erwähnung.

Präsentiert wird zunächst ein kleiner, unscheinbarer Landschaftsausschnitt. Der erste Vers belässt das Bild, indem er auf Verben verzichtet, noch in einem statischen Zustand, erst der zweite schafft mit dem Prädikat »steigt« eine gewisse Dynamik. Dieses poetische Verfahren korrespondiert exakt dem Inhalt der Zeilen, denn das »Haus« und die »Bäume am See« sind statische Elemente, während der aufsteigende Rauch sich bewegt und überdies auf menschliches Leben und Treiben verweist, das sich, für den Betrachter unsichtbar, im Inneren des Hauses abspielt.

Es folgt, eingeleitet durch die verkürzte dritte Zeile als Mittelachse und Gelenkstelle des Gedichts, ein im Konjunktiv gehaltenes Gedankenspiel des lyrischen Ich: ›Was wäre, wenn …‹. Ohne den Rauch, der nicht nur die Szenerie belebt, sondern eben auch die Anwesenheit von Menschen bezeugt, böte sich dem Sprecher ein trostloser Anblick, ein totes Nebeneinander bewegungsloser Versatzstücke, die der Schlussvers dementsprechend nur noch ohne inneren Zusammenhang aufreiht: »Haus, Bäume und See«. So wird das Häuschen mit seiner Umgebung erst durch das hinzutretende menschliche Element zu einer trost*reichen* Idylle.[37] Brechts Gedicht setzt sich damit von einem dominanten Strang der deutschsprachigen Naturlyrik seit der Romantik ab, die den Naturbezirk bevorzugt als reine, unberührte Sphäre und als gesellschaftsfernen Schutzraum eines vereinzelten Ich imaginiert hatte. Eine solche Trennung und Gegenüberstellung von Gesellschaft und Individuum war Brecht, der Menschsein nicht ohne soziale Beziehungen denken konnte, gänzlich fremd. Die Elegie *Laute* bestätigt dies, denn dort zeigt sich das lyrische Ich »zufrieden«, wenn es in seiner Wohngegend keinen Vogelgesang, sondern nur »Laut von Menschen rührend« zu hören bekommt. An einem einsamen Naturgenuss ist es offenkundig nicht interessiert.

In *Der Rauch* entfallen zwei der fünf Verse auf das Ausgangsbild, die restlichen auf die daran anknüpfende Überlegung des Sprechers, die das Bild verfremdet, indem sie es probeweise abändert. Erst durch das Experiment, sich den Rauch wegzudenken, gelangt das Ich zu einem echten Verständnis der scheinbar unspektakulären Szene und lernt, sie richtig zu sehen und ihren Wert zu schätzen. Auf diese Weise macht das Gedicht einmal mehr das Grundprinzip der *Buckower Elegien* sichtbar: Zum bloßen Blick auf ein Phänomen muss dessen gedankliche Durchdringung treten, mit der sich der Betrachter das Gesehene förmlich aneignet.

Anders als *Der Rauch* scheint sich die Elegie *Der Blumengarten* bruchlos in die erwähnte naturlyrische Tradition einzufügen, da es hier tatsächlich um einen Rückzug in die Einsamkeit, um kontemplative Besinnung in einem nach außen abgeschirmten Naturbezirk geht. Eine genauere Analyse der Verse relativiert diesen Eindruck allerdings:

---

37 Schon in dem etwa 1936 entstandenen Gedicht *Die Heimkehr des Odysseus* spielt der Rauch eine ähnliche Rolle: »Dies ist das Dach. Die erste Sorge weicht. / Denn aus dem Haus steigt Rauch, es ist bewohnt« (14, S. 339). Das Motiv hat damit gegenüber Brechts früher Lyrik, wo es die Vergänglichkeit symbolisierte, eine bemerkenswerte Bedeutungsverschiebung erfahren, an der sich die grundlegende Umorientierung des Autors von existenziellen auf soziale Kategorien ablesen lässt.

Der Blumengarten

Am See, tief zwischen Tann und Silberpappel
Beschirmt von Mauer und Gesträuch ein Garten
So weise angelegt mit monatlichen Blumen
Daß er vom März bis zum Oktober blüht.

Hier, in der Früh, nicht allzu häufig, sitz ich
Und wünsche mir, auch ich mög allezeit
In den verschiedenen Wettern, guten, schlechten,
Dies oder jenes Angenehme zeigen.

Das Gedicht bildet insofern eine Ausnahme unter den *Buckower Elegien*, als es eine verhältnismäßig streng geregelte metrische Form aufweist. Zwar wird sein Grundschema, der fünfhebige jambische Vers, nicht konsequent durchgehalten. Schon in der ersten Zeile stoßen zwei Hebungen aufeinander, und die Verse 5 und 8 beginnen jeweils mit einer betonten Silbe; in der dritten Zeile wird das Versmaß durch eine sechste Hebung, in der siebten durch eine zusätzliche Senkung variiert. Insgesamt aber zeichnet sich diese Elegie durch eine außergewöhnlich geschlossene Gestalt aus, die dem Harmoniegedanken entspricht, dem wir auf der inhaltlichen Ebene begegnen. Während der Garten, den die erste Strophe in deutlicher Anlehnung an den Topos des ›locus amoenus‹ schildert, mit Bedacht so eingerichtet worden ist, dass er vom Frühling bis zum Herbst durchgängig mit Blüten aufwarten kann, spricht die zweite Strophe von einer menschlichen Haltung, die der ausgewogenen Schönheit eines solchen Naturraums gleichkommt.

Diese Übereinstimmung wird jedoch nicht als Tatsache hingestellt, sondern als bloßer Wunsch oder Vorsatz kenntlich gemacht: »Und wünsche mir, auch ich mög allezeit …«. Sie stellt also eine *Aufgabe* dar, um deren Lösung sich das Ich stets von Neuem bemühen muss. Das Sich-angenehm-Zeigen ist als Gestus des Menschen von der bloßen Nützlichkeit zu unterscheiden, die ja auch in dem beschriebenen Garten nichts zu suchen hat – er ist eben ein Blumen-, kein Obst- oder Gemüsegarten. Die Absicht, »[d]ies oder jenes Angenehme« an den Tag zu legen, lässt an die von Brecht so gerne beschworene Tugend der Freundlichkeit denken, die er als höchste Qualität eines solidarischen zwischenmenschlichen Umgangs betrachtete. Sie wird in *An die Nachgeborenen* als utopisches Endziel aller Bemühungen des Sprechers genannt (12, S. 87) und beschließt nicht von ungefähr auch die Aufzählung der »Vergnügungen« in dem gleichnamigen Gedicht (15, S. 287).[38] Aber praktizieren kann man Freundlichkeit, zu deren Einübung der Aufenthalt im Garten dient, doch einzig im Umgang mit anderen Menschen und folglich jenseits des umhegten Refugiums »tief zwischen Tann und Silberpappel«. Die Natursphäre fungiert demnach auch in *Der Blumengarten* keineswegs als abgeschiedener Rückzugsort, sie bleibt vielmehr eng auf die soziale Praxis bezogen, in der der Anspruch, den die zweite Strophe formuliert, eingelöst werden muss. Wichtig sind daher die einschränkenden Bestimmungen, mit denen der fünfte Vers förmlich vollgestopft ist. Nur »in der Früh« pflegt der Sprecher im Garten zu sitzen; es folgt dann vermutlich die Bewährung seines Vorsatzes in den Beschäftigungen und Herausforderungen des Tageslaufs. Und insgesamt »nicht allzu

---

38 Vgl. dazu das folgende Kapitel.

häufig« gönnt er sich den Anblick der Blumenpracht, der ihm eben nur ein Ideal seines eigenen Verhaltens vor Augen führen, ihn aber nicht zum selbstvergessenen Genuss verlocken soll.

Die Natur, die in *Der Blumengarten* als Leitbild dient, ist eine domestizierte Kultur-Natur, vom Schöpfer des Gartens »weise angelegt«, und somit durchaus keine ungezähmte Wildnis. Statt in naiver Schwärmerei die (vermeintlich) reine Natur zu einer Norm zu erheben, an der sich der Mensch zu orientieren habe, zeigt das Gedicht den Menschen selbst als Herrn und Gestalter des natürlichen Materials. ›Weisheit‹ lehrt ihn freilich, die Natur nicht zu vergewaltigen, sondern sich ihrer Gesetze – in diesem Falle der unterschiedlichen Phasen des Blühens – zu bedienen, um durch behutsames Eingreifen ein Höchstmaß an Schönheit hervorzubringen. Was in *Bei der Lektüre eines sowjetischen Buches* im Hinblick auf den Nutzen der Natur unternommen wird, geschieht hier in Bezug auf ihren ästhetischen Reiz; in beiderlei Hinsicht führt erst das schöpferische Wirken des Menschen die natürliche Umwelt ihrer Vollendung entgegen. Wird nun eine solchermaßen künstlich geformte Natur wiederum zum Muster für die Haltung des Sprechers erhoben, so stellt sich ein produktives Wechselverhältnis zwischen der kultivierten Natur und dem Menschen her. Was dieser am Naturstoff geleistet hat, das muss ihm jetzt, mit diesem sichtbaren Vorbild vor Augen, auch an sich selbst gelingen. Er muss seine eigene Haltung ebenso weise gestalten, um im Umgang mit seinesgleichen unter allen Umständen ›angenehm‹ sein zu können.

Nicht zuletzt gestattet das Gedicht auch eine poetologische Lesart, wenn man das »Angenehme«, das dem Sprecher vorschwebt, auf Kunstwerke und ihre Wirkung bezieht. Immerhin sind Blumen ein traditionsreiches Symbol für Poesie, und in *Vergnügungen* legt der Vers »Schreiben, Pflanzen« (15, S. 287) ebenfalls eine metaphorische Verknüpfung zwischen dem Dichten und der Arbeit eines Gärtners nahe. Das Ich in *Der Blumengarten* wäre unter dieser Perspektive als Dichterfigur, der Vorsatz in der zweiten Strophe als ästhetisches Programm *in nuce* zu verstehen.[39]

Eine Naturwahrnehmung bildet auch den Ausgangspunkt der Elegie *Tannen*. Anders als in *Der Blumengarten* wird hier eine unmittelbare Beziehung zwischen Naturerlebnis und geschichtlicher Erfahrung gestiftet. Wie diese Beziehung im Einzelnen aussieht, lässt sich indes nicht so leicht bestimmen.

Tannen

In der Frühe
Sind die Tannen kupfern.
So sah ich sie
Vor einem halben Jahrhundert
Vor zwei Weltkriegen
Mit jungen Augen.

Der Tempuswechsel zwischen den beiden Sätzen, aus denen dieser Text besteht, gestattet zwei sehr unterschiedliche Deutungen, die in der Forschung seit langem nebeneinander vertreten werden, bisher aber so gut wie nie kritisch miteinander konfrontiert

---

39 Auf den Stellenwert des Angenehmen und Schönen in der Poetik des späten Brecht wird das Schlusskapitel dieses Buches noch einmal zurückkommen.

worden sind.⁴⁰ Als Repräsentant der einen Auffassung sei Joachim Müller zitiert: »die in der Frühe kupfernen Tannen sind noch da, während der einst junge Mensch durch ein furchtbares Weltgeschehen hindurchging.«⁴¹ Die Feststellung der Eingangszeilen gilt demnach auch noch für die Gegenwart des Sprechers. Die Tannen bieten weiterhin das altvertraute Bild, während sich das Ich unter dem Eindruck der erlebten Zeitgeschichte verändert hat. Also: »In der Frühe / Sind die Tannen kupfern« – ›so habe ich sie übrigens schon vor einem halben Jahrhundert, vor zwei Weltkriegen mit jungen Augen gesehen, als ich selbst noch ein ganz anderer war‹.

Dagegen urteilt Jan Knopf: »Was immergültig bzw. immer wiederkehrend schien, zeigt sich jetzt als offenbar endgültig vergangen«⁴², und Marion Fuhrmann stellt übereinstimmend fest: »die Wahrnehmung in der Jugend des Sprechers war eine andere, weil dieser damals jung war und die entsprechenden Erfahrungen fehlten.«⁴³ Nach dieser Lesart erweist sich die durch das atemporale Präsens suggerierte Zeitlosigkeit der einleitenden Feststellung im Fortgang des Gedichts als scheinhaft. In den Anfangsversen der Elegie versetzt sich das Ich nur noch einmal in Gedanken in seine Jugendzeit, um anschließend den Abstand zu markieren, der es in der Gegenwart von der damaligen Sichtweise trennt. Also: »In der Frühe / Sind die Tannen kupfern« – ›so habe ich sie zumindest vor einem halben Jahrhundert, vor zwei Weltkriegen mit jungen Augen gesehen, aber jetzt ist mir das nicht mehr möglich, weil ich selbst inzwischen ein ganz anderer geworden bin‹.

Jeder dieser Interpretationsansätze impliziert ein ganz spezifisches Verständnis von der Beziehung zwischen dem in der geschichtlichen Zeit gefangenen Menschen und der Natursphäre. Im einen Fall stellt die Natur eine Welt für sich dar, die von allen Erfahrungen, die das menschliche Leben prägen, unberührt bleibt und dem Betrachter daher ewig unveränderlich gegenübertritt – als ein fremdes Reich, das seinen eigenen Gesetzen gehorcht, aber vielleicht gerade deshalb in den Wirren und Nöten der Geschichte Trost zu spenden vermag. Nach der zweiten Deutung ist das Individuum hingegen gar nicht imstande, eine von ihm und seiner geschichtlichen Existenz unabhängige Natur wahrzunehmen, da der Blickwinkel, unter dem es Naturphänomene ins Auge fasst, stets von seinem jeweiligen historischen Standort abhängt. Wandelt sich dieser Standort, nimmt zwangsläufig auch die Natur für den Menschen eine andere

---

40 Eine Ausnahme bildet der knappe Hinweis von Ray Ockenden: Empedocles in Buckow: a sketch-map of misreading in Brecht's poetry. In: Empedocles' Shoe. Essays on Brecht's poetry. Hrsg. von Tom Kuhn und Karen J. Leeder. London 2002, S. 178–205, 271–278, hier S. 199.
41 Joachim Müller: Phasen und Formen von Brechts Lyrik, S. 428. Diese Interpretation vertreten beispielsweise auch Hugo Dittberner (Die Philosophie der Landschaft in Brechts *Buckower Elegien*. In: Bertolt Brecht II. Hrsg. von Heinz Ludwig Arnold. München ²1979, S. 54–65, hier S. 56), Carl Pietzcker (Gleichklang. Überlegungen zu Brechts später Lyrik. In: ders.: Trauma, Wunsch und Abwehr. Psychoanalytische Studien zu Goethe, Jean Paul, Brecht, zur Atomliteratur und zur literarischen Form. Würzburg 1985, S. 95–122, hier S. 99 f.) und Peter Paul Schwarz (Lyrik und Zeitgeschichte, S. 128).
42 Knopf in: Bertolt Brechts *Buckower Elegien*, S. 99.
43 Fuhrmann: Hollywood und Buckow, S. 106. Dieselbe Auffassung findet sich bei Vollmar: Ästhetische Strukturen und politische Aufklärung, S. 77, und Hauke Stroszeck: Silberpappel, kupferne Tannen und eisernes Gerät. Über den Zusammenhang von Selbstreflexivität und Mythologie in Brechts *Buckower Elegien*. In: Deutsche Lyrik nach 1945. Hrsg. von Dieter Breuer. Frankfurt a.M. 1988, S. 109–137, hier S. 110 f.

Gestalt an. Das einleitende »In der Frühe« wäre dann zugleich als Hinweis auf die biographische Frühe, auf die Kindheit als Frühzeit des Lebens zu lesen.

Vom Text her ist eine Entscheidung zwischen den beiden Alternativen nicht zu treffen. Wenn im Folgenden gleichwohl die zweite bevorzugt wird, so deshalb, weil sie sich im Gegensatz zu der ersten nahtlos in den Rahmen von Brechts Werk einfügt. Die Evokation eines zeitlosen menschlichen Naturbezugs, der es dem Einzelnen ermöglicht, in der Betrachtung der Natur sozusagen aus dem historischen Prozess herauszutreten, wäre nicht mit den Anschauungen eines Dichters vereinbar, der im Sinne der Dialektik alle Dinge als veränderlich begriff. Im unmittelbaren Umkreis von *Tannen* bestätigt die Elegie *Böser Morgen*, dass bei Brecht die Geschichte eines Menschen immer auch die Geschichte seiner Naturwahrnehmung ist, und das Gedicht *Schwierige Zeiten*, von dem im folgenden Kapitel ausführlicher die Rede sein wird, weist ebenfalls in diese Richtung.

Alexander Hildebrand schreibt über *Tannen*: »Im ersten Satz wird ein häufig erlebbares und wiederkehrendes Naturphänomen mitgeteilt: bei Sonnenaufgang zeigen die ansonsten grünen Tannen eine Kupferfärbung.«[44] Ginge es wirklich bloß darum, dass die Tannen im Licht der ersten Sonnenstrahlen rötlich schimmern und deshalb *wie Kupfer* aussehen, so hätten wir eine Beobachtung vor uns, die in der Tat auch noch das erwachsene Ich anstellen könnte. Doch das Gedicht spricht nicht im Modus des Vergleichs. Die »jungen Augen« nahmen die Stämme eben nicht nur als kupferfarben, sondern unmittelbar als »kupfern« wahr, machten also aus der äußerlichen Ähnlichkeit der Färbung eine wesenhafte Identität und vollzogen damit gleichsam eine zauberische Verwandlung der Wirklichkeit. Das erwachsene Ich hat das Vermögen dieses magischen Blicks eingebüßt, aber die Veränderung ist nicht dem Älterwerden als solchem geschuldet. Die neutrale Zeitangabe »Vor einem halben Jahrhundert« wird nämlich umgehend durch eine qualitative Bestimmung konkretisiert: »zwei Weltkriege« waren es, die die Realität buchstäblich entzaubert und den Sprecher zu einer anderen Art der Wahrnehmung genötigt haben. Daraus lässt sich sogar eine implizite Poetologie ableiten. Aufgabe der Kunst ist es nicht, die Welt mit magischen Illusionen zu verwandeln und in einen romantischen Glanz zu tauchen; sie muss sie vielmehr im nüchternen Bewusstsein ihrer Geschichtlichkeit – und der Geschichtlichkeit ihres Betrachters – auffassen und gestalten.[45]

Vermutlich im Jahre 1954 notierte Brecht: »Das erste untrügliche Zeichen des Alterns geben uns die Augen, denke ich. Es ist nichts weiter als das Gefühl, daß die Augen eben nicht mehr jung sind« (27, S. 362). Da diese Bemerkung, die offenbar von einem ganz persönlichen Eindruck ausgeht und ihn für alle Menschen (»uns«) verallgemei-

---

44 Alexander Hildebrandt: Bert Brechts Alterslyrik. In: Merkur 20 (1966), S. 952–962, hier S. 953.
45 Die Forschung wurde von dem lakonischen Duktus des Textes mitunter zu Spekulationen verleitet, die keiner ausreichenden kritischen Kontrolle mehr unterliegen. Wenn beispielsweise Simon Karcher darlegt: »in seiner Jugend hat Brecht möglicherweise im Morgenrot, das die Tannen kupfern färbt, wie viele andere Menschen ein hoffnungsvolles Bild für eine revolutionäre Welterneuerung gesehen – wobei insbesondere der roten Farbe wiederum eine symbolische Bedeutung zukommt«, so ist daran zu erinnern, dass der Dichter »[v]or einem halben Jahrhundert« ungefähr fünf Jahre alt war und zu dieser Zeit gewiss noch nicht über ein ausgereiftes sozialistisches Bewusstsein verfügte (Simon Karcher: Sachlichkeit und elegischer Ton. Die späte Lyrik von Gottfried Benn und Bertolt Brecht – ein Vergleich. Würzburg 2006, S. 237).

nert, keine Bezüge zu historischen Ereignissen herstellt, kann man sie ohne weiteres auf den rein biologischen Alterungsprozess beziehen, während in *Tannen* der Abstand zu den »jungen Augen« in den Dimensionen der Zeitgeschichte ausgemessen wird. Aber das Ineinander von individueller Wahrnehmung und übergreifendem Geltungsanspruch prägt, wenngleich in verdeckter Form, auch die Aussage der Elegie. Vom eigenen Erleben sprechend, berührt das Ich Erfahrungen, die das gemeinschaftliche Eigentum einer ganzen Generation und somit Elemente einer kollektiven Biographie darstellen.

Die Besinnung auf die Tatsache, dass man durch zwei Weltkriege von der eigenen Kindheit getrennt ist, könnte leicht Betroffenheit oder sogar Entsetzen hervorrufen, aber nichts davon wird im Gedicht, das sich ganz auf die nüchterne Feststellung des Sachverhalts zu beschränken scheint, explizit gemacht. Und trotzdem vermitteln die Verse einen Hauch von Wehmut – weniger durch das, was sie ausdrücklich sagen, als durch ihre Anordnung. Am Ende stehen nämlich nicht die beiden Weltkriege, sondern die »jungen Augen«, so wie der Anfang der Erinnerung an das gewidmet ist, was diese Augen noch wahrzunehmen vermochten. Indem das Gedicht seinen Ausgang von der Kinderzeit nimmt und abschließend wieder zu ihr zurückkehrt, lässt es doch eine gewisse Sehnsucht des Sprechers nach der unwiederbringlich verlorenen »Frühe« ahnen, eine Sehnsucht nach jenem unschuldigen kindlichen Weltverhältnis, das vor aller Geschichte und aller Reflexion angesiedelt war. So beschwört zumindest dieser eine Text aus den *Buckower Elegien* eine Stimmung, die man auch im traditionellen Sinne elegisch nennen kann.

Kapitel 16
Letzte Dinge: Alter, Tod und Fortleben

Es mag unangemessen wirken, bei einem Autor, der schon mit 58 Jahren starb, von einem ›Alterswerk‹ oder ›Altersstil‹ zu sprechen. Und doch gibt es in der Forschung verschiedene Bemühungen, zumindest für den *Lyriker* Brecht ein Alterswerk abzugrenzen, das nicht allein durch Daten der biographischen Chronologie, sondern durch eigentümliche formale und strukturelle Merkmale bestimmt ist. Als solche Merkmale nennt beispielsweise Klaus Schuhmann Kürze und Prägnanz der Gedichte, das deutliche Hervortreten des lyrischen Subjekts und ein konstantes, verhältnismäßig einfaches Grundschema: »Das lyrische Ich übermittelt eine Wahrnehmung, um sie dann in der Reflexion gedanklich zu durchdringen.«[1] Die *Buckower Elegien* liefern eine ganze Reihe einschlägiger Beispiele, und gerade in diesem Ensemble erkennt auch Franz Norbert Mennemeier »typische Charakteristika eines Alterswerks: knappen Ausdruck, dem Andeutungen genügen, um einen universellen Aufriß zu bewerkstelligen, Ausgewogenheit von Stimmung und Reflexion, souveränen Übergang vom Subjektiven, Alltäglichen, Anekdotischen zum Allgemeinen, Objektiven.«[2]

Es ist jedoch fraglich, ob solche Beobachtungen ausreichen, um die Rede von einem lyrischen Alterswerk Brechts zu rechtfertigen, denn Peter Paul Schwarz konnte zeigen, dass auffallende Züge, die das Schaffen der Spätzeit bestimmen, schon in manchen Gedichten aus den ausgehenden dreißiger und den frühen vierziger Jahren angelegt sind, nämlich in den Texten, die die Exilerfahrung behandeln. Den »spezifischen Formtypus der Gedichte über das Exil«[3] sieht Schwarz durch konkrete Situationsgestaltung und Gegenständlichkeit, das markante Hervortreten eines individuell konturierten lyrischen Ich, die Integration zeitgeschichtlicher Bezüge, einen schlichten erzählenden Grundzug und eine »episch-distanzierte Sprachhaltung« geprägt[4], und mit Ausnahme der Nähe zur Zeitgeschichte werden wir all diese Elemente in Gedichten

---

1 Klaus Schuhmann: Themen und Formenwandel in der späten Lyrik Brechts. In: Weimarer Beiträge 14 (1968), Brecht-Sonderheft, S. 39–60, hier S. 50.
2 Franz Norbert Mennemeier: Bertolt Brecht als Elegiker. In: Der Deutschunterricht 23 (1971), H. 1, S. 59–73, hier S. 65. – Die Neigung zu epigrammatischer Kürze und Pointierung in vielen Gedichten aus Brechts späten Jahren erörtert ebenso Antony Tatlow: Towards an Understanding of Chinese Influence in Brecht. An Interpretation of *Auf einen chinesischen Theewurzellöwen* and *Legende von der Entstehung des Buches Taoteking.* In: Deutsche Vierteljahrsschrift für Literaturwissenschaft und Geistesgeschichte 44 (1970), S. 363–387, hier S. 363–374. Er korrigiert dabei zugleich die Überschätzung des ›Einflusses‹ chinesischer und japanischer Vorbilder auf Brechts Lyrik, die in manchen Forschungsbeiträgen zu beobachten ist. Noch breiter ausgeführt finden sich diese Überlegungen in einer umfangreichen monographischen Studie desselben Verfassers: The Mask of Evil. Brecht's Response to the Poetry, Theatre and Thought of China und Japan. A Comparative and Critical Evaluation. Bern u.a. 1977, v.a. S. 10–152. Im Hinblick auf Brechts vieldiskutierten Umgang mit Kunst und Philosophie des Fernen Ostens darf Tatlows Buch als Standardwerk gelten.
3 Peter Paul Schwarz: Lyrik und Zeitgeschichte. Brecht: Gedichte über das Exil und späte Lyrik. Heidelberg 1978, S. 14. Vgl. dazu auch das Kapitel »Das skandinavische Exil«.
4 Ebd., S. 93 f.

wie *Schwierige Zeiten* und *Als ich in meinem Krankenzimmer der Charité* wiederfinden. Daher soll Brechts Alterswerk im Folgenden über inhaltliche statt über stilistisch-formale Kriterien definiert werden. Ins Blickfeld rücken vornehmlich Gedichte der Jahre ab 1953, die um Themen wie das Alter selbst, die resümierende Lebenslehre oder den Tod kreisen. Die formal-ästhetischen Möglichkeiten, die Brecht dabei nutzt, sind im Einzelnen äußerst vielfältig.

Mit *Tannen* aus den *Buckower Elegien* wurde zum Abschluss des vorigen Kapitels bereits ein Werk analysiert, in dem ein lyrisches Ich den Abstand von der eigenen Jugend zum Gegenstand des Nachdenkens macht. Thematisch verwandt ist das ungefähr zwei Jahre später entstandene Gedicht *Schwierige Zeiten*:

> Stehend an meinem Schreibpult
> Sehe ich durchs Fenster im Garten den Holderstrauch
> Und erkenne darin etwas Rotes und etwas Schwarzes
> Und erinnere mich plötzlich des Holders
> Meiner Kindheit in Augsburg.
> Mehrere Minuten erwäge ich
> Ganz ernsthaft, ob ich zum Tisch gehn soll
> Meine Brille holen, um wieder
> Die schwarzen Beeren an den roten Zweiglein zu sehen.
> (15, S.294)

Von der einleitend beschriebenen gegenwärtigen Situation geht es zurück in die Tiefe der Vergangenheit, zu jener »Kindheit in Augsburg«, die im fünften von neun Versen buchstäblich die Mitte des Gedichts bildet. In dessen zweiter Hälfte wiederholt sich diese Bewegung in dem Gedankenspiel des Sprechers. Könnte er sich dazu durchringen, seine Brille aufzusetzen, würde er erneut den Anblick aus seiner Kinderzeit vor Augen haben, mit dessen erinnernder Vergegenwärtigung das Gedicht schließt.

Anspielungen auf die erlebte Zeitgeschichte fehlen hier völlig. Anders als in *Tannen* bildet diesmal wirklich eine simple optische Wahrnehmung aus frühen Jahren den Bezugspunkt, während sich der Alterungsprozess lediglich in dem banalen Faktum der nachlassenden Sehstärke manifestiert. Anstelle der scharf konturierten »schwarzen Beeren« und »roten Zweiglein« des Holunderstrauchs vermag das Ich nur noch diffus »etwas Rotes und etwas Schwarzes« zu erkennen – von seinen Augen empfängt es also, wie es in der schon einmal zitierten Notiz Brechts heißt, das »untrügliche Zeichen des Alterns« (27, S.362). Aber auch dieses Gedicht hat seine Pointe, die zutage tritt, sobald man das erwähnte Gedankenspiel näher betrachtet und danach fragt, wie sich der Sprecher letztlich entscheidet. Holt er tatsächlich seine Brille, um mit ihrer Hilfe die Kindheitswahrnehmung wiederzubeleben, noch einmal die »schwarzen Beeren an den roten Zweiglein zu sehen« und sich damit über den Abgrund der Zeit hinwegzusetzen? Die Antwort lautet wahrscheinlich: nein. Die Wendung »Mehrere Minuten erwäge ich / *Ganz ernsthaft*« lässt darauf schließen, dass er schon seine eigene Bereitschaft, dieser Erwägung überhaupt Raum zu geben, mit Erstaunen und gleichsam kopfschüttelnd betrachtet. Offenkundig begreift er, wie albern es eigentlich ist, sich von einer solchen Lappalie von der Arbeit ablenken zu lassen, und folglich wird er am Ende wohl auf die Ausführung des Plans verzichten. An dessen Stelle tritt jedoch, wie es scheint, die Abfassung des Gedichts: Da das Ich ohnehin am »Schreibpult« steht, kann es die kleine Begebenheit sogleich in einigen Versen aufzeichnen, die auf diese

Weise ihr eigenes Zustandekommen thematisieren. Statt also der Versuchung zu erliegen, den Abstand zur Kindheit künstlich aufzuheben, schreibt der Sprecher ein Gedicht, das diesen Abstand ›aushält‹ und die Spannung zwischen Einst und Jetzt nicht tilgt, sondern poetisch fixiert.

Doch obwohl das Ich keineswegs in nostalgische Träumereien verfällt, schwingt die elegische Sehnsucht, die wir in *Tannen* spürten, auch in *Schwierige Zeiten* mit. Bereits der Titel dieses Gedichts deutet auf eine solche Stimmung hin. Da ein Versuch, ihn etwa auf Brechts Situation in der DDR zu beziehen, am Text keinen Halt finden würde, kann man in den schwierigen Zeiten nur die Phase des vorgerückten Alters sehen, in der der Mensch nicht mehr in ungebrochener Einheit mit sich selbst lebt, weil ihn schon die geringfügigsten Anlässe immer wieder mit der Distanz konfrontieren, die ihn von seinem eigenen jugendlichen Ich trennt. ›Schwierig‹ ist, so betrachtet, jedes Lebensalter, das jenseits der unschuldigen Kindheit liegt und folglich unter dem Gesetz der Reflexion und der Entzweiung steht.

Neben den Gedichten über das Alter, zu denen beispielsweise noch *War traurig, wann ich jung war* zählt, verfasste Brecht in seinen letzten Jahren einige lyrische Texte, die aus der Perspektive lange gereifter Erfahrung gewissermaßen ein Lebensresümee ziehen. Anders als *An die Nachgeborenen*, der an künftige Generationen adressierte, poetisch stilisierte Rechenschaftsbericht aus der Zeit des antifaschistischen Kampfes, verzichten sie darauf, geschichtliche Ereignisse oder Entwicklungen direkt anzusprechen; überdies macht sich in ihnen die subjektive Position der Sprechinstanz allenfalls auf sehr verhüllte, indirekte Art bemerkbar. Zwei dieser Gedichte wirken schon durch ihre äußere Form höchst ungewöhnlich.

Orges Wunschliste

Von den Freuden, die nicht abgewogenen.
Von den Häuten, die nicht abgezogenen.

Von den Geschichten, die unverständlichen.
Von den Ratschlägen, die unverwendlichen.

Von den Mädchen, die neuen.
Von den Weibern, die ungetreuen.

Von den Orgasmen, die ungleichzeitigen.
Von den Feindschaften, die beiderseitigen.

Von den Aufenthalten, die vergänglichen.
Von den Abschieden, die unterschwänglichen.

Von den Künsten, die unverwertlichen.
Von den Lehrern, die beerdlichen.

Von den Genüssen, die aussprechlichen.
Von den Zielen, die nebensächlichen.

Von den Feinden, die empfindlichen.
Von den Freunden, die kindlichen.

Von den Farben, die rote.
Von den Botschaften, der Bote.

Von den Elementen, das Feuer.
Von den Göttern, das Ungeheuer.

Von den Untergehenden, die Lober.
Von den Jahreszeiten, der Oktober.

Von den Leben, die hellen.
Von den Toden, die schnellen.
(15, S. 297 f.)

Das Gedicht entstand Anfang 1956, wurde aber lange Zeit irrtümlich dem Frühwerk des Autors zugerechnet, weil er es selbst noch in die letzte Fassung der *Hauspostille* einfügte[5] und mit der Gestalt des Orge zudem auf eine Figur zurückgriff, die er schon in jungen Jahren mehrfach hatte auftreten lassen. Die ursprüngliche *Hauspostille* von 1927 enthält mit *Orges Gesang* und *Orges Antwort, als ihm ein geseifter Strick geschickt wurde* bereits zwei Orge-Gedichte, die den baalischen Lebensgenuss verherrlichen, und um Genüsse, um »Freuden«, wie es gleich eingangs heißt, geht es ja auch in *Orges Wunschliste*. Andererseits zeigt gerade der Vergleich mit den beiden älteren *Hauspostillen*-Gedichten, dass dieser Text »thematisch und formal ganz der späten Lyrik angehört.«[6]

Die Struktur des Werkes ist simpel: Jeder Vers benennt zunächst eine Klasse von Phänomenen, aus der sodann – mit Ausnahme der Zeile »Von den Botschaften, der Bote« – eine bestimmte Unterklasse ausgewählt wird, auf die sich, wie die Überschrift signalisiert, Orges Wunsch richtet.[7] Jeweils zwei im Paarreim verbundene Verse treten zu einer kleinen Strophe zusammen, wobei die Kombinationen teilweise durch Parallelität oder Kontrast ihrer Elemente legitimiert sind, teilweise aber auch völlig willkürlich erscheinen. Da kein lyrisches Subjekt erkennbar hervortritt, bleiben die Sprechhaltung des Gedichts und der Charakter der aufgereihten Wünsche unklar. Spricht der Mann namens Orge selbst oder wird für ihn – oder über ihn – gesprochen? Handelt es sich um die persönlichen Wünsche eines Individuums oder um solche mit allgemeinem Anspruch? Die letztere Annahme wird vor allem durch die Schlussstrophe nahe gelegt, da ein einzelner Mensch für sich vermutlich nur *ein* Leben und *einen* Tod wünschen würde.

Die scheinbare Einfachheit des Textes und sein lakonischer Duktus stellen den Leser, der die einzelnen Aussagen genauer ins Auge fasst, vor beträchtliche Herausforderungen. Manche Verse sind ohne weiteres verständlich: Die Bevorzugung der roten Farbe muss zweifellos mit der Vorliebe für den Oktober – der allerdings nach dem gewöhnlichen Verständnis nicht als »Jahreszeit« gilt – in Verbindung gebracht und auf die russische Revolution von 1917 bezogen werden. Einige weitere Zeilen erklären sich leicht aus dem Kontext von Brechts Gesamtwerk. So verweisen die »vergänglichen« Aufenthalte auf den dialektischen Blick, der alle Dinge als veränderlich und wandelbar wahrnimmt, und »beerdliche« Lehrer erfüllen ihren Beruf so vollkommen, dass ihre Schüler, mündig geworden und zur Selbständigkeit befähigt, sie irgendwann

---

5 Vgl. dazu das von Brecht erstellte Inhaltsverzeichnis in 11, S. 284.
6 Brigitte Bergheim: *Orges Wunschliste*. »Von den Leben, die hellen«. In: Gedichte von Bertolt Brecht. Interpretationen. Hrsg. von Jan Knopf. Stuttgart 1995, S. 178–186, hier S. 178. Für eine detailliertere Analyse des Gedichts sei hier generell auf diesen Aufsatz verwiesen.
7 Die These von Jürgen Hillesheim: »Ich muß immer dichten«. Zur Ästhetik des jungen Brecht. Würzburg 2005, S. 291, Brecht lehne sich hier an Nietzsches *Also sprach Zarathustra* an, lässt sich nicht halten. Es gibt weder strukturelle noch inhaltliche Bezüge zwischen *Orges Wunschliste* und den von Hillesheim angeführten Kapitelüberschriften bei Nietzsche, die mit der formelhaften Wendung »Von ...« lediglich auf das Thema des jeweils folgenden Abschnitts verweisen.

nicht mehr benötigen – sie widerstehen mithin jenem fatalen Drang, »sich selber unentbehrlich zu machen«, den Brecht einmal als »alteingewurzelte[s] Laster aller Lehrer« bezeichnete (22.1, S. 45). Wieder andere Wünsche müssen jedoch gerade dann, wenn man die bekannten Grundüberzeugungen des Verfassers in Rechnung stellt, beinahe skandalös wirken. Das gilt vor allem für Vers 11, der »unverwertliche« Künste verlangt. Sind das nicht solche, denen kein Gebrauchswert eigen ist, wie ihn Brecht immer wieder programmatisch forderte, die also der menschlichen Praxis, der konkreten Lebensbewältigung keine Impulse geben? Verkündet der Autor hier durch den Mund seines verkappten lyrischen Sprechers plötzlich die Idee der Kunstautonomie, des reinen ›l'art pour l'art‹ – oder hat man den Vers nur als Warnung vor einem allzu platten Nützlichkeitsdenken zu verstehen, das im Umgang mit künstlerischen Werken dem freien ästhetischen Genuss gar keinen Raum lässt? Tatsächlich rückte Brecht in seinen späten poetologischen Reflexionen das *Vergnügen*, das die Kunst bereitet, zunehmend in den Vordergrund, ohne es freilich von dem Aspekt des Lehrens und Lernens zu trennen. Diese Tendenz prägt insbesondere das *Kleine Organon für das Theater* von 1948, aber wir werden ihr auch in den hier noch zu behandelnden Gedichten wiederholt begegnen. Damit zeichnet sich zumindest eine mögliche Deutung für den fraglichen Vers ab. Das vordringliche Ziel von *Orges Wunschliste* scheint es aber ohnehin zu sein, den Rezipienten durch die vielfach rätselhaften, provozierenden oder auch vermeintlich abwegigen Wünsche zum produktiven Nachdenken anzuregen.

Ganz den ›aussprechlichen Genüssen‹ ist ein anderes spätes Gedicht gewidmet, das den von Brecht nachträglich hinzugefügten Titel *Vergnügungen* trägt. Mit seiner lockeren Reihungsstruktur, seinem lakonischen Duktus und seiner elliptischen Redeweise gehört es in die unmittelbare Nachbarschaft von *Orges Wunschliste*, doch bleibt es durch sein Festhalten am Konkreten, am fasslichen Detail von allen hermetischen Tendenzen frei:

> Der erste Blick aus dem Fenster am Morgen
> Das wiedergefundene alte Buch
> Begeisterte Gesichter
> Schnee, der Wechsel der Jahreszeiten
> Die Zeitung
> Der Hund
> Die Dialektik
> Duschen, Schwimmen
> Alte Musik
> Bequeme Schuhe
> Begreifen
> Neue Musik
> Schreiben, Pflanzen
> Reisen
> Singen
> Freundlich sein.
> (15, S. 287)

Zwar bereiten die einzelnen Elemente der Aufzählung dem Verständnis diesmal keine Schwierigkeiten, doch umso verwirrender wirkt ihre Anordnung, die von dem entschiedenen Willen des Verfassers zeugt, jede logische Folgerichtigkeit zu vermeiden. So ist denn auch Jan Knopfs Versuch, den »Zusammenhang des Disparaten« durch eine »kleine Geschichte« herzustellen, die den wechselnden Verrichtungen und Gedanken eines anonymen Jemand im Tageslauf folgt, zum Scheitern verurteilt: Wenn »Kinder [...] im Schnee spielen«, kann schwerlich gleichzeitig »der Gärtner den Blumengarten pfleg[en]«.[8]

Gleichwohl verdankt sich die Reihung der Verse einer sorgfältigen künstlerischen Kalkulation. Sicherlich ist es kein Zufall, dass der »erste Blick aus dem Fenster am Morgen« den Anfang macht, denn in dieser herausgehobenen Position kann er als Sinnbild des frischen Neubeginns aufgefasst werden, der sich mit der lustvollen Erfahrung unbändiger Neugier verbindet – einige Jahre zuvor hatte Brecht in *O Lust des Beginnens!* in hymnischem Ton die freudige Erwartung gefeiert, die mit neuen Tätigkeiten, Erlebnissen und Erfahrungen einhergeht (15, S. 171 f.). Bisweilen wird in *Vergnügungen* auch eine Spannung aufgebaut, zum Beispiel durch die Nennung der »Alte[n] Musik«, der erst in gemessenem Abstand die »Neue Musik« folgt. Andererseits ergeben sich erhellende Zusammenstellungen wie die in einen einzigen Vers gefasste Kombination von »Schreiben« und »Pflanzen«, die auf die buchstäblich fruchtbare, in die Zukunft weisende Wirkung literarischer Schöpfungen hindeutet. Vergnüglich sind beide Aktivitäten, weil sie dem Menschen Gelegenheit zur Entfaltung seiner produktiven Kräfte geben. In den ebenfalls um 1954 entstandenen *Notizen über die Dialektik auf dem Theater* liest man: »Beim Pflanzen, Instandhalten und Verbessern eines Gartens z.B. nehmen wir nicht nur die Vergnügungen, die da geplant sind, voraus, sondern die schöne Tätigkeit selbst, unsere Fähigkeit des Erzeugens macht uns Vergnügen« (23, S. 297).

Eine leicht zu greifende ›Regel‹ in der regellosen Aufzählung, die übrigens ebenso in *O Lust des Beginnens!* wirksam ist, liegt in der gezielten Vermischung leiblich-sinnlicher und geistig-intellektueller Vergnügungen, die bei Brecht gleichberechtigt zu einem erfüllten Dasein gehören, das die ganze Breite humaner Bedürfnisse berücksichtigt. Für ihn stand zum Beispiel fest, dass eine menschenwürdige Existenz über die bloße Versorgung mit Nahrungsmitteln hinaus auch den behaglichen *Genuss* des Essens einschließen müsse. Fröhlich eine üppige Mahlzeit zu verzehren, »das wird / Niedrig gescholten«, heißt es in einem weiteren späten Gedicht, aber der Sprecher setzt diesem Vorurteil seine These entgegen: »in die Grube gelegt werden / Ohne einen Mundvoll guten Fleisches genossen zu haben / Ist unmenschlich« (15, S. 285). Auf der anderen Seite verband Brecht bekanntlich die freie geistige Betätigung, zumal das Lernen, gleichfalls mit Lust und Vergnügen. Sein Galilei, der den leiblichen Freuden keineswegs abgeneigt ist, schon das morgendliche Waschen »prustend und fröhlich« genießt (5, S. 189) und gerne gut und reichlich speist, weiß außerdem: »Das Denken gehört zu den größten Vergnügungen der menschlichen Rasse« (S. 211). Deshalb finden auch die »Dialektik« und das »Begreifen« Aufnahme in unsere poetische Liste, wobei in dem letzteren Wort bemerkenswerterweise wiederum der Aspekt des Zupackens enthalten ist, mit dem man sich einen Gegenstand zu eigen macht. Das Denken stellte für Brecht in erster Linie eine Form der praktischen Weltaneignung dar.

---

8 Jan Knopf: Gelegentlich: Poesie. Ein Essay über die Lyrik Bertolt Brechts. Frankfurt a.M. 1996, S. 227. In einer früheren Arbeit hat Knopf bei der Erläuterung dieses Gedichts klugerweise auf solche Spekulationen verzichtet (vgl. Brecht-Handbuch. Lyrik, Prosa, Schriften. Eine Ästhetik der Widersprüche. Mit einem Anhang: Film. Stuttgart 1984, S. 187–190).

Wie die Verbindungslinien bestätigen, die von fast jedem Element der *Vergnügungen* zu anderen Texten des Autors gezogen werden können, bietet das Gedicht eine Summe der Brecht'schen Lebenslehre, die stets darauf abzielte, das menschliche Dasein genussreich zu gestalten und »auf keine kleinste Freude zu verzichten«, wie es im *Gegenlied*, auch einem Werk aus Brechts letzter Lebensphase, programmatisch heißt (15, S.296). Wenn die Aufzählung schließlich im »Freundlich sein« kulminiert, wird diese ideale Qualität des zwischenmenschlichen Umgangs, die uns schon aus verschiedenen Zusammenhängen vertraut ist, damit nicht nur zu den Quellen des Vergnügens gerechnet, sondern augenscheinlich sogar als deren höchste eingestuft. Ihre Einbeziehung beugt obendrein dem Verdacht vor, es gehe in dem Gedicht lediglich um die Freuden einer beschaulichen Privatexistenz, die zudem die Privilegien eines prominenten Künstlers in der damaligen DDR voraussetze. Freundlichkeit war für Brecht keine persönliche Charaktereigenschaft, die man in den eigenen vier Wänden an den Tag legen mochte, sondern eine soziale Tugend, die freilich nur unter gewissen äußeren Bedingungen wirklich gedeihen konnte. Das Gedicht *Vergnügungen* zeigt exemplarisch, wie stark das baalische Credo des Daseinsgenusses noch in Brechts Spätwerk wirksam ist, es demonstriert aber auch die Verfeinerung, die diese Doktrin mit der Zeit erfahren hat, und ihre Einbindung in gesellschaftliche Zusammenhänge.

Hielt der Verfasser im Jahre 1954, als er diese Verse schrieb, die Zeit für gekommen, in der die Menschen freundlich zueinander sein können, jene ersehnte Epoche, die der Schlussteil von *An die Nachgeborenen* nur von ferne anzudeuten wagte? Brechts Skepsis angesichts der Zustände in der jungen DDR ist zu gut dokumentiert, als dass man ihm eine solche Ansicht unterstellen dürfte. An diesem Punkt wäre aber grundsätzlich zu fragen, in welchem Sinne man die poetische Aufzählung der »Vergnügungen« überhaupt zu verstehen hat. Da der Text weder ein klar konturiertes lyrisches Ich kennt noch eine Zeitbestimmung oder eine sonstige nähere Qualifizierung seiner aneinandergereihten Elemente vornimmt, bleibt offen, ob hier ein Einzelner seine individuellen Vorlieben benennt oder ob Genüsse aufgelistet werden, die allen Menschen zukommen – oder zukommen sollten –, ob befriedigende Erfahrungen sozusagen als fester Besitz gebucht oder vielmehr Erwartungen für die Zukunft artikuliert werden. Wie zu Recht bemerkt worden ist, kann der Leser dem Gedicht ohne weiteres »fordernden, appellativen Charakter« zuschreiben[9], es also als »Antizipation zukünftiger, erst noch zu schaffender Verhältnisse, ja als verschwiegene Andeutung einer konkreten Utopie« lesen[10] und damit als eine Art Idealprogramm betrachten, an dem sich jede historisch spezifische Realität menschlicher Lebensumstände jetzt und in Zukunft messen lassen muss. Erst wenn diese sämtlichen Genüsse bis hin zur Freundlichkeit tatsächlich von jedermann ausgekostet werden können, ist die Welt, um noch einmal das *Gegenlied* zu zitieren, endlich »häuslich« eingerichtet (15, S.296).

Ein weiteres Gedicht von 1954 bedient sich zwar ganz anderer ästhetischer Mittel als die bisher behandelten Texte, gehört aber ebenfalls in den thematischen Zusammenhang der Brecht'schen Alterslyrik, da spätestens sein Schlussvers den Gestus des resümierenden Lebensrückblicks zutage treten lässt:

---

9 Karl Otto Conrady: *Vergnügungen*. In: Ausgewählte Gedichte Brechts mit Interpretationen. Hrsg. von Walter Hinck. Frankfurt a.M. 1978, S.139–146, hier S.146.
10 Franz Norbert Mennemeier: Bertolt Brechts Lyrik. Aspekte, Tendenzen. Berlin ²1998, S.136.

> Ach wie solln wir nun die kleine Rose buchen
> Plötzlich dunkelrot und jung und nah
> Ach wir kamen nicht, sie zu besuchen
> Aber als wir kamen, war sie da.
>
> Vor sie da war, war sie nicht erwartet
> Als sie da war, war sie kaum geglaubt
> Ach, zum Ziele kam, was nie gestartet
> Aber war es so nicht überhaupt?
> (15, S.283)

Vieles an diesen Versen wirkt ausgesprochen untypisch für Brecht. Sowohl das beliebte poetische Motiv der Rose als auch der dreimal anaphorisch wiederholte Seufzer »Ach« werden ohne erkennbare ironische Brechung eingesetzt; hinzu kommt eine ungewöhnlich geschlossene äußere Form, gekennzeichnet durch regelmäßige trochäische Fünfheber – nur die erste Zeile weist eine zusätzliche Hebung auf – und einen schlichten Kreuzreim mit wechselnden Kadenzen. Stilistische Mittel wie das Polysyndeton im zweiten Vers und der Parallelismus in den Versen 5 und 6 sowie der strenge Zeilenstil verleihen dem kleinen lyrischen Gebilde eine überschaubare Struktur und eine fast archaisch anmutende, volksliedhafte Einfachheit. Zwar heben die Wörter »buchen« und »starten« den scheinbar naiven Ton punktuell auf, indem sie eine völlig andere Sprachebene einführen, aber bezeichnenderweise werden beide Wendungen explizit oder implizit verneint: Deutet der Eingangsvers in der ratlosen Frage des Sprechers an, dass die Rose eben nicht ›gebucht‹ werden kann, so heißt es in der vorletzten Zeile: »zum Ziele kam, was *nie* gestartet«. Die sachlich-nüchterne Haltung, die sich in solchen Ausdrücken kundgibt, muss offenbar vor dem simplen Faktum der Rose und der sinnlichen Intensität ihres unerwarteten Anblicks kapitulieren.

Durch ihre bloße Existenz erschüttert die »kleine Rose«, die man nicht rubrizieren, nicht klassifizierend einordnen kann, die Grundfesten eines ganz auf Rationalität und Planbarkeit ausgerichteten Weltverhältnisses. Das Bestreben, gesetzmäßige Entwicklungen zu berechnen oder sie gar eigenmächtig zu steuern, weicht dem Lob des Spontanen, des Unvermuteten und dem Staunen über ein Phänomen, das wie ein Geschenk plötzlich »da« ist. Vor dem Hintergrund einer ehrwürdigen lyrischen Tradition wurde die Rose in diesen Versen bisweilen als Symbol für eine junge Geliebte interpretiert, zumal Brecht den Text wahrscheinlich für seine späte Freundin Isot Kilian, eine Mitarbeiterin des Berliner Ensembles, geschrieben hat; so spricht Sabine Kebir von der »Verwendung der alten Blumenmetapher für eine Geliebte«.[11] Bei näherer Betrachtung erweist sich diese Annahme aber als wenig plausibel, da sich im Text ja kein Ich, sondern ein Wir zu Wort meldet. Liest man das Gedicht als Liebespoesie, muss man demnach das Paar als Subjekt der Rede annehmen, während die Rose allenfalls ein Sinnbild der Liebeserfahrung selbst sein könnte.

Angesichts der verallgemeinernden Schlusswendung mutet jedoch auch eine solche Deutung noch zu eng an. Wenn es »so«, wie hier beschrieben, »überhaupt« zugegangen ist und weiter zugeht, formuliert das Gedicht eine grundsätzliche Aussage darüber, wie Schönes und Erfreuliches im Leben zustande kommt. Die Rose wird damit zum Inbe-

---

11 Sabine Kebir: Ein akzeptabler Mann? Streit um Bertolt Brechts Partnerbeziehungen. Berlin (Ost) 1987, S.185.

griff des Gelingens, der glücklichen Vollendung gegen jede vernünftige Erwägung und grüblerische Planung. Eine ähnliche Rolle spielt in dem Gedicht *Frühling* eine Blüte, die sich wider Erwarten über Nacht auf einem dürren Ast eingestellt hat. Verwiesen sei außerdem auf die Verse *Ich, der ich Rosen aber sterben sah*, wo wiederum die Rose im knapp skizzierten Spannungsfeld von ›memento mori‹ und ›carpe diem‹ alle Genüsse des Daseins repräsentiert. Mit *Ach wie solln wir nun die kleine Rose buchen* schuf Brecht einen äußerlich unscheinbaren, aber gewichtigen lyrischen Gegenentwurf zu einem Dichtungskonzept, das auf eine realistische Belehrung der Rezipienten und auf die Meisterung der Wirklichkeit durch menschliches Planen und Handeln ausgeht. Gewiss wollte er mit dem kleinen Werk nicht alles widerrufen, was er seit rund dreißig Jahren in diesem Sinne geschrieben hatte, aber das Rosengedicht darf doch als behutsame Relativierung gelten, als erfahrungsgesättigter Appell – und als Selbstermahnung? –, nicht in dogmatischen Starrsinn zu verfallen und allzu sehr auf die Berechenbarkeit der Welt zu vertrauen.

In seinen letzten Jahren hatte Brecht zunehmend mit gesundheitlichen Problemen zu kämpfen, die seine Arbeitsfähigkeit beeinträchtigten. Ob er seinen nahen Tod vorausgeahnt hat, wissen wir nicht, doch entstand jedenfalls im Mai 1956, als er wegen einer Grippeerkrankung, von der er sich nicht mehr vollständig erholen sollte, stationär behandelt werden musste, mit *Als ich in meinem Krankenzimmer der Charité* ein Gedicht, das sich genau diesem Thema widmet. Todesnähe und Todesfurcht waren ihm allerdings schon aus seiner Kindheit vertraut, weil er früh an einer Herzkrankheit litt. Bereits die auf den 15. Mai 1913 datierte erste Eintragung in dem ältesten erhaltenen Tagebuch des Jugendlichen schließt mit dem knappen Hinweis »Habe wieder Herzbeschwerden!« (26, S.9), und auf den folgenden Seiten ist mehrfach von kritischen Situationen und quälenden nächtlichen Ängsten die Rede. Noch in der ironischen Bemerkung »In der Gymnasiumszeit hatte ich mir durch allerlei Sport einen Herzschock geholt, der mich mit den Geheimnissen der Metaphysik bekannt machte« (28, S.177), die sich in einem autobiographischen Abriss aus dem Jahre 1922 findet, klingen solche Grenzerfahrungen nach, die vorerst nur mit Galgenhumor bewältigt werden konnten.[12]

Später verfolgte Brecht eine andere Strategie, um mit dem Tod fertig zu werden – er versuchte gewissermaßen, ihn mit Hilfe der Logik zu eliminieren. In einer Aufzeichnung aus den frühen dreißiger Jahren ist zu lesen: »Tragen Sie Herrn Walkers Leiche ins andere Zimmer! Also Herr Walker besitzt eine Leiche? / Mir wird das Leben entrissen. Bin ich denn noch da, wenn es weg ist?« (21, S.522) Diese Bemerkungen umspielen eine Denkfigur, die auf die materialistische Lehre des griechischen Philosophen Epikur zurückgeht: Angst vor dem Tod ist sinnlos, weil sie im Grunde voraussetzt, dass sich die individuelle Persönlichkeit mit ihrem Denk- und Empfindungsvermögen von der leiblichen Existenz trennen lässt; da das menschliche Ich aber mit dem Tod restlos verschwindet, wird es niemals in einen Zustand geraten, in dem ihm das Leben

---

12 Auch in den Weltkriegsgedichten des jungen Brecht spielt der Tod, wie in einem früheren Kapitel zu sehen war, eine überragende Rolle. Auffällig ist außerdem die lebenslange Vorliebe dieses Autors für Epitaph-Gedichte. Vgl. dazu den Überblick bei Erdmut Wizisla: »Hier ruht B.B.«: Botschaften an die Nachwelt. In: Brecht und der Tod. Das Brecht-Jahrbuch 32 (2007), S.107–122.

fehlt. Brecht lernte diese Argumentation wahrscheinlich durch das große Lehrgedicht des römischen Epikur-Schülers Titus Lucretius Carus aus dem ersten vorchristlichen Jahrhundert kennen. In seiner Erzählung *Die Trophäen des Lukullus* von 1939 rezitiert der Feldherr Lukullus im Gespräch mit Lukrez die einschlägigen Hexameter aus dem dritten Buch von *De rerum natura*, beginnend mit dem Vers »Nichts ist also der Tod, nichts geht er, zum mindesten, uns an!«, der gleich vorweg die Hauptthese der Darlegungen formuliert (19, S. 431; vgl. auch 14, S. 431 f.).[13]

Der Marxist Brecht ging aber noch einen Schritt weiter, der ihn über Epikur und Lukrez hinausführte. Einen ersten Hinweis darauf liefert die oben zitierte Notiz, die mit folgender Feststellung einsetzt: »Auch die Todesfurcht […] muß als Folge bestimmter gesellschaftlicher Zustände behandelt werden« (21, S. 522). In diesem Sinne war Brecht bemüht, die Angst vor dem Tod einer kapitalismuskritischen Interpretation zu unterziehen und sie als Produkt der bürgerlichen Eigentumsordnung verständlich zu machen. In *Die Trophäen des Lukullus* gibt Lukrez einige zusätzliche Verse preis, die er aus seinem Lehrgedicht gestrichen hat, »um die Leser nicht allzusehr zu verstimmen« (19, S. 431). Dieser Passus, der im Anschluss an die logische Widerlegung der Todesfurcht nun deren gesellschaftliche Wurzeln aufdeckt, beruht ganz auf Brechts Erfindung:

> Wenn sie so jammern, das Leben werd ihnen geraubt, dann gedenken
> Diese des Raubs, der an ihnen verübt und den sie verübten
> Denn auch das Leben, das ihnen geraubt wird, war ein geraubtes.
> […]
> Keine Gewalttat scheuen die Väter. Mit Mühe nur halten
> Und indem sie Verbrechen begehn, die Erben das Erbteil.
> Ängstlich verbirgt dort der Färber sein kostbar Rezept vor dem Kunden
> Was, wenn's bekannt würd? Und dort in der Runde der bechernden Künstler
> Beißt sich ein Dichter die Zung ab: er hat einen Einfall verraten!
> Schmeichelnd listet der Mann hinterm Strauchwerk dem Mädchen den Beischlaf ab
> Opfer entlockt der Priester der hungernden Pächterfamilie
> Und es bemächtigt der Arzt sich des Leibschadens als eines Geldquells.
> Wer könnt in solcher Welt den Gedanken des Todes ertragen?
> Zwischen ›laß los!‹ und ›ich halt's!‹ bewegt sich das Leben und beiden
> Dem, der da hält, und dem, der entreißt, krümmt die Hand sich zur Klaue.
> (19, S. 432)[14]

Gerlinde Wellmann-Bretzigheimer bringt die Unterschiede zwischen der von Brecht geschaffenen fiktiven Lukrez-Figur und dem antiken Philosophen auf den Punkt[15]:

---

13 Brechts Version der Lukrez-Passage lehnt sich eng an die Übertragung Karl Ludwig von Knebels an. Derselbe von Epikur und Lukrez inspirierte Gedankengang findet sich übrigens in der Episode *Über die Todesfurcht* aus dem *Buch der Wendungen*, in der es unter anderem heißt: »Das schlimme daran, daß einem etwas entrissen wird, ist, daß man selber, um dieses Entrissene beraubt, zurückbleibt. Wenn einem das Leben entrissen wird, bleibt man aber nicht zurück. Es wäre wohl schlimm, ohne Leben zu sein; aber man ist nicht mehr, wenn man nicht mehr lebt« (18, S. 80).

14 Vgl. auch 14, S. 430 f., mit einer etwas anders lautenden Fassung.

15 Vgl. Gerlinde Wellmann-Bretzigheimer: Brechts Gedicht *Als ich in weißem Krankenzimmer der Charité*. Die Hilfe des Sozialismus zur Überwindung der Todesfurcht. In: Brecht-Jahrbuch 1977, S. 30–51, hier S. 35–37.

Der historische Lukrez, der aus der Sicht eines römischen ›pater familias‹ die Annehmlichkeiten des Lebens ausmalt, wird von Brecht gleichsam mit Karl Marx korrigiert – in der bürgerlichen Gesellschaft ist das Dasein ein permanenter Kampf um materielle Selbstbehauptung, um den Erwerb und die Verteidigung von Gütern unter den Bedingungen erbarmungsloser Konkurrenz, und es sind die entsprechenden Gewohnheiten und Denkformen, die zwangsläufig die Angst vor dem Tod nach sich ziehen. Im Kapitalismus begreift der Mensch auch das eigene Leben als ein Besitztum, das er eifersüchtig hüten muss, während der Tod als schlimmster Feind gilt, weil er ihm dieses kostbare Gut schließlich doch entreißt. So begründet Brecht das psychologische Problem der Todesfurcht sozial und ökonomisch. Ein etwa 1943 verfasstes Gedicht verknüpft schließlich sogar den »bürgerlichen Gottesglauben« mit diesem Themenkomplex: Da sie es eben nicht gewohnt sind, irgendetwas ohne Gegenleistung herzugeben, erwarten die Menschen als ›Entgelt‹ für den im Tod erlittenen Verlust der irdischen Existenz »ein besseres Leben« im Jenseits (15, S. 103 f.).

Das *Charité*-Gedicht von 1956 greift die Überlegungen der früheren Jahre auf, ergänzt sie aber auch noch einmal durch einen neuen Gedanken:

> Als ich in meinem Krankenzimmer der Charité
> Aufwachte gegen Morgen zu
> Und eine Amsel hörte, wußte ich
> Es besser. Schon seit geraumer Zeit
> Hatte ich keine Todesfurcht mehr, da ja nichts
> Mir je fehlen kann, vorausgesetzt
> Ich selber fehle. Jetzt
> Gelang es mir, mich zu freuen
> Alles Amselgesanges nach mir auch.[16]

Sichtbar wird ein dreistufiger Erkenntnisprozess des lyrischen Ich, gegliedert durch zwei tiefe Einschnitte oder Sprünge, deren erster nur im Rückblick erwähnt wird, während der zweite das eigentliche Thema des Gedichts bildet.[17] In einer weiter entfernten Vergangenheit empfand der Sprecher noch Angst vor dem Tod, die er dann irgendwann – mit dem ersten Sprung – überwand, indem er sich zu der von Epikur und Lukrez vertretenen Anschauung bekannte. Diese Position wird so knapp wie irgend möglich referiert: »da ja nichts / Mir je fehlen kann, vorausgesetzt / Ich selber fehle«; wenn das Ich nicht mehr ist, kann es auch nichts vermissen und somit von keinem Mangel gequält werden. Brechts Formulierung lässt die kapitalismuskritische Perspektive zumindest noch erahnen: Angesichts des Todes verliert das habitualisierte Besitzdenken jeden Sinn, weil der Tod nicht nur den Besitz raubt, sondern auch den Besitzer selbst auslöscht.

Wie dieser erste Erkenntnisfortschritt des Ich durch eine mittels des Zeilenbruchs isoliert gestellte Zeitangabe hervorgehoben wird (»Schon seit geraumer Zeit«), so

---

16 Die GBFA bietet im Eingangsvers die fehlerhafte Lesart »in weißem Krankenzimmer«, was hier nach der Handschrift korrigiert wird; im Übrigen folgt der oben abgedruckte Text dieser Ausgabe (15, S. 300). Vgl. dazu Bodo Plachta: Chaos oder »lebendige Arbeit«? Zu den Problemen der Überlieferung von Brechts Lyrik. In: Edition und Interpretation moderner Lyrik seit Hölderlin. Hrsg. von Dieter Burdorf. Berlin u.a. 2010, S. 177–192, hier S. 184–187.
17 Vgl. Wellmann-Bretzigheimer: Brechts Gedicht *Als ich in weißem Krankenzimmer der Charité*, S. 30.

geschieht es auch mit dem zweiten Sprung, dem Übergang zur dritten und letzten Etappe, der sich erst kürzlich bei jenem Aufwachen im Krankenzimmer ereignet hat: »Jetzt«. Mit der bloßen Überwindung der Angst vor dem Tod im Rückgriff auf Logik und Philosophie ist der Lernprozess noch nicht an sein Ziel gelangt. Zu der dem materialistischen Denken geschuldeten Einsicht des Sprechers, dass der Tod das Ich mit all seinen Ansprüchen und Sorgen gänzlich vernichtet, tritt nun der Blick über seine begrenzte individuelle Existenz hinaus. Wo vorher lediglich die Abwesenheit von Angst war, breitet sich jetzt angesichts des Amselgesangs die Freude über die Schönheiten aus, die künftige Generationen noch werden genießen können. Das Wissen (um die Haltlosigkeit der Todesfurcht) macht einem ›Besser-Wissen‹ Platz, der reine Ich-Bezug wird durch die Menschheitsperspektive ersetzt. Während Brechts frühes Gedicht *Gegen Verführung* über den Tod nur sagen konnte: »Und es kommt nichts nachher« (11, S.116), rücken die *Charité*-Verse jene ganz irdische Transzendenz in den Vordergrund, die durch die Fortdauer des Menschengeschlechts gewährleistet ist. Dieser erneute Wechsel auf eine höhere Stufe der Betrachtung stellt sich im Moment des Erwachens wie eine plötzliche Erleuchtung ein, wird aber durch die Wortwahl – »Gelang es mir« – zugleich als eine *Leistung* ausgewiesen; es kostet eben buchstäblich Selbstüberwindung, vom eigenen Ich abzusehen. Übrigens kontrastiert die Zeitangabe »gegen Morgen zu« wirkungsvoll mit der unübersehbaren Todesnähe des lyrischen Ich. In der Morgendämmerung deutet sich eine Zukunft an, deren Vorgefühl der Sprecher genießt, obwohl er weiß, dass er sie persönlich nicht mehr erleben wird.

Nach der immanenten Logik von Brechts Gedankengängen musste der verwirklichte Sozialismus dereinst mit dem unablässigen Kampf um Besitz auch die Todesfurcht der Menschen aufheben. Im Gedicht ist davon freilich nicht die Rede, weshalb Wellmann-Bretzigheimers Schlussfolgerung, dass die »Überwindung der Individualität« der »Einführung des Sozialismus und des Kollektivdenkens zu verdanken« sei[18], den Text zweifellos überfordert, zumal Brecht 1956 in der DDR die ideale sozialistische Ordnung noch keineswegs realisiert sah. Erst recht überdehnt die Autorin ihre ansonsten plausible Interpretation, wenn sie die Amsel als Sinnbild des streitbaren sozialistischen Dichters versteht, der sich hier mit der Gewissheit tröste, dass künftig andere seine Aufgaben als »Vorkämpfer für eine bessere Zeit« übernehmen werden.[19] Der Gesang des Vogels erscheint im Gedicht als Inbegriff des Schönen, als Gegenstand des sinnlichen Genusses, nicht als Chiffre für parteikonforme Gebrauchspoesie. Sich an ihm zu erfreuen, bedeutet eine Glückserfahrung, die keiner gewundenen politischen Legitimation bedarf. »Weniger als alles andere brauchen Vergnügungen eine Verteidigung«, heißt es im *Kleinen Organon für das Theater* (23, S.67).[20]

---

18 Ebd., S.47.
19 Ebd., S.45.
20 Auch Wellmann-Bretzigheimers Hinweis auf das Gedicht *Die Vögel warten im Winter vor dem Fenster* (12, S.291; vgl. dazu das Kapitel »Kinderlieder«) ist nicht geeignet, ihre Deutung zu stützen. Dessen Pointe besteht nämlich gerade darin, dass der schöne Gesang der Amsel als »Arbeit« anerkannt und entsprechend entlohnt wird, obwohl er keine unmittelbar nützliche Funktion erfüllt. Die Amsel in diesem Kontext als Symbolfigur für einen »Agitator« aufzufassen, der »nach Plan und Auftrag Parteiarbeit treibt«, mutet reichlich abwegig an (Gerlinde Wellmann-Bretzigheimer: Brechts Gedicht *Die Vögel warten im Winter vor dem Fenster*. In: Basis 6 (1976), S.97–114, 237f., hier S.103).

Brecht wusste selbstverständlich sehr genau, dass er in seinem literarischen Werk über den Tod hinaus präsent und wirksam bleiben würde, und wandte diesem Thema auch wiederholt seine Aufmerksamkeit zu. Anhand einiger Gedichte sollen im Folgenden seine diesbezüglichen Überlegungen rekonstruiert werden, weil sich schwerlich ein passenderer Abschluss für eine monographische Untersuchung zu seiner Lyrik denken lässt. Zum Alterswerk des Dichters zählt allerdings nur ein kleiner Teil der einschlägigen Texte. Die Frage nach dem Überdauern seiner Arbeiten, die aufs engste mit seinem Realismusverständnis und seinen Thesen zum Verhältnis zwischen Lehrer und Schüler bzw. Autor und Leser verknüpft ist, beschäftigte ihn spätestens seit den ausgehenden zwanziger Jahren.[21]

Noch ganz im Banne des Kampfes gegen den bürgerlichen Individualismus, der auch die in jener Zeit entstandenen Lehrstücke prägt, steht das Gedichtfragment *Die vier Vorschläge für Grabschrift, immerfort korrigiert* von 1929:

> Schreibt nichts auf den Stein
> Außer den Namen.
>
> Ich vergaß: den Namen
> Könnt ihr weglassen.
> (14, S. 40)

Die Verse dürften als Abschluss eines größeren Gedichts gedacht gewesen sein, in dessen Verlauf eine umfangreiche, vielleicht pompöse Grabinschrift immer weiter reduziert werden sollte, bis am Ende gar nichts mehr übrig geblieben wäre. Ein solcher Text hätte das von Brecht geforderte Einverständnis mit der gänzlichen Auslöschung des Individuums, das auch den Verzicht auf Erinnerung und Gedenken einschließt, anschaulich vorexerziert.

Im Zuge der fortschreitenden Ausarbeitung seiner realistischen Poetik gelangte Brecht jedoch zu einer anderen Ansicht. In dem um 1939 verfassten Rollengedicht *Adresse des sterbenden Dichters an die Jugend* (14, S. 455 f.) wird die Hoffnung auf ein Fortleben im Gedächtnis der Nachwelt zwar ebenfalls zurückgewiesen, doch geschieht dies jetzt im Hinblick auf einen ganz speziellen Fall und vor dem Hintergrund eines klar konturierten Ideals lehrhafter, klassenkämpferisch funktionalisierter Literatur. Es spricht nämlich ein Poet, der sich zeitlebens den Herrschenden, den »Unfruchtbaren« angedient hat, statt den »Nützlichen und Schaffenden« die notwendige »Belehrung« zukommen zu lassen. Für ihn wird es keinen bleibenden Ruhm geben, weil sein Werk nicht produktiv geworden ist: »Nicht ein Wort / Weiß ich für euch, ihr Geschlechter kommender Zeiten«. So kann er die »jungen Leute« und selbst die »Ungeborene[n]« in seinem Vermächtnis nur ermahnen, sein »schlechtes Beispiel« nicht nachzuahmen und ihn im Übrigen »[s]chnell zu vergessen«. Zu erinnern ist in diesem Zusammenhang auch an das im gleichen Zeitraum entstandene Gedicht *Wie künftige Zeiten unsere*

---

21 Hatte der junge Brecht im Zuge der Abkehr von religiösen Verheißungen noch das Motiv der Vergänglichkeit akzentuiert und gerne in lyrischen Untergangs- und Verfallsvisionen geschwelgt, so konzentrierte sich das Interesse des Autors seit seiner Hinwendung zum Marxismus auf die Zukunft und die bleibenden Wirkungsmöglichkeiten des Menschen. Verwiesen sei hier noch einmal auf das Thema der Dauer von Wort und Schrift, das in den *Svendborger Gedichten* eine zentrale Rolle spielt.

Schriftsteller beurteilen werden (14, S. 433 f.)²² mit seiner Unterscheidung zwischen denen, die »auf die goldenen Stühle gesetzt sind, zu schreiben«, und denen, die »auf dem nackten Boden saßen, zu schreiben / Die unter den Niedrigen saßen / Die bei den Kämpfern saßen« und von deren Taten und Leiden berichteten. Die Bewunderung kommender Generationen wird den Letzteren gelten, nicht den »erhabenen Gedanken« und »erlesenen Ausdrücken« der Ersteren, die doch nur das Elend der Ausgebeuteten hinter einer glänzenden Fassade verstecken.

Ein positives Gegenmodell zur *Adresse des sterbenden Dichters an die Jugend* entwirft das folgende Gedicht aus der Zeit um 1933:

> Ich benötige keinen Grabstein, aber
> Wenn ihr einen für mich benötigt
> Wünschte ich, es stünde darauf:
> Er hat Vorschläge gemacht. Wir
> Haben sie angenommen.
> Durch eine solche Inschrift wären
> Wir alle geehrt.
> (14, S. 191 f.)

Ebenso wie viele andere Äußerungen Brechts zur Frage des literarischen Nachruhms spielen diese Verse untergründig auf das berühmte dreißigste Gedicht aus dem dritten Buch der *Oden* des Horaz an. Auch der römische Dichter erklärt – implizit – einen Grabstein für überflüssig, denn er weiß sich durch die unvergleichliche Sprachkunst seiner Werke ohnehin sehr viel tiefer und sicherer im Gedächtnis der Nachwelt verankert:

> Errichtet hab' ich ein Denkmal, dauerhafter als Erz,
> Das die Königsgräber, die Pyramiden, überragt,
> Das nicht nagender Regen, nicht der ungestüme Nordwind
> Zu zerstören vermag noch die endlose
>
> Reihe der Jahre und die flüchtige Zeit.
> Nicht völlig werde ich sterben, und ein großer Teil von mir
> Wird der Todesgöttin entfliehen. […]²³

Horaz gründet dieses stolze Selbstbewusstsein auf seine Leistung, »als erster äolisches Lied und lateinische / Weisen« miteinander verbunden, also die großen griechischen Vorbilder in seiner Muttersprache kongenial nachgeahmt zu haben. Brechts Gedicht spricht dagegen nüchtern, fast unterkühlt von »Vorschläge[n]«, die nicht einmal notwendigerweise in literarischer Form unterbreitet worden sein müssen, obwohl es nahe liegt, die Verse (auch) auf belehrende Dichtung zu beziehen. Dem Sprecher geht es jedenfalls nicht um den bewundernswerten Rang ästhetischer Schöpfungen, sondern um die praktischen Impulse, die er seinen Mitmenschen gegeben hat. In der Wirkung, die sie entfalten, sollen sie sein Dasein gleichsam über den Tod hinaus verlängern. Gegenüber Horaz verlagert sich die Aufmerksamkeit vom eigenen Ich und der zeitlosen Manifestation seiner Größe auf die gesellschaftlich fruchtbaren Effekte, die von ihm ausgegangen sind.

---

22 Vgl. dazu ausführlicher das Kapitel »Brecht und der Sozialismus«.
23 Quintus Horatius Flaccus: Oden und Epoden. Hrsg. und übersetzt von Gerhard Fink. Düsseldorf u. a. 2002, S. 213 (Oden III, 30, 1–7).

Wir kennen das Denkmuster bereits aus dem Gedicht *Die Teppichweber von Kujan-Bulak ehren Lenin* aus der Svendborger Sammlung (12, S. 37–39).[24] Einen großen Lehrer wie Lenin würdigt man nicht durch ein totes Monument – die Teppichweber wollen das gesammelte Geld zunächst in eine »gipserne Büste« investieren –, sondern dadurch, dass man seine Lehren beherzigt und umsetzt, wie es mit der Vertilgung des Fiebersumpfes schließlich auch geschieht: »So nützten sie sich, indem sie Lenin ehrten und / Ehrten ihn, indem sie sich nützten und hatten ihn / Also verstanden.« In *Ich benötige keinen Grabstein* formuliert ein Lehrer als sein Vermächtnis die Hoffnung, dass ihm ein ähnliches Nachleben beschieden sein werde.

Walter Hinck bemerkt freilich zu Recht, dass den Versen »eine Spur von Selbstgerechtigkeit« anhaftet, weil sie keine kritische Prüfung der »Vorschläge« durch die ›Schüler‹ vorsehen.[25] Damit »deutet sich eine Vorstellung des Fertigen, Abgeschlossenen an, die mit dem Prozeßhaften, als das Brecht sein Werk und dessen Wirkung versteht, nicht recht vereinbar ist.«[26] Eine differenziertere Argumentation entwickelt das umfangreiche Gedicht *Über die Bauart langdauernder Werke*, von dem um 1930 zwei Fassungen niedergeschrieben wurden; die folgenden Ausführungen beziehen sich auf die zweite (14, S. 36–38). Dieser Text hebt alle hierarchischen und autoritären Verhältnisse auf, indem er das Fortleben eines Werkes ganz an dessen produktive Wechselwirkung mit den künftigen Rezipienten bindet. Gleich die ersten Verse erteilen der traditionellen Vorstellung, dass Künstler ihre Schöpfungen als ein für allemal abgeschlossene Gebilde an die Nachwelt weitergeben, eine pointierte Absage, indem sie ›dauern‹ und ›fertig werden‹ in eins setzen: »Wie lange / Dauern die Werke? So lange / Als bis sie fertig sind.« Anschließend wird diese ungewöhnliche Betrachtungsweise näher begründet:

Solange sie nämlich Mühe machen
Verfallen sie nicht.

Einladend zur Mühe
Belohnend die Beteiligung
Ist ihr Wesen von Dauer, solange
Sie einladen und belohnen.

Ein literarisches Werk überdauert nur so lange, wie es fähig ist, sein Publikum zur eigenständigen Mitarbeit, zu »Mühe« und »Beteiligung« zu animieren. Hat es sein anregendes Potenzial, seinen Gebrauchswert also, einmal erschöpft, kann es tatsächlich als fertig gelten – aber ›fertig‹ heißt dann nichts anderes als ›historisch erledigt‹. Deshalb müssen alle wahrhaft bedeutenden Kunstwerke für ihre Fortführung in der Rezeption, in der menschlichen Praxis offen und folglich im höheren Sinne unvollendet sein:

---

[24] Vgl. zu diesem Bezug Hans Mayer: Brecht. Frankfurt a.M. 1996, S. 245–248. Genauer analysiert wird das *Teppichweber*-Gedicht in dem Kapitel »Lehren und Lernen: Brechts realistische Poetik«.

[25] Walter Hinck: *Ich benötige keinen Grabstein*. In: Ausgewählte Gedichte Brechts mit Interpretationen. Hrsg. von Walter Hinck. Frankfurt a.M. 1978, S. 152–155, hier S. 153. Ähnlich Wizisla: »Hier ruht B.B.«, S. 115.

[26] Hinck: *Ich benötige keinen Grabstein*, S. 155.

> Die nützlichen
> Verlangen Menschen
> Die kunstvollen
> Haben Platz für Kunst
> Die weisen
> Verlangen Weisheit
> Die zur Vollständigkeit bestimmten
> Weisen Lücken auf
> Die langdauernden
> Sind ständig am Einfallen
> Die wirklich groß geplanten
> Sind unfertig.

Für Brecht, der an anderer Stelle gegen die verbreitete Neigung polemisierte, ein Produkt der Kunst »als etwas Naturwüchsiges, Eingussiges [!], Unänderbares zu betrachten« (29, S.320), weisen literarische Werke prinzipiell einen dialogischen, prozesshaften Charakter auf. Sie entstehen nicht durch die souveräne Setzung eines genialen Urhebers in einem einmaligen schöpferischen Akt, sondern im Zuge des kollektiven Produzierens, im unablässigen Zwiegespräch mit dem Publikum – bezeichnenderweise kommen ihre *Verfasser* in dem Gedicht gar nicht vor.[27] Mit Hinck kann man hier eine »›totale‹ Wirkungsästhetik« formuliert sehen, »die dem Werk wie dem Autor nur noch Bedeutung zuspricht, sofern sie noch eine das Handeln mobilisierende Wirkkraft besitzen.«[28] Indem er den Leser zum gleichberechtigten Mit-Schöpfer erhebt, bezieht Brecht eine dezidierte Gegenposition zu Horaz, der die Gewissheit eines unverlierbaren Nachruhms ja gerade auf seine ganz individuelle dichterische Leistung stützt.

Der kürzere zweite Teil des Gedichts kommt auf die spezifischen Umstände zu sprechen, die eine »lange Dauer« von Werken wünschenswert machen können. Nützliche Anregungen müssen auch unter widrigen Bedingungen ihre Adressaten erreichen:

> Wenn etwas gesagt werden soll, was nicht gleich verstanden wird
> Wenn ein Rat gegeben wird, dessen Ausführung lange dauert
> Wenn die Schwäche der Menschen befürchtet wird
> Die Ausdauer der Feinde, die alles verschüttenden Katastrophen
> Dann muß den Werken eine lange Dauer verliehen werden.

Ähnliche Überlegungen begegnen einige Jahre später in *Wie soll ich unsterbliche Werke schreiben*. Hier spricht nun zwar ein Dichter in der Ich-Form seinen Wunsch nach dauerhaftem Ruhm aus, aber er begründet dieses Verlangen ausschließlich mit der Notwendigkeit, seinen Werken, die wieder kühl als »Vorschläge« bezeichnet werden, die angestrebte praktische Wirkung zu sichern: »Ich schreibe meine Vorschläge in einer

---

27 Nicht nur vom Zeitpunkt ihrer Entstehung her rücken die Verse damit in die Nachbarschaft jener Texte Brechts, die die Auflösung des Individuums proklamieren. Mit den ausführlichen Überlegungen zur Fortwirkung der *Werke* eines solchen Individuums bilden sie aber zugleich eine Brücke zu den späteren Gedichten, die allmählich auch der Person des Dichters wieder Aufmerksamkeit schenken.

28 Walter Hinck: Alle Macht den Lesern. Literaturtheoretische Reflexion in Brechts Lyrik. In: ders.: Von Heine zu Brecht. Lyrik im Geschichtsprozeß. Frankfurt a.M. 1978, S.105–124, 147–149, hier S.120.

haltbaren Sprache / Weil ich fürchte, es dauert lange, bis sie ausgeführt sind« (14, S.343).[29]

Sollten sie aber irgendwann tatsächlich ausgeführt sein, so wären die entsprechenden Texte, wie man folgern darf, im selben Augenblick überholt, »fertig« in dem oben erläuterten Sinne des Wortes. Es liegt in der Konsequenz von Brechts Thesen, dass literarische Werke stets auf ihr eigenes Überflüssig-Werden hinarbeiten, denn solange sie ›dauern‹, also weiterhin kritisch und belehrend wirken können, sind die Bedingungen, unter denen sie entstanden, offenkundig noch nicht durchgreifend verbessert, die Missstände, gegen die sie sich richteten, noch nicht beseitigt worden. Ein echter realistischer Dichter rechnet deshalb nicht nur mit einer Zukunft, in der man ihn vergessen wird, sondern sehnt sie sogar förmlich herbei. Dazu hat sich auch das lyrische Ich in *Einst dachte ich: in fernen Zeiten* nach und nach durchgerungen (14, S.320 f.). Diese Verse, die aus dem Jahre 1936 stammen, beginnen mit einem Rückblick auf die frühere Haltung des Sprechers, der wieder unverkennbar auf Horaz Bezug nimmt:

1
Einst dachte ich: in fernen Zeiten
Wenn die Häuser zerfallen sind, in denen ich wohne
Und die Schiffe verfault, auf denen ich fuhr
Wird mein Name noch genannt werden
Mit andren.

Die im Folgenden aufgezählten Gründe für diese Erwartung weichen allerdings von denen des römischen Dichters ab und verweisen sehr deutlich auf Brechts Realismusverständnis. Die Werke des Sprechers verdienen Anerkennung, weil sie der Rühmung des Nützlichen, dem Kampf gegen die Religion und gegen die Unterdrückung, dem Lob der Menschen, die ihr Leben selbst gestalten, und der Anleitung zu »praktische[m] Verhalten« gewidmet sind. Trotzdem hat er mit der Zeit eingesehen, dass ein ewiger Ruhm seines Namens weder zu erhoffen noch überhaupt erstrebenswert ist:

5
Aber heute
Bin ich einverstanden, daß er vergessen wird.
Warum
Soll man nach dem Bäcker fragen, wenn genügend Brot da ist?
Warum
Soll der Schnee gerühmt werden, der geschmolzen ist
Wenn neue Schneefälle bevorstehen?
Warum
Soll es eine Vergangenheit geben, wenn es eine
Zukunft gibt?

Sind einmal die Ziele erreicht, für die sich das Ich zeitlebens schreibend eingesetzt hat, kann der Weg, der dorthin führte, getrost vergessen werden – und mit ihm all jene, die

---

29 Dass sich solche Befürchtungen während der Phase der nationalsozialistischen Herrschaft aufdrängen mussten, versteht sich fast von selbst. Im finnischen Exil notierte Brecht in seinem Journal: »Werken eine lange Dauer verleihen zu wollen, zunächst nur eine ›natürliche‹ Bestrebung, wird ernsthafter, wenn ein Schreiber Grund zu der pessimistischen Annahme zu haben glaubt, seine Ideen [...] könnten eine sehr lange Zeit brauchen, um sich durchzusetzen« (26, S.477/479).

dazu beitrugen, dass er zurückgelegt wurde. Die den sechsten Abschnitt bildende Schlussfrage »Warum / Soll mein Name genannt werden?« hat vor diesem Hintergrund nur noch rhetorischen Charakter.[30]

Noch prägnanter wird der Verzicht eines Dichter-Ichs auf zeitlosen Nachruhm in einem Gedicht ausgesprochen, das uns wieder in das Umfeld von Brechts Alterswerk zurückführt. Der Text gehört wahrscheinlich in das Jahr 1955 und trägt die vielsagende Überschrift *Der schöne Tag, wenn ich nutzlos geworden bin* (15, S. 295). Im ersten Abschnitt malt sich der Sprecher diesen künftigen Tag aus:

> Das ist ein fröhlicher Tag, an dem es heißt:
> Legt die Waffen weg, sie sind nicht mehr nötig!
> Das waren gute Jahre, nach denen
> Die Waffen aus den Schuppen gezogen werden, und es zeigt sich:
> Sie sind rostig.

Da realistische Werke die Meisterung der Wirklichkeit unterstützen und Hilfe im Klassenkampf bringen, kann man sie als »Waffen« ansehen, die im Augenblick des errungenen Sieges überflüssig werden. Allerdings schließt das Gedicht mit der nun aus dem Blickwinkel der Gegenwart formulierten Mahnung, die Waffen keinesfalls zu früh aus der Hand zu geben: »Freilich wünschte ich, daß mich der letzte erst weglegt / Der von den Hunden gebissen wurde.«

Es war aber bereits mehrfach davon die Rede, dass der späte Brecht in seinen poetologischen Reflexionen zunehmend das Vergnügen und den Genuss in den Vordergrund stellte. Unter dieser Prämisse wird in manchen Texten seiner letzten Jahre auch die folgerichtige Selbstaufhebung des eingreifenden Schreibens im historischen Prozess relativiert. Neben den unmittelbaren Nutzen eines Werkes tritt jetzt die Freude an seiner Schönheit; die Betonung der kämpferischen Wirkung verbindet sich mit der Aufmerksamkeit für den ästhetischen Rang. Ein kleines, effektvoll um eine Mittelachse angeordnetes Gedicht von 1951 bringt die ideale Verknüpfung beider Aspekte auf den Punkt:

> Auf einen chinesischen Teewurzellöwen
> Die Schlechten fürchten deine Klaue.
> Die Guten freuen sich deiner Grazie.
> Derlei
> Hörte ich gern
> Von meinem Vers.
> (15, S. 255)

Die Verse, die das Ich schreibt, sollen nach dem Vorbild des chinesischen Glücksbringers den Kampf gegen die Schlechten befördern und zugleich durch künstlerische An-

---

30 Philip Thomson macht darauf aufmerksam, dass man dem Gedicht – und einigen anderen Texten des gleichen Typs – auch eine hochgradig ironische Haltung zuschreiben kann, weil der lyrische Sprecher, indem er zunächst vier Abschnitte lang seine großen Verdienste ausbreitet, dem abschließenden Einverständnis mit dem eigenen Vergessenwerden von vornherein seine Überzeugungskraft raubt (The Poetry of Brecht. Seven Studies. Chapel Hill u.a. 1989, S. 182–189). Ein Versuch, die manifeste Aussage der Verse in ihr glattes Gegenteil zu verkehren, würde ihnen jedoch wohl kaum gerecht werden. Zu konstatieren ist vielmehr eine unaufhebbare Spannung zwischen stolzem Selbstbewusstsein und bescheidener Einsicht in die Gesetze des historischen Ablaufs, die man durchaus mit Brechts persönlicher Einstellung in Verbindung bringen darf.

mut die Guten erfreuen.³¹ Werke, die diesen doppelten Anspruch einlösen, wären auch dann nicht überholt, wenn einmal bessere gesellschaftliche Verhältnisse einträten – bedürfte man ihrer nicht mehr als Waffen, so bliebe doch die Lust, die ihre »Grazie« dem Leser bereitet. Von solchen Aussichten sprechen auch einige bemerkenswerte Zeilen, die Brecht 1955 notierte:

> Einmal, wenn da Zeit sein wird
> Werden wir die Gedanken aller Denker aller Zeiten bedenken
> Alle Bilder aller Meister besehen
> Alle Spaßmacher belachen
> Alle Frauen hofieren
> Alle Männer belehren
> (15, S. 293)

Hier geht es offenkundig nicht allein darum, dass jeder Genuss eine gewisse Muße voraussetzt. Aufgerufen wird vielmehr die Idee einer utopischen Vollendung der Geschichte, einer Zukunft jenseits aller Kämpfe und Konflikte: Die eingangs beschworene »Zeit« trägt eschatologische Züge. Wie die Verwendung der ersten Person Plural zeigt, entwirft das Gedicht eine zum Genuss befreite Menschheit, die sich ohne jeden Zwang und somit allein zu ihrem Vergnügen die kulturellen Leistungen sämtlicher vergangenen Epochen aneignen kann.

Vorgriffe wie in diesem Text hat sich der Dichter nur in wenigen Ausnahmefällen erlaubt.³² Walter Hinck macht auf die erstaunliche Parallele zu den von messianischen Hoffnungen durchdrungenen geschichtsphilosophischen Spekulationen Walter Benjamins aufmerksam, die Brecht für gewöhnlich mit großer Skepsis betrachtete.³³ In *Über den Begriff der Geschichte* hatte der Freund aus Svendborger Tagen geschrieben: »Freilich fällt erst der erlösten Menschheit ihre Vergangenheit vollauf zu. Das will sagen: erst der erlösten Menschheit ist ihre Vergangenheit in jedem ihrer Momente zitierbar geworden.«³⁴ Ob Brecht ernstlich an die Möglichkeit einer solchen Zukunft geglaubt hat, muss offen bleiben. Ihre lyrische Beschwörung markiert aber jedenfalls einen extremen Pol seiner Überlegungen zum Nachleben literarischer Werke – nicht zuletzt seiner eigenen.

Bertolt Brechts Grabstein auf dem Dorotheenstädtischen Friedhof in Berlin trägt nur seinen Namen. Für einen passenden Nachruf hatte der Dichter jedoch selbst einen Vorschlag parat: »Schreiben Sie, daß ich unbequem war und es auch nach meinem Tode zu bleiben gedenke. Es gibt auch dann noch gewisse Möglichkeiten.«³⁵ Er traute seinen Werken demnach zu, ›lange zu dauern‹ und weiterhin produktive Unruhe zu stiften. Dass sich die kritische Auseinandersetzung mit ihnen in der Tat noch heute lohnt, weil sie eine Fülle von Denkanstößen vermitteln und darüber hinaus intellektuelles Vergnügen und ästhetischen Genuss in gleichem Maße gewähren, haben die in diesem Buch vorgelegten Lyrikinterpretationen hoffentlich sichtbar gemacht.

---

31 »Hörte« kann als Konjunktiv wie auch als Vergangenheitsform aufgefasst werden. Plausibler ist aber die erstere Lesart, die auf einen Wunsch oder Vorsatz des Poeten deutet.
32 Vgl. dazu das Kapitel »Brecht und der Sozialismus«.
33 Vgl. Hinck: Alle Macht den Lesern, S. 115.
34 Walter Benjamin: Gesammelte Schriften. Hrsg. von Rolf Tiedemann und Hermann Schweppenhäuser. Bd. I.2. Frankfurt a.M. 1974, S. 694.
35 Zit. nach Werner Hecht: Brecht Chronik. 1898–1956. Frankfurt a.M. 1997, S. 1242.

Auswahlbibliographie

Hinweis:
Die zahlreichen Interpretationen von einzelnen Brecht-Gedichten können hier aus Platzgründen nicht verzeichnet werden, aber viele von ihnen erscheinen in den Anmerkungen dieser Studie. Eine umfangreichere Zusammenstellung der Forschungsliteratur zu Brechts Lyrik findet sich auf meiner Homepage am Germanistischen Seminar der Universität Mannheim.

1. Monographien und kommentierte Editionen

Arendt, Christine: Natur und Liebe in der frühen Lyrik Brechts. Frankfurt a.M. u.a. 2001.
Berg, Günter; Jeske, Wolfgang: Bertolt Brecht. Stuttgart u.a. 1998.
Bertolt Brechts *Buckower Elegien*. Mit Kommentaren von Jan Knopf. Frankfurt a.M. 1986.
Bertolt Brechts *Terzinen über die Liebe*. Hrsg. von Jan Knopf. Frankfurt a.M. 1998.
Birkenhauer, Klaus: Die eigenrhythmische Lyrik Bertolt Brechts. Theorie eines kommunikativen Sprachstils. Tübingen 1971.
Bohnert, Christiane: Brechts Lyrik im Kontext. Zyklen und Exil. Königstein i.T. 1982.
Buhl, Barbara: Bilder der Zukunft: Traum und Plan. Utopie im Werk Bertolt Brechts. Bielefeld 1988.
Choi, Young-Jin: Die Expressionismusdebatte und die *Studien*. Eine Untersuchung zu Brechts Sonettdichtung. Frankfurt a.M. u.a. 1998.
Dümling, Albrecht: Laßt euch nicht verführen. Brecht und die Musik. München 1985.
Frenken, Herbert: Das Frauenbild in Brechts Lyrik. Frankfurt a.M. u.a. 1993.
Frey, Daniel: Rosen in finsteren Zeiten. Zur politischen Bildlichkeit bei Bertolt Brecht. Bern u.a. 1988.
Fuhrmann, Marion: Hollywood und Buckow. Politisch-ästhetische Strukturen in den Elegien Brechts. Köln 1985.
Geppert, Hans Vilmar: Bert Brechts Lyrik. Außenansichten. Tübingen 2011.
Grimm, Reinhold: Bertolt Brecht. Stuttgart ³1971.
Grimm, Reinhold: Brecht und Nietzsche oder Geständnisse eines Dichters. Fünf Essays und ein Bruchstück. Frankfurt a.M. 1979.
Hartinger, Christel: Bertolt Brecht – das Gedicht nach Krieg und Wiederkehr. Studien zum lyrischen Werk 1945–1956. Berlin (Ost) 1982.
Hill, Claude: Bertolt Brecht. München 1978.
Hillesheim, Jürgen: »Ich muß immer dichten«. Zur Ästhetik des jungen Brecht. Würzburg 2005.
Hinck, Walter: Die deutsche Ballade von Bürger bis Brecht. Kritik und Versuch einer Neuorientierung. Göttingen 1968.
Hohenwallner, Ingrid: Antikerezeption in den Gedichten Bertolt Brechts. Möhnesee 2004.
Jesse, Horst: Die Lyrik Bertolt Brechts von 1914–1956 unter besonderer Berücksichtigung der »ars vivendi« angesichts der Todesbedrohungen. Frankfurt a.M. u.a. 1994.
Joost, Jörg-Wilhelm; Müller, Klaus-Detlef; Voges, Michael: Bertolt Brecht. Epoche – Werk – Wirkung. München 1985.
Karcher, Simon: Sachlichkeit und elegischer Ton. Die späte Lyrik von Gottfried Benn und Bertolt Brecht – ein Vergleich. Würzburg 2006.
Kienast, Welf: Kriegsfibelmodell. Autorschaft und »kollektiver Schöpfungsprozess« in Brechts *Kriegsfibel*. Göttingen 2001.

Killy, Walther: Über Gedichte des jungen Brecht. Göttingen 1967.
Kittstein, Ulrich: Bertolt Brecht. Paderborn 2008.
Kloepfer, Albrecht: Poetik der Distanz. Ostasien und ostasiatischer Gestus im lyrischen Werk Bertolt Brechts. München 1997.
Knopf, Jan: Bertolt Brecht. Stuttgart 2000.
Knopf, Jan: Bertolt Brecht. Leben – Werk – Wirkung. Frankfurt a.M. 2006.
Knopf, Jan: Brecht-Handbuch. Lyrik, Prosa, Schriften. Eine Ästhetik der Widersprüche. Mit einem Anhang: Film. Stuttgart 1984.
Knopf, Jan: Gelegentlich: Poesie. Ein Essay über die Lyrik Bertolt Brechts. Frankfurt a.M. 1996.
Kuplis, Aija: The Image of Woman in Bertolt Brecht's Poetry. Diss. Madison, Wis. 1976.
Lee, Seung Jin: *Aus dem Lesebuch für Städtebewohner*. Schallplattenlyrik zum »Einverständnis«. Frankfurt a.M. u.a. 1993.
Lehmann, Hans-Thies: Subjekt und Sprachprozesse in Bertolt Brechts *Hauspostille* (1927). Texttheoretische Lektüren. Diss. Berlin (West) 1978.
Lerg-Kill, Ulla C.: Dichterwort und Parteiparole. Propagandistische Gedichte und Lieder Bertolt Brechts. Bad Homburg v. d. Höhe u.a. 1968.
Licher, Edmund: Zur Lyrik Brechts. Aspekte ihrer Dialektik und Kommunikativität. Frankfurt a.M. u.a. 1983.
Link, Jürgen: Die Struktur des literarischen Symbols. Theoretische Beiträge am Beispiel der späten Lyrik Brechts. München 1975.
Lyon, James K.: Bertolt Brechts Gedichte. Eine Chronologie. Frankfurt a.M. 1986.
Marsch, Edgar: Brecht-Kommentar zum lyrischen Werk. München 1974.
Mayer, Hans: Brecht. Frankfurt a.M. 1996.
McLean, Sammy K.: The »Bänkelsang« and the Work of Bertolt Brecht. The Hague u.a. 1972.
Mennemeier, Franz Norbert: Bertolt Brechts Lyrik. Aspekte, Tendenzen. Berlin ²1998.
Müller, Hans-Harald; Kindt, Tom: Brechts frühe Lyrik. Brecht, Gott, die Natur und die Liebe. München 2002.
Müller, Klaus-Detlef: Bertolt Brecht. Epoche – Werk – Wirkung. München 2009.
Petersdorff, Dirk von: Fliehkräfte der Moderne. Zur Ich-Konstitution in der Lyrik des frühen 20. Jahrhunderts. Tübingen 2005.
Pietzcker, Carl: Die Lyrik des jungen Brecht. Vom anarchischen Nihilismus zum Marxismus. Frankfurt a.M. 1974.
Rastegar, Nosratollah: Die Symbolik in der späteren Lyrik Brechts. Frankfurt a.M. u.a. 1978.
Rotermund, Erwin: Die Parodie in der modernen deutschen Lyrik. München 1963.
Sändig, Reinhard: Brechts politisch-operative Lyrik aus dem Exil. Berlin (Ost) 1983.
Sauer, Michael: Brecht in der Schule: Beiträge zu einer Rezeptionsgeschichte Brechts (1949–1980). Stuttgart 1984.
Schlenstedt, Silvia: Die Chroniken in den *Svendborger Gedichten*. Eine Untersuchung zur Lyrik Brechts. Diss. masch. Berlin (Ost) 1959.
Schuhmann, Klaus: Der Lyriker Bertolt Brecht. 1913–1933. München 1971.
Schuhmann, Klaus: Untersuchungen zur Lyrik Brechts. Themen, Formen, Weiterungen. Berlin (Ost) u.a. ²1977.
Schwarz, Peter Paul: Brechts frühe Lyrik 1914–1922. Nihilismus als Werkzusammenhang der frühen Lyrik Brechts. Bonn 1971.
Schwarz, Peter Paul: Lyrik und Zeitgeschichte. Brecht: Gedichte über das Exil und späte Lyrik. Heidelberg 1978.
Stadler, Arnold: Das Buch der Psalmen und die deutschsprachige Lyrik des 20. Jahrhunderts. Zu den Psalmen im Werk Bertolt Brechts und Paul Celans. Köln u.a. 1989.
Steffensen, Steffen: Bertolt Brechts Gedichte. Kopenhagen 1972.
Sträter, Hans H.: Die Gedichte der Hauspostille. Untersuchungen zur frühen Lyrik Bertolt Brechts. Diss. masch. Tübingen 1968.
Tatlow, Antony: Brechts chinesische Gedichte. Frankfurt a.M. 1973.

Tatlow, Antony: The Mask of Evil. Brecht's Response to the Poetry, Theatre and Thought of China und Japan. A Comparative and Critical Evaluation. Bern u.a. 1977.
Tauscher, Rolf: Brechts Faschismuskritik in Prosaarbeiten und Gedichten der ersten Exiljahre. Berlin (Ost) 1981.
Thiele, Dieter: »Der Autor als Produzent«. Studien zum Selbstverständnis Brechts. Frankfurt a.M. u.a. 1981 [auch als: Bertolt Brecht. Selbstverständnis, Tui-Kritik und politische Ästhetik. Frankfurt a.M. u.a. 1981].
Thomson, Philip: The Poetry of Brecht. Seven Studies. Chapel Hill u.a. 1989.
Weisbach, Reinhard: Das Paradigma des Gedichts in *Bertolt Brechts Hauspostille*. Ein Beitrag zum Verhältnis des jungen Brecht zur Tradition und zum Expressionismus. Diss. masch. Berlin (Ost) 1966.
Whitaker, Peter: Brecht's poetry. A critical study. Oxford 1985.
Zimmermann, Fred: Bertolt Brecht und das Volkslied. Studien zum Gebrauch volksmäßiger Liedformen. Berlin (Ost) 1985.

2. Sammelbände und Nachschlagewerke

Ausgewählte Gedichte Brechts mit Interpretationen. Hrsg. von Walter Hinck. Frankfurt a.M. 1978.
Bertolt Brecht: Der Mond über Soho. 66 Gedichte mit Interpretationen. Hrsg. von Marcel Reich-Ranicki. Frankfurt a.M. u.a. 2002.
Bertolt Brecht II. Hrsg. von Heinz Ludwig Arnold. München ²1979.
Bertolt Brechts *Hauspostille*. Text und kollektives Lesen. Hrsg. von Hans-Thies Lehmann und Helmut Lethen. Stuttgart 1978.
Brecht-Handbuch in fünf Bänden. Hrsg. von Jan Knopf. Bd. 2: Gedichte. Stuttgart u.a. 2001.
Brecht-Lexikon. Hrsg. von Ana Kugli und Michael Opitz. Stuttgart u.a. 2006.
Brechts Lyrik – neue Deutungen. Hrsg. von Helmut Koopmann. Würzburg 1999.
Brecht's Poetry of Political Exile. Hrsg. von Ronald Speirs. Cambridge 2000.
Der junge Brecht. Aspekte seines Denkens und Schaffens. Hrsg. von Helmut Gier und Jürgen Hillesheim. Würzburg 1996.
Empedocles' Shoe. Essays on Brecht's poetry. Hrsg. von Tom Kuhn und Karen J. Leeder. London 2002.
Ende, Grenze, Schluss? Brecht und der Tod. Hrsg. von Stephen Brockmann, Mathias Mayer und Jürgen Hillesheim. Würzburg 2008.
Gedichte von Bertolt Brecht. Interpretationen. Hrsg. von Jan Knopf. Stuttgart 1995.
Gelegentlich: Brecht. Jubiläumsschrift für Jan Knopf zum 15-jährigen Bestehen der Arbeitsstelle Bertolt Brecht (ABB). Hrsg. von Birte Giesler u.a. Heidelberg 2004.
Gottfried Benn – Bertolt Brecht. Das Janusgesicht der Moderne. Hrsg. von Achim Aurnhammer, Werner Frick und Günter Saße. Würzburg 2009.
Hundert Jahre Brecht – Brechts Jahrhundert? Hrsg. von Hans-Jörg Knobloch und Helmut Koopmann. Tübingen 1998.
»Ich wohne fast so hoch wie er«. Margarete Steffin und Bertolt Brecht. Hrsg. von Sabine Kebir. Berlin 2008.
Interpretationen zur Lyrik Brechts. Beiträge eines Arbeitskreises. Hrsg. von Rupert Hirschenauer und Albrecht Weber. München 1971.
»Verwisch die Spuren!« Bertolt Brecht's Work and Legacy. A Reassessment. Hrsg. von Robert Gillett und Godela Weiss-Sussex. Amsterdam u.a. 2008.

3. Aufsätze

Althoff, Gabriele; Allkempen, Alo: »Ja, Liebe das ist leicht gesagt«, or »Der Schwindel zwischen den Idealen«. A Commentary on Brecht's Love Poems. In: Communications from the International Brecht Society 16 (1986/87), N. 1, S. 38–51.
Arendt, Hannah: Der Dichter Bertolt Brecht. In: Die neue Rundschau 61 (1950), S. 53–67.
Benjamin, Walter: Kommentare zu Gedichten von Brecht. In: ders.: Gesammelte Schriften. Bd. II.2. Hrsg. von Rolf Tiedemann und Hermann Schweppenhäuser. Frankfurt a.M. 1977, S. 539–572.
Bergheim, Brigitte: Die Sonette Bertolt Brechts. In: Erscheinungsformen des Sonetts. 10. Kolloquium der Forschungsstelle für europäische Lyrik. Hrsg. von Theo Stemmler und Stefan Horlacher. Mannheim 1999, S. 245–270.
Bjornstad, Jennifer: »Damit der liebe Gott weiterschaukeln kann«: The Psalms of Bertolt Brecht. In: Der junge Herr Brecht wird Schriftsteller. Das Brecht-Jahrbuch 31 (2006), S. 171–181.
Blume, Bernhard: Motive der frühen Lyrik Bertolt Brechts. I: Der Tod im Wasser. In: Monatshefte für deutschen Unterricht, deutsche Sprache und Literatur 57 (1965), S. 97–112.
Blume, Bernhard: Motive der frühen Lyrik Bertolt Brechts. II: Der Himmel der Enttäuschten. In: Monatshefte für deutschen Unterricht, deutsche Sprache und Literatur 57 (1965), S. 273–281.
Bödeker, Peter: Das Ende der Naturlyrik? Brechts Gedichte über das Verhältnis von Natur und Gesellschaft. In: Naturlyrik und Gesellschaft. Hrsg. von Norbert Mecklenburg. Stuttgart 1977, S. 163–178.
Bohnert, Christiane: Brecht. Rhetorische Gedichte im Spannungsfeld der Geschichte. »Kriege der Klassen« und »Freundlichkeit«. In: Brecht-Journal 2. Hrsg. von Jan Knopf. Frankfurt a.M. 1986, S. 115–147.
Bormans, Peter: Über drei Gedichte Bertolt Brechts zum Thema der Nachgeborenen. In: Tijdschrift voor levende talen / Revue des langues vivantes 45 (1979), H. 1, S. 54–63.
Brady, Philip: Der verfremdete Krieg in der Lyrik Bertolt Brechts. In: Krieg und Frieden in Gedichten von der Antike bis zum 20. Jahrhundert. 8. Kolloquium der Forschungsstelle für europäische Lyrik. Hrsg. von Theo Stemmler. Tübingen 1994, S. 157–173.
Brady, P.V.: *Aus einem Lesebuch für Städtebewohner*. On a Brecht Essay in Obliqueness. In: German Life and Letters 26 (1972/73), S. 160–172.
Brandt, Helmut: Funktionswandel und ästhetische Gestalt in der Exillyrik Bertolt Brechts. In: Schreiben im Exil. Zur Ästhetik der deutschen Exilliteratur 1933–1945. Hrsg. von Alexander Stephan und Hans Wagener. Bonn 1985, S. 123–144.
Bridgwater, Patrick: Arthur Waley and Brecht. In: German Life and Letters 17 (1963/64), S. 216–232.
Cohen, Robert: Großstadtlyrik Bertolt Brechts. In: Das Argument 40 (1998), H. 228, S. 769–782.
Conrad, Wolfgang: Gedichte nicht nur für die eigenen Kinder – Bertolt Brechts *Kinderlieder* in den *Svendborger Gedichten*. In: Wolfgang Conrad, Ernst-Ullrich Pinkert und Erich Unglaub: Brechts Söhne. Topographie, Biographie, Werk. Frankfurt a.M. u.a. 2008, S. 97–130.
Conrad, Wolfgang: Zur Lyrik Bertolt Brechts. In: Weltliteratur II. Eine Braunschweiger Vorlesung. Hrsg. von Renate Stauf und Cord-Friedrich Berghahn. Bielefeld 2005, S. 397–420.
Delabar, Walter: Nomaden, Monaden. Versuch über Bertolt Brechts *Aus dem Lesebuch für Städtebewohner*. In: Bertolt Brecht (1898–1956). Hrsg. von Walter Delabar und Jörg Döring. Berlin 1998, S. 141–162.
Dietz, Günter: Bertolt Brechts dialektische Lyrik (*Fragen eines lesenden Arbeiters, Der Schneider von Ulm, 1940 VI*). In: Der Deutschunterricht 18 (1966), H. 2, S. 66–77.
Dönt, Eugen: Zur Poetik politischer Lyrik (Horaz, Pindar, Brecht). In: Wiener Humanistische Blätter 35 (1993), S. 7–20.

Fischer, Ernst: »Das Einfache, das schwer zu machen ist«. Notizen zur Lyrik Bertolt Brechts. In: Sinn und Form 9 (1957), S. 124–138.
Geißler, Rolf: Zur Struktur der Lyrik Bertolt Brechts. In: Wirkendes Wort 8 (1957/58), S. 347–352.
George, Edith: Die Wahrheit ist konkret. Gedanken zu Brechts Kinderliedern. In: Beiträge zur Kinder- und Jugendliteratur 1973, H. 27, S. 36–47.
Goldsmith, Ulrich K.: Dirt or marble? Bertolt Brecht's lyrical poetry. In: ders.: Studies in comparison. New York u.a. 1989, S. 247–269.
Grimm, Reinhold: Forcierte Antinomik. Zu Christian Wagenknechts »Originalbeitrag«. In: Emblem und Emblematikrezeption. Vergleichende Studien zur Wirkungsgeschichte vom 16. bis 20. Jahrhundert. Hrsg. von Sibylle Penkert. Darmstadt 1978, S. 560–563.
Grimm, Reinhold: Naturmagie bei Brecht? Zu einigen seiner frühen Gedichte und Geschichten. In: Der junge Herr Brecht wird Schriftsteller. Das Brecht-Jahrbuch 31 (2006), S. 135–152.
Haffad, Dorothea: Zwischen eingreifendem Denken und Utopie. Zu einem Aspekt der Auffassung Brechts von der Liebe als einer »Produktion«. In: Zeitschrift für Germanistik N.F. 5 (1995), S. 103–111.
Haug, Wolfgang Fritz: Herrschaft, Dichterlob und Vergängnis. Über Pindar und Brecht. In: Die Wunde der Geschichte: Aufsätze zur Literatur und Ästhetik. Festschrift für Thomas Metscher zum 65. Geburtstag. Köln u.a. 1999, S. 1–32.
Herzfelde, Wieland: Der Lyriker Bertolt Brecht. In: Aufbau 7 (1951), S. 1097–1104.
Heselhaus, Clemens: Brechts Verfremdung der Lyrik. In: Immanente Ästhetik – Ästhetische Reflexion. Lyrik als Paradigma der Moderne. Hrsg. von Wolfgang Iser. München 1966, S. 307–326.
Heselhaus, Clemens: Die Masken des Bertolt Brecht. In: ders.: Deutsche Lyrik der Moderne von Nietzsche bis Yvan Goll. Die Rückkehr zur Bildlichkeit der Sprache. Düsseldorf 1961, S. 321–338.
Heukenkamp, Ursula: Bertolt Brecht. In: Deutschsprachige Lyriker des 20. Jahrhunderts. Hrsg. von Ursula Heukenkamp und Peter Geist. Berlin 2007, S. 235–251.
Heukenkamp, Ursula: Den Krieg von unten ansehen. Über das Bild des zweiten Weltkrieges in Bertolt Brechts *Kriegsfibel*. In: Weimarer Beiträge 31 (1985), S. 1294–1312.
Hildebrandt, Alexander: Bert Brechts Alterslyrik. In: Merkur 20 (1966), S. 952–962.
Hinck, Walter: Alle Macht den Lesern. Literaturtheoretische Reflexion in Brechts Lyrik. In: ders.: Von Heine zu Brecht. Lyrik im Geschichtsprozeß. Frankfurt a.M. 1978, S. 105–124, 147–149.
Hinck, Walter: Kritische Geschichtsdeutung in Balladen Brechts. In: Die deutsche Ballade im 20. Jahrhundert. Hrsg. von Srdan Bogosavljevi und Winfried Woesler. Bern u.a. 2009, S. 69–84.
Horn, Peter: »Doch die am ärgsten brennen / Haben keinen, der drum weint.« Die Verleugnung der Emotion in den frühen Gedichten Brechts. In: Revolution 1989: Brecht wohin? Das Brecht-Jahrbuch 16 (1991), S. 3–23.
Howes, Geoffrey: Classicism and Modernity in Bertolt Brecht's Poetry. In: Seminar 17 (1981), S. 283–295.
Jacobs, Jürgen: Wie die Wirklichkeit selber. Zu Brechts *Lesebuch für Städtebewohner*. In: Brecht-Jahrbuch 1974, S. 77–91.
Jens, Walter: Der Lyriker Brecht. In: ders.: Zueignungen. 12 literarische Porträts. München 1963, S. 18–30.
Jörns, Klaus-Peter: Vom unwirksamen Gott. Religiöse Motive in der Lyrik Bertolt Brechts. In: Pastoraltheologie 59 (1969), S. 370–384 und 441–451.
Jost, Roland: Über die Frag-Würdigkeit von Bildern – Brechts *Kriegsfibel* im gegenwärtigen Kontext. In: Diskussion Deutsch 22 (1991), S. 231–239.
Jost, Roland; Schmidt-Bergmann, Hansgeorg: »Lyrik ist niemals bloßer Ausdruck« – über Artistik und Engagement in der späten Lyrik Benns und Brechts. In: Literatur für Leser 1988, S. 132–147.

Kaufmann, Hans: Brecht, die Entfremdung und die Liebe. Zur Gestaltung der Geschlechterbeziehungen im Werk Brechts. In: Weimarer Beiträge 11 (1965), S. 84–101.
Kaulen, Heinrich: Bertolt Brecht und die Kinderliteratur. Probleme und Fragen aus modernisierungstheoretischer Sicht. In: Gesellschaftliche Modernisierung und Kinder- und Jugendliteratur. Hrsg. von Reiner Wild. St. Ingbert 1997, S. 157–176.
Kaulen, Heinrich: Brecht parodiert Kinderlyrik. Frühe Gedichte für Kinder aus den zwanziger Jahren. In: Der Deutschunterricht 46 (1994), H. 6, S. 26–31.
Kaulen, Heinrich: Zwischen Affirmation und sozialistischer Utopie. Überlegungen zu Bertolt Brechts Kinderliedern von 1950. In: Kinder- und Jugendliteraturforschung 1 (1994/95), S. 74–90.
Kittstein, Ulrich: Von der Liebe und vom Schreiben. Liebeslyrik bei Goethe und Brecht. In: Goethes Liebeslyrik. Semantiken der Leidenschaft um 1800. Hrsg. von Carsten Rohde und Thorsten Valk. Berlin u.a. 2012.
Kloepfer, Albrecht: »Was über allem Schein, trag ich in mir ...«: Zu Brechts Essay *Über reimlose Lyrik mit unregelmäßigen Rhythmen*. In: Brecht 100 < = > 2000. Das Brecht-Jahrbuch 24 (1999), S. 129–139.
Klotz, Volker: Schlechte Zeit für Lyrik. Zu Gedichten von Brecht. In: ders.: Kurze Kommentare zu Stücken und Gedichten. Darmstadt 1962, S. 70–79.
Knopf, Jan: »Die mit Recht berühmte Stelle«: Bertolt Brechts Sexgedichte. In: Sexualität im Gedicht. 11. Kolloquium der Forschungsstelle für europäische Lyrik. Hrsg. von Theo Stemmler und Stefan Horlacher. Mannheim 2000, S. 259–272.
Koerner, Charlotte: Das Verfahren der Verfremdung in Brechts früher Lyrik. In: Brecht heute 3 (1973), S. 173–197.
Krusche, Dietrich: Dialektik des Wissens. Die Lehr- und Lerngedichte Bertolt Brechts. In: Der Deutschunterricht 23 (1971), H. 1, S. 21–35.
Kugli, Ana: »Ich, Bertolt Brecht«? Das weibliche Ich in Brechts lyrischem Frühwerk. In: Der junge Herr Brecht wird Schriftsteller. Das Brecht-Jahrbuch 31 (2006), S. 175–193.
Kuhn, Tom: Beyond Death. Brecht's *Kriegsfibel* and the Uses of Tradition. In: Brecht und der Tod. Das Brecht-Jahrbuch 32 (2007), S. 67–90.
Kuhn, Tom: Ovid and Brecht: Topoi and Poetic Banishment. In: Brecht 100 < = > 2000. Das Brecht-Jahrbuch 24 (1999), S. 163–175.
Kuhn, Tom: Politische Vertreibung und poetische Verbannung in einigen Gedichten Bertolt Brechts. In: Deutschsprachige Exillyrik von 1933 bis zur Nachkriegszeit. Hrsg. von Jörg Thunecke. Amsterdam u.a. 1998, S. 25–38.
Kuhn, Tom: Three Models of the Poem-Picture Relationship in the Work of Bertolt Brecht. In: The Text and its Context. Studies in Modern German Literature and Society. Presented to Ronald Speirs on the Occasion of his 65th Birthday. Hrsg. von Nigel Harris und Joanne Sayner. Oxford u.a. 2008, S. 133–151.
Lamping, Dieter: Zu den Anfängen von Brechts Lyrik in freien Versen. In: Wirkendes Wort 40 (1990), S. 67–73.
Lang, Joachim: Brechts Sehschule. Anmerkungen zur *Kriegsfibel*. In: Brecht-Journal 2. Hrsg. von Jan Knopf. Frankfurt a.M. 1986, S. 95–114.
Lethen, Helmut: Verhaltenslehren der Kälte. Lebensversuche zwischen den Kriegen. Frankfurt a.M. 1994, S. 170–181 [zu *Aus dem Lesebuch für Städtebewohner*].
Leuschner, Ulrike: Buckow oder die unerbittliche Nachgiebigkeit. Zu Bertolt Brechts später Naturlyrik. In: weiter schreiben, wieder schreiben. Deutschsprachige Literatur der fünfziger Jahre. Festschrift für Günter Häntzschel. Hrsg. von Adrian Hummel und Sigrid Nieberle. München 2004, S. 207–221.
Long, Jonathan J.: Paratextual Profusion: Photography and Text in Bertolt Brecht's *War Primer*. In: Poetic Today 29 (2008), S. 197–224.
Lorenz, Dagmar C.G.: Female Projections in Brecht's Sexual Lyric Poetry. In: Communications from the International Brecht Society 16 (1986/87), H. 1, S. 29–37.
Loster-Schneider, Gudrun: Von Weibern und Soldaten: Balladeske Textgenealogien von Bertolt Brechts früher Kriegslyrik. In: Imaginäre Welten im Widerstreit. Krieg und Geschichte

in der deutschsprachigen Literatur seit 1900. Hrsg. von Lars Koch und Marianne Vogel. Würzburg 2007, S. 58–77.

Lüthy, Herbert: Fahndung nach dem Dichter Bertolt Brecht [1952]. In: ders.: Fahndung nach dem Dichter Bertolt Brecht. Zürich 1972, S. 7–72.

Lyon, James K.: Bertolt Brecht's Love Poetry for Margarete Steffin. In: Perspectives and Personalities. Studies in Modern German Literature. Honoring Claude Hill. Hrsg. von Ralph Ley, Maria Wagner, Joanna M. Ratych und Kenneth Hughes. Heidelberg 1978, S. 261–273.

Lyon, James K.: Brecht und Stalin – des Dichters »letztes Wort«. In: Exilforschung 1 (1983), S. 120–129.

Magill, C.P.: Brecht's Poetry. In: German Life and Letters 38 (1984/85), S. 366–373.

Mennemeier, Franz Norbert: Bertolt Brecht als Elegiker. In: Der Deutschunterricht 23 (1971), H. 1, S. 59–73.

Morley, Michael: Kontinuität und Wandel in Brechts Gedichten nach 1945. In: »Die Mühen der Ebenen«. Kontinuität und Wandel in der deutschen Literatur und Gesellschaft 1945–1949. Hrsg. von Bernd Hüppauf. Heidelberg 1981, S. 249–269.

Müller, Joachim: Phasen und Formen von Brechts Lyrik. In: ders.: Gesammelte Studien. Bd. 3: Epik, Dramatik, Lyrik. Analysen und Essays zur deutschsprachigen Literatur. Halle (Saale) 1974, S. 410–431, 451.

Müller, Joachim: Zu einigen späten Spruchgedichten Brechts. In: Orbis Litterarum 20 (1965), S. 66–81.

Muschg, Walter: Der Lyriker Bertolt Brecht. In: ders.: Von Trakl zu Brecht. Dichter des Expressionismus. München 1961, S. 335–365.

Ostmeier, Dorothee: The Rhetorics of Erasure: Cloud and Moon in Brecht's Poetic and Political Texts of the Twenties and Early Thirties. In: German Studies Review 23 (2000), S. 275–295.

Pfeiffer, Johannes: Zwischen dichterischer Wahrheit und politischer Ideologie. Über die Lyrik von Bertolt Brecht. In: ders.: Dichten, Denken, Glauben. Ausgewählte Essays 1936 bis 1966. München u.a. 1967, S. 140–155.

Pietzcker, Carl: Gleichklang. Überlegungen zu Brechts später Lyrik. In: ders.: Trauma, Wunsch und Abwehr. Psychoanalytische Studien zu Goethe, Jean Paul, Brecht, zur Atomliteratur und zur literarischen Form. Würzburg 1985, S. 95–122.

Pinkert, Ernst-Ullrich: Brechts Kinderlieder und das Volksvermögen. In: Bertolt Brecht – Die Widersprüche sind die Hoffnungen. Vorträge des Internationalen Symposiums zum dreißigsten Todesjahr Bertolt Brechts in Roskilde 1986. Hrsg. von Wolf Wucherpfennig und Klaus Schulte. München 1988, S. 103–129.

Pizer, John David: Why Silence Becomes Golden: Brecht's Poetry on Karl Kraus. In: Freunde, Kollegen, Mitarbeiter. Das Brecht-Jahrbuch 28 (2003), S. 155–171.

Plachta, Bodo: Chaos oder »lebendige Arbeit«? Zu den Problemen der Überlieferung von Brechts Lyrik. In: Edition und Interpretation moderner Lyrik seit Hölderlin. Hrsg. von Dieter Burdorf. Berlin u.a. 2010, S. 177–192.

Preisendanz, Wolfgang: Die Pluralisierung des Mediums Lyrik beim frühen Brecht. In: Lyrik und Malerei der Avantgarde. Hrsg. von Rainer Warning und Winfried Wehle. München 1982, S. 333–357.

Reich-Ranicki, Marcel: Ungeheuer oben. Brecht und die Liebe. In: ders.: Ungeheuer oben. Über Bertolt Brecht. Berlin 1996, S. 11–44.

Richter, Hans: Brechts Bemerkungen zur Lyrik. In: ders.: Verse, Dichter, Wirklichkeiten. Berlin (Ost) u.a. 1970, S. 20–49, 270–273.

Richter, Hans: Die Lyrik Bertolt Brechts. In: ders.: Verse, Dichter, Wirklichkeiten. Berlin (Ost) u.a. 1970, S. 129–157, 278–280.

Rippey, Theodore F.: Brecht and Exile. Poetry after Weimar, Poetry during Blitzkriege. In: Monatshefte für deutschsprachige Literatur und Kultur 101 (2009), S. 37–55.

Rothschild, Thomas: Metaphorik und Rezeption. Zu drei Gedichten von Bertolt Brecht. In: Deutsche Vierteljahrsschrift für Literaturwissenschaft und Geistesgeschichte 49 (1975), S. 356–371.

Rühmkorf, Peter: Vom Liebes- und vom Lehrgedicht – zur Lyrik Bertolt Brecht. In: ders.: Dreizehn deutsche Dichter. Reinbek bei Hamburg 1989, S. 93–106.
Sautermeister, Gert: Liebesgedichte Brechts. Gebrauchswert, Lernprozesse, Tradition [1999]. In: Karl Heinz Götze, Ingrid Haag, Gerhard Neumann und Gert Sautermeister: Zur Literaturgeschichte der Liebe. Würzburg 2009, S. 367–382.
Schäfer, Armin: Zäsur und Bild. Über Brechts reimlose Gedichte in unregelmäßigen Rhythmen. In: Das lyrische Bild. Hrsg. von Ralf Simon, Nina Herres und Csongor Lörincz. München u. a. 2010, S. 223–246.
Schlaffer, Hannelore: Brutalismus und Metaphysik. Die Einheit von Brechts Lyrik. In: Poetica 35 (2003), H. 1/2, S. 191–212.
Schlenstedt, Silvia: Brechts Übergang zum sozialistischen Realismus in der Lyrik. In: Weimarer Beiträge 4 (1958), Sonderheft, S. 59–64.
Schlenstedt, Silvia: Lyrik im Gesamtplan der Produktion. Ein Arbeitsprinzip Brechts und Probleme der Gedichte im Exil. In: Weimarer Beiträge 24 (1978), H. 2, S. 5–29.
Schmidt, René: Bertolt Brechts *Hauspostille*: Eine Auseinandersetzung mit der konventionellen Lyrik. In: Cahiers d'études germaniques 25 (1993) S. 175–185.
Schoeps, Karl H.: Brecht in Buckow: The Buckow Elegies. In: The Germanic review 61 (1986), S. 168–176.
Schott, Stefanie: Selbstbild und Fremdbild in der Lyrik zwischen Bertolt Brecht und Margarete Steffin. In: Das literarische Paar / Le couple littéraire. Intertextualität der Geschlechterdiskurse / Intertextualité et discours des sexes. Hrsg. von Gislinde Seybert. Bielefeld 2003, S. 309–329.
Schuhmann, Klaus: Themen und Formenwandel in der späten Lyrik Brechts. In: Weimarer Beiträge 14 (1968), Brecht-Sonderheft, S. 39–60.
Schulte, Hans H.: »Kinderlieder« bei Bertolt Brecht. In: Wirkendes Wort 27 (1977), S. 149–159.
Schulz, Gudrun: Anmut und Mühe: Brechts *Neue Kinderlieder*. In: Kinder- und Jugendliteratur. Lesen – Verstehen – Vermitteln. Festschrift für Wilhelm Steffens. Hrsg. von Gabriele Cromme und Günter Lange. Baltmannsweiler 2001, S. 188–199.
Schwarz, Peter Paul: Legende und Wirklichkeit des Exils. Zum Selbstverständnis der Emigration in den Gedichten Brechts. In: Wirkendes Wort 19 (1969), S. 267–276.
Silberman, Marc: Brecht's Epitaphic Writing. In: Brecht und der Tod. Das Brecht-Jahrbuch 32 (2007), S. 93–105.
Sölle, Dorothee: Bertolt Brechts Weihnachtsgedichte interpretiert im Zusammenhang seiner lyrischen Theorie. In: Euphorion 61 (1967), S. 84–103.
Soldovieri, Stefan: War-Poetry, Photo(epi)grammetry: Brecht's *Kriegsfibel*. In: A Bertolt Brecht Reference Companion. Hrsg. von Siegfried Mews. Westport, Conn. 1997, S. 139–167.
Spies, Bernhard: »Aber wie kann das nicht sein, das so betrügen kann?« Die Auseinandersetzung des Lyrikers Bertolt Brecht mit Sprache und Denkweise des religiösen Glaubens. In: Religionskritik in Literatur und Philosophie nach der Aufklärung. Hrsg. von Carsten Jakobi, Bernhard Spies und Andrea Jäger. Halle (Saale) 2007, S. 143–173.
Steffensen, Steffen: Brecht und Rimbaud. Zu den Gedichten des jungen Brecht. In: Zeitschrift für deutsche Philologie 84 (1965), Sonderheft, S. 82–89.
Steinau, David S.: Epigrams from Purgatory: *The Hollywood Elegies*. In: Brecht und der Tod. Das Brecht-Jahrbuch 32 (2007), S. 301–309.
Stroszeck, Hauke: Silberpappel, kupferne Tannen und eisernes Gerät. Über den Zusammenhang von Selbstreflexivität und Mythologie in Brechts *Buckower Elegien*. In: Deutsche Lyrik nach 1945. Hrsg. von Dieter Breuer. Frankfurt a.M. 1988, S. 109–137.
Tatlow, Antony: Towards an Understanding of Chinese Influence in Brecht. An Interpretation of *Auf einen chinesischen Theewurzellöwen* and *Legende von der Entstehung des Buches Taoteking*. In: Deutsche Vierteljahrsschrift für Literaturwissenschaft und Geistesgeschichte 44 (1970), S. 363–387.
Thiele, Dieter: Brechts *Hollywooder Elegien*. In: Literatur für Leser 1980, S. 167–183.
Thieme, Karl: Des Teufels Gebetbuch? Eine Auseinandersetzung mit dem Werke Bertolt Brechts. In: Hochland 29/1 (1931/32), S. 397–413.

Tracy, Gordon L.: »Das Gestische« and the Poetry of Brecht. In: Essays on German Literature in honour of G. Joyce Hallamore. Hrsg. von Michael S. Batts und Marketa Goetz Stankiewicz. Toronto 1968, S. 218–235.

Valentin, Jean-Marie: Die Hauspostille (1927). Brecht et la quête de la modernité poétique. In: Etudes germaniques 66 (2011), S. 357–370.

Valentin, Jean-Marie: »Ut exercitium poesis«. Sur la *Hauspostille* de Bertolt Brecht. In: L'Allemagne, des lumières à la modernité. Mélanges offerts à Jean-Louis Bandet. Hrsg. von Pierre Labaye. Rennes 1997, S. 295–305.

Vaßen, Florian: A New Poetry for the Big City. Brecht's Behavioural Experiments in *Aus dem Lesebuch für Städtebewohner*. In: Bertolt Brecht. Centenary Essays. Hrsg. von Steve Giles und Rodney Livingstone. Amsterdam u.a. 1998, S. 74–88.

Vaßen, Florian: Lesebuch und Lehrstück: Haltungen und Verhaltenslehren *Aus dem Lesebuch für Städtebewohner*. In: Ich bin noch da. Das Brecht-Jahrbuch 22 (1997), S. 389–399.

Völker, Ludwig: Wahrheitsglaube und Widerstandsdenken in Bertolt Brechts *Svendborger Gedichten*. In: Sagen mit Sinne. Festschrift für Marie-Luise Dittrich zum 65. Geburtstag. Hrsg. von Helmut Rücker und Kurt Otto Seidel. Göppingen 1976, S. 367–381.

Vogt, Jochen: *Damnatio memoriae* und »Werke von langer Dauer«. Zwei ästhetische Grenzwerte in Brechts Exillyrik. In: Peter Weiss Jahrbuch 7 (1998), S. 97–114.

Vogt, Jochen: Unlikely Company: Brecht and Dante. In: Kulturpolitik und Politik der Kultur / Cultural Politics and the Politics of Culture. Festschrift für Alexander Stephan / Essays to Honor Alexander Stephan. Oxford u.a. 2007, S. 457–472.

Wagenknecht, Christian: Marxistische Epigrammatik. Zu Bertolt Brechts *Kriegsfibel*. In: Emblem und Emblematikrezeption. Vergleichende Studien zur Wirkungsgeschichte vom 16. bis 20. Jahrhundert. Hrsg. von Sibylle Penkert. Darmstadt 1978, S. 543–559.

Walter, Hans-Albert: Der Dichter der Dialektik. Anmerkungen zu Brechts Lyrik aus der Reifezeit. In: Frankfurter Hefte 18 (1963), S. 532–542.

Waszak, Tomasz: Verfremden und Verdrängen. Die Temperierung der Aggressivität in der politischen Lyrik Bertolt Brechts. In: Convivium 2010, S. 61–83.

Weckler, Simone: Amor hat nicht immer die Finger im Spiel. Brechts Gedichte über Liebe, Sex und Frauen. In: Die Poesie der Liebe. Aufsätze zur deutschen Liebeslyrik. Hrsg. von Ulrich Kittstein. Frankfurt a.M. u.a. 2006, S. 267–297.

Weinrich, Harald: Bertolt Brecht in Buckow oder: Das Kleinere ist das Größere. In: Gedichte und Interpretationen. Bd. 6: Gegenwart I. Hrsg. von Walter Hinck. Stuttgart 1982, S. 30–39.

Werner, Hans-Georg: Gestische Lyrik. Zum Zusammenhang von Wirkungsabsicht und literarischer Technik in Gedichten Bertolt Brechts. In: Etudes Germaniques 28 (1973), S. 482–502.

Wizisla, Erdmut: »Hier ruht B.B.«: Botschaften an die Nachwelt. In: Brecht und der Tod. Das Brecht-Jahrbuch 32 (2007), S. 107–122.

Wöhrle, Dieter: Bertolt Brechts *Kriegsfibel* – wie man Photos zum Sprechen bringt. In: Literatur für Leser 5 (1982), S. 1–22.

Woesler, Winfried: Einzelgedicht und Sammlung. Erörtert an Bertold [!] Brechts *Svendborger Gedichten*. In: Vom Gedicht zum Zyklus. Vom Zyklus zum Werk. Strategien der Kontinuität in der modernen und zeitgenössischen Lyrik. Hrsg. von Jacques Lajarrige. Innsbruck u.a. 2000, S. 81–97.

Namenregister

Adamic, Louis 138
Adenauer, Konrad 282, 291
Adorno, Theodor W. 153, 205
Alexander der Große 174, 219
Alighieri, Dante 82, 89, 90, 91, 94, 95, 96, 97, 98, 117, 131, 219, 220, 221, 222, 245
Ammer, K.L. Siehe Klammer, Karl
Angiolieri, Cecco 97
Arendt, Christine 83
Arendt, Hannah 1, 195
Aretino, Pietro 97, 99
Augustus 221, 329

Baal, Johann 61
Bach, Johann Sebastian 245
Bacon, Francis 160, 275, 277
Balzac, Honoré de 156, 157
Banholzer, Paula 37, 85
Barthel, Kurt 304, 305
Becher, Johannes R. 17, 99, 128, 148, 205, 216, 217, 283, 310
Benjamin, Walter 25, 110, 121, 145, 146, 171, 188, 190, 222, 223, 251, 252, 271, 359
Benn, Gottfried 17, 19, 20, 88, 154
Berblinger, Albrecht Ludwig 273
Berlau, Ruth 222, 232, 249, 252, 253, 254
Biermann, Wolf 128, 205
Blume, Bernhard 67, 68
Boswell, James 224
Braun, Volker 20, 128, 205
Brecht, Barbara 213, 271, 285
Brecht, Stefan 213, 271
Breiner, Egon 196
Brentano, Clemens 4
Bronnen, Arnolt 52
Bruegel, Fritz 17
Bruno, Giordano 275
Buch, Hans Christoph 205
Buddha 219

Caesar, Gaius Iulius 174, 176
Celan, Paul 205
Cervantes, Miguel de 157
Chruschtschow, Nikita 148
Churchill, Winston 262, 264
Claudius, Matthias 120
Cortez, Hernando 69
Czechowski, Heinz 205
Dante. Siehe Alighieri, Dante

Descartes, René 151
Dessau, Paul 17, 101, 290, 292, 312
Detering, Heinrich 172
Diderot, Denis 94
Dimitroff, Georgi 192, 194

Ebert, Friedrich (Oberbürgermeister von Ostberlin) 297
Ebert, Friedrich (SPD-Vorsitzender und Reichspräsident) 261
Eichenberg, Marie 52
Eichendorff, Joseph von 4
Eisler, Hanns 17, 136, 138, 192, 242, 245, 247, 280, 282, 283, 296
Empedokles 219
Engels, Friedrich 127, 133
Enzensberger, Hans Magnus 20, 205
Epikur 349, 350, 351
Esslin, Martin 126, 134
Euripides 219, 220, 221, 222

Feuchtwanger, Lion 138, 189, 216, 259
Fisch, Gennadi 334
Fontane, Theodor 69
Franco, Francisco 258, 276
Frank, Leonhard 52
Freud, Sigmund 15
Fried, Erich 20, 205
Friedrich, Ernst 251
Friedrich, Hugo 2, 17, 18, 19
Friedrich II. von Preußen 174, 219
Frisch, Max 80, 307
Fritz, Walter Helmut 205
Fuhrmann, Marion 338

Galilei, Galileo 11, 275
Geißler, Rolf 135
George, Stefan 5
Gide, André 228
Giese, Peter Christian 320
Goebbels, Joseph 189, 255, 261
Goethe, Johann Wolfgang 3, 4, 7, 66, 69, 81, 94, 228, 247, 294
Göring, Hermann 255, 261
Grimmelshausen, Hans Jakob Christoph von 157
Grimm, Reinhold 41, 56
Grosz, George 271
Grotewohl, Otto 309

370 Namensregister

Grün, Max von der 177
Güll, Friedrich 271

Hašek, Jaroslav 133, 157
Haffad, Dorothea 102
Hamburger, Käte 3
Hartinger, Christel 315
Hartmann, Hans A. 77
Hasenclever, Walter 52
Hauptmann, Elisabeth 108, 126
Haushofer, Albrecht 99
Haydn, Joseph 282
Hay, Julius 155
Heartfield, John 251
Hegel, Georg Wilhelm Friedrich 2, 3, 10, 151, 176
Heine, Heinrich 219, 220, 221, 222
Henselmann, Hermann 308
Herrmann-Neiße, Max 216
Herzfelde, Wieland 7, 9, 89
Heuss, Theodor 282
Heym, Georg 66, 104
Hildebrand, Alexander 339
Hillesheim, Jürgen 36, 39
Hinck, Walter 1, 160, 355, 356, 359
Hitler, Adolf 26, 148, 155, 180, 183, 186, 187, 189, 190, 191, 193, 194, 196, 218, 223, 232, 252, 255, 257, 258, 259, 261, 265, 267, 268, 272, 294
Hobbes, Thomas 141, 210
Hoffmann von Fallersleben, August Heinrich 282, 283, 284, 290
Hofmannsthal, Hugo von 3, 5, 19
Homer 219
Horaz 27, 82, 86, 207, 314, 318, 329, 330, 354, 356, 357
Horkheimer, Max 239
Huchel, Peter 205
Hutten, Ulrich von 236

Jakob I. von England 220, 221
Jesaja 57
Jesus 56, 230

Kachold, Gabriele 205
Kebir, Sabine 348
Kerr, Alfred 21
Kilian, Isot 348
Kindt, Tom 83
Kipling, Rudyard 23
Klammer, Karl 21, 66
Kloepfer, Albrecht 225
Knebel, Karl Ludwig von 350
Knopf, Jan 193, 202, 338, 345
Koch, Gerhard 275
Konfutse 269

Kopernikus, Nikolaus 47
Korsch, Karl 128
Kraus, Karl 167, 186
Krolow, Karl 17
Kuhn, Tom 224, 229
Kunert, Günter 20, 128, 205, 249
Küpper, Hannes 5
Kurella, Alfred 154

Laotse 167, 170, 219
Laughton, Charles 238, 286
Lee, Seung Jin 111
Lehmann, Wilhelm 205
Lehnert, Herbert 236
Leibniz, Gottfried Wilhelm 236
Lenin, Wladimir Iljitsch 127, 132, 133, 136, 143, 144, 147, 149, 151, 153, 164, 165, 166, 170, 185, 308, 355
Lethen, Helmut 111
Lindbergh, Charles 278
Link, Jürgen 317, 326, 330
Li-Po 218, 219
Li Tai-po. Siehe Li-Po
Lorre, Peter 247, 248
Loyola, Ignatius von 72
Ludendorff, Erich 38
Lukács, Georg 154, 155, 156, 157, 160, 162, 294
Lukrez 137, 219, 350, 351
Luther, Martin 43, 44
Lüthy, Herbert 126
Lyon, James K. 23, 100

Mac Namara, Reggie 5
Majakowski, Wladimir 313
Mallarmé, Stéphane 17, 19
Mann, Klaus 189
Mann, Thomas 155, 194, 216, 239
Mao Tse-tung 277
Marx, Karl 126, 127, 129, 133, 140, 148, 152, 171, 351
Mayer, Hans 274
Mennemeier, Franz Norbert 81, 139, 140, 194, 195, 315, 328, 341
Michaelis, Karin 218
Mommsen, Theodor 176
Mörike, Eduard 4
Moses 209
Mozart, Wolfgang Amadeus 94
Müller, Hans-Harald 68, 69, 83
Müller, Heiner 205
Müller, Joachim 323, 338
Münsterer, Hans Otto 38, 73, 97, 106
Mussolini, Benito 258

Neander, Joachim 53, 54, 55
Neher, Caspar 31, 39, 73, 286

Neureuter, Hans Peter 187
Nietzsche, Friedrich 41, 42, 47, 48, 57, 85, 344
Noske, Gustav 261

Oehler, August 252, 255
Ovid 220, 221

Paulus 56, 57
Perutz, Leo 69
Petrarca, Francesco 82, 95, 96, 97
Petrus 230
Pfanzelt, Georg 46
Philipp II. von Spanien 174
Pietzcker, Carl 50, 62, 126
Pindar 318
Pinkert, Ernst-Ullrich 272
Pirckheimer, Willibald 236
Plautus 141
Po Chü-i 218, 220, 221, 225
Pöckl, Wolfgang 23
Pollock, Friedrich 239

Rastegar, Nosratollah 317
Reich-Ranicki, Marcel 1
Riefenstahl, Leni 190
Rilke, Rainer Maria 5
Rimbaud, Arthur 17, 19, 66, 67
Rodin, Auguste 6
Rommel, Erwin 262
Roth, Joseph 194

Samson-Körner, Paul 235
Sappho 85
Schelling, Friedrich Wilhelm Joseph 2
Schirach, Baldur von 190
Schlenstedt, Silvia 128
Schneider, Reinhold 99
Schuhmann, Klaus 118, 341
Schütt, Peter 205
Schwarz, Peter Paul 39, 224, 225, 316, 341
Seghers, Anna 286
Seydel, Heinz 249
Shakespeare, William 21, 66, 219, 220, 221
Shelley, Percy Bysshe 157, 242, 243, 288
Silone, Ignazio 133
Stadler, Arnold 45
Stadler, Ernst 66
Staiger, Emil 2, 3, 4, 9, 17, 18

Stalin, Josef 37, 141, 143, 144, 145, 146, 147, 148, 149, 150, 265, 291, 295, 300, 312, 313, 325, 334
Staritz, Dietrich 310
Steffensen, Steffen 68
Steffin, Margarete 95, 100, 101, 226, 232
Sternberg, Fritz 250
Strittmatter, Erwin 293
Suhrkamp, Peter 301, 303, 314, 328
Swift, Jonathan 157

Thiele, Dieter 304
Tolstoi, Lew 156
Tombrock, Hans 176
Treitschke, Heinrich von 175, 176
Tretjakow, Sergej 146, 192, 216
Tucholsky, Kurt 251
Tu-fu. Siehe Tu Fu
Tu Fu 218, 219, 220
Tu-Fu. Siehe Tu Fu

Ulbricht, Walter 301, 309

Valentin, Karl 23
Vansittart, Robert 180
Vaßen, Florian 111
Vergil 220, 318
Villon, François 21, 23, 24, 40, 62, 66, 206, 219, 220, 221, 222
Vischer, Friedrich Theodor 2
Vollmar, Klaus-Bernd 330
Voltaire 157, 220, 222

Wagner, Richard 189, 190
Waley, Arthur 218, 221
Wandel, Paul 309, 310
Wapnewski, Peter 87
Wedekind, Frank 23, 40, 51
Weigel, Helene 213, 216, 285, 314
Weill, Kurt 17
Wellmann-Bretzigheimer, Gerlinde 350, 352
Werfel, Franz 5
Wilhelm, Richard 167, 170
Witzmann, Peter 315
Wordsworth, William 199

Zoff, Marianne 105, 106
Zweig, Stefan 195

Werkregister

Gedichte

12. Psalm 82
1918–1933 (aus Lieder Gedichte Chöre) 182
1933 (aus Lieder Gedichte Chöre) 182, 192, 193
1940 228
1940 I 228
1940 II 276
1940 IV 229
1940 V 229
1940 VI 229, 230
1940 VII 311

Abbau des Schiffes Oskawa durch die Mannschaft 138, 139
Aber das niedrige Gras vergißt der Sturm 325
Abgesang 333, 334
Achttausend arme Leute kommen vor die Stadt 135
Achttausend liegen wir im Kattegatt 255, 258
Ach wie solln wir nun die kleine Rose buchen 348, 349
Adresse an den Genossen Dimitroff, als er in Leipzig vor dem faschistischen Gerichtshof kämpfte 192
Adresse des sterbenden Dichters an die Jugend 353, 354
Alfabet 271
Alles wandelt sich 159
Als die Stadt nun tot lag, ging dein einer Sohn 293
Als ich den beiden so berichtet hatte 90, 131, 220
Als ich in meinem Krankenzimmer der Charité 342, 349, 351, 352
Als ich ins Exil gejagt wurde 26
Als ich in weißem Krankenzimmer der Charité Siehe Als ich in meinem Krankenzimmer der Charité
Als ich nachher von dir ging 101, 102, 103
Als nun für mich die lange Schlacht vorbei 262
Als unsere Städte in Schutt lagen 290, 293
Als wir uns sahn – 's war alles schnell vorbei 262
Älter als ihre Bombenflugmaschinen 259, 260
Am Meer stehen die Öltürme 243, 244
An Chronos 115
An den Schauspieler P.L. im Exil 248
Ändere die Welt, sie braucht es 132
An der Ruhr zerfällt ein Haus 290
An die dänische Zufluchtsstätte 152

An die deutschen Soldaten im Osten 141, 211
An die Kämpfer in den Konzentrationslagern 192
An die Nachgeborenen 124, 125, 141, 150, 187, 203, 204, 205, 206, 207, 208, 209, 210, 211, 212, 224, 227, 228, 281, 325, 327, 329, 336, 343, 347
An die Veranstalter und Hörer des Lindberghflugs 278
An einen jungen Bauarbeiter der Stalinallee 295, 298
Angesichts der Zustände in dieser Stadt 240
Anhang (aus Lieder Gedichte Chöre) 182
An Meine Landsleute 293
Ansprache des Bauern an seinen Ochsen 147
Apfelböck oder Die Lilie auf dem Felde 43, 48, 49, 50, 51, 52
Aufbaulied Siehe Aufbaulied der F.D.J.
Aufbaulied der F.D.J. 292, 293, 294, 295
Auf der Mauer stand mit Kreide 187, 188, 193
Auf einen chinesischen Teewurzellöwen 358, 359
Aus dem Lesebuch für Städtebewohner 10, 79, 108, 109, 110, 111, 112, 113, 114, 115, 116, 117, 118
Aus dem Lesebuch für Städtebewohner 1 109, 112, 113, 114, 115
Aus dem Lesebuch für Städtebewohner 2 109, 111, 117
Aus dem Lesebuch für Städtebewohner 3 109, 115
Aus dem Lesebuch für Städtebewohner 4 109, 115, 116
Aus dem Lesebuch für Städtebewohner 5 109, 116
Aus dem Lesebuch für Städtebewohner 6 109, 116
Aus dem Lesebuch für Städtebewohner 7 116
Aus dem Lesebuch für Städtebewohner 8 112, 116, 117
Aus dem Lesebuch für Städtebewohner 9: Vier Aufforderungen an einen Mann von verschiedener Seite zu verschiedenen Zeiten 109, 112, 117
Aus dem Lesebuch für Städtebewohner 10 110, 111, 112
Ausschließlich wegen der zunehmenden Unordnung 197, 198, 199, 202, 281

Baals Lied 93
Ballade auf vielen Schiffen 58, 68, 75
Ballade vom Mazeppa 67, 68
Ballade vom Stahlhelm 135
Ballade vom Tod des Anna Gewölkegesichts 82, 85
Ballade vom Tropfen auf den heißen Stein 79

Ballade von den Abenteurern 42, 58, 68, 76, 78
Ballade von den Seeräubern 59, 68, 77
Ballade von der Freundschaft 68
Ballade von der Judenhure Marie Sanders 197
Ballade von des Cortez Leuten 68, 69, 70, 71, 75, 77, 232
Begräbnis des Hetzers im Zinksarg 192
Bei der Lektüre eines sowjetischen Buches 141, 144, 316, 317, 331, 332, 333, 334, 337
Bei der Lektüre eines spätgriechischen Dichters 315, 316
Beim Lesen des Horaz 209, 315, 316, 317, 329, 330, 331
Bericht vom Zeck 57
Bertolt Brechts Hauspostille 6, 10, 34, 39, 43, 44, 46, 51, 53, 55, 57, 59, 64, 66, 67, 72, 78, 80, 83, 106, 120, 122, 124, 130, 131, 199, 200, 201, 209, 232, 325, 331, 344
Besuch bei den verbannten Dichtern 220, 221, 222
Bidis Ansicht über die großen Städte 107, 108
Bonner Bundeshymne 290
Böser Morgen 315, 316, 326, 327, 328, 339
Buckower Elegien 18, 80, 119, 141, 209, 214, 227, 299, 302, 304, 308, 312, 314, 315, 316, 317, 318, 319, 320, 321, 322, 323, 324, 325, 326, 327, 328, 329, 330, 331, 332, 333, 334, 335, 336, 337, 338, 339, 340, 341, 342

Caspars Lied mit der einen Strophe 31
Chinesische Gedichte 218, 221
Choral vom Manne Baal 59
Chroniken (aus den Svendborger Gedichten) 138, 164, 166, 174, 176, 177, 178, 219, 220

Damit ihr auch bekommt, was euch gefällt 255, 262
Dankgottesdienst 28, 30
Dann wieder war ich in Buckow 327
Das Amt für Literatur 297, 310
Das da hätt einmal fast die Welt regiert 256, 267, 268
Das dreizehnte Sonett 97, 98
Das dritte Sonett 98
Das elfte Sonett 100
Das fünfte Sonett 101
Das Lied vom Anstreicher Hitler 187
Das Lied vom Geierbaum 279
Das Lied vom Klassenfeind 184, 187, 234
Das Lied vom kleinen Wind 279
Das Lied vom SA-Mann 135, 182, 183, 184
Das Lied vom Wasserrad 177
Das Lied von der Eisenbahntruppe von Fort Donald 67, 68, 69, 70, 71, 77, 232
Das neunte Sonett 93
Das Pflaumenlied 279
Das Schiff 10, 67, 68

Das sechste Sonett 101
Daß er verrecke, ist mein letzter Wille 258
Daß es entdeckt nicht und getötet werde 254, 260, 262
Das siebte Sonett 101
Das sind die Städte, wo wir unser »Heil!« 267
Das sind sechs Mörder. Nun geht nicht davon 261
Daß sie da waren, gab ein Rauch zu wissen 259
Das Theater des neuen Zeitalters 285, 286
Das zwölfte Sonett (Über die Gedichte des Dante auf die Beatrice) 94, 95, 96, 100, 219
Dauerten wir unendlich 159
Den kleinen Bruder deines Feindes trag 262
Den Krieg haben die Menschen gemacht 331
Den Nachgeborenen 43, 48
Der 1. Psalm 44, 45, 46, 47, 48, 53, 55, 61
Der anachronistische Zug Siehe *Freiheit und Democracy*
Der Balken 224
Der Baum 279
Der belgische Acker 30, 284
Der Blumengarten 316, 317, 335, 336, 337
Der brennende Baum 279
Der Choral vom großen Baal 55, 59, 60, 61, 62, 63, 68, 70, 76, 83
Der die Gestirne läßt und die Erde ausspeit 58
Der Einarmige im Gehölz 303, 304, 316, 322
Der elfte Psalm 82, 85
Der Fähnrich 28, 31, 35, 36
Der Flieger ohne Flugzeug 276, 277
Der Führer hat gesagt 135
Der Gott ist madig 149
Der Gottseibeiuns 271, 272
Der große Oktober 136, 178
Der heilige Gewinn 28, 30, 31
Der Himmel dieses Sommers 316
Der Jude, ein Unglück für das Volk 196
Der Jüngling und die Jungfrau 93
Der Kirschdieb 230, 231
Der kleine Friederich besaß 271
Der Krieg, der kommen wird 185, 203
Der Krieg ist geschändet worden 289
Der liebe Gott sieht alles 270, 271
Der Nürnberger Prozeß 289
Der Pflaumenbaum 271, 278, 279, 280, 281
Der Radwechsel 316, 317, 318, 320, 321, 324
Der Rauch 227, 316, 317, 334, 335
Der schöne Tag, wenn ich nutzlos geworden bin 358
Der siebente Psalm 82
Der Sumpf 247, 248
Der Tsingtausoldat 28, 31, 42, 61
Der Zar hat mit ihnen gesprochen 149
Deutsche Kriegsfibel (aus den Svendborger Gedichten) 184, 185, 186, 187, 188, 193, 194, 203, 230, 253, 257

Deutsche Satiren (aus den *Svendborger Gedichten*) 184, 188, 189, 190, 191, 192, 193, 196, 201, 289
Deutsche Satiren (Zweiter Teil) 289
Deutsches Frühlingsgebet 284
Deutsches Lied 293
Deutschland 182, 283, 284
Deutschland 1952 284
Deutschland, du Blondes, Bleiches 233, 284
Die Ammiflieger 277
Die Ängste des Regimes 192
Die Auswanderung der Dichter 219
Die Ballade vom Kriegerheim 135
Die Ballade vom Liebestod 85
Die Ballade vom Wasserrad 177
Die Burschen, eh sie ihre Mädchen legen 319
Die drei Soldaten 187, 271
Die Engel von Los Angeles 244, 245
Die Erziehung der Hirse Siehe *Tschaganak Bersijew oder Die Erziehung der Hirse*
Die Frauen finden an den spanischen Küsten 256, 258
Die Geburt im Baum 67, 68
Die Gewichte auf der Waage 149
Die Glocken läuten und die Salven krachen 258
Die große Schuld der Juden 196
Die handelnd Unzufriedenen, eure großen Lehrer 211
Die Heimkehr des Odysseus 335
Die Herren raufen um dich, schöne Schöpfung 261, 262
Die Herrschenden 118
Die ihr hier liegen seht, gedeckt vom Kot 263
Die Internationale 144
Die kleinen Tagzeiten der Abgestorbenen (aus *Bertolt Brechts Hauspostille*) 34, 64
Die kleinen Verhaltungsmaßregeln mit dickem Ende 83
Die Landschaft des Exils Siehe *Landschaft des Exils*
Die Legende der Dirne Evlyn Roe 42, 61
Die Liebenden Siehe *Terzinen über die Liebe*
Die Liebste gab mir einen Zweig 101, 102
Die Lösung 304, 305, 316, 317
Die Maske des Bösen 11, 12, 13, 14, 15, 133
Die Musen 214, 325
Die neue Mundart 305, 306, 317
Die Oberen sagen 186
Die Pappel vom Karlsplatz 280, 281
Die Partei 144, 334
Diese babilonische Verwirrung der Wörter 125, 131, 212
Dies Glas dem Vaterland und hundert Junkern! 261
Dies ist nun alles und ist nicht genug 226
Die Städte 108
Die Städte sind für dich gebaut 117

Die Stadt ist nach den Engeln genannt 245
Die Straße frei der feindlichen Armee! 258
Die Teppichweber von Kujan-Bulak ehren Lenin 164, 165, 166, 167, 355
Die unbesiegliche Inschrift 136, 223
Die Verbesserungen des Regimes 306
Die vier Vorschläge für Grabschrift, immerfort korrigiert 353
Die Vögel warten im Winter vor dem Fenster 281, 352
Die Wahrheit einigt 308, 309, 320, 328, 332
Doch als wir vor das rote Moskau kamen 255, 264, 265, 266
Drachenlied 277, 280
Dreihundert ermordete Kulis berichten an eine Internationale 135
Durch die Kammer ging der Wind 279
Durch langes Studium 197

Ein Bericht 192
Ein bitteres Liebeslied 82, 85
Ein Brüderpaar, seht, das in Panzern fuhr 264
Einheitsfrontlied 136
Einmal, wenn da Zeit sein wird 359
Ein neues Haus 311, 312
Einst dachte ich in fernen Zeiten 198, 357, 358
Ein steinern Roß trabt aus der Reichskanzlei 255, 261
Eisen 316, 317, 324, 325, 326
Entdeckung an einer jungen Frau 85, 86, 87, 88
Epitaph Siehe *Epitaph für Majakowski*
Epitaph für Majakowski 312, 313
Erinnerung an die Marie A. 82, 279
Erwartung des zweiten Plans 144
Er war zwar ihres Feindes Feind, jedoch 256, 259
Es hatte sich ein Strand von Blut zu röten 256, 262, 263
Es war zur Zeit des UNTEN und des OBEN 259, 260
Euch kennen, dacht ich, und ich denk es noch 256, 267
Exerzitien 59, 72

Finnische Epigramme 225
Finnische Landschaft 214, 225
Frage 162, 163, 306
Fragen eines lesenden Arbeiters 15, 166, 174, 175, 176, 177, 219
Freiheit und Democracy 157, 287, 288, 289, 290, 292
Fröhlich vom Fleisch zu essen, das saftige Lendenstück 346
Früher dachte ich: ich stürbe gern auf eignem Leinenzeug 106
Frühling 349

Werkregister 375

Frühling 1938 226, 230
Frühling 1938 I 215
Frühling 1938 II 226, 227, 228

Gedanken über die Dauer des Exils 213, 214, 215, 227
Gedenktafel für zwölf Weltmeister 235
Gedichte im Exil 213, 225
Geflüchtet unter das dänische Strohdach, Freunde 163, 192
Gegenlied 122, 123, 124, 129, 140, 347
Gegen Verführung 55, 56, 57, 58, 120, 352
Gesang des Soldaten der roten Armee 58
Gewohnheiten, noch immer 302, 317, 322
Gezeichnete Geschlechter 118, 180
Ginge da ein Wind 318, 319, 320, 321, 324
Gleichnis des Buddha vom brennenden Haus 140
Glückliche Begegnung 324
Glücklicher Vorgang 29, 299
Grabschrift für Gorki 162
Großer Dankchoral 53, 54, 55, 57, 58, 59, 67, 120
Große Zeit, vertan 119, 299, 307, 308

Hans Lody 28
Hauspostille Siehe *Bertolt Brechts Hauspostille*
Heimkehrer, ihr, aus der Unmenschlichkeit 267
Heißer Tag 302, 315, 316, 317, 318, 321, 322, 323
Herrnburger Bericht 290, 291
Hier ist die Karte, da ist die Straße 152, 153
Hier sitz ich, haltend meinen armen Kopf 264, 266
Hitler-Choräle 54, 182
Hollywoodelegien 195, 239, 242, 243, 244, 245, 246, 247, 314
Hundert Gedichte 7, 89, 177
Hymne an Gott 52

Ich benötige keinen Grabstein, aber 354, 355
Ich bin der Schlächterclown in dem Betrieb 261
Ich bin vollkommen überzeugt, daß morgen ein heiteres Wetter ist 106
Ich, der ich Rosen aber sterben sah 349
Ich habe gehört, ihr wollt nichts lernen 161
Ich hör die Herren in Downingstreet euch schelten 267
Ich kenne das Gesetz der Gangs. Ich fuhr 262
Ich war der Bluthund, Kumpels. Diesen Namen 261
Ihm voraus ging der Ruf seiner Macht 216
Ihr Brüder, hier im fernen Kaukasus 261, 264, 266
Ihr in den Tanks und Bombern, große Krieger! 267
Ihr Leute, wenn ihr einen sagen hört 255, 258
Im Arm das Kind und das Gewehr zur Seite 264, 266, 267

Immer wieder 14
Immer wieder, wenn ich durch ihre Städte laufe 241
Inbesitznahme der großen Metro durch die Moskauer Arbeiterschaft am 27. April 1935 138, 139, 140, 144, 177, 178, 308
In den finsteren Zeiten 202
In den frühen Tagen meiner Kindheit 41, 48
In den Hügeln wird Gold gefunden 244
In diesem Land, höre ich 238, 245
In jener Juni-Früh nah bei Cherbourg 263, 264
Inmitten unsrer Lichtstadt, zu erobern 259
Ist das Volk unfehlbar? 146

Jeden Morgen, mein Brot zu verdienen 246
Joseph, ich hör, du hast von mir gesagt 255, 261

Kalenderlieder 293
Karfreitag 28, 30, 39
Karsamstagslegende 28, 39
Keiner oder alle 136
Kinderhymne 280, 281, 282, 283, 284, 287, 290
Kinderlied 269
Kinderlieder (aus den *Svendborger Gedichten*) 271, 272, 276, 278, 280, 281
Kinderlieder (von 1950) 280
Kleine Lieder für Steff 271
Kleines Bettellied 271
Kohlen für Mike 135
Kriegsfibel 157, 189, 225, 249, 250, 251, 252, 253, 254, 255, 256, 257, 258, 259, 260, 261, 262, 263, 264, 265, 266, 267, 268, 269, 276, 294

Landschaft des Exils 225
Lange bevor 211
Laute 227, 316, 335
Lebensmittel zum Zweck 306, 317
Legalität 289
Legende vom toten Soldaten 11, 26, 32, 33, 34, 35, 36, 37, 38, 39, 40, 182, 288, 289
Legende von der Entstehung des Buches Taoteking auf dem Weg des Laotse in die Emigration 10, 167, 168, 169, 170, 171, 172, 173, 221, 230
Lehrgedicht 133, 137, 138, 175, 226
Lehrstück Nr. 2. Ratschläge einer älteren Fohse an eine jüngere 99
Lektüre ohne Unschuld 228
Liebe Marie, Seelenbraut 93
Liebeslied aus einer schlechten Zeit 93
Liebesunterricht 93, 100
Lied der Galgenvögel 40
Lied der neuen Erde 293
Lied des Darmwäschers 13
Lied des Stückeschreibers 6, 7, 22, 210

Lied einer Liebenden Siehe *Als ich nachher von dir ging*
Lieder Gedichte Chöre 29, 35, 39, 54, 127, 135, 142, 143, 159, 182, 184, 187, 191, 192, 193, 199, 234, 283
Lieder zur Klampfe von Bert Brecht und seinen Freunden 21
Lied gegen den Krieg 187, 259
Lied vom Glück 293
Lob der Dialektik 158, 159, 274
Lob der Partei 127, 136, 142, 143
Lob des Lernens 15, 161
Lob des Revolutionärs 192
Lob des Zweifels 25, 159

Mailied der Kinder 280, 286
März 58
Mehr als die Deutschen haßt das Volk doch sie 256, 259
Mein Bruder war ein Flieger 271, 276
Mir ist's, als ob ICH euer Heim zerstörte 264, 266
Moderne Legende 28, 29, 30, 31
Morgendliche Rede an den Baum Green 279, 325
Mutter Beimlen 271
Mütter Vermißter 31, 39

Nachdenkend, wie ich höre, über die Hölle 242, 243
Nach einem Feind seh ich euch Ausschau halten 256, 258, 259
Nachkriegsliedchen 277, 281
Nebel in Flandern 229
Neue Kinderlieder 280, 281, 286
Neue Zeiten 280, 281
Nicht feststellbare Fehler der Kunstkommission 297, 298, 310
Nicht so gemeint 298, 304
Nicht Städte mehr. Nicht See. Nicht Sternefunkeln 263
Nimm Platz am Tisch, du hast ihn doch gedeckt 293, 299
Noch bin ich eine Stadt, doch nicht mehr lange 255, 259
Notwendigkeit der Propaganda 189, 306

O armer Yorick aus dem Dschungeltank! 256, 262
O die unerhörten Möglichkeiten 71
O frohe Botschaft: Gott mobilisiert! 249, 261
Oft in der Nacht träume ich 114
Oh hättet ihr, nun für euch selbst zu kämpfen 267
O Lust des Beginnens! 346
Onkel Ede 280
O Rausch der Kriegsmusik und Sturm der Fahnen! 261

Orges Antwort, als ihm ein geseifter Strick geschickt wurde 344
Orges Gesang 52, 58, 59, 344
Orges Wunschliste 321, 343, 344, 345
O Schwanensang! 189, 261
O Stimme aus dem Doppeljammerchore 256, 262

Psalm 2 47
Psalmen 44

Rat an die bildenden Künstler, das Schicksal ihrer Kunstwerke in den kommenden Kriegen betreffend 181, 222, 223
Ratschläge einer älteren Fohse an eine jüngere 99
Rede an dänische Arbeiterschauspieler über die Kunst der Beobachtung 153
Rudern, Gespräche 316, 317, 318, 323, 324, 328

Sag nicht zu oft, du hast recht, Lehrer! 162, 306
Saune und Beischlaf 97
Schlechte Zeit für Lyrik 200, 201, 202, 203, 207, 224, 279, 281, 327
Schlußchoral 124
Schlußgesang 124
Schnelligkeit des sozialistischen Aufbaus 178
Schwierige Zeiten 339, 342, 343
Seht diese Hüte von Besiegten! Und 264, 266
Seht einen Teufel hier, doch einen armen! 256, 259
Seht ihn hier reden von der Zeitenwende 256, 261
Seht unsre Söhne, taub und blutbefleckt 264, 266
Sieben Rosen hat der Strauch 101, 102
So haben wir ihn an die Wand gestellt 259
So halb im Schlaf 84, 85
Solidaritätslied 136
Soll es von eurer Stadt New York einmal heißen 290
Sommer 1942 239, 240
Sonett 82
Sonett in der Emigration 238, 240
Sonett Nr. 10. Über die Notwendigkeit der Schminke 99
Sonett über einen durchschnittlichen Beischlaf 93
So seh ich aus. Nur weil gewisse Leute 255, 259
Steffinsche Sammlung 226, 228, 230, 231, 276
Steh auf, Michel! 290
Studien 23, 95, 98
Stürme schmettern 278
Such nicht mehr, Frau, du wirst sie nicht mehr finden! 260, 261
Svendborger Gedichte 124, 128, 136, 138, 146, 147, 163, 164, 174, 176, 178, 184, 187, 188, 192, 193, 197, 199, 202, 203, 206, 207, 208, 212, 213, 217, 219, 220, 223, 226, 253, 259, 271, 272, 274, 276, 278, 279, 280, 289, 306, 317, 353, 355

Tagesanbruch 230
Tannen 315, 316, 337, 338, 339, 340, 342, 343

Taschenpostille 43
Terzinen über die Liebe 88, 89, 90, 91, 92, 98, 102, 131
Tod im Walde 232
Traum von einer großen Miesmacherin 193
Tschaganak Bersijew oder Die Erziehung der Hirse 140, 141, 144, 333, 334

Über das Frühjahr 79
Über das Lehren ohne Schüler 164
Über den bürgerlichen Gottesglauben 351
Über den Verfall der Liebe 98, 131
Über Deutschland 284
Über die Anstrengung 58, 61, 85
Über die Bauart langdauernder Werke 355, 356
Über die Berge 278
Über die Bezeichnung Emigranten 173, 221
Über die Juden 196
Über die Städte 2 113, 114
Über die Verführung von Engeln 97
Über induktive Liebe 97
Über Kants Definition der Ehe in der »Metaphysik der Sitten« 99
Ulm 1592 271, 272, 273, 274, 275, 276
Und alles Mitleid, Frau, nenn ich gelogen 264, 266, 267
Und Feuer flammen auf im hohen Norden 256, 258
Und immer wieder gab es Abendröte 58
Und viele von uns sanken nah den Küsten 263
Unglücklicher Vorgang 298, 299, 308
Unter den grünen Pfefferbäumen 245
Untergang der Städte Sodom und Gomorra 118

Vater und Kind 271
Verbot der Theaterkritik 189, 190, 191
Vergnügungen 198, 336, 337, 345, 346, 347
Verjagt mit gutem Grund 133, 134, 208, 218
Verschollener Ruhm der Riesenstadt New York 130, 233, 234, 235, 236, 237, 244
Viele sagen, die Zeit sei alt 130
Vier Liebeslieder 101
Vom armen B.B. 46, 58, 83, 106, 107, 124, 209, 210, 234
Vom ertrunkenen Mädchen 55, 64, 65, 66, 67, 68, 71, 75, 77, 78, 82
Vom François Villon 62
Vom Kind, das sich nicht waschen wollte 271
Vom Klettern in Bäumen 72, 77
Vom kriegerischen Lehrer 280
Vom Schiffschaukeln. 4. Psalm 72
Vom Schwimmen in Seen und Flüssen 72, 73, 74, 75, 76, 77, 80
Vom Sprengen des Gartens 215
Vom Tod im Wald 67, 68, 71, 232
Von allen Werken 5, 6
Von den Sündern in der Hölle 40
Von den verführten Mädchen 66
Von der Freundlichkeit der Welt 120, 121, 122, 123, 124
Von der Kindesmörderin Marie Farrar 9
Von der Willfährigkeit der Natur 78, 230
Von He. 9. Psalm 82, 83, 85
Vor acht Jahren 302, 303, 316, 322
Vor Moskau, Mensch, gabst du dein Augenlicht 264, 266

Wahrnehmung 291, 311, 313
War traurig, wann ich jung war 343
Weh, unsre Herren haben sich entzweit 260, 263, 264
Wenn das bleibt, was ist 159
Wenn der Anstreicher durch die Lautsprecher über den Frieden redet 186, 187
Wenn der Trommler seinen Krieg beginnt 186
Wenn die Juden es ihm nicht abrieten 196
Wenn du mich lustig machst 101
Wer aber ist die Partei? 142, 143
Wer will unter die Soldaten 271
Wie einer, der ihn schon im Schlafe ritt 255, 256, 257, 267
Wiegenlieder 29
Wie künftige Zeiten unsere Schriftsteller beurteilen werden 134, 137, 353, 354
Wie soll ich unsterbliche Werke schreiben 356, 357
Willems Schloß 280
Wir bringen Mehl und einen König, nehmt! 263, 264
Wir Guten 277
Wir hörten auf der Schulbank, daß dort oben 262
Wir sind's, die über deine Stadt gekommen 255, 259
Wir sind sie Siehe *Wer aber ist die Partei?*
Wir Unglücklichen! 197

Zehn Völker hab ich unterm Stiefel und 255, 261
Zufluchtsstätte 217, 227
Zu Potsdam unter den Eichen Siehe *Die Ballade vom Kriegerheim*
Zur Züchtung winterfesten Weizens 149, 150, 313

Weitere Werke

Anmerkungen zur Oper »Aufstieg und Fall der Stadt Mahagonny« 109, 321
Apparat und Partei 310
Aufstieg und Fall der Stadt Mahagonny 88, 89, 109, 195, 210, 233

Baal 59, 62, 64, 66, 75, 78, 84, 91, 131
Bargan läßt es sein 52

Werkregister

Bei Durchsicht meiner ersten Stücke 209
Buch der Wendungen 7, 103, 132, 140, 144, 145, 146, 147, 151, 152, 198, 202, 237, 327, 333, 350

Dan Drew 233
Dansen 223
Das Badener Lehrstück vom Einverständnis 109, 111, 250, 275, 324
Das Experiment 275
Das Verhör des Lukullus 312
Der Aufstieg des Arturo Ui 250, 262
Der Dreigroschenprozeß 141, 238, 250, 251, 252
Der Flug der Lindberghs 269, 275, 278
Der gute Mensch von Sezuan 13, 14, 211, 214, 224
Der Jasager 269
Der kaukasische Kreidekreis 13, 144, 333, 334
Der Mantel des Ketzers 275
Der Messingkauf 125, 156, 175, 224, 250, 331
Der Soldat von La Ciotat 39
Die Antigone des Sophokles 137
Die Ausnahme und die Regel 211
Die Dreigroschenoper 14, 21, 22, 124, 238
Die Erleuchtung 48, 50, 51, 52
Die Geschäfte des Herrn Julius Caesar 176, 224
Die heilige Johanna der Schlachthöfe 53, 123, 133, 150, 212, 233
Die höflichen Chinesen 167, 172
Die Hölle 243
Die Horatier und die Kuriatier 269
Die Maßnahme 126, 127, 128, 132, 135, 143, 182
Die Mutter 135, 159, 171, 182, 216, 232
Die Reisen des Glücksgotts 129
Die Rundköpfe und die Spitzköpfe 196
Die Tage der Kommune 294
Die Trophäen des Lukullus 350
Dreigroschenroman 216

Fatzer 111
Flüchtlingsgespräche 14, 151, 179
Freie Wahlen 288
Fünf Schwierigkeiten beim Schreiben der Wahrheit 159, 179, 181, 182, 191, 194, 203, 209, 261, 331
Furcht und Elend des III. Reiches 195, 196

Galileo 238, 286
Gleichnis vom Besteigen hoher Berge 153
Herr Keuner und die Originalität 22

Im Dickicht 84, 106, 233
Im Dickicht der Städte Siehe *Im Dickicht*

Jae Fleischhacker in Chikago
 Siehe *Joe Fleischhacker*
Joe Fleischhacker 108, 125, 233
Journal 9, 21, 23, 24, 93, 102, 132, 140, 145, 148, 154, 155, 160, 176, 180, 193, 199, 215, 225, 237, 238, 239, 241, 242, 243, 244, 245, 246, 252, 264, 276, 280, 285, 288, 294, 297, 300, 309, 314, 319, 326, 357

Kalendergeschichten 39, 275
Keuner-Geschichten 22
Kleines Organon für das Theater 6, 11, 276, 345, 352
Kulturpolitik und Akademie der Künste 310
Kurzer Bericht über 400 (vierhundert) junge Lyriker 5, 6, 19, 20

Leben des Galilei 16, 46, 47, 61, 158, 250, 275, 276, 330
Lyrik und Malerei für Volkshäuser 176

Mann ist Mann 131
Me-ti Siehe *Buch der Wendungen*
Mutter Courage und ihre Kinder 36, 285, 286

Nachträge zum Kleinen Organon 160
Notizen über die Dialektik auf dem Theater 346

Offener Brief an die deutschen Künstler und Schriftsteller 287

Rede auf dem IV. Deutschen Schriftstellerkongreß 307

The Other Germany: 1943 180
Trommeln in der Nacht 36, 37
Tuiroman 240
Turandot oder Der Kongreß der Weißwäscher 304

Über das Zerpflücken von Gedichten 16
Über die Theatralik des Faschismus 191
Über die Todesfurcht 350
Über experimentelles Theater 274
Über reimlose Lyrik mit unregelmäßigen Rhythmen 9, 35, 43, 136, 188, 201, 202
Über reine Kunst 198, 199, 327

Was kostet das Eisen? 223
Weite und Vielfalt der realistischen Schreibweise 157, 158, 288
Wenn Herr K. einen Menschen liebte 333
Wovon unsere Architekten Kenntnis nehmen müssen 307